NANCY S. LOVING

Manuel vétérinaire pour propriétaires de chevaux

VIGOT

Traduit de l'américain par Claude Lapeire.
Révisé et adapté par Céline Mespoulhès et Natacha Gimenez.

Photographies de couverture : R. Maier (1), G. Lacz (3), D. Cordier (1)/Sunset.

Ce logo a pour objet d'alerter le lecteur sur la menace que représente pour l'avenir de l'écrit, tout particulièrement dans le domaine universitaire, le développement massif du « photocopillage ».
Cette pratique qui s'est généralisée, notamment dans les établissements d'enseignement, provoque une baisse brutale des achats de livres, au point que la possibilité même pour les auteurs de créer des œuvres nouvelles est menacée.
Nous rappelons donc que la reproduction et la vente sans autorisation, ainsi que le recel, sont passibles de poursuites. Les demandes d'autorisation de photocopier doivent être adressées à l'éditeur ou au Centre français du droit de copie :
20, rue des Grands-Augustins, 75006 Paris. Tél. : 01 44 07 47 70.

Tous droits de traduction, de reproduction et d'adaptation réservés pour tous pays, y compris la Suède et la Norvège.

Toute reproduction, même partielle, de cet ouvrage est interdite. Une copie ou reproduction par quelque procédé que ce soit, photographie, microfilm, bande magnétique, disque ou autre, constitue une contrefaçon passible de peines prévues par la loi du 11 mars 1957 sur la protection des droits d'auteurs.

Pour l'édition originale parue sous le titre *Veterinary Manual for the Performance Horse* :
© 1993 by Equine Research, Inc.

Pour la présente édition :
© 1999, Éditions Vigot - 23, rue de l'École-de-Médecine, 75006 Paris.
Dépôt légal : octobre 1999
ISBN : 2 7114 1369 1

Imprimé en Espagne.

DÉNÉGATION DE RESPONSABILITÉ

Dans la rédaction du présent ouvrage, l'auteur s'est efforcé au maximum de présenter des informations scientifiquement exactes et actuelles, tirées des sources les meilleures et les plus fiables. Cependant, les résultats des soins aux chevaux dépendent de nombreux facteurs que ne contrôlent pas l'auteur ni l'éditeur de l'ouvrage. Ils déclinent donc toute responsabilité et ne fournissent aucune garantie quant aux résultats obtenus des techniques présentées ou des produits évoqués. Ils ne seront pas responsables des dommages résultant de l'utilisation des informations contenues dans le présent ouvrage et relatives à l'alimentation, aux soins, aux traitements ou à l'utilisation de médicaments, ni si ces dommages découlent d'affirmations erronées ou d'erreurs involontaires.

Il faut également se rappeler que les Éditions Vigot et l'auteur ne fabriquent aucun des médicaments, compléments alimentaires ou autres produits cités dans le présent ouvrage. En conséquence, ils n'assurent aucune garantie relative à ces articles et ne seront pas tenus responsables des résultats obtenus de leur usage.

Le lecteur est invité à lire et à suivre les instructions fournies par les fabricants de ces produits, médicaments, aliments et compléments alimentaires. En cas de discordance entre celles-ci et les informations fournies par le présent ouvrage, il devra évidemment suivre les instructions du fabricant ou de son vétérinaire.

Pour faciliter la compréhension de certaines descriptions techniques, le présent ouvrage a parfois pris pour exemple des marques déposées de certaines substances ou matériels. Cette citation de marques particulières ne vise pas à les promouvoir ni à suggérer que les produits semblables de marque différente sont inférieurs. Rien de ce qui est contenu dans le présent ouvrage ne doit ainsi être interprété comme tendant à enfreindre les lois sur le commerce.

TABLE DES MATIÈRES

1. CONFORMATION ET PERFORMANCES 1
   Anatomie et performances 1
      Équilibre 2
      Tête 3
      Encolure 4
      Garrot 10
      Poitrine 12
      Épaule 13
      Antérieurs 14
      Dos 18
      Rein 18
      Arrière-main 19

2. UN SQUELETTE SOLIDE 25
   Résistance de l'os 25
      Remaniement interne 25
      Indicateurs de la résistance des os 27
      Exercice et solidité de l'os 28
   Réponse de l'os aux forces biomécaniques 30
      Reminéralisation 31
      Forces agissant sur l'os 31
      Fractures 32
   Soins du jeune squelette 33
      Danger des forces biomécaniques excessives 33
      Besoins nutritifs du jeune cheval 35
      Pré-entraînement 35

3. AMÉLIORATION DES PERFORMANCES 39
   Aliments et énergie 39
      Combustibles musculaires 40
      Énergie musculaire 41
   Production d'énergie 42
      Métabolisme aérobie 42
      Métabolisme anaérobie 43

Utilisation de l'énergie	44
Activités de type aérobie-endurance	44
Activités de type anaérobie-sprint	44
Activités mixtes	44
Types de fibres musculaires et métabolisme musculaire	46
Contraction musculaire	49
Fatigue musculaire	50
Conditionnement aérobie des muscles	51
Conditionnement anaérobie des muscles	52
Renforcement des muscles	54
Exercices musculaires	55
Myosite	59
Muscles et lésions rénales	61
Causes de myosite	61
Facteurs favorisant la myosite	63
Prévention de la myosite	64
Paralysie hyperkaliémique périodique	66
Manifestations cliniques	66
Causes de la PPH	66
Prévantion des crises de PPH	67
Traitements	67
Test génétique	68

4. PIEDS ET PERFORMANCES — 69

Structure et fonctions du pied	70
Rôle circulatoire	71
Santé, hérédité et performances	71
Structure et croissance du sabot	72
Développement de pieds solides	73
Le sabot comme témoin des stress	78
Fers	82
Histoire du fer à cheval	82
Ferrage : blessure ou protection ?	83
Importance d'une bonne ferrure	84
Fers à plaque	86
Substituts des fers à plaque	88
Boiteries du pied	90
Fourbure	90
Maladie naviculaire	98

5. APPAREIL RESPIRATOIRE ET SANTÉ — 111

Adaptations à la circulation de l'air	112
Taille des voies aériennes	113
Écoulement de l'air et exercice	114

Affections respiratoires	118
Défenses contre les particules étrangères	118
Virus respiratoires	121
Emphysème (MPOC)	129
Infections bactériennes	132
Prévention des affections respiratoires	133

6. ENTRAÎNEMENT ET PERFORMANCES — 141

Optimisation des performances	141
Efficacité compétitive	141
Effets de l'entraînement	143
Entraînement musculaire aérobie	143
Entraînement musculaire anaérobie	144
Entaînement musculaire général	145
Entraînement respiratoire	146
Entraînement cardio-vasculaire	148
Intérêt des appareils de mesure de la fréquence cardiaque	150
Surveillance de la fréquence cardiaque en cours de travail	150
Détection de la fatigue	151
Détection des blessures	152
Test d'effort	152
Préparation à l'entraînement	152
Examen vétérinaire	153
Pieds	153
Alimentation	153
Dents	153
Vaccinations	154
Vermifugation	154
Hygiène des locaux	154
Méthodes d'entraînement	154
Intérêt des répétitions	155
Intérêt du travail au pas	156
Intérêt de la nage	156
Phase 1 : entraînement en travail lent et long	157
Phase 2 : mise en condition cardio-vasculaire	160
Phase 3 : entraînement fractionné et tolérance à l'anaérobiose	161
Entraînement en travail rapide long	164
Causes des mauvaises performances	164
Surentraînement	164
Inaptitude aux performances attendues	165
Intolérance à l'effort : douleurs musculo-squelettiques	166
Intolérance à l'effort : problèmes respiratoires	169
Intolérance à l'effort : problèmes cardiaques	173
Anémie	173

TABLE DES MATIÈRES

Ulcères 174
Échauffement et retour au calme 174
   Exercices d'échauffement 175
   Échauffement spécifique 177
   Retour au calme 178
   Retour au calme par temps chaud 179
   Retour au calme par temps froid 180

7. ALIMENTATION ET PERFORMANCES 185
  Besoins de base 186
   Foin 187
   Aliments concentrés 188
   Graisses 189
   Protéines 190
   Calcium/phosphore 190
  Couverture des besoins nutritifs 191
   Jument en gestation 191
   Jument allaitante 193
   Poulain en croissance 193
   Cheval au repos ou travaillant légèrement 196
   Travail intense 198
   Le cheval âgé 200
  Alimentation par temps chaud 202
   Action dynamique spécifique des aliments 202
   Besoins en eau 206
   Supplémentation en électrolytes 207
   Amélioration des performances 207
  Obésité 208
   Comportement alimentaire 208
   Notation de l'état d'embonpoint 210
   Maladies en relation avec l'obésité 215
   Obésité chez le cheval en croissance 216
   Prévention de l'obésité 217
   Cure d'amaigrissement 217
   Entraînement du cheval obèse 218

8. ÉVALUATION DE LA CONDITION PHYSIQUE 221
  Indicateurs de la forme physique 222
   Normalisation de la fréquence cardiaque 222
   Indice de récupération cardiaque 223
   Temps de remplissage capillaire 223
   Remplissage de la jugulaire 224
   Bruits intestinaux et motilité intestinale 224
   Examen vétérinaire 224

Indicateurs du stress	225
Élévation persistante de la fréquence cardiaque	225
Fréquence respiratoire	225
Déshydratation	226
Température interne	227
Signaux d'alarme de la fatigue	232
Autres signes de stress	233
Électrolytes	233
Suppléments d'électrolytes	234
Manque d'électrolytes	234
Cycle déséquilibre électrolytique/déshydratation	237
Prévention des problèmes métaboliques	238
Alimentation	238
Entraînement	239
Acclimatation	240
Conclusion	241
9. ENGORGEMENT DES MEMBRES : CAUSES ET TRAITEMENTS	243
Détermination de la cause	243
Lésions des tendons et des ligaments	244
Œdème	244
Lésions articulaires	245
Molettes	245
Luxations et perforations	246
Arthrite du poulain	246
Traitement des engorgements des membres	246
Traitement par le froid	246
Traitement par la chaleur	248
Autres traitements	250
Affections générales	251
10. LÉSIONS DES TENDONS : PRÉVENTION ET TRAITEMENT	253
Structure des tendons	254
Lésions des tendons	255
Facteurs mécaniques responsables des tendinites	256
Régions exposées aux lésions	259
Canon	259
Boulet	259
Réparation des tendons	260
Fibrine et tissu de granulation	260
Exercices favorisant la réparation	261
Durée de la réparation	262
Évaluation échographique de la réparation	262
Récidive des lésions tendineuses	264

TABLE DES MATIÈRES

Zones de transition 264
Traitement des tendinites 265
   Contrôle de l'engorgement 265
   Chirurgie 265
   Bandages 266
Conduite à tenir 267

11. MÉTHODES THÉRAPEUTIQUES MODERNES 269
Applications des méthodes thérapeutiques modernes 269
   Diagnostic 269
   Traitement des blessures 270
Pratiques anciennes et méthodes modernes 271
   Acupuncture 272
   Acupression 272
Électrothérapie 273
   Neurostimulation électrique transcutanée 273
   Électroanalgésie 275
   Électrostimulation des muscles 275
   Champs électromagnétiques pulsés 275
Lasers 277
   Avantages du traitement par le laser 277
Ultrasons 279
   Mode d'action des ultrasons 280
   Types d'ultrasons 280
   Applications des ultrasons 282
   Ultrasons et physiothérapie 283
Valeur des méthodes thérapeutiques modernes 283

12. TRAITEMENT DES BOITERIES CHRONIQUES 285
Choix de la carrière sportive 286
   Changement de discipline sportive 286
   Réduction des exigences 286
Entraînement et condition physique 287
   Enregistrement des performances 288
   Entraînement accéléré 288
Ferrure 288
   Fers spéciaux et plaques 289
Traitements 289
   Traitements médicamenteux 289
   Chirurgie 291
Travail du cheval boiteux 292
   Échauffement 292
   Renforcement des muscles 293
   Qualité du sol 294

Retour au calme 294

13. PRÉVENTION DES TROUBLES DIGESTIFS 295
Système digestif et digestion 295
   Habitudes alimentaires 295
   Dents 296
   Appareil digestif 297
Troubles digestifs chez le poulain 299
Coliques 299
   Coliques spasmodiques 300
   Coliques de stase 301
   Coliques gazeuses 304
   Coliques dues aux lipomes 306
   Coliques d'origine parasitaire 307
   Coliques de sable 307
   Obstruction œsophagienne 313
   Diarrhée 316

14. LUTTE CONTRE LES PARASITES INTERNES 319
Parasites digestifs 319
   Grands strongles 320
   Petits strongles 321
   Ascaris 322
   Gastérophiles 324
   Vers de l'estomac 324
   Autres vers 325
Traitement 327
   Anthelminthiques 327
   Classification des anthelminthiques 328
   Prévention des résistances aux anthelminthiques 329
   Programmes de vermifugation 330
   Administration des vermifuges 331
   Numération des œufs 333
   Efficacité des anthelminthiques 334
   Immunité contre les parasites 335
   Réactions allergiques 335
   Traitement préventif 336

15. AFFECTIONS CUTANÉES : PRÉVENTION ET TRAITEMENT 339
Parasites externes 339
   Mouches et moucherons 339
   Acariens 345
Autres parasites externes 347
   Onchocerca 347

  Dermatite à Rhabditidis 349
  Poux 349
  Tiques 350
  Plaies d'été 351
  Veuve noire 351
 Mycoses 352
  Teigne 353
  Diagnostic et traitement 353
 Crevasses 354
  Causes des crevasses 355
  Problèmes analogues 355
  Traitement 357
  Prévention 358
 Allergies 359
  Rôle du système immunitaire 359
  Urticaire 360
 Tumeurs cutanées 363
  Sarcoïdes 364
  Mélanomes 368
  Épithéliomas 370
 Diagnostic des affections cutanées 372
 Plaies de harnachement 373
  Symptômes des plaies de harnachement 373
  Prévention 374
  Traitement des plaies de harnachement 376

16. TRAITEMENT DES BLESSURES 379
 Premiers soins 379
  Parage 380
  Tonte 380
  Nettoyage 381
  Évaluation de la blessure 383
 Cicatrisation des plaies 383
  Rétraction 384
  Hydratation et chaleur 385
  Sutures 385
  Pommades 386
  Pansements 387
  Contrôle du tissu de granulation exubérant 390
  Remodelage des tissus 391
 Pénétration par corps étranger (piqûres) 392
  Bactéries anaérobies 392
  Traitement des blessures par pénétration de corps étranger 394
  Coups de pied 396

Perforation des tendons et des articulations	397
Prise de longe	397
Symptômes des prises de longe	397
Classification des brûlures	398
Traitement des prises de longe	399

17. MÉDICAMENTS INJECTABLES ... 403
Étiquette et notice du médicament	404
Nom générique et nom déposé	404
Principe actif	404
Conservation au froid	404
Date de péremption	405
Types de médicaments	405
Conditions de stockage	406
Facteurs environnementaux	406
Médicaments souillés	407
Préparation à l'injection	408
Lecture de l'étiquette	408
Seringues et aiguilles	408
Désinfection de la peau	408
Contention du cheval	409
Injection intramusculaire	409
Lieux d'injection	410
Taille de l'aiguille	412
Implantation de l'aiguille	412
Réactions indésirables	413
Précautions	416
Injection intraveineuse	417
Réalisation de l'intraveineuse	418
Cathéter intraveineux	418
Injection sous-cutanée	419
Injection intradermique	419

18. ANTI-INFLAMMATOIRES NON STÉROÏDIENS ... 421
Utilisation des AINS	421
Intérêt des AINS	422
Inconvénients des AINS	422
Mécanisme d'action	422
Différents AINS	423
Phénylbutazone	423
Flunixine méglumine	424
Aspirine	424
Toxicité des AINS	425
Toxicité gastrique	425

Toxicité rénale	425
Symptômes de l'intoxication par les AINS	426
AINS chez le poulain	427
Conseils du vétérinaire	427
AINS et compétitions	428
Visite d'achat	428
Substituts des AINS	428

19. CONTENTION DU CHEVAL — 429

Connaissance du comportement du cheval	430
Instincts naturels	431
Créer un environnement calme	431
Milieu	431
Mise en confiance du cheval	431
Confiance et patience	431
Psychologie	432
Techniques de maniement du cheval	432
Sécurité du lieu	432
Sécurité du matériel	433
Positionnement	433
Méthodes de contention	434
Travail de contention	434
Tord-nez	434
Chaîne de gencives	435
Chaîne muserolle	436
Bride de guerre	436
Bandeau	437
Entraves	437
Reculer	437
Distraction	438
Prise d'oreille	438
Contention du poulain	438
Tranquillisants	439
Autres solutions	440

20. PROBLÈMES LIÉS À LA STABULATION — 441

Instinct grégaire	442
Causes de la claustration	442
Stress psychiques	443
Vices	444
Remèdes à l'ennui	448
Jouets	448
Exercice	448
Entraînement	449

Changement de milieu ... 449
   Mise à l'extérieur ... 449
   Adaptation aux conflits de personnalités ... 450
   Changement de soigneur et de lieu ... 450

21. TRANSPORT DU CHEVAL ... 453
Stress de transport ... 453
   Effets du stress de transport ... 454
Préparation aux longs voyages ... 456
   Examen physique ... 456
   Inspection ... 457
   Vaccinations ... 457
   Antibiotiques ... 457
   Huile de paraffine ... 458
   Qualité de l'air ... 458
   Eau et électrolytes ... 459
   Compagnie ... 459
   Position dans le van ... 459
Bandages protecteurs ... 460
   Guêtres de transport ... 460
   Protège-nuque et protège-queue ... 461
Mesures de sécurité ... 462
   Entraînement au voyage ... 462
   Fermeture des portes ... 462
   Attache du cheval dans le van ... 462
   Barre et chaîne anti-recul ... 463
   Trousse de premiers secours ... 463
   Temps de récupération ... 464
Transport des juments poulinières ... 465
   Endotoxines ... 465
Conseils pour le transport ... 466
   Attache du cheval à l'extérieur du van ... 467
   Substituts à l'attache ... 470

22. VISITE D'ACHAT ... 473
Critères de choix ... 473
   Âge ... 474
   Race ... 474
   Caractère ... 475
   Essai sous la selle ... 475
   Intelligence et comportement ... 475
   Conformation ... 476
   Problèmes de santé ... 476
   Bilan ... 477

TABLE DES MATIÈRES

Visite d'achat ... 477
   Rôle du vétérinaire ... 478
   Remarques sur la visite d'achat ... 478
   Prévention des conflits d'intérêts ... 479
   Histoire médicale ... 479
   Avantages d'un examen complet ... 480
   Le cheval non entraîné ... 482
   Prévisions de carrière ... 482
   Intérêt et limites de la visite d'achat ... 484

23. REPRODUCTION DU CHEVAL DE SPORT ... 485
Préparation à la reproduction ... 486
   Problèmes de poids ... 486
La jument ... 487
   Anomalies du cycle œstral ... 487
   Cycle sexuel de la jument ... 487
   Examen vétérinaire de la jument poulinière ... 490
   Conduite de la reproduction ... 497
L'étalon ... 498
   Aptitude à la reproduction ... 498
   Examen physique ... 499
   Examen de l'appareil génital mâle ... 499
   Examen du sperme ... 501
   Dossier de l'étalon ... 503
   Hygiène de l'étalon ... 503
Insémination artificielle ... 504
   Avantages de l'insémination artificielle ... 505
   Registres des races et insémination artificielle ... 505
Gestion de l'élevage ... 506
   Contrat de saillie ... 506
   Programme de soufflage ... 506
   Réservation de l'étalon ... 507

ANNEXES ... 509
Les différentes parties du cheval ... 510
Les os du cheval ... 511
Les muscles du cheval ... 512
Glossaire ... 513
Index ... 544
Crédits photographiques ... 551
Pour compléter votre information… ... 552

1

CONFORMATION ET PERFORMANCES

ANATOMIE ET PERFORMANCES

Le cheval idéal est l'image de référence à laquelle on compare tous les autres chevaux. Le sujet parfait n'existe pas mais un sujet ayant une bonne conformation sera un athlète qui aura une longue carrière sportive. Une excellente conformation ne garantit cependant pas toujours d'excellentes performances, car d'autres qualités, comme le caractère et les aptitudes acquises, sont généralement nécessaires pour produire un compétiteur de qualité supérieure. Chaque cheval a ses points forts et ses faiblesses dans différents domaines, tant physiques que psychiques.

L'étude de la conformation porte sur l'anatomie et sa relation avec le rôle de chaque partie du corps. Sur le corps du cheval on distingue différentes régions et on analyse leurs contributions particulières à ses aptitudes ; ces contributions s'influencent mutuellement dans un ensemble interactif (les schémas de l'anatomie des os et des muscles se trouvent dans les annexes commençant p. 509).

Les muscles et les tendons assurent la mobilité. Il faut les considérer comme de petits moteurs mobilisant les différentes parties du squelette. La façon dont celui-ci est assemblé, c'est-à-dire la conformation générale, détermine la

Fig. 1-1. Quarter Horse bien conformé.

CONFORMATION ET PERFORMANCES

Fig. 1-2. La conformation d'un yearling fournit beaucoup d'informations sur ses futures aptitudes sportives.

force et la coordination des différents muscles, et cette coordination musculaire est importante pour les performances. Les différentes disciplines sportives visent à renforcer certaines parties du corps davantage que d'autres, mais des principes fondamentaux s'appliquent à l'obtention d'un athlète équin.

Pour apprécier la conformation du cheval, il faut le placer sur une surface plane horizontale, ses quatre pieds délimitant un rectangle, prendre du recul et le considérer dans son ensemble afin d'obtenir une impression globale de son aspect et de son attitude. On doit apprécier la symétrie du corps, observé par-devant, par-derrière et de côté. Une asymétrie, telle qu'une amyotrophie localisée, peut indiquer une blessure ancienne ou le soulagement du membre considéré.

Équilibre

Un modèle équilibré donne un meilleur athlète. L'équilibre dépend de la localisation du centre de gravité du cheval. À titre de règle approximative, un sujet idéalement équilibré peut se diviser en tiers :

- l'encolure, de la nuque au garrot,
- le dos, du garrot à la pointe de la hanche,
- l'arrière-main.

Aucun cheval ne peut évidemment se diviser exactement en trois parties égales, mais un individu se rapprochant de ces références sera équilibré.

Une autre façon de se représenter l'équilibre d'un cheval est de l'imaginer dans un cadre. La taille au garrot, à la croupe, et la

Fig. 1-3. Division du cheval en tiers.

ANATOMIE ET PERFORMANCES

longueur du corps doivent être approximativement égales. Il existe des différences raciales : certains chevaux arabes ont un plus petit nombre de vertèbres thoraciques que les autres races. Les pur-sang satisfont le plus aux critères du « cadre ». Quelle que soit la méthode utilisée, les lignes imaginaires de division placent le centre de gravité d'un cheval bien équilibré directement

Fig. 1-4. Cadre imaginaire permettant de juger de l'équilibre de la conformation.

sous le cavalier, avec 60-65 % du poids du cheval portant sur les antérieurs. Si l'arrière-main est insuffisamment développée, le cheval n'est pas assez puissant pour propulser l'avant-main plus lourde.

Tête

La tête doit être bien proportionnée par rapport au reste du corps et suffisamment longue pour loger des dents solides et les cavités nasales. Une tête trop grande peut surcharger l'avant-main, surtout si l'encolure est relativement courte.

Naseaux

Les naseaux doivent être suffisamment larges pour permettre une respiration optimale fournissant l'oxygène nécessaire aux performances. Un profil de la tête fortement concave pince les naseaux et restreint les cavités nasales, ce qui limite l'aptitude à la vitesse et l'endurance.

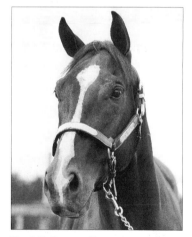

Fig. 1-5. Quarter Horse ayant une tête bien conformée.

Nez et mâchoires

Un cheval à mâchoires étroites peut également avoir une gorge étroite prédisposant à des lésions nerveuses qui peuvent provoquer un cornage. L'auge doit

3

être suffisamment large pour que les voies respiratoires soient développées et fonctionnelles. Les cavités nasales sont riches en vaisseaux sanguins, qui leur permettent de porter l'air inspiré à la température du corps, protégeant ainsi l'appareil respiratoire d'un choc thermique.

Yeux

La disposition des yeux doit être correcte pour que la vision soit bonne. L'idéal est qu'ils soient situés à la limite inférieure du front. Ils doivent avoir une expression douce, attentive et intéressée. Une mauvaise vision peut entraîner des problèmes comportementaux.

Encolure

L'encolure du cheval est une structure parfaitement conçue du point de vue biomécanique. Sa forme triangulaire favorise son rôle comme poutre répartissant uniformément le poids de la tête. Ces caractéristiques sont plus variables chez le cheval que chez les autres espèces du fait des conformations propres aux races, et des critères de sélection utilisés durant des siècles d'élevage contrôlé.

Rôle de l'encolure

Chez le cheval, une encolure d'une longueur appropriée est nécessaire à la survie. Elle abaisse en effet la tête pour permettre à l'animal de paître et de boire et participe à la vision en orientant la tête pour optimiser son champ de vision. L'amplitude des mouvements de l'encolure lui permet également de déplacer et d'adapter son centre de gravité de façon à équilibrer son corps massif. Un cheval ayant un dos et des membres bien développés et proportionnés n'aura de bonnes performances sportives que s'il peut conserver son équilibre dans ses mouvements.

L'encolure comme balancier

Quel est le point commun à tous les athlètes équins ? Tous utilisent leur encolure pour déplacer leur centre de gravité dans la direction nécessaire pour maintenir leur équilibre et leur possibilité de manœuvre. Voici quelques exemples :
- Quand le cavalier capture un bovin au lasso et que sa monture glisse en s'arrêtant brusquement, le cheval lève l'encolure en s'affaissant sur ses postérieurs.
- Le cheval de dressage courbe son encolure dans les exercices précis, tels que le piaffer ou la pirouette, qui exigent un rassembler et un engagement des postérieurs.
- Un cheval de cross étend la tête et l'encolure quand il monte un talus raide. Lorsqu'il descend une colline, il redresse la tête et l'encolure pour alléger son

avant-main et permettre aux postérieurs de s'engager et d'assurer une meilleure stabilité sur un sol irrégulier.
- Dans le travail du bétail, le cheval qui galope côte à côte avec le bovin déplace sa tête pour suivre les mouvements de celui-ci.
- Au grand galop, le cheval de course allonge la tête et l'encolure pour augmenter sa foulée et sa vitesse. Ce simple déplacement du centre de gravité accroît la vitesse et réduit la fatigue.

Fig. 1-6. Dans le travail du bétail, le cheval déplace la tête pour faciliter ses changements de direction.

- *Contrepoids*

Dans le saut, le cheval doit incurver l'encolure pour s'en servir comme contrepoids et former un arc en déplaçant l'une de ses extrémités, qui est ensuite équilibrée par l'autre. Le principe est semblable à celui de la balançoire. Le mouvement de bascule comporte plusieurs temps : extension et abaissement de la tête, arrondissement du dos, flexion de l'articulation lombo-sacrée et finalement engagement des postérieurs. Le cheval transforme ainsi son déplacement horizontal vers l'avant en un déplacement vertical de franchissement d'un obstacle.

L'encolure comme contrepoids

L'analyse du déplacement du cheval vers l'avant (au galop uniquement) montre que l'abaissement de la tête et de l'encolure étire les muscles du dos vers l'avant. Dans le déplacement du corps vers l'avant, propulsé par les postérieurs, l'arrière-main se soulève du sol et les postérieurs s'avancent en vue de la foulée suivante. Quand les membres sont rassemblés, la tête et l'encolure continuent à agir comme un contrepoids et quand les postérieurs

Fig. 1-7. Dans le saut, l'encolure du cheval lui sert de balancier.

sont à l'appui, la tête et l'encolure s'élèvent, l'avant-main se soulève ensuite et les antérieurs sont portés vers l'avant en vue de la foulée suivante.

Anatomie de l'encolure

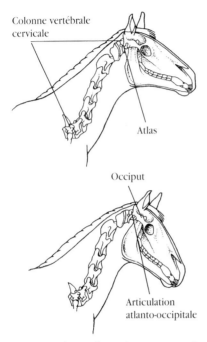

Fig. 1-8. **Articulation du « oui » permettant la flexion de la nuque.**

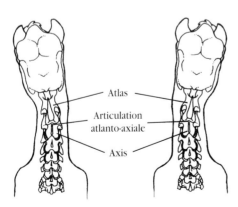

Fig. 1-9. **Articulation du « non » permettant les mouvements latéraux de la tête.**

La colonne vertébrale cervicale est entourée par les muscles de l'encolure et forme la charpente à laquelle s'attachent les ligaments et les muscles.

Articulation du « oui »

La colonne vertébrale cervicale est reliée à la base du crâne, formée par l'occiput au moyen de l'atlas, première vertèbre cervicale. L'articulation atlanto-occipitale ainsi formée permet des mouvements verticaux de la tête, d'où son nom d'articulation du « oui ».

La tête se déplace vers le haut et vers le bas sans mobiliser le reste de l'encolure ni le corps, mais la saillie des ailes de l'atlas réduit la mobilité latérale de cette articulation. En équitation, l'articulation du « oui » permet la flexion de la nuque achevant de tendre la ligne du dessus, ce qui contribue à la rigidité de celle-ci et améliore les performances du cheval.

Articulation du « non »

L'atlas s'unit avec l'axis (deuxième vertèbre cervicale) pour former l'articulation atlanto-axiale, également appelée articulation du « non », car elle permet à la tête de se déplacer d'un côté à l'autre. L'articulation a une extension très limitée, car l'apophyse odontoïde (dent de l'axis

ANATOMIE ET PERFORMANCES

s'engageant dans l'atlas et non visible sur les illustrations) presse contre ce dernier.

Autres articulations cervicales
Les autres articulations de la colonne cervicale ont une forme et des mouvements semblables. Elles sont capables de flexion, d'extension et de mouvements latéraux. Leur capacité de flexion et d'extension reste relativement constante pendant toute la vie du cheval, tandis que la téro-flexion de la partie moyenne de l'encolure diminue avec l'âge, d'où une réduction de la souplesse de l'encolure chez les chevaux âgés.

Longueur et forme de l'encolure

Tous les chevaux ont sept vertèbres cervicales dont la longueur respective détermine la taille totale de l'encolure. On peut comparer au balancier de l'équilibriste l'encolure qui se déplace pour maintenir l'équilibre du cheval.

Encolure courte
Une encolure courte limite l'amplitude de ses mouvements et de ceux de la tête et réduit leur capacité d'adaptation rapide, nécessaire au réglage fin de l'équilibre. Les encolures courtes sont souvent également musclées et épaisses, ce qui non seulement réduit leur souplesse, mais encore, augmente notablement leur poids. Une gorge épaisse, souvent associée à une encolure épaisse, gêne le passage de l'air à travers la trachée. Elle peut aussi limiter la flexion de la tête quand le cavalier demande au cheval de venir sur la main.

Fig. 1-10. Une gorge épaisse gêne la respiration.

• *Muscles cervicaux et longueur de la foulée*
Les muscles de l'encolure permettent à toutes les parties du corps de coopérer pour maintenir l'équilibre. Des muscles unissant l'encolure et l'épaule mobilisent les antérieurs à chaque foulée. Pour que l'arrière-main propulse efficacement le cheval, les épaules et les antérieurs doivent osciller librement.
La longueur de la foulée du cheval est en relation étroite avec celle de l'encolure : aux allures allongées les antérieurs ne peuvent jamais dépasser le bout du nez. Une encolure courte limite ainsi l'amplitude des mouvements des anté-

CONFORMATION ET PERFORMANCES

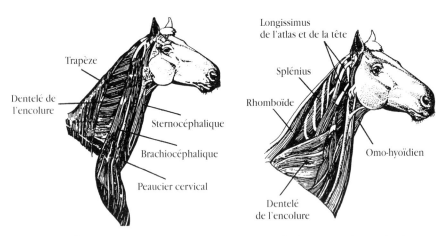

Fig. 1-11. À gauche, muscles superficiels de l'encolure. À droite, muscles profonds de l'encolure.

rieurs et peut contribuer à l'usure des membres, car un plus grand nombre de foulées est nécessaire pour parcourir une distance donnée. De courtes foulées hachées gaspillent l'énergie et fatiguent les membres.

Encolure longue

Une encolure assez longue et à musculature fine est bénéfique pour les chevaux travaillant à des allures rapides, comme les chevaux de course et d'obstacle. Une encolure trop longue est un handicap, car elle surcharge l'avant-main et déporte le centre de gravité vers l'avant, ce qui force le cheval à se déplacer sur l'avant-main et qui surcharge exagérément les antérieurs.

Au repos, les muscles cervicaux peuvent se raccourcir et s'allonger des deux tiers de leur longueur et portent ainsi l'épaule et l'antérieur vers l'avant dans la foulée. Dans une encolure trop longue, ils peuvent avoir plus de difficulté à développer une force suffisante et ont tendance à se fatiguer. L'encolure et la tête peuvent s'affaisser en surchargeant l'avant-main et en diminuant l'efficacité des mouvements. Si le cheval n'a pas la force de soutenir la tête et l'encolure, il a tendance à tirer sur les rênes pour y trouver un soutien.

Un autre exemple de relation entre conformation et fonction, est la prédisposition à l'hémiplégie laryngée ou cornage des chevaux à encolure mince et très longue. Pour une respiration efficace, le la-

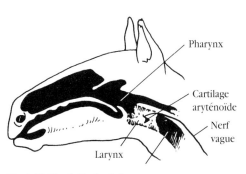

Fig. 1-12. Vue latérale de la gorge.

ANATOMIE ET PERFORMANCES

rynx doit être capable de s'ouvrir totalement à chaque inspiration. Les muscles qui écartent les cartilages aryténoïdes sont innervés par les deux nerfs laryngés récurrents, rameaux du nerf vague.

On pense qu'une encolure longue augmente les tractions sur les nerfs, et surtout le nerf laryngé récurrent gauche, ce qui les lèse et paralyse les muscles ouvrant le larynx. Ainsi, le cartilage aryténoïde gauche, contrôlé par le muscle paralysé, s'affaisse à l'intérieur du larynx, et le passage de l'air à travers le larynx rétréci est turbulent, ce qui produit le bruit de cornage. L'aptitude à l'effort et l'endurance sont diminuées. (Pour plus détails, voir les chapitres 5 et 6.)

Attache basse de l'encolure

L'idéal est que l'encolure s'unisse au thorax juste au-dessus de la pointe de l'épaule. Une encolure à insertion basse surcharge en effet l'avant-main en déplaçant le centre de gravité vers l'avant et vers le bas, ce qui réduit la mobilité de l'épaule et la longueur de la foulée. Une encolure portée horizontalement et allongée est idéale pour la compétition chez un cheval d'équitation de type Western, mais elle peut nuire sérieusement à la coordination et aux performances des chevaux d'obstacle, de concours complet ou de dressage.

Même dans les sports où une encolure horizontale est souhaitable, il peut être dangereux pour le cavalier et le cheval d'entraîner celui-ci à porter l'encolure trop basse car il se reçoit lourdement sur les antérieurs, ce qui augmente les chocs subis par ses membres. Une encolure insérée bas réduit la liberté de mouvement de l'épaule, si bien que le cheval a tendance à avoir des allures rasantes et trébuche souvent.

La configuration extérieure de l'encolure reflète la forme de la colonne vertébrale cervicale. Au cours du temps, les méthodes d'entraînement développent des groupes musculaires particuliers, mais la charpente osseuse reste invariable. La forme effective de l'encolure, plus que sa longueur, influe sur les allures du cheval.

Fig. 1-13. Cheval de loisir Western à encolure portée basse et horizontale.

Influence de l'encolure sur le port de tête

La forme de l'encolure et ses rapports avec le garrot et la tête déterminent le port de celle-ci. La tête portée normalement forme un angle de 45° avec le sol, ce qui optimise le champ de vision du cheval, tout en assurant la mobilité de la tête et de l'encolure nécessaires pour maintenir l'équilibre. Un tel port de tête ouvre le larynx et favorise une respiration efficace. Le mors porte ainsi sur les barres et ne glisse pas vers les joues, ce qui permet au cavalier de mieux contrôler sa monture.

Une tête portée selon cet angle normal permet aux muscles de l'encolure agissant sur l'épaule de l'élever, et l'antérieur peut ainsi osciller librement et avec une plus grande amplitude.

Encolure de cerf

Le cheval à encolure de cerf a tendance à porter la tête haute, ce qui lui creuse le dos, gêne l'engagement des postérieurs et la capacité à venir sur le mors. La tête haute, un cheval est incapable de se mouvoir avec efficacité en raison de la mauvaise connexion entre l'avant-main et l'arrière-main. Il est ainsi déséquilibré et les allures sont inconfortables à la fois pour lui-même et son cavalier. Quand le cheval « regarde les étoiles », le mors ne porte pas convenablement sur les barres, et la situation est aggravée par le fait qu'il relève davantage la tête pour échapper à la pression douloureuse du mors.

Fig. 1-14. Encolure de cerf.

Encolure rouée

Si l'encolure est fléchie, la tête est portée verticalement, ce qui limite le champ visuel du cheval. Les vertèbres cervicales forment un S, ce qui raccourcit fonctionnellement l'encolure. Ces facteurs sont importants à des niveaux élevés de dressage. Un port rassemblé de la tête est bénéfique pour la réalisation de déplacements latéraux précis. Le raccourcissement de l'encolure déplace le centre de gravité vers l'arrière et augmente la mobilité verticale de la tête et de l'encolure. La souplesse latérale est également augmentée, ainsi que la liberté de mouvement des épaules et des antérieurs.

Garrot

Étirement de la ligne du dessus

Dans de nombreuses disciplines sportives équestres, le but est d'obtenir une flexion longitudinale (voussure) de la colonne vertébrale de l'ensemble du dos et de la ligne de dessus.

Des muscles étirés sont des muscles détendus, ainsi moins exposés à se fatiguer et à se blesser. Une utilisation coordonnée des groupes de muscles donne davantage de force aux mouvements du cheval. Un étirement de toute la ligne du dessus et de l'encolure part du garrot (celui-ci est formé par la partie supérieure des 3e à 8e vertèbres thoraciques).

Rôle du garrot

Les muscles scalènes de l'encolure s'insèrent sur la première côte. Ces muscles élevant la base de l'encolure, un allongement du bras de levier au niveau du garrot améliore l'étirement de la ligne du dessus. La première côte étant tirée vers l'avant, la cage thoracique se dilate et la capacité respiratoire augmente, procurant vitesse et endurance.

Le ligament cervical ou nucal, important organe fibro-élastique en forme d'éventail, forme la crête de l'encolure et s'étend de la base du crâne au garrot, où il se fixe. Le ligament nucal soutient passivement la tête et l'encolure, en répartit le poids et assiste les muscles extenseurs de l'encolure et de la tête. D'autres muscles élevant la tête et l'encolure ou les déplaçant latéralement s'insèrent sur le garrot, ainsi que les groupes de muscles élevant l'épaule et étendant la colonne vertébrale.

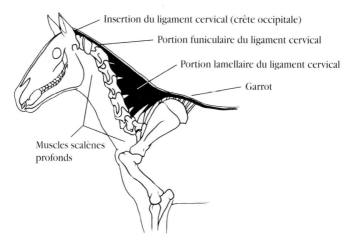

Fig. 1-15. Ligament cervical supportant la tête et l'encolure.

Une crête de l'encolure bien développée et s'étendant loin vers l'arrière sur le garrot augmente l'effet de levier. Le garrot se soulevant quand le cheval étire son encolure, la colonne vertébrale se vousse, ce qui permet aux postérieurs de s'engager et aux grassets et aux jarrets d'agir bien au-dessous du corps.

Ce mouvement particulier de voussure n'est pas seulement important chez les chevaux de dressage mais aussi chez ceux d'obstacle, de randonnée et d'équitation de type western. La souplesse et la flexibilité de la colonne vertébrale ne dépendent pas seulement de la conformation mais aussi d'une mise en condition.

CONFORMATION ET PERFORMANCES

Garrot élevé

Le garrot devrait dépasser le niveau de la croupe de 2,5 cm environ. Un garrot élevé augmente l'amplitude des mouvements des muscles de l'encolure et du dos qui s'y insèrent. Comme pour une balançoire, plus le point d'appui (le garrot) est élevé, plus les deux côtés de la balançoire (encolure et dos) peuvent se déplacer verticalement. Un garrot élevé et large donne une plus grande flexibilité au dos et à la colonne vertébrale. Le dos s'élève quand le cheval abaisse et étend son encolure.

Garrot bas

Fig. 1-16. Exemple de garrot bas.

Si le garrot est trop bas, la selle et le cavalier glissent vers l'avant, ce qui déplace le centre de gravité vers l'avant et augmente les chocs sur les antérieurs. La selle et le cavalier peuvent aussi blesser les garrots peu musclés.

Poitrine

Une poitrine bien conformée est profonde et spacieuse pour assurer une grande capacité respiratoire et loger un cœur bien développé. La profondeur de la poitrine est plus importante que sa largeur. Les côtes doivent être bien espacées et dirigées vers l'arrière, ce qui augmente la profondeur de la poitrine et permet une excellente expansion des poumons lors des activités sportives.

Bonnes largeur et profondeur de la poitrine

Une poitrine trop large ne laisse pas assez de liberté aux coudes, et le cheval est prédisposé à des irritations cutanées provoquées par la sangle. La poitrine doit avoir

Fig. 1-17. Pur-sang ayant une poitrine profonde et un bon garrot.

sa largeur maximale en arrière du garrot et des coudes, de façon à ne pas gêner les mouvements de l'épaule. Une poitrine étroite peut entraîner des interférences entre les membres, dont les sabots se croisent au cours de leurs déplacements ou blessent même la face interne du membre opposé.

Par exemple, un cheval serré du devant et cagneux, dont les sabots sont plus proches l'un de l'autre que ne le sont les épaules, jettera les pieds vers l'extérieur, « billardera » au cours des allures. S'il est panard, il jettera les pieds vers l'intérieur et ceux-ci seront susceptibles de blesser le membre opposé. La conformation « serré du devant » surcharge également la partie interne de l'articulation du genou et le métacarpien rudimentaire interne, ce qui augmente le risque d'apparition de suros.

Fig. 1-18. Cheval serré du devant et panard.

Épaule

Les os de la partie supérieure du membre ont la plus grande influence sur la liberté de mouvement du membre. Le rapport entre l'omoplate, os de l'épaule, et l'humérus, os du bras, détermine l'amplitude de l'oscillation du bras et la longueur de la foulée. L'idéal est que l'angle formé par l'omoplate et l'humérus soit supérieur à 90° et, de préférence, proche de 105°.

Longueur de la foulée

La longueur de la foulée du cheval dépend de l'angulation des articulations de l'épaule et du membre antérieur. Plus ses foulées sont longues, moins il doit en faire pour parcourir une distance donnée, moins il se fatigue et moins ses membres sont sollicités. Une foulée courte augmente au contraire le risque de boiterie, puisque les antérieurs subissent 65 % des chocs liés au soutien du poids du corps.

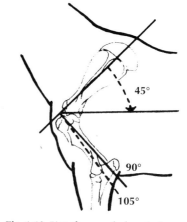

Fig. 1-19. L'angle scapulo-huméral doit être de 90° au moins.

Inclinaison de l'épaule

Une épaule formant un angle de 45° par rapport à l'horizontale entraîne anatomiquement un déplacement du garrot vers l'arrière et diminue les réactions

13

dues à la prise d'appui du membre subies par le cavalier. Une épaule inclinée répartit les insertions musculaires et ligamentaires sur une plus grande surface et amortit ainsi les chocs.

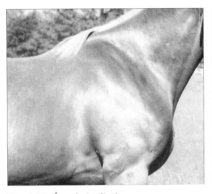

Fig. 1-20. Épaule inclinée.

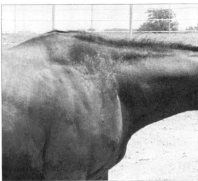

Fig. 1-21. Épaule verticale.

Épaule verticale

Si l'épaule est verticale et droite, le cheval mobilise davantage le genou qui s'élève fortement à chaque pas, ce qui entraîne des allures dépourvues de souplesse dans lesquelles les chocs sont transmis au cavalier. Le cheval couvre moins de terrain à chaque foulée et il se fatigue ainsi plus vite.

Antérieurs

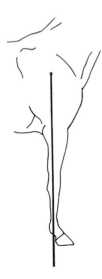

Observé de côté, le membre doit former une colonne rectiligne du coude au boulet. Cette rectitude permet une répartition régulière sur les os et les articulations de la charge et des forces de compression agissant sur le membre.

Un fil à plomb tombant du milieu de l'omoplate et coupant le boulet par le milieu doit atteindre le sol juste en arrière des talons. Tout écart dans la rectitude de la colonne prédispose à l'arthrose. Les troubles du développement des cartilages de croissance provoquent des défauts d'angulation des membres qui prédisposent à l'arthrose du fait de la répartition anormale des forces sur les articulations. Les exemples de ces

Fig. 1-22. Une ligne verticale divise toutes les parties du membre antérieur.

anomalies d'aplomb sont les genoux arqués (valgus du carpe), cambrés (varus du carpe), pieds panards (valgus du boulet) et pieds cagneux (varus du boulet).

Les chevaux à pieds cagneux souffrent souvent de formes phalangiennes, arthrose des articulations interphalangiennes du paturon ou du pied.

Bras

L'humérus doit être à moitié plus long que l'omoplate. Si la pointe de l'épaule est située haut, il est long et

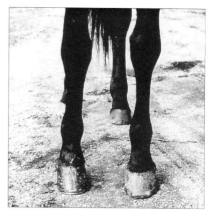

Fig. 1-23. Cheval cagneux.

incliné, ce qui ouvre l'articulation scapulo-humérale. Plus il est long, plus le cheval est capable d'écarter le coude du corps et si le cheval a plus de liberté pour déplacer le coude vers l'avant, cela améliore la longueur de sa foulée et sa capacité à sauter et à démarrer pour stopper un veau (*cutting*).

Si le cheval peut mobiliser son coude vers le côté, il est capable de déplacements latéraux importants dans le dressage, dans le polo et dans le travail du bétail.

Un sujet dont l'humérus est court, a des allures courtes et saccadées et il est peu apte à la vitesse et aux déplacements latéraux. Si l'humérus est horizontal, l'articulation scapulo-humérale se ferme. Le membre ne peut pas se fléchir fortement et le cheval est gêné dans les activités sportives, telles que le travail du bétail, la course aux tonneaux, le saut ou le polo.

Le coude doit être en avant du sommet du garrot pour que l'humérus ne soit pas horizontal. L'horizontalité de l'humérus fait en effet saillir le sternum du cheval, dont les antérieurs sont situés trop sous le corps. Il est difficile à un animal ainsi conformé d'avoir des allures équilibrées.

Avant-bras

Les muscles de l'avant-bras étendent le membre vers l'avant et absorbent les chocs des impacts des antérieurs. Des muscles bien développés et forts sont souhaitables. Un avant-bras long augmente l'amplitude de la foulée, et associé à un canon court et à un paturon de longueur moyenne il rend le membre structurellement stable, tout en permettant un effet de levier optimal et une force maximale des muscles et ligaments s'y insérant.

Genoux

Le genou (carpe) du cheval est normalement légèrement proéminent et pas tout à fait droit du fait de l'incurvation normale de l'os de l'avant-bras, le radius.

Sa face antérieure doit être presque plane et avoir la forme d'une plaque aux coins nets.

Anomalies des genoux
Une courbure excessive du radius fait que le genou est renvoyé, ce qui distend les tendons fléchisseurs et peut en provoquer un épaississement et une augmentation de volume.

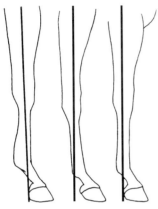

Fig. 1-24. De gauche à droite : cheval brassicourt, cheval à genou creux, cheval normal.

• *Genou « effacé » ou « renvoyé »*
Le genou est ainsi qualifié quand il est dévié vers l'arrière, c'est un défaut important qui provoque souvent des fractures des os du carpe chez les chevaux de course, et une arthrose dans les autres utilisations sportives. Un paturon droit jointé et un pied à pince longue et à talons bas équivalent fonctionnellement à un genou effacé, ils mettent excessivement à l'épreuve les articulations du genou et les tendons fléchisseurs et retardent la bascule du pied

• *Autres anomalies du genou*
On parle de « genoux de bovins » (valgus du carpe), quand les carpes sont déviés en direction l'un de l'autre. Ils sont dits « cambrés » (varus du carpe), quand ils s'écartent l'un de l'autre ; ces deux défauts prédisposent à l'arthrose.

Canon

On dit que le cheval est rétréci sous le genou, quand les mensurations du canon à sa partie supérieure sont inférieures à celles à sa partie inférieure. La largeur des tendons fléchisseurs et du ligament suspenseur du boulet est également diminuée en partie supérieure du canon, ce qui les expose à des distensions.
Quand le canon est décalé vers l'extérieur par rapport à la partie supérieure du membre, on parle de « genoux offset ou décollés », cette anomalie surcharge la partie médiale de l'articulation du genou.

Paturon

L'angle formé avec le sol par le paturon est important pour la stabilité des articulations de la partie inférieure du membre et la souplesse des allures. De façon générale, le pied, le paturon et l'épaule doivent former un angle semblable par rapport au sol. Le paturon doit être de longueur moyenne. Un paturon court est droit (droit jointé), alors qu'un paturon long tend à être incliné vers le sol (bas jointé).

ANATOMIE ET PERFORMANCES

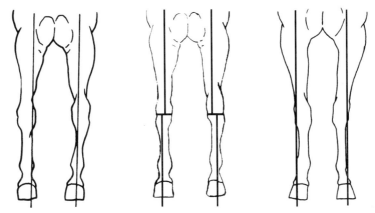

Fig. 1-25. De gauche à droite : genoux cambrés, genoux en pieds de bouc, genoux de bœuf.

Paturon court

Un paturon court amortit mal les chocs. Cela n'est pas seulement inconfortable pour le cavalier, mais augmente aussi les chocs subis par le tiers médian du pied, ce qui prédispose à la maladie naviculaire.

Paturon long

Un paturon long assure une monte confortable mais prédispose aux lésions tendineuses, car le boulet descend davantage à chaque prise d'appui. Une descente excessive du boulet augmente la traction subie par les tendons fléchisseurs. Les chevaux à paturon long font souvent des molettes sur les synoviales de l'articulation du boulet ou de la gaine des tendons fléchisseurs. Il existe également un risque de tendinite du tendon fléchisseur superficiel du doigt, du ligament suspenseur du boulet ou d'une sésamoïdite (inflammation des sésamoïdes proximaux).

 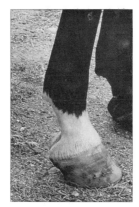 

Fig. 1-26. De gauche à droite : paturon court (conformation « court jointée »), paturon moyen, paturon long (conformation « long jointée »).

Dos

Les muscles de la croupe s'unissent au dos au niveau de l'articulation lombo-sacrée. Pour obtenir une force et une souplesse maximales ils doivent se prolonger sur le dos. Le rein ne peut pas se fléchir latéralement et un rein long affaiblit le dos. Un dos court, quant à lui, limite l'amplitude des mouvements d'élévation des antérieurs, et cette amplitude est importante pour la vitesse et le saut et dans le travail du bétail.

Un dos trop long peut finir par s'enseller à mesure que les muscles qui le soutiennent s'affaiblissent avec l'âge. Un cheval ensellé souffre souvent de douleurs dorsales chroniques. Un dos long empêche également le cheval d'effectuer facilement des déplacements latéraux. Les côtes et l'engrènement des facettes articulaires des vertèbres lombaires l'empêchent d'effectuer une flexion latérale en avant de la 9e vertèbre thoracique. La capacité de flexion et de rotation est maximale en arrière de l'emplacement de la selle et de la jambe du cavalier.

Rein

Le rein idéal est court, avec un intervalle d'une main seulement ou de 20 cm environ entre la dernière côte et la pointe de la hanche. Le cheval utilisant bien son rein a également des muscles fessiers arrondis permettant l'élévation des postérieurs et des quadriceps développés tirant les membres postérieurs vers l'avant. Un rein trop long et faible entraîne un manque de puissance de l'arrière-main et un mauvais développement des fessiers et des quadriceps.

Rein et attitude

Quand le cheval porte la tête et l'encolure dans la position convenant pour l'appui sur le mors, il engage ses postérieurs pour détendre et arrondir le dos, ce qui permet une utilisation plus efficace des antérieurs. Son poids se répartit régulièrement sur les antérieurs et les postérieurs et le cheval est ainsi équilibré et agile. Une attitude équilibrée

Fig. 1-27. Cheval arabe bien conformé ayant un bon dos, un rein court et une croupe bien ronde.

permet une extension et une flexion complètes de l'épaule, ce qui allonge la foulée et assouplit les allures et les rend aériennes.

Arrière-main

Dans de nombreux sports, le cheval doit avoir un équilibre parfait et être capable de virer rapidement et de s'arrêter soudainement. Il supporte normalement 65 % de son poids sur les antérieurs. Le travail du bétail, la randonnée équestre, le polo, le dressage et le saut ont au moins un point commun : celui d'exiger que le cheval transfère son centre de gravité vers l'arrière-main. Sans une arrière-main puissante, il ne peut pas avoir de bonnes performances. La force de propulsion du corps prend son origine dans le bassin et une arrière-main forte signifie puissance et impulsion.

Effets de l'exercice sur l'arrière-main

Tout comme les exercices de gymnastique renforcent les groupes musculaires concernés chez l'homme, l'entraînement du cheval développe sa musculature et lui permet de conserver son équilibre dans les changements d'allure et ses divers déplacements.

Le rassembler du cheval commence dans l'arrière-main, précisément au sommet de la croupe, au niveau de l'articulation lombo-sacrée et se poursuit à travers le dos, le garrot et l'encolure jusqu'à la nuque. Si l'on compare l'arrière-main du cheval à un moteur en raison de son rôle de propulsion, l'articulation lombo-sacrée est alors la transmission ; elle permet au bassin et aux postérieurs de s'engager sous le corps, les muscles abdominaux contribuant aussi à cet engagement.

Direction de la croupe

La direction de la croupe s'apprécie à l'inclinaison de la ligne joignant la pointe de la hanche à la pointe de la fesse. Plus la croupe est longue et inclinée, plus le cheval a de puissance. Un animal à croupe très inclinée développe une poussée vers le haut supérieure, mais ses enjambées sont courtes. Voir l'inclinaison et la largeur de la croupe des chevaux de trait, qui sont l'exemple même de la puissance et qui poussent avec leur arrière-main. Par ailleurs, une croupe tendant à l'horizontalité améliore la vitesse, surtout dans le trot.

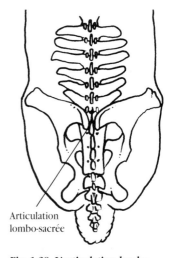

Articulation lombo-sacrée

Fig. 1-28. L'articulation lombo-sacrée permet le pivotement et la rotation de l'arrière-main.

CONFORMATION ET PERFORMANCES

Plus horizontale, elle permet l'extension de l'articulation de la hanche, le postérieur étant lui-même étendu. Cette conformation donne des allures amples et souples.

La croupe idéale est inclinée de 25°, et relativement longue par rapport au corps. Des muscles de la croupe longs ont une plus grande amplitude de contraction, ce qui améliore la vitesse. Une croupe plus courte réduit les effets de levier et la puissance des muscles.

L'arrière-main doit avoir une grande hauteur, définie comme celle du triangle formé par la pointe de la hanche, la pointe de la fesse et l'articulation du grasset. Les meilleures performances sportives sont obtenues avec une cuisse longue et perpendiculaire et une jambe un peu plus courte que la cuisse.

Fig. 1-29. Trotteur bien conformé avec une bonne inclinaison de la croupe.

Grasset

Le grasset doit être au même niveau que le coude ; il est légèrement tourné vers le dehors, ce qui permet au postérieur d'être mobilisé sans être gêné par l'abdomen. L'orientation préférée pour le grasset fait que de nombreux chevaux sont légèrement panards des postérieurs. Une cuisse longue et une jambe courte et bien musclée sont avantageuses dans toutes les disciplines sportives, à l'exception de la course. Chez les chevaux de course, en particulier les sprinters, une croupe, une cuisse et une jambe longues augmentent les effets de levier et favorisent la puissance, la longueur des enjambées et la vitesse.

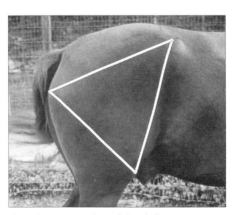

Fig. 1-30. Forme triangulaire de la croupe.

Un postérieur relativement rectiligne est plus efficace pour pousser sur le sol, ce qui est utile dans le saut, le trot et la capture des bovins au lasso ; cependant, si le postérieur est trop droit, des sollicitations excessives du grasset et du jarret peuvent provoquer une arthrose. Ces chevaux sont également prédisposés à l'accrochement de la rotule, dans lequel un ligament du grasset bloque cette dernière, et à une ténosynovite du tendon d'Achille, juste au-dessus du jarret.

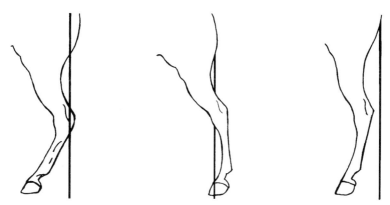

Fig. 1-31. Mauvaise conformation des postérieurs, de gauche à droite : jarret coudé, aplomb « campé », aplomb « sous lui de derrière ».

À l'opposé, un postérieur long, aux angles articulaires marqués, place le jarret sous le corps, ce qui est important dans le dressage et le travail du bétail. La longueur de l'enjambée augmente avec l'angulation des articulations du postérieur. Lorsque cette angularité s'accentue, le cheval peut être « campé du derrière », avec les postérieurs prenant appui derrière le corps, ou « sous lui de derrière », en particulier si les jarrets sont « clos ». Les chevaux ayant une telle conformation sont exposés à :
- la **synovite** ou les vessigons de l'articulation tibio-tarsienne, accumulation de synovie dans l'articulation enflammée du jarret
- l'**éparvin**, arthrose du jarret
- la **jarde**, épaississement du ligament tarsien plantaire.

Si les postérieurs sont trop longs et fortement angulés, la croupe peut s'élever plus haut que le garrot à chaque enjambée, ce qui donne des allures dures et inconfortables.

Plus de 80 % des boiteries des postérieurs ont leur origine dans les articulations du jarret et du grasset, dont la conformation est ainsi très importante pour que le cheval conserve ses aptitudes. Toutes les disciplines sportives déplaçant le centre de gravité du cheval vers l'arrière, comme le dressage et le travail du bétail, sollicitent davantage ces articulations.

Fig. 1-32. Éparvin.

Postérieur

Une verticale abaissée de la pointe de la fesse doit passer par la pointe du jarret puis suivre le bord postérieur du tendon jusqu'au boulet.

Postérieur « en poteau »

On qualifie ainsi un postérieur qui est trop droit. Cette conformation défectueuse augmente les sollicitations et les chocs subis par les articulations. Les gaines tendineuses ont tendance à présenter des engorgements, résultant d'une circulation sanguine défectueuse. Les chevaux à postérieurs trop droits sont prédisposés à l'accrochement de la rotule, à l'arthrose, aux vessigons du jarret et à l'éparvin.

Jarrets

Les jarrets se fléchissent et s'étendent alternativement pour soutenir le corps et le propulser. Des jarrets « bas », du fait d'une brièveté relative du canon, ont plus de force pour pousser et virer rapidement. Cette force est importante dans toutes les activités comportant des sprints. Il est également souhaitable que le jarret soit « ouvert » et forme un angle d'environ 160°.

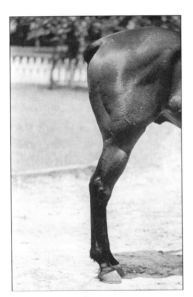 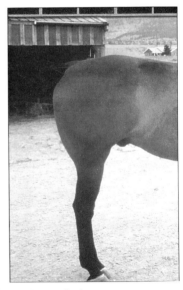

Fig. 1-33. À gauche : postérieur normal, à droite : jarrets droits.

ANATOMIE ET PERFORMANCES

Fig. 1-34. À gauche : « jarrets clos » chez un cheval de trait. À droite : aplombs postérieurs d'un cheval arabe.

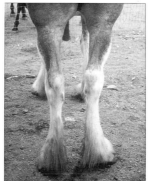
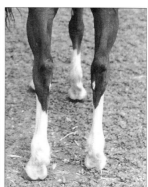

• *Jarrets clos*

Un cheval ayant des jarrets véritablement clos, a une conformation très différente de la panardise normale des chevaux arabes et Trakehner. Vu par-derrière, le cheval à jarrets clos a les boulets beaucoup plus écartés que les pointes du jarret. Un sujet simplement panard a les boulets placés au-dessous des jarrets et ses membres postérieurs ne se dévient vers le dehors qu'à partir du boulet. Les jarrets clos surchargent la partie médiale des grassets et des jarrets et prédisposent à l'arthrose.

Les caractéristiques de la partie inférieure du membre déterminant son efficience mécanique sont les mêmes pour les postérieurs que pour les antérieurs. Il est ainsi souhaitable que les postérieurs aient un canon court de façon à ce que les tendons puissent tirer efficacement sur la pointe du jarret pour produire l'impulsion. Les boulets doivent être « secs et nets », sans enflure ni déviation, les paturons doivent être forts, bien conformés et de longueur moyenne.

2

UN SQUELETTE SOLIDE

Le squelette forme une charpente sur laquelle se fixent les muscles, les tendons et les ligaments. L'efficacité des mouvements dépend de sa conformation. Le squelette et les muscles qui s'y superposent agissent comme des leviers et des poulies. On parle beaucoup des relations entre la taille, la forme et la structure des os et les performances. Il est certain que leur architecture interne est importante en ce qui concerne la capacité du cheval à absorber des chocs sans devenir boiteux (voir les schémas de l'anatomie du squelette et des muscles dans les annexes, page 509 et suivantes).

RÉSISTANCE DE L'OS

Remaniements internes

Les boiteries sont la cause principale de mauvaises performances chez l'athlète équin. Ses potentialités peuvent être définitivement compromises si on lui impose prématurément des exercices éprouvants.

L'os est un organe dynamique dont la forme et la masse se modifient constamment en fonction des forces qu'il subit. Une connaissance

Fig. 2-1. La forme et le volume de l'os varient en permanence selon les contraintes qu'il subit.

UN SQUELETTE SOLIDE

minimale de ces modifications à l'échelle microscopique permet aux propriétaires ou aux entraîneurs d'agir sur la résistance des os par une mise en condition.

Les os se modifient en augmentant ou en diminuant leur masse pour s'adapter aux forces qu'ils subissent. On appelle ostéoblastes les cellules formant de l'os nouveau qui produisent de l'os dans les parties plus faibles. Le tissu osseux est un des rares tissus de l'organisme capable de se régénérer plutôt que de se réparer par cicatrisation. Des cellules appelées ostéoclastes détruisent l'os (ou le résorbent) dans les parties de l'os qui ne sont plus mises à l'épreuve.

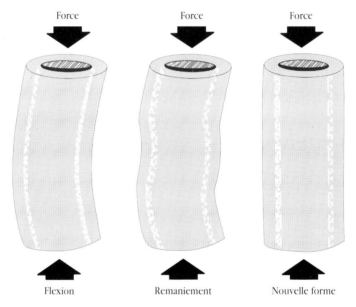

Fig. 2-2. Remaniement de l'os en réponse aux contraintes. Il devient plus fort et moins déformable sous l'effet des contraintes.

On appelle remodelage ces processus dynamiques. L'os est riche en vaisseaux sanguins qui lui apportent l'oxygène et les éléments nutritifs nécessaires aux remaniements et à la minéralisation l'adaptant aux forces qui agissent sur lui.
Le squelette est également un réservoir de calcium et de phosphore. Le dépôt ou le retrait de ces matières minérales sont contrôlés par :
- les sollicitations mécaniques subies par les os,
- l'équilibre entre les hormones produites par les glandes endocrines,
- l'alimentation.

L'os répond aux sollicitations mécaniques en modifiant sa structure et son type, ainsi que sa masse. L'âge détermine les hormones les plus actives sur le squelette ; par exemple, pendant la croissance, celui-ci est sous l'influence des hormones favorisant sa minéralisation.

RÉSISTANCE DE L'OS

Au cours de la maturation de l'os, les substances minérales (calcium et phosphore) se déposent dans l'os aux dépens du liquide extracellulaire qui forme 65 % des tissus. Lorsque le cheval est pleinement adulte, les substances minérales forment 95 % de l'os. On appelle teneur en minéraux de l'os (TMO) la quantité de minéraux que celui-ci contient. Le remaniement interne des os se fait sans modification visible de leur forme, et bien qu'invisible, elle a une influence considérable sur la résistance intrinsèque et l'état de maturité du squelette du cheval.

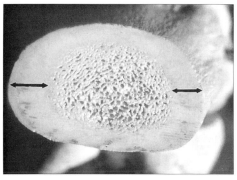

Fig. 2-3. Coupe transversale de l'os du canon. Sa plus grande épaisseur à gauche montre les effets du remaniement osseux.

Indicateurs de la résistance des os

On appréciait autrefois la maturité du squelette du cheval en recherchant par la radiographie la fermeture des plaques de croissance et en évaluant subjectivement la croissance et le développement corporel. Des recherches récentes sur les sollicitations du squelette chez les chevaux de course jeunes indiquent que la résistance de l'os ne dépend pas seulement de la fermeture des cartilages de croissance, mais aussi de la surface de la section transversale de l'os et de sa teneur en minéraux.

Celle-ci augmente en effet avec la maturation du squelette, en particulier si elle s'accompagne d'une mise en condition intelligente du jeune cheval. La résistance de l'os s'accroît de façon logarithmique avec l'augmentation de la surface de section transversale et permet finalement au squelette de supporter des sollicitations plus importantes.

On peut déterminer la résistance structurelle effective du cheval en mesurant son tour de canon juste au-dessous du genou. Pour une résistance optimale, celui-ci doit faire au moins 7 pouces (1 pouce = 2,54 cm) de circonférence par 480 kg de poids corporel. Ces chiffres permettent de déterminer la circonférence idéale du canon d'un cheval donné. La formule est la suivante :

$$\frac{7 \text{ pouces } (17,78 \text{ cm}) \times \text{poids corporel du cheval}}{1\,000 \text{ livres } (480 \text{ kg})} = \text{circonférence idéale}$$

Ainsi pour un cheval de 360 kg :

$$\frac{17,78 \text{ cm} \times 360 \text{ kg}}{480 \text{ kg}} = \text{circonférence idéale,}$$

donc, 13,335 cm (5,25 pouces)

UN SQUELETTE SOLIDE

La formule aide le propriétaire ou l'entraîneur à fixer des objectifs de mise en condition pour un animal donné. Si le tour de canon est inférieur à la circonférence idéale, le cheval doit faire des exercices renforçant le squelette. Son âge et sa maturité physique influent également sur la surface de section et la teneur en minéraux de l'os. Ces facteurs déterminent la capacité des os à résister aux sollicitations mécaniques.

La question est de renforcer le corps et le psychisme du jeune cheval sans surmener son appareil locomoteur. L'alimentation et des protocoles d'entraînement peuvent accélérer la croissance et la maturation. Des facteurs génétiques et de race sous la dépendance du temps, déterminent la maturité du squelette. Des programmes de mise en condition peuvent cependant améliorer la résistance finale du squelette et donner un sportif qui durera. Le temps pris pour mettre convenablement en condition le jeune cheval de sport sera largement récompensé par sa santé ultérieure.

Exercice et solidité de l'os

Les forces agissant au cours de l'exercice stimulent le remaniement des os supportant le poids du corps. L'exercice augmente la résistance des os en accroissant leur masse et leur teneur en minéraux ; la quantité, mais pas nécessairement sa qualité. Les études de médecine sportive humaine montrent que la masse osseuse des athlètes en activité est jusqu'à 20 % supérieure à celle des non-athlètes.

Importance d'un exercice régulier

Fig. 2-4. Un bon programme d'entraînement du jeune cheval développe un athlète qui aura une longue carrière sportive.

Les études de médecine sportive indiquent qu'un autre facteur important s'applique au cheval de sport. Ce n'est pas seulement l'exercice qui augmente la minéralisation de l'os, mais surtout le rythme auquel les forces mécaniques s'appliquent. Des courses régulières, progressivement allongées, augmentent efficacement la minéralisation des os, alors qu'un exercice occasionnel et rare a peu d'effet. Une mise en condition systématique est indispensable pour renforcer le squelette.

L'exercice quotidien n'a pas à être excessif ni prolongé. Il existe un seuil à partir duquel la minéralisation de l'os est stimulée et au-delà duquel un exercice supplémentaire n'augmente plus la teneur en minéraux. Une sollicitation du squelette par un court exercice quotidien (par exemple 20 à 30 minutes) stimule autant le développement de l'os qu'un long travail. Le temps nécessaire pour renforcer le squelette peut varier selon la maturité et la condition physique du sujet.

Techniques d'entraînement

Un bref exercice vigoureux intermittent est des plus efficace pour augmenter la surface de section et la minéralisation des os du cheval. Après un échauffement de 10 à 15 minutes, un sprint court ou un exercice en côte de 20 minutes est plus efficace qu'un petit galop de 5 km. Une augmentation progressive de l'exercice renforce également les muscles, les tendons et les ligaments de l'animal. Un tel programme se rapproche de l'entraînement par intervalles, qui développe l'appareil locomoteur du jeune cheval sans le surmener (voir le chapitre 6 pour plus de détails sur l'entraînement fractionné).

Inactivité

Une diminution de la pesanteur ou l'apesanteur complète ont pour effet contraire de provoquer une déminéralisation du squelette. Le cas de l'homme et des vols spatiaux en est le degré extrême, l'alitement un moindre degré. Ces cas particuliers ne concernent évidemment pas les chevaux de sport, mais l'application d'un plâtre ou une non-utilisation prolongée d'un membre blessé affaiblissent les os de la même façon. L'os se déminéralise : les ostéoclastes dissolvent l'os existant, alors que les cellules fabricant l'os restent inactives. Tenant compte de ce risque, la rééducation d'un cheval blessé doit être progressive.

L'administration de doses excessives de corticostéroïdes peut aussi provoquer une raréfaction de l'os ou empêcher son développement. Un tel problème peut également résulter de la production d'un excès de corticostéroïdes par le

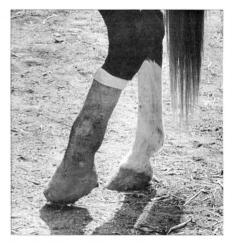

Fig. 2-5. L'immobilisation liée à une blessure peut diminuer la résistance de l'os.

UN SQUELETTE SOLIDE

cheval lui-même, quand il subit un stress psychologique, comme c'est le cas lors de douleurs chroniques, de surentraînement et de compétitions.

RÉPONSE DE L'OS AUX FORCES BIOMÉCANIQUES

On qualifie de biomécaniques les forces auxquelles les os sont soumis pendant l'appui. La physique précise les différents effets des forces agissant sur l'os. On mesure la force agissant par unité de surface ; on appelle contrainte le degré de déformation de l'os sous l'effet du stress. L'élasticité est la propriété de l'os lui permettant de reprendre sa forme initiale après disparition de la force. La rigidité est sa capacité à résister à la déformation par la force. Par exemple, comme un cheval supporte 65 % du poids de son corps sur les antérieurs, l'os du canon reflète les remaniements osseux dus aux contraintes biomécaniques. L'os du canon ressemble à un cylindre, et d'après les lois de la physique, la résistance totale d'un cylindre est fonction de la surface de sa section et de la résistance élastique de la matière le composant. Au cours de la croissance, la surface de section augmente, alors que la résistance élastique reste fondamentalement constante. La capacité totale de soutien des os du cheval augmente de façon proportionnelle à l'augmentation de sa taille et de son poids.

Fig. 2-6. En évoluant vers la maturité, les os du poulain deviennent plus forts par l'augmentation de leur surface de section.

Reminéralisation

Les matières minérales renforcent le tissu conjonctif de l'os, formé de collagène fibreux. Non seulement les matières minérales augmentent la densité de l'os, mais aussi sa rigidité et sa résistance aux déformations.

Au cours de la maturation du cheval, ses os deviennent de plus en plus solides et de plus en plus capables de résister aux pressions axiales dues à l'appui. Là encore, cela se fait par augmentation de la surface de section et de la minéralisation des os et par la transformation de l'os juvénile à organisation désordonnée en os compact adulte fortement structuré.

Forces agissant sur l'os

Les chocs liés à l'exercice exercent des forces biomécaniques diverses sur l'os :
- compression axiale (force s'exerçant directement dans l'axe de l'os),
- tension axiale (forces opposées),
- torsion.

La structure et l'organisation interne complexes de l'os lui permettent de résister aux blessures ou aux lésions microscopiques dues aux forces biomécaniques.

Compression et tension

Le tissu conjonctif de l'os est responsable de la résistance aux tensions (tractions), alors que son contenu minéral détermine la résistance à la pression et la rigidité. La composante minérale de l'os lui donne une résistance maximale, car elle est la plus apte à résister aux pressions.

Des chocs excessifs et répétés sur les membres diminuent progressivement la solidité et la rigidité des os, ce qui les expose à se fatiguer et à se léser. Les performances du cheval se dégradent et l'animal risque de se blesser et de boiter.

Torsion

Les membres du cheval résistent à des pressions considérables mais leur résistance à la torsion est seulement le tiers de celle à la pression. Des torsions résultent :
- d'une mauvaise conformation,
- d'angulations anormales des membres,

UN SQUELETTE SOLIDE

- de sols de composition hétérogène,
- d'irrégularités de l'humidité et de la souplesse du sol,
- de la présence de crampons sur les fers.

Ces différents facteurs exposent fortement les chevaux à des lésions osseuses.

Forces de propulsion

Au pas, la plus forte sollicitation du membre se produit à la phase de soutien, quand le pied est soulevé. La principale force s'exerçant sur le membre est une tension due à la traction des tendons. Au galop, les os sont exposés aux forces résultant des impacts avec le sol et se produisant quand le pied est porté à l'appui et frappe le sol.

Forces multiples

La section de l'os n'est pas uniforme. Sa forme varie le long de la diaphyse et l'épaisseur de sa paroi également. Ces variations font que des forces différentes s'appliquent simultanément sur un même os.

Des contraintes et des déformations résultent de l'action simultanée de forces multiples :
- tractions des muscles, tendons et ligaments,
- effets de l'appui et du soutien du poids du corps,
- forces dues aux chocs avec le sol.

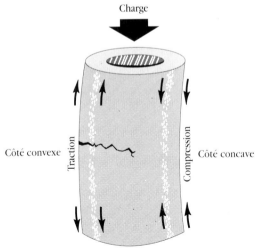

Fig. 2-7. Si le côté soumis à une traction cède, l'os se fracture.

Fractures

Lorsque les forces appliquées à l'os dépassent sa résistance, une fracture en résulte. La résistance de l'os à la traction est seulement les deux tiers de sa résistance à la pression. Quand l'os est comprimé, il s'élargit, un côté est comprimé (face concave) et refoule ce qui incurve l'autre côté (face convexe), qui est ainsi mis sous tension, et qui peut céder et se rompre.

SOINS DU JEUNE SQUELETTE

Danger des forces biomécaniques excessives

De l'âge de trois mois à un an, la résistance de l'os du cheval à la pression s'accroît grâce à l'augmentation de sa minéralisation. Cette résistance reste stable jusqu'à l'âge de trois ans. Elle augmente à nouveau entre 4 et 5 ans, à mesure que la teneur en minéraux du squelette s'élève, jusqu'à l'âge de 7 ans environ.

Troubles osseux des chevaux de sport jeunes

Des sollicitations excessives répétées des os jeunes provoquent des troubles. 70 % des pur-sang de 3 ans souffrent de *sore shins* (microfractures des faces antérieures et médiales des os du canon). Un problème humain semblable, appelé *shin splints*, affecte la partie inférieure des tibias. Il se produit initialement des microfractures sur la corticale des os, mais une surcharge éventuelle peut provoquer une fracture complète.

Activités dangereuses pour le squelette
Pour protéger les jeunes chevaux de sollicitations biomécaniques excessives, il faut éviter ou soigneusement contrôler certaines activités, telles que :
- le port d'un cavalier,
- le travail à la longe, même en grands cercles, qui soumet les os et surtout les articulations immatures à des forces de torsion,
- les sauts qui surchargent fortement les membres,
- le travail prolongé, surtout à grande vitesse, particulièrement nocif pour le squelette en croissance.

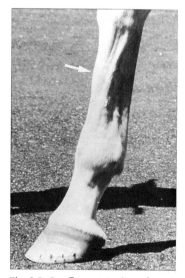

Fig. 2-8. Gonflement typique du *sore shin.*

Fatigue osseuse

Quand l'os commence à perdre son élasticité après avoir été déformé par des mises en charge et des décharges successives, il a atteint un état de fatigue.

UN SQUELETTE SOLIDE

Pour illustrer comment les charges s'appliquant différemment elles affectent la solidité des os, on peut considérer l'exemple suivant. Si un pur-sang court en ligne droite à sa vitesse maxima, en supposant toutes choses normales par ailleurs, il peut courir 30 km avant de présenter des troubles par fatigue de l'os du canon. S'il court en circuit, la charge par unité de surface augmente spectaculairement. Par suite de la mise en charge inégale des os, il ne peut parcourir que 300 m, au lieu de 30 km, avant qu'une fatigue osseuse n'apparaisse. Il existe un niveau d'exercice qui fait passer les os d'un état de fatigue à un de surcharge, avec des conséquences ultérieures catastrophiques.

Maturité osseuse

Les différentes races atteignent la maturité à des âges différents. La fermeture des plaques de croissance des os longs n'est plus le seul critère utilisé pour déterminer l'âge où les chevaux peuvent commencer une activité sportive. Un seul os long, le radius, à partie distale surmontant le genou, servait autrefois à évaluer l'ensemble du squelette. Chez la plupart des chevaux, les plaques de croissance des os longs se ferment à l'âge de 3 ans. Celui du radius se ferme par exemple à 2-3 ans chez les pur-sang et les trotteurs américains. Une fois les cartilages de croissance fermés, les os ne se développent plus en longueur mais se transforment en os plus mature et plus minéralisé et se remanient pour s'adapter aux contraintes biomécaniques.

L'AERC (*American Endurance Ride Conference*) et la NATRC (*North American Trail Ride Conference*) reconnaissent la nécessité de ce que le cheval ait atteint

 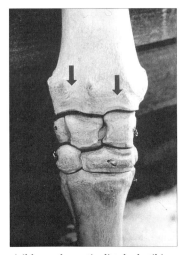

Fig. 2-9. À gauche, cartilage de croissance visible sur la partie distale du tibia d'un jeune cheval. À droite : fermeture du cartilage de croissance sur la partie distale du radius d'un sujet adulte.

sa maturité osseuse avant d'être exposé aux efforts prolongés des épreuves d'endurance. Les règles de l'AERC exigent qu'il ait atteint 5 ans avant de participer à des courses d'endurance de 80 km et 4 ans pour les courses de 40 km. On allonge considérablement la carrière sportive du cheval en laissant son squelette poursuivre sa maturation jusqu'à l'âge de 5 ans, avant de lui demander des efforts intenses.

Besoins nutritifs du jeune cheval

Une bonne alimentation du jeune cheval en croissance favorise le développement normal des os et des articulations. Celle-ci doit apporter des quantités appropriées de protéines et de minéraux avec un rapport phosphocalcique de 1,5. Les excès de certains minéraux, de protéines et d'énergie ou un rapport phosphocalcique supérieur à 2 peuvent entraîner des problèmes orthopédiques graves. Les exemples de ces troubles de la croissance comprennent :
- des épiphysites : inflammation des plaques de croissance,
- l'ostéochondrose : ossification incomplète de l'os sous-jacent au cartilage articulaire entraînant la formation de kystes ou un décollement partiel du cartilage,
- des rétractions tendineuses,
- des déformations en angulation des membres.

Il faut consulter un vétérinaire ou un spécialiste de l'alimentation du cheval pour garantir un régime équilibré. Une bonne alimentation assure le développement d'os

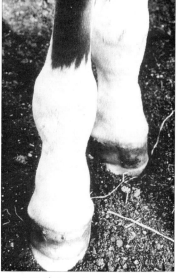

Fig. 2-10. Épiphysite du boulet chez un poulain.

plus sains et plus solides et permet au potentiel génétique de se concrétiser. De plus, une alimentation irrégulière et déséquilibrée entraîne des déformations du squelette et l'affaiblit (voir le chapitre 7 pour des informations complémentaires sur l'alimentation).

Pré-entraînement

On peut entraîner un jeune cheval sans le soumettre à des efforts excessifs. En laissant le poulain inactif dans un box, on perd l'occasion d'établir les bases d'un dé-

Fig. 2-11. En jouant, les poulains au pré développent des os et des muscles solides.

veloppement athlétique. Il faut le mettre au pré pour lui permettre de jouer. Cette activité fortifie les os et les muscles et développe les réflexes. Il apprend à utiliser son corps comme un athlète. Une autre façon de développer des os solides chez le poulain consiste à le sortir derrière la jument sur de courtes distances.

Entre un et trois ans

Le travail avec une longe longue ou l'attelage à une carriole légère conviennent parfaitement pour assouplir et fortifier le cheval en croissance âgé d'un à trois ans et le préparer aux épreuves futures, tout en le préservant. Le jeune cheval apprend la discipline et l'obéissance et s'habitue au contact du harnachement. Ce type de travail lui apprend aussi les commandements vocaux et la perception du mors et des rênes. En tant que méthode de dressage, l'attelage permet le développement corporel du cheval tout en exerçant sa concentration et son acceptation de l'autorité.

Entre trois et quatre ans

Dans de nombreuses races, le port d'une charge doit être retardé jusqu'à l'âge de 3 ou 4 ans. Il faut même retarder davantage tout travail en cercle serré et offrir au jeune cheval de vastes espaces ouverts et augmenter progressivement la durée de ses sorties et la longueur parcourue. On applique ainsi au mieux le principe d'un exercice régulier développant le squelette. Entre 3 et 4 ans, il faut commencer un entraînement progressif à la vitesse après en avoir établi les bases par une mise en condition grâce à un travail à faible allure sur de longues distances. Au fur et à mesure que l'appareil locomoteur atteint sa maturité et s'adapte à une mise à l'épreuve croissante, l'appareil cardio-vasculaire se développe également et s'adapte à la mise en condition en développant les lits capillaires et les systèmes enzymatiques. Le cheval acquiert progressivement une endurance corporelle et psychique. L'élevage du jeune cheval est une longue entreprise et le cheval est un animal trompeur à élever. En raison de sa taille et de sa force brute, on risque de lui demander plus qu'il ne peut fournir longtemps avant qu'il n'en soit physiquement et psychiquement capable. Pour lui permettre de réaliser pleinement ses potentialités sportives, il faut prévenir les problèmes par un programme intelligent de mise en condition et par une alimentation de qualité au cours des années de croissance.

3

AMÉLIORATION DES PERFORMANCES

L'athlète équin a des muscles bien dessinés et fermes. Il a besoin de ses muscles pour lui soutenir le squelette et les articulations, pour se déplacer et pour transformer en énergie mécanique l'énergie contenue dans les aliments et mise en réserve. Les muscles squelettiques forment plus du tiers de son poids. Le tissu musculaire est capable d'adaptations variées en réponse à l'entraînement et à la mise en condition (voir les schémas d'anatomie du squelette et des muscles dans les annexes à partir de la page 511).

ALIMENTS ET ÉNERGIE

Pour exploiter pleinement ses potentialités sportives, le cheval suivant un programme rigoureux de mise en condition et d'entraînement doit recevoir une alimentation fortement énergétique. Les aliments sont le combustible assurant les fonctions biologiques normales de la vie quotidienne, ainsi que le travail musculaire intense. Les principaux composants des aliments sont les glucides (hydrates de carbone), les graisses et les protéines. Du point de

Fig. 3-1. Les muscles représentent plus du tiers du poids du corps.

AMÉLIORATION DES PERFORMANCES

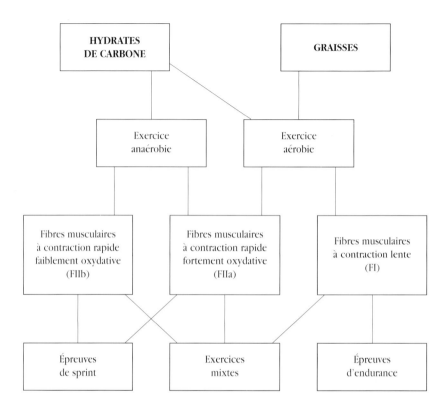

Fig. 3-2. Principaux combustibles du muscle.

vue métabolique, les protéines sont une source d'énergie coûteuse car leur métabolisation consomme plus d'énergie que les autres composants alimentaires alors qu'elles n'en fournissent que très peu pour le travail des muscles en comparaison des glucides et des lipides qui sont ainsi les combustibles les plus importants pour le travail musculaire.

Combustibles musculaires

Les glucides sont des composés organiques formés de carbone, d'hydrogène et d'oxygène. Les graisses sont formées de glycérol et d'acides gras. Les céréales, le foin et l'herbe fournissent des glucides et des graisses, qui sont digérés par la flore microbienne du tube digestif. Les huiles végétales sont ainsi un complément alimentaire important pour les chevaux de compétition. Les glucides et les graisses fournissent aux cellules musculaires le combustible procurant l'énergie nécessaire au travail. Au cours du transit des matières alimentaires dans l'intestin, le glucose et les acides gras sont absorbés et passent dans le sang.

Glucose/glycogène

Le glucose est le glucide fourni par la digestion des céréales, du foin et autres fourrages. Le glucose du sang peut être utilisé immédiatement par le tissu musculaire pour produire de l'énergie, ou stocké sous forme de glycogène dans les muscles squelettiques et le foie. Il peut également être transformé en graisses sous forme de triglycérides et mis en réserve dans le tissu adipeux en vue d'une utilisation ultérieure.

Les triglycérides sont formés par la combinaison d'une molécule de glycérol et de trois molécules d'acide gras. Le glycogène est formé par la réunion de molécules de glucose en une chaîne. Pour être utilisé par les cellules musculaires, le glycogène stocké doit à nouveau être transformé en glucose.

Acides gras

La fermentation des glucides dans le gros intestin fournit un autre type de combustible, les acides gras volatils (AGV) qui peuvent être utilisés immédiatement pour alimenter la contraction musculaire. S'il n'en existe pas un besoin immédiat, ils peuvent aussi être stockés dans le tissu adipeux sous forme de triglycérides.

De la même façon, les graisses (ou les huiles végétales) de l'alimentation sont digérées et transformées en triglycérides dont les acides gras peuvent être utilisés immédiatement par le muscle ou stockés dans le tissu adipeux. Ultérieurement, quand le cheval a besoin de plus d'énergie, ils sont libérés dans le sang et on les qualifie alors d'acides gras libres (voir le chapitre 12 pour des informations complémentaires).

Énergie musculaire

Pour assurer la locomotion, les muscles doivent se contracter, ce qui exige de l'énergie ; ils ne peuvent stocker qu'une quantité d'énergie suffisant pour quelques secondes de contraction intense. Grâce au glucose et aux acides gras, les cellules musculaires produisent et consomment des millions de molécules d'énergie appelées ATP (adénosine triphosphate) et qui sont formées par la combinaison d'une molécule d'acide aminé et de trois molécules de phosphate. Pour produire l'énergie, les enzymes musculaires rompent la liaison entre deux de ces molécules de phosphate, ce qui libère de l'énergie en vue de la contraction musculaire. Il reste de l'ADP (adénosine diphosphate), combinaison d'un acide aminé et de deux molécules de phosphate, et une molécule de phosphate non combinée et libre.

Pour reformer des molécules d'ATP, le processus précédent est inversé. Les cellules musculaires utilisent le glucose et les acides gras comme combustible pour combiner à nouveau la molécule de phosphate libre à l'ADP et reformer de l'ATP.

Ces processus se reproduisent des millions de fois par microseconde dans les cellules musculaires. Sans combustible, la molécule de phosphate ne peut pas être recombinée, de l'ATP ne peut pas être formé et il n'existe pas de liaisons phosphate à rompre et donc plus d'énergie pour la contraction du muscle.

Acides gras contre glycogène

Les acides gras, volatils ou libres, sont plus efficaces pour produire de l'ATP que le glycogène, c'est pourquoi on les préfère comme combustible pour la contraction musculaire. Une alimentation supplémentée en graisses permet aux muscles de produire plus d'énergie pendant un travail intense.

PRODUCTION D'ÉNERGIE

Les fibres musculaires qui se contractent et se relâchent consomment beaucoup d'énergie. On appelle métabolisme l'ensemble des processus de production et d'utilisation de l'énergie. La façon dont les muscles la produisent et l'utilisent permet de distinguer deux types de fibres musculaires. Il existe deux types fondamentaux de métabolisme musculaire : le métabolisme aérobie utilise de l'oxygène pour produire de l'énergie et le métabolisme anaérobie ne le fait pas.

Métabolisme musculaire aérobie

Le métabolisme est aérobie quand le muscle brûle ses combustibles, le glucose et les acides gras, en utilisant l'oxygène et des enzymes pour produire l'énergie. Cette méthode est la plus efficace pour produire de l'énergie, car le métabolisme brûle complètement les combustibles sans former de sous-produits toxiques. Les sous-produits du métabolisme musculaire aérobie sont le dioxyde de carbone (gaz carbonique) et l'eau, non toxiques, et facilement éliminés des muscles par le sang. C'est pourquoi tous les chevaux de compétition doivent suivre un entraînement aérobie, quelle que soit leur spécialité.

Les cellules musculaires fonctionnant en aérobiose produisent l'énergie dans des « usines » cellulaires spécialisées appelées mitochondries, qui décomposent le glucose et les acides gras en produisant de l'énergie, du gaz carbonique et de l'eau. Ces processus sont compliqués, ce qui rend relativement lente la production d'énergie par métabolisme aérobie. Quand les muscles sont plus intensément sollicités, l'énergie doit être produite plus rapidement, ce qui se fait par métabolisme anaérobie.

PRODUCTION D'ÉNERGIE

Métabolisme musculaire anaérobie

Dans le métabolisme anaérobie, les cellules musculaires brûlent leur combustible et produisent l'énergie au moyen d'enzymes, mais sans oxygène, et l'énergie est produite plus rapidement, mais moins efficacement qu'avec le métabolisme aérobie. Les acides gras ne peuvent pas être brûlés en anaérobiose, alors que le glycogène peut l'être en aérobiose ou en anaérobiose. Il existe deux types de métabolismes anaérobies utilisant chacun un combustible différent, la phosphocréatine ou le glycogène.

Effort intense bref

Le premier type de métabolisme anaérobie se produit quand le cheval accélère et fournit une pointe de vitesse en sortant du starting box. À ce moment de l'épreuve, les muscles utilisent la phosphocréatine comme combustible. Fortement énergétique, elle permet le travail musculaire très intense nécessaire pour l'accélération lors d'un sprint ou pour un saut durant quelques secondes. L'énergie est fournie par la décomposition de la phosphocréatine, qui ne nécessite pas d'oxygène. Il ne se forme également pas de sous-produits toxiques. Une impulsion considérable et une grande vitesse peuvent être fournies par le muscle alimenté par la phosphocréatine, dont les réserves musculaires sont cependant très limitées.

Ces réserves sont épuisées au bout de quelques secondes, et les muscles doivent alors recourir au métabolisme aérobie ou au second type de métabolisme anaérobie pour poursuivre une épreuve de sprint. La phosphocréatine est reconstituée en 3 minutes environ, mais les épreuves de sprint (comme les courses de Quarter Horses ou la course aux tonneaux) sont alors finies. On ne peut augmenter les réserves de phosphocréatine du muscle ni par la mise en condition, ni par des régimes alimentaires.

Manque d'oxygène pendant un travail intense

Le second type de métabolisme anaérobie se produit quand la respiration du cheval ne peut pas lui fournir suffisamment d'oxygène pour soutenir un effort intense. Les enzymes musculaires décomposent le glycogène pour fournir l'énergie sans utiliser d'oxygène. Ce type de métabolisme anaérobie donne un sous-produit toxique, l'acide lactique, dont une production excessive déprime les systèmes enzymatiques et limite la formation d'ATP. L'énergie disponible pour la contraction étant limitée, les muscles se fatiguent rapidement et leurs performances se dégradent.

UTILISATION DE L'ÉNERGIE

Il faut se souvenir que le muscle qui travaille n'utilise pas exclusivement une seule forme d'énergie. Cependant, la fatigue est d'autant plus retardée que le muscle peut utiliser plus longtemps les acides gras comme combustible et que davantage de glycogène est conservé pour une utilisation ultérieure. Le muscle utilise, selon les besoins, les graisses (acides gras) ou les glucides (glucose et glycogène) en fonction du sang et de l'oxygène fournis au muscle à un moment donné. La fourniture d'oxygène dépend de la condition physique du cheval et de son type d'activité. Certaines activités sportives sont surtout aérobies, d'autres surtout anaérobies et certaines sollicitent de façon équilibrée les deux types de métabolisme.

Activités de type aérobie-endurance

Les sports d'endurance impliquent une activité prolongée à allure régulière, que ce soit au pas, au trot ou au petit galop à 12-20 km à l'heure. Les chevaux exerçant ces activités recourent surtout au métabolisme aérobie et utilisent les acides gras et le glycogène comme source d'énergie. Ces activités comprennent :
- la randonnée équestre,
- les épreuves d'endurance,
- les épreuves d'attelage,
- l'équitation de loisir,
- le dressage,
- les routiers des concours complets.

Activités de type anaérobie-sprint

Les activités de type sprint demandent un effort intense bref (de l'ordre d'une minute) à vitesse maximale ou presque maximale. Pendant un sprint court, le cheval dépend largement du métabolisme anaérobie. Les muscles sont alimentés en énergie par des combustibles n'exigeant pas d'oxygène, comme le glycogène et la phosphocréatine.

Activités mixtes

D'autres activités combinent de façon équilibrée les métabolismes aérobie et anaérobie, comme :
- le steeple chase,
- les concours complets de trois jours,

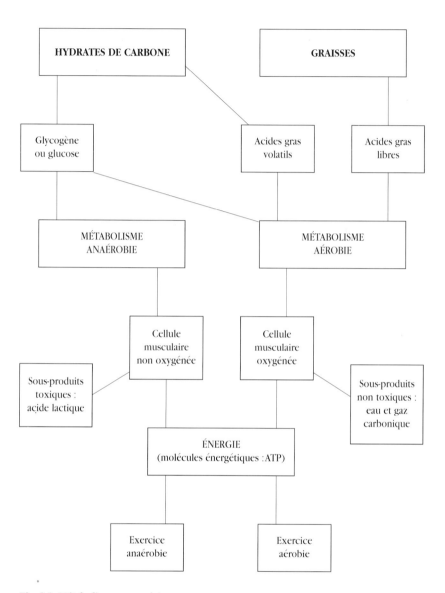

Fig. 3-3. Métabolisme musculaire.

- les courses de trot,
- les courses de galop,
- le polo,
- le jumping.

Dans les courses de trot et de galop, le sprint initial est anaérobie ; il utilise la phosphocréatine pour la production d'énergie. Puis le cheval commence à utiliser les acides gras et le glycogène en aérobiose. Quand le métabolisme aérobie ne suffit plus pour satisfaire ses besoins en énergie, celui-ci recourt à nouveau au métabolisme anaérobie en utilisant le glycogène comme combustible. Ces phénomènes se produisent évidemment simultanément dans les muscles. À un moment donné de l'effort le cheval peut dépendre davantage d'un type de métabolisme musculaire.

Fig. 3-4. Les courses de trotteurs sont un exercice mixte.

Types de fibres musculaires et métabolisme musculaire

On appelle secousse musculaire la contraction et le relâchement de la fibre musculaire, dont la durée permet de distinguer trois types différents de fibres musculaires :
- fibres à contraction lente (ST),
- fibres à contraction rapide fortement oxydative (FTa),
- fibres à contraction rapide faiblement oxydative (FTb).

Chaque type de fibre se contracte à une vitesse différente et dans un environnement dont l'oxygénation varie. La plupart des muscles contiennent un mélange des trois types de fibres. Des études de physiologie sportive équine ont montré comment les différents types de fibres musculaires et leur mode de production et de consommation d'énergie influent sur les potentialités sportives. Un cheval peut avoir un plus fort pourcentage d'un certain type de fibres musculaires qu'un autre, convenant pour un type d'effort différent.

Par exemple, les fibres à contraction lente se contractent trois fois moins vite que les fibres rapides et sont particulièrement adaptées aux épreuves d'endurance. La contraction plus brève des fibres rapides fournit la vitesse et la puissance nécessaires dans les épreuves de sprint.

Fibres musculaires à contraction lente

Les fibres musculaires à contraction lente utilisent l'oxygène pour produire de l'énergie. Les fibres ST sont très richement pourvues en vaisseaux sanguins et en usines cellulaires spécialisées (les mitochondries), qui absorbent et utilisent l'oxygène pour brûler les acides gras et le glycogène. Ces fibres ont une faible surface de section et sont entourées par des vaisseaux capillaires qui permettent à l'oxygène de les atteindre rapidement. Ce sont les plus adaptées aux sports d'endurance. Les athlètes excellant dans les activités d'endurance peuvent en avoir jusqu'à 50 %.

Les fibres lentes produisent en revanche l'énergie si lentement qu'elles ne peuvent satisfaire le besoin extrême d'énergie qu'entraînent les pointes de vitesse ou les impulsions soudaines exigées par les courses, le polo, etc.

Fibres musculaires à contraction rapide

Les fibres musculaires à contraction rapide contiennent une forte concentration d'enzymes produisant rapidement de l'énergie à partir du glycogène du muscle pendant l'exercice. Plus la contraction est rapide, plus grande est la capacité des muscles à se contracter rapidement et puissamment pour fournir la force et la vitesse essentielles dans les sports de sprint. Les chevaux possédant jusqu'à 80 % de fibres FT comme les pur-sang et les trotteurs américains ont un excellent potentiel de vitesse.

Fig. 3-5. Les poneys de polo dépendent de leurs fibres musculaires à contraction rapide pour les accélérations rapides.

Fibres musculaires à contraction rapide fortement oxydative

On divise les fibres musculaires à contraction rapide en deux sous-types : celles à contraction rapide fortement oxydative (FTa) et celles à contraction rapide faiblement oxydative (FTb). Les fibres FTa peuvent dans une certaine mesure utiliser l'oxygène pour produire de l'énergie. Quand au moins 50 % des fibres FT sont des fibres FTa, le cheval est capable d'une grande vitesse sur une distance courte (moins de 8 km) comme lors des courses de pur-sang et de trotteurs.

Fibres musculaires à contraction rapide faiblement oxydative

Les fibres musculaires à contraction rapide faiblement oxydative travaillent dans un environnement cellulaire anaérobie, alors que fibres FTb sont incapables d'utiliser l'oxygène, même quand celui-ci est disponible, car il leur manque certaines enzymes. Les Quarter Horses qui font des sprints de moins de 30 secondes sont l'exemple type de chevaux ayant une forte proportion de fibres FTb.

CARACTÉRISTIQUES DES FIBRES MUSCULAIRES

Type de fibre	Métabolisme	Exemples d'activité
Fibres lentes I	Aérobie — Production d'énergie par décomposition du glycogène ou des acides gras utilisant l'oxygène	Cross, attelage, dressage, équitation de loisir
Fibres rapides fortement oxydatives FIIa	Aérobie et anaérobie	Concours complet, polo, jumping, courses de pur-sang et de trotteurs
Fibres rapides faiblement oxydatives FIIb (7 % peuvent se transformer en FIIa)	Anaérobie — Production d'énergie par décomposition du glycogène sans utilisation d'oxygène	Capture au lasso, course aux tonneaux, courses de Quarter Horses

Fig. 3-6.

Types de fibres musculaires, génétique et mise en condition

Les trois types de fibres existent chez tous les chevaux. Le rapport ST/FT est déterminé génétiquement. La race et l'hérédité sont responsables du type de muscle du cheval. Une mise en condition aérobie peut modifier légèrement le rapport entre les fibres FT et transformer certaines fibres FTb en fibres FTa, mais l'entraînement ne peut pas faire contracter plus rapidement les fibres ST.

Déroulement d'un exercice

Quand le cheval commence l'exercice, les vaisseaux capillaires ne sont pas encore dilatés pour fournir l'oxygène au muscle. Le métabolisme musculaire recourt donc initialement à une source anaérobie d'énergie, la phosphocréatine des fibres à contraction rapide. Après quelques minutes d'échauffement, la circulation devient plus active dans les muscles et les sources aérobies d'énergie sont mises à contribution. Si le cheval continue l'exercice à faible allure et à un rythme cardiaque inférieur à 150-160 battements par minute (en utilisant le métabolisme aérobie), les acides gras forment initialement la principale source d'énergie.

Lorsque le cheval continue l'exercice, les différents types de fibres musculaires sont recrutés selon les besoins. Un muscle donné peut dépendre des réserves de combustible aérobie (acides gras et glycogène) ou anaérobie (glycogène) à des moments différents de l'exercice, selon l'intensité du travail qui lui est demandé.

Par exemple, les épreuves d'endurance sollicitent les fibres lentes et les fibres rapides fortement oxydatives. Lorsque l'effort est plus long ou la vitesse plus élevée, la dépendance vis-à-vis des réserves de combustible anaérobie augmente le nombre de fibres FT et Ftb recrutées. Une fois le glycogène épuisé, les muscles manquent de combustible et la fatigue apparaît. Lorsqu'un cheval d'endurance est proche de l'épuisement, les trois types de fibres musculaires ont travaillé et toutes les formes de combustible sont épuisées.

Les épreuves demandant de la vitesse, comme les courses de Quarter Horses ou la course aux tonneaux, sollicitent les trois types de fibres en même temps pendant tout l'exercice, bien que ces chevaux aient plus de fibres FT que de fibres ST. Comme ils utilisent le métabolisme anaérobie plus que le métabolisme aérobie, de l'acide lactique peut s'accumuler dans les muscles qui travaillent, et provoquer la fatigue.

Type de fibres musculaires et spécialité sportive

De nombreuses études sur la composition du muscle ont cherché à établir une relation entre la prédominance d'un type de fibres musculaires chez un cheval et sa réussite dans une activité sportive donnée, mais elles n'ont pas encore donné des résultats fiables au niveau individuel. En revanche, si une race en général a davantage de fibres ST, ces chevaux sont plus adaptés à des épreuves d'endurance. Les races ayant une prédominance des fibres musculaires FT ont de meilleures performances dans les efforts de type sprint.

Contraction musculaire

Le muscle du cheval est formé de milliers de fibres musculaires. La contraction coordonnée des fibres musculaires stimulées raccourcit le muscle et permet un mouvement. Le muscle est relié à un os par son tendon et son mouvement mobilise l'os et l'articulation qui lui sont associés. Des groupes de muscles volumineux propulsent le cheval ou le ralentissent. La pratique et l'entraînement améliorent le contrôle et la coordination des muscles et augmentent ainsi la précision, la force et la vitesse des mouvements.

Contraction concentrique

La contraction concentrique raccourcit le muscle. Pour illustrer simplement la contraction musculaire, on peut prendre l'exemple d'une échelle extensible complètement déployée pour représenter la fibre musculaire relâchée. La contraction raccourcit le muscle comme le glissement l'un sur l'autre des éléments de l'échelle raccourcit celle-ci et lorsque ses éléments se superposent, l'échelle se raccourcit et s'épaissit. Il en est de même de la fibre musculaire dans la contraction concentrique. Le déploiement des éléments allonge à nouveau l'échelle et détend la fibre musculaire. L'allongement et le raccourcissement de l'échelle demandent un travail, comme le fait le mouvement d'un muscle fléchissant une articulation.

Contraction excentrique

Un autre type courant de contraction musculaire est la contraction excentrique, dans laquelle le muscle est étiré. Ce type de contraction sert à surmonter la traction de la pesanteur, lorsque tout le poids du corps est supporté par un membre. Si les muscles extenseurs n'effectuaient pas ce type de travail protecteur, les articulations se fléchiraient excessivement et seraient lésées. Un cheval descendant une colline escarpée ralentit son allure par un travail excentrique de ses muscles.

Contraction isométrique

Certaines fibres musculaires ne changent pas de longueur en se contractant ; et si la longueur du muscle reste la même sous l'effet d'une traction opposée exercée par un autre muscle, on parle de contraction isométrique. Un cheval sur le point de bouger est en contraction isométrique, comme le sont, par exemple, les chevaux de course devant le starting gate.

FATIGUE MUSCULAIRE

Dans tous les sports équestres, la fatigue musculaire résulte de plusieurs facteurs :
- manque de combustible, en particulier de glycogène,
- accumulation d'acide lactique dans les muscles qui travaillent,
- déséquilibres hydriques et électrolytiques,
- accumulation de chaleur dans les muscles en activité.

Un travail intense à grande allure provoque plus rapidement une accumulation d'acide lactique dans les muscles que les épreuves d'endurance, car, dans les exercices de vitesse, les muscles doivent produire de l'énergie sans oxygène.

Dans tous les sports équestres, un excès d'acide lactique dans les muscles peut provoquer de la douleur, de la fatigue, l'épuisement ou une myosite.

Conditionnement aérobie des muscles

Le métabolisme aérobie produit de l'énergie en consommant de l'oxygène, lequel est un élément essentiel pour un travail prolongé des muscles. Après 3 ou 4 mois de conditionnement aérobie régulier, les lits capillaires augmentent en taille et en nombre pour fournir davantage de sang et d'oxygène aux muscles. L'élimination des déchets toxiques comme l'acide lactique est également améliorée.

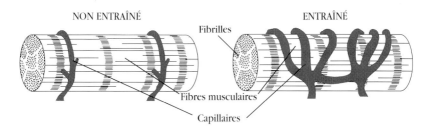

Fig. 3-7. Les réseaux capillaires se développent en taille et en nombre après 3 à 4 mois d'entraînement aérobie régulier.

Le conditionnement aérobie double aussi l'activité des systèmes enzymatiques aérobies et permet ainsi une production plus efficace d'énergie dans les muscles. Ceux-ci sont ainsi capables de fonctionner plus longtemps avant que les réserves de combustibles ne soient épuisées. Cette efficience retarde la nécessité de recourir au métabolisme anaérobie et donc l'accumulation d'acide lactique dans les muscles.

Conservation du glycogène

Utilisation des acides gras comme combustible
Selon le docteur Philip Swann, 30 fois plus d'énergie est stockée dans les dépôts de graisse du cheval que dans toutes les réserves de glycogène des muscles squelettiques et du foie. Le principal bénéfice du conditionnement aérobie est qu'il favorise l'utilisation des acides gras comme source d'énergie. Ceux-ci sont

libérés des dépôts de graisse et passent dans le sang, qui les transporte jusqu'aux muscles pour servir de combustible. L'utilisation des acides gras préserve les réserves de glycogène et retarde la fatigue musculaire : le cheval peut ainsi travailler plus longtemps sans que s'accumule de l'acide lactique. Un sujet conditionné en aérobiose convertit donc mieux les acides gras en énergie qu'il utilise au lieu du glycogène.

Les acides gras ne peuvent cependant pas être la seule source d'énergie en raison de la faible vitesse de leur absorption par le muscle. Si l'intensité de l'exercice augmente et que l'apport d'oxygène diminue, le muscle doit utiliser le glycogène, et le tarissement des réserves de glycogène entraîne l'épuisement. C'est le manque de glycogène qui limite finalement la capacité d'endurance.

Une augmentation des réserves de graisses du cheval résultant d'une prise poids n'augmente pas la capacité de son organisme à utiliser les acides gras pour la production d'énergie. Seul un entraînement aérobie permet d'obtenir ce résultat. En fait, un excès de poids est nuisible, car le cheval doit utiliser de l'énergie pour porter ce poids supplémentaire et car la couche de graisses de réserve empêche la dissipation de la chaleur produite par les muscles au travail. Ces deux facteurs aggravent la fatigue.

Augmentation des réserves de glycogène

Non seulement le cheval apprend à utiliser plus efficacement les acides gras comme source d'énergie, mais la mise en condition augmente également les réserves musculaires de glycogène. Un entraînement de 10 semaines peut augmenter de 33 % les réserves de glycogène.

Conditionnement anaérobie des muscles

Augmentation de la masse musculaire

L'entraînement aérobie augmente la masse musculaire par l'accroissement des surfaces de section des fibres musculaires à contraction rapide, ce qui entraîne de plus grandes force et puissance musculaire. On peut comparer par exemple la musculature lourde des Quarter Horses aux muscles fins et plats des chevaux arabes. Le volume des muscles de la croupe des Quarter Horses est dû à la fois à la mise en condition aérobie des muscles et à l'hérédité.

Tolérance à l'acide lactique

Lors des pointes de vitesse, le métabolisme anaérobie du glycogène est la principale source d'énergie. Comme la demande d'énergie augmente de 200 fois

UTILISATION DE L'ÉNERGIE

pendant ces phases de l'exercice, la production rapide d'énergie permise par le métabolisme anaérobie est indispensable chez les chevaux de sprint. Dans le métabolisme à dominance anaérobie, le glycogène est décomposé en énergie et en acide lactique.

Le sous-produit toxique qu'est l'acide lactique est d'abord éliminé du muscle par le sang. Lorsque la demande d'énergie augmente, il est produit plus d'acide lactique que la circulation ne peut en éliminer, et cette accumulation ralentit la production d'énergie et affaiblit la contraction des fibres musculaires, provoquant ainsi la fatigue et un endolorissement musculaire.

Seuil anaérobie

Le seuil anaérobie est le point où l'acide lactique commence à s'accumuler dans les muscles et le sang. L'entraînement au sprint peut élever ce seuil en rendant plus efficace la production anaérobie d'énergie. Il accoutume des enzymes spécifiques à neutraliser (tamponner) l'acide lactique et il retarde l'apparition de la fatigue, ce qui permet au cheval de sprint de courir plus vite et au cheval d'endurance de parcourir de plus longues distances avant qu'une quantité excessive d'acide lactique ne s'accumule dans leurs muscles.

Fig. 3-8. En élevant le seuil anaérobie, on retarde la fatigue des chevaux de course.

• *Bicarbonate de sodium*

Avant la course, on administre souvent au cheval, à la bouteille, une solution de bicarbonate de sodium pour essayer de neutraliser l'acide lactique et d'améliorer les performances.

Bien que le bicarbonate de sodium semble effectivement améliorer le pouvoir tampon du sang, des études récentes ne rapportent pas d'augmentations statistiquement significatives de la vitesse des chevaux en recevant avant la course, en particulier chez les pur-sang et les Quarter Horses étudiés.

L'utilisation du bicarbonate de sodium est encore controversée. On pense qu'il peut améliorer les performances dans les efforts intenses de 2 à 9 minutes, tels que les courses de trotteurs américains, mais les courses de Quarter Horses et de pur-sang sont finies en moins de 2 minutes et son intérêt n'est pas établi pour ces races de chevaux. De nombreux autres facteurs, tels que les conditions climatiques, l'état de la piste, l'expérience du jockey, influent également sur le résultat des courses. Certaines solutions contiennent également des électrolytes et peuvent en fait être néfastes si le cheval n'a pas accès à de l'eau avant la course.

Les études faites chez les athlètes humains indiquent que dans les manifestations sportives comprenant de nombreuses épreuves, le bicarbonate de sodium améliore les performances. Le recours à des entraînements multiples est un élément important dans la mise en condition et les courses de trotteurs. La plus grande durée des épreuves et la multiplicité des entraînements font que les solutions pourraient être bénéfiques aux trotteurs.

Pour être efficace (à supposer qu'il le soit vraiment), le bicarbonate doit être administré à la dose de 0,4 g par kg de poids corporel. L'effet tampon maximal étant obtenu trois heures environ après l'administration il faut prévoir de traiter le cheval trois heures avant la course.

Il ne faut jamais en administrer aux chevaux participant à des épreuves d'endurance, car les pertes d'électrolytes résultant d'une sudation prolongée tendent à alcaliniser excessivement le sang.

Autres bénéfices

L'évolution du cheval en a fait un « animal de fuite », capable d'échapper aux prédateurs par des pointes de vitesse. Les études confirment que l'entraînement spécifique à des pointes de vitesse extrême ne modifie pas le métabolisme du glycogène. En revanche, l'entraînement améliore la coordination nerveuse des mouvements. La mise en condition anaérobie des muscles améliore également la vitesse de la contraction musculaire et de l'élimination de l'acide lactique.

RENFORCEMENT DES MUSCLES

Toutes les formes d'entraînement renforcent les muscles du cheval. En même temps que s'améliorent l'utilisation de l'oxygène et la tolérance à l'acide lactique, ceux-ci apprennent à se contracter plus vite et avec plus de force, ce qui accroît la vitesse. De plus, le contrôle nerveux des muscles s'affine et la coordination musculaire s'améliore.

Le renforcement musculaire général du cheval est aussi important pour ses performances que l'acquisition des aptitudes propres aux différentes spécialités sportives. La force musculaire rend la tâche plus facile, car elle retarde l'apparition de la fatigue, en particulier dans les compétitions éprouvantes. Des muscles forts réduisent le risque de faux pas susceptibles de léser les tendons, les ligaments ou les articulations.

Il est également important d'entraîner spécifiquement le cheval aux épreuves sportives auxquelles il participera. Un cheval d'endurance doit être entraîné en terrain varié et à une vitesse correspondant à celle des compétitions. En revanche, un entraînement à l'endurance ne prépare pas suffisamment les muscles à répondre aux demandes soudaines d'énergie des exercices, tels que les courses, le jumping ou le cutting. Si le cheval doit être engagé dans de telles épreuves, il doit y être entraîné spécifiquement.

Le renforcement de la musculature est un processus qui demande de nombreux mois. Ses effets s'additionnent aussi d'années en années. Après une courte période d'inactivité de quelques semaines, l'organisme retrouve une bonne condition plus rapidement qu'il ne l'avait acquise au début de l'entraînement. En plus des dispositions psychologiques et génétiques du cheval, le soin apporté à son entraînement détermine le niveau de ses performances et la durée de sa carrière sportive.

Exercices musculaires

Exercice aérobie

Les muscles s'adaptent au type de sollicitation auquel ils sont soumis. Un cheval ne faisant que des exercices aérobies n'augmente pas le volume ni la force de ses muscles. La musculature plate des chevaux d'endurance comme les Arabes est l'exemple de l'effet des exercices aérobies. L'exercice aérobie se fait contre une faible résistance, mais de façon très répétitive, comme dans le trot en terrain plat, au même rythme et à la même vitesse sur des kilomètres. Il développe l'endurance, la précision neuro-musculaire et l'économie de mouvement. Il améliore également l'amplitude de mouvement des muscles et leur élasticité. Les fibres à contraction lente tirent profit de la mise en condition aérobie en améliorant leur utilisation de l'oxygène.

Exercice anaérobie

L'exercice anaérobie est au contraire un travail contre une forte résistance, avec un plus petit nombre de répétitions durant jusqu'à 30 secondes. Les courts galops à vive allure ou la montée rapide de côtes sont des exemples d'entraînement anaérobie. À chaque effort intense, les muscles épuisent rapidement leur réserve d'énergie et se reposent ensuite entre les efforts. Ces exercices augmentent le volume des fibres musculaires à contraction rapide.

AMÉLIORATION DES PERFORMANCES

Résistance

Comme exemple de l'effet de la résistance sur les muscles, on peut considérer le développement des muscles de l'encolure du cheval, qu'on entraîne à accepter le contact du mors. Lorsque l'encolure est détendue et portée normalement, le ligament nucal étendu de la nuque au garrot soutient passivement la charge que représente la tête. Les muscles du dessus de l'encolure ne sont pas sollicités quand elle est détendue. Quand on demande au cheval de prendre appui sur le mors, sa tête et son encolure s'incurvent et activent les muscles du dessus de l'encolure. La tête agit comme un « poids » fournissant la résistance. Le cheval soutient alors sa tête et son encolure par un effort de ses muscles plutôt que par un soutien ligamentaire passif. Un exercice régulier des muscles de l'encolure les développe et augmente le volume de l'encolure.

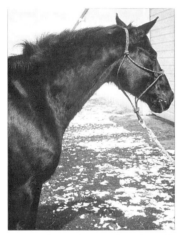 

Fig. 3-9. À gauche, encolure d'un cheval non entraîné ; à droite, encolure d'un cheval de dressage entraîné.

Accélération de l'allure
Pour augmenter la résistance dans un exercice aérobie, il faut inclure une allure plus rapide dans la séance d'entraînement. Par exemple, la montée d'une colline au trot sollicite davantage les muscles qu'une montée au pas.

Travail en côte
Le travail sur une forte pente ou en colline sollicite et développe la musculature. La résistance offerte à la montée par le poids du corps du cheval développe les muscles de ses postérieurs, de ses avant-bras et de ses épaules. La montée d'une colline au pas ou au trot sollicite séparément la musculature de chaque postérieur.

RENFORCEMENT DES MUSCLES

Fig. 3-10. La montée de collines au petit galop renforce les muscles des postérieurs, de la croupe et du dos.

Fig. 3-11. Le travail en colline prépare le cheval aux épreuves de cross en terrain montagneux et rocheux.

Quand le cheval accélère et passe au petit galop ou à un galop normal, il se propulse par une poussée presque simultanée de ses deux postérieurs sur le sol. Le travail de montée d'une colline au petit galop ou au galop exerce les postérieurs comme un ensemble et sollicite considérablement les muscles de la croupe et du dos, qui se renforcent en conséquence.

Le travail en descente renforce les muscles pectoraux et des avant-bras et des épaules, ainsi que les quadriceps des postérieurs, qui jouent le rôle de freins. Le travail en terrain vallonné a d'autres avantages que de renforcer la musculature. Un cheval tire d'un exercice en montée un aussi grand profit en matière d'entraînement des muscles et de l'appareil cardio-vasculaire que d'un travail sur une distance triple en terrain plat. Les os et les articulations subissent dans le travail en montée des chocs moindres que dans un travail en terrain plat cherchant à obtenir la même fréquence cardiaque par une augmentation de la vitesse.

Travail en terrain profond

Le travail en terrain profond (sable, neige ou prairie spongieuse) sollicite les muscles de la cuisse et les pectoraux. La boue n'est pas un bon milieu pour ce type d'entraînement, car elle peut provoquer des lésions des tendons ou même des fractures des os. Si un travail dans la boue est inclus dans le programme d'entraînement, il doit se faire au pas et jamais au trot ni au galop. Une mise en condition progressive et soigneuse accoutume le cheval aux terrains profonds, ce qui prévient des lésions des tendons.

Bénéfices de l'entraînement mixte

Le travail de sprint favorise les performances d'endurance en améliorant l'efficience des fibres à contraction rapide, lesquelles contribuent à l'endurance des chevaux de raid équestre, qui finissent par épuiser leurs réserves de combustible aérobie et font appel à leurs fibres à contraction rapide.

L'entraînement à l'endurance bénéficie aux chevaux de sprint en améliorant leur métabolisme aérobie, ce qui réduit leur dépendance vis-à-vis de la production anaérobie d'énergie. Une moindre quantité d'acide lactique est alors produite. De plus, l'entraînement aérobie développe les lits capillaires, ce qui rend plus efficace l'élimination de l'acide lactique et qui augmente également les réserves de glycogène du muscle. Un cheval de sprint dépend presque exclusivement du métabolisme du glycogène pour son énergie.

Aux nombreux sports équestres correspond la variété des exercices destinés à développer et à renforcer la musculature. Les longues chevauchées étirent et assouplissent les muscles, enseignent le rythme et l'équilibre et développent tous les appareils de l'organisme. Le passage d'obstacles tels que des cavaletti est une gymnastique enseignant la précision. L'entraînement mixte donne un athlète polyvalent, qui aura une longue carrière sportive.

Exercices musculaires spécifiques

Dressage

La combinaison d'une gymnastique (développant le tonus musculaire) et d'un entraînement développant la force améliore la musculature du dos, de l'abdomen et des postérieurs chez le cheval de dressage et lui permet d'effectuer facilement les exercices de précision. On doit le faire travailler en appui sur le mors dans un exercice de dressage puis le laisser se détendre et s'étirer entre les exercices difficiles. La pratique répétée et l'exécution correcte des mouvements complexes du piaffer, du passage et de la pirouette renforcent les muscles mis en jeu. Le franchissement de cavaletti au trot apprend le rythme et l'équilibre et habitue également le cheval à travailler avec les jarrets élevés et engagés sous le corps. Le franchissement au petit galop de cavaletti

Fig. 3-12. Les exercices de dressage développent la condition physique et la maniabilité du cheval.

placés à 60 cm de haut et espacés d'une foulée encourage une utilisation simultanée des postérieurs et développe les muscles de la croupe et du dos. La marche en descente apprend au cheval à s'équilibrer avec ses postérieurs, ce qui est important pour le travail rassemblé.

Fig. 3-13. Le cheval de jumping a besoin d'une arrière-main puissante.

Jumping

Le cheval qui saute ne s'élève pas seulement avec les muscles puissants de son arrière-main, mais la réception sollicite aussi considérablement ceux de ses épaules et de son encolure. Les chevaux d'obstacle tirent particulièrement profit de la montée de collines au petit galop et de descentes plus lentes, qui reposent les muscles entre les exercices développant la force.

Le travail sur des cavaletti et les exercices de dressage renforcent également les muscles de l'arrière-main.

Courses

La montée de collines et l'entraînement fractionné sont deux des exercices les plus bénéfiques pour les chevaux de course. Le travail en colline renforce les muscles de l'arrière-main fournissant l'impulsion et permettant les accélérations ; il constitue un entraînement aérobie, ce qui est important pour les chevaux de course.

L'entraînement fractionné consiste en séries répétées d'exercices de vitesse et de périodes de retour au calme permettant la diminution de la fréquence cardiaque ; il augmente la vitesse et la tolérance à l'acide lactique (voir le chapitre 5 pour plus de détails sur l'entraînement fractionné).

Reining

Dans cet exercice d'équitation de type western, le cheval fait des arrêts soudains et des reculers et il faut renforcer les muscles de sa croupe et de son dos, car ce sont eux qui engagent l'arrière-main sous le corps dans ces efforts si brusques. Outre des arrêts glissés et des *spins*, le cheval de reining peut profiter d'un travail en colline, au petit galop ou au galop pour développer les muscles fessiers. La descente de collines au pas améliore l'équilibre et la coordination. L'exercice en sol profond renforce les muscles de la cuisse.

MYOSITE

Les chevaux de compétition travaillant durement sont sujets à une affection des muscles appelée myosite ou « coup de sang », rhabdomyolyse d'effort, myoglobinurie, maladie du lundi matin, etc. Ces affections peuvent avoir des causes différentes mais leurs symptômes sont semblables, ainsi que leur traitement. Le terme de myosite signifie littéralement « inflammation des muscles » et désigne

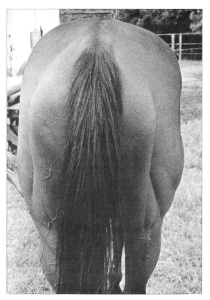

Fig. 3-14. Les muscles de la croupe et des cuisses sont exposés à l'apparition de myosites.

globalement toutes les affections précédentes.

La myosite est une affection douloureuse ressemblant aux crampes des humains. Des contractures affectent soudainement les volumineux muscles de la croupe et de la cuisse ; le cheval se tient raide sur ses postérieurs et refuse parfois de se déplacer. Les muscles peuvent devenir durs comme de la pierre ; ils peuvent être le siège de tremblements ou de spasmes. Certains chevaux semblent instables, alors que d'autres suent, se comportent comme lors de coliques et cherchent à se coucher et à se rouler. Leur détresse est évidente et demande des soins vétérinaires immédiats. On doit maintenir le cheval au chaud en le couvrant et ne pas le déplacer jusqu'à l'arrivée du vétérinaire.

Contraction musculaire normale

La contraction normale de la fibre musculaire résulte d'une série de processus biochimiques. La fibre musculaire est composée de milliers de filaments de deux types, filaments d'actine et de myosine, qui se recouvrent partiellement. Ceux de myosine ont des « têtes », qui se fixent sur ceux d'actine.
Les influx nerveux provenant du cerveau provoquent la libération de calcium dans les cellules musculaires. Le calcium active des sites sur le filament d'actine, si bien que les têtes du filament de myosine s'y attachent puis s'inclinent ensuite et tournent en tirant sur le filament d'actine. Ce cycle d'inclinaison des têtes, de déplacement du filament et de détachement des têtes se poursuit pour contracter la fibre musculaire dans un mouvement ressemblant à celui d'une roue à cliquet.

Rôle du calcium

La fibre musculaire continue à se contracter tant que du calcium reste dans la cellule. Normalement, une « pompe à calcium » cellulaire extrait le calcium de la cellule et permet à la fibre de se relâcher. L'ATP (adénosine triphosphate), composé énergétique, fournit le combustible à la pompe extrayant le calcium de la cellule musculaire.

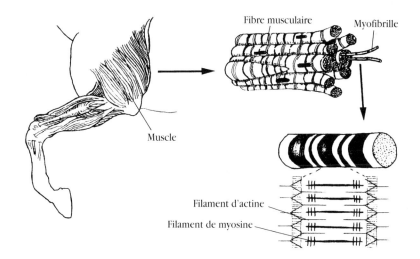

Fig. 3-15. Une fibre musculaire est formée de milliers de filaments.

Si les canaux du calcium sont bloqués par un manque d'ATP, le muscle ne peut pas se relâcher et le calcium reste dans les cellules musculaires et il active les filaments d'actine, et les têtes des filaments de myosine restent attachées. Cette contraction persistante, répétée sur des milliers de fibres, provoque les contractures musculaires. Chacune épuise davantage l'ATP et entretient le cercle vicieux.

Muscles et lésions rénales

Les fibres musculaires contracturées se rompent et libèrent un pigment, appelé myoglobine, qui est entraîné par le sang et transporté jusqu'aux reins qui ont pour fonction de filtrer les petites molécules. Les molécules relativement volumineuses de myoglobine peuvent être retenues dans les reins et les bloquer ; elles peuvent interférer avec la diffusion de l'oxygène vers les cellules rénales et provoquer une insuffisance rénale entraînant un choc ou la mort. Les lésions rénales sont proportionnelles à la quantité de myoglobine retenue dans les reins. Une urine couleur café indique que la myoglobine a atteint les reins. Une réhydratation par voie veineuse peut être nécessaire pour nettoyer ces derniers et améliorer la circulation sanguine dans les muscles, en même temps qu'on arrête le cycle lésions musculaires-douleur par des anti-inflammatoires.

Causes de myosite

Dans certains cas, les chevaux sortis pour l'entraînement montrent des signes de malaise dans les premières minutes (myosite de type A), alors que d'autres ne font une myosite qu'après plusieurs heures d'exercice continu (myosite de type B).

Les performances se dégradent en cas de myosite, même si des contractures musculaires ne sont pas visibles. Les manifestations peuvent se réduire à de mauvais temps en course ou à un raccourcissement des allures.

Myosite de type A

Dans la myosite de type A, les chevaux commencent à souffrir de contractures musculaires sévères après quelques minutes d'exercice seulement. L'affection est due au stress, à des facteurs hormonaux ou à des anomalies du métabolisme énergétique des muscles.

L'accumulation d'acide lactique dans les muscles ralentit la production d'énergie et la contraction des fibres musculaires, ce qui réduit l'énergie disponible pour la pompe à calcium, et la perte de contrôle de la contraction musculaire provoque les contractures caractérisant la myosite. Un cheval gras ou non entraîné stocke davantage de glycogène dans ses muscles et le métabolise moins efficacement qu'un individu en bonne condition physique. Ces facteurs augmentent la production d'acide lactique.

Les chevaux travaillant au-dessus du seuil anaérobie, à une vitesse supérieure à 32 km/h, accumulent de l'acide lactique dans les tissus et le sang, et une forte concentration de celui-ci dans le muscle augmente le risque de myosite. L'acide lactique ne provoque pas nécessairement la myosite, mais une forte concentration aggrave les lésions musculaires.

Myosite de type B

Perte d'électrolytes

La myosite de type B apparaît après un long effort, soit pendant l'exercice ou dans l'heure qui suit. Les chevaux d'endurance, comme ceux de randonnée et de complet, travaillent surtout en aérobiose. Leur type de myosite a des causes différentes de celles de la myosite due à l'acide lactique des chevaux de course, de concours hippique ou de cutting. Les chevaux produisant un effort régulier prolongé peuvent subir une déshydratation et des déséquilibres électrolytiques aboutissant à l'épuisement et à la myosite.

• *Potassium*

Un exercice prolongé, surtout par temps très chaud et humide, favorise la perte d'électrolytes, comme le potassium et le chlore, avec la sueur. Le potassium dilate les petits vaisseaux sanguins du muscle pendant l'exercice. En cas de carence en potassium, les vaisseaux sanguins ne se dilatent pas suffisamment pour fournir une quantité convenable d'oxygène aux muscles et de combustible aux fibres à contraction lente.

- *Chlore*

Les pertes de chlore provoquent une alcalose métabolique (élévation du pH du sang) qui influe directement sur la capacité des cellules musculaires à extraire l'oxygène du sang.

Pertes hydriques

Elle résulte de la perte d'eau avec la sueur, et diminue le volume du sang circulant, ce qui limite également l'apport d'oxygène aux muscles.

En résumé, la perte d'électrolytes et d'eau réduit la quantité d'oxygène disponible pour les muscles. Le métabolisme aérobie des fibres à contraction lente ne peut ainsi pas se maintenir et les fibres à contraction rapide sont recrutées. L'acide lactique commence à s'accumuler, ce qui ralentit la production d'énergie et augmente le risque de myosite.

Les muscles qui travaillent produisent également de la chaleur, et l'accumulation de chaleur dans les muscles augmente leurs besoins en oxygène et en énergie, ce qui se surajoute aux problèmes de déséquilibres électrolytiques, de déshydratation et d'épuisement de l'énergie.

Facteurs favorisants de la myosite

Chevaux à l'entraînement

Les chevaux à l'entraînement recevant une alimentation riche (céréales ou luzerne) sont des candidats à la myosite. Cela vaut particulièrement si l'animal continue à recevoir un supplément de céréales pendant un repos d'un jour ou deux et s'il reprend ensuite immédiatement un exercice vigoureux. Quand un cheval ne travaille pas un jour donné, il faut réduire sa ration de grains. Les augmentations rapides de l'intensité du travail ou de la vitesse demandée peuvent également provoquer une crise chez les sujets en mauvaise condition physique. La myosite est surtout une affection des fibres musculaires à contraction rapide (celles à contraction lente sont entourées par des capillaires plus nombreux et disposent ainsi plus facilement d'oxygène). Les fibres à contraction rapide recevant peu ou pas d'oxygène sont sensibles à une réduction de la circulation sanguine due à une contraction des vaisseaux sanguins ; elles produisent ainsi plus d'acide lactique que celles à contraction lente.

Le stress de l'entraînement peut réduire l'activité de la thyroïde et modifier la régulation thermique et l'apport d'oxygène aux muscles qui travaillent. Les temps froids provoquent aussi une contraction des vaisseaux sanguins des muscles, ce qui réduit l'apport de sang et d'oxygène aux fibres musculaires. Tous ces facteurs peuvent entraîner une production excessive d'acide lactique.

Prédispositions génétiques

On a observé une prédisposition génétique à la myosite chez certaines races, qui est peut-être en rapport avec une anomalie du métabolisme musculaire. Les chevaux fortement musclés ayant une plus grande proportion de fibres à contraction rapide sont enclins à la maladie. Les Quarter Horses, les Appaloosas, les Paints et certaines races de trait comme les Clydesdale, les Shires, les Traits belges et les percherons en sont des exemples.

Les chevaux nerveux, et surtout les pouliches et les juments, semblent prédisposés à la myosite, peut être sous l'effet des hormones femelles. Les chevaux ayant fait une myosite peuvent récidiver et doivent être nourris et entraînés avec prudence.

Prévention de la myosite

De nombreux facteurs intervenant dans la myosite échappent au contrôle de l'homme, comme le climat, les facteurs génétiques et les anomalies individuelles du métabolisme musculaire. Il existe cependant des possibilités de prévention. Un programme éclairé de mise en condition permet au cheval de répondre aux exigences du sport avec un stress physique et psychique moindre.

Échauffement et retour au calme

Fig. 3-16. L'échauffement est une bonne mesure de prévention de la myosite.

La pratique d'un échauffement convenable ouvre les lits capillaires des muscles et active les systèmes enzymatiques. L'échauffement élève effectivement la température des muscles d'un ou deux degrés. Les muscles échauffés sont ainsi plus élastiques et ils se contractent et se meuvent plus efficacement. Un retour convenable au calme permet à l'acide lactique d'être éliminé des muscles. Un massage détend les muscles fatigués et accroît l'irrigation sanguine des tissus (voir le chapitre 6 pour plus de détails).

Mise en condition

Tout l'organisme bénéficie de la mise en condition. Celle-ci favorise le développement du cœur et des poumons, ainsi que des vaisseaux sanguins et des lits capillaires des muscles, et améliore l'apport d'oxygène et l'élimination des déchets. Elle entraîne les systèmes enzymatiques à utiliser efficacement les sources d'énergie, retarde l'accumulation d'acide lactique et augmente la résistance des muscles aux sous-produits toxiques, ce qui réduit le risque de myosite.

Chevaux de sprint
Les chevaux de sprint dépendent de la contraction des fibres rapides fournissant puissance et accélération. L'entraînement au sprint élève le seuil anaérobie, ce qui retarde l'accumulation d'acide lactique et permet à la production d'énergie de continuer ; il développe également les systèmes enzymatiques, qui neutralisent l'acide lactique provoquant la fatigue.

Chevaux d'endurance
Les programmes d'entraînement préparant aux épreuves de fond améliorent la capacité aérobie du cheval. Ce type d'entraînement réduit la surface de la section des fibres à contraction lente, ce qui permet une meilleure diffusion de l'oxygène dans les cellules musculaires. Plus les fibres à contraction lente peuvent fonctionner longtemps en aérobiose, plus la mise en œuvre des fibres à contraction rapide, davantage prédisposées à la myosite, est retardée. Dans les épreuves de fond, il est possible de prévenir des déséquilibres électrolytiques extrêmes en administrant au cheval des électrolytes par la bouche, en cours d'épreuve. Il faut toujours fournir de l'eau en quantité suffisante et offrir à l'animal de nombreuses occasions de boire pour prévenir la déshydratation (voir le chapitre 6 pour plus de détails).

Autres méthodes de prévention
Il faut éviter d'arroser les volumineux muscles du dos et des fesses d'un cheval qui vient juste d'arrêter de travailler et qui a chaud. L'eau froide provoque la contraction des vaisseaux sous-cutanés, ce qui retient la chaleur et les déchets toxiques dans les muscles. L'apport de sang et d'oxygène aux muscles est également diminué, ce qui provoque des contractures.
Pour éviter un refroidissement et des contractures des muscles au travail, en particulier dans les épreuves de fond, il faut appliquer une couverture sur la croupe par temps pluvieux, froid ou extrêmement venteux, qui couvre les hanches, maintient les muscles au chaud, leur garde leur souplesse et les rend moins susceptibles de se contracturer.
Dans les périodes d'inactivité entre les concours, les courses ou les programmes réguliers d'entraînement, on doit réduire la ration de grains, et placer les chevaux au pré pour qu'ils y prennent librement de l'exercice et conservent ainsi leur tonus musculaire.
Les anémies provoquées par les parasites intestinaux, une alimentation insuffisante ou une mauvaise absorption des éléments nutritifs réduisent la quantité d'oxygène transportée par le sang. Des programmes réguliers de vermifugation, des soins dentaires et le contrôle de l'état de santé générale du cheval permet-

tent à celui-ci d'utiliser de façon optimale les éléments nutritifs fournissant leur combustible aux muscles et de prévenir la myosite.

PARALYSIE PÉRIODIQUE HYPERKALIÉMIQUE

Au cours de la dernière décennie, on a découvert une affection caractérisée par une faiblesse musculaire : la paralysie périodique hyperkaliémique (PPH) dont l'origine génétique provient d'une certaine lignée de Quarter Horses.

Manifestations cliniques

Au début de la crise de paralysie périodique hyperkaliémique, les muscles du tronc, de l'arrière-main, des flancs, de l'encolure et/ou des épaules sont le siège de spasmes répétés. Les muscles de la face se contractent également, ce qui dilate les naseaux et tire et tend les lèvres. La troisième paupière fait souvent saillie au-dessus de l'œil sous l'effet de la contracture des muscles péri-orbitaires.

Avec le développement de la crise, les muscles squelettiques deviennent faibles et le cheval tombe sur le sol ou s'assoit sur son arrière-train à la façon d'un chien. Les crises légères peuvent ne provoquer qu'une faiblesse se traduisant par une instabilité et des trébuchements, sans que l'animal ne se couche complètement. Il peut fléchir des genoux, s'affaisser sur ses jarrets ou être incapable de relever l'encolure et la tête ; il reste éveillé pendant toute la crise, mais il est légèrement abattu et ne souffre pas. Son attitude générale de relâchement aide à distinguer la PPH des coliques et de la myosite. Le cheval semble tout à fait normal entre les crises.

Causes de la PPH

La PPH est due à une anomalie du système de transport réglant le transport du potassium et du sodium à travers les membranes cellulaires. Le problème commence au niveau d'un pore protéique de la membrane cellulaire, appelé canal sodique, sensible aux variations de voltage à l'intérieur de la cellule musculaire. Le cheval souffrant de PPH a un excès de potassium en dehors de la cellule musculaire, ce qui modifie le voltage à travers la membrane cellulaire.

L'excès de potassium dans le sang (hyperkaliémie) provoque une « fuite » des canaux sodiques et rend hyperexcitable la membrane des cellules musculaires. Les muscles commencent à se contracter, comme le montrent les contractions musculaires et les spasmes de la face, et comme ils le font de façon répétée, davantage de potassium passe de l'intérieur des cellules vers l'extérieur ce qui aggrave l'hyperkaliémie. Ce cycle entretient la crise.

Après plusieurs minutes de contractions répétées, les membranes cellulaires cessent d'être excitables, les muscles se paralysent, le cheval s'affaiblit puis s'effondre. Les muscles stockent la plus grande partie du potassium de l'organisme. Les chevaux souffrant de PPH ont moins de potassium dans leurs muscles que les chevaux normaux, peut-être par suite d'une plus grande perméabilité des membranes des cellules musculaires au potassium, permettant à celui-ci de s'accumuler dans le sang.

La PPH peut être mortelle par suite des effets nocifs de l'hyperkaliémie sur le cœur. Les crises sont d'intensité variable et imprévisibles. La plupart ne sont cependant pas mortelles et durent de 15 à 90 minutes. Les chevaux commencent habituellement à présenter des crises entre 2 et 4 ans.

La crise peut être déclenchée par un excès de potassium dans l'alimentation (foin de luzerne par exemple). Les changements brusques d'alimentation, des repas irréguliers ou le jeûne peuvent aussi en être responsables. Le stress dû à l'entraînement ou aux transports peut également jouer un rôle.

Prévention des crises de PPH

La prévention repose surtout sur l'alimentation. On recommande une ration contenant moins de 1 % de potassium et excluant le foin de luzerne, l'herbe des pâturages riches de printemps, la mélasse et les aliments sucrés en contenant. L'avoine, l'orge et le maïs contiennent moins de 0,4 % de potassium. Il faut distribuer les céréales en petites quantités, deux à trois fois par jour.

Certains foins de prairie en contiennent jusqu'à 2,5 % ; il est donc préférable de les faire analyser. On recommande de donner un mélange égal de pulpes de betteraves humectées d'eau et de foin de prairie, pour satisfaire les besoins normaux de lest, tout en réduisant au maximum l'apport de potassium. On ne doit pas fournir aux chevaux affectés des suppléments d'électrolytes contenant du potassium et il faut lire avec soin les notices des compléments protéiques, minéraux et vitaminiques pour s'assurer qu'ils ne contiennent pas de potassium. Les chevaux doivent par contre disposer en permanence d'un bloc de sel marin. Il ne faut pas garder à l'écurie les chevaux souffrant de PPH, mais les mettre dans des paddocks, où ils peuvent prendre librement de l'exercice. Le traitement médical préventif de la PPH comprend des diurétiques, tels que l'acétazolamide, qui stimule l'excrétion du potassium par le rein.

Traitement

Si un cheval commence à présenter des signes de PPH, une promenade au pas ou un exercice à la longe peut stimuler la production d'adrénaline ce qui provoque le retour du potassium dans les cellules musculaires. On peut donner de plus une petite quantité d'avoine ou de sirop Karo® qui stimulent la libération d'adrénaline. Les crises graves nécessitent l'intervention immédiate du vétérinaire.

Test génétique

Pour détecter les chevaux susceptibles de faire une PPH, on peut faire un prélèvement de sang en vue de rechercher un gène spécifique sur l'ADN. Ce test peut être demandé à la Davis School of Veterinary Medicine de l'université de Californie.

Les chevaux des lignées affectées ne possèdent pas tous le gène de la PPH. Si un seul de ses parents a le gène mutant, un poulain a 50 % de chances d'être affecté. Si les deux géniteurs ont le gène anormal, ce risque atteint 75 %. Un sujet ne possédant pas le gène muté, ne transmettra pas l'affection à sa descendance et on peut l'utiliser comme reproducteur.

4

PIEDS ET PERFORMANCES

La surveillance et les soins quotidiens des pieds des chevaux fournissent de nombreuses informations sur leur santé. Il faut les nettoyer avec un cure-pied et rechercher de mauvaises odeurs, la présence anormale de pierres ou de clous, ou des seimes et examiner les chevaux en mouvement au paddock ou au pré afin de détecter précocement toute boiterie.

La taille des pieds doit être proportionnée par rapport au corps. On doit en évaluer la symétrie et l'équilibre, noter toute déformation de la paroi du sabot, comparer entre eux les pieds antérieurs et postérieurs, étudier les pieds d'autres chevaux à titre de comparaison et apprendre à reconnaître ce qui est normal et ce qui ne l'est pas. Les soins quotidiens des pieds peuvent empêcher qu'un léger problème ne se transforme en une affection chronique.

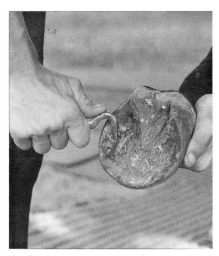

Fig. 4-1. Des soins réguliers des sabots sont indispensables pour de bonnes performances.

PIEDS ET PERFORMANCES

STRUCTURE ET FONCTIONS DU PIED

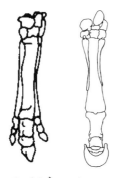

Fig. 4-2. À gauche, membre du cheval primitif ; à droite, membre du cheval actuel.

Le sabot est l'étui corné dur couvrant le pied ; il contient un ensemble complexe d'os, de cartilages, de ligaments et de tendons. C'est un organe vivant complexe, élastique et dynamique.

Les membres du cheval sont le produit de la transformation de doigts rudimentaires au cours de l'évolution. Si l'on compare les phalanges du membre antérieur du cheval au majeur d'un homme, le pied du cheval correspond à l'ongle et à la phalangette ; les phalanges du paturon correspondent à la phalangine et à la phalange du majeur. Les os métacarpiens, principal et rudimentaires sont l'équivalent des os de la paume de l'homme ; quant aux autres doigts, correspondant à ceux de l'homme, ils ont disparu.

En s'imaginant qu'on marche sur un doigt, on comprend facilement que des boiteries apparaissent, compte tenu de l'énorme charge par unité de surface s'exerçant sur chaque membre du cheval au cours de l'exercice.

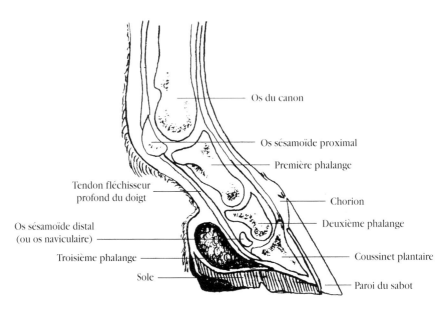

Fig. 4-3. Structure du pied.

Rôle circulatoire

On dit souvent que le cheval a cinq cœurs, chaque pied complétant l'effet de pompe du cœur. En fin d'enjambée, les talons entrent en contact avec le sol avant la pince. Le choc avec le sol écarte les talons, et pousse contre les cartilages ungulaires le coussinet plantaire, formé de tissu fibro-élastique et de graisse et contenu dans les bulbes des talons.
Lorsque le pied du cheval frappe le sol, la fourchette se trouve comprimée par la poussée vers le bas de la phalange moyenne. Le coussinet plantaire surmontant la fourchette est comprimé, ce qui écarte davantage les cartilages ungulaires. Ces forces provoquent une alternance de dilatation et de contraction des réseaux vasculaires du pied, ce qui favorise la circulation du sang et de l'oxygène dans les tissus du pied et du membre.
La phalange distale (troisième phalange) est située à l'intérieur de l'étui corné du sabot, et y est maintenue par un ensemble de lamelles de chair et de corne. Au-dessous et en arrière se trouve l'os naviculaire qui a pour rôle d'augmenter la surface de l'articulation interphalangienne distale et de réduire ainsi le choc de la prise d'appui. Le tendon fléchisseur profond du doigt passe en arrière de l'os naviculaire et s'insère sur l'arrière de la phalange distale. Par sa position, l'os naviculaire éloigne le tendon fléchisseur profond du doigt du centre de l'articulation et augmente ainsi l'amplitude des mouvements de cette articulation. Les organes internes du sabot amortissent les forces s'exerçant vers le bas sous l'effet du poids du corps.
Un fonctionnement biomécanique optimal du pied dépend
- de l'équilibre du pied,
- de sa conformation,
- de la ferrure,
- du type de terrain,
- de la nature du sol.

Toute anomalie a des effets importants sur les performances du cheval, car tous ces facteurs sont déterminants pour un fonctionnement normal global des membres.

Santé, hérédité et performances

Le facteur essentiel déterminant la réponse du pied aux facteurs environnementaux est l'hérédité du cheval. Il est difficile de rendre un organe meilleur que ce que permet son potentiel génétique. L'exercice et une alimentation équilibrée de qualité préservent la santé des pieds ou la rétablissent en cas d'affection. L'hérédité détermine la taille et la conformation des pieds et l'épaisseur de la paroi du sabot, mais une ferrure défectueuse, une mauvaise hygiène de l'écurie et une déshydratation sous l'effet du milieu environnant peuvent contrarier les tendances héréditaires.

Couleur du sabot

De nombreuses personnes affirment que la couleur de la corne du sabot (blanche ou noire) influe sur sa solidité et sa résistance. Beaucoup pensent que les pieds blancs sont plus mous, plus friables et plus prédisposés aux contusions et aux blessures que les noirs. Cependant une étude scientifique (1983) sur les propriétés mécaniques des sabots du cheval n'a révélé aucune différence en ce qui concerne la réponse aux sollicitations ou la résistance globale entre sabots noirs et sabots blancs.

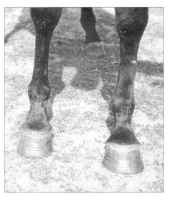

Fig. 4-4. Dissymétrie pathologique des pieds.

Taille du sabot

Les pieds trop grands sont prédisposés aux contusions, à un effondrement des talons ou à un bombement de sole. Les pieds resserrés à muraille verticale ne cèdent pas à la pression. Des sabots petits ou mal conformés sont exposés à des troubles. Trop grands ou trop petits, ils ne sont pas capables d'amortir les chocs qui sont alors répercutés sur les organes internes du pied et les parties supérieures du membre.

Les sabots des antérieurs n'ont pas toujours exactement la même taille ni la même forme, cela peut être normal chez certains individus. Cependant, toute différence de taille doit être considérée avec prudence et soupçonnée d'être pathologique.

Structure et croissance du sabot

Le chorion coronaire situé sous la bande coronaire, à la jonction de la peau et du sabot, produit la corne nouvelle de la paroi. C'est une couche de tissu conjonctif contenant des nerfs et des vaisseaux abondants qui nourrissent le pied.

Paroi du sabot

La paroi du sabot, formée de kératine, est un prolongement modifié de la peau. Le sabot est un organe à croissance continue qui se développe à partir de la bande coronaire. Celui du cheval jeune se développe plus rapidement que celui

STRUCTURE ET FONCTIONS DU PIED

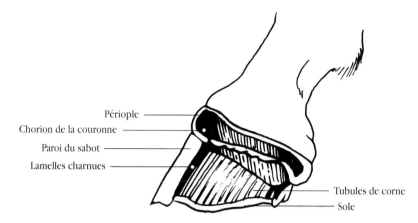

Fig. 4-5. Structure du sabot.

du cheval adulte. Par exemple, un poulain peut former 1,25 cm de corne par mois, alors que l'adulte n'en forme que 9 mm environ.

Le sabot se développe également à une vitesse variable au cours de l'année, en fonction de la saison et du climat : plus rapidement aux périodes chaudes et humides, au printemps et lorsque les jours s'allongent.

Grâce à sa croissance de 9 mm par mois, la pince et les éventuelles lésions de la paroi du sabot sont entièrement remplacées en un an environ, alors que les talons se renouvellent tous les 4-5 mois.

Tubules cornés

Les tubules de corne élastiques amortissent les chocs en se pliant et se comprimant, ce qui réduit les effets des commotions sur les autres organes des membres. Une humidité normale de la corne favorise son élasticité et augmente sa capacité d'amortissement.

Grâce à son anatomie particulière, la nature a fourni au sabot un moyen de conserver son humidité naturelle qui provient de l'eau apportée par les vaisseaux sanguins et lymphatiques aux organes internes du pied, puis est transférée aux tubules cornés de la paroi du sabot. L'exercice favorise ce mécanisme de transport.

Les tubules de corne rigides étroitement associés en un ensemble vertical parallèle retiennent l'humidité à la façon d'une

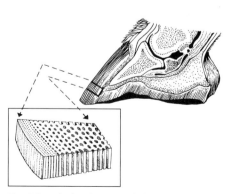

Fig. 4-6. Tubules de corne de la paroi du sabot.

éponge. La conformation du pied détermine leur orientation, facteur important pour conserver l'humidité du pied.

Par exemple, un des problèmes en rapport avec une conformation du sabot associant pince longue et talons bas est que les tubules de corne perdent leur parallélisme : les intervalles entre eux s'élargissent et le sabot se dessèche rapidement.

Périople

Un revêtement protecteur ressemblant à de la cire, le périople, ralentit la perte de l'humidité de la corne. Ce « vernis du sabot » est formé d'une très mince couche de cellules qui s'élimine facilement, mais qui se renouvelle en permanence à partir de la bande coronaire.

Humidité

Chez le cheval adulte, l'élasticité de la paroi du sabot diminue considérablement si le taux normal d'humidité de la corne ne se maintient pas à 25 %. Si la corne se dessèche, elle devient friable et incapable d'amortir les chocs et de légères fissures s'y forment : ces chevaux sont difficiles à ferrer car les fers ne restent pas en place. Par ailleurs, une humidité excessive prolongée, due à un sol saturé ou à une litière imprégnée d'urine, est également nuisible au sabot. Il en est de même d'une sécheresse excessive et de l'usure due à un sol grossier ou sableux ou à une utilisation extensive de la râpe par le maréchal ferrant. Dans ces cas, l'épaisseur de la paroi diminue et sa structure se dégrade ; le sabot perd sa capacité à conserver son humidité interne et le périople se désorganise.

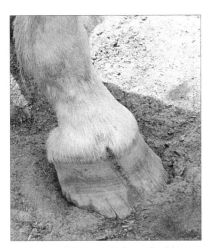

Fig. 4-7. Pied à corne sèche et friable par suite de déshydratation.

Graisses et onguents à sabot

Les graisses à sabot, surtout si elles sont additionnées de goudron de pin ou de lanoline, sont utiles si les pieds sont en permanence exposés à une alternance de sécheresse et d'humidité. Elles jouent le rôle d'un périople artificiel réduisant l'évaporation de l'humidité de la corne. Une application quotidienne est nécessaire pour éviter qu'elles ne soient éliminées comme le périople.

Beaucoup de personnes appliquent en abondance toutes sortes de graisses sur les sabots desséchés en s'imaginant que cela rétablit l'humidité. Cela est faux, car l'humidité de la corne est d'origine interne et seule une faible partie est absorbée par osmose à partir du milieu extérieur. Plutôt qu'augmenter l'humidité de la corne, les sols humides ralentissent l'évaporation de l'humidité interne du pied.
De nombreux onguents pour sabots sont astringents et déshydratent la corne, par ex. ceux contenant de l'essence de térébenthine, du formol ou de l'acide phénique. Ils ne sont utiles qu'appliqués occasionnellement sur une fourchette pourrie pour combattre les bactéries qui prolifèrent en milieu humide.

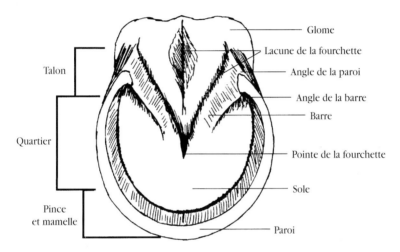

Fig. 4-8. Face inférieure du sabot.

Développement de pieds solides

Les facteurs les plus importants pour le développement de pieds solides sont une alimentation équilibrée, l'exercice, une bonne hygiène de base et un parage convenable des pieds.
Une alimentation équilibrée apporte l'énergie, les protéines, les vitamines et les minéraux nécessaires à la formation de la corne. Divers compléments alimentaires et onguents sont également commercialisés pour renforcer les sabots.

Compléments alimentaires

Biotine
On a recherché d'autres façons d'améliorer la production de la corne. On rapporte que la biotine à la dose de 15-30 mg par jour pendant neuf mois stimule

la croissance de la corne chez des porcs recevant de fortes doses d'antibiotiques par voie orale. Les antibiotiques donnés par voie orale tuent la flore intestinale normale, si bien que les porcs ne sont plus capables de synthétiser les vitamines du complexe B, d'où l'apparition de fissures sur les onglons. Ces résultats, appliqués au cheval, suggèrent que la biotine pourrait guérir les seimes en cas de carence reconnue en vitamines du complexe B.

On a donc ajouté de la biotine à l'alimentation d'un grand nombre de chevaux à sabot mince et friable, et on a modifié leur ferrure ainsi que leur niveau d'activité. Il n'est pas apparu que la biotine seule a amélioré les sabots de ces chevaux, malgré quelques rapports positifs occasionnels. Non seulement la plupart des aliments, le maïs en particulier, en contiennent beaucoup, mais, de plus, le cheval synthétise tous les jours dans son gros intestin la biotine qui lui est nécessaire. Cependant, une supplémentation en biotine n'est pas nocive celui-ci et peut être bénéfique chez les sujets malades ou affaiblis. Elle est hydrosoluble et l'organisme élimine rapidement les quantités en excès.

DL méthionine

La DL méthionine est un autre supplément alimentaire, dont on dit qu'il favorise la formation de la corne. On suppose que par son soufre la méthionine contribue au développement des tubules de corne. Il n'existe cependant pas de preuves de ce que cette substance accélère le développement du sabot.

Exercice

On ne saurait trop souligner l'importance de l'exercice en matière de pieds chez le cheval. Il augmente en effet l'expansibilité et la surface du sabot, ce qui réduit les chocs en résultant. Il stimule la circulation sanguine, ce qui améliore la qualité et l'élasticité de la paroi du sabot et favorise le développement de tous les éléments constitutifs du pied. La sole est endurcie par une sollicitation répétée. En se détachant des pieds en mouvement, les blocs de terre qui s'y étaient collés entraînent la corne morte de la sole et de la fourchette, ce qui contribue à leur hygiène. L'exercice stimule le transport des éléments nutritifs dans l'ensemble du membre et empêche la stagnation du sang se manifestant souvent par un œdème des membres. Il renforce les ligaments et

Fig. 4-9. L'exercice est un facteur important de santé des pieds.

STRUCTURE ET FONCTIONS DU PIED

les tendons soutenant les articulations et qui jouent un rôle d'amortisseur protégeant celles-ci.

Massage de la couronne

Les massages de la bande coronaire stimulent la formation de la corne. On peut appliquer sur celle-ci une peau de mouton saturée de lanoline ou la masser quotidiennement avec une huile végétale ou minérale.

Hygiène du pied

Pourriture de la fourchette

Une observation soigneuse des pieds permet de prévenir les troubles.
La pourriture de la fourchette est due à l'humidité et à une mauvaise hygiène. L'accumulation sous le pied de boue, de fumier ou de paille pourrie favorise le développement de bactéries dans les lacunes de la fourchette, et l'infection en résultant peut atteindre ses couches vivantes, ce qui provoque une douleur intense et une boiterie nuisant aux performances du cheval.

La fourchette dégage une mauvaise odeur et la corne devient foncée. La sole doit normalement être concave et la fourchette ferme mais flexible comme une gomme en caoutchouc. Dans la pourriture de la fourchette, la corne de celle-ci dégénère et devient spongieuse. Un nettoyage quotidien des pieds élimine les débris divers. Chez la plupart des chevaux, un parage des pieds fait toutes les 6-8 semaines élimine la corne morte retenant les débris.

Fig. 4-10. Sabot atteint de pourriture de la fourchette.

La plupart des chevaux de compétition doivent être parés et ferrés toutes les 4-6 semaines. L'application plusieurs fois par semaine d'une solution d'iode ou de sulfate de cuivre sur la sole et la fourchette prévient la pourriture de la fourchette et le crapaud.

Crapaud

Le crapaud est devenu rare grâce à l'hygiène moderne, mais il peut néanmoins se développer si le climat est particulièrement humide et chaud. C'est une infection suintante et malodorante de la fourchette et de la sole. La fourchette se développe excessivement ; les parties malades du pied sont blanches et ont la consistance du fromage blanc, ce qui les distingue de la pourriture de la fourchette, où la corne devient noire et semble se décomposer. Le crapaud atteint plus profondément les tissus cornés que la pourriture de la fourchette, qui est également plus localisée. Une ablation chirurgicale radicale de tous les tissus malades est nécessaire en cas de crapaud.

Abcès du pied
L'observation du cheval en mouvement dans les paddocks peut aider les propriétaires ou les entraîneurs à déceler d'autres affections, causes de boiterie, comme les abcès du pied qui peuvent résulter de contusions dues à des pierres, ou de bleimes dues à une mauvaise ferrure. Ces contusions et ces bleimes affectent la partie profonde de la sole et ne sont pas visibles extérieurement.

Si les fers sont laissés trop longtemps en place (plus de 8 semaines), ils peuvent comprimer les talons ce qui provoque une inflammation près de l'angle des barres (séparant la fourchette et la sole), qui peut être responsable de la formation d'une bleime ou même d'un abcès.

Des abcès du pied peuvent aussi résulter de perforations par des clous ou de traumatismes lésant gravement la sole. La paroi du sabot absorbe normalement le choc avec le sol, alors que les organes internes du sabot, comme les lamelles de corne, le coussinet plantaire et la troisième phalange, absorbent la pression due au poids du corps. La partie du sabot supportant le poids du corps est normalement la paroi et non la sole. Un contact du fer avec un point quelconque de la sole comprime et lèse les tissus sous-jacents. Si on pare excessivement les pieds ou si ceux-ci sont usés par un sol dur, l'affaiblissement de la paroi force le cheval à marcher sur la sole, ce qui peut être à l'origine de bleimes, d'abcès du pied ou d'une fourbure.

Le sabot comme témoin des stress

L'examen du sabot montre comment les forces et les chocs se transmettent à travers le pied et il peut révéler des maladies, car même si certaines modifications sont internes et masquées, elles finissent par se manifester à la surface du sabot. Les déviations latérales de la paroi et les cercles de la corne traduisent une mise en charge irrégulière. Si les chocs diminuent, la paroi devient plus verticale, et elle se dévie latéralement s'ils diminuent.

Réponse de la bande coronaire à des sollicitations irrégulières

Le sabot répond à des sollicitations inégales par une formation accrue de corne au point où les chocs se concentrent. La circulation sanguine diminue relativement dans la partie du pied moins sollicitée, où en conséquence la corne croît plus lentement.

STRUCTURE ET FONCTIONS DU PIED

Sur un pied normal, la couronne forme une ligne droite sur le devant du pied et parallèle au sol qui s'incline latéralement symétriquement en direction des talons. Les modifications de la circulation et de la nutrition des tissus du pied ou des sollicitations inégales de celui-ci modifient l'orientation de la bande coronaire, qui devient asymétrique. Cette déformation peut annoncer une boiterie due à un déséquilibre du pied qui peut résulter d'un mauvais parage ou d'une mise en charge irrégulière due à une mauvaise conformation.

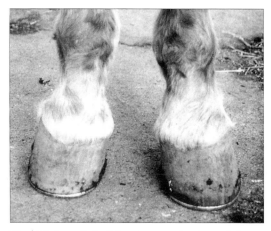

Fig. 4-11. Asymétrie de la couronne des deux pieds.

Réponse de la paroi à des sollicitations irrégulières

Les déformations et les « cercles » de la corne de la paroi révèlent l'histoire du pied. Par exemple, dans la fourbure chronique, les talons se développent plus rapidement que la pince, cette différence de vitesse de développement de la corne lui donne un aspect ondulé. De même que les cercles d'accroissement d'un arbre enregistrent les changements de saison et de climat, le sabot reflète extérieurement les stress endogènes ou exogènes qu'il subit.

Cercles

De fines stries longitudinales de la paroi qui s'étendent de la couronne au sol, révèlent l'orientation des tubules de corne et leur développement à partir du chorion de la couronne. Tout ce qui interfère avec la circulation sanguine dans le pied, influe sur la vitesse de développement de la paroi. Les différences de vitesse de développement des diverses parties du sabot se traduisent par un non-parallélisme de ces stries en regard des talons ou de la pince.

• *Mauvaise ferrure*
Si le pied est déséquilibré ou le fer mal ajusté, des irrégularités ou des saillies de la corne révèlent les lignes de force correspondant à la pression anormale du fer.

• *Changement d'alimentation*
Les cercles de la corne de la paroi ne résultent pas toujours d'une maladie du pied. Les changements quantitatifs ou qualitatifs d'alimentation peuvent égale-

ment modifier la vitesse de développement et la composition de la kératine et faire apparaître des cercles sur la corne, qui se déplacent avec la croissance en direction du sol et peuvent laisser place à une corne saine et lisse.

• *Saisons*
Les changements de saisons ont des effets semblables : au printemps, la chaleur et l'humidité, ainsi que l'allongement des jours, stimulent le développement de la corne, ce qui se traduit par la formation de plusieurs saillies circulaires sur la paroi.

Fig. 4-12. Les différences de croissance de la corne y font apparaître des cercles.

• *Fièvre*
Un épisode fébrile de plusieurs jours stimule aussi la formation de la corne et des cercles peuvent y apparaître plusieurs semaines plus tard. L'augmentation de la fréquence cardiaque associée à la fièvre accroît la circulation sanguine dans les pieds.

• *Inflammation*
Toute inflammation du pied ou de la couronne fait apparaître des cercles sur la corne de la paroi. L'augmentation de la circulation dans le chorion de la couronne accélère la croissance de la corne, parfois de façon inégale en pince et en talons.

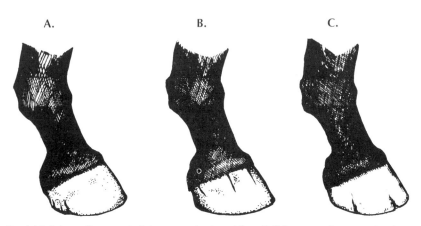

Fig. 4-13. Seimes diverses. A. Seimes quarte et en talon. B. Seimes en pince, quarte et en talon prenant leur origine sur la couronne. C. Seimes en pince et quarte.

STRUCTURE ET FONCTIONS DU PIED

Fissures du sabot (seimes)

Toute blessure ou anomalie de la bande coronaire font apparaître un défaut sur la paroi du sabot par suite de l'interruption de la formation de corne.

Un autre type de fente peut se développer à partir du bord d'appui et s'étendre en direction de la couronne. Il peut se voir en pince, en quartier ou en talon et indiquer un déséquilibre du pied. Les fentes de la corne provoquent une douleur, lorsque leurs bords se déplacent lors de l'appui et compriment les tissus sensibles. Ce sont également une voie de pénétration des germes vers les organes internes. Un parage incorrect ou une sécheresse excessive de la corne peuvent contribuer à l'apparition des seimes. Un examen quotidien des pieds permet de déceler les fentes du sabot, avant qu'elles ne deviennent un problème chronique.

Fentes et sillons horizontaux

Des fentes et sillons horizontaux de la paroi du sabot, parallèles à la couronne, peuvent indiquer une intoxication par le sélénium. Elles affectent généralement plusieurs pieds. Du fait que sélénium remplace le soufre dans les acides aminés de l'organisme, les éléments kératinisés (poils et sabots) sont les plus atteints. Une chute de poils se produit avant que n'apparaissent des boiteries. L'intoxication générale se traduit finalement par une séparation du sabot des organes internes du pied et par son élimination.

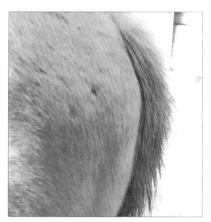

Fig. 4-14. Une dépilation de la queue est le premier signe de l'intoxication par le sélénium (à gauche). Fentes horizontales d'apparition plus tardive sur le sabot du même cheval (à droite).

FERS

Histoire du fer à cheval

Depuis les temps les plus anciens, l'homme a utilisé le cheval pour l'agriculture, les transports et la guerre et il a cherché à protéger au mieux ses pieds pour prévenir les boiteries. Les soins du pied ont probablement commencé 1 600 ans av. J.-C. et ils ont abouti à la mise au point d'équipements pour les pieds du cheval et de sandales utilisés jusqu'au IIe ou Ier siècle av. J.-C.

Mais les chevaux n'ont pas toujours bénéficié d'une telle protection de leurs pieds. Vers 330 av. J.-C., à l'époque d'Alexandre le Grand, des opérations de cavalerie auraient été interrompues pour permettre aux chevaux de reformer la corne de leurs pieds devenus sensibles. Des preuves d'une application de fers sur les sabots ne sont apparues que deux ou trois siècles plus tard. Une scène de bataille en mosaïque, découverte à Pompéi détruite en 79 av. J.-C. montre des chevaux ferrés.

Les ancêtres du fer à cheval moderne prenaient la forme de minces plaques d'or, d'argent ou de fer, fixées à du cuir et maintenues par des courroies s'attachant sur le sabot ou le paturon. Ces « hipposandales » offraient aux sabots une certaine protection contre l'usure par le sol. Une tablette romaine en terre cuite montre des sortes de bottes remontant sur les membres de chevaux participant à une course de chars et destinées à les protéger pendant la brève mais violente compétition.

À l'époque de Jules César (27 av. J.-C.-14 ap. J.-C.) on appliquait aux chevaux à pieds tendres des chaussons résistants, de roseaux tressés. Un autre empereur romain, Néron, faisait ferrer d'argent ses chevaux, tandis que sa femme, Poppée, faisait poser des fers en or à ses mules.

Fig. 4-15. Fer à cheval ancien.

Les fers étaient plus courants chez les guerriers Tartares et Mongols de l'époque du Christ. Les fouilles des tumuli de ces guerriers ont révélé des restes de chevaux portant encore des fers circulaires et fixés seulement sur le bord d'appui externe.

Les fers tels que nous les connaissons aujourd'hui ont été utilisés en Europe vers le Ve siècle. Aux VIIIe-IXe siècles, les listes d'équipements de la cavalerie mentionnent des fers en forme de croissant et des clous comme faisant partie du matériel de base. Jusqu'à l'an mille, les fers ont été utilisés surtout pour les chevaux de guerre ou comme élément décoratif par la noblesse. Ensuite on a commencé à faire de plus longs voyages sur les routes nouvellement construites et le ferrage des chevaux est devenu courant. L'histoire montre les efforts permanents de l'homme pour protéger les pieds des chevaux et augmenter ainsi leur utilité. On peut lire dans un ouvrage anglais du siècle dernier : « malgré la simplicité apparente de l'opération pour un observateur ordinaire, la méthode pour fixer un morceau de fer sur le pied du cheval a donné matière à plus de dissertations, d'essais, de guides, de manuels, d'instructions pratiques, de théories et de disputes et — comme nous avons le regret de l'écrire — à plus de grossièretés et d'injures, que tout autre sujet de notre connaissance ». Nous trouvons aujourd'hui naturelle l'invention « moderne » du fer à cheval, qui nous permet de monter nos chevaux sur de longues distances et en terrain difficile, de sauter et de galoper et de leur faire tirer de lourdes charges avec un moindre risque de lésions des pieds.

En dépit de l'existence au XXe siècle du caoutchouc, de plastiques et d'alliages métalliques, les mêmes controverses ont cours sur les méthodes appropriées de ferrage. Jadis, la question était plus simple : ferrer ou de ne pas ferrer, et comment maintenir le fer sur le pied. La civilisation moderne a surmonté depuis longtemps ces difficultés et offre presque tout, des clous aux colles spéciales pour fixer une surabondance de types de fers. Laissant la tradition de côté, il faut considérer comme un cas unique les pieds et l'utilisation de chaque cheval.

Ferrage : blessure ou protection ?

Personne ne conteste la valeur intrinsèque des fers pour protéger les pieds en les surélevant par rapport au sol et en réduisant au maximum les contusions. Ils peuvent être cependant un mal nécessaire, car s'ils protègent les pieds, ils peuvent aussi les blesser.

Le pied non ferré prend appui sur le sol par les talons, un peu avant la pince. À la prise d'appui du membre, la troisième phalange comprime le coussinet plantaire qui presse à son tour contre les cartilages ungulaires et, vers le bas, contre la fourchette qui participe peu à l'amortissement du choc. La compression du coussinet plantaire dissipe l'énergie sous forme de chaleur, qui est transférée vers l'abondant réseau vasculaire du coussinet. La circulation sanguine entraîne la chaleur vers le haut du membre, à distance du pied.

Quand la pince heurte le sol, les forces de compression s'exerçant vers le haut suivent les tubules de corne formant la paroi du sabot, qui en absorbent une grande partie grâce à leur disposition en spirale, semblable à celle d'un ressort. Les lamelles charnues unissant la dernière phalange au sabot résistent aux forces dirigées vers le bas, qui résultent de la mise en charge du membre, et assurent la cohésion du sabot.

Inconvénients de la ferrure

- Le fer surcharge le membre et le cheval se fatigue plus vite.
- La paroi du sabot est affaiblie par les clous.
- Le râpage du pied élimine souvent le périople, ce qui fait perdre au sabot sa capacité à conserver son humidité.

Le fer altère la capacité d'expansion du pied, ce qui l'oblige à absorber les chocs, qui ne sont plus amortis sur l'ensemble du membre. Il peut en résulter des contusions des talons ou de la sole, une inflammation de la troisième phalange (ostéite) ou une fourbure.

La ferrure modifie la biomécanique du pied et il faut impérativement que la forme et la taille du fer lui conviennent, car un pied mal équilibré ou à fer mal ajusté devient douloureux à long terme et provoque des entorses, des lésions tendineuses et des arthroses.

Protection par le fer

Malgré les inconvénients précités, les pieds non ferrés ne résisteraient pas aux exercices sportifs demandés ; ils deviendraient trop sensibles. La paroi s'userait si bien que l'appui se ferait sur la sole et que les pierres et les irrégularités du sol y provoqueraient des contusions graves.

Le cheval deviendrait inapte, surtout s'il est destiné à la compétition. Les pieds des chevaux menés avec rigueur ne peuvent pas résister à l'usure sans fer.

Importance des soins journaliers

Le succès du ferrage ne dépend pas seulement de la qualité de l'intervention du maréchal-ferrant, mais aussi des soins quotidiens des pieds. Le curage journalier élimine en effet les mottes de fumier et les cailloux susceptibles de provoquer des contusions de la sole et une boiterie. Ce nettoyage empêche également la prolifération bactérienne et prévient la pourriture de la fourchette et le crapaud. Dans les climats froids, en hiver, il faut éliminer la neige (ou la glace) tassée sous les pieds pour éviter qu'elle ne lèse la sole. Aux périodes de grande humidité, on doit vérifier la bonne fixation des fers. L'effet de ventouse que la boue a sur eux peut les déstabiliser, les tordre, ce qui provoque des bleimes, ou même les arracher, d'où des contusions de la sole.

Importance d'une bonne ferrure

Il n'existe pas d'angle correct absolu du pied avec le sol. Le plus important est que le sabot et le paturon soient alignés approximativement selon un même axe, ce qui permet au membre de bien amortir les chocs. Si les talons sont trop bas et la pince trop longue, cet axe est brisé et une telle conformation surcharge les talons, l'appareil naviculaire et les ligaments de l'articulation interphalangienne distale. Par contre, si les talons sont trop hauts et la pince trop courte, le pied se redresse et peut se blesser en pince.

Le fer limite la flexibilité de la paroi du sabot et l'expansion de sa face inférieure. Une expansion des talons est possible, car la paroi est plus mince en talons et en quartiers qu'en pince. Les talons peuvent ainsi subir une expansion et un rebond lors de l'appui.

Fig. 4-16. Fente horizontale de la paroi résultant d'une mise en charge irrégulière du pied due à un fer trop petit.

L'étude des sollicitations biomécaniques a montré que le fer ne modifie pas le degré d'expansion des talons. Cependant, l'expansion du sabot ferré est plus rapide que celle du pied non ferré, ce qui modifie la capacité d'amortissement du pied et des tubules de corne en particulier.

Le sabot peut perdre sa flexibilité si :
- le fer est trop petit pour le pied,
- les branches du fer sont trop resserrées,
- les branches ne s'étendent pas suffisamment sous les talons pour les soutenir.

Des cercles dus à une surcharge se forment sur la corne des talons et des quartiers, ou encore des fentes apparaissent aux points comprimés. Ces cercles et ces fentes de la corne sont le signe d'une mauvaise ferrure ou d'une mauvaise conformation entraînant une mise en charge inégale du sabot.

Un fer de taille convenable et suffisamment ouvert en talons permet l'expansion de ceux-ci sous l'effet des chocs. Les branches peuvent également être biseautées pour favoriser l'expansion des talons. Il ne faut pas placer de clous en arrière du milieu des quartiers pour ne pas limiter l'expansion des talons.

Talons inégaux

L'examen des pieds et l'appréciation de leur évolution sur plusieurs mois permettent d'évaluer les effets du parage et de la ferrure. Comme sur un pied non ferré, la paroi du côté le moins chargé d'un pied ferré déséquilibré s'écarte vers l'extérieur. La corne de la paroi la plus chargée se développe plus rapide-

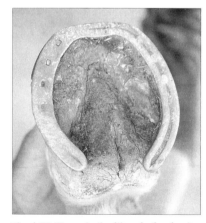

Fig. 4-17. Usure irrégulière du fer due à un mauvais équilibre du pied. Il existe également une inégalité des talons.

ment et la paroi se redresse. La mise en charge inégale peut faire qu'un talon devient plus haut que l'autre, ce qui peut entraîner une instabilité et une boiterie.

Ferrure correctrice

De nombreux problèmes de ferrure peuvent être résolus par un bon équilibre entre les parois latérales et entre pince et talons. L'équilibrage du pied a pour but de favoriser une répartition régulière du poids sur toute la surface d'appui du pied. Cette répartition régulière de la charge évite des sollicitations excessives d'un côté des articulations et des ligaments correspondants.

Fig. 4-18. Asymétrie des talons après ferrure correctrice.

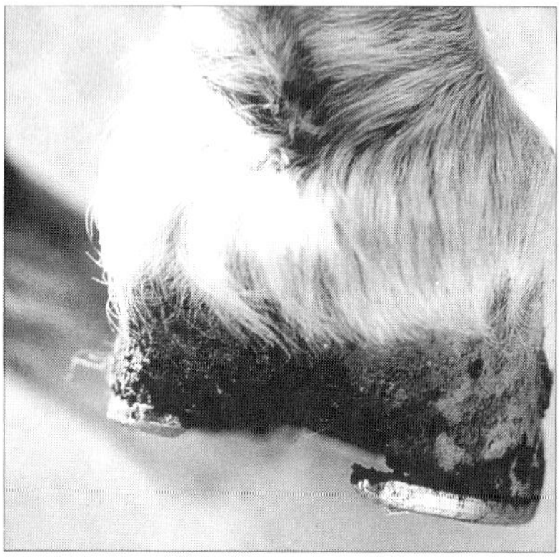

Fig. 4-19. Pied mal équilibré.

Une fois que le squelette du cheval a atteint sa maturité, la ferrure correctrice pour mauvaise conformation ne peut que chercher à équilibrer au mieux chaque pied, et le râpage d'un côté déjà plus court que l'autre aggrave une conformation déjà imparfaite et augmente les torsions et distensions subies par les articulations.

Fer à plaque

Le problème de l'application d'une plaque reste sans réponse. Il n'existe en effet par une seule bonne solution et il faut envisager tous les aspects de la question. Une plaque augmente encore davantage la rigidité du fer, et par ailleurs, certains chevaux ont des pieds tendres, plats ou sensibles.

Application passagère d'une plaque

Dans certains cas, on ne peut pas se contenter d'un fer ordinaire pour protéger la surface d'appui de la muraille.

Une plaque peut être nécessaire à titre thérapeutique dans certaines affections passagères comme :
- les abcès du pied,
- les clous de rue,
- les contusions graves,
- l'ostéite de la troisième phalange,
- les bleimes.

Contusions de la sole

Les contusions de la sole sont frustrantes à traiter. Si la plupart des chevaux guérissent en quelques semaines avec des enveloppements humides chauds additionnés de sulfate de magnésium, des anti-inflammatoires et du repos, d'autres ne guérissent qu'en 4 à 6 mois. L'écrasement du chorion situé sous la sole provoque une hémorragie qui colore la corne. Cette coloration anormale apparaît ultérieurement comme une zone rosâtre sur la sole. Les contusions ne sont pas toujours visibles au parage, en particulier si la corne est foncée. Sur les pieds à corne épaisse la contusion peut se produire en profondeur, au niveau de la troisième phalange et l'hématome peut être invisible.

Fig. 4-20. Fer à plaque.

Les contusions de la sole ne provoquent pas toutes une boiterie franche, mais parfois seulement une baisse des performances. Le cheval galope moins vite ou refuse l'obstacle. Un cheval de dressage peut refuser de se rassembler et d'engager son arrière-main ou répugner à faire les virages rapides ou brusques exigés dans le polo, la course aux tonneaux ou le travail du bétail.

Traitement des bleimes

Un fer mal ajusté ou de taille incorrecte, ou un sabot devenu trop long entre les ferrages peuvent provoquer une bleime, zone de nécrose des tissus à l'union de l'angle de la paroi et des barres. Les éponges du fer exercent en effet une pression anormale si elles entrent en contact avec cette zone. Des pressions localisées répétées sur l'angle des barres provoquent des contusions en profondeur et l'accumulation de sang ou de sérum sous la sole. Un abcès peut se former et l'accumulation de pus dans les tissus mous du pied peut provoquer une boiterie. L'application d'un fer à branches suffi-

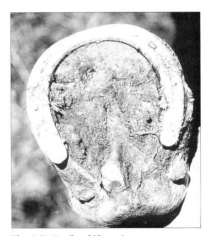

Fig. 4-21. Un fer déformé peut provoquer des bleimes au niveau de l'angle de la barre.

samment longues et à éponges suffisamment larges ne comprimant pas l'angle des barres prévient les bleimes. Il faut prévoir un ferrage à un intervalle convenable de 6 à 8 semaines (et de 4-6 semaines chez les chevaux de course et autres compétitions) et avoir recours à un maréchal-ferrant compétent, qui appliquera convenablement un fer ayant la bonne taille.

Les contusions de la sole et les bleimes peuvent rendre le cheval inapte un certain temps et il peut alors être avantageux d'appliquer un fer à plaque pour protéger tout le pied. Chez le cheval normal et sans problème de pied, les plaques peuvent avoir des effets néfastes à long terme.

Effets retardés de l'application de fers à plaque

Affaiblissement du pied
Une plaque complète réduit les contusions localisées du chorion et des tissus mous situés sous la sole et diminue légèrement les chocs subis par le pied. Mais en contrepartie les pieds munis d'une plaque deviennent dépendants. Le pied se ramollit et s'affaiblit sous la plaque, et si un sabot perd son fer à plaque, la sole est très molle et exposée à des contusions et à des lésions en profondeur. Les clous ont tendance à se déstabiliser facilement et les fers sont plus fréquemment perdus.

Aplatissement de la sole
Le sabot muni d'un fer à plaque s'attendrit et perd son appui sur le sol. Avec le temps, un pied initialement bien conformé et à sole concave peut s'aplatir sous une plaque. Quand on supprime la plaque, la sole est sensible aux traumatismes

Pourriture de la fourchette
Sous une plaque, l'humidité favorise le développement des bactéries et il en résulte une pourriture de la fourchette. Une étanchéité insuffisante du matériel de rembourrage (le plus souvent des silicones, du goudron de pin ou une mousse) laisse pénétrer la boue sous la plaque, et des compressions locales par la boue ou des gravillons peuvent provoquer des contusions, des abcès et des boiteries.

Indications particulières des fers à plaque

L'application permanente de fers à plaque peut être nécessaire en cas de fourbure, de maladie naviculaire, de douleur chronique des talons ou de prédisposition aux contusions de la sole due à des pieds plats. Dans ces cas, les avantages des fers à plaque peuvent l'emporter sur les inconvénients.

Substituts des fers à plaque

Avant d'appliquer des fers à plaque à un cheval, on doit considérer leurs substituts possibles. Les pieds des chevaux inactifs ou maintenus à l'écurie s'affaiblissent et se blessent facilement. La mise à l'extérieur et un exercice régulier les renforcent et les endurcissent.

La sole du sabot doit être concave. Il faut se méfier d'une utilisation excessive du rogne-pied ou de la râpe, qui élimine trop de corne et amincit la sole. Le bon sens et la prudence d'un maréchal-ferrant compétent préviennent une telle atteinte due à l'homme.

Les préparations contenant du phénol ou du formol coagulent la corne de la sole et affaiblissent le sabot. L'application de teinture d'iode à 7 % sur la

Fig. 4-22. Un parage excessif supprime la concavité de la sole et rend le pied plat.

sole endurcit le sabot. Il ne faut pas que les solutions concentrées d'iode entrent en contact avec la peau, car elles sont irritantes. Une « pissette » permet une application soigneuse des solutions concentrées d'iode sur la sole et la fourchette.

Fers couverts

Les fers couverts (c'est-à-dire à branches larges) protègent mieux la sole sans avoir les inconvénients des fers à plaque. Un fer, surtout s'il est couvert, ne doit pas porter sur la sole, mais uniquement sur le bord d'appui de la paroi. La sole est destinée à ne supporter que le poids du corps, quand le membre est mis en charge dans les allures. Quand elle entre en contact avec le sol ou que le fer porte dessus au lieu du bord d'appui de la paroi, ces sollicitations anormales peuvent léser le pied.

Fig. 4-23. Fer couvert.

Easy Boots®

Pour les chevaux de raid, on peut envisager l'application sur le sabot et le pied d'Easy Boots® à titre de protection. Ces bottes en plastique résistent aux sols rocheux et ont été utilisées avec succès dans des épreuves d'endurance de 160 km. Elles doivent être bien ajustées et ne pas entrer en contact avec les tissus mous comme la couronne, qu'elles blesseraient. Il faut découper le plastique pour les adapter aux pieds. Un rembourrage de coton derrière les

Fig. 4-24. Easy Boot®.

bulbes des talons empêche la pénétration de petites pierres et de terre dans les bottes.

Talonnettes

Certaines personnes pensent qu'une talonnette interposée entre le fer et le sabot réduit la transmission des chocs vers le haut du membre. Une telle talonnette n'assure pas une dissipation de l'énergie semblable à celle fournie par un pied non ferré ; elle joue le rôle d'un intercalaire léger surélevant la sole par rapport au sol susceptible de la léser. Elle n'a cependant pas les effets défavorables sur la sole qu'ont les plaques complètes, mais il faut se souvenir que les clous ont tendance à se relâcher et que les fers se perdent plus facilement avec les traumatismes et les lésions de la sole qui en résultent.

Temps et travail

La paroi et la sole du sabot peuvent se renforcer avec le temps. Tout comme les os sont renforcés par des sollicitations appropriées, le sabot répond aux stimuli externes. Non seulement il s'adapte aux contraintes internes, mais il forme également une corne plus résistante pour s'adapter à des sols durs. Les chevaux placés à l'extérieur sur un sol rocheux développent rapidement des sabots durs, à sole et à paroi plus résistantes aux traumatismes. Ils risquent donc moins d'avoir besoin de plaques.

BOITERIES DU PIED

Toute raideur ou toute boiterie décelables doivent donner lieu à une consultation vétérinaire le plus rapidement possible. En raison de la complexité des organes internes du pied et de leurs relations, les inflammations et les traumatismes d'une partie du pied peuvent affecter les tissus voisins. La douleur et les lésions mécaniques des pieds ont un effet néfaste sur les aptitudes futures du cheval.

Fourbure

Les cercles sur la corne de la paroi peuvent révéler une altération grave du pied avec mortification des lamelles charnues du sabot entraînant une séparation de la troisième phalange d'avec l'étui corné. On appelle fourbure cette affection complexe qui a des causes multiples, qui est dévastatrice et qui exige des soins vétérinaires immédiats. Sa gravité est variable, elle peut être légère ou grave et compromettre sérieusement la carrière sportive du cheval. L'examen radiogra-

BOITERIES DU PIED

phique permet de reconnaître si les cercles de la corne sont dus à une fourbure ou simplement à des sollicitations anormales du pied, à une fièvre, à l'alimentation ou aux poussées de développement de la corne liées à la saison.

Symptômes de la fourbure

Le cheval fourbu semble présenter une raideur des antérieurs, ou il soulage alternativement chacun d'entre eux à l'appui. Il répugne souvent à se déplacer et engage fortement ses postérieurs sous son corps pour y transférer le poids de ses antérieurs douloureux. Ce transfert du poids s'accentue quand on lui demande de tourner. Les chevaux légèrement atteints semblent marcher sur des œufs. Les soins doivent être immédiats et régler le problème.

Fig. 4-25. Attitude caractéristique de la fourbure.

Cause de la fourbure

La connaissance des rapports anatomiques des organes internes du pied aide à comprendre le mécanisme des troubles. Les organes internes du pied reçoivent l'oxygène d'un réseau de vaisseaux sanguins qui se ramifient en vaisseaux plus

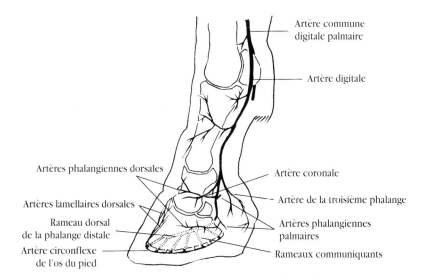

Fig. 4-26. Vaisseaux du pied.

petits au niveau de la couronne. Les artères laminaires dorsales alimentent la face dorsale du pied sous forme de rameaux de l'artère circonflexe, qui entoure la base de la troisième phalange. L'engrènement des lamelles charnues du chorion et des lamelles cornées unit la troisième phalange et l'étui corné du sabot. Pour atteindre les lamelles charnues du devant du pied, le sang doit s'écouler contre la pesanteur, car il se déplace à partir du bas du pied.

Toutes les affections systémiques (c'est-à-dire affectant l'ensemble de l'organisme) qui interrompent le flux sanguin dans le pied, provoquent une inflammation au niveau des lamelles du pied. L'apport de sang et d'oxygène aux tissus diminue, alors que la pression sanguine s'élève. Le pouls digité s'élève. La constriction des vaisseaux détourne le sang et l'oxygène des lamelles du pied, ce qui entraîne leur nécrose. L'engrènement des lamelles ne peut plus soutenir le poids du corps ni résister à la traction du tendon fléchisseur profond du doigt, qui se fixe à l'arrière de la troisième phalange. Celle-ci exerce un effet de levier qui augmente la traction du tendon et elle se détache de l'étui corné.

N'étant plus soutenue par l'engrènement des lamelles, elle subit une rotation ou s'abaisse en direction de la sole, qu'elle peut perforer dans les cas très graves. On peut toutefois prévenir la rotation de la troisième phalange si le processus pathologique est interrompu rapidement. Cependant, dans certains cas, celle-ci peut basculer trois heures après que les lamelles ont commencé à gonfler.

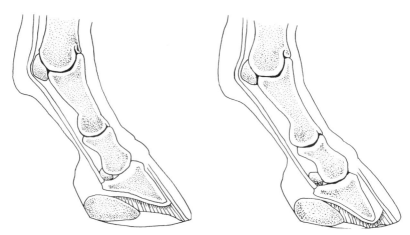

Fig. 4-27. À gauche, pied normal ; à droite, pied présentant une rotation de la troisième phalange.

Causes métaboliques

Tous les troubles métaboliques peuvent provoquer une fourbure. Le stress dû à un transport ou à une maladie ; les diarrhées, les septicémies (infections généralisées), les affections hépatiques ou rénales ont un effet important sur la formation d'endotoxines. Le foie est incapable de neutraliser complètement les endotoxines circulant en excès dans le sang. Une description du milieu intestinal aide à comprendre ce que sont les endotoxines et leur rôle dans la fourbure.

• *Milieu intestinal*
La flore intestinale vivant normalement dans l'intestin du cheval est un écosystème dont l'équilibre est précaire. L'alimentation de l'animal influe sur ce système et les bactéries s'adaptent lentement à de légères modifications du régime alimentaire. Une consommation excessive et rapide de grains riches en glucides favorise une pullulation des *Lactobacillus*, et le pH de l'intestin devient alors acide.

Les sujets recevant normalement des céréales, comme les chevaux de compétition, y sont particulièrement exposés quand ils en reçoivent en excès. Une population normale de germes produisant de l'acide lactique vit déjà en présence de grains fortement fermentescibles. Les chevaux recevant des céréales ont un milieu intestinal légèrement acide, amorce d'un désastre imminent.

Un milieu acide désorganise la fragile barrière unicellulaire séparant la cavité de l'intestin des vaisseaux sanguins de la paroi intestinale. Si le pH continue à baisser, les bactéries résidentes Gram-négatif de l'intestin meurent. La paroi cellulaire de ces bactéries contient des composants toxiques appelés endotoxines. La mort de ces germes due à l'acidité du milieu intestinal libère les toxines dans le gros intestin, où elles sont absorbées et transportées dans tout l'organisme.

• *Rôle des endotoxines*
L'organisme est constamment exposé à de petites quantités d'endotoxines libérées dans le sang par la mort journalière normale d'un petit nombre de bactéries Gram-négatif. Dans les conditions normales, le foie détoxifie les endotoxines et l'immunité locale les neutralise.

Un excès d'endotoxines a des effets très importants : en cas d'absorption d'une quantité massive du fait d'un apport excessif d'hydrates de carbone ou d'un problème métabolique sous-jacent, ou si l'organisme est sensibilisé à l'avance aux endotoxines comme chez les chevaux nourris de grains, il en résulte une réaction immunitaire massive qui a un effet catastrophique sur la circulation sanguine dans les pieds et provoque la fourbure.

• *Coliques*
Les coliques dues à une altération de la motricité intestinale favorisent également une pullulation des bactéries, et donc la formation d'endotoxines dont les effets nocifs se manifestent dans l'ensemble de l'organisme. Les petits vaisseaux sanguins se contractent, dont ceux des pieds.

Parfois, les chevaux épuisés ou souffrant d'une hyperthermie peuvent présenter des troubles métaboliques altérant la circulation et désorganisant les lamelles du pied.

• *Excès de poids*
Malheureusement, une grande partie du monde des sports équestres aime les chevaux présentant un excès de poids, qui prédispose cependant à la fourbure, et les chevaux obèses en sont des candidats prioritaires. Ils souffrent de troubles métaboliques avec diminution de la tolérance au glucose et à la consommation d'hydrates de carbone. Si le cheval en consomme en excès sous forme de grains ou de luzerne riche, il est très exposé à la fourbure.

• *Non-délivrance*
Une jument qui a mis bas, mais n'a pas rejeté les enveloppes fœtales dans les 3-4 heures suivant le part, est exposée à la fourbure. Des endotoxines sont absorbées à partir de l'utérus à mesure que le placenta se décompose et qu'une infection se développe.

• *Troubles hypophysaires*

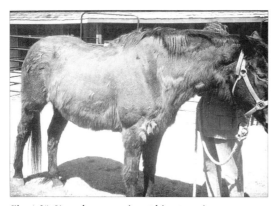

Fig. 4-28. Un pelage grossier et hirsute qui ne mue pas, peut être un signe d'adénome de l'hypophyse.

Les chevaux âgés développent parfois une tumeur de l'hypophyse, située sous le cerveau qui provoque un déséquilibre hormonal avec production excessive de corticostéroïdes. Cette hypersécrétion entraîne finalement une élévation du taux de glucose du sang, qui peut être cause d'une fourbure. Ces troubles passent facilement inaperçus. Leurs seules manifestations peuvent être un pelage grossier et hirsute qui ne mue pas, et une exagération de la soif et de la production d'urine (polyuro-polydypsie).

Fourbure de fatigue

La fourbure peut également être due à des facteurs mécaniques, et résulter de traumatismes et de contusions subis par les lamelles des pieds à la suite d'un travail prolongé sur un sol dur. Les pieds trop parés ou usés sont facilement traumatisés. Les bleimes et les clous de rue provoquant une infection ou un abcès peuvent aussi entraîner une fourbure.

Fourbure de surcharge

Une fourbure de surcharge peut se produire en cas de blessure, telle qu'une fracture, provoquant une suppression d'appui de plusieurs mois. Le sang stagne dans le membre opposé sain qui est surchargé et une fourbure peut en résulter.

Diagnostic de la fourbure chronique

Un sabot dont la corne de la paroi est cerclée, indique que le pied a présenté des épisodes antérieurs d'inflammation. Les tubules de corne du sabot se développent normalement en suivant une ligne droite presque verticale à partir de la couronne. Quand la troisième phalange est pressée vers le bas ou subit une rotation à l'intérieur de l'étui corné du sabot au cours d'une crise de fourbure, le chorion de la couronne est pris et comprimé entre le processus extensorius de la troisième phalange et la corne de la paroi. Le processus extensorius est la saillie de la troisième phalange sur laquelle se fixe le tendon extenseur dorsal du doigt.

Les tubules de corne du sommet de la paroi se plient en formant un angle, ce qui comprime encore davantage les tissus de la couronne et réduit l'apport de sang. Cette compression et cette diminution de la circulation privent les tissus d'oxygène, ce qui perturbe le développement de la paroi du tiers antérieur du sabot.

Les tubules de corne se déforment. Leur développement est très ralenti en pince et la croissance de la paroi devient irrégulière.

Une importante circulation collatérale au niveau des talons permet à ceux-ci de se développer normalement. En l'absence de mesures correctrices, la paroi devient concave en pince, ce qui indique également le déplacement de la troisième phalange.

Dans la fourbure chronique, la diminution de la circulation sanguine dans la partie antérieure du pied se traduit sur la paroi du sabot. Les lamelles de corne s'épaississent excessivement du fait de la croissance lente de la pince. Des saillies épaisses et irrégulières se forment sur la paroi, parallèlement à la couronne. La corne de formation nouvelle suit ce mode de développement et conserve les cercles et la concavité caractéristiques de la paroi.

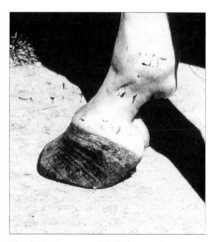

Fig. 4-29. La concavité de la paroi est un signe de fourbure chronique.

Fig. 4-30. Les cercles sur la corne sont aussi un signe de fourbure chronique.

La désorganisation des tubules de corne provoque une déshydratation du sabot qui perd son élasticité. Les troubles de la circulation, la déshydratation et la réduction de l'appui lié à la douleur provoquent une contraction de l'ensemble du pied. La paroi du sabot raconte l'histoire quotidienne des sollicitations internes et externes déterminant sa forme et sa résistance.

Traitement de la fourbure

Il n'existe pas de traitement unique de la fourbure ; il doit être adapté à chaque cas, selon sa gravité et le problème métabolique responsable. De nombreux traitements médicaux sont connus et appliqués avec un succès variable. Les mesures indispensables à prendre quand on observe une crise de fourbure sont les suivantes :
- Faire traiter la cause par le vétérinaire : par exemple, excès de grains, non-délivrance, traumatismes.
- Supprimer les aliments riches (grains, luzerne) pour éviter une acidification du milieu intestinal.
- Mettre à la diète un cheval présentant un excès de poids pour réduire les troubles métaboliques et le poids portant sur le(s) membre(s) atteint(s).
- Les anti-inflammatoires non stéroïdiens (aspirine, flunixine méglumine, phénylbutazone) combattent la douleur et l'inflammation et la flunixine méglumine neutralise les effets des endotoxines.
- Il existe un sérum bloquant la libération d'endotoxines.
- L'usage de sable pour la litière offre un support souple à la sole.
- Des padds ou une talonnette spéciaux placés sous la fourchette soutiennent la troisième phalange.
- Il faut immobiliser le cheval pour éviter que les lamelles du pied ne continuent à se détruire. Cette immobilisation peut être nécessaire pendant un mois ou plus.
- On discute des enveloppements humides chauds ou froids. Les enveloppements froids réduisent la douleur mais tendent à contracter les vaisseaux sanguins, tandis que les chauds augmentent l'inflammation mais dilatent les vaisseaux et les capillaires du pied.

BOITERIES DU PIED

Au bout de 24 heures d'évolution, une radiographie du pied est utile pour apprécier le degré de bascule de la troisième phalange à l'intérieur du sabot et pour guider le parage correctif du pied destiné à réduire la traction sur les lamelles du pied.

Traitement d'une consommation excessive de grains
Le vétérinaire peut prévenir les coliques et la fourbure, si l'on a découvert dans les 8-12 heures qu'un cheval a eu accès à la réserve d'aliments et consommé des grains en excès.

• *Huile minérale*
L'administration d'huile minérale à la sonde naso-gastrique limite la fermentation des grains dans l'intestin et réduit au maximum l'acidification du milieu intestinal. L'huile minérale enduit la paroi intestinale et réduit l'absorption des endotoxines. Elle protège aussi les cellules intestinales d'une désorganisation par les acides et les endotoxines. Son effet laxatif favorise de plus une élimination rapide des aliments riches.

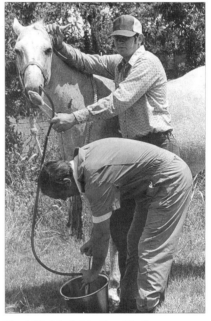

Fig. 4-31. Administration d'huile de paraffine à la sonde gastrique.

• *Anti-inflammatoires non stéroïdiens (AINS)*
Les AINS bloquent l'évolution de l'inflammation contribuant à la crise de fourbure et soulagent la douleur. La flunixine méglumine neutralise aussi les effets des endotoxines.
Un traitement immédiat influe de façon déterminante sur le pronostic et l'issue de la maladie. Il est souvent efficace grâce à la croissance continue du sabot. À mesure que la corne se forme, on élimine les parties anormales par des parages successifs.

Prévention de la rotation de la troisième phalange
Le traitement a pour but de prévenir la rotation ou l'abaissement de la troisième phalange à l'intérieur du sabot. On obtient ce résultat par :
• un traitement médical agressif,
• un parage et une ferrure correcteurs,
• l'application d'un coin rembourré destiné à réduire la traction du tendon fléchisseur profond ou d'un fer à planche soutenant le pied.

Si la troisième phalange a subi une rotation, le traitement est décevant et peut ne jamais rétablir des aptitudes sportives normales.

Prévention de la fourbure

Il existe aux États-Unis un vaccin anti-endotoxines destiné à immuniser les chevaux contre la libération d'endotoxine avant le déclenchement d'une crise. Les anticorps formés sous l'effet du vaccin neutralisent les endotoxines libérées par les bactéries Gram-négatif mortes. La vaccination comprend une injection, avec un rappel un mois plus tard. Les années suivantes, on fait un ou deux rappels pour maintenir l'immunité contre les endotoxines.

Des recherches sont en cours pour produire un vaccin suscitant des anticorps actifs sur le facteur nécrosant tumoral équin (TNF), qui est un sous-produit de l'inflammation provoquée par les endotoxines.

En raison du nombre d'espèces différentes de bactéries Gram-négatif produisant des endotoxines, il est difficile de créer un vaccin assurant une immunité croisée contre toutes. En revanche, un seul type d'anticorps est nécessaire pour neutraliser le facteur nécrosant tumoral équin, si bien que ce type de vaccin est prometteur.

Les pieds du cheval sont des indicateurs sensibles de sa santé générale. Une alimentation équilibrée, un exercice régulier et le séjour au pré sont des facteurs indispensables à sa santé. Il faut consulter un vétérinaire en matière d'alimentation, de contrôle du poids corporel et d'hygiène des pieds. Une bonne conduite de l'élevage et un examen physique général permettent d'éliminer de nombreuses causes de fourbure.

Maladie naviculaire

Toute perturbation du fonctionnement normal des membres dégrade les performances. Le cheval de sport est sujet à des boiteries variées. Une affection pouvant atteindre les chevaux travaillant intensément est la maladie naviculaire (ou syndrome podo-trochléaire), qui affecte l'appareil podo-trochléaire formé par l'os sésamoïde distal, la bourse podo-trochléaire et le tendon fléchisseur profond du doigt. La conformation du cheval et sa spécialité sportive peuvent également contribuer aux troubles, mais il existe de fortes indications de ce qu'une mauvaise ferrure prédispose les chevaux à cette maladie. Les chevaux participant à des activités éprouvantes et violentes comme les courses, le jumping, le polo ou le travail du bétail subissent des chocs considérables au niveau de leurs pieds, il est donc indispensable que ceux-ci soient équilibrés et correctement ferrés.

BOITERIES DU PIED

Anatomie de l'appareil podo-trochléaire

L'os sésamoïde distal (naviculaire) est en forme de navette interposée entre la troisième phalange et le tendon fléchisseur profond du doigt. Celui-ci passe derrière l'os naviculaire pour aller se fixer sur l'arrière de la troisième phalange. Entre l'os naviculaire et le tendon se trouve une bourse synoviale qui offre une surface de glissement au tendon. La face inférieure (de flexion) de l'os naviculaire est également lisse et contribue à cet effet de glissement, et sa face supérieure (articulaire) augmente la surface de l'articulation interphalangienne distale.

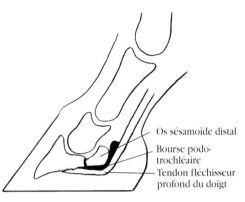

Fig. 4-32. Appareil podo-trochléaire.

Cette augmentation réduit le choc qu'elle subit lorsque le membre frappe le sol. Le dessus de la troisième phalange est soutenu par des ligaments le fixant aux angles de l'os naviculaire. Avec le tendon fléchisseur profond, ces ligaments contribuent à fixer l'os naviculaire à l'intérieur du pied.

Les inflammations affectant l'appareil naviculaire, incluant l'os, la bourse et les ligaments lèsent la surface du tendon fléchisseur en contact avec la bourse naviculaire. La maladie naviculaire résulte d'une augmentation de la pression du tendon sur l'os ou d'une distension locale de celui-ci. Les fibres du tendon peuvent se rompre ou s'étirer. Le tendon devenu irrégulier use la face inférieure de l'os naviculaire, ce qui compromet un glissement doux du tendon et provoque une douleur et une boiterie.

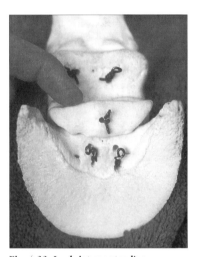

Fig. 4-33. Le doigt montre l'os sésamoïde distal.

Symptômes de la maladie naviculaire

La maladie naviculaire est fréquente chez les pur-sang, les trotteurs, les Quarter Horses et autres chevaux de sang, mais aucune race n'est épargnée.

99

Elle n'est pas héréditaire, mais certaines conformations y prédisposent ; la conformation est un caractère héréditaire. Les chevaux à épaule verticale, droit jointés et à petits pieds y sont prédisposés. Ceux à pieds plats et à talons bas également.

La maladie se manifeste généralement entre 4 et 9 ans, mais elle peut se voir aussi chez des chevaux de tous âges. Elle atteint le plus souvent les deux antérieurs, mais un membre peut être plus douloureux que l'autre. La boiterie peut être intermittente et affecter chaque pied à des moments différents. Elle évolue lentement, le travail intense l'aggrave et le repos atténue les symptômes. Le cheval affecté peut porter le membre atteint en avant « pointer », les talons légèrement soulevés du sol. Il peut charger alternativement chacun de ses antérieurs douloureux. La boiterie s'accentue sur sol dur et en montée et s'atténue sur sol plat et souple.

Allures dans la maladie naviculaire

Dans la maladie naviculaire, les chevaux ont des allures typiquement courtes et étriquées destinées à réduire les chocs sur les talons douloureux. Ils trébuchent fréquemment et certains cherchent à prendre appui d'abord par la pince au lieu de le faire normalement par les talons. Ces sujets sont exposés à des contusions en pince et des abcès de pied peuvent se produire à la suite de contusions graves.

Fig. 4-34. À gauche, le cheval porte les talons à l'appui en premier ; à droite, le cheval atteint de syndrome podo-trochléaire cherche à prendre appui en premier par la pince.

Modifications du pied

Avec l'évolution de la maladie, un des pieds antérieurs, ou les deux, peut apparaître nettement plus petit, avec des talons rétrécis et rétractés. La fourchette est rétrécie et anormale. Il est parfois difficile de reconnaître une telle anomalie (encastelure) si les deux antérieurs sont atteints. L'encastelure rend le pied douloureux, ce qui amène le cheval à réduire l'appui sur le membre atteint.

Causes de la maladie naviculaire

Théorie traumatique
Une théorie suppose que des chocs excessifs entre l'os naviculaire et le tendon fléchisseur profond favorisent une inflammation de la bourse naviculaire, de l'articulation interphalangienne distale et des structures associées, qui entraînerait à son tour une déminéralisation et un amincissement de l'os sésamoïde distal. Normalement, les chocs ne sont pas un problème, car ils sont amortis par les tubules de corne, la fourchette et les cartilages ungulaires.

La théorie traumatique suggère également qu'une mauvaise conformation ou un mauvais parage des pieds sont responsables de vibrations à l'intérieur de ceux-ci. La friction entre l'os naviculaire et le tendon lèse ce dernier et provoque une inflammation de l'appareil podo-trochléaire.

Théorie circulatoire
Une autre théorie, non prouvée, met en cause une réduction de la vascularisation de l'os sésamoïde distal comme principal facteur de la maladie naviculaire. Les lésions des ligaments s'insérant sur cet os peuvent interférer avec la circulation sanguine, car les vaisseaux sanguins pénètrent dans leur région. Le manque d'oxygène résultant de la diminution de l'irrigation sanguine provoquerait la douleur et aggraverait le processus pathologique de l'os. Des expériences ont tenté en vain de prouver cette théorie.

Théorie actuelle
On a développé aussi une théorie « unifiée » rassemblant les précédentes pour expliquer les processus menant à la maladie naviculaire. L'os est un tissu dynamique, se remaniant en permanence en réponse aux sollicitations liées à l'exercice. Si une pression excessive s'applique sur l'os naviculaire, une inflammation apparaît qui amplifie le processus de remaniement.

Les cellules déminéralisant l'os l'emportent sur celles formant l'os nouveau. Des zones ostéolytiques se forment dans les parties de l'os naviculaire comprimées par le tendon fléchisseur et se remplissent de tissu de granulation, et des adhérences constituées de tissu cicatriciel se forment entre l'os et le tendon, qui nuisent à l'efficacité mécanique du membre et provoquent de la douleur, car elles sont rompues en permanence par les mouvements du membre.

Le tendon fléchisseur profond du doigt peut être lésé à son point de contact avec l'os sésamoïde distal (zone soumise à une pression augmentée), ou il peut être distendu. Il devient irrégulier et érode la face inférieure de l'os naviculaire, ce qui limite son glissement régulier.

Théorie arthritique

Une autre explication du processus pathologique a été proposée. Il suggère qu'un travail intense et une mauvaise ferrure provoquent une inflammation des articulations proches de l'os sésamoïde distal qui entraîne un gonflement de la membrane synoviale (membrane tapissant l'articulation), qui infiltre l'os naviculaire. Finalement, l'os et le tendon fléchisseur adhèrent entre eux, des exostoses se forment sur l'os et les insertions ligamentaires perdent leur souplesse. Les lésions et la boiterie s'aggravent.

Ferrure incorrecte

Des chocs excessifs et des traumatismes se produisent dans les talons, quand le pied ferré a une pince longue et des talons bas, ce qui a un effet mécanique défavorable. Soixante-dix-sept pour cent des chevaux atteints de maladie naviculaire ont des talons bas. Cette conformation augmente la pression du tendon fléchisseur des doigts sur l'os sésamoïde distal et réduit la surface d'appui du pied et le rend moins apte à amortir les chocs. Les tubules de corne se

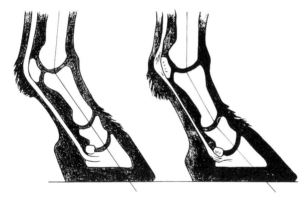

Fig. 4-35. À gauche, pied normal ; à droite, pied à pince longue et à talons bas surchargeant le tendon fléchisseur profond.

développent horizontalement, ce qui diminue également leur capacité d'amortissement. Le centre de gravité se déplace vers l'avant, ce qui augmente les chocs subis par les talons. Des talons bas surchargent également les autres ligaments et tendons de l'arrière du pied et du membre.

La longueur de la pince allonge le bras de levier et rend plus difficile le déplacement du pied. Le membre se fatigue plus rapidement. Une tendinite se développe par suite de la distension des organes fléchisseurs et en particulier du tendon fléchisseur profond du doigt.

BOITERIES DU PIED

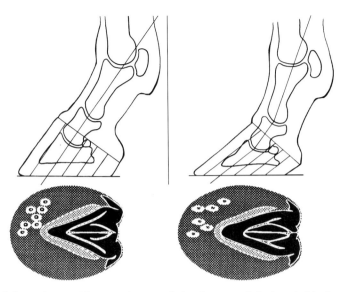

Fig. 4-36. À gauche : pied bien paré et ses tubules de corne ; à droite, pied à pince longue et à talons bas et ses tubules de corne déformés.

Lorsque la pince est longue et les talons bas, l'axe digité est brisé. Cela surcharge le tendon fléchisseur profond du doigt et augmente la pression sur l'os naviculaire. Un déséquilibre du pied charge de façon irrégulière ses articulations et tous ses organes internes. La différence entre un axe phalangien normal et un axe brisé peut sembler subtile mais, avec le temps, le cheval mal ferré deviendra boiteux. Une mise en charge augmentée et inégale du pied prédispose au syndrome podo-trochléaire ou aggrave une lésion préexistante.

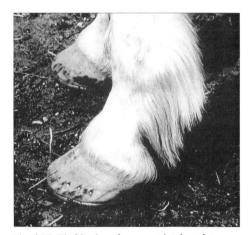

Fig. 4-37. Pied à pince longue et à talons bas.

Épreuves diagnostiques

Le diagnostic du syndrome podo-trochléaire est difficile. Une boiterie évidente ou des allures rétrécies doivent se voir pour qu'un cheval soit considéré comme

atteint avec certitude. On recourt à de nombreux critères pour établir le diagnostic et prévoir la carrière sportive ultérieure du cheval. C'est leur ensemble qui permet au vétérinaire d'établir le diagnostic de maladie naviculaire dont les symptômes sont les suivants :
- boiterie,
- sensibilité des talons constatée à la pression exercée au moyen de la pince à sonder les pieds,
- boiterie au trot suivant une flexion du pied,
- la boiterie est améliorée par l'anesthésie des nerfs digitaux palmaires est révélée sur l'autre antérieur.

L'expérience du vétérinaire l'autorise à poser le diagnostic de maladie naviculaire, même si tous ces signes ne sont pas présents.

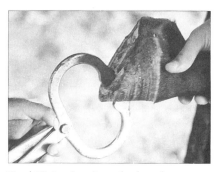

Pince à sonder

La pince à sonder est une pince spéciale dont on se sert pour comprimer des parties précises du pied. La réaction du cheval à la pression permet de localiser la douleur et de guider le traitement. La pince appliquée en travers des talons ou entre la fourchette et la paroi provoque une douleur si le pied est atteint (mais pas toujours).

Fig. 4-38. La pince à sonder les sabots permet de localiser la douleur.

Test de flexion

Le test de flexion est une autre épreuve diagnostique. On fléchit avec fermeté les articulations du pied et du paturon pendant une ou deux minutes puis on fait trotter le cheval. En cas de maladie naviculaire, la flexion aggrave la boiterie en augmentant la pression sur la bourse podotrochléaire et l'os sésamoïde distal. Une autre épreuve consiste à faire se tenir le cheval sur un bloc surélevant les talons et à le faire trotter ensuite pour rechercher une accentuation de la boiterie.

Fig. 4-39. Test de flexion.

Anesthésie des nerfs

Dans le cadre de l'approfondissement du diagnostic, on injecte de chaque côté du bas du paturon un anesthésique local autour des nerfs digitaux palmaires pour réaliser une anesthésie. Celle-ci améliore la boiterie, la douleur a son origine dans le tiers postérieur du pied qui comprend cependant d'autres organes que l'appareil naviculaire.

Les affections du coussinet plantaire, des bulbes du talon et des cartilages complémentaires, les abcès du pied ou les bleimes doivent donc être éliminés avant de rapporter les troubles à l'appareil naviculaire. En cas de maladie naviculaire, le blocage nerveux n'améliore souvent la boiterie du membre insensibilisé que pour aggraver la boiterie du membre opposé.

Radiographie

Une fois la douleur localisée dans la région de l'os sésamoïde distal, le vétérinaire peut recourir à la radiographie. Des clichés dans des incidences multiples font apparaître tous les contours de cet os. Leur irrégularité peut confirmer une maladie naviculaire. Les radiographies permettent également de découvrir une fracture de l'os sésamoïde distal.

Elles ne révèlent cependant pas toujours des signes de maladie naviculaire. Inversement, de nombreux chevaux présentent des lésions radiographiques et sont parfaitement sains et indemnes de cette maladie. La radiographie peut montrer des signes normaux d'usure chez les chevaux âgés, et il faut distinguer ces lésions d'un processus pathologique pour ne pas condamner sans raison un cheval.

On utilise trop souvent les radiographies de l'appareil naviculaire pour décider de l'achat d'un cheval de sport. Il faut se souvenir que certains chevaux peuvent souffrir des talons à cause d'une mauvaise ferrure. Parfois, des chevaux présentent les signes cliniques caractéristiques mais aucune lésion radiographique en dépit d'une atteinte évidente de l'appareil podo-trochléaire ou de l'articulation du pied. Les signes cliniques et les signes radiologiques ne concordent que dans 60 % des cas.

Lésions vasculaires

Les modifications de la taille, du nombre et de la forme des canaux vasculaires de la face inférieure de l'os naviculaire indiquent une maladie de l'articulation interphalangienne distale. Des cavités en forme de champignon se forment là où la synoviale a infiltré l'os du fait de l'inflammation de l'articulation. Comme une cicatrice, ces lésions peuvent indiquer un trouble actuel ou ancien, guéri. Malgré les relations entre les affections de l'articulation interphalangienne distale et la maladie naviculaire, ces lésions en champignon n'indiquent pas nécessairement une maladie naviculaire.

Lésions kystiques
Des lésions kystiques de l'os naviculaire indiquent une inflammation grave, avec déminéralisation de l'os et adhérences dues à une inflammation de l'articulation interphalangienne distale. La présence de kystes volumineux dans l'os naviculaire montre un processus inflammatoire en évolution.

Exostoses
Les exostoses des ailes de l'os naviculaire, visibles à la radiographie, correspondent à des lésions des ligaments dues aux sollicitations du travail, à une mauvaise conformation ou à la fatigue. On observe souvent ces anomalies chez des chevaux âgés ayant beaucoup travaillé, sans qu'elles ne s'accompagnent de boiterie ni de maladie naviculaire. Chez les jeunes chevaux en revanche, elles peuvent indiquer une maladie naviculaire.

Amincissement de l'os naviculaire
Un amincissement de la face inférieure de l'os naviculaire est le signe d'adhérences tendineuses et d'érosion du cartilage. On observe cette lésion radiographique chez 80 % des chevaux atteints de maladie naviculaire et elle peut être le seul signe radiographique caractéristique de cette affection.
Les chevaux réagissent différemment à la douleur. Certains peuvent souffrir de maladie naviculaire, mais ont trop de cœur pour abandonner, tandis que d'autres ne tolèrent pas même de légères douleurs et leur utilité sportive est limitée.

Traitement de la maladie naviculaire

Le traitement de la maladie naviculaire vise à diminuer la douleur et ce serait une erreur de lui attribuer une valeur curative. L'affection est un processus dégénératif qui ne peut que progresser avec le temps.

Ferrure correctrice
Une ferrure correctrice améliore plus de 50 % des chevaux atteints de maladie naviculaire, mais il faut parfois jusqu'à 4 mois pour que ses effets puissent être appréciés. L'équilibre du pied est essentiel dans ce contexte. Le pied doit se poser à plat, le poids du corps se répartissant régulièrement sur toutes ses structures. Un pied équilibré réduit la douleur, mais empêche aussi l'apparition ou l'aggravation de la maladie naviculaire.
Une verticale suivant le milieu du canon doit atteindre le sol juste en arrière des bulbes du talon. C'est à ce niveau que le cheval a besoin d'un soutien. Les ex-

trémités du fer doivent dépasser les talons pour se terminer au maximum 15 mm en avant des bulbes du talon.

De nombreux fers sont inadaptés et ont des branches qui se terminent 3 cm ou plus en avant de l'arrière des bulbes du talon. Un tel fer a un effet semblable à celui d'un pied à pince longue et à talons bas et l'axe phalangien se brise. Si le fer est trop petit pour le pied, lorsque celui-ci heurte le sol, il bascule vers l'arrière et le poids du corps agit derrière lui, ce qui augmente la traction sur le tendon fléchisseur profond.

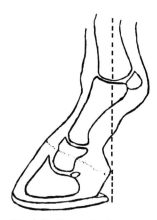

Fig. 4-40. Une verticale suivant le canon atteint le sol en arrière des talons.

Un fer de taille correcte permet l'expansion des talons ; il doit être assez large en talons pour en favoriser l'expansion. Il peut avoir des branches biseautées vers l'extérieur pour encourager l'expansion des talons lors du choc du pied sur le sol.

Un parage régulier est important. Du fait de la croissance de la corne, la pince s'allonge davantage que les talons, ce qui surcharge le tendon fléchisseur profond du doigt. Il faut éliminer la corne en excès en pince toutes les 5-8 semaines pour supprimer l'effet de levier en résultant.

Fig. 4-41. Vue postérieure d'un fer à ajusture inversée « fer à pantoufle » favorisant l'expansion des talons.

• *Fer à pince relevée et à éponges épaissies*
Pour ramener le centre de gravité dans l'alignement du squelette du membre, on raccourcit et on relève la pince du fer. La transmission des forces le long des os réduit la charge du tendon fléchisseur profond et permet leur amortissement plus rapide en facilitant la bascule et le soulèvement du pied.

• *Fer à planche*
Une traverse stabilise la région des talons et diminue les traumatismes. L'application d'un fer à planche à un cheval souffrant de maladie naviculaire réduit de cinq fois la déminéralisation de l'os. Le fer doit être long et large en talons pour accroître la surface de contact avec le sol et favoriser l'expansion du pied, qui augmente la circulation sanguine dans celui-ci. Une plaque en coin, complète, plus épaisse en talons qu'en pince, réduit les chocs sur les talons et soulage le tendon fléchisseur profond du doigt.

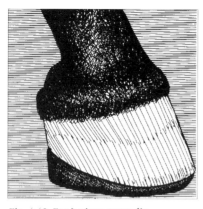

Fig. 4-42. Fer à pince arrondie et à éponges surélevées.

Fig. 4-43. Fer ovale avec plaque.

Fig. 4-44. Une talonnette en forme de coin réduit les chocs sur les talons.

Talonnette

Le pied du cheval est un indicateur sensible de la qualité de la ferrure. Un léger déséquilibre du pied ou du fer provoque l'échec thérapeutique de la ferrure correctrice.

Exercice
Un autre élément important du traitement de la maladie naviculaire est un programme de travail d'au moins 3 à 7 km ou 30 minutes par jour, remplaçant l'ancienne recommandation d'un repos à l'écurie qui semble aggraver le problème. Un exercice quotidien diminue la formation de tissu cicatriciel et d'adhérences du tendon fléchisseur, maintient la condition physique du cheval et favorise la circulation dans les pieds. Les chevaux atteints de maladie naviculaire et maintenus à l'écurie conservent des allures raides en dépit de la ferrure correctrice.

Anti-inflammatoires non stéroïdiens (AINS)
Les AINS soulagent la douleur et l'inflammation. De faibles doses de phénylbutazone, de flunixine méglumine ou d'aspirine permettent au cheval de travailler confortablement et relativement sans souffrir. Ces médicaments arrêtent également temporairement l'aggravation des troubles.

Médicaments vasodilatateurs

On a utilisé avec un succès variable un médicament vasodilatateur périphérique, le chlorhydrate d'isoxsuprine. Il semble être plus efficace s'il est administré au début de la maladie. Il favorise la circulation sanguine dans la partie inférieure des membres et les pieds et a également un léger effet anti-inflammatoire. L'isoxsuprine est relativement dépourvu d'effets secondaires, mais il ne doit pas être utilisé chez les juments pleines.

Névrectomie

Certains chevaux ne répondent à aucun des traitements précités et pour reprendre leur activité sportive ils doivent donc subir une névrectomie. Celle-ci consiste à sectionner les nerfs digitaux palmaires de chaque côté du paturon. Elle empêche la transmission au cerveau des sensations douloureuses. Les nerfs sont les mêmes que ceux autour desquels on injecte un anesthésique local pour établir le diagnostic de maladie naviculaire. La névrectomie procure au maximum une amélioration de la boiterie égale à celle fournie par le blocage nerveux.

Elle n'est cependant pas exempte de complications qu'il faut considérer avec soin. Ce sont les suivantes :

- Un névrome peut se former, nodule douloureux de tissu nerveux qui provoque une nouvelle boiterie.
- Les nerfs sectionnés peuvent se régénérer et la névrectomie peut ainsi échouer.
- Parfois, des rameaux aberrants des nerfs digitaux palmaires assurent une sensibilité des talons suffisante pour empêcher un rétablissement complet.

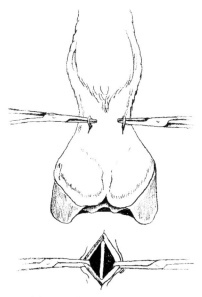

Fig. 4-45. Site de névrectomie.

- Il est rare qu'une rupture du tendon fléchisseur profond du doigt ou qu'une perturbation de la circulation sanguine dans l'ensemble du pied se produise et provoque une chute de l'étui corné.

La névrectomie insensibilise le tiers postérieur du pied, mais les deux autres tiers conservent complètement leur sensibilité. Le propriétaire doit être conscient de ce que, si le cheval marche sur un clou, il ne le sentira pas. Il ne percevra pas non plus un abcès formé dans le tiers postérieur du pied ni une fracture de l'os naviculaire. Tels sont les dangers de la névrectomie, mais le rétablissement des aptitudes sportives peut l'emporter sur ces inconvénients. Presque 60 % des chevaux névrectomisés restent aptes pendant 1 à 3 ans.

La maladie naviculaire est une des boiteries les plus frustrantes à traiter. Le temps, les frais et l'engagement sentimental consacrés à entraîner un cheval de compétition sont des investissements importants. Une visite vétérinaire d'achat peut éviter à un acheteur potentiel d'acquérir un cheval à problème décelable ou ayant une conformation prédisposant à des problèmes de pied.

5

APPAREIL RESPIRATOIRE ET SANTÉ

L'anatomie particulière des cavités nasales, du pharynx et du larynx du cheval, fait de ces organes un système évolutif aérodynamique sophistiqué. À chaque inspiration, le cheval alimente en oxygène son organisme et, en particulier, son cerveau et son cœur, ce qui lui permet d'exercer pleinement ses aptitudes sportives.
La santé de l'appareil respiratoire du cheval est aussi indispensable pour des performances maximales que l'intégrité de son appareil locomoteur, car elle détermine son endurance et contribue à son énergie mentale. Les poumons doivent capter l'oxygène nécessaire aux muscles, au cœur, au foie et à l'appareil digestif. Tous ces organes sont interdépendants : le fonctionnement optimal de chacun dépendant de celui des autres.
Le mors et le port de tête, imposés par l'homme au cheval, ainsi que le poids du cavalier ont également un effet sur la fonction respiratoire. Pour comprendre l'effet extrême que ces exigences de l'homme

Fig. 5-1. Une partie importante de la tête est destinée à la respiration.

ont sur l'appareil respiratoire du cheval, il faut commencer par examiner son fonctionnement.

L'appareil respiratoire (ou voies respiratoires) comporte deux parties : les voies respiratoires supérieures comprennent tous les organes des naseaux au thorax (partie du corps comprise entre l'encolure et l'abdomen). Elles incluent les cavités nasales, le pharynx, le larynx et la trachée. Les voies respiratoires profondes ressemblent à un arbre, les grosses bronches se ramifiant successivement pour donner des bronchioles, à l'extrémité desquelles se trouvent les alvéoles pulmonaires.

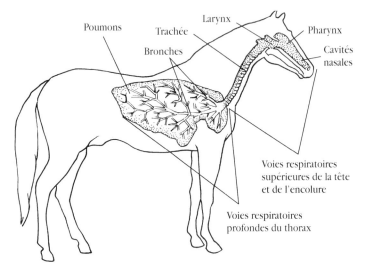

Fig. 5-2. **Voies respiratoires supérieures et profondes du cheval.**

ADAPTATION À LA CIRCULATION DE L'AIR

Le cheval a développé des adaptations particulières pour faciliter l'écoulement de l'air, mélange de gaz, dont le plus important est l'oxygène. À l'inspiration, les côtes s'écartent et élargissent le thorax en y créant une pression négative. L'air, aspiré sous l'effet de cette dernière, pénètre alors dans les naseaux, suit les cavités nasales, passe le long du voile du palais puis à travers le pharynx, le larynx et la trachée, jusque dans les poumons.

En raison de la différence entre la pression atmosphérique positive et la pression négative à l'intérieur du thorax, l'inspiration demande deux fois plus d'énergie que l'expiration. La force d'aspiration tend à faire s'affaisser les organes entourant les voies respiratoires, mais l'appareil respiratoire est protégé de nombreuses façons contre un tel collapsus. Par exemple, les cavités nasales sont soutenues par des os. Des muscles dilatateurs adaptés agissent sur les naseaux, le nasopharynx et le larynx pour leur permettre de résister à l'affaissement lié à la dépression résultant de l'inspiration. Le larynx est suspendu à la base du crâne par une charpente osseuse rigide, appelée appareil hyoïdien.

La trachée est maintenue ouverte par les anneaux de cartilage qui la renforcent. Une sangle musculaire formée par le muscle sternothyrohyoïdien part de la face inférieure du sternum (partie osseuse du poitrail entre les antérieurs) et court à la face inférieure de l'encolure pour aller se fixer sur l'appareil hyoïdien. La contraction de ce muscle maintient ouverts le larynx et la trachée au cours de l'exercice. Ce muscle se voit sous forme d'un ruban faisant saillie le long de la face inférieure de l'encolure d'un cheval galopant la tête relevée et le dos creusé. La contraction du diaphragme, muscle plat en forme de dôme situé en arrière et au-dessous des poumons, contribue également à la dépression à l'intérieur du thorax et à l'ouverture des voies aériennes.

Fig. 5-3. Une sangle musculaire se voit quand le cheval relève la tête.

Taille des voies aériennes

La taille des voies aériennes a une influence directe sur l'efficacité de l'écoulement de l'air. Les lois de la physique font que l'air s'écoule mieux dans un tube cylindrique rectiligne, à parois lisses et rigides et, de préférence, parallèles.

Le diamètre du tube a une influence capitale sur la résistance à l'écoulement de l'air. Si, par exemple, le diamètre du tube double, l'écoulement de l'air devient seize fois plus facile. Par conséquent, si les voies aériennes du cheval sont aussi rectilignes et lisses que possible, avec un minimum de courbures et d'obstructions, le flux de l'air est optimal, le besoin d'oxygène est satisfait et les performances sont améliorées. L'œdème et les mucosités causés par une inflammation des voies respiratoires, les obstacles mécaniques liés à des polypes nasaux, à une hypertrophie du voile du palais, à une pharyngite chronique, au cornage, etc., et

toute courbure des voies respiratoires provoquent une diminution de diamètre et augmentent ainsi la résistance à l'écoulement de l'air.
Chez le cheval sain et en l'absence d'affection respiratoire ou d'obstruction mécanique des voies aériennes, les voies respiratoires supérieures contribuent pour plus de la moitié à la résistance totale à l'écoulement de l'air.

Écoulement de l'air et exercice

La mécanique respiratoire du cheval au travail est très différente de celle de l'animal au repos, en raison du besoin accru d'oxygène lié à l'activation du métabolisme par l'exercice. L'anatomie du pharynx, du larynx et de la trachée impose au sujet qui travaille une extension de la tête et l'encolure. Par exemple, un cheval jouant et galopant dans un pré ou un cheval de course en pleine action sur une piste étendent la tête et l'encolure. Une telle attitude optimise le flux aérien et réduit au maximum la résistance à l'écoulement de l'air.

Optimisation du flux aérien

Certaines modifications anatomiques se produisent pendant l'exercice pour optimiser le flux aérien. Les naseaux se dilatent pour faciliter la pénétration de l'air. Il se produit une vasoconstriction des nombreux vaisseaux du tissu érectile des cavités nasales, ce qui élargit ces cavités, et réduit la résistance à l'écoulement de l'air.
L'extension de la tête et de l'encolure supprime les courbures des voies aériennes et les turbulences en résultant. En parallèle, la muqueuse élastique recouvrant les faces supérieures et latérales du nasopharynx et du larynx se tend pour offrir une surface lisse.
Les petits muscles soutenant le voile du palais et le plafond du nasopharynx sont relativement faibles, mais l'extension de la tête et de l'encolure prévient leur épuisement.
Le larynx s'élargit et devient plus lisse, ouvrant ainsi l'accès à la trachée. Au cours de l'exercice, un larynx normal triple sa surface de section par rapport au repos.

Flexion de la tête et de l'encolure

La flexion partielle de la tête et de l'encolure demandée dans le jumping et le dressage courbe les voies aériennes et perturbe ainsi le flux aérien. Quand on demande au cheval une telle flexion de la tête et de l'encolure pour augmenter son équilibre et son impulsion, il ne faut pas s'étonner qu'il se défende et résiste dans son effort pour optimiser l'écoulement de l'air. Il cherche à maintenir optimal l'écoulement de l'air en étendant l'encolure et la tête.

ADAPTATION À LA CIRCULATION DE L'AIR

Si le cheval est dressé à prendre appui sur le mors, la liberté des voies respiratoires est quelque peu diminuée. Les parois supérieure et inférieure du pharynx se détendent, elles vibrent sous l'effet de l'air en produisant un bruit. Si sa tête est maintenue dans cette attitude de flexion lorsque le travail devient plus intense, le cheval risque de ne pas pouvoir l'effectuer au mieux par suite d'un manque d'oxygène.

Couverture du besoin d'oxygène

Le cheval est un animal respirant uniquement par les naseaux, et des adaptations anatomiques particulières lui permettent de satisfaire le besoin d'oxygène résultant d'un travail à grande vitesse. Au fond de la bouche, une lame de tissus mous prolongeant le palais osseux s'étend vers l'arrière et vers le haut dans le nasopharynx. C'est le voile du palais, dont le bord postérieur présente une ouverture « en boutonnière » où se loge le larynx.

Pour que la respiration soit normale, il faut que le larynx ferme parfaitement l'ouverture du voile du palais de façon hermétique. La langue est reliée au larynx et un déplacement de l'un entraîne celui de l'autre. La déglutition, la sortie de la langue hors de la bouche ou sa rétraction en arrière du mors provoquent un mouvement associé du larynx. Quand ce dernier ou le voile du palais se déplace, leur union est rompue (dislocation laryngo-palatine) et il en résulte une obstruction partielle des voies aériennes.

• *Défenses contre le mors*
Le cheval peut se défendre contre le mors en passant sa langue par-dessus celui-ci. Le larynx peut se déplacer vers l'arrière et perdre son contact étroit avec le voile du palais. Si la langue est tirée au-dessus du mors, la déglutition la ramène à sa position normale ; elle impose une séparation totale du larynx d'avec l'échancrure du voile du palais qui ferme les voies aériennes de façon à empêcher la pénétration de la salive ou des aliments dans les poumons.

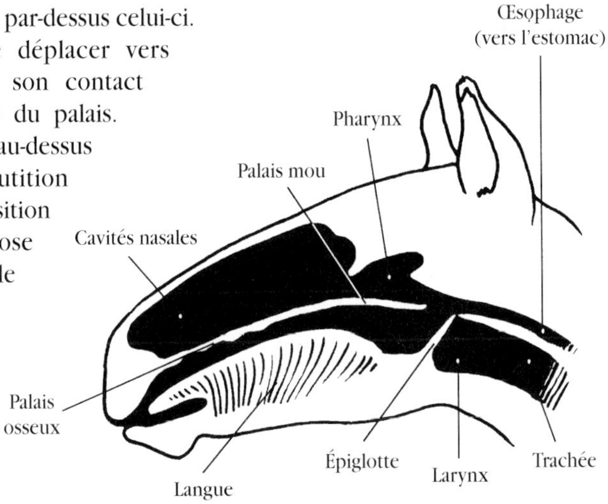

Fig. 5-4. **La déglutition rompt le rapport étroit entre le voile du palais et le larynx.**

Fig. 5-5. Une muserolle maintient la bouche fermée.

Une autre façon de résister au mors consiste à ouvrir la bouche. Cet acte fait disparaître la fermeture hermétique des lèvres, et l'air qui pénètre dans la bouche fait vibrer ou soulève le voile du palais, ce qui peut provoquer une dislocation laryngo-palatine. L'utilisation d'une muserolle croisée empêche l'ouverture de la bouche et s'oppose à cette défense contre le mors. Il ne faut cependant pas pincer les naseaux en appliquant la muserolle trop bas.

Un mors bien ajusté et confortable facilite son acceptation par le cheval et réduit sa tendance à le rejeter. Si un cheval est monté en appui sur le mors, on cherche à obtenir une souplesse et une décontraction de la mâchoire. L'acceptation du mors s'accompagne souvent d'une salivation excessive, qui peut provoquer des déglutitions avec dislocation laryngo-palatine passagère.

Cornage

Pour augmenter la surface de l'orifice du larynx pendant l'exercice, les deux cartilages aryténoïdes doivent s'écarter. Cette ouverture du larynx est commandée par les nerfs laryngés récurrents. Les lésions d'au moins un de ces deux nerfs provoquent une paralysie laryngienne. Le côté gauche du larynx est le plus souvent atteint et il en résulte un syndrome appelé hémiplégie laryngienne. Le fort rétrécissement des voies aériennes en résultant augmente la résistance à l'écoulement de l'air et fait apparaître un bruit de « cornage » à l'exercice. Les chevaux ainsi atteints sont exposés à suffoquer et à arrêter brutalement leur effort. Dans sa forme bénigne, ce syndrome peut provoquer une intolérance à l'effort, car le cheval est incapable d'inspirer assez d'air et d'oxygène pour assurer les besoins de l'organisme.

On fait le diagnostic du cornage au moyen d'un endoscope introduit par les cavités nasales jusqu'à l'entrée du larynx. Il peut être nécessaire d'examiner le cheval à l'effort sur un tapis roulant.

Une intervention chirurgicale peut permettre de rétablir ses aptitudes sportives. La technique la plus courante consiste à fixer le cartilage paralysé en position d'ouverture. Il en existe d'autres, plus controversées, comme par exemple des greffes nerveuses. Après l'opération, on prévient l'infection par une cure d'antibiotiques et le cheval doit être laissé au repos à l'écurie pendant 6 semaines. On peut ensuite le remettre progressivement au travail.

Les bruits de cornage et de gargouillement ne sont pas tous dus à une paralysie laryngienne. Certains chevaux aiment tout simplement le bruit qui résonne dans leurs naseaux et laissent volontairement vibrer ceux-ci à l'inspiration.

ADAPTATION À LA CIRCULATION DE L'AIR

Hémorragie

Les hémorragies pulmonaires liées à l'exercice sont un autre syndrome responsable d'intolérance à l'effort. Une théorie affirme qu'une affection respiratoire affaiblissant certaines parties du poumon provoque l'hémorragie. Une autre veut que celle-ci soit due à une névropathie du nerf récurrent, dont le cornage. Cette névropathie provoquerait une obstruction des voies respiratoires supérieures entraînant dans les poumons des variations de pression suffisantes pour causer une rupture de capillaires et une hémorragie (voir les chapitres 5 et 6 pour plus d'informations sur le cornage, la névropathie récurrente et les hémorragies pulmonaires liées à l'exercice).

Performances et flux aérien

Les spécialités sportives exigeant une respiration optimale sont les plus affectées par la dislocation laryngo-palatine et autres anomalies perturbant le flux aérien. Par exemple, les épreuves de steeple-chase et de concours complet sollicitent à l'extrême l'appareil respiratoire.

Le cheval d'obstacles élevant son corps tout en portant le cavalier a besoin de tout l'oxygène qu'il peut obtenir pour en fournir ses muscles. Les chevaux d'endurance travaillent essentiellement en aérobiose et toute limitation de l'air inspiré compromet gravement leurs performances. Les poneys de polo et les chevaux de dressage ont recours à la fois aux métabolismes musculaires aérobie et anaérobie mais, chez eux aussi, l'en-

Fig. 5-6. Le concours complet et le steeple-chase sollicitent fortement l'appareil respiratoire.

durance est d'autant plus grande que leur organisme est mieux fourni en oxygène (voir le chapitre 3). De même, un cheval de course ne peut se permettre de sacrifier la moindre quantité d'air quand il galope et il allonge la tête et l'encolure pour augmenter l'efficience de ses voies respiratoires.

D'autres activités sportives sont moins éprouvantes et n'exigent pas que le cheval fasse un effort maximal. Celui-ci peut alors compenser une légère diminution de l'efficience respiratoire.

Il ne faut pas perdre de vue l'efficience respiratoire quand le cheval tire excessivement sur les rênes quand il galope. Cela indique parfois son désir de courir et son allant, mais cela peut aussi vouloir dire qu'il manque d'air. En relâchant un peu les rênes pour lui permettre d'étendre la tête et d'être plus à l'aise, le cavalier et son cheval auront une sortie plus agréable.

Respiration aux grandes allures
Au galop, la fréquence respiratoire peut monter à 150-200 mouvements respiratoires par minute. À la différence du pas et du trot, au canter ou au grand galop, elle correspond directement à la fréquence des foulées. Quand les antérieurs sont portés en avant et en suspension, la cage thoracique est également tirée vers l'avant et se dilate, l'encolure est soulevée, ce qui permet au cheval d'inspirer. De plus, l'inertie déplace les viscères vers l'arrière, ce qui agrandit encore la cavité thoracique. Lorsque les antérieurs frappent le sol, la cage thoracique absorbe le choc et se trouve comprimée. Les viscères se déplacent vers l'avant à la façon d'un piston, l'encolure s'abaisse et l'air est expiré avec force.

AFFECTIONS RESPIRATOIRES

De même qu'une bonne alimentation fournit au cheval les nutriments lui permettant de construire un organisme sain, la qualité de l'air respiré détermine la santé de son appareil respiratoire et de tout l'organisme.
Les conditions d'élevage ont une grande influence sur la santé de l'appareil respiratoire du cheval. En hiver, beaucoup sont maintenus à l'écurie plutôt que d'être sortis dans le froid, la pluie ou la neige. Il faut donc étudier l'atmosphère de l'écurie. Contient-elle des émanations ou des poussières nocives ? Sent-on des odeurs de moisissures ou d'ammoniaque ? L'air est-il humide ? De la poussière flotte-t-elle ? Les chevaux toussent-ils ? L'environnement est fortement pollué, si les conditions d'entretien sont mauvaises. Le cheval en stabulation respire cette atmosphère en permanence. Il est important de comprendre les effets sur l'appareil respiratoire d'une atmosphère confinée et polluée.

Défenses contre les particules étrangères

Voies respiratoires supérieures

Cavités nasales
À l'inspiration, les voies respiratoires du cheval filtrent une grande partie des particules contenues dans l'air, et les cavités nasales retiennent les plus volumineuses. En se condensant autour des particules, l'humidité de l'air en augmente la taille et le poids. Les particules ainsi grossies sont facilement retenues dans les cavités nasales et ne passent ainsi pas dans l'arbre bronchique. Certaines grosses particules sont cependant si lourdes qu'elles échappent au piège que sont les cavités nasales et sont inhalées.

AFFECTIONS RESPIRATOIRES

Appareil muco-ciliaire
Les voies respiratoires supérieures possèdent un système d'épuration appelé appareil muco-ciliaire. Les particules déposées dans ces voies sont éliminées par le transport à sens unique du mucus recouvrant les cellules épithéliales tapissant les voies aériennes. Ces cellules spécialisées sont munies de cils dont les battements propulsent le mucus et les particules qu'il retient vers la gorge, où il est dégluti ou éliminé par la toux. Les agents infectieux, les gaz toxiques (ammoniaque, monoxyde de carbone), les températures ou l'humidité extrêmes lèsent ces cellules et diminuent fortement l'efficacité de l'appareil muco-ciliaire.

Toux
La toux est un autre mécanisme d'épuration des voies aériennes. Certains nerfs des voies respiratoires répondent aux poussières, à l'ammoniaque et autres substances irritantes en provoquant, par réflexe, une toux qui expulse le mucus et les particules des voies respiratoires supérieures.
Les inflammations intenses provoquées par des substances irritantes déclenchent également un réflexe de constriction des bronchioles du poumon. La diminution de calibre des voies respiratoires en résultant diminue l'efficacité de l'épuration par la toux.

Voies respiratoires basses

En plus de l'efficace appareil muco-ciliaire, une première ligne de défense des voies respiratoires basses contre l'infection est formée par des globules blancs spécialisés appelés macrophages alvéolaires. Ceux-ci fixent les agents infectieux (tels que les virus et les bactéries) sur leur membrane cellulaire, les absorbent et les neutralisent. De petites particules et des gouttelettes d'eau contenant des bactéries ou des virus peuvent rester en suspension dans l'air inspiré et ne pas se déposer avant d'avoir atteint le fond des poumons. Normalement, toute particule échappant à l'appareil muco-ciliaire est éliminée des poumons par une couche de mucus qui s'écoule lentement vers le dehors, jusqu'à ce qu'il atteigne l'appareil muco-ciliaire. Les particules peuvent aussi traverser la couche de mucus et être absorbées et détruites par les macrophages alvéolaires ou être transportées par ceux-ci jusqu'à l'appareil muco-ciliaire. Les terminaisons nerveuses des petites bronches ne provoquent pas de toux, mais une constriction des bronches. Tout trouble de ces divers mécanismes perturbe les défenses contre l'infection. Une mauvaise qualité de l'air a un effet nocif sur les macrophages et l'appareil muco-ciliaire.

Poussières de foin et de litière

Beaucoup d'écuries sont surmontées par le grenier à foin, ce qui peut être néfaste pour l'appareil respiratoire. Quand on jette le foin du grenier, de grandes quantités de poussières et de spores de champignons sont dispersées dans l'air. Il peut falloir plusieurs heures pour que ces dernières, minuscules, se déposent sur le sol. Avec leurs pieds, les chevaux se déplaçant dans leur box soulèvent aussi de la poussière à partir de leur litière. La concentration des poussières dans l'air peut ainsi être triplée et être une cause supplémentaire d'irritation de l'appareil respiratoire.

Spores de champignons

Les litières humides en décomposition dégagent des vapeurs d'ammoniaque et favorisent le développement de champignons. Il en est de même des températures élevées et d'une forte humidité relative dues à une ventilation insuffisante. Les champignons se développent davantage dans la paille que dans les copeaux de bois. Même dans les écuries les mieux ventilées, les chevaux dont la litière de paille est moisie, sont exposés à d'innombrables spores de champignons.

La poussière de foin, les spores de champignons et autres irritants provoquent un processus inflammatoire dans les voies respiratoires par un mécanisme allergique semblable à celui se produisant chez l'homme. Les chevaux exposés en permanence à une telle atmosphère peuvent développer une maladie pulmonaire obstructive chronique (MPOC). Les études montrent que les aliments et la litière sont les principales sources de poussières d'écurie.

Poussière de manège

De nombreux manèges destinés à permettre l'équitation dans un espace clos et chaud à la mauvaise saison, communiquent avec les écuries, ce qui complique malheureusement le problème de leur confinement. Les déplacements des personnes et des chevaux dans ces espaces soulèvent une poussière qui se mélange à l'air de l'écurie. Ainsi gardés les chevaux au travail sont exposés à cet air pollué mais également ceux qui se reposent à l'écurie.

L'arrosage du manège destiné à retenir la poussière augmente l'humidité dans l'écurie. Si l'on utilise un mélange huileux à la place de l'eau, les particules d'huile passées dans l'air ont un effet irritant sur les voies respiratoires.

Humidité

Une forte humidité contribue aussi aux infections respiratoires. Un drainage efficace des eaux et des urines est essentiel pour limiter l'humidité dans l'écurie et éviter que les litières ne moisissent.

AFFECTIONS RESPIRATOIRES

Monoxyde de carbone

Des engins tels que des tracteurs sont parfois utilisés pour nettoyer les écuries ou pour ratisser les manèges. Ils contribuent à une accumulation de monoxyde de carbone dans l'écurie. Il faut donc veiller à ventiler efficacement quand on les utilise.

Fig. 5-7. Les tracteurs polluent l'atmosphère.

Virus respiratoires

Une formule souvent entendue dit « pas de jambes, pas de souffle, pas de cheval ». Trop souvent, l'accent est mis sur « pas de jambes » et on considère comme allant de soi la santé de l'appareil respiratoire. Un épisode bénin de grippe est négligé car « ça passera », mais en fait une infection respiratoire peut prendre trois semaines pour guérir.

La vie urbaine rassemble les chevaux dans de grandes écuries, ce qui augmente les risques d'affections respiratoires virales. Ils sont rassemblés sous un même toit et stressés par la compétition et l'entraînement. Une affection respiratoire virale peut facilement envahir ces concentrations de population équine et s'y maintenir. Les transports intra- et intercontinentaux de chevaux de compétition et de reproducteurs accroissent les possibilités de transmission des virus à l'échelle mondiale.

Les affections respiratoires virales se transmettent par les particules des sécrétions respiratoires en suspension dans l'air (expulsées par la toux), ou, directement, par contact de naseau à naseau. Les virus sont également transmis de façon indirecte par le harnachement, le personnel d'écurie ou par les salles de pansage ou de lavage communes à tous les chevaux.

Fig. 5-8. Les contacts de naseau à naseau sont un mode de transmission des virus.

Multiplication des virus

À la différence des bactéries, les virus ne peuvent pas se multiplier sans pénétrer dans une cellule vivante. L'ayant fait, ils commandent aux mécanismes de reproduction de la cellule de les reproduire. Finalement, la cellule est tellement remplie par les particules virales nouvelles qu'elle éclate. Elle est ainsi tuée et les particules virales libérées infectent de nouvelles cellules. L'appareil immunitaire du cheval reconnaît comme étrangères les protéines du virus et commence à produire des anticorps. Plus précisément, les anticorps reconnaissent l'hémaglutinine (HA) sur les spicules de la surface des particules virales. Ils se fixent ainsi au virus et le neutralisent. Chaque spicule d'HA est formé d'acides aminés (éléments constitutifs des protéines). La reconnaissance de ces acides aminés spécifiques est essentielle pour la fixation des anticorps et la neutralisation ultérieure du virus. Les anticorps interrompent ainsi la réplication des virus en les empêchant de pénétrer dans les cellules hôtes

Effets de la vaccination

Sur l'appareil immunitaire

Les vaccins entraînent l'appareil immunitaire du cheval à répondre aux particules virales. La vaccination initiale, dite primo vaccination, amorce les cellules produisant les anticorps. Les rappels ultérieurs provoquent une réponse immunitaire rapide, et les taux d'anticorps s'élèvent fortement grâce à la mémoire immunitaire ou réponse anamnésique (*anamnèse* est le terme grec pour « mémoire »). Il faut attendre 4 à 6 semaines avant de faire la vaccination de rappel pour profiter de la réponse anamnésique.

La vaccination suscite la production par l'appareil immunitaire d'anticorps spécifiques d'une souche particulière de virus. Les vaccins procurent également une immunité croisée contre des variantes de la souche. Les anticorps formés en réponse à une souche spécifique sont plus efficaces contre elle que contre la souche variante. L'immunité croisée agit cependant quand le cheval est exposé à un virus inhabituel mais semblable.

Les anticorps empêchant le virus d'envahir les cellules de l'appareil respiratoire, le cheval vacciné ne présentera pas de symptômes cliniques de maladie. La vaccination n'assure pas une protection totale,

Fig. 5-9. Une vaccination d'au moins 70 % d'un effectif empêche des épizooties graves.

mais elle réduit le risque de maladie et atténue les symptômes. Chez un cheval vacciné, la durée de la maladie et celle de la convalescence sont spectaculairement raccourcies.

Sur la santé du troupeau
La vaccination d'un troupeau ou d'un grand effectif de chevaux réduit le nombre de sujets sensibles. Tout le groupe possède des anticorps, ce qui empêche l'installation de l'infection virale. Supposons au contraire que seulement 10 % de l'effectif ont été vaccinés. Pendant une épidémie, les virus portés par les 90 % restants constituent une épreuve écrasante pour l'appareil immunitaire des chevaux vaccinés. La vaccination est alors insuffisante pour protéger les 10 % vaccinés contre une telle épreuve. C'est un échec et la maladie prend des proportions épidémiques.

Pour prévenir des épidémies graves, 70 % au moins de l'effectif doivent être vaccinés. Si un foyer d'infection se déclare malgré tout, il faut vacciner tous les animaux non encore vaccinés pour limiter l'extension de la maladie. Les chevaux vaccinés acquièrent une immunité élevée qui bloque une transmission supplémentaire du virus d'un cheval à l'autre. Il ne sert à rien de vacciner un animal déjà malade.

Conditions de vaccination

Un programme rigoureux de vaccination aide à prévenir les affections respiratoires. Cependant, même rigoureux, il n'éliminera pas complètement ces maladies si les chevaux sont stressés, mal nourris ou parasités, si les écuries sont surpeuplées et si l'hygiène y est mauvaise.

Âge des chevaux
La capacité du système immunitaire à répondre à la vaccination est propre à chaque individu. L'âge du cheval détermine la fréquence des rappels nécessaires. Le jeune cheval âgé de moins de deux ans est le plus sensible aux virus respiratoires, car il n'a pas encore rencontré toute la gamme des virus et bactéries, et son appareil immunitaire n'est pas complètement compétent pour le protéger contre toutes les infections.

Activité
L'activité du cheval est un facteur essentiel intervenant dans

Fig. 5-10. Un cheval de compétition voyageant beaucoup est fréquemment exposé à des virus.

le programme de vaccination. Un animal de compétition, très actif et voyageant beaucoup, est fréquemment exposé à des virus respiratoires et doit être vacciné tous les 2-3 mois. Sans présenter de signes de maladie, un cheval peut être porteur d'un virus, le ramener dans son écurie et le transmettre aux autres. Les pensions où passent ces chevaux voyageurs exposent fortement à ce danger. Un sujet rarement en contact avec des chevaux étrangers n'a besoin d'être vacciné que deux fois par an. Ce rythme de rappel suffit pour maintenir une immunité satisfaisante. En 6 mois, le taux d'anticorps ne diminue pas suffisamment pour empêcher qu'une réponse anamnésique ne se produise sous l'effet du rappel.

Vaccinations antérieures
Le programme de vaccination doit tenir compte du nombre de vaccinations antérieures du sujet. La durée de la réponse immunitaire augmente proportionnellement au nombre de rappels tandis que le taux des anticorps n'augmente que jusqu'à un certain niveau.

Types de vaccins
Le type du vaccin détermine enfin la fréquence des rappels. Les vaccins inactivés ou tués ne protègent que pendant 3 mois, alors que les vivants protègent pendant 4 à 6 mois. Certains contiennent des substances appelées adjuvants de l'immunité, qui augmentent la réponse immunitaire obtenue (un adjuvant est le liquide permettant le transport des virus). Un adjuvant retard augmente à la fois le degré et la durée de la réponse immunitaire en libérant lentement le vaccin en plusieurs semaines. Les protéines virales sont présentées à l'appareil immunitaire sur une longue période et le stimulent de façon continue.

Modifications des virus respiratoires

Les virus peuvent se modifier de façon à ne plus être reconnus par l'appareil immunitaire. Il existe des souches et des sous-types variés de virus et il est nécessaire de vacciner contre les virus actuels et non contre ceux qui appartiennent au passé.

Dérive virale
Les virus peuvent se modifier de deux façons. La première, appelée dérive virale, fait apparaître une souche virale complètement nouvelle par combinaison de deux souches différentes. Par exemple, la principale dérive du virus de la grippe équine s'est produite en 1963 aux États-Unis, avec l'apparition de la souche Miami/63. Ces dernières années, de nouveaux sous-types de virus de la grippe équine sont apparus en Europe et en Chine. Avec les transports intercontinentaux, les chevaux sont de plus en plus exposés à de nouveaux sous-types contre lesquels ils sont immunologiquement mal préparés à se défendre.

AFFECTIONS RESPIRATOIRES

Dérive antigénique
Le second mécanisme de modification des virus est la dérive antigénique. Un antigène est toute protéine étrangère dont la présentation à l'appareil immunitaire provoque la formation d'anticorps. La dérive est une légère modification de la composition et de la structure des antigènes. Si une mutation provoque une modification des protéines virales, il en résulte une dérive antigénique et le système immunitaire du cheval ne reconnaît pas le virus. La neutralisation par les anticorps est empêchée et l'infection virale se développe avec apparition de signes cliniques.

Duplication virale
Chaque fois qu'un virus envahit un cheval et commence à se dupliquer, des mutations et une dérive peuvent se produire. Le taux de dérive est proportionnel au nombre de passages du virus entre chevaux et sa probabilité est d'autant plus grande que davantage de chevaux sont infectés dans la population.
Les anticorps sont moins efficaces pour neutraliser les virus modifiés créés par la dérive antigénique. La maladie provoquée par les virus mutants n'est pas nécessairement plus grave, mais l'appareil immunitaire est moins bien préparé à neutraliser un virus mutant. Les chevaux non vaccinés et immunologiquement neufs sont sensibles à la maladie. Les chevaux malades sont des réservoirs de virus.
La déclaration à un vétérinaire des cas de maladie respiratoire chez un cheval ou dans l'élevage permet de suivre les épizooties, les dérives des sous-types viraux et la réponse immunitaire aux divers vaccins. Cette pratique assure que les vaccins sont adaptés aux virus actuels.
L'information sur les vaccinations nécessaires et leur fréquence bénéficie à tous les chevaux. En limitant le nombre d'animaux sensibles et pouvant porter les virus respiratoires, on améliore le niveau sanitaire de la population équine. Un programme vigoureux et actualisé de vaccination évite de perdre un temps précieux pour le travail ou l'entraînement.

Virus de la grippe

La grippe peut frapper de façon subite et inattendue après une incubation de 1 à 5 jours seulement. Le cheval atteint est abattu et prostré et ne mange souvent plus. Sa température rectale peut atteindre 39 à 41 °C et sa fréquence respiratoire 60 mouvements par minute. Le cheval se déplace avec précaution, ce qui indique des douleurs musculaires (myalgies). On constate souvent un écoulement nasal aqueux, et une toux sèche s'entend chez environ 40 % des sujets.
Certains chevaux possèdent une immunité suffisante pour ne pas présenter de signes cliniques, mais présentent cependant une infection subclinique et éliminent des particules virales. La toux est le principal mécanisme de propagation du virus d'un cheval à l'autre. Les sécrétions respiratoires expulsées par la toux contiennent des doses infectantes de virus. En atmosphère humide, comme dans une écurie humide ou un van, les virus restent vivants et infectants plusieurs jours.

Les sécrétions infectieuses sont également transmises par les contacts directs de naseau à naseau et par les locaux, les aliments et l'eau contaminés, ainsi que par les hommes et leurs vêtements.

Première ligne de défense
Les anticorps sécrétoires des cavités nasales sont la première ligne de défense contre le virus de la grippe ; ils n'agissent sur lui que s'ils y ont été préparés par une infection précédente ou une vaccination. Si le virus est inhalé et n'est pas neutralisé, il colonise la muqueuse des voies respiratoires supérieures et de la trachée.

Anticorps circulants
Si le virus grippal franchit la première ligne de défense, les anticorps circulant dans tout l'organisme limitent l'infection ; ils se développent également à la suite d'une infection précédente ou d'une vaccination.

Lésions des voies respiratoires
Le virus envahit et détruit les cellules épithéliales ciliées tapissant l'appareil respiratoire. Les cils sont de petits organes ressemblant à des poils, faisant saillie hors des cellules et destinés à piéger les débris. On constate une dégénérescence notable de ces cils après quatre jours d'infection par le virus grippal, et après six jours, presque toutes les cellules ont perdu leurs cils et les voies respiratoires ne peuvent plus éliminer les débris, les poussières, les virus et les bactéries.
L'appareil muco-ciliaire qui expulse normalement les débris des voies respiratoires ne fonctionne plus convenablement. Selon la gravité de l'infection, sa régénération prend de 3 à 6 semaines après que le virus a été vaincu, et la guérison commence. Même en l'absence de complications, le rétablissement fonctionnel de l'appareil muco-ciliaire est à nouveau fonctionnel après au moins 3 semaines.
Parce que l'épithélium respiratoire dénudé est incapable de répondre à des agressions supplémentaires, une infection par des bactéries opportunistes, une infection risque de se produire, et de provoquer une pneumonie, des lésions pulmonaires chroniques ou même la mort.

Reprise du travail
Le cheval peut reprendre l'exercice 7 à 10 jours après le retour à la normale de sa température rectale et la disparition de la toux (il reste encore infectant 3 à 6 jours après l'amélioration des signes cliniques). Si l'exercice provoque de la toux, il faut attendre 4 à 5 jours de plus avant de reprendre l'entraînement. Pour assurer un rétablissement complet, un sujet ayant fait une forme bénigne et ayant toussé ne doit pas reprendre un entraînement complet avant 3 à 5 semaines.

AFFECTIONS RESPIRATOIRES

Guérison
Il est coûteux et frustrant pour un propriétaire d'avoir à retirer son animal de l'entraînement ou des compétitions pendant un mois ou plus, pour lui assurer une guérison complète, mais une reprise prématurée au travail risque de provoquer une rechute. Dans de rares cas, le virus de la grippe affecte le cœur et entraîne une arythmie cardiaque. De façon générale, le taux de mortalité est remarquablement bas dans les formes de grippe sans complications.
Les chevaux adultes recevant des soins de soutien appropriés, mis au repos et protégés contre les infections secondaires, guérissent généralement sans problème ni séquelle. Une surveillance attentive au cours de la maladie et à la guérison est indispensable à une issue favorable.
La mort des poulains n'est due que dans 5 % des cas à des infections respiratoires virales. En revanche, les pneumonies bactériennes sont une cause fréquente de mortalité chez les poulains âgés de moins de 6 mois.

Fig. 5-11. Les poulains sont particulièrement exposés aux pneumonies bactériennes.

Elles sont secondaires à une infection respiratoire virale. Une fois rompue la barrière protectrice de la muqueuse respiratoire, l'état du poulain peut se dégrader en 48 heures.

Prévention
Il faut éviter autant que possible l'infection par le virus grippal. La réponse immunitaire à l'infection par le virus de la grippe est rapide mais de courte durée. Au bout de 100 jours environ, le taux d'anticorps circulants a diminué et le cheval redevient sensible à la maladie (chez l'homme, la protection contre la grippe dure de 6 mois à des années).
Les nouveaux arrivants dans un troupeau ou une écurie doivent être mis en quarantaine pendant 2 à 3 semaines. Cette pratique isole les chevaux en incubation ou excréteurs de particules virales.
La grippe a été reconnue pour la première fois comme due à un virus du sous-type A1 mais, dans l'épidémie de 1963, une souche plus virulente de sous-type A2 est apparue, également connue sous le nom de souche Miami/63. L'épidémie européenne de la fin des années quatre-vingt a mis en jeu un virus de sous-type A2. Il est donc important d'utiliser un vaccin actualisé pour assurer une protection contre les souches récentes.
Les chevaux de compétition actifs sont fréquemment exposés à des virus respiratoires qu'ils peuvent ramener aux autres occupants de leur écurie. Il faut donc les vacciner fréquemment, de préférence tous les 3-4 mois.

Herpès virus équin

Une autre affection respiratoire du cheval pour laquelle existe un vaccin, est provoquée par l'herpès virus équin (EHV) ou virus de la rhinopneumonie, qui comporte différents sous-types. L'EHV-1 provoque des avortements, en plus de formes nerveuses et respiratoires. L'EHV-4 provoque surtout une affection respiratoire.

Les avortements se produisent 14 à 120 jours après l'exposition au virus. Il arrive que les juments ne présentent pas de signes de maladie, mais le placenta et le fœtus sont envahis par le virus. La plupart des avortements dus à l'EHV-1 se produisent dans la seconde moitié de la gestation et surtout au dernier trimestre.

L'EHV-4 doit se répliquer avant que n'apparaissent les signes cliniques. L'incubation est plus longue que pour la grippe équine et peut atteindre 3 semaines. La maladie est souvent moins sévère que la grippe, car le système immunitaire du cheval commence à réagir pendant la période d'incubation.

Symptômes

Le virus peut provoquer une fièvre atteignant 41 °C. Au début de la maladie un écoulement nasal aqueux apparaît, qui devient souvent mucopurulent par suite d'infection bactérienne secondaire. C'est pour cette raison que l'on parle de rhinopneumonie.

Vaccination

Les chevaux de moins de deux ans sont les plus sensibles à l'EHV-4, mais il faut vacciner tous les chevaux participant à des compétitions et voyageant ou stressés, ainsi que les juments en gestation. La protection assurée par le vaccin dure moins de 3 mois, aussi faut-il vacciner les juments pleines aux 5e, 7e et 9e mois de gestation. Pour protéger seulement contre la forme respiratoire, un rappel tous les trois mois suffit pour les autres chevaux. Il n'existe actuellement pas de vaccin protégeant contre la forme nerveuse.

L'herpès virose peut ne pas poser de problèmes dans certaines régions, mais les chevaux qui voyagent peuvent la contracter, et sans présenter de signes cliniques, ils peuvent rapporter le virus dans leur écurie.

Fig. 5-12. Les juments poulinières doivent être vaccinées contre la rhinopneumonie qui peut provoquer des avortements.

AFFECTIONS RESPIRATOIRES

Rhinovirus

Il ne faut pas confondre le virus de la rhinopneumonie (EHV) avec le rhinovirus (ERV) contre lequel il n'existe pas de vaccins. Ce dernier provoque une fièvre durant 1 ou 2 jours avec pharyngite, gonflement des ganglions de la gorge et écoulement nasal aqueux ou gris-vert dû à une trachéo-bronchite, inflammation de la trachée et des bronches. Les chevaux infectés ne présentent souvent pas de signes cliniques mais servent de porteurs transmettant le virus à des sujets plus sensibles.

Emphysème (MPOC : maladie pulmonaire obstructive chronique)

La maladie pulmonaire obstructive chronique (MPOC) est un syndrome respiratoire équin ressemblant à l'asthme ou à l'emphysème pulmonaire de l'homme. Chez le cheval, on l'appelle également emphysème pulmonaire ou pousse. L'affection atteint souvent les animaux maintenus à l'écurie. Dans cet environnement, la très forte concentration de poussières organiques allergisantes, en particulier de moisissures et de spores, déclenche une réaction d'hypersensibilité. Certains chevaux deviennent allergiques au foin de luzerne et présentent des symptômes semblables.
Les infections respiratoires virales peuvent également être à l'origine d'une MPOC. Les voies respiratoires deviennent hyperirritables, ce qui provoque des spasmes. L'épithélium cilié des voies respiratoires détruit par l'infection se régénère, mais les cellules nouvelles sont épaissies et anormales et sécrètent des quantités excessives de mucus.

Symptômes

De grandes quantités de mucus ou de pus s'accumulent dans les voies respiratoires. Les spasmes diminuent le diamètre des bronchioles (bronchoconstriction) et les obstruent. Le cheval a du mal à inspirer et à expirer. Il est abattu, ses naseaux sont dilatés et sa respiration est accélérée (plus de 20-24 mouvements respiratoires par minute). On ob-

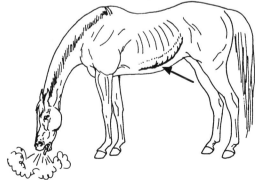

Fig. 5-13. Une dépression apparaît entre l'hypochondre et le flanc dans la MPOC.

serve parfois un jetage aqueux ou purulent. On peut entendre des sifflements. À chaque mouvement respiratoire, un effort expiratoire est nettement visible. Avec le temps, ces expirations forcées destinées à chasser l'air des poumons développent excessivement les muscles abdominaux, ce qui fait apparaître un creux entre le flanc et l'hypochondre. Les chevaux gravement atteints perdent l'appétit, maigrissent et sont en mauvais état. Le symptôme principal de la maladie est une toux chronique, persistant des semaines.

Mécanisme pathologique

L'installation de la maladie commence par l'inhalation d'un allergène tel qu'une moisissure. Si du foin humide est mis en balles, la chaleur à l'intérieur de celles-ci favorise le développement de moisissures. Un cheval qui ne présentait pas de symptômes peut manifester des signes cliniques dans les 1-2 heures ou jusque dans les 10 heures suivant l'exposition à l'allergène. La réaction allergique évolue rapidement et met en jeu des cellules inflammatoires spécifiques.

Les mastocytes libèrent des substances comme l'histamine, provoquant des spasmes des muscles lisses des voies aériennes et augmentent la sécrétion de mucus. Les globules blancs neutrophiles libèrent également des substances provoquant une bronchoconstriction et augmentant la sécrétion de mucus. L'écoulement de l'air est gêné par différents phénomènes :
- épaississement de l'épithélium des voies respiratoires,
- bronchoconstriction,
- excès de sécrétion de mucus,
- infiltration de cellules inflammatoires.

L'appareil d'épuration muco-ciliaire est sérieusement perturbé. Les réflexes bronchiques deviennent hyperactifs et provoquent de la toux.

Traitement de la MPOC

Le but du traitement de la MPOC est d'abaisser le taux d'allergènes au-dessous du seuil provoquant des manifestations cliniques chez le sujet en cause. Il est impossible d'éliminer tous les allergènes de l'environnement, et chaque cheval réagit différemment à un même allergène, tout comme les humains. La même dose peut être inférieure au seuil pour un individu et provoquer une réaction allergique chez un autre.

Médicaments

On dispose de nombreux médicaments pour traiter la MPOC, mais ils n'ont qu'un effet passager si l'on ne modifie pas les conditions d'entretien des chevaux. Ces médicaments comprennent la prednisone, la terbutaline et l'aminophylline. Le clenbutérol est une substance très efficace dont l'utilisation est légale en France (ce qui n'est pas le cas dans tous les pays).

AFFECTIONS RESPIRATOIRES

Logement
Le cheval doit être placé en plein air, autant que possible dans un environnement où l'air se renouvelle constamment. La litière doit être à base de copeaux, de tourbe ou de rubans de papier, mais non de paille. L'écurie doit se trouver à 50 m au moins de la réserve de foin et pas dans le sens du vent par rapport à elle.

Alimentation
Le cheval doit recevoir ses aliments sur le sol et non dans des auges ou des râteliers situés en hauteur, car sa tête étant tenue basse pendant les repas, son souffle élimine les particules alimentaires de ses cavités nasales. Ne jamais donner à manger du foin moisi et supprimer la luzerne de l'alimentation si le cheval y semble allergique.
Les aliments industriels en granulés sont préférables ou, à la rigueur, le foin de prairie donné après trempage, mais même de bonne qualité, il contient de nombreuses spores, et son humidification peut ne pas prévenir complètement les réactions allergiques dues à une exposition permanente aux antigènes responsables. La mise au pré est la solution idéale, en particulier si les plantes ne sont pas en fleur. Les pollens d'herbes et d'arbres ont également été mis en cause comme responsables d'allergies, ainsi que les acariens de la paille.

Fig. 5-14. Il faut donner les aliments sur le sol aux chevaux atteints de MPOC.

Vaccinations
Les affections respiratoires virales affaiblissent la résistance du cheval à d'autres maladies et le rendent plus sensible à la MPOC. Lorsque le cheval en est atteint, son appareil immunitaire respiratoire est affaibli et résiste moins bien à de nouvelles agressions virales ou bactériennes.
Il faut maintenir les chevaux atteints dans un environnement aussi dépourvu de poussières que possible et cela exige beaucoup de soin. Le séjour en plein air dans un milieu non pollué et des écuries bien tenues et propres sont nécessaires dans la prévention de la MPOC.

Infections bactériennes

Infections secondaires

Dans les infections virales, des bactéries vivant normalement dans les voies respiratoires supérieures peuvent envahir et infecter les voies profondes. Normalement, l'appareil muco-ciliaire et les macrophages éliminent les bactéries, mais les virus détruisent les cellules ciliées de l'appareil muco-cilaire et réduisent la capacité des macrophages à fixer, digérer et tuer les bactéries.

Gourme

La gourme est une infection bactérienne non associée à une infection virale. Elle est provoquée par un streptocoque, *Streptococcus equi* qui infecte les voies respiratoires supérieures et se multiplie dans les ganglions de la tête.

Symptômes
Les chevaux atteints ont de la fièvre et présentent un écoulement nasal muco-purulent s'accompagnant de toux. Les autres signes ressemblent à ceux des affections respiratoires virales : le sujet est abattu et ne mange plus et il a du mal à avaler à cause d'une douleur dans la gorge. Le signe le plus caractéristique de la gourme est l'augmentation de volume des ganglions lymphatiques de l'auge (ganglions sous-mandibulaires) et de la gorge (ganglions rétropharyngiens). En cas d'hypertrophie extrême des ganglions, la trachée peut être comprimée au point de rendre la respiration difficile, le cheval peut suffoquer par manque d'air.

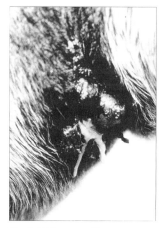

Fig. 5-15. Les ganglions lymphatiques finissent par percer.

Évolution
Les ganglions lymphatiques abcédés finissent par percer en laissant s'écouler un pus crémeux épais et très riche en germes, qui contamine le milieu et les autres chevaux. Avant même que les abcès ganglionnaires ne percent, les sujets malades transmettent l'infection aux autres par leurs sécrétions nasales et leur toux. Les auges et les abreuvoirs communs transmettent également la maladie, ainsi que les contacts de naseau à naseau. Au moindre signe annonçant la maladie, le cheval doit être isolé et éloigné au maximum de ses congénères. Les animaux infectés peuvent continuer à excréter des bactéries pendant 6 semaines en dépit d'une guérison apparente complète.

Complications

La gourme comporte parfois des complications graves telles que :
- pneumonie bactérienne par invasion des voies respiratoires profondes,
- infection des poches gutturales provoquant un écoulement nasal chronique,
- anasarque (également appelé purpura hémorragique),
- gourme viscérale, dans laquelle l'infection attaque les ganglions lymphatiques de l'intestin et des organes abdominaux, ou le cerveau.

Les chevaux de moins de trois ans peuvent avoir du mal à venir à bout de l'infection, alors que les adultes possèdent généralement une immunité suffisante pour prévenir une pneumonie mettant leur vie en péril.

Vaccins

Une fois l'élevage contaminé, le streptocoque survit pendant des mois dans l'environnement et chez des chevaux porteurs hébergeant la bactérie sans présenter de signes de maladie, et qui constituent un réservoir de germes, responsable d'infections cycliques. On peut vacciner contre la gourme les chevaux nouvellement introduits dans l'écurie ou ceux n'ayant pas encore déclaré la maladie. La vaccination n'est efficace qu'à 60-75 % en prévention, car l'injection intramusculaire du vaccin suscite une immunité humorale générale plutôt qu'une forte immunité locale des voies respiratoires supérieures, envahies en premier par la bactérie.

On cherche actuellement à mettre au point un vaccin plus efficace, qui serait administré en pulvérisation buccale ou nasale. Cette méthode susciterait la formation d'anticorps locaux empêchant l'invasion des voies respiratoires supérieures.

Prévention des affections respiratoires

Les éléments essentiels de cette prévention sont le maintien d'une hygiène excellente et une réduction maximale des stress. Il faut appliquer un programme rigoureux de vaccination pour réduire l'excrétion de bactéries et de virus dans le milieu extérieur. En toussant, un cheval infecté par un virus projette dans l'air des millions de particules virales. Les sujets vaccinés sont moins exposés à faire une maladie virale clinique ou une infection bactérienne secondaire. Ils sont ainsi moins susceptibles d'éliminer leurs agents en quantités infectantes capables de provoquer des épidémies. Il est facile d'appliquer un programme de vaccination permettant de prévenir les infections respiratoires en enregistrant précisément les dates des interventions. Les vaccinations contre les infections respiratoires sont très rentables en assurant que les chevaux pourront être entraînés normalement et qu'ils auront les meilleures performances sportives possibles.

Juments pleines

On commence le programme de vaccination en vaccinant les juments pleines un mois environ avant le poulinage. Ce délai leur laisse un temps suffisant pour former des anticorps qu'elles excréteront par la mamelle et qui seront disponibles pour le poulain dans le colostrum (premier lait après la mise bas). Une jument recevant des injections de rappel tous les trois mois pendant sa gestation fournira au poulain des anticorps en abondance par son colostrum qui lui procureront une immunité passive jusqu'à l'âge de trois mois environ. Jusqu'à cet âge, les anticorps maternels apportés par le colostrum empêchent le poulain de développer une immunité active en réponse à un vaccin et il ne peut donc pas tirer bénéfice d'une vaccination avant l'âge de 3-4 mois.

Fig. 5-16. On doit commencer à vacciner les poulains à l'âge de 2-3 mois.

Poulains

L'âge auquel on peut appliquer au poulain le programme de vaccination dépend du statut immunitaire de la jument. Si ses antécédents sont obscurs ou qu'elle n'a pas été vaccinée, il est préférable de commencer la vaccination du jeune entre deux et trois mois d'âge.

La primo-vaccination amorce le système immunitaire et active les cellules produisant les anticorps. Il faut ensuite attendre 4 à 6 semaines avant de faire une vaccination de rappel suscitant une réponse anamnésique. Ensuite, un programme idéal comprend des rappels tous les 3-4 mois chez les chevaux de plus de deux ans.

Programme de vaccination contre les infections respiratoires

Si un cheval a moins de 2 ans, s'il est soumis à de forts stress, s'il voyage beaucoup ou s'il est exposé à un risque provenant de chevaux de passage, une vaccination tous les 2-3 mois peut être nécessaire.

Un programme efficace de vaccination contre les infections respiratoires peut être le suivant :
- Vaccination des juments poulinières contre l'avortement dû à l'herpès virus équin à 5, 7 et 9 mois de gestation. Utiliser un vaccin autorisé pour les juments pleines.

AFFECTIONS RESPIRATOIRES

- Vacciner les juments pleines tous les 3-4 mois contre la grippe équine.
- Vacciner les juments pleines un mois avant le terme contre l'encéphalite, le tétanos et la grippe.
- Vacciner les poulains à trois mois contre l'encéphalite, le tétanos et la grippe, ainsi que contre l'herpès virose équine. Vacciner comme les poulains les chevaux adultes n'ayant pas encore été vaccinés.
- Faire 4-6 semaines plus tard une injection de rappel des vaccins précédents chez les poulains et les chevaux adultes non vaccinés auparavant.
- Vacciner tous les 3 mois les chevaux de tous âges ayant reçu les primovaccinations précédentes.
- Vacciner au moins deux semaines avant un contact infectieux, un voyage ou un stress prévisibles.

Quand on ignore si le cheval fera une réaction indésirable au vaccin, il faut le vacciner au moins deux semaines avant l'épreuve ou le voyage prévus, de façon à ce que la douleur musculaire ait disparu et qu'il puisse alors être au meilleur de sa forme. L'appareil immunitaire aura alors développé les défenses contre les virus.

Réactions vaccinales

Certains chevaux développent des réactions secondaires à la vaccination. Ils peuvent présenter des troubles légers ressemblant à la grippe, avec fièvre, abattement et manque d'appétit. Un gonflement de la partie inférieure des membres et une douleur musculaire au point d'injection sont des réactions vaccinales fréquentes. Il arrive parfois qu'un abcès se forme au point d'injection.

Certains chevaux réagissent mal à un adjuvant donné. Un changement périodique de produit ou de fabricant peut prévenir ces réactions. D'autres peuvent tirer profit d'une injection intraveineuse d'anti-inflammatoire non stéroïdien à la vaccination. Les réactions indésirables sont rarement suffisamment graves pour interdire l'utilisation d'un vaccin donné. Le propriétaire ou l'entraîneur doivent peser le pour et le contre de l'omission d'une vaccination.

Vaccins nouveaux

Vaccin thermosensible

Afin de supprimer les effets indésirables du vaccin contre la grippe, les chercheurs sont en train de mettre au point un vaccin thermosensible, administré en pulvérisation nasale. Ce virus vaccinal peut se répliquer à la température basse des cavités nasales, mais non dans les parties plus chaudes des voies aériennes. La réplication dans les cavités nasales provoque la formation des anticorps sécrétoires qui constituent la première ligne de défense contre les infections respiratoires. La mise au point d'un vaccin nasal contre le sous-type A2 de la grippe est encore au stade expérimental.

Vaccins recombinants
Divers travaux de génie génétique sont également à leurs débuts. Ils visent à la mise au point de souches de virus vaccinal obtenues par réassortiment et combinaison de matériel génétique de deux souches différentes de virus grippal. Un tel virus recombinant stimulerait la production d'anticorps, mais sans rendre le cheval malade ni contagieux.

Qualité de l'air

Une mauvaise ventilation de l'écurie entraîne un renouvellement insuffisant de l'air et favorise l'accumulation dans l'environnement d'humidité, d'irritants (poussières, allergènes et gaz) et d'agents pathogènes transportés par l'air. Les poussières ne font pas qu'irriter la muqueuse respiratoire ; elles peuvent aussi véhiculer des agents pathogènes et augmenter la quantité qui en est introduite dans les voies respiratoires.

Les vapeurs d'ammoniaque provoquent la dégénérescence des cellules épithéliales ciliées, les paralysent et diminuent la sécrétion de mucus. L'ammoniaque fait également perdre aux macrophages leur capacité à tuer les bactéries. Si l'on peut sentir, dans l'écurie, une odeur d'ammoniaque, c'est que sa concentration est trop élevée.

Une humidité excessive forme des gouttelettes constituant un aérosol qui enrobent les bactéries et les virus et les protègent de l'action destructrice de la dessiccation ou des températures extrêmes. Cette protection des agents pathogènes favorise leur diffusion.

Importance de la ventilation
L'augmentation du nombre d'agents pathogènes en circulation dans l'air aggrave l'agression à laquelle l'appareil respiratoire est soumis. Normalement, l'appareil immunitaire peut inactiver une faible quantité d'agents pathogènes, alors qu'il succombera devant une quantité plus importante, avec pour résultat une infection. La plupart des infections sont dose-dépendantes, autrement dit l'exposition à une faible quantité d'agents pathogènes provoque une infection plus légère ou non apparente. Un renouvellement fréquent et rapide de l'air par un bon système de ventilation réduit la concentration de particules dans l'air.

Ventilation naturelle
Une ventilation naturelle est assurée par des ouvertures sur les murs et/ou sous le plafond ou par des portes disposées aux extrémités de l'écurie. Le vent force l'air à travers le bâtiment, mais il peut aussi provoquer des courants d'air indésirables si les ouvertures sont mal placées.

Une bonne ventilation de l'écurie est assurée, par exemple, par des ouvertures de 50 × 50 cm sur les murs et de 25 × 25 cm sous le plafond. Des ouvertures plus larges sur les murs permettent au cheval de passer la tête à l'extérieur vers l'air frais et lui évitent de s'ennuyer.

AFFECTIONS RESPIRATOIRES

Convection

En l'absence de vent ou si les ouvertures sont obturées, seule la convection naturelle provoque la circulation de l'air ; elle résulte de la différence de température entre l'air plus chaud à l'intérieur de l'écurie (chauffé par les chevaux) et celui plus froid du dehors. L'air chaud s'échappe par les orifices situés sous le plafond, alors que l'air froid rentre par les ouvertures basses.

Fig. 5-17. Des fenêtres bien disposées favorisent la ventilation naturelle.

Une isolation efficace du bâtiment augmente la différence de température entre l'intérieur et l'extérieur de l'écurie et, par là, la convection. L'isolation du toit réduit les pertes de chaleur par rayonnement au cours des nuits froides d'hiver, ce qui diminue la condensation et l'humidité dans l'écurie. Dans les grandes écuries (20 chevaux ou plus), il est difficile de maintenir un brassage efficace de l'air. Dans celles fermées hermétiquement en hiver, toutes portes et fenêtres closes, l'air stagne par suite de la mauvaise ventilation. Une ventilation supplémentaire doit être assurée par des orifices situés sous le plafond, permettant l'entrée et la sortie d'air, ou il faut installer un système spécial de ventilation.

Ventilation mécanique

Les systèmes de ventilation mécanique doivent permettre un renouvellement de l'air, à raison de quatre cycles par heure au minimum, plutôt qu'une circulation. Moins de deux renouvellements de l'air par heure entraînent une accumulation dangereuse de spores. Pour assurer un renouvellement correct

Fig. 5-18. Des ventilateurs d'extraction placés à distance des entrées d'air permettent le renouvellement de celui-ci.

de l'air, les ventilateurs d'extraction doivent être placés suffisamment loin des orifices d'entrée d'air.

Logement idéal

Les mesures suivantes permettent à l'écurie d'avoir une atmosphère de qualité optimale, favorable à la santé de l'appareil respiratoire :
- Installer un système de ventilation permettant l'entrée d'air frais et l'évacuation de l'air vicié.
- Séparer le manège et l'aire d'exercice de l'écurie.
- Stocker le foin dans un local séparé. Cette pratique évite la pollution de l'air et réduit les risques d'incendie. Le foin stocké à l'abri des intempéries moisit moins.
- Utiliser une bonne litière, exempte de poussières.
- Assurer un bon écoulement des eaux usées et de l'urine.
- Nettoyer fréquemment les stalles pour réduire le taux d'ammoniaque. Appliquer une livre ou deux de chaux éteinte sur le sol après nettoyage pour réduire la formation d'ammoniaque. Un produit, le clinoptilite (Sweet PDZ Stall Fresh®, Temeco Comp.) réduit également la formation d'ammoniaque, en application sur le sol après nettoyage. Il agit plus sur litière de sciure que de paille.

L'application de ces mesures n'améliore pas seulement la qualité de l'air et la santé des chevaux, mais présente des avantages pour les propriétaires. L'atmosphère de l'écurie sera saine et les chevaux auront un meilleur aspect, se porteront mieux et seront plus performants.

Stress

Entraînement et travail

Le stress, dont l'entraînement et le travail intenses, augmente le risque d'infection respiratoire. Un entraînement et un travail intenses sont des causes fréquentes de stress chez le cheval. Cela stimule la sécrétion de cortisol par l'organisme, et l'exercice provoque une inflammation des tissus pulmonaires. Le cortisol est une hormone stéroïdienne qui inhibe les fonctions de défense des macrophages alvéolaires et des autres globules blancs.

Le cortisol diminue la concentration des immunoglobulines dans les sécrétions respiratoires. Ce sont des protéines spécialisées qui diminuent la capacité des bactéries et des virus à se fixer sur les cellules épithéliales et à les infecter. Elles enrobent également les agents pathogènes d'une substance qui facilite leur absorption par les globules blancs. Les immunoglobulines attirent chimiquement d'autres globules blancs dans la partie malade pour combattre l'infection.

AFFECTIONS RESPIRATOIRES

Transports
Les transports longs sont éprouvants et augmentent la sensibilité du cheval aux infections virales et bactériennes, surtout une semaine après le voyage. Les chevaux soumis à des stress tels qu'un entraînement dur, des compétitions ou des voyages, tirent profit d'une qualité optimale de l'air. Les autres stress importants déprimant les fonctions immunitaires comprennent le surpeuplement, une mauvaise alimentation, la fatigue et des changements brusques de température.

Changements brusques de température
La température à l'intérieur de l'écurie doit, de préférence, être constante plutôt que d'osciller entre des extrêmes de chaleur et de froid. Les chevaux en stabulation portent souvent une couverture et sont tondus. La couverture est alors la seule couche isolante les protégeant du froid. Si l'on applique la couverture au début de l'hiver ou si l'on tond le cheval pour l'empêcher de développer un pelage d'hiver, il faut le couvrir pendant toute la saison froide. S'il conserve son pelage et s'il n'a pas l'habitude d'être couvert, il faut éviter les excès de chaleur dus à l'application occasionnelle d'une couverture. Les refroidissements, les courants d'air ou un retour au calme incorrect d'un cheval ayant très chaud compromettent également les fonctions immunitaires.

6

ENTRAÎNEMENT ET PERFORMANCES

OPTIMISATION DES PERFORMANCES

Un athlète équin naît avec un potentiel sportif qu'un programme intelligent d'entraînement portera à un maximum. Les diverses races et les divers individus excellent dans les épreuves de fond ou de sprint, selon leur conformation et la composition de leurs fibres musculaires héritées de leurs géniteurs. L'entraînement a un effet bénéfique sur les muscles, l'appareil cardio-vasculaire, l'appareil respiratoire et la coordination neuro-musculaire. Le programme d'entraînement le plus efficace est celui qui renforce progressivement les ligaments, les tendons, les os, les articulations et les muscles, ce qui prévient leurs lésions, tout en développant pleinement les capacités de l'appareil cardio-vasculaire.

Efficacité compétitive

Un but essentiel de l'entraînement est d'améliorer la capacité aérobie du cheval, qui est sa capacité à faire un effort plus long sans recourir au métabolisme anaérobie qui produit de l'énergie sans utiliser d'oxygène ; le métabolisme aérobie produisant de l'énergie en utilisant de l'oxygène est plus efficace.
À la différence du métabolisme anaérobie, le métabolisme aérobie ne produit pas de déchets toxiques pouvant provoquer une fatigue ou des douleurs musculaires. Un cheval entraîné en vue d'épreuves longues en recourant au métabolisme aérobie, qui transforme le glycogène et les acides gras en énergie, est souvent avantagé dans les épreuves sportives.
Quand l'oxygène ou les combustibles musculaires sont épuisés, le cheval commence à utiliser le métabolisme anaérobie. Il a alors atteint son seuil anaérobie.

De l'acide lactique, sous-produit toxique du métabolisme aérobie, commence à s'accumuler dans le muscle et le sang, ce qui finit par provoquer la fatigue, qui est le facteur limitant des performances (voir le chapitre 3 pour plus d'informations sur le métabolisme musculaire).

Exercice submaximal (endurance)

La plupart des chevaux travaillent en aérobiose si leur fréquence cardiaque reste inférieure à 150 battements par minute (bpm). L'effort est alors qualifié de submaximal et l'exercice d'épreuve d'endurance. L'équitation de loisir, la randonnée équestre, le dressage et les routiers en concours complet (distances à parcourir au trot) sont des exemples de ce niveau d'effort. À la fréquence cardiaque précitée ou à une fréquence inférieure, l'acide lactique ne s'accumule pas dans les muscles ; la faible quantité qui se forme est en effet éliminée de ceux-ci par la circulation sanguine ou métabolisée en aérobiose.

Exercice maximal (sprint)

Fig. 6-1. Les courses de trot sollicitent les métabolismes anaérobie et aérobie.

Les épreuves de sprint imposent un effort maximal, s'accompagnant chez la plupart des chevaux d'une fréquence cardiaque supérieure à 180-200 bpm. Ces activités sportives mettent presque exclusivement en jeu un métabolisme musculaire anaérobie. Les courses de Quarter Horses et les courses aux tonneaux sont de bons exemples d'efforts de ce type.

Exercices mixtes

Les courses de galopeurs et de trotteurs, le jumping, le polo et le concours complet sont des exemples de ce type d'exercice, qui met en jeu à la fois les métabolismes aérobie et anaérobie.

EFFETS DE L'ENTRAÎNEMENT

Entraînement musculaire aérobie

Plus le cheval peut travailler longtemps en utilisant l'oxygène pour produire de l'énergie, plus la fatigue est retardée. L'organisme s'adapte à l'entraînement aérobie en améliorant les systèmes musculaires utilisant l'oxygène pour produire de l'énergie. Ces adaptations comprennent une amélioration de la circulation sanguine et du métabolisme et une transformation de fibres musculaires IIb (fibres musculaires à contraction rapide faiblement oxydative) en fibres IIa (fibres musculaires à contraction rapide fortement oxydative) (voir le chapitre 3 pour plus de détails sur les fibres musculaires).

Circulation sanguine

L'entraînement aérobie développe un abondant réseau capillaire dans les muscles et diminue la surface de la section des fibres FI (fibres à contraction lente). Ces deux effets améliorent la circulation sanguine, ce qui apporte davantage d'oxygène et facilite l'élimination des déchets toxiques comme l'acide lactique. La fatigue est ainsi retardée.

Métabolisme

L'allongement du temps pendant lequel les muscles sont alimentés par le glycogène et les acides gras, améliore la capacité aérobie. Le glycogène est une chaîne de molécules de glucose et un glucide obtenu à partir des grains et des fourrages. Les acides gras sont produits par la fermentation des hydrates de carbone dans l'intestin ou à partir des graisses des aliments.
L'augmentation de la circulation sanguine et de l'apport d'oxygène en résultant favorise l'utilisation des acides gras comme combustible, à la place du glycogène qui s'accumule dans le foie et les muscles pour former une réserve énergétique.
Le retardement de l'épuisement des réserves de glycogène repousse également l'apparition de la fatigue et réduit la douleur musculaire.
Les cellules musculaires utilisant l'oxygène pour transformer les combustibles en énergie le font grâce aux usines énergétiques que sont les mitochondries dont le nombre augmente avec l'entraînement aérobie, ce qui améliore l'utilisation de l'oxygène et la production d'énergie dans les cellules musculaires.

Transformation des fibres musculaires IIb en fibres IIa

L'entraînement aérobie améliore la capacité aérobie du cheval en transformant jusqu'à 7 % des fibres musculaires IIb (fibres faiblement oxydatives) en fibres IIa (fibres fortement oxydatives) qui peuvent utiliser l'oxygène pour produire de l'énergie. Les pur-sang et les trotteurs sont capables de sprints plus longs que les chevaux de type Quarter Horse (Paint et Appaloosa), car ils sont génétiquement dotés de plus de fibres IIa que de IIb.

L'amélioration de la circulation sanguine et du métabolisme et l'augmentation du nombre de fibres IIa accroissent la capacité du cheval à courir vite et longtemps, sans subir les effets d'une accumulation d'acide lactique dans les muscles. Cependant, avec l'augmentation de la vitesse et de la longueur de l'exercice, la capacité aérobie du cheval finit par être dépassée et tous les types de fibres musculaires (IIa, IIb et FI) voient leurs combustibles épuisés. C'est pourquoi il est également indispensable d'améliorer la production anaérobie d'énergie.

Entraînement musculaire anaérobie

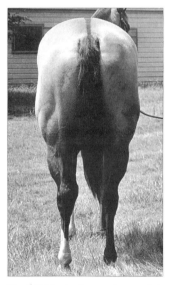

Fig. 6-2. L'entraînement au sprint développe les muscles des fesses et des cuisses.

Sur une période de plusieurs mois, l'entraînement de sprint épuise de façon répétée les réserves de combustibles musculaires. Les muscles s'adaptent en mettant en réserve davantage de combustibles.

Le métabolisme anaérobie fait intervenir des enzymes spécifiques transformant les combustibles en énergie sans intervention d'oxygène. L'entraînement de sprint améliore le métabolisme anaérobie en développant les systèmes cellulaires produisant ces enzymes. Les systèmes éliminant l'acide lactique des muscles au travail, dont le système cardio-vasculaire, sont également améliorés par ce type d'effort.

Développement des masses musculaires

L'entraînement de sprint augmente la surface de la section des fibres musculaires et, par voie de conséquence, le volume du muscle dans son ensemble. Les muscles en cause sont principalement ceux de la croupe, de la fesse, du thorax et des avant-bras. L'augmentation de la surface de la section des fibres musculaires fournit la puissance pour les accélérations soudaines, si nécessaires pour le succès des chevaux de sprint.

Tamponnement de l'acide lactique

Le métabolisme anaérobie de l'entraînement de sprint produit de l'acide lactique responsable de la fatigue. Le tissu musculaire contient normalement des protéines tampon qui neutralisent l'acide lactique. L'entraînement de sprint stimule la production de ces protéines, augmentant ainsi le pouvoir tampon des cellules musculaires et retardant la fatigue (voir le chapitre 3 pour plus de détails).

Utilisation de l'acide lactique comme combustible

L'endurance des chevaux de sprint dépend aussi de l'existence de réserves de glycogène. Si celui-ci est épuisé, les muscles manquent de combustible et les contractions musculaires s'affaiblissent. Un cheval de sprint travaille à une telle vitesse et pendant un temps si court que l'acide lactique ne peut pas être immédiatement éliminé des muscles. Une partie peut être métabolisée par les fibres IIa utilisant l'oxygène pour produire de l'énergie. La fraction d'acide lactique pouvant ainsi être transformée en énergie par les fibres IIa augmente l'endurance du cheval de sprint.

L'entraînement anaérobie accoutume les muscles du cheval à tolérer l'état d'anaérobiose. Les muscles apprennent à stocker davantage de glycogène, augmentent de volume, développent les systèmes enzymatiques neutralisant l'acide lactique et peuvent même, dans une certaine mesure, produire de l'énergie à partir de l'acide lactique.

Entraînement musculaire général

Certains effets de l'entraînement ne dépendent pas du type de métabolisme en œuvre dans les fibres musculaires. Une dissipation efficace de la chaleur et une amélioration de la coordination neuro-musculaire sont des exemples des effets bénéfiques de l'entraînement musculaire général.

Dissipation efficace de la chaleur

Les réactions biochimiques brûlant les combustibles musculaires pour produire de l'énergie dégagent également de la chaleur comme sous-produit. L'entraînement améliore le mécanisme de la sudation, qui permet de dissiper efficacement la chaleur dégagée par les muscles au travail. La réduction de l'échauffement de l'organisme retarde également l'apparition de la fatigue (voir le chapitre 8 pour plus d'informations).

Amélioration de la coordination neuro-musculaire

L'entraînement améliore les réflexes neuro-musculaires, ce qui améliore ensuite la coordination musculaire et l'efficacité des mouvements. Les muscles coopèrent pour prévenir une élongation musculaire ou une lésion articulaire. Les muscles agonistes possèdent des muscles antagonistes s'opposant à eux, ce qui évite des sollicitations excessives et des lésions au début de l'entraînement. Par exemple, un muscle agoniste fléchisseur d'une articulation a pour antagoniste un muscle extenseur. Ce système limite l'action du muscle à un degré dépourvu de danger.

Les jeunes chevaux maladroits n'ont pas encore finement développé coordination, qui résulte de la coopération des muscles agonistes et antagonistes. Si l'on demande un trop grand effort de vitesse ou d'endurance à un appareil locomoteur sous-développé, les muscles non entraînés deviennent douloureux et le travail non coordonné des groupes musculaires expose à des lésions ligamentaires ou tendineuses. Avec le temps, des exercices raisonnablement répétés coordonnent les mouvements et améliorent le contrôle nerveux des muscles.

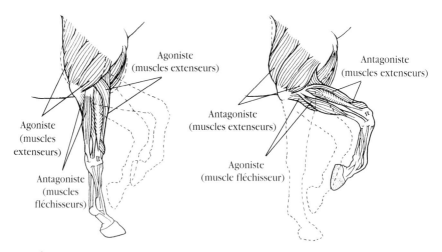

Fig. 6-3. Les muscles agonistes et antagonistes coopèrent pour mobiliser une articulation, chacun limitant l'étendue de l'action de l'autre pour prévenir des lésions musculaires ou articulaires.

Entraînement respiratoire

L'appareil respiratoire comprend le larynx, la trachée, les poumons et le diaphragme. Il ne s'adapte pas directement lors de l'entraînement. Cependant, comme les autres appareils (dont l'appareil circulatoire) se renforcent, l'appareil respiratoire doit leur assurer la fourniture d'une quantité suffisante d'oxygène.

EFFETS DE L'ENTRAÎNEMENT

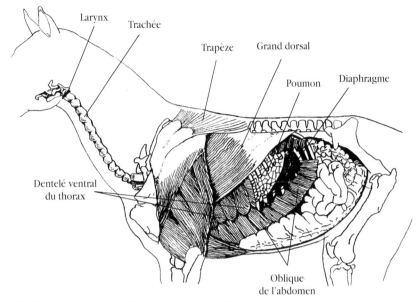

Fig. 6-4. Organes et muscles de l'appareil respiratoire.

Les rapports entre l'appareil respiratoire et l'abdomen contribuent à maintenir l'efficacité de la respiration aux allures rapides. La synchronisation des mouvements respiratoires et des foulées empêche les allures d'interférer avec la respiration.

Synchronisation des mouvements respiratoires et des foulées

Au petit ou au grand galop, lorsque l'antérieur en suspension est porté vers l'avant, la tête et l'encolure oscillent vers le haut et tirent sur les muscles les unissant au thorax. Cela déplace les côtes vers l'avant et les écarte. Le corps est projeté vers l'avant quand les postérieurs poussent sur le sol. Les viscères abdominaux se déplacent alors vers l'arrière et permettent une expansion du thorax. La combinaison du déplacement des côtes et de celui des viscères permet une inspiration efficace.

Quand l'antérieur porté seul à l'appui frappe le sol et qu'il absorbe le choc, la cage thoracique est comprimée. Le cheval en déplacement rapide est légèrement ralenti et les viscères glissent vers l'avant à la façon d'un piston et chassent l'air du poumon. La compression de la cage thoracique et le déplacement des viscères abdominaux vers l'avant favorisent l'expiration.

La fréquence des foulées augmentant avec la vitesse, chaque mouvement respiratoire doit mobiliser autant d'air que possible pour approvisionner les muscles en oxygène. Ceux activant l'appareil respiratoire (diaphragme, muscles thoraciques et abdominaux) deviennent plus forts sous l'effet de l'entraînement.

Entraînement cardio-vasculaire

L'organisme du cheval doit recevoir suffisamment d'oxygène, pour pouvoir recourir à une production aérobie d'énergie. L'amélioration de la capacité aérobie des muscles squelettiques exige donc un développement correspondant de l'appareil cardio-vasculaire. L'entraînement rend le cœur plus fort et lui permet de se contracter avec plus de puissance. Au repos, les muscles squelettiques du cheval ne reçoivent que 15 % du flux sanguin total dans l'organisme mais, dans un exercice intense, 70 % du sang sont envoyés dans les muscles pour y apporter l'oxygène nécessaire au métabolisme aérobie. Le débit du sang dans les muscles squelettiques et cardiaque et dans les poumons augmente de 20 fois avec l'entraînement.

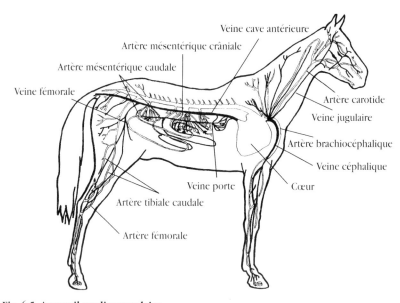

Fig. 6-5. Appareil cardio-vasculaire.

Augmentation du nombre d'hématies

Pendant un effort intense, la consommation d'oxygène du cheval est multipliée par 36. Les globules rouges contiennent de l'hémoglobine, qui fixe l'oxygène et le transporte avec le sang dans les divers organes et tissus. Pour satisfaire l'énorme besoin d'oxygène, des hématies de réserve passent dans le sang ; elles sont stockées dans la rate en prévision des moments où les muscles auront besoin de plus d'oxygène. Avec l'entraînement, le nombre de molécules d'hémoglobine dans l'organisme peut augmenter de 50 %. Aux altitudes élevées, l'organisme du cheval s'adapte à la réduction du taux d'oxygène de l'air en fabriquant davantage d'hémoglobine pour augmenter la capacité de transport d'oxygène du sang. Plus il y a d'oxygène dans le sang, plus il en apporte aux muscles pour utiliser le métabolisme aérobie.

Fréquence cardiaque

Fréquence cardiaque au repos
La fréquence cardiaque du cheval sextuple pendant l'exercice pour augmenter le transport de sang et d'oxygène vers les tissus. Au repos, elle est comprise entre 30 et 40 bpm, mais elle peut être de 20 bpm chez certains sujets.
Pendant un effort maximal, elle peut atteindre 240 bpm.
Mais l'entraînement n'abaisse pas nécessairement la fréquence cardiaque du cheval au repos. Celle-ci semble être déterminée génétiquement. Cependant, au travail, elle sera moins importante pour un effort donné, si l'animal est entraîné. La diminution de la fréquence cardiaque de l'effort réduit la consommation d'énergie par le cœur et lui laisse davantage de temps pour se remplir d'un maximum de sang entre les battements. Quand il propulse davantage de sang par battement cardiaque, le débit sanguin dans les tissus est optimal et les muscles sont abondamment approvisionnés en oxygène.

Retour à la fréquence cardiaque de repos
L'entraînement accélère le retour à la fréquence cardiaque de repos, quand l'effort cesse. La fréquence cardiaque d'un cheval de fond bien entraîné doit retomber à 100 bpm en une minute de repos et à moins de 60-70 bpm au bout de dix minutes. Un cheval de sprint doit revenir à une fréquence de 150-180 bpm en 30 secondes et de 100-140 bpm en une minute.
Si le temps de retour à la fréquence cardiaque de repos est supérieur aux valeurs recommandées, il faut réduire la vitesse ou la durée du travail. Le suivi de la fréquence cardiaque fournit des informations précieuses sur le moment où l'on peut passer à un degré supérieur d'entraînement sans nuire au cheval.

Autres causes de variation de la fréquence cardiaque
La fréquence cardiaque est une mesure de l'activité de l'organisme, et de nombreux facteurs peuvent l'influencer. Un temps chaud et humide augmente, par exemple, l'effort demandé au cheval. Un terrain ou un sol difficiles influent également sur l'effort et la fréquence cardiaque, ainsi que la durée du travail et la fatigue et la proportion relative des différents types de fibres musculaires. Les maladies comme les coliques et la fièvre l'augmentent également.

INTÉRÊT DES APPAREILS DE MESURE DE LA FRÉQUENCE CARDIAQUE (CARDIOFRÉQUENCEMÈTRE)

Ils permettent de suivre en permanence la fréquence cardiaque pendant le travail. Ce sont des micro-ordinateurs de poche reliés à des électrodes, dont l'une est appliquée sur le garrot du cheval et l'autre sous la sangle. Ils sont maniables et peu coûteux et ils permettent un entraînement rationnel et donnant des résultats optimaux.

Ils permettent en effet d'évaluer, en cours de travail, l'effort du cheval de sport sur la base de la fréquence cardiaque. Si l'on n'utilise pas de moniteur cardiaque, le temps que le cavalier arrête le cheval, en descende et compte les battements cardiaques pendant 15 secondes, la fréquence aura diminué de 50-100 bpm.

Surveillance de la fréquence cardiaque en cours de travail

Le cardiofréquencemètre permet de faire travailler le cheval dans les limites de ses capacités et d'évaluer méthodiquement sa condition physique. Par exemple,

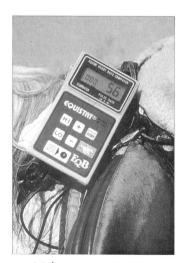 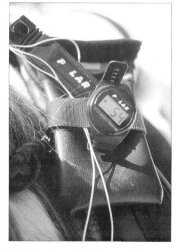

Fig. 6-6. À gauche, cardiofréquencemètre EqB-Equistat ; à droite, cardiofréquencemètre V. max avec cadran porté au poignet. Tous deux sont de précieux outils d'entraînement.

un sujet entraîné en endurance est travaillé au pas, au trot et au petit galop à une fréquence cardiaque comprise entre 125 et 150 bpm. Pour développer sa capacité aérobie, il faut le travailler juste au-dessous du seuil d'accumulation d'acide lactique qui commence au-dessus de 150-160 bpm. Le temps nécessaire pour développer la capacité aérobie varie selon les sujets. Quand cette capacité s'est améliorée, il faut travailler le cheval à 200 bpm pendant de courtes périodes. Ce type d'entraînement améliore la capacité aérobie tout en réduisant le risque de lésion de l'appareil locomoteur.

Le cardiofréquencemètre permet au cavalier d'augmenter graduellement la distance parcourue à une fréquence cardiaque spécifiée et de mettre à l'épreuve, de façon progressive et sûre, les appareils cardio-vasculaire et locomoteur.

Chaque augmentation de la durée ou de la vitesse du travail stimule les réponses adaptatives de l'organisme. Par exemple, la montée de collines augmente la fréquence cardiaque (et la production d'acide lactique)

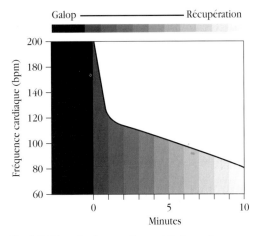

Fig. 6-7. Récupération cardiaque idéale après un galop de 1 600 à 3 600 m.

mais, une fois au sommet, elle doit tomber à moins de 150 bpm pour que les muscles récupèrent et éliminent l'acide lactique en excès. Dans la minute suivant la descente, la fréquence cardiaque doit être redevenue inférieure à 110 bpm.

L'entraînement des chevaux de course peut aussi servir d'exemple de l'utilisation de ce type d'appareil. Après 1,5 à 3 km de galop à 200 bpm, la fréquence cardiaque doit tomber à moins de 120 bpm en 2 minutes et à moins de 80 bpm en 10 minutes

Détection de la fatigue

Le cardiofréquencemètre mesure avec précision l'effort du cheval pour indiquer l'apparition de la fatigue. La fréquence cardiaque augmente quand les réserves de combustible sont épuisées. Si elle s'élève alors que l'effort reste constant, il faut réduire l'allure pour prévenir des troubles métaboliques ou des lésions de l'appareil locomoteur.

Détection des blessures

Le cardiofréquencemètre ne permet pas seulement de régler avec précision le programme d'entraînement, mais il est également très sensible à la douleur résultant d'une lésion musculo-squelettique débutante. Si l'on connaît la fréquence cardiaque normale pour un travail donné et qu'elle est augmentée de 10 bpm au cours de ce travail, il faut arrêter immédiatement le cheval avant qu'une blessure légère ne s'aggrave.

Test d'effort

Le cardiofréquencemètre permet d'apprécier, sur le terrain, la condition physique du cheval en évaluant sa capacité aérobie. Pour cela, on mesure sa vitesse à 200 bpm (V_{200}) après un échauffement. Pour ce test, on marque sur le terrain une distance de 1 200-1 600 m et on relève le temps mis pour la parcourir, sa fréquence cardiaque étant maintenue aussi proche de 200 bpm que possible. Plus la condition physique du cheval est bonne et donc sa capacité aérobie et plus sa vitesse doit être importante lorsqu'il est maintenu à 200 bpm. On peut voir si la condition physique s'améliore en comparant chaque mois la V_{200}. La fréquence cardiaque ne permet cependant d'apprécier que la capacité aérobie du cheval, mais non sa résistance structurelle.

Si, au départ, le cheval a une mauvaise condition physique, il faut faire l'évaluation à 160 bpm (V_{160}) qui est la fréquence cardiaque à laquelle l'acide lactique s'accumule plus rapidement qu'il ne peut être métabolisé. La capacité aérobie du cheval est définie par la vitesse qu'il peut atteindre à cette fréquence cardiaque où se forme de l'acide lactique. La V_{160} n'est pas un indicateur parfaitement exact de la condition physique, car la douleur ou l'excitation peuvent également élever la fréquence cardiaque à 160 bpm en l'absence de travail musculaire. Cette fréquence cardiaque est cependant utile pour reprendre l'entraînement d'un cheval après une longue période de repos ou pour des chevaux jeunes ou âgés que des allures rapides exposeraient à des lésions de l'appareil locomoteur.

PRÉPARATION À L'ENTRAÎNEMENT

L'entraînement ne se borne pas seulement à un programme de travail. Il est également important d'améliorer l'état de santé général du cheval afin d'établir des bases métaboliques et structurelles solides.

PRÉPARATION À L'ENTRAÎNEMENT

Examen vétérinaire

Avant de commencer un programme rigoureux d'entraînement, il faut faire examiner le cheval par un vétérinaire qui apprécie sa condition physique générale et planifie son alimentation en fonction de son niveau actuel d'activité et des efforts intenses qu'il devra fournir par la suite.

Pieds

Il faut équilibrer les pieds et les ferrer avant d'entamer un programme régulier d'exercice. Des pieds sains sont indispensables pour que le cheval reste apte alors que l'entraînement s'intensifie. Des soins attentifs préviennent les contusions, les bleimes et les seimes. Un pied équilibré absorbe mieux les chocs, ce qui prévient les boiteries (voir le chapitre 4 pour plus d'informations).

Alimentation

Un entraînement intense augmente les besoins alimentaires. Il faut veiller cependant à ne pas donner trop d'herbe de printemps riche, de foin de luzerne ou de céréales, car ces aliments peuvent provoquer des coliques par météorisme ou une fourbure. Les chevaux ont besoin d'une grande quantité de lest dans leur alimentation pour prévenir des troubles intestinaux (voir le chapitre 7 pour plus de détails). Il faut vérifier que le foin n'est pas poussiéreux ni moisi. Les poussières et les moisissures sont nocives pour les poumons et peuvent provoquer des affections respiratoires chroniques.

Dents

Seul un cheval bien nourri peut réaliser ses potentialités sportives. Il faut lui examiner les dents et les râper, si nécessaire, pour lui permettre de digérer efficacement sa nourriture. Elles doivent être en bon état pour que les aliments puissent être convenablement broyés pour être aptes à subir la digestion, ce qui réduit le risque de colique par météorisme ou par surcharge.

Le râpage des dents élimine les surdents et prévient des ulcérations douloureuses susceptibles de perturber l'application du mors ou les réponses à son action. Avant le début de l'entraînement, il faut éliminer les éventuelles dents de loup de façon à ce que la cicatrisation se produise en interférant au minimum avec celui-ci.

Vaccinations

Un programme rigoureux de vaccinations doit être appliqué au cheval de sport avant et pendant son entraînement. Il est en effet indispensable de le protéger contre les infections virales respiratoires auxquelles l'expose le contact avec des chevaux étrangers lors des compétitions. L'exercice provoque un stress léger et le contact avec des congénères et les voyages vers d'autres régions éprouvent l'appareil immunitaire. Au printemps, il faut faire des rappels contre le tétanos, la grippe et l'herpès virose, et prévoir ceux contre les affections respiratoires tous les trois mois.

On doit aussi vacciner contre la gourme, l'artérite virale équine et la rage dans les régions endémiques (voir le chapitre 5 pour plus d'informations).

Vermifugation

Un programme énergique de vermifugation appliqué toutes les 6-8 semaines prévient les troubles dus aux parasites intestinaux qui peuvent provoquer des coliques en perturbant la motricité ou la circulation sanguine de l'intestin. Il faut éliminer les crottins des paddocks deux fois par semaine pour limiter la réinfestation par les œufs de parasite (voir le chapitre 14 pour plus d'informations).

Hygiène des locaux

Si le cheval est en stabulation, on doit nettoyer quotidiennement et soigneusement le box. L'élimination des excréments et de la litière souillée empêche une réinfestation par les œufs de parasites et crée des conditions défavorables à l'apparition d'une pourriture de la fourchette. L'élimination de la litière imprégnée d'urine réduit également la production d'ammoniaque dont l'excès est nocif pour l'appareil respiratoire.

MÉTHODES D'ENTRAÎNEMENT

Chaque cheval de sport est entraîné en vue d'une activité spécifique. Tous les chevaux de sport doivent cependant avoir des bases solides pour progresser au cours de l'entraînement. Un programme rationnel est établi sur de longs mois. La constance dans les exercices est importante pour améliorer la résistance biomécanique. Les méthodes d'entraînement « progressives » comprennent des périodes de récupération destinées à permettre à l'organisme de s'adapter à l'entraînement et au stress. Ainsi, le cheval continue de développer sa résistance et

MÉTHODES D'ENTRAÎNEMENT

devient un athlète en bonne condition physique en risquant moins l'épuisement ou les lésions tendineuses. L'homme a normalement besoin d'environ 10 semaines pour augmenter sa force musculaire de 50 % en raison de la coordination neuro-musculaire nécessaire pour l'apprentissage nerveux et le contrôle des mouvements. Les processus biophysiques sont semblables chez le cheval et tout l'organisme doit répondre à des sollicitations croissantes. Ceux richement irrigués par le sang répondent le plus rapidement : le muscle est le plus rapide à réagir (environ 3-6 mois), les tendons et les ligaments sont plus lents (6-12 mois) et les os répondent tardivement (1-2 ans). Il peut falloir jusqu'à deux ans pour porter la condition physique du cheval à son maximum.

Une fois bien entraîné, le cheval perd sa condition physique lentement. Alors que les humains la perdent en deux semaines seulement, un cheval la garde pendant un mois ou plus et il peut revenir rapidement à son niveau antérieur d'entraînement. Une fois les bases établies, il ne faut que 3-6 mois pour ramener à son top niveau un cheval resté longtemps au repos.

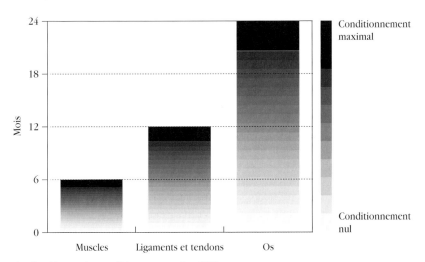

Fig. 6-8. Temps de conditionnement des différents organes.

Intérêt des répétitions

Une augmentation progressive de la vitesse ou de la distance parcourue accroît la force et l'endurance. Une fois l'entraînement commencé, il faut s'y tenir. Pour que le cheval soit en bonne condition physique, on doit le mettre à l'épreuve de façon répétée et régulière sans laisser à son organisme le temps de récupérer complètement du travail précédent. Cette méthode favorise une adaptation et un renforcement des organes, qui constituent des bases structurelles solides. Les os, les cartilages, les ligaments et les tendons doivent être préparés progressivement aux sollicitations d'efforts croissants. Des pointes de vitesse soudaines sur des membres insuffisamment entraînés peuvent les solliciter à l'excès et provoquer des lésions et une boiterie. Des sollicitations progressives stimulent au contraire les tissus et renforcent les muscles, les ligaments et les os.

Intérêt du travail au pas

Fig. 6-9. Le travail au pas est important dans l'entraînement.

Il ne faut pas sous-estimer l'intérêt du travail au pas : il améliore la condition physique en sollicitant doucement les ligaments, les tendons et les muscles qu'il adapte à une légère augmentation de leur charge. Il accroît la charge sur les paturons du cheval de deux fois et demie son poids et celle sur le grasset et la hanche d'une fois et demie. Il élève la fréquence cardiaque à 90 bpm ; il dilate et assouplit les vaisseaux sanguins et facilite la circulation sanguine. Un échauffement de 10 minutes au pas augmente l'apport de sang et d'oxygène aux muscles qui travaillent. Au pas, seul un faible pourcentage de fibres musculaires est sollicité, formé surtout de fibres à contraction lente et d'un petit nombre seulement de fibres à contraction rapide fortement oxydative. Les muscles s'accoutument à augmenter l'apport d'oxygène et à éliminer les déchets toxiques. À lui seul, le travail au pas ne sollicite pas assez les tissus pour les préparer à des efforts plus intenses ; c'est cependant un excellent exercice de départ et il est utile comme travail de détente.

Intérêt de la nage

On peut ajouter la nage au programme conventionnel de travail en plat et en colline pour mettre en condition les appareils cardio-vasculaire et respiratoire, tout en épargnant aux membres les chocs pouvant les éprouver. C'est également un exercice utile pour les jeunes chevaux ou pour la rééducation des animaux blessés. Chez les jeunes chevaux, la nage renforce l'appareil cardio-vasculaire sans forcer sur les os en croissance, et développe les tendons, les articulations et les ligaments. Elle permet aux chevaux blessés un entraînement respiratoire et cardio-vasculaire sans mettre en charge le membre lésé. Les mou-

vements étirent passivement les articulations et les tendons en voie de réparation et l'eau masse les tissus et améliore la circulation.
Cependant, la nage utilisée comme seul exercice pour la rééducation des chevaux n'assure pas la mise en charge périodique des os, des tendons, des articulations et des sabots faisant partie du programme normal d'entraînement. Le cheval

Fig. 6-10. La natation entraîne les appareils cardiovasculaire et respiratoire en apesanteur.

a besoin des sollicitations liées au soutien du poids du corps assurées par un travail sur terre, avant de commencer ou de reprendre les compétitions.

Phase 1 : entraînement en travail lent et long

Dans tous les sports équestres, on utilise le travail lent et long pour établir les bases de l'entraînement ultérieur. À titre de méthode d'entraînement initial, il développe lentement la résistance structurelle des os, des tendons, des articulations et des ligaments avec un risque minimum de blessure. Tout le travail lent et long se fait au-dessous du seuil d'anaérobiose, si bien qu'un minimum d'acide lactique s'accumule. Il développe les fibres musculaires utilisant l'oxygène pour brûler leur combustible et permettant une endurance maximale.

Un programme rationnel d'entraînement commence par un travail lent et long, puis la vitesse est augmentée progressivement au cours des mois suivants. L'intensification de l'entraînement se fait en jouant soit sur la vitesse, soit sur la durée, mais jamais en augmentant les deux en même temps.

Le premier mois d'entraînement est différent selon qu'il s'agit d'un jeune cheval, d'un animal récupérant d'une blessure ou d'une maladie ou d'un sujet adulte sain. Les chevaux jeunes ou blessés demandent un programme moins intensif qui ne sollicite pas exagérément leur organisme. Les deuxième et troisième mois d'entraînement sont semblables, quelle que soit la condition physique. Il ne s'agit cependant que de recommandations, chaque individu est différent et l'entraîneur ou le propriétaire devront les adapter. Les conseils d'un vétérinaire sont utiles à toutes les phases de l'entraînement.

Entraînement des jeunes chevaux par un travail lent et long

Pendant le premier mois d'entraînement par un travail lent et long des chevaux jeunes ou blessés, il est préférable de commencer en terrain plat, égal et souple, et de préférence en ligne droite. Le travail à la longe surcharge en effet les articulations et les tendons non entraînés.

ENTRAÎNEMENT EN TRAVAIL LENT ET LONG

Phase I - Cheval jeune ou blessé	
PREMIER MOIS *Semaine 1*	15-20 minutes, tous les deux jours ou trois fois par semaine Alterner 2/3 de pas et 1/3 de trot
Semaine 2	30 minutes, 3-4 jours par semaine Alterner pas et trot
Semaine 3	30-60 minutes, 4-5 jours par semaine Augmenter la distance, mais garder la même vitesse qu'aux deux premières semaines Augmenter le temps de trot Légères montées au pas
Semaine 4	Ajouter des canters d'1-2 minutes, en changeant périodiquement de pied
DEUXIÈME MOIS (identique au cheval adulte sain)	Monter à 16 km par jour au pas et au trot, 3-4 jours par semaine Augmenter la distance mais non la vitesse
TROISIÈME MOIS (identique au cheval adulte sain)	Augmenter la vitesse pour atteindre une FC de 120-150 bpm pendant une heure : 6,5-11 km/h en terrain accidenté *ou* 13-19 km/h en terrain plat

Fig. 6-11.

Premier mois

Les deux premières semaines, il faut alterner le pas et le trot, avec deux tiers du temps total consacrés au pas. Commencer par des périodes de 15-20 minutes pour chaque exercice, pour atteindre une heure à la fin des deux semaines. Au début, il est préférable d'entraîner le cheval tous les deux jours ou 3-4 fois par

semaine, ce rythme permettant une récupération et une adaptation de l'organisme entre les efforts.
La troisième semaine, on ajoute un jour d'exercice et on augmente la distance, tout en conservant la même vitesse que pendant les deux premières semaines. On peut accroître la durée des périodes de trot de plusieurs minutes à la fois et inclure des montées légères dans les périodes de pas.
La quatrième semaine, on ajoute des temps de galop d'1-2 minutes sans oublier de changer de main périodiquement pour entraîner les deux côtés du corps. En un mois, le cheval doit arriver à travailler régulièrement pendant 60 minutes, cinq jours sur sept, à une vitesse moyenne de 7-8 km à l'heure.

Entraînement des chevaux adultes sains par un travail lent et long

Premier mois

L'entraînement des chevaux adultes sains par un travail lent et long peut être légèrement plus intensif que celui venant d'être décrit. Les séances d'exercice initiales peuvent consister en périodes de pas et de petit trot de 20-30 minutes, et d'au moins 30 minutes au bout d'une semaine, quatre jours par semaine. À la fin de la deuxième semaine, le cheval peut travailler 30-60 minutes pour obtenir un effet d'entraînement aérobie. Les troisième et quatrième semaines, il peut parcourir 7-8 km au pas ou au petit trot cinq jours sur sept. Au début de la quatrième semaine, on peut ajouter des périodes de plusieurs minutes de petit galop.

Il faut varier les types d'exercices effectués, non seulement pour assouplir et renforcer des groupes musculaires différents, mais aussi pour maintenir le cheval attentif et alerte. Cela peut comprendre le travail dans un manège, les cavaletti et des promenades. L'entraînement aux courses peut inclure un travail au pas, hors piste ; quand c'est possible, le pâturage en main permet un changement de décor le jour prévu pour le repos.

Les deux mois suivants

Le deuxième mois d'entraînement on augmente la distance, mais pas la vitesse, pour atteindre 15 km de pas et de trot, 3-4 jours par semaine. Le troisième mois, on augmente la vitesse. Le but de l'entraînement est de parvenir à un travail à une fréquence cardiaque de 120-150 bpm pendant au moins une heure, et pour y parvenir, il faut travailler le cheval à 6,5-11 km/h en terrain accidenté ou à 13-19 km/h en terrain plat, sur une piste par exemple.

ENTRAÎNEMENT EN TRAVAIL LENT ET LONG

Phase I - Cheval adulte et sain	
Premier mois Semaine 1	20-30 minutes, 3 jours par semaine Alterner pas et petit trot
Semaine 2	30-60 minutes, 4 jours par semaine
Semaine 3	60-90 minutes, 5 jours par semaine 6,5-9,5 km au pas et petit trot par jour
Semaine 4	Ajouter des canters de 3-5 minutes
Deuxième mois	Monter à 16 km par jour au pas et au trot 3-4 jours par semaine Augmenter la distance mais non la vitesse
Troisième mois	Augmenter la vitesse pour atteindre une FC de 120-150 bpm pendant une heure : 6,5-11 km/h en terrain accidenté *ou* 13-19 km/h en terrain plat

Fig. 6-12.

Phase 2 : mise en condition cardio-vasculaire

Quatrième mois

La deuxième phase de l'entraînement vise à mettre en condition l'appareil cardio-vasculaire pour augmenter l'apport d'oxygène aux tissus et retarder l'apparition de la fatigue. Le travail en colline est excellent pour renforcer à la fois les appareils cardio-vasculaire et locomoteur. En montée c'est l'équivalent de l'haltérophilie : il développe les muscles des épaules, les extenseurs de la hanche et les quadriceps qui portent les postérieurs en avant. À mesure que les muscles deviennent plus puissants, la locomotion est moins fatigante et tout l'organisme fonctionne plus efficacement. Le travail en descente doit se faire à faible allure pour réduire la fatigue des antérieurs ; le petit trot apprend l'équilibre au cheval, mais il ne faut pas en abuser.

Une fois que celui-ci a suivi sans problème les trois premiers mois de l'entraînement par un travail lent et long, on lui échauffe les muscles et on active sa circulation par 20-30 minutes de trot rapide en terrain plat pour le préparer à un effort légèrement plus intense. On peut alors incorporer au programme une augmentation de durée ou la vitesse du travail en colline.

Le quatrième mois, on ajoute des exercices de vitesse une ou deux fois par semaine pour stimuler les fibres musculaires oxydatives à contraction rapide qui comprennent de brefs galops rapides ou des montées de collines au petit galop, intercalés entre des périodes de pas, de trot ou de petit galop. L'association de brefs efforts très intenses et d'efforts peu intenses, mais longs améliore la capacité aérobie du cheval.

Une fois les appareils locomoteur et cardio-vasculaire renforcés, il faut adapter le programme d'entraînement à la spécialité sportive à laquelle le cheval est destiné en appliquant un entraînement par intervalles.

ENTRAÎNEMENT CARDIO-VASCULAIRE

Phase II - Tous chevaux	
QUATRIÈME MOIS	• Échauffement de 20-30 minutes au grand trot en terrain plat • Ajouter des galops rapides courts ou des montées au petit galop une ou deux fois par semaine • Augmenter la durée ou la vitesse du travail en montée • Travail lent en descente au pas et une partie au trot

Fig. 6-13.

Phase 3 : entraînement par intervalles et tolérance à l'anaérobiose

L'entraînement par intervalles accoutume l'organisme du cheval à tolérer les états d'anaérobiose et développe son potentiel inné de vitesse. On obtient ce résultat par des efforts intenses répétés pour une distance ou un temps donnés, intercalés entre des phases de récupération au pas ou au trot. Cette technique prépare le cheval à des efforts maximaux d'une durée atteignant 3 minutes sans danger de lésions structurelles.

Effets de l'entraînement

Les effets de l'entraînement par intervalles sont les suivants :
- renforcement du cœur qui pompe davantage de sang à chaque battement,
- développement des vaisseaux sanguins,
- augmentation de l'élasticité des vaisseaux sanguins améliorant le débit sanguin.

Optimisation de l'utilisation de l'oxygène

Sous l'effet de l'entraînement par intervalles, les fibres musculaires à contraction rapide oxydative forment davantage de mitochondries, ce qui améliore l'utilisation de l'oxygène disponible et permet de produire davantage d'énergie. L'entraînement par intervalles augmente également la capacité de la rate à stocker des globules rouges qui doivent passer dans le sang deux fois par semaine environ sous l'effet de sprints de 400 m. Si cela ne se produit pas, la rate détruit les globules rouges stockés, car ils se déforment en vieillissant et perdent leur capacité à transporter l'oxygène.

Fig. 6-14. Les poneys de polo tirent profit d'un entraînement par intervalles.

Diminution de la production d'acide lactique

L'entraînement par intervalles diminue la production d'acide lactique et retarde ainsi la fatigue. L'acide lactique provoque la fatigue des muscles en y créant un milieu acide (pH bas). Il faut environ 30 minutes pour qu'il soit éliminé des muscles et du sang après un travail dur ou prolongé. Le pas ou le petit trot maintiennent l'apport de sang aux muscles et en permettent l'élimination.

Les périodes de récupération de l'entraînement par intervalles favorisent une élimination partielle de l'acide lactique des muscles. Au début, des périodes de 5-10 minutes permettent l'élimination d'assez d'acide lactique pour prévenir une fatigue rapide. Les exercices rapides de l'entraînement par intervalles sollicitent l'adaptation des cellules musculaires à un environnement pauvre en oxygène et élèvent le seuil anaérobie. La condition physique du cheval s'améliorant, on peut finalement ramener à 5 minutes les phases de récupération et allonger légèrement celles d'effort intense.

Cinquième mois

Le cinquième mois, il faut inclure deux fois par semaine environ les phases d'effort intense dans le programme ; c'est particulièrement utile pour les chevaux

MÉTHODES D'ENTRAÎNEMENT

de course, de concours et de polo, car cela augmente la tolérance à l'acide lactique. Cela permet au cœur, aux poumons et aux muscles de fournir un travail de vitesse. Les séances d'entraînement par intervalles profitent aux chevaux d'endurance et préparent les chevaux de fond au travail anaérobie associé à la montée de côtes difficiles, à des accélérations en compétition ou à l'apparition de la fatigue.

Mise à l'épreuve sans danger

À chaque séance d'entraînement par intervalles, on fait travailler le cheval sur des distances et à des vitesses progressivement supérieures à celles qu'on lui demanderait s'il galopait de façon continue ; il peut supporter le stress d'un tel entraînement, si celui-ci n'est pas maintenu pendant de longues périodes. Par exemple, on peut travailler le cheval à une fréquence cardiaque de 180-200 bpm pendant au moins 2 minutes Une période de récupération au trot de 4-5 minutes ramène la fréquence cardiaque à 100 bpm. Les périodes d'effort intense ayant une durée limitée, le risque de lésions de l'appareil locomoteur est faible, alors que le cheval est sollicité au moins autant qu'en compétition.

La mise à l'épreuve doit être augmentée progressivement. En l'absence d'un stress modéré de l'organisme, la force de celui-ci plafonnerait. Un cardiofréquencemètre permet à l'entraîneur de trouver le niveau d'effort dépourvu de danger en travaillant le cheval entre 180 et 200 bpm. La fréquence cardiaque doit retomber à 110 bpm ou moins avant de passer à la période suivante d'effort intense. Le temps de normalisation de la fréquence cardiaque est de 10 minutes chez un cheval en mauvaise condition physique et de 4-5 minutes chez un sujet entraîné.

ENTRAÎNEMENT PAR INTERVALLES

Phase III - Tous chevaux	
CINQUIÈME MOIS	Deux fois par semaine, séries répétées de travail très intense où l'on intercale des périodes de récupération au pas ou au trot Travail à une FC de 180-200 bpm pendant 2 minutes Périodes de récupération au trot : • 4-5 minutes pour un cheval en forme • jusqu'à 10 minutes ou jusqu'à ce que le FC tombe à 110 bpm ou moins

Fig. 6-15.

Entraînement en travail rapide long

Les méthodes d'entraînement en travail rapide et long échouent souvent car l'exercice rapide prolongé entraîne des blessures ou l'épuisement. La méthode ne permet pas à l'organisme de récupérer, et encore moins de se fortifier entre les efforts ; le cheval est constamment perturbé et ne peut pas dépasser un certain niveau de condition physique.

CAUSES DES MAUVAISES PERFORMANCES

Pour gagner, l'athlète équin doit être capable de mobiliser toutes ses ressources pour réaliser une performance maximale. Certains jours, tout va bien et le cheval ne peut pas être battu, mais parfois il est dans une période de crise et ses performances commencent à baisser, d'abord imperceptiblement, puis plus régulièrement à chaque prestation.

Surentraînement

Le surentraînement est une cause fréquente de mauvaises performances. On fait souvent travailler le cheval trop intensément et trop longtemps sans lui accorder une période de récupération suffisante. Les muscles épuisent leurs réserves d'énergie pendant un effort intense et il leur faut du temps pour les reconstituer ainsi que les enzymes commandant les processus biochimiques. Une récupération complète prend généralement 12 à 24 heures seulement. Après un effort extrême, tel qu'une compétition ou des heures de travail très dur, plusieurs jours de repos peuvent être nécessaires pour reformer les réserves. Si un cheval est constamment poussé au-delà de ses capacités, toutes ses réserves s'épuisent et il ne peut alors pas compenser son manque du combustible musculaire nécessaire au travail et la fatigue apparaît.

En l'absence de repos et de reconstitution des réserves d'hydrates de carbone, les cellules musculaires des chevaux surentraînés se consomment mutuellement en tentant de transformer les protéines en glycogène. On ne constate plus les performances brillantes épisodiques typiques de ces sujets.

Manifestations initiales

Les premières indications de stress par un programme d'entraînement trop intensif sont les suivantes :
- fréquence cardiaque augmentée au repos,

- sudation anormale,
- tremblements musculaires
- élévation anormale de la fréquence cardiaque lors du travail
- mauvaise récupération cardio-vasculaire après l'effort,
- diarrhée.

Signes de surentraînement

Les signes suivants permettent de reconnaître un cheval surentraîné :
- incapacité à prendre du poids ou amaigrissement,
- raideur et sensibilité des muscles,
- attitude moins alerte,
- regard terne,
- manque d'appétit.

Repos et détente

Si les performances du cheval commencent à baisser, il faut passer à un entraînement tous les deux jours plutôt que quotidien ou remplacer une séance de travail dur par une heure de pas. L'appétit du sujet fatigué s'améliore, quand l'organisme commence à récupérer. Le cheval facilite sa récupération en absorbant les nutriments et l'énergie nécessaires. Souvent, les entraîneurs et les cavaliers cherchent à le stimuler en lui administrant des suppléments alimentaires et des vitamines, alors qu'en réalité il a besoin de repos et de détente. On peut faire des examens biochimiques du sang avant et après l'effort pour voir si l'animal souffre de lésions musculaires ou de carences alimentaires.

Inaptitude aux performances attendues

Les chevaux ne sont pas tous aptes à devenir des athlètes d'élite. Il est parfois étonnant de voir qu'un sujet ayant tout en sa faveur est incapable d'atteindre le niveau attendu, surtout si on le compare à des chevaux semblablement doués. Parfois, un individu n'a pas la combinaison de qualités nécessaire pour le porter au pinacle. Souvent, ses aptitudes génétiques conviennent mal à la spécialité sportive à laquelle on l'affecte. Dans d'autres cas, des causes physiologiques expliquent son incapacité à exécuter les performances attendues.

Intolérance à l'effort : douleurs musculo-squelettiques

Les lésions ou les douleurs de l'appareil locomoteur sont une des principales causes d'intolérance à l'effort. Si l'exercice est douloureux, le cheval cherche à éviter tous les mouvements mis en cause. Les changements de comportement indiquent qu'il souffre : il peut agiter la queue, coucher les oreilles, se défendre contre l'application de la selle ou refuser de travailler.

Une méthode pratique et peu coûteuse pour détecter les douleurs les plus subtiles est de travailler régulièrement le cheval avec un cardiofréquencemètre. Quand on a enregistré de nombreuses fois la fréquence cardiaque correspondant à un effort donné, on peut reconnaître les manifestations douloureuses débutantes à une élévation anormale de celle-ci pour le travail effectué.

Exemples de douleurs musculo-squelettiques

Des dorsalgies sont rencontrées à la suite d'un mauvais entraînement, de surmenage ou sous l'effet d'un port de tête imposé ou d'une selle mal ajustée. Un cavalier trop lourd pour un petit cheval fait également souffrir du dos sa monture, de même qu'un cavalier inexpérimenté et manquant d'assiette. Une mauvaise conformation avec un dos trop long aggrave tous ces effets. Le sujet dorsalgique le manifeste en voussant le dos, en bottant, en faisant des sauts de mouton, en agitant la queue ou en grinçant des dents. Le cheval d'obstacle quant à lui peut refuser l'obstacle, s'élever insuffisamment ou vriller son arrière-main quand il le franchit. Les chevaux de concours complet peuvent avoir des problèmes semblables et devenir moins rapides et avoir moins d'allant, car ils se fatiguent plus vite. Les trotteurs sont également prédisposés à souffrir du dos, ainsi que les chevaux de dressage à qui l'on demande en permanence de se rassembler et d'engager leurs postérieurs.

Fig. 6-16. Un cheval à dos long est prédisposé aux douleurs dorsales chroniques.

Les chevaux ayant des problèmes musculaires dans une zone quelconque du corps deviennent rapidement raides, se fatiguent et leurs performances baissent. La myoglobinurie peut amener le cheval à cesser de travailler à cause de la forte douleur (voir le chapitre 3 pour plus de détails).

Les performances d'un cheval souffrant d'arthrose peuvent se dégrader les jours où la douleur s'accentue. Celui souffrant des pieds est particulièrement exposé à réaliser de mauvaises performances, car ses enjambées se raccourcissent et ses mouvements deviennent moins amples et raides, du fait de ses efforts pour diminuer la douleur.

Déséquilibre du pied

Un pied déséquilibré est une cause fréquente de douleur musculo-squelettique. La partie inférieure des membres effectuant surtout des mouvements de flexion et d'extension et peu de mouvements latéraux ou de rotation, les défauts de conformation ou un fer déséquilibré provoquent des sollicitations latérales anormales des articulations. Un côté du pied vient à l'appui avant l'autre et sollicite exagérément les ligaments et les cartilages articulaires correspondants. Le pied révèle ces sollicitations anormales par une irrégularité de la couronne et des cercles sur la corne de la paroi.

Une conformation avec une pince longue et des talons bas provoque un abaissement extrême et permanent du boulet, d'où une traction excessive sur le tendon fléchisseur profond du doigt et de l'articulation interphalangienne distale. Cette déformation de la région digitée entraîne une douleur chronique légère qui provoque une dégradation des performances. Une analyse des allures sur tapis roulant permet d'étudier efficacement les mouvements des pieds, ce qui peut s'avérer important, car, à un « équilibre » du pied au repos peuvent ne pas correspondre des mouvements optimaux du membre.

Diagnostic des boiteries

Le vétérinaire peut reconnaître une boiterie associée à la douleur. Le diagnostic se fait par :
- un examen du cheval au trot sur sol dur ou mou, avec ou sans cavalier et sur des terrains d'inclinaison variable,
- la recherche d'une douleur localisée du pied au moyen de la pince à sonder les pieds,
- la recherche d'une réaction douloureuse à la palpation et à la manipulation de toutes les parties du membre,
- des épreuves de flexion des articulations du membre affecté,
- des anesthésies nerveuses destinées à insensibiliser le membre à partir du pied puis en remontant pour procéder par élimination,
- des radiographies de la région reconnue douloureuse à l'examen clinique et par les méthodes précitées.

Techniques modernes

Si l'origine des troubles reste obscure, on peut mettre en jeu des techniques sophistiquées pour l'examen de l'appareil locomoteur. Dans les cas difficiles, des enregistrements vidéo permettent d'étudier les allures du cheval au ralenti et d'apprécier la trajectoire des pieds, la longueur des foulées et les déséquilibres. Une analyse détaillée des allures sur tapis roulant peut permettre au vétérinaire de recommander des modifications de la ferrure susceptibles d'améliorer la locomotion du cheval.

L'échographie est utile pour apprécier l'intégrité des tendons et des ligaments (voir le chapitre 9 pour plus d'informations).

La scintigraphie consiste à injecter une substance radioactive en intraveineuse puis à mesurer les rayons gamma émis par les os, les muscles et les articulations. Cela permet de reconnaître les parties enflammées, appelées « points chauds », là où la substance radioactive se concentre.

La thermographie infrarouge mesure les différences de température des tissus et permet également d'identifier les zones enflammées.

Classement des boiteries

Pour faciliter la communication avec le vétérinaire quand il est question de boiterie, l'American Association of Equine Practioners (AAEP) a établi un classement selon leur degré de gravité. Elles se voient le mieux à une allure à deux temps comme le trot. Lorsque le membre antérieur atteint vient à l'appui, le che-

CLASSIFICATION DES BOITERIES

Degré	Symptômes
Grade 1	Boiterie difficile à observer, apparaissant par moments en cercle, sur des surfaces dures ou des pentes ou en monte
Grade 2	Boiterie difficile à observer au pas ou au trot en ligne droite, apparaissant en cercle, sur des surfaces dures ou des pentes ou en monte
Grade 3	Boiterie constante au trot dans toutes les conditions
Grade 4	Boiterie évidente, visible au pas, avec mouvement marqué de la tête ou raccourcissement des allures
Grade 5	Appui très réduit en mouvement et/ou au repos ou incapacité à se déplacer

Fig. 6-17.

val soulève la tête pour diminuer le poids supporté, et lorsque c'est au tour du membre sain, la tête s'abaisse, car il ne craint pas l'appui sur celui-ci.
Les boiteries de degré 1 sont difficiles à identifier, car elles sont inconstantes et peuvent n'apparaître que lorsque le cheval est monté ou trotte en cercle ou sur un sol dur. Au trot en cercle, un abaissement visible de la tête se produit à chaque foulée dans les boiteries de degré 2 ou plus. Une boiterie persistante de degré 3 ou plus (visible à chaque enjambée) doit inciter à appeler rapidement le vétérinaire.

Intolérance à l'effort : problèmes respiratoires

L'incapacité de l'appareil respiratoire à satisfaire le besoin d'oxygène lié à l'exercice est une cause fréquente d'intolérance à l'effort. L'appareil respiratoire est divisé en voies respiratoires supérieures et profondes.

Voies respiratoires supérieures

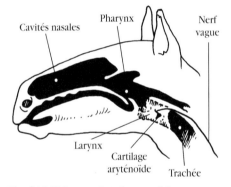

Les voies respiratoires supérieures comprennent les naseaux, les cavités nasales, le pharynx, le larynx et la trachée jusqu'au thorax.

Cornage

On demande souvent aux chevaux de course, de steeple et d'obstacle une vitesse maximale,

Fig. 6-18. Voies respiratoires supérieures.

et la moindre atteinte de leur fonction respiratoire peut transformer un gagnant potentiel en un perdant. Au moins 5 % des pur-sang souffrent d'une hémiplégie laryngée qui provoque le cornage.
Le muscle qui commande l'ouverture du cartilage aryténoïde du larynx est commandé par le nerf laryngé récurrent (rameau du nerf vague) il est paralysé en cas de lésion de ce dernier, et le cartilage aryténoïde paralysé ne s'écarte pas à l'inspiration ce qui rétrécit les voies respiratoires. Le passage de l'air à travers le rétrécissement provoque des turbulences responsables d'un bruit caractéristique à chaque inspiration. Le cheval souffrant de cornage est incapable d'inspirer assez d'oxygène pour satisfaire les besoins des muscles et ses performances sont gravement compromises.
On a établi une relation entre l'étroitesse de la mâchoire inférieure et le cornage. Les pur-sang ont une mâchoire large en moyenne de 7,2 cm (quatre tra-

vers de doigts). Pour la mesurer, il faut fermer le poing et appliquer le dos de la main sur la face inférieure de l'encolure du cheval, les doigts placés entre les mâchoires à la hauteur de la sous-gorge. Plus la mâchoire est étroite, plus le cheval risque d'être atteint de cornage.

Le cornage est aussi diagnostiqué au moyen d'un endoscope introduit dans les cavités nasales jusqu'à l'entrée du larynx. Il est parfois nécessaire d'examiner le cheval au travail sur un tapis roulant pour apprécier le degré de paralysie du larynx. La chirurgie n'est que moyennement efficace pour rétablir une aptitude maximale du cheval.

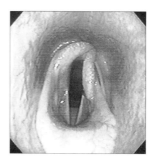 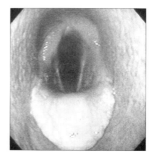

Fig. 6-19. À gauche, cartilage aryténoïde observé par endoscopie, avant l'opération ; à droite, larynx après l'opération.

Autres affections des voies respiratoires supérieures

D'autres problèmes peuvent rétrécir le larynx et provoquer une obstruction des voies respiratoires, visibles au moyen d'un endoscope. Ce sont :
- le déplacement dorsal du voile du palais,
- l'entrappement de l'épiglotte,
- l'hyperplasie lymphoïde pharyngienne,
- la chondrite des aryténoïdes.

Les deux premières affections altèrent le rapport hermétique entre le voile du palais et le larynx, nécessaire à une respiration normale. Les deux autres sont une inflammation déformant le larynx et pouvant faire obstacle à un écoulement normal de l'air.

Voies respiratoires profondes

Les voies respiratoires profondes comprennent la bifurcation de la trachée, les bronches et les deux poumons. Les problèmes relatifs à ces voies respiratoires résultent généralement d'une infection virale ou bactérienne ou de réactions allergiques. Les infections respiratoires virales peuvent prédisposer à :
- des pneumonies ou à des pleuropneumonies bactériennes,
- des abcès pulmonaires,
- une maladie pulmonaire obstructive chronique (MPOC ou pousse).

Ces problèmes peuvent devenir chroniques et altérer durablement la fonction respiratoire et les performances du cheval. Dans de rares cas, une tumeur thoracique peut dégrader lentement sa capacité respiratoire.

Hémorragies pulmonaires induites à l'exercice

Les hémorragies pulmonaires induites à l'exercice se rencontrent surtout chez les chevaux de course. Le sang s'accumule dans les voies respiratoires et s'écoule parfois par les naseaux. Il n'est pas toujours facile de reconnaître les sujets atteints. L'animal tousse parfois ou déglutit fréquemment. Il a parfois du mal à respirer, ce qui peut le pousser à ralentir soudainement pendant une course. La meilleure façon de reconnaître un cheval souffrant d'hémorragie pulmonaire liée à l'exercice est de faire un examen endoscopique dans les deux heures suivant l'exercice.

• *Effort intense*
Les chercheurs étudient encore les causes possibles des hémorragies pulmonaires induites à l'exercice ; elles semblent en relation avec un effort intense, comme dans les courses de plat et le steeple. Près de 50-70 % des chevaux participant à ces activités sportives souffrent à un degré variable de cette affection.

• *Lésions pulmonaires*
Les hémorragies pulmonaires induites à l'exercice peuvent être dues à un trouble de la circulation dans des parties du poumon ayant souffert antérieurement d'une inflammation. L'inflammation des voies respiratoires augmente le débit sanguin dans la paroi des petites bronches et prédispose les vaisseaux à la rupture.
Lors de l'effort maximal, les poumons sont gonflés à leur pleine capacité. Si une partie du poumon ayant été malade ne se remplit pas d'air, elle peut être déformée par les parties adjacentes saines, remplies d'air. Des différences de pression apparaissent entre le tissu pulmonaire sain et le tissu modifié et la distension des tissus en résultant peuvent rompre les parois fragiles des capillaires de la partie malade et provoquer une hémorragie. L'incapacité des parties malades du poumon à se remplir d'air peut être due à :
• du tissu cicatriciel formé à la suite d'inflammations ou d'infections antérieures,
• la présence dans les voies respiratoires, à la suite d'une grippe ou d'une pneumonie, de débris ou de mucus, qui les rétrécissent et provoquent des inégalités de la pression dans les poumons,
• des allergies provoquant des spasmes rétrécissant les voies respiratoires.

• *Obstruction des voies respiratoires supérieures*
Bien qu'une atteinte des voies respiratoires basses soit l'hypothèse actuellement admise comme explication des hémorragies pulmonaires induites à l'exercice, il semble que le cornage modifie la pression dans les poumons en faisant obstacle à l'écoulement de l'air dans les voies respiratoires supérieures. À l'inspiration, le cartilage aryténoïde paralysé obstrue le larynx. Il en résulterait dans les

poumons des différences de pression suffisantes pour léser les vaisseaux sanguins pulmonaires et provoquer une hémorragie.

- *Prédisposition aux hémorragies pulmonaires induites à l'exercice*
En résumé, le cheval peut être prédisposé aux hémorragies pulmonaires liées à l'exercice sous l'effet des facteurs suivants :
  - lésions pulmonaires consécutives à une inflammation due à une infection virale, bactérienne ou parasitaire ou à des réactions allergiques,
  - augmentation de la pression sanguine due à l'activité de pompe extrêmement forte du cœur en plein effort,
  - prédisposition génétique à une faiblesse des vaisseaux sanguins pulmonaires,
  - cornage.

- *Utilisation de diurétiques*
On connaît mal l'effet sur les performances des épisodes isolés d'hémorragie pulmonaire liée à l'exercice. L'administration préventive avant la course, d'un diurétique, le Dimazen, a amélioré les performances en course des chevaux qui en souffrent. Il provoque la miction dans les quelques minutes. Il ne fait aucun doute que la forme chronique des hémorragies pulmonaires liées à l'exercice lèse les tissus pulmonaires de façon permanente et dégrade les performances.
Attention : l'utilisation de diurétiques en compétition est interdite en France.

Prévention des hémorragies pulmonaires induites à l'exercice

Il est difficile d'établir une prévention pour une maladie qu'on connaît imparfaitement. Cependant, toutes les mesures permettant de réduire au maximum les affections des voies respiratoires profondes peuvent être utilisées pour la prévenir. Ces mesures sont les suivantes :
- amélioration de la ventilation des écuries,
- litière aussi pauvre en poussières que possible,
- foin de qualité optimale et exempt de poussières et de moisissures,
- repos de trois semaines après les affections respiratoires,
- programme rigoureux de vaccination 4 fois par an contre la grippe et la rhinopneumonie,
- vermifugation toutes les 6-8 semaines, destinée à réduire au maximum les lésions dues aux larves de vers en migration dans les poumons.

Il faut rechercher le cornage par examen endoscopique et apprécier la largeur de la mâchoire inférieure selon cette technique.

Intolérance à l'effort : problèmes cardiaques

Arythmies cardiaques

Les affections cardiaques sont rares chez le cheval, mais on peut étudier par échographie ou électrocardiogramme (ECG) les éventuels souffles et arythmies cardiaques (irrégularité du rythme cardiaque). Les affections dégénératives du myocarde sont rares, mais elles existent. Les affections respiratoires chroniques fatiguent le cœur et peuvent provoquer parfois des arythmies cardiaques. Les infections dues à des virus, des bactéries ou des protozoaires peuvent léser les valvules du cœur. Les déséquilibres électrolytiques en relation avec le travail ont un effet important sur la contraction cardiaque et son débit. Toutes les maladies entraînant une anémie ou perturbant l'apport de sang au muscle cardiaque réduisent la capacité de la pompe cardiaque à approvisionner les tissus en sang et en oxygène. Certains médicaments, toxines ou déséquilibres électrolytiques peuvent provoquer des symptômes semblables à ceux des affections cardiaques, tels que :
- accélération du cœur,
- arythmie cardiaque,
- allongement du temps de retour de la fréquence cardiaque à la normale,
- fatigue aiguë,
- perte de connaissance.

Anémie

Les globules rouges contiennent l'hémoglobine, qui apporte l'oxygène aux tissus de tout l'organisme grâce à la circulation sanguine. Toutes les maladies entraînant une perte de sang ou l'incapacité de l'organisme à fabriquer des hématies induisent une anémie. Un important parasitisme intestinal peut entraîner une spoliation sanguine. Les infections et inflammations chroniques consomment des globules blancs et rouges et en provoquent un déficit. Les carences alimentaires en fer, cuivre, protéines et vitamines B peuvent diminuer la capacité de l'organisme à fabriquer des hématies en quantité suffisante. Un échantillon de sang permet l'étude des anémies et de la capacité de l'organisme à produire des hématies.

Hématocrite

L'hématocrite mesure le pourcentage d'hématies du sang circulant. Il est normalement de 40 % environ chez le cheval, qui, en parfaite condition physique peut stocker un tiers de ses hématies dans la rate et avoir un hématocrite d'environ 30 ; en dessous, on considère qu'il y a anémie et il faut s'efforcer d'en rechercher la cause.

Ulcères

Les chevaux participant à des compétitions sont stressés et donc prédisposés à des hémorragies provoquées par des ulcères gastriques. Ils présentent souvent des crises de coliques. En cas de suspicion, on peut examiner l'estomac par endoscopie, et utiliser des examens de laboratoire pour rechercher du sang digéré dans les excréments, indiquant l'existence d'un ulcère qui saigne.

ÉCHAUFFEMENT ET RETOUR AU CALME

Fig. 6-20. Un échauffement correct avant l'épreuve améliore les performances et diminue les risques physiques.

Le cheval est naturellement constitué pour effectuer de courtes pointes de vitesse destinées à fuir les prédateurs. À l'état sauvage, cette fuite ne dure pas plus de quelques instants, mais aujourd'hui on lui demande de travailler de façon soutenue à un niveau maximal d'effort. De nombreux sports équestres l'obligent en effet à des pointes de vitesse associées à des arrêts et à des virages soudains et à des sauts sous le poids d'un cavalier.

D'autres impliquent de longues heures d'effort constant sous la selle avec de rares périodes de repos. Comme les athlètes humains, le cheval a besoin de s'assouplir et de s'étirer avant et après l'exercice, car il faut préparer convenablement les muscles, les tendons et les ligaments aux exigences de l'effort sportif. Cette préparation doit comprendre au moins 15-20 minutes d'échauffement destinées à stimuler la circulation sanguine et à élever légèrement la température du corps. La souplesse de l'appareil locomoteur est ainsi augmentée, ce qui accroît l'efficacité des muscles et réduit le risque de lésions tendineuses, articulaires et ligamentaires.

Exercices d'échauffement

Pas

Le pas est un exercice préliminaire qui augmente progressivement les fréquences cardiaque et respiratoire et active la circulation et l'oxygénation des muscles. La marche au pas étire légèrement les tendons et les ligaments et augmente leur élasticité à mesure que les tissus sont réchauffés par l'exercice. Les articulations sont également échauffées et mieux lubrifiées.
Elle peut se faire en main, sous la selle, à la longe ou dans un marcheur automatique. Une marche à vive allure de 5-10 minutes prépare convenablement l'appareil locomoteur à un travail plus intense.

Trot

Après le pas, on peut faire trotter le cheval pendant 5-10 minutes pour poursuivre l'échauffement des muscles et l'étirement des tendons et des ligaments.
En poussant le cheval à accélérer, on augmente encore l'apport d'oxygène par la respiration et la fréquence des battements cardiaques. Ces réactions physiologiques permettent à l'appareil locomoteur de fournir un effort supérieur.

Étirements manuels

Une fois les muscles, les tendons et les ligaments échauffés, des étirements manuels des muscles augmentent leur souplesse. Si un muscle est étiré à 100 % de sa longueur physiologique avant de se contracter, la contraction musculaire suivante atteindra sa puissance maximale. La plupart des chevaux sont entraînés en n'exerçant leurs muscles qu'à 60 % de leur force maximale, ce qui donne des muscles tendus, manquant de souplesse et dont l'étendue de mouvement est réduite. Une mise en charge soudaine d'une unité musculo-tendineuse courte, tendue et manquant d'élasticité peut déchirer des fibres musculaires ou tendineuses. Pour augmenter au maximum l'élasticité des muscles et des tendons, on peut faire des étirements à l'échauffement et au retour au calme.
Pour étirer un membre, on le tient légèrement fléchi pour éviter de distendre les tendons et les ligaments de sa partie distale. On le saisit au-dessus du genou ou juste au-dessous du jarret. On cherche à augmenter l'amplitude de la mobilisation des articulations de l'épaule ou de la hanche et des muscles leur étant associés.
Il faut maintenir l'étirement pendant 15 à 20 secondes. Le cheval peut avoir besoin de plusieurs jours pour s'habituer à supporter sans résistance les sen-

sations particulières de l'étirement. Il ne faut pas forcer l'étirement, mais demander au cheval de se laisser aller passivement en réponse à une traction douce.

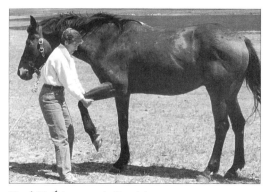

Fig. 6-21. Étirement de l'antérieur.

Antérieurs
Soulever l'antérieur et le tirer doucement en avant pour étirer les muscles de l'avant-bras et de l'épaule. Laisser le membre se détendre puis le porter transversalement en direction de l'antérieur opposé. Le tirer également vers l'extérieur puis l'arrière, en direction des postérieurs.

Postérieurs
Les étirements des postérieurs sont semblables à ceux des antérieurs. On les étire chacun d'abord vers l'arrière, puis en direction du postérieur opposé, puis vers l'avant et finalement vers le dehors.

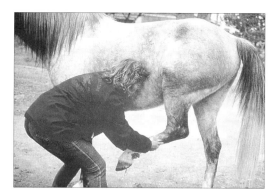

Fig. 6-22. Étirement du postérieur.

Exercices d'assouplissement

En selle, on détend les muscles de l'encolure et du dos du cheval en fléchissant latéralement la tête et l'encolure par de légères secousses imprimées à la rêne. Cette technique assouplit la nuque et la mâchoire à mesure que le cheval cède à la rêne. On peut lui faire réaliser un ample étirement de la nuque et de l'encolure et une relaxation mentale en lui faisant atteindre une carotte ou autre friandise (fig. 6-24). Les exercices en cercle, en huit ou en serpentant obligent le cheval à engager le postérieur intérieur sous le corps, ce qui étire les hanches et le dos.

ÉCHAUFFEMENT ET RETOUR AU CALME

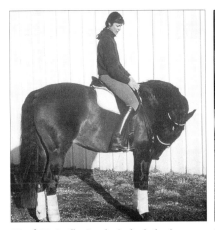

Fig. 6-23. La flexion latérale de la tête assouplit la nuque et la mâchoire.

Fig. 6-24. La flexion destinée à saisir une carotte étire le dos et le rein.

Les déplacements latéraux comme les appuyers assouplissent la nuque, l'encolure, le dos et les hanches. Le cheval apprend progressivement à se mobiliser en utilisant ses groupes musculaires de façon coordonnée.

Bienfaits à long terme

Les exercices d'étirement et d'assouplissement ont des bienfaits à long terme en plus de l'amélioration immédiate de l'élasticité des tissus. Des exercices quotidiens d'étirement, à la fois à l'échauffement et au retour au calme, finissent par :
- allonger les foulées grâce à une plus grande liberté de mouvement des épaules,
- augmenter l'amplitude de mouvement des muscles des épaules et des hanches, ce qui facilite les déplacements latéraux,
- augmenter la souplesse de la partie supérieure des membres, ce qui réduit le risque de blessures dans les exercices éprouvants,
- réduire la fatigue grâce à la souplesse des muscles et des articulations,
- améliorer la circulation dans tous les tissus, ce qui réduit l'effort à l'échauffement et conserve l'énergie pour l'exercice sportif lui-même.

Échauffement spécifique

L'ensemble de l'échauffement et des divers exercices d'étirement et d'assouplissement peut durer jusqu'à 30 minutes Au bout de 20 minutes, lorsqu'il est avancé, on peut demander au cheval de CSO de passer des cavaletti au trot ou de sauter plusieurs petits obstacles de moins de 50 cm de haut. Au cheval d'équitation Western, il faut faire faire des figures alternativement au trot et au galop sur toute l'étendue du manège. Après 10 ou 15 minutes de trot, on peut progressivement faire monter une légère pente à un cheval de randonnée. Après l'échauffement initial, on doit faire faire un petit galop aux chevaux de course pour augmenter progressivement le débit cardiaque et l'irrigation sanguine de leurs muscles.

Fig. 6-25. Les déplacements latéraux assouplissent la nuque, l'encolure, les épaules et les hanches.

Retour au calme

À la fin de la séance de travail, il faut consacrer 15 à 30 minutes à un retour au calme au pas ou au petit trot. Il est en effet préférable de maintenir l'animal en mouvement pendant cette période afin de dissiper la chaleur produite par le travail musculaire ce qui permet à la température des muscles et de l'ensemble du corps de diminuer lentement. Le sang envoyé dans les muscles retourne progressivement vers les organes internes. De l'oxygène est fourni aux muscles ayant atteint un état de déficit, et l'acide lactique accumulé dans les muscles en est éliminé, ce qui est important pour éviter les douleurs musculaires pouvant suivre le travail.

Étirements après le travail

Dans la marche au pas, le relâchement des rênes encourage le cheval à étirer son encolure et son dos, ce qui réduit la tension sur les muscles fatigués, qui pourraient commencer à se raidir. Après le travail monté, on peut aussi pratiquer les mêmes étirements manuels qu'à l'échauffement, ce qui réduit les douleurs musculaires suivant l'exercice.

Massages musculaires

Le massage détend les muscles raides, améliore l'apport d'oxygène et l'élimination des déchets toxiques. Les volumineux muscles de la croupe, des cuisses, du dos et de l'encolure tirent un profit particulier de 20 à 30 minutes de massage.

On masse en cercles chaque groupe musculaire en exerçant une pression ferme avec le plat de la main ou le bout des doigts. Le cheval se détendra et poussera probablement contre la main ou les doigts. Pour finir, on peut déplacer en cercles une étrille en caoutchouc sur la peau et les muscles superficiels pour les stimuler, tout en éliminant la sueur et les saletés du pelage.

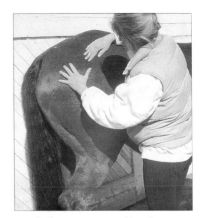

Fig. 6-26. Les massages détendent les muscles après l'exercice.

Abreuvement et alimentation

On peut offrir de l'eau et du foin au cheval, quand son thorax est frais au toucher. Il faut attendre au moins une demie heure après le refroidissement complet avant de lui offrir des céréales. La circulation sanguine dans l'intestin se sera alors normalisée et le cheval risquera moins de développer des coliques par météorisme.

Retour au calme par temps chaud

Par temps chaud et humide, il peut être nécessaire de faciliter le refroidissement du cheval au moyen d'une éponge mouillée passée sur la tête, l'encolure, le thorax et les membres afin de faciliter la dissipation de la chaleur par évaporation. Il faut traiter particulièrement les gros vaisseaux de l'encolure et des membres pour un refroidissement maximum, mais éviter les grands groupes musculaires du dos et de la croupe, car l'application d'eau sur de grosses masses musculaires surchauffées peut provoquer des contractures. Après une promenade pendant laquelle le cheval a sué modérément, on le douche après 15 à 30 minutes de refroidissement.
En plus des applications humides sur l'encolure et le thorax, il faut le placer à l'ombre. Si l'atmosphère est particulièrement calme, on peut faciliter son refroidissement en dirigeant sur lui un ventilateur.
Il est recommandé d'éviter au maximum un excès de poids chez les chevaux travaillant par temps chaud, car la graisse en excès retarde la dissipation de la chaleur des muscles et allonge considérablement le temps de refroidissement.

Retour au calme par temps froid

En toute saison il est important de laisser la musculature se refroidir convenablement après une dure séance de travail, mais il est encore plus crucial de le faire par temps froid. Les muscles qui travaillent, produisent en effet une grande quantité de chaleur et provoqueraient des contractures s'ils se refroidissaient insuffisamment ou s'ils étaient exposés au froid ou à l'humidité immédiatement après l'exercice.

Isolation et refroidissement

Graisse
La graisse forme une couche isolante protégeant contre les facteurs climatiques. Un cheval maigre est moins bien protégé contre le froid qu'un sujet bien enveloppé.
Toutefois, un sujet trop gras a les problèmes inverses. Un tel animal ou un en mauvaise condition physique dissipent lentement la chaleur. Un cheval trop gras peut finir son travail en ne présentant qu'une légère humidité sur l'encolure. Deux heures plus tard, son encolure et son thorax peuvent être trempés de sueur, car la dissipation de la chaleur continue.

Pelage
Quand il est sec, le pelage du cheval forme une couche isolante le protégeant du froid et de l'humidité. Le pelage hivernal dense le protège contre les éléments, mais sa longueur rend difficile le refroidissement.
Le raccourcissement des jours en hiver stimule la croissance des poils sous l'effet de la diminution de la lumière sur l'épiphyse. Un cheval au pelage long et épais a les mêmes problèmes de refroidissement qu'un animal gras en raison de l'isolation fournie par le pelage. La sudation retardée est un phénomène normal, mais il faut protéger les chevaux en sueur des courants d'air et du froid.
Les poils du cheval sont régulièrement répartis sur le corps plutôt qu'en groupes comme chez le chien et le chat.

Méthodes de refroidissement

Un retour au calme convenable permet au sang d'éliminer les déchets toxiques et la chaleur des muscles et prévient la myosite. En hiver, il faut envisager des méthodes particulières de refroidissement comme la marche au pas, le séchage du pelage, l'application de couvertures ou la tonte du corps.

Promenade au pas
Quinze à trente minutes de pas permettent aux muscles de se refroidir après l'exercice et de dissiper une grande partie de la chaleur provoquant la sudation.

Ce retour au calme grâce au pas est la meilleure façon de refroidir le cheval par temps froid. L'exercice peut se faire en main ou dans un marcheur automatique. La marche maintient une circulation suffisante dans les muscles pour éliminer la chaleur.

On croit à tort que la promenade au pas après le travail sèche un pelage mouillé : si le soleil brille, il sèche certes le pelage du cheval qui marche, mais un pelage sec ne signifie pas que le cheval est complètement refroidi et un sujet refroidi peut être en sueur.

Fig. 6-27. On peut utiliser un marcheur automatique pour refroidir le cheval.

Les ligaments, les articulations et les tendons se refroidissent en même temps que les muscles. La marche maintient la souplesse de ces structures et rend les membres moins susceptibles de se léser. Les bandes appliquées sur les canons y conservent la chaleur et y maintiennent la circulation sanguine pendant la promenade au pas. Il faut donc les laisser en place pendant le retour au calme pour que la partie inférieure des membres se refroidisse lentement.

Séchage du pelage

Les couteaux de chaleur sont très utiles pour éliminer la sueur en excès du pelage et en rétablir le pouvoir isolant. Une friction énergique avec un linge sec ou une brosse l'élimine également tout en augmentant la surface du pelage exposé à l'air, ce qui accélère le séchage. La friction avec un linge lustre un pelage terne. Si nécessaire, on peut aussi utiliser un séchoir électrique (réglé bas) pour accélérer le séchage du pelage mouillé.

Tonte

Pour abréger le refroidissement en hiver, on tond souvent le corps des chevaux afin de faciliter l'élimination de la chaleur en cours de travail. La tonte de l'encolure, du thorax et de l'abdomen découvre une grande surface de peau en vue d'un refroidissement par la sueur. La tonte permet également aux vaisseaux sanguins de ces zones d'éliminer de la chaleur par rayonnement. Si le cheval a été tondu et a ainsi perdu la protection contre le froid offerte par son pelage, il est très important de le couvrir pendant ses heures de repos.

Couvertures

Les couvertures remplacent le pelage des chevaux tondus et les protègent contre les vents froids ou l'humidité. Elles peuvent également protéger contre les éléments ceux ayant conservé leur pelage. Il en existe de nombreux types, adaptés à des circonstances différentes.

• Couvertures de retour au calme

Les couvertures de retour au calme absorbent la sueur du pelage, tout en protégeant le cheval des courants d'air. Elles sont à base de laine, d'acrylique ou d'un mélange des deux. Celles en laine absorbent plus efficacement l'humidité tout en tenant le cheval au chaud, mais elles conviennent mal pour un voyage en van, car elles sont trop longues et trop larges et n'ont pas de sangle pour les stabiliser. Le cheval risque de marcher dessus, de l'arracher et de s'y prendre les pieds.

Fig. 6-28. Couverture de refroidissement en laine.

• Chemises anti-sueur

Les chemises anti-sueur sont efficaces pour refroidir un cheval qui a chaud. Elles s'adaptent aux formes du corps et sont en coton ou en polypropylène. Des perforations permettent l'évaporation de l'humidité, tout en assurant une protection semblable à celle de certains types de sous-vêtements humains.

Une fois le cheval assez bien refroidi, on place une autre couverture sur la chemise, ce qui permet à la sueur de s'évaporer et évite à la couverture de se refroidir et de coller, comme elle le ferait, si l'humidité était retenue. La chaleur dégagée par les muscles du cheval est retenue par la couverture tandis que la sueur s'évapore, et le cheval reste chaud et sec au-dessous.

Fig. 6-29. Chemise anti-sueur.

• Autres couvertures

Une couverture doublée de laine permet au cheval en sueur de sécher tout en ayant chaud. La couche externe doit être à base d'une matière perméable à l'air, afin de permettre l'évaporation de la sueur. Il faut se renseigner auprès du fabricant ou du fournisseur si l'on ne connaît pas les propriétés de la couche externe. Les matières couramment utilisées comprennent aussi le Gore Tex® et le polypropylène. Elles forment une barrière imperméable à l'eau, tout en permettant au cheval de sécher rapidement, en raison de leur perméabilité à la vapeur. Elles sont aussi coupe-vent.

ÉCHAUFFEMENT ET RETOUR AU CALME

Couverture des chevaux en sueur
Il ne faut pas appliquer une couverture à un cheval en sueur à moins qu'on ne vérifie périodiquement s'il sèche. Une couverture trempée de sueur augmente la surface d'évaporation, ce qui crée un effet réfrigérant, qui accélère la vitesse de refroidissement, glace le cheval et le rend inconfortable. L'évaporation de l'humidité refroidit la peau plus vite que le corps ne peut la réchauffer. La température de la peau s'abaisse et le corps lui-même peut se refroidir. Certaines matières comme le coton ou le dacron favorisent le refroidissement par évaporation, alors que la laine, même mouillée, conserve un peu la chaleur.

Autres méthodes

Grange close
Par mauvais temps, une grange close offre de bonnes possibilités de refroidissement. Elle fournit un milieu clos, exempt de courants d'air et de température constante. Elle convient pour doucher un cheval après le travail. Si le pelage est collé par la sueur ou par de la boue, il ne retient plus la chaleur. Un lavage rétablit le pouvoir isolant du pelage, une fois qu'il a séché. Il est préférable d'éviter de doucher un cheval en hiver, à moins qu'on ne dispose d'une écurie chaude pour le sécher complètement. Des douches répétées éliminent le sébum du pelage et du poil et nuisent à leur imperméabilité. Celles administrées par temps froid exposent à un refroidissement, même si l'on utilise de l'eau chaude. Le bon sens veut qu'un cheval sale vaille mieux qu'un cheval malade

Fig. 6-30. Une grange close, bien isolée et chaude est le meilleur endroit pour doucher le cheval par temps froid.

Conduite à tenir

Chaque cheval supporte différemment les changements de temps. Il faut tenir compte de son état d'embonpoint, de la longueur et de la répartition de ses poils, des conditions de logement et des couvertures disponibles. Une conduite éclairée, jointe à l'instinct et au bon sens, prévient les troubles pouvant être associés au retour au calme du cheval, et des vaccinations à jour grâce à des rappels lui permettent de se défendre contre les affections respiratoires favorisées par le froid. Une gestion intelligente de tous ces paramètres autorise à poursuivre toute l'année le programme d'entraînement.

7
ALIMENTATION ET PERFORMANCES

Les techniques modernes permettent d'analyser le foin et de déterminer tous les éléments nutritifs qu'il fournit. Grâce à ces informations et avec l'aide d'un nutritionniste spécialiste des chevaux et de programmes informatiques, les entraîneurs et les propriétaires peuvent établir un régime alimentaire sur mesure pour chaque cheval, mais ils ne sont pas toujours à la portée du propriétaire moyen.

Il faut tenir compte de ce que chaque situation est unique. Un grand élevage peut produire son propre foin, mais les récoltes successives sur un même terrain peuvent appauvrir le sol en minéraux essentiels. Le foin qu'on y récolte est alors carencé en oligo-éléments essentiels, ce qui rend nécessaire une supplémentation.

Fig. 7-1. Certains élevages peuvent n'avoir accès à de bons pâturages que quelques mois au printemps.

185

Un petit élevage peut disposer de prairies ne fournissant une herbe abondante que pendant les quelques mois de printemps. Si les prés sont surpâturés, d'autres aliments sont nécessaires pour satisfaire les besoins nutritifs de base. Les chevaux en stabulation peuvent avoir besoin de foin toute l'année, qu'on achète souvent tous les mois selon les fonds et l'espace disponibles. Il vient alors de prairies ou de récoltes différentes et sa composition nutritive varie à chaque livraison

BESOINS DE BASE

L'appareil digestif du cheval est spécialement organisé pour extraire les éléments nutritifs des matières végétales. Les fourrages offerts sous forme de foin ou d'herbe sont la base sur laquelle on établit un programme d'alimentation. Le taux élevé de fibres des fourrages est indispensable au fonctionnement normal et la santé de l'intestin.

L'énergie est un besoin essentiel dans l'alimentation quotidienne, mais des idées fausses persistent sur la façon dont les chevaux se la procurent. La métabolisation des fourrages dans le gros intestin, puis la fermentation et la décomposition des fibres produisent de grandes quantités d'acides gras volatils (AGV). Avec les sucres (glucose), ces derniers peuvent être utilisés immédiatement ou être stockés sous forme de graisse. Une association rationnelle d'un fourrage d'excellente qualité et d'aliments concentrés très énergétiques (céréales et huiles végétales) permet de régler l'apport énergétique et d'adapter la ration aux besoins énergétiques particuliers de chaque cheval.

Les recommandations suivantes permettent d'établir une ration satisfaisant au mieux les besoins nutritifs d'un cheval.

- Un cheval peut consommer chaque jour un poids d'aliments correspondant à 2,5 % de son poids corporel. C'est la quantité que son intestin peut contenir. Si un cheval pèse 500 kg, sa ration quotidienne — fourrage et céréales combinés — est ainsi de 12,5 kg.
- Une moitié au moins de la ration (en poids) doit consister en fourrage, herbe ou foin ou en un mélange des deux. Un cheval de 500 kg dont la ration quotidienne maxima est de 12,5 kg, doit consommer au moins 6,25 kg de fourrage. Cette quantité ne satisfait pas la totalité des besoins quotidiens en éléments nutritifs essentiels, mais elle constitue la base de la ration.
- L'alimentation est d'autant plus saine qu'elle contient davantage de fourrage. Plus la ration contient d'aliments concentrés fortement énergétiques, plus le risque de maladies est grand, comme la fourbure, les coliques ou les troubles du squelette chez les animaux en croissance.
- Il faut mesurer les aliments en poids et non en volume en raison des différences de densité du foin et des céréales par exemple. Cela permet une alimentation régulière.

Foin

Foin de prairie

À lui seul, le foin de prairie de bonne qualité est un aliment presque complet pour un cheval adulte au repos, et satisfait ses besoins en protéines, fibres et énergie. Cependant, il est relativement pauvre en calcium et riche en phosphore et il peut être nécessaire de complémenter l'alimentation en calcium sous forme de poudre de craie, ce qui permet de satisfaire les besoins minéraux du cheval en respectant un rapport Ca/P de 1/1.

Foin de céréales

Le foin de céréales, le foin d'avoine par exemple, a une valeur nutritive semblable à celle du foin de prairie à de nombreux points de vue. Cependant, une fois que les grains sont tombés, ce type de foin constitue plutôt de la paille et a une faible valeur énergétique.

Foin de légumineuse

On cultive partout des légumineuses telles que la luzerne dont le foin est 20 % plus riche en énergie, deux fois plus riche en protéines, trois fois plus riche en calcium et cinq fois plus riche en vitamine A que celui de prairie de bonne qualité. Le foin de légumineuse a donc une valeur nutritive supérieure à celle de celui de prairie. En fonction de la quantité fournie à l'animal, il peut être nécessaire de compenser son taux élevé de calcium par un supplément de phosphore sous forme de phosphate monosodique.

Valeur nutritive

La valeur nutritive du foin dépend en grande partie du moment de sa récolte et de son état de conservation. La plus grande partie de la valeur nutritive (2/3 de l'énergie et 3/4 des protéines) est contenue dans les feuilles. Pour être de bonne qualité, il doit donc être riche en feuilles et souple plutôt que riche en tiges et rêche. S'il est riche en tiges, il a été récolté tardivement au stade de maturité ou les feuilles sont tombées et se sont effritées, parce qu'il a été mal séché, sa valeur nutritive est réduite proportionnellement.

Le taux d'humidité du foin doit être inférieur à 20 % pour éviter qu'il ne moisisse et ne se détériore. Trop sec, il perd ses feuilles et sa valeur nutritive en est réduite. Il faut en secouer une poignée pour voir si un grand nombre de feuilles se détache ou tombe en poussière, rechercher une odeur de moisi, et dissocier les branches pour trouver d'éventuelles colorations anormales. S'il est vert, s'il a une bonne odeur, s'il est souple et n'irrite pas la main du fait de la présence de tiges nombreuses ou de plantes étrangères, sa fraîcheur et sa valeur nutritive sont satisfaisantes.

Prairies

La valeur nutritive des herbes de prairie ne dépend pas seulement de la composition de la flore, mais aussi de la saison. La valeur énergétique et le taux de minéraux du fourrage dépendent de la nature du sol et certaines règles générales permettent d'établir comment supplémenter l'herbe selon la saison. Lors de sa pousse rapide au printemps, elle est riche en protéines, en vitamines et en minéraux, mais pauvre en énergie en raison du fort taux d'humidité des plantes en croissance. Un cheval doit manger trois fois plus d'herbe verte printanière que de foin pour couvrir ses besoins d'énergie. À mesure que l'herbe évolue vers la maturité, son taux d'humidité, mais aussi de protéines et de minéraux, diminue alors que son taux de fibre augmente.

Aliments concentrés

La couverture du besoin d'énergie est un élément essentiel de l'alimentation du cheval. Les hydrates de carbone sont la source principale d'énergie ; on les trouve dans la fibre de l'herbe et du foin et, sous forme concentrée, dans les céréales. À poids égal celles-ci apportent beaucoup plus d'énergie que le foin.
Les hydrates de carbone sont facilement digérés et transformés en glucose qui est absorbé et passe dans le sang où il est disponible pour le travail musculaire, pour être stocké sous forme de graisse ou de glycogène, dans les muscles et le foie.
Le National Research Council indique que :
- pour un travail léger, le besoin quotidien d'énergie augmente de 25 %,
- pour un travail moyen (travail du bétail, course aux tonneaux, jumping), il augmente de 50 %,
- pour un travail intense (entraînement des chevaux de course, polo), il augmente de 100 %,
- les chevaux de trait ont besoin de 10 % d'énergie de plus par heure de travail.

Quand un cheval a besoin de plus d'énergie qu'il ne veut ou ne peut en absorber sous forme de fourrage, les céréales fournissent le moyen le plus sûr de la lui fournir. Les céréales sont une source concentrée d'énergie et sont relativement riches en phosphore et pauvres en calcium. Modifiées (aplaties, broyées, etc.), elles sont un peu plus digestibles que les grains entiers.

Avoine et maïs

L'avoine et le maïs sont les céréales les plus utilisées. L'avoine est plus riche en fibre et moins riche en énergie que les autres céréales du fait de la balle entourant le grain. Le maïs fournit deux fois plus d'énergie digestible que l'avoine. Tous deux contiennent assez de protéines pour satisfaire les besoins du cheval adulte, mais l'avoine en contient jusqu'à 12 % contre 9 % seulement pour le maïs.

Seigle et orge

Le seigle et l'orge se placent entre l'avoine et le maïs en ce qui concerne la richesse énergétique. L'orge doit être traitée pour éliminer son enveloppe indigeste, et le seigle seul n'est pas appétent. On donne généralement ces céréales en association avec d'autres aliments, sous forme de mélanges de grains ou d'aliments en granulés.

Graisses

Les graisses sont un excellent combustible pour les muscles suffisamment approvisionnés en oxygène et travaillant en aérobiose (le travail est généralement aérobie, lorsque la vitesse est inférieure à 20 km/h ou la fréquence cardiaque inférieure à 150 bpm). En utilisant les graisses comme combustible, le cheval économise les réserves de glycogène du foie et des muscles et une ration riche en graisses retarde la fatigue dans le travail aérobie. Le glycogène reste disponible comme source d'énergie pour le travail anaérobie en relation avec les efforts de sprint.

À poids égal, les graisses fournissent trois fois plus d'énergie que les céréales. Par exemple, une livre de graisse fournit autant d'énergie digestible que trois livres d'avoine ou deux livres d'aliment mélassé. On ne peut cependant donner au maximum que 15 % de la ration sous forme de graisse, qu'il faut associer à d'autres aliments comme des fourrages ou des céréales.

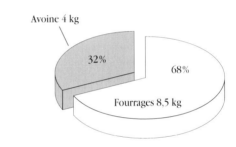

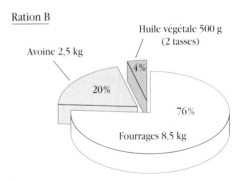

Fig. 7-2. Avec trois livres d'avoine de moins, la ration B apporte autant d'énergie digestible que la ration A.

Les huiles végétales sont une forme de graisse facilement digérée et métabolisée. Elles prennent moins de place dans le tube digestif que les céréales et le foin et il faut moins de graisse que de céréales pour fournir une quantité donnée de calories et d'énergie. Les huiles végétales bien conservées et non altérées ni rancies sont très appétentes en mélange avec des céréales ou du son.

Protéines

Comme ils ont des besoins élevés en protéines alimentaires, les humains supposent souvent qu'il en est de même pour les chevaux et ils leur donnent un excès de protéines ; mais ces derniers ne les utilisent comme source d'énergie que s'ils manquent d'hydrates de carbone (foin et grains) ou de graisses. Les protéines données en excès sont digérées et excrétées sans bénéficier au cheval.
Tous les chevaux ont besoin de protéines, mais seulement en quantité modérée (8-10 % de la ration) chez l'adulte. Ceux en croissance, les juments en gestation ou allaitantes et les sujets âgés en ont besoin de jusqu'à 16 %. Les suppléments protéiques peuvent être fournis sous forme de foin de légumineuse ou d'aliment concentré plus riche en protéines.
Le maïs et l'avoine apportent 8-12 % de protéines. Le foin de prairie et l'herbe ont un taux de protéines variable, dont la valeur exacte doit être déterminée au laboratoire. De façon générale, le foin de prairie de bonne qualité en contient au moins 8 %, et les dérivés de la luzerne au moins 15 % et jusqu'à 28 % parfois.
La croissance et le travail augmentent la demande d'énergie et l'appétit. La consommation accrue d'aliments satisfait généralement le besoin également augmenté de protéines.

Calcium/phosphore

Une alimentation équilibrée de qualité couvre les besoins du cheval en vitamines et oligo-éléments. Le calcium et le phosphore ne doivent pas se trouver dans son alimentation seulement en quantité suffisante, mais aussi dans un rapport convenable qui peut imposer certains ajustements. Les céréales et l'herbe tendent à être riches en phosphore ; le foin de légumineuses fournit du calcium en excès. Une combinaison judicieuse de céréales et de foin de prairie d'une part, et de foin de légumineuses d'autre part, donne souvent un rapport Ca/P convenable. Le rapport idéal pour un adulte est compris entre 1, 2/1 et 2/1. Le rapport maximum toléré par un cheval adulte au repos est de 5/1, alors qu'un rapport Ca/P d'environ 1,5/1 est indispensable chez le cheval en croissance.

COUVERTURE DES BESOINS NUTRITIFS

Jument en gestation

La jument en gestation a des besoins alimentaires particuliers, qui peuvent influer sur la santé du futur athlète qu'elle porte. Certains des éléments nutritifs qu'elle absorbe sont stockés par le fœtus avant la naissance et utilisés par le poulain après, lorsque la jument ne peut pas les lui fournir avec son lait. Une carence en ces éléments, surtout en fin de gestation, peut nuire sérieusement aux potentialités sportives du poulain.

Pendant les deux premiers trimestres de sa gestation, la jument n'a besoin que d'une ration d'entretien ordinaire. Les vitamines et les minéraux donnés en excès au début de la gestation peuvent avoir un effet nocif sur le fœtus, tandis qu'un apport excessif d'énergie peut la rendre trop grasse.

Dernier trimestre

Le fœtus commence à se développer rapidement à partir du neuvième mois de gestation. La jument a alors besoin de manger pour deux. Une jument au pré pendant le dernier trimestre de sa gestation a

Fig. 7-3. Les juments pleines au pré ont besoin de suppléments minéraux.

besoin de compléments alimentaires pour permettre une nutrition convenable du fœtus.

Au dernier trimestre de gestation, des oligo-éléments se déposent dans le foie du fœtus. Ces réserves hépatiques servent au poulain pendant sa phase de croissance rapide des 2-3 premiers mois. Si la jument n'a pas reçu suffisamment d'oligo-éléments en fin de gestation, les réserves hépatiques du poulain peuvent être trop faibles pour lui assurer le développement convenable de son squelette. La prédisposition d'un jeune cheval de sport à des affections du squelette peut trouver son origine dans la fin de la gestation.

La plupart des juments commencent leur dernier trimestre de gestation en fin d'hiver ou au début du printemps. L'herbe en développement rapide au printemps est si riche en eau que la jument devrait en consommer 25 kg pour absorber les 7,5 kg de matière sèche, dont elle a besoin tous les jours en fin de gestation. Non seulement son intestin est incapable de contenir autant de fourrage mais il faudrait qu'elle mange toute la journée.

Céréales

Les juments peuvent recevoir tous les jours un complément d'environ 1,25 kg de maïs ou 2,5 kg d'avoine ou de céréales mélassées (250 à 375 g par 50 kg de poids corporel). Il faut cependant être réservé dans l'administration de maïs, car, s'il est excellent pour les chevaux de sport travaillant durement, on le donne facilement en excès aux juments poulinières.

Les céréales mélassées sont généralement un mélange d'avoine, de maïs ou d'orge et de 5 % de mélasse destinée à améliorer le goût et à fixer les poussières. Par sa richesse en calcium celle-ci contribue à équilibrer le taux élevé de phosphore des céréales. Les céréales mélassées ont un taux de protéines compris entre 10 et 16 %.

On doit les peser plutôt que d'en mesurer le volume en raison de la différence considérable de densité de l'avoine et du maïs. Il faut qu'elles aient un taux de protéines de 14-16 %, spécialement conçu pour les juments en gestation.

Cuivre

Pendant leur dernier mois de gestation, les juments ont un besoin accru de cuivre en raison du transfert de cet élément vers le fœtus à travers le placenta. L'idéal est que la jument reçoive tous les jours 30 ppm (parties par million) de cuivre et des quantités équilibrées de zinc et autres minéraux. Le manque de minéraux du fourrage ne peut en effet être compensé que par l'administration aux juments d'un mélange minéral équilibré donné avec les céréales.

Calcium et phosphore

Certains mélanges de céréales comprennent déjà un complément minéral. Aux juments au pré ou nourries de foin, il faut fournir un mélange spécial pour leur assurer un équilibre phosphocalcique convenable. La jument a besoin d'un complément de calcium si elle reçoit un mélange de céréales non additionné de minéraux.

Au dernier trimestre de gestation, il faut augmenter progressivement la quantité de céréales à mesure que le fœtus se développe et que la jument prend du poids. Au moment du poulinage celle-ci peut consommer jusqu'à 3-4 kg de céréales par jour. On peut aussi compléter l'herbe ou le foin de prairie par 5 kg de bon foin de luzerne tous les jours, à l'exclusion des céréales. La luzerne fournit en quantité les protéines et le calcium, tandis que l'herbe ou le foin fournit le phosphore qui manque à la luzerne. Une jument recevant une ration riche en luzerne a besoin d'un complément de phosphore.

Jument allaitante

Pendant les deux premiers mois de l'allaitement, le besoin d'énergie de la jument augmente de 150 % par rapport à son besoin d'entretien. La composition du lait n'est pas influencée par le régime alimentaire, mais sa quantité dépend d'un apport convenable de protéines et d'énergie. En début de lactation, la jument produit une quantité de lait allant jusqu'à 3 % de son poids corporel, soit environ 15 kg.

L'herbe des prés atteint sa maturité en été et perd sa valeur nutritive juste au moment où les besoins de la jument sont maximaux. Si l'on satisfaisait

Fig. 7-4. Du troisième mois de son poulain au sevrage de celui-ci, le besoin d'énergie de la jument n'est plus supérieur que de 50 % à son besoin d'entretien.

ceux-ci au moyen de céréales, il faudrait à la jument près de 800 g de grains par 50 kg de poids corporel, soit près de 8 kg par jour, quantité dangereuse pour tout cheval. Il faut limiter la quantité de céréales à 4 kg et lui donner un poids égal de luzerne.

Dans le lait de jument, les taux d'oligo-éléments comme le cuivre, le zinc et le manganèse sont généralement très bas et ne peuvent satisfaire les besoins du poulain en croissance ; ils ne sont pas non plus augmentés par l'administration de suppléments dans la ration de la jument. Le poulain dépend donc de ses réserves hépatiques, constituées au dernier trimestre de gestation, et de l'apport fourni par son alimentation, lorsqu'il commence à consommer des aliments solides. Du troisième mois au sevrage, le cheval consomme une grande partie de sa ration sous forme de foin ou d'aliments concentrés et son besoin de lait diminue. Il faut lui donner une livre de céréales par mois d'âge, avec un maximum de 3 kg par jour. Le besoin d'énergie de la jument n'est alors plus supérieur que de 50 % à son besoin d'entretien. Il faut réduire en conséquence sa ration de céréales et de luzerne, sinon elle risque de développer une fourbure ou des coliques.

Poulain en croissance

Le jeune cheval en croissance, devant former un appareil musculo-squelettique solide apte à résister aux sollicitations sportives futures, a des besoins alimentaires très particuliers. Un développement normal des os, des cartilages, des tendons et des ligaments nécessite un apport non seulement abondant, mais aussi équilibré d'éléments nutritifs.

Une alimentation exclusivement à base de luzerne serait un exemple de régime déséquilibré, car elle est riche en protéines (18 %), elle a un rapport phosphocalcique élevé (supérieur à 5/1) et elle est riche en énergie. C'est un aliment précieux mais, donnée seule, elle peut provoquer des poussées de croissance pouvant entraîner des affections osseuses juvéniles.

Affections osseuses juvéniles

Os longs

Normalement, le cartilage de croissance est remplacé progressivement par des cellules osseuses, ce qui permet aux os longs de s'allonger tout en supportant le poids du corps. Des perturbations de ce mécanisme peuvent entraîner la persistance de cartilage en des points où il devrait avoir été minéralisé et ossifié.

L'épaississement du cartilage dans les parties anormales s'accompagne d'un trouble de la nutrition et d'une nécrose (mort) de l'os sous-jacent (os sous-chondral). L'os affaibli subit des microfractures douloureuses. Le cartilage articulaire anormal et l'os sous-chondral peuvent aussi se détacher, trouble qualifié d'ostéochondrose.

Cartilages de croissance

Une croissance rapide des os, due à un apport excessif de protéines et d'énergie par l'alimentation ou à une prédisposition congénitale, a été mise en cause dans les affections osseuses juvéniles, ainsi qu'un déséquilibre phosphocalcique de l'alimentation. Chez le poulain en croissance rapide, les éléments nutritifs indispensables à un développement osseux normal sont épuisés, car le cartilage se transforme trop rapidement en os au niveau des cartilages de croissance et des surfaces articulaires.

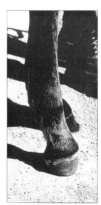

Fig. 7-5. Épiphysite du genou.

Fig. 7-6. Rétraction du tendon.

Les troubles de maturation des cartilages de croissance provoquent une épiphysite, qui est une forme d'affection osseuse juvénile. Des déformations angulaires des membres résultent d'une activité inégale le long d'un cartilage de croissance, de déformations ou d'un collapsus des os multiples du genou ou du jarret.

Des déformations en flexion, telles que des rétractions tendineuses, apparaissent à la suite d'ostéochondrose ou d'épiphysite et provoquent des douleurs au niveau des cartilages d'accroissement et des articulations. La conformation droit jointée est un autre exemple de déformation en flexion.

Vertèbres

Si les vertèbres de l'encolure se développent de façon anormale, il peut en résulter une autre affection osseuse liée à la croissance entraînant une compression de la moelle épinière (syndrome d'instabilité vertébrale cervicale, ou mal de chien, ou wobbler).
Le cartilage anormal est sensible aux traumatismes et peut être lésé, même par les activités normales. De nombreux jeunes chevaux ne manifestent pas les troubles des cartilages articulaires ou de croissance avant que leurs articulations déformées ne soient surchargées par leur poids d'adulte.

Prévention des affections osseuses juvéniles

Un programme rationnel d'alimentation des jeunes chevaux est indispensable pour prévenir ces affections invalidantes. Il faut leur donner une ration associant foin de prairie et de luzerne et un concentré à base de céréales. La luzerne complète le foin de prairie et les céréales apportent le phosphore nécessaire pour équilibrer le taux élevé de calcium de la luzerne. Les céréales fournissent des éléments nutritifs sans surcharger l'intestin du poulain.

Aliments de qualité

Il faut offrir du foin à volonté au poulain, en mélangeant foins de prairie et de luzerne dans le rapport 2/1. La luzerne apporte en quantité de l'énergie, du calcium et des protéines, dont la lysine, seul acide aminé indispensable chez le cheval. Les céréales et le foin de prairie ne sont pas de bonnes sources de lysine.
Le jeune cheval peut recevoir un poids de céréales égal à celui de foin qu'il consomme, avec un maximum de 3 kg. On peut en remplacer une partie par une huile végétale pour fournir de façon sûre de l'énergie digestible. La luzerne fournissant déjà de grandes quantités de protéines, le poulain peut se contenter de céréales mélassées à seulement 10 % de protéines ou de céréales pures.
Si l'on ne dispose pas de luzerne, il faut la remplacer par du foin de prairie à volonté. On peut donner des céréales mélassées comme précédemment, mais en s'assurant qu'elles sont à 14 % de protéines, et également fournir un supplément de calcium sous forme de phosphate bicalcique (apportant deux parties de calcium pour une partie de phosphore) pour remplacer le calcium qu'aurait apporté la luzerne.

Oligo-éléments

Une alimentation insuffisante ou de mauvaise qualité n'apporte pas au cheval en croissance suffisamment d'oligo-éléments nécessaires à la formation

Fig. 7-7. Pierre à lécher ordinaire et pierre à lécher aux oligo-éléments.

d'un squelette sain. Les oligo-éléments, tels que le cuivre, sont en effet indispensables au développement normal de l'appareil musculo-squelettique des jeunes chevaux. Le besoin de cuivre varie avec les régions et son apport doit être équilibré par rapport à celui de zinc. Les pierres à lécher aux oligo-éléments n'apportent pas les quantités nécessaires de minéraux ; elles sont formées à 98 % de chlorure de sodium (sel marin) et ne contiennent que de très faibles quantités d'oligo-éléments. Elles ont été mises au point pour les ruminants (bovins, ovins), et leur consommation *ad libitum* par les chevaux n'assure pas l'apport de minéraux nécessaire chaque jour.

Les oligo-éléments doivent être ajoutés aux céréales pour en assurer une fourniture suffisante. Il faut demander à un vétérinaire ou à un spécialiste de la nutrition équine les suppléments d'oligo-éléments qu'ils recommandent. Le squelette du cheval continue à se développer jusqu'à l'âge de trois ans au moins. Pendant ce temps, l'alimentation fournie doit être soigneusement équilibrée. Lorsque le cheval s'approche de sa taille et de son poids définitifs, il peut tolérer de plus grandes marges de variation des taux de protéines et de minéraux sans que cela compromette son avenir sportif.

Cheval au repos ou travaillant légèrement

Pour les chevaux adultes au repos, la seule considération diététique nécessaire est celle de leur conserver un poids correct. De tels animaux couvrent leur besoin d'énergie avec des fourrages de bonne qualité et n'ont besoin comme seul supplément que de sel *ad libitum* et d'un mélange minéral équilibré.

Quand on passe la main sur le côté du thorax du cheval, on ne doit sentir que les deux dernières côtes. En général, le sujet au repos est maintenu en état avec une ration d'entretien de 800 g de foin de prairie de bonne qualité par 50 kg de poids corporel, un individu de 500 kg recevant ainsi environ 8-9 kg de foin par jour.

Entraînement léger

Les besoins d'énergie n'augmentent que de 15 % par rapport aux besoins d'entretien, quand le cheval est remis à un entraînement léger de trot et de petit galop, 3 ou 4 jours par semaine. Pour fournir l'énergie nécessaire dans ces conditions, il faut ajouter à du foin de prairie de bonne qualité 800 g de céréales mélassées par heure d'exercice. Le besoin de protéines n'augmente pas sous l'effet d'un travail léger et un mélange à 10 % de protéines suffit chez le cheval adulte.

Substituts des céréales

Foin
L'évolution a fait du cheval un animal qui pâture jour et nuit, à de fréquents intervalles, et qui préférerait beaucoup paître longuement que recevoir une petite quantité de céréales rapidement consommées. S'il est à l'écurie, qu'il a absorbé sa nourriture et qu'il en recherche davantage, il faut lui fournir un supplément de foin de prairie, ou le mettre au pré.

Pulpes de betteraves
Pour remplacer le foin, on peut donner jusqu'à 1 kg de pulpes de betteraves ($1/10^e$ du poids de la ration) pour couvrir le besoin en fibre du cheval. C'est un bon substitut des fourrages, car elles sont relativement pauvres en éléments nutritifs et riches en fibre (18 %). Humidifiées, elles augmentent plusieurs fois de volume, et pour s'assurer qu'elles ne le font dans le tube digestif du cheval et ne provoquent pas des coliques, il faut les imprégner abondamment d'eau 5 heures au moins avant le repas.

Fig. 7-8. L'évolution du cheval en a fait un animal se nourrissant à de fréquents intervalles.

Son

Le son de blé est un dérivé de céréale, pauvre en éléments nutritifs, mais jouant un rôle de lest. Il est riche en fibres, pauvre en énergie et contient environ 15 % de protéines. Il est extrêmement riche en phosphore et fixe de plus le calcium dans le tube digestif du cheval. Ces caractéristiques le rendent utile pour équilibrer le taux de calcium élevé des foins de légumineuses. Une demi-livre de son donnée chaque jour est une friandise appréciée ; elle augmente la consommation d'eau du cheval, surtout si on la donne sous forme de *mash*. L'adjonction de son à la ration du cheval peut accroître le volume de ses excréments mais ce n'est pas un laxatif : un excès de son peut au contraire le constiper.

Si le cheval prend trop de poids avec un régime alimentaire renforcé, il faut le faire travailler davantage ou réduire les céréales. Certaines adaptations de l'alimentation sont nécessaires au début pour trouver la quantité d'aliments convenant pour maintenir le cheval en bonne condition physique et heureux, tandis que l'exercice développe sa musculature.

Travail intense

Le but d'un programme d'alimentation et d'entraînement est d'améliorer l'efficience de la musculature et de fournir des réserves de combustible pour le travail musculaire. Les stress physiques et psychiques de l'entraînement du cheval de sport augmentent considérablement ses besoins d'énergie et d'oligo-éléments. L'athlète équin doit recevoir une ration de qualité, adaptée à la capacité de son intestin (2,5 % de son poids corporel) et apportant l'énergie nécessaire à l'effort.

Les chevaux participant à des activités sportives imposant des pointes de vitesse (course, polo, chasse, travail du bétail) recourent au métabolisme musculaire aérobie, mais ils utilisent aussi leur combustible musculaire en anaérobiose. Sans d'abondantes réserves de combustible, ils se fatiguent et perdent leur efficience.

Dans les sports d'endurance (raid, concours complet) de grandes quantités d'énergie sont nécessaires pour soutenir les chevaux pendant des efforts sportifs prolongés, tant à l'entraînement qu'en compétition. À une vitesse inférieure à 20 km/h (grand trot), les chevaux travaillent en aérobiose, les muscles étant abondamment approvisionnés en oxygène (voir le chapitre 3 pour plus d'informations).

Reconstitution des réserves d'énergie

Le régime alimentaire de l'athlète équin ne doit pas seulement assurer les besoins normaux, mais également reconstituer les réserves d'énergie épuisées par son intense travail quotidien. Le foin ne fournit pas assez d'énergie pour satisfaire le besoin du cheval de sport, même s'il en consomme à la pleine capacité

COUVERTURE DES BESOINS NUTRITIFS

de son intestin, correspondant à 2,5 % de son poids corporel. Le volume du foin limite à lui seul sa consommation.
Il est difficile au cheval travaillant dur de conserver sa graisse corporelle, mais il est possible d'augmenter au maximum l'apport calorique et énergétique sans nuire à la santé de l'appareil digestif. Des suppléments d'aliments concentrés compensent les dépenses d'énergie liées au travail sportif. On peut fournir jusqu'à la moitié (en poids) de la ration quotidienne sous forme de concentré.

Huiles végétales

Les huiles végétales ajoutées aux céréales sont facilement digérées et ne surchargent pas l'intestin. Elles fournissent presque trois fois plus d'énergie qu'un volume équivalent de céréales et sont ainsi une excellente source d'énergie. Un demi-litre d'huile végétale fournit autant d'énergie que 1,5 kg d'avoine ou 1 kg de céréales mélassées ; 2,5 kg de maïs et un demi-litre d'huile végétale (donnés en 2-3 repas égaux) ont la même valeur nutritive que 3,5 kg de maïs. L'encombrement moindre du concentré permet au cheval de consommer davantage de foin et d'avoir ainsi un régime équilibré. De plus, l'huile rend son pelage plus brillant.
Une ration enrichie en huile végétale permet au cheval de satisfaire ses besoins d'énergie en ingérant un volume d'aliments réduit de 15 %.

Fig. 7-9. L'exercice intense augmente les besoins d'énergie du cheval.

Foin à volonté

Le cheval de compétition actif doit toujours avoir accès à du foin *ad libitum* et pouvoir en manger chaque fois qu'il en a envie. Il peut absorber davantage de matière sèche avec le foin qu'avec l'herbe, car la fenaison élimine plus de 80 % de l'eau contenue dans l'herbe. Il faut donner un mélange de foin de prairie (ou

d'avoine) et de luzerne (jusqu'à la moitié), en s'assurant qu'elle est bien feuillue et de bonne qualité.
Dans l'intestin, les fourrages constituent une source continue d'énergie et servent de réservoir retenant l'eau et permettant de compenser les pertes par la sueur et de prévenir la déshydratation.

Suppléments d'électrolytes

Bien que les électrolytes ne soient pas des aliments au sens strict, ils sont indispensables à la santé du cheval. Le sujet à l'entraînement ou participant à des compétitions peut avoir besoin de suppléments d'électrolytes, en plus des pierres à lécher. Un bon mélange est formé pour trois parties de chlorure de potassium et de chlorure de sodium et pour une de craie. Un mélange utile peut également associer deux parties de sel de cuisine, une de chlorure de potassium et une de craie. On ajoute tous les jours 60 g environ de mélange aux céréales. Pendant un travail épuisant, toutes les deux heures, avec une seringue, on peut en administrer 60 g mélangés à de l'eau (si l'on ne dispose pas de craie, on peut la remplacer par des coquilles d'œuf écrasées).

Autres suppléments alimentaires

L'athlète équin n'a pas besoins de suppléments de protéines. Dans la plupart des cas, l'augmentation de la consommation alimentaire destinée à satisfaire le besoin d'énergie couvre également les besoins accrus de protéines, d'oligo-éléments et de vitamines, sans recours à une supplémentation. Les chevaux soumis à des stress particulièrement intenses peuvent cependant tirer profit de suppléments de vitamines B et C.

Le cheval âgé

Le cheval âgé a souvent du mal à maintenir son poids. La chair semble s'évaporer de son corps, quelle que soit la quantité de foin qu'il consomme. Les temps froids de l'hiver augmentent ses besoins et il est deux fois plus difficile de le maintenir en bon état.
Beaucoup de chevaux âgés sont des animaux de compétition à la retraite, qui peuvent vivre encore dix ans ou plus, grâce à des soins préventifs (vermifugation, soins dentaires) et à une alimentation de qualité. Un « ancien » dont les dents ne sont plus en état de broyer le foin peut mourir de faim au sein de l'abondance. Pour l'aider, il faut remplacer le foin par une pâtée molle à base d'aliments en granulés, qui n'a pas besoin d'être mastiquée ni broyée pour être digérée. Les granulés de luzerne sont une source excellente de protéines, d'énergie et de fibres. Elles peuvent être à base de luzerne uniquement ou être un aliment complet contenant jusqu'à 25 % de farine de céréales en plus de la

luzerne. Celles de luzerne contiennent au moins 27 % de fibres brutes. Une ration riche en fibres est indispensable pour une digestion normale, que le cheval soit jeune ou âgé.

Il faut donner le même poids de granulés que de foin et remplacer ainsi les 12,5 kg de foin dont le cheval a besoin, par 12,5 kg de granulés, donnés en 2-4 repas. Imprégnés en abondance d'eau pendant une heure, ils gonflent et donnent une pâtée qu'un cheval âgé peut mastiquer et déglutir sans difficulté.

Avantages des granulés

Les granulés ont d'autres avantages que fournir des éléments nutritifs très digestibles : ils sont également faciles à conserver et à transporter, ils réduisent le volume du fumier et, du fait de leur moindre volume, le cheval peut en ingérer presque 20 % de plus que de foin. Cette consommation augmentée permet un gain de poids en hiver.

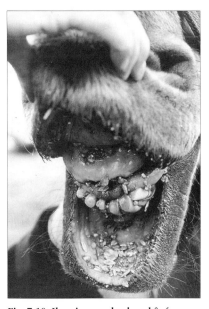

Augmentation des besoins

Le cheval âgé retrouve des besoins alimentaires semblables à ceux du poulain en croissance. Ses besoins de protéines s'élèvent jusqu'à 16 %, le rapport phosphocalcique doit être réglé à 1,5/1 et l'apport d'énergie doit être augmenté pour compenser la moindre efficacité de la digestion. Il

Fig. 7-10. Il arrive que le cheval âgé n'ait plus assez de dents pour broyer ses aliments.

faut compenser le fort apport de calcium de l'alimentation à base de luzerne par un supplément de phosphore, tel que du phosphate bicalcique. Le cheval âgé peut avoir besoin de suppléments de vitamines, en particulier B et C. Son organisme fabrique normalement ces vitamines mais, avec l'âge, l'intestin ne fonctionne plus à pleine capacité.

Supplément énergétique

Un supplément d'énergie peut être fourni par l'addition, deux fois par jour, d'un quart de litre d'huile végétale à la pâtée de granulés. Pour satisfaire le besoin psychologique de mastiquer qu'a le cheval, il faut également lui donner 2,5 kg de foin de prairie. Il peut également en tirer des éléments nutritifs, mais le foin doit être tendre et feuillu. Un foin grossier et riche en tiges peut lui irriter l'intestin, s'il est insuffisamment broyé par les dents, et provoquer de la diarrhée ou des coliques par surcharge.

Âge et obésité

Certains chevaux tendent à devenir obèses par suite de troubles endocriniens en rapport avec l'âge. En général, un régime à base d'excellent foin de prairie évite l'obésité et contribue à prévenir une fourbure. Les sujets trop gras n'ont évidemment pas besoin de suppléments alimentaires, mais il faut satisfaire leurs besoins d'oligo-éléments, de vitamines et de minéraux par des mélanges appropriés.

ALIMENTATION PAR TEMPS CHAUD

Beaucoup de chevaux font plus d'exercice en été qu'en hiver. Cet exercice consomme des calories et de l'énergie et, cependant, de nombreux individus réduisent paradoxalement leur consommation d'aliments de 15 à 20 % pendant les périodes de chaleur.
Leur besoin d'eau augmente considérablement, et sans un abreuvement abondant, le cheval peut cesser de manger, alors même qu'il a besoin de reconstituer ses réserves.
Le cheval dissipe la chaleur produite par le travail musculaire par évaporation de sa sueur. Les pertes d'eau et d'électrolytes liées à la sudation provoquent une déshydratation et diminuent les performances, à moins qu'elles ne soient remplacées. Pour le faire et pour compenser la perte d'appétit, il faut augmenter la digestibilité de la ration et fournir les éléments nutritifs convenant au cheval qui travaille. La sudation est efficace chez un cheval en bonne condition physique, bien nourri et sans graisse corporelle en excès. La conservation de l'eau et des électrolytes de l'organisme retarde l'apparition la fatigue ou prévient une défaillance.

Action dynamique spécifique des aliments

L'alimentation joue un grand rôle dans le maintien d'une température corporelle normale chez le cheval au travail. Tout comme le travail musculaire, la digestion dégage de la chaleur.
L'organisme métabolise chaque type d'aliment avec un rendement différent et le travail musculaire en rapport avec l'ingestion et la digestion des divers aliments produit une quantité différente de chaleur. On appelle action dynamique

ALIMENTATION PAR TEMPS CHAUD

ACTION DYNAMIQUE SPÉCIFIQUE
DES ALIMENTS

FOINS	
• Foin de prairie	30 %-33 %
• Foin de luzerne	15 %-18 %

CÉRÉALES	
• Maïs	10 %-12 %
• Avoine	15 %-18 %
• Orge	15 %-18 %

GRAISSES	
• Huile végétale	3 %

Fig. 7-11.

spécifique (ADS) cette production supplémentaire de chaleur liée à l'alimentation. La connaissance des aliments à faible ADS permet de régler l'alimentation de façon à faciliter le refroidissement du cheval aux périodes chaudes. Plus l'ADS est faible, moins la digestion produit de chaleur, ce qui diminue la quantité de chaleur que le cheval doit dissiper par temps chaud.

Céréales contre fourrages

Les céréales ont une ADS nettement inférieure aux fourrages fibreux. Les fourrages tels que l'herbe ou le foin de prairie ont une ADS de 33 %, alors que celle de l'avoine, l'orge et le foin de luzerne va de 15 à 18 %, et celle du maïs est de 10-12 %. On peut comparer ces valeurs à l'ADS des graisses qui est de 3 %.

En raison de l'importance qu'il y a à réduire la production de chaleur par temps chaud et la diminution de l'appétit due à des températures ambiantes élevées, on peut augmenter la proportion de céréales dans la ration pour l'adapter aux besoins particuliers. Les aliments concentrés sont digérés et absorbés principalement dans l'intestin grêle avec une faible production de chaleur, alors que la fermentation bactérienne des fourrages dans le cæcum et le gros intestin dégage de la chaleur (ceci est une des raisons pour lesquelles il faut fournir davantage de foin en hiver, car les fermentations dans le gros intestin produisent de la chaleur).

Excès de céréales

Les céréales ne doivent jamais former plus de la moitié de la ration. Une quantité de lest égale à 1 % au moins du poids corporel doit être consommée tous les jours, car la fibre est essentielle pour la santé de l'appareil digestif du cheval. Si les céréales forment plus de la moitié de la ration, l'amidon qu'elles contiennent en abondance dépasse la capacité de digestion de l'intestin grêle. La fermentation de ces hydrates de carbone en excès peut provoquer des coliques, des ulcères digestifs, une fourbure ou une myoglobinurie. Les céréales fournissent au cheval des calories à consommer dans le travail, mais un excès favorise la formation de graisses de réserve. Le ralentissement de la dissipation de la chaleur par les dépôts graisseux isolants l'emporte sur la réduction de la production de chaleur résultant de la moindre ADS des céréales.

Maïs contre avoine

Contrairement aux croyances populaires, le maïs n'est pas un aliment « échauffant ». Cette erreur peut être due au fait qu'il fournit deux fois plus d'énergie digestible que l'avoine. Si à volume égal on remplace l'avoine par du maïs, le cheval reçoit deux fois plus d'énergie. Le résultat est qu'il devient très vif et difficile à manier. Un cheval débordant d'énergie s'agite et mâche son mors et il peut prendre de mauvaises habitudes, c'est l'exemple de ce qui a fait qualifier à tort le maïs d'aliment échauffant. Si l'on remplace l'avoine par du maïs, il faut diminuer le volume donné de moitié. Il est cependant préférable de peser les aliments pour connaître avec certitude l'énergie reçue par le cheval.

L'ADS du maïs est en fait inférieure d'un tiers à celle de l'avoine. Cette différence est due en partie à l'enveloppe fibreuse et non digestible des grains d'avoine, dont la décomposition dans le gros intestin dégage de la chaleur.

Le remplacement de l'avoine par du maïs augmente l'apport d'énergie. La quantité de fourrage nécessaire au cheval peut être diminuée (en respectant la règle des 50 %) et on peut donner un volume de maïs inférieur de moitié à celui d'avoine. La faible ADS et la densité énergétique du maïs en font une céréale excellente à administrer en été.

Graisse et énergie

Par leur ADS de seulement 3 %, les graisses diffèrent considérablement des autres aliments. Un quart à un demi-litre d'huile végétale par jour est une source précieuse d'énergie digestible. L'addition de graisse sous forme d'huile aux céréales a de nombreux avantages car celle-ci est digérée et métabolisée efficacement tout en réduisant la production de chaleur.

Fig. 7-12. L'apport d'huile végétale diminue le besoin de concentré et augmente l'énergie digestible.

Lorsque les chevaux réduisent volontairement leur consommation alimentaire par temps chaud, l'addition de graisse à la ration résout la difficulté à fournir une énergie abondante. La densité énergétique des graisses est jusqu'à trois fois supérieure à celle des céréales. Un supplément de graisse permet donc de réduire les quantités d'autres aliments, tout en satisfaisant le besoin d'énergie. La fourniture, deux fois par jour, d'un quart de litre d'huile à un cheval de 500 kg permet de réduire de 25 % la quantité de céréales nécessaire pour maintenir le poids du corps. Le risque de fourbure ou de myoglobinurie est également diminué en raison de la réduction de la ration de céréales.

Protéines

Rôle dans la sudation

Une autre croyance populaire erronée relative à l'alimentation est que les chevaux qui travaillent ont besoin d'un supplément de protéines, mais celles-ci ne sont pas une source de combustible pendant l'effort et la sudation liée à l'exercice n'en élimine qu'une quantité négligeable. Normalement, les protéines de la sueur agissent comme un agent mouillant permettant à l'eau de la sueur de se répartir régulièrement le long des poils, ce qui augmente la surface d'évaporation et le refroidissement. À la période initiale de l'entraînement, les protéines contribuent à faire mousser la sueur. Lorsque le cheval est travaillé tous les jours dans le cadre du programme d'entraînement, les protéines ne se reforment pas dans les glandes sudoripares entre les séances de travail. Ainsi, à mesure que la condition physique s'améliore, la sueur devient moins épaisse et moins de protéines sont perdues au cours de l'exercice.

Suppléments protéiques

Normalement, le cheval adulte prospère avec une ration à 8-12 % de protéines. Un taux supérieur à 15 % peut être nocif pour un cheval qui travaille. Les aliments riches en protéines ont une ADS élevée, ce qui en fait un mauvais choix aux périodes de chaleur. Si le foin de luzerne à une ADS (18 %) inférieure à celle du foin de prairie (33 %), il a un taux de protéines élevé (jusqu'à 28 %). Une alimentation exclusive par la luzerne a ainsi des effets indésirables.

Besoins protéiques

Il n'est pas nécessaire d'accroître le taux de protéines de la ration. Une augmentation de l'appétit compense généralement l'éventuelle légère accentuation du besoin de protéines liée à l'exercice. Aux périodes de chaleur, les chevaux réduisant volontairement leur consommation alimentaire n'ont besoin que d'un très faible supplément de protéines sous forme d'une petite quantité de granulés ou de foin de luzerne.

Effets d'un excès de protéines par temps chaud

- *Fatigue musculaire*

La fatigue musculaire en cours d'exercice est en relation directe avec l'accumulation d'un excès d'acide lactique. L'apport protéique important d'une ration à base de luzerne augmente les taux d'ammoniaque dans le sang et les muscles, ce qui accroît la production d'acide lactique dans les muscles, et peut provoquer de la fatigue et une myosite.

• *Augmentation des besoins d'eau*
L'azote est un composant du déchet qu'est l'ammoniaque. En excès dans l'organisme il est toxique, et l'appareil urinaire l'élimine. Le cheval boit alors davantage pour satisfaire le besoin d'eau résultant d'une production accrue d'urine, et la perte d'eau accrue liée à l'excrétion urinaire des composés azotés l'affaiblit par temps chaud, surtout s'il travaille.

• *Problèmes respiratoires*
Non seulement la sécrétion urinaire est augmentée, mais l'azote contenu dans l'urine donne de l'ammoniaque, dont l'accumulation dans les écuries lèse l'appareil respiratoire, ce qui limite sa capacité à assurer l'oxygénation des tissus, d'où une dégradation des performances. L'appareil respiratoire contribue également à dissiper la chaleur produite par l'organisme. Si l'évaporation de la sueur a la part la plus importante dans cette dissipation, la respiration y contribue aussi pour 20 % et la santé de l'appareil respiratoire contribue ainsi de multiples façons au bien-être du cheval.

Besoins en eau

Un cheval nourri de foin boit deux fois plus qu'un cheval à ration enrichie en céréales. Plus la ration est riche en foin, plus le cheval a besoin d'eau pour la digérer. Il faut donc lui fournir de l'eau fraîche en grande quantité pour assurer une digestion efficace et remplacer les pertes par la sueur.

Granulés

Les granulés contiennent de fines particules qui attirent l'eau dans le gros intestin au cours de la digestion. La consommation de granulés ramollit les excréments, mais le besoin d'eau nécessaire pour une digestion correcte est augmenté. Une alimentation basée exclusivement sur des granulés peut être déconseillée en période de chaleur, car la déshydratation est un facteur limitant les performances.

Lest

Les fourrages (foin et herbe de prairie) retiennent très efficacement l'eau dans l'intestin, qui ainsi mise en réserve dans le tube digestif, permet le remplacement immédiat de celle perdue avec la sueur. Dans les longues épreuves d'endurance, les fourrages fournissent également de l'énergie au cheval longtemps après les repas. Il est donc préférable de nourrir le cheval 3-4 heures avant l'épreuve, mais pas trop abondamment, car un excès de lest dans l'intestin limite les performances. Des proportions équilibrées de céréales, de graisse et de fourrage fournissent un maximum d'énergie.

Supplémentation en électrolytes

Fig. 7-13. Des pertes d'électrolytes par la sueur sont inévitables et ne peuvent être prévenues par une supplémentation avant l'exercice.

Les pertes d'électrolytes par la sueur sont inévitables et ne peuvent pas être prévenues par une supplémentation avant l'exercice. En revanche, les chevaux d'endurance peuvent bénéficier d'une administration d'électrolytes le matin de la compétition et d'un remplacement continu en cours d'épreuve. Il n'est pas nécessaire de fournir des suppléments d'électrolytes par temps chaud aux animaux au repos ou ne fournissant qu'un travail léger. Dans ces conditions, les chevaux satisfont leurs besoins par un accès libre à des pierres à lécher et à du foin de bonne qualité.

Amélioration des performances

Une adaptation du moment et de l'importance des repas peut augmenter la possibilité pour la chaleur produite par la digestion et le métabolisme d'être dissipée au cours de toute la journée. Des petits repas fréquents favorisent le plus le refroidissement. Par temps chaud, il faut donner la plus grande partie du fourrage la nuit. Le cheval au repos pendant les heures fraîches de la nuit métabolise les composants fibreux de la ration, dont une partie fermente dans l'intestin. Celui-ci contenant moins de fibres pendant l'exercice à la période chaude, les performances ne sont pas limitées par la chaleur dégagée par la digestion.

Il n'existe pas de règles rigides relatives à l'application d'un plan d'alimentation du cheval. Chaque individu doit être nourri en fonction de ses besoins individuels. Les chevaux n'ont pas tous besoin de céréales dans leur ration, d'autres en exigent de grandes quantités. L'activité sportive et l'effort fourni varient d'un sujet à l'autre et d'un jour à l'autre. L'hérédité et l'âge ont une influence considérable sur l'efficacité de l'utilisation des éléments nutritifs. En appliquant certains principes de base relatifs aux aliments plus « froids » que les autres et en rejetant certaines idées anciennes fausses sur les besoins alimentaires, on peut modifier l'alimentation du cheval pour améliorer ses performances en période de chaleur.

OBÉSITÉ

Quand on parle de malnutrition, on pense à un cheval réduit à l'état de squelette, mais celle-ci peut cependant prendre la forme opposée, l'obésité, ce qui révèle un déséquilibre alimentaire avec apport excessif d'énergie.

Comportement alimentaire

Le cheval engraisse pour les mêmes raisons que les humains. Il reçoit trop de calories pour le travail qu'il effectue ou s'il est vorace ou qu'il s'ennuie, il mange plus qu'il ne le devrait. Le comportement alimentaire du cheval s'est développé dans un milieu où la survie du plus apte impliquait que le sujet soit bien nourri et vigoureux.

Alimentation *ad libitum*

Les fourrages des parcours naturels sont relativement pauvres en énergie et leur contenu en éléments nutritifs varie selon la saison et le terrain. À l'état sauvage, le cheval consomme des quantités modérées de fourrages à intervalles fréquents et chaque repas dure 1 à 3 heures. À la différence de l'homme, la quantité de nourriture absorbée n'est pas réglée par la sensation de réplétion de l'estomac, à moins que sa distension ne soit presque douloureuse. Un cheval disposant de nourriture à volonté cesse de manger avant que son estomac ne soit distendu. Dans la nature, il ne se produit généralement pas de surcharge de l'estomac.

La quantité de nourriture que le cheval absorbe est réglée par la vitesse de vidange de l'estomac et par la valeur nutritive des aliments. Des récepteurs nerveux et hormonaux répartis dans l'ensemble du tube digestif et de l'organisme envoient des signaux au cerveau qui indiquent que les besoins nutritifs ont été satisfaits, et contrôlent la faim par l'intermédiaire du centre régulateur de l'appétit du cerveau.

À l'état naturel, cet ensemble de signaux n'influe pas sur le volume ni la durée d'un repas donné. Il règle par contre le délai jusqu'au repas suivant et la quantité d'aliments qui y est consommée : le cheval ne mange que ce qui est nécessaire pour le maintenir en bonne santé.

Dans les conditions artificielles où l'homme détermine le moment et le volume des repas, le contrôle naturel de l'appétit ne joue plus un rôle significatif. On peut mettre ce fait à profit pour modifier les habitudes alimentaires.

Intervalles entre les repas

Les chevaux disposant de nourriture à volonté ne restent pas plus de 2-3 heures sans manger. Un individu ne recevant que deux repas par jour est psychologiquement affamé du fait de la longueur du jeûne imposé entre les repas ; il absorbe alors avidement une grande quantité d'aliments à chaque repas au lieu de « grignoter » toute la journée. Il est préférable de donner au moins trois repas par jour, si l'on ne peut pas organiser une alimentation à la demande.

Appétence des aliments

La présence de nourriture pousse le cheval à manger, mais la quantité qu'il consomme dépend de l'appétence des aliments et de la facilité à les absorber. L'appétence est fonction de l'odeur, du goût et de la texture de l'aliment.

De nos jours, le cheval dispose, sans avoir à les chercher, de quantités abondantes d'aliments qui ont bon goût et faciles à absorber. Beaucoup d'entre eux en mangent jusqu'à ce qu'il n'en reste plus. L'attrait des aliments appétents peut l'emporter sur les signaux régulateurs digestifs et hormonaux normaux. Le cheval continue à manger bien qu'il ait fait le plein d'énergie et d'éléments nutritifs et il commence à prendre du poids en excès.

Effets des saisons

Une épaisse couche de graisse sous-cutanée protège le cheval contre le froid. Cette isolation atténue les effets de l'humidité et du froid. Les dépôts graisseux permettent de maintenir constante la température interne et servent de réserve d'énergie quand la nourriture est rare.

Le comportement alimentaire du cheval est adapté à un milieu amplement pourvu en nourriture l'été et pauvre en hiver. À la bonne saison, ces animaux stockaient assez de graisse et d'énergie pour subsister en hiver avec peu de fourrage et ils ne se sont pas encore adaptés à la régularité de l'alimentation moderne, qui leur permet de passer l'hiver sans avoir besoin de réserves de graisse.

Hiérarchie

À l'intérieur d'une harde, les chevaux dominants éloignent les autres de la nourriture ; ils peuvent ainsi manger plus qu'ils n'en ont besoin. Associé à la tendance naturelle à faire de la graisse en cas d'accès facile à une nourriture appétente et riche en énergie, cela peut être cause d'obésité. Si le cheval ne travaille pas ou peu, il augmente sa couche de graisse au lieu de développer sa musculature.

Fig. 7-14. Un cheval dominant mange souvent plus qu'il n'en a besoin.

Rôle de l'homme

Il est trop simple de rapporter l'obésité du cheval à une tendance à trop manger. Le rôle de l'homme est également important. Dans certains cas, le poids physiologiquement normal de l'animal peut ne pas paraître idéal au propriétaire qui l'engraisse excessivement en vue des expositions.
Notre rôle est d'apprendre ce qu'est un état d'embonpoint normal de façon à restreindre les sujets voraces. Il a été démontré de façon répétée que l'obésité est un des plus grands dangers pour la santé chez le cheval.

Notation de l'état d'embonpoint

Un rapport conclue que la marge de variation du poids de forme idéal des chevaux de course est de plus ou moins 8 kg. Ce qui est très étroit compte tenu du fait que le cheval peut, en quelques instants, prendre 8 kg en buvant ou en perdre autant en urinant. On considère qu'un cheval de loisir moyen est trop gras s'il pèse 50 à 150 kg de trop.
Quelles que soient la race et la conformation du sujet, on peut apprécier exactement son état d'embonpoint et son poids idéal. Un système de notation de l'état d'embonpoint mis au point au Texas permet d'évaluer la graisse corporelle plus précisément et plus efficacement que la pesée ou le tour de poitrine.
Il existe une bonne corrélation entre l'épaisseur de la graisse sur le tronc et le dos d'une part, et la graisse totale du corps, d'autre part. On peut également évaluer la graisse au niveau des côtes : ce n'est pas un indicateur fiable, mais il faut l'intégrer dans le tableau général. On attribue au cheval une note d'embonpoint, basée sur l'appréciation visuelle et tactile de la graisse de couverture du dos, de la croupe, de la base de la queue, des côtes en arrière de l'épaule, du garrot et de l'encolure. Celle-ci va de 1 à 9, proportionnellement à la quantité de graisse corporelle.

OBÉSITÉ

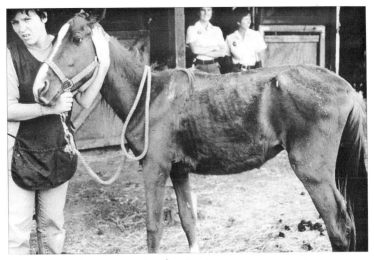

Fig. 7-15. Cheval en mauvais état. État d'embonpoint noté 1.

Maigreur

Un cheval fortement amyotrophié et maigre reçoit la note 1. Les côtes, les apophyses épineuses, les hanches et la base de la queue font fortement saillie. Les os de l'encolure, du garrot et des épaules deviennent également plus apparents et on ne sent pas de tissu adipeux.

Minceur

Un cheval mince reçoit la note 3. Il existe une certaine quantité de graisse sur la colonne vertébrale, couvrant à moitié les apophyses épineuses, qui restent cependant facilement visibles. Les côtes se voient malgré une légère couverture graisseuse. Les hanches, la base de la queue, le garrot, les épaules et l'encolure sont plus couverts, mais visibles. Les chevaux minces n'ont pas assez de réserves pour participer à des épreuves de fond ; ils se refroidissent également facilement par temps froid. Beaucoup de pur-sang de course ont un état d'embonpoint légèrement supérieur noté 4.

État idéal d'embonpoint

C'est un état d'embonpoint moyen, noté 5 ; le dos est plat et les côtes ne se voient plus, mais elles sont faciles à palper en passant la main sur le thorax. La graisse entourant la base de la queue commence à être spongieuse, le garrot est arrondi et l'encolure et les épaules sont en harmonie avec le reste du corps. C'est l'état d'embonpoint idéal.

ALIMENTATION ET PERFORMANCES

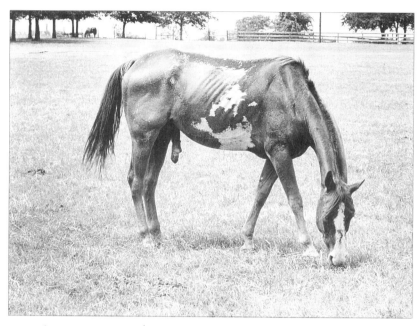

Fig. 7-16. Cheval très mince. État d'embonpoint noté 2.

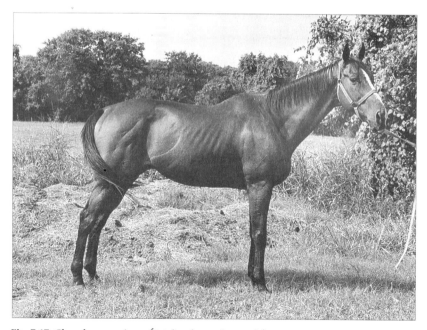

Fig. 7-17. Cheval assez mince. État d'embonpoint noté 4.

OBÉSITÉ

Fig. 7-18. Jument modérément enveloppée. État d'embonpoint noté 6.

Fig. 7-19. Cheval extrêmement gras. État d'embonpoint noté 9.

État légèrement enrobé

Dans certains cas, il convient que le cheval moderne soit légèrement enrobé (note 6). Dans cet état d'embonpoint, la graisse entourant la base de la queue commence à être molle, celle couvrant les côtes est spongieuse, des dépôts graisseux se voient sur le garrot, les épaules et l'encolure. Une mince couche de graisse conserve la chaleur du corps, si le cheval est constamment exposé à des intempéries dans les climats rudes. Une jument qui allaite a également besoin de réserves abondantes pour fournir suffisamment de lait à son poulain et il ne faut pas qu'elle soit trop mince.

Excès de poids

Beaucoup de chevaux trop lourds tendent à être enrobés (note 7) ou même gras (note 8). Chez le sujet enrobé, on peut encore distinguer les côtes par palpation, mais il existe des quantités notables de graisse entre les côtes ; le garrot, l'encolure et l'arrière de l'épaule sont infiltrés de graisse. Chez les chevaux gras (note 8), il est difficile de sentir les côtes, et l'encolure est nettement épaissie. La graisse forme des ondulations sur la croupe et les fesses.

Obésité

Le cheval obèse se place au sommet de l'échelle avec la note 9. Il a le long du dos un pli en gouttière (et retenant effectivement l'eau) et des plaques de graisse sur les côtes. La graisse forme également des saillies autour de la base de la queue, en arrière des épaules et le long du garrot et de l'encolure. Les creux du flanc sont comblés. Les dépôts graisseux à l'intérieur des cuisses les font frotter entre elles. Des problèmes métaboliques graves menacent le cheval si un programme d'amaigrissement n'est pas immédiatement mis en œuvre.

En associant un système de notation et les méthodes conventionnelles, telles que la pesée ou la mesure du tour de poitrine, on peut apprécier précisément l'état d'embonpoint. L'observation quotidienne permet difficilement de déceler les prises de poids progressives. Les rubans de pesée ne sont pas très précis, mais restent utiles pour apprécier les variations au cours du temps. Des photographies prises périodiquement permettent des comparaisons objectives de l'état d'embonpoint.

Maladies en relation avec l'obésité

L'obésité est une véritable affection générale pouvant entraîner des problèmes métaboliques et des complications sérieuses dont :
- la fourbure,
- l'intolérance à l'effort,
- le coup de chaleur,
- les lipomes abdominaux,
- les coliques,
- la myoglobinurie,
- des lésions de l'appareil locomoteur.

Chez le jeune cheval l'obésité contribue également à l'apparition de maladies osseuses de croissance, telles qu'ostéochondrose ou épiphysite. Les juments pleines peuvent avoir du mal à mettre bas du fait d'une diminution du tonus musculaire attribuable au manque d'exercice lié à l'obésité.

Bien que groupées ci-dessus, toutes les affections précitées sont des affections distinctes qui peuvent entraîner une boiterie chronique ou la mort. Pour le moins, un cheval obèse ne peut pas fournir les performances correspondant à ses potentialités.

Lésions de l'appareil locomoteur

Un autre problème surgit quand un « sportif du dimanche » est suralimenté toute la semaine pour compenser des efforts sportifs qui n'ont lieu que le week-end. Au lieu de supprimer les aliments énergétiques de la ration les jours de semaine où le cheval ne travaille pas, le propriétaire continue à lui donner des aliments appétents et riches en calories. Le cavalier s'étonne de ce que son cheval a perdu son exubérance et se demande pourquoi il est si mou et endormi. Sa réponse est souvent « peut-être a-t-il besoin d'un peu plus de céréales ? » et le mal s'ajoute au mal. Les pieds, les os, les tendons, les articulations et les ligaments doivent supporter des chocs et des sollicitations augmentés. La surcharge pondérale provoque des lésions des muscles et des os.

Fourbure

Le propriétaire peut remarquer un jour que le cheval souffre des pieds des antérieurs ; son foie n'a plus été capable de métaboliser les glucides constamment fournis en excès par les céréales, la luzerne ou une herbe riche. Le trouble métabolique général en découlant perturbe gravement la circulation sanguine dans les pieds et il en résulte une fourbure.

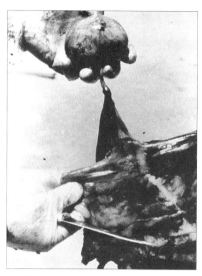

Fig. 7-20. Lipome inséré sur l'intestin.

Lipomes

Les dépôts graisseux faisant saillie à la surface du corps sont le reflet des dépôts se formant autour des viscères et dans le mésentère, organe en forme d'éventail soutenant l'intestin grêle.
Le cheval peut avoir soudain de violentes coliques ne répondant pas au traitement médical. Si on l'opère, on découvre d'abondants dépôts graisseux dans le mésentère. La graisse forme également des tumeurs graisseuses (lipomes) qui sont suspendues à un long pédicule et peuvent s'enrouler autour de l'intestin et l'étrangler.

Obésité chez le cheval en croissance

Chez un jeune cheval en croissance, des dépôts graisseux excessifs peuvent surcharger le squelette immature et favoriser l'apparition de troubles osseux et articulaires. L'obésité augmente les contraintes subies par les cartilages et entraîne des troubles de l'appareil locomoteur.
On a étudié le cartilage des genoux de pur-sang en croissance, encouragés pendant trois mois à manger, en excès et trop souvent, des aliments riches en énergie. On a constaté des anomalies des cellules cartilagineuses. Au bout de 9 mois d'alimentation forcée, des signes cliniques sont apparus. Le déséquilibre alimentaire a provoqué des boiteries, des déformations des membres, des épiphysites et des ostéochondroses.

Déséquilibres hormonaux et minéraux

Des hormones influent sur les processus cellulaires de synthèse, de maturation et de différenciation du cartilage des plaques de croissance. La quantité d'énergie absorbée par le poulain sous forme d'hydrates de carbone règle la croissance des cartilages et des os en influant sur la régulation hormonale. La suralimentation modifie les taux sanguins d'hormones, telles que la somatomédine réglant la croissance ; l'insuline, la thyroxine et le cortisol. L'accélération de la croissance augmente les besoins des minéraux nécessaires à la formation de l'os. Des excès ou des carences de matières minérales provoquent des maladies osseuses de croissance.

Lésions de l'appareil locomoteur

Un apport d'énergie et de protéines supérieur de 30 % aux recommandations du National Research Council n'augmente pas la résistance biomécanique des os en croissance chez le yearling. La graisse corporelle en excès surcharge les os, dont la résistance n'a pas augmenté de façon correspondante. Dans ces conditions, des lésions osseuses, ligamentaires, articulaires ou tendineuses sont inévitables. Elles sont de constatation courante, surtout chez les sujets présentant un excès de poids.

Prévention de l'obésité

Les affections précitées sont faciles à prévenir. Il faut réduire les aliments riches en énergie comme le foin de luzerne, l'herbe riche ou les suppléments de céréales ou de granulés et les remplacer par une ration comprenant du foin de prairie, fourni à volonté dans la mesure du possible. L'alimentation *ad libitum* peut cependant ne pas être pratique pour certains individus qui prennent du poids avec un accès libre au foin.

En deux ou trois jours d'accès libre à du foin de prairie, l'appétit se stabilise généralement. Le cheval ne consomme que ce qui lui est nécessaire pour conserver un poids normal. Le foin de prairie est appétent, mais ne l'est pas à l'excès comme la luzerne ou les concentrés. Les signaux neuro-hormonaux en provenance de l'intestin peuvent à nouveau régler normalement la faim et la satiété. Le problème est souvent d'appliquer les recommandations diététiques. Mais il ne s'agit que de recommandations. Chaque cheval a un métabolisme propre qui détermine son aptitude à conserver un poids constant. Son besoin quotidien d'énergie dépend :
- de son âge,
- de son tempérament,
- du poids et de l'expérience du cavalier,
- de la température et de l'humidité ambiantes,
- de l'intensité et de la durée du travail,
- du terrain,
- de sa condition physique.

Cure d'amaigrissement

Il est dangereux d'affamer un cheval obèse pour lui faire perdre rapidement du poids, car cela provoque une élévation des taux d'acides gras sanguins (hyperlipémie). Ceux-ci se déposent dans le foie y créent des lésions. L'amaigrissement doit être progressif. Des fourrages grossiers en abondance permettent un fonctionnement normal de l'appareil digestif et calment le sujet « au régime ». La fourniture quotidienne d'une livre de foin par 50 kg de poids corporel maintient la motilité et la santé de l'intestin.

Il faut appliquer au cheval obèse un régime strict dans lequel les aliments fortement énergétiques ont été supprimés ou remplacés par des produits moins énergétiques. Il faut passer du foin de luzerne à celui de prairie, retirer les chevaux des prés riches ou leur en réduire l'accès à quelques heures par jour et supprimer les céréales et les huiles végétales.

Le régime amaigrissant du cheval ne diffère pas de celui d'un humain cherchant à régler un problème d'excès de poids. Il faut réduire la quantité et la qualité des aliments et augmenter l'exercice. Non seulement le cheval aura un meilleur aspect, mais il se portera mieux et aura des performances correspondant à ses potentialités.

Fig. 7-21. Un cheval trop gras tire bénéfice de l'exercice et d'une ration moins d'énergétique.

Entraînement du cheval obèse

Parallèlement à une alimentation rationnelle, l'exercice est le meilleur moyen de réduire les dépôts graisseux en excès. Le travail au pas est une excellente façon d'augmenter progressivement la fréquence cardiaque et d'échauffer les muscles. La première semaine on commence par 15-20 minutes, tous les deux jours. On travaille le cheval deux tiers du temps au pas et un tiers au trot. La deuxième semaine, on le travaille 3-4 jours pendant 30 minutes On augmente progressivement la distance la troisième semaine, mais en restant à la même vitesse jusqu'à ce que le cheval travaille 30-60 minutes. La quatrième semaine, on ajoute finalement des phases plus longues de trot et des petits galops d'1-2 minutes (en changeant de main). Au bout d'un mois, le cheval doit avoir une condition physique suffisante pour qu'on puisse augmenter la distance puis la vitesse.

Défaut de régulation de la température

Les muscles au travail dépensent une énergie 20 à 50 fois supérieure au métabolisme de repos et la chaleur en est un sous-produit naturel. Lorsque la température centrale commence à s'élever, une quantité importante du sang pompé par le cœur est déviée vers la peau et à distance des muscles au travail. Les vaisseaux sanguins de la peau se dilatent et transfèrent la chaleur produite par les muscles vers la surface du corps. Cette vasodilatation élève la température cutanée et active les glandes sudoripares pour initier le refroidissement par évaporation.

À mesure que la température ou l'humidité ambiantes augmentent, le refroidissement par évaporation de la sueur devient moins efficace. Pour qu'un refroidissement se produise, l'air ambiant doit être moins chaud que l'intérieur du corps du cheval. Il est nécessaire que la sueur s'évapore pour que de la chaleur soit transférée de la peau vers l'atmosphère. Une humidité élevée limite l'évaporation et son effet de refroidissement. Un cheval de sport doit avoir suffisamment de graisse à brûler au début de la saison d'entraînement, mais un excès peut être nuisible et dégrader gravement les performances.

Un cheval obèse est très exposé à ne pouvoir régler sa température interne, même dans les meilleures conditions. Les températures et humidités extrêmes aggravent ce risque. En été, il faut être prudent dans la conduite du travail des chevaux obèses.

Coup de chaleur

Les chevaux gras ont sous la peau une couche isolante supplémentaire. Un cheval gras et non entraîné doit faire, pour un travail donné, un plus grand effort qu'un animal en bonne condition physique et il produit ainsi davantage de chaleur qu'il lui est difficile de dissiper par les muscles, car la graisse fait obstacle à son évacuation vers la peau. La graisse qui conserve la chaleur du corps en hiver, gêne le refroidissement en été.

À cause de leur incapacité à éliminer efficacement la chaleur, les chevaux gras sont très exposés à l'intolérance à l'effort et au coup de chaleur. En suant abondamment ils perdent de l'eau corporelle et des électrolytes, d'où une déshydratation et des déséquilibres ioniques. Au début, les performances se dégradent, puis la poursuite de l'effort peut entraîner rapidement un coup de chaleur et des troubles métaboliques.

Myosite

La température interne continue à s'élever, lorsque l'évaporation de la sueur ne peut plus dissiper la chaleur accumulée. Cette élévation de température perturbe la contraction musculaire et contribue à la fatigue et à l'épuisement. Les pertes d'électrolyte par la sueur et l'augmentation de la température des muscles déclenchent dans ceux-ci une série de processus biochimiques anormaux, qui provoquent une myosite et des contractures.

Inversion cardio-respiratoire
Si le cheval ne peut plus évacuer convenablement la chaleur, il commence à haleter pour l'éliminer par l'appareil respiratoire. Il en résulte une inversion du rapport fréquence cardiaque/fréquence respiratoire, la respiration devenant plus rapide que les battements cardiaques.

Temps de récupération cardiaque
Le retour au calme du cœur est difficile, alors que l'organisme lutte pour éliminer la chaleur. L'appareil circulatoire ne peut plus satisfaire les demandes simultanées du travail musculaire, des augmentations du métabolisme, et de la circulation vers la peau.

Hyperthermie
La persistance d'une dissipation insuffisante de la chaleur entraîne une élévation persistante de la température interne. Les températures supérieures à 41 °C provoquent des lésions nerveuses, un collapsus, un choc et la mort.
Ces accidents peuvent se produire également chez les chevaux qui ne sont pas obèses, mais qui n'ont pas une condition physique suffisante pour l'effort demandé ou chez ceux fournissant un effort par temps excessivement chaud et humide.

Besoin accru d'énergie

La condition physique a un effet plus important sur les performances que la température ambiante. Non seulement la graisse en excès dégrade les performances, mais l'effort nécessaire pour mobiliser l'excès de poids augmente aussi la dépense d'énergie du cheval. Après l'exercice, on constate un retour plus rapide à la normale des fréquences respiratoire et cardiaque chez les chevaux en état d'embonpoint moyen (note 5) que chez les sujets enrobés (note 7). Ceux en mauvaise condition physique ne métabolisent pas la graisse aussi efficacement que les chevaux en bonne condition, car leurs systèmes enzymatiques n'ont pas été « entraînés » à utiliser efficacement la graisse comme combustible. La dissipation de la chaleur consomme de l'énergie. Après le travail, le cheval gras a tendance à consommer des aliments plus riches en énergie que les sujets minces et en bonne condition physique. Un cheval enrobé a besoin d'un apport plus grand d'énergie, tant pour l'entretien que pour le travail, simplement pour conserver son excès de poids. L'animal obèse consomme en moyenne 2,5 kg d'aliments de plus par jour qu'un cheval en état d'embonpoint moyen. Un tel appétit complique les problèmes de l'obésité.

8

ÉVALUATION DE LA CONDITION PHYSIQUE

Dans toutes les disciplines sportives équestres, le but du propriétaire ou de l'entraîneur est que le cheval concoure au maximum de sa forme physique pour réduire le stress au minimum. À la fin de l'épreuve, il doit avoir encore assez de moyens pour continuer, si on le lui demande. Ceci est le test absolu de l'endurance, de la force, de la vitesse et de la vaillance.

Chaque cheval est unique et la meilleure façon de le préserver des accidents est de le connaître. Il faut apprécier ses capacités et leurs limites. Les troubles métaboliques commencent souvent insidieusement. Le cavalier ou l'entraîneur doivent être capables de déceler les signes d'alarme annonçant l'imminence de la fatigue ou d'un accident métabolique. Un cavalier averti et sensible peut empêcher que se déclenche l'enchaînement menant à l'épuisement.

Fig. 8-1. Dans l'évaluation de la forme du cheval avant une épreuve, il faut tenir compte du terrain et des conditions climatiques.

INDICATEURS DE LA FORME PHYSIQUE

Les compétitions soumettent les chevaux à des sollicitations physiologiques extrêmes. De bonnes performances ne dépendent pas seulement du degré de préparation physique du cheval. Il faut également tenir compte de son statut métabolique, de son poids, de son âge, du poids du cavalier, du terrain, du sol et du temps.

Des facteurs spécifiques déterminent la capacité du cheval à résister au stress et à continuer l'épreuve. Son attitude est un indicateur de sa condition physique. Le regard, le degré de vigilance, l'impulsion des allures et le port de tout le corps et des oreilles renseignent sur son état de bien-être.

Normalisation de la fréquence cardiaque

Le retour à une fréquence cardiaque normale après un effort est un critère objectif. Pendant l'effort, la fréquence cardiaque peut s'élever de huit fois par rapport à la fréquence au repos, afin d'augmenter l'apport de sang et d'oxygène aux muscles qui travaillent. Par exemple, un cheval ayant une fréquence cardiaque au repos de 30 bpm peut voir celle-ci passer à 240 bpm lors d'un effort maximal. S'il récupère normalement, sa fréquence cardiaque diminue rapidement la première minute puis plus lentement pendant les quelques minutes suivantes.

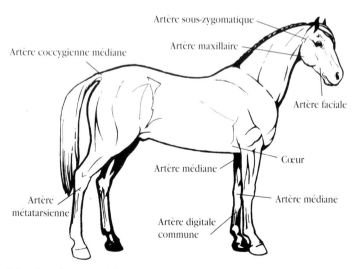

Fig. 8-2. Points du corps où l'on peut mesurer la fréquence cardiaque.

La vitesse de normalisation de la fréquence cardiaque dépend de la condition physique, de la température ambiante et du type d'activité sportive. Chez les chevaux d'endurance, la fréquence cardiaque doit tomber à moins de 60-70 bpm dans les 10 minutes suivant la fin de l'effort ; chez ceux de sprint, elle doit tomber à 150-180 bpm en 30 secondes et à 100-140 bpm en une minute. Dans tous les types d'épreuve, elle doit redevenir inférieure à 60 bpm dans les 30 minutes.

Indice de récupération cardiaque

Une fois la fréquence cardiaque redevenue inférieure à 60-70 bpm, l'indice de récupération cardiaque (IRC) est très utile pour déceler les anomalies subtiles avant qu'elles ne deviennent sérieuses. On mesure la fréquence cardiaque au repos en comptant les battements cardiaques pendant 15 secondes. On fait trotter le cheval 40 m dans un sens et dans l'autre, ce qui prend généralement 25 secondes environ. On déclenche un chronomètre quand il commence à trotter et on l'arrête au bout d'une minute (35 secondes environ après son retour). On compte alors les battements cardiaques pendant 15 secondes. Chez le sujet normal et ne souffrant pas de problèmes métaboliques ou musculo-squelettiques, la fréquence cardiaque revient à la fréquence de repos, à un battement près, au contrôle à une minute.
Une fréquence cardiaque supérieure de deux battements ou plus à la fréquence cardiaque de repos peut indiquer l'épuisement ou une douleur. L'IRC est utile dans les épreuves d'endurance. C'est un des critères servant à déterminer si le cheval doit être retenu au point de contrôle pour un repos plus long ou s'il doit être éliminé de l'épreuve.

Temps de remplissage capillaire

Normalement, la gencive est rose et, si on la fait pâlir en la comprimant avec le bout du doigt, le rose doit revenir en deux secondes environ. Ce délai est appelé temps de remplissage capillaire. Il permet d'apprécier si l'appareil circulatoire fonctionne bien et envoie du sang dans toutes les parties du corps.

Fig. 8-3. Pour apprécier le temps de remplissage capillaire, il faut préalablement comprimer la gencive avec le bout d'un doigt.

Remplissage de la jugulaire

Une autre méthode d'appréciation de la fonction circulatoire et de l'état d'hydratation consiste à presser un doigt dans la gouttière jugulaire et à mesurer le temps que la veine jugulaire met à se remplir de sang. Ce temps de remplissage varie avec chaque cheval, mais la veine doit atteindre le diamètre d'un doigt en deux secondes. La mesure du temps de remplissage de la jugulaire au début de l'épreuve permet au cavalier de contrôler ultérieurement l'état d'hydratation. Un allongement du temps de remplissage après le travail indique une déshydratation et une diminution du volume du sang circulant.

Bruits intestinaux et motilité intestinale

La motilité de l'intestin et les bruits qui l'accompagnent, perceptibles des deux côtés de l'abdomen, sont des indicateurs importants d'une activité intestinale normale. Ces bruits peuvent être diminués chez un cheval à l'exercice, car une grande partie du sang est alors envoyée dans les muscles et la diminution de la circulation sanguine dans l'intestin en ralentit l'activité. Les intestins ne doivent cependant pas devenir silencieux. L'appétit du cheval doit aussi être vif, sinon vorace, aux arrêts de repos et après l'épreuve.

Si le sujet travaille en anaérobiose, on peut l'abreuver et lui donner du foin, quand son poitrail est frais au toucher, soit environ après 20-30 minutes. On peut donner des céréales sans danger au bout de 30 minutes à une heure.

Si le cheval travaille en aérobiose et continue l'exercice après une période de repos (une heure au maximum), il est sans danger et même nécessaire de lui permettre de boire et de manger du foin ou de l'herbe. On peut donner une petite quantité de céréales à un cheval qui continue à fonctionner en aérobiose, et qui en montre le désir. Après l'exercice, il faut le laisser revenir au calme comme précédemment avant de le nourrir et de l'abreuver pour permettre le rétablissement d'une circulation normale dans l'intestin.

Examen vétérinaire

La présence d'un vétérinaire lors des événements sportifs équestres peut être déterminante pour la sécurité et le succès de la compétition. Il faut profiter de l'occasion pour communiquer avec lui et lui poser des questions, et lui signaler les irrégularités des performances du cheval.

En plus d'une appréciation de l'état physiologique du cheval lors des arrêts de repos des épreuves de fond, le vétérinaire peut également déceler les gonflements des membres ou les boiteries pouvant le faire exclure de l'épreuve. Il peut aussi faire remarquer les coupures, les éraflures et autres petites blessures, ainsi que les lésions dues à un harnachement mal ajusté, qui auraient pu échapper au cavalier.

INDICATEURS DU STRESS

Élévation persistante de la fréquence cardiaque

Une élévation persistante de la fréquence cardiaque peut indiquer l'imminence d'un collapsus. La fréquence cardiaque reste élevée si le cheval est proche de l'épuisement ou s'il éprouve une douleur. Si les autres signes comme l'attitude, les bruits intestinaux, le degré de fatigue, l'état d'hydratation et la température rectale sont normaux, il faut rechercher une douleur, en particulier dans les membres ou les muscles.

Fréquence respiratoire

La fréquence respiratoire doit diminuer parallèlement à la fréquence cardiaque, et de préférence tomber au-dessous de cette dernière au bout de 10 minutes environ. Cette diminution est cependant influencée par les conditions ambiantes et le pelage, l'état d'embonpoint et la condition physique du cheval. Par temps chaud et humide par exemple, le cheval peut haleter et avoir des mouvements respiratoires superficiels. Une fréquence respiratoire élevée peut être en rapport avec une température interne élevée.

Inversion cardio-respiratoire

On parle d'inversion cardio-respiratoire quand la fréquence de la respiration reste supérieure à celle du cœur. Même un observateur inexpérimenté remarque que le cheval halète, que ses mouvements respiratoires sont superficiels et rapides et que ses flancs se soulèvent et s'abaissent à chaque respiration.
Il est anormal que la fréquence respiratoire reste élevée, alors que le cœur est redevenu calme en 10 minutes. Il faut aider le cheval à dissiper la chaleur excessive de son corps. Après un effort prolongé, on doit le faire marcher au pas pendant quelques minutes pour que la circulation sanguine soit maintenue dans les muscles et élimine la chaleur et l'acide lactique et lui doucher la tête et l'encolure pour accélérer le refroidissement.

Déshydratation

Le degré de déshydratation et ses manifestations sont très variables. On peut l'apprécier grossièrement en formant un pli sur la peau de la pointe de l'épaule ou d'une paupière et en notant le temps qu'il prend pour s'effacer. En l'absence de déshydratation, il disparaît immédiatement et sa persistance indique un degré dangereux de déshydratation.

Un cheval souffrant d'une déshydratation légère de 2-3 % peut avoir un temps de remplissage capillaire allongé et des muqueuses, buccales en particulier, sèches. Les autres signes comprennent une diminution de l'activité de l'intestin et un allongement du temps de retour au calme du cœur. Même légère, la déshydratation peut dégrader les performances du cheval.

Si elle atteint 5 %, les yeux sont enfoncés dans les orbites, l'élasticité de la peau est nettement diminuée, et le cheval est faible et abattu.

Une déshydratation légère, avec faible diminution du volume du sang circulant, provoque une concentration des sels ou électrolytes du sang (sodium, chlore, potassium), ce qui provoque la soif. À un degré supérieur de déshydratation, et si la perte d'électrolytes est plus importante, la soif disparaît et le cheval aggrave la situation en ne buvant pas. Le fait qu'il ne boive pas ne signifie absolument pas qu'il n'est pas déshydraté : il peut être au bord d'un déséquilibre électrolytique grave et il a besoin d'un traitement immédiat par injection intraveineuse d'une solution d'électrolytes.

Par temps chaud, un cheval d'endurance longue distance pesant 500 kg peut perdre 7,5 à 11,5 litres de liquide par heure d'exercice ou 22,5 à 45,5 litres pour l'ensemble de l'épreuve. Une telle perte de liquide provoque une déshydratation grave de 7 à 10 % et un collapsus circulatoire.

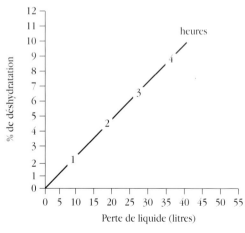

Fig. 8-4. Perte de liquide et évolution de la déshydratation dans une épreuve de longue durée par temps chaud.

Un cheval de course peut perdre jusqu'à 2 litres de liquide dans une course de 1 600 m. Par temps chaud et humide, une déshydratation, même légère, peut dégrader les performances en course. Si un cheval surchauffé cesse brutalement de travailler, le sang stagne dans les muscles. Cette accumulation réduit le volume du sang circulant et accentue les effets de la déshydratation. Si, épuisé, il refuse de se déplacer, des massages des principaux groupes musculaires, effectués au rythme des battements cardiaques, peuvent faciliter la circulation sanguine dans les muscles.

Prévention de la déshydratation

L'entraînement réduit la déshydratation. Plus la condition physique du cheval est bonne, moins l'effort éprouve l'organisme, moins le travail produit de chaleur et moins il perd d'eau avec la sueur. Cette diminution de la sudation conserve l'eau et les électrolytes indispensables à l'organisme.
Il faut permettre au cheval de boire en toute occasion. Un sujet qui a chaud peut boire tant qu'il continue à avancer. Sinon, il faut le laisser revenir au calme lentement et lui fournir de petites quantités d'eau à intervalles fréquents.

Eau « aromatisée »
Certains chevaux n'aiment pas le goût d'une eau étrangère et refusent de la boire. Si un individu est exigeant en matière d'eau, il faut « aromatiser » celle de son écurie avec une petite quantité de vinaigre de cidre ou de sucre un mois environ avant la compétition. Tous deux masquent le goût des eaux étrangères et encouragent le cheval à boire. Il est également possible d'emporter de l'eau du lieu d'origine.

Température interne

Les muscles dépensent au moins vingt fois plus d'énergie au travail qu'au repos, avec la chaleur comme sous-produit naturel. Le centre thermorégulateur du cerveau règle la température normale du corps et la maintient dans une fourchette très étroite. Ce contrôle impose à l'organisme d'éliminer la chaleur produite par le travail musculaire. À une température corporelle élevée correspond souvent une fréquence respiratoire élevée et ces deux paramètres sont des indicateurs du contrôle de la température du corps.
La température rectale est un bon témoin de la température interne. Elle est normalement de 37,5-38 °C. Après un exercice prolongé, elle peut atteindre normalement 39,5-40 °C, mais elle doit redevenir normale en 15-30 minutes après l'exercice.
Une température restant durablement supérieure à 40,5 °C indique un problème métabolique et peut entraîner une faiblesse et une incoordination musculaires. La perte du contrôle et de la force des muscles peut provoquer des accidents graves. Un cheval épuisé peut trébucher et tomber ou ne pas franchir convenablement un obstacle et mettre ainsi en danger son cavalier et lui-même.

ÉVALUATION DE LA CONDITION PHYSIQUE

Méthodes naturelles de refroidissement

L'organisme dissipe la chaleur produite par le métabolisme musculaire surtout par évaporation. Une quantité plus faible de chaleur est dissipée par la respiration.

Fig. 8-5. La sudation est le principal moyen de dissiper la chaleur.

Refroidissement par la sudation
La sueur élimine la plus grande partie de la chaleur. Lorsque la température du corps commence à s'élever, une partie importante du sang est orientée vers la peau pour dissiper la chaleur. L'eau de la sueur s'évapore sur la peau tout en absorbant de la chaleur. Ce refroidissement par évaporation élimine beaucoup d'eau, mais aussi des électrolytes.

Refroidissement par la respiration
Lorsque la température interne s'élève, un autre mécanisme, beaucoup moins efficace, contribue également au refroidissement. Tout comme un chien qui halète fait circuler l'air sur sa langue qui pend, le cheval accélère également sa respiration pour se refroidir. Le sang chaud provenant des muscles échauffés par le travail passe par les poumons et l'air réchauffé dans les poumons est expiré. À chaque inspiration, l'air chaud est remplacé par de l'air frais. Le refroidissement par la respiration ne provoque pas de pertes d'eau et d'électrolytes, mais son rôle dans la thermorégulation est peu important.

Autres méthodes de refroidissement

Douches
Le douchage de l'encolure, du poitrail et des membres a le même effet que la sudation. L'eau fraîche appliquée sur les volumineux vaisseaux sanguins superficiels de la tête, de l'encolure, des ars et des membres dissipe la chaleur

du corps. La température de l'eau n'est pas essentielle, pourvu qu'on répète le douchage. Une seule application d'eau est en effet insuffisante : il faut poursuivre jusqu'à ce que la fréquence respiratoire diminue, ou promener le cheval, avec des linges humides appliqués sur la tête et l'encolure.

Il faut éviter un refroidissement trop rapide et excessif qui peut provoquer un choc. La température d'un cheval ayant très chaud devrait baisser de 0,5 °C toutes les 15-30 minutes, quand on lui douche la tête et l'encolure.

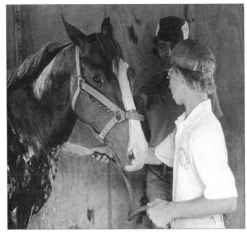

Fig. 8-6. On refroidit le cheval en lui douchant l'encolure.

On ne doit jamais appliquer d'eau froide sur les volumineux groupes musculaires du dos et de la croupe. La promenade au pas et le refroidissement naturel dissipent le mieux la chaleur des muscles. Si ceux-ci se refroidissent trop rapidement, il se produit une vasoconstriction réflexe des vaisseaux sanguins de la peau. La circulation sanguine diminue ainsi dans la peau et la chaleur n'est plus éliminée des muscles.

De plus, l'acide lactique que la circulation doit entraîner, est retenu dans les muscles. Les contractures musculaires associées à la vasoconstriction réduisent également l'apport d'oxygène aux muscles. Après un travail dur, il peut falloir plusieurs heures avant qu'une douche complète puisse être donnée sans danger. Après une sortie de loisir ne l'ayant fait que peu suer, le cheval peut recevoir une douche complète après 20-30 minutes de refroidissement.

Dangers de l'eau froide

L'application d'eau froide sur les muscles volumineux du dos et de la croupe peut provoquer une myosite. Le cheval souffrant de myosite :
- refuse de se déplacer ou il est très raide s'il cherche à le faire,
- présente des signes de coliques sous l'effet de la douleur provoquée par les contractures musculaires,
- sue, gratte le sol et cherche à se rouler,
- présente une accélération des fréquences cardiaque et respiratoire sous l'effet de la douleur.

Avec la main, on peut apprécier la souplesse et la sensibilité des muscles du dos et de la croupe. Le cheval normal présente une démarche souple, à la différence de celui qui commence une myosite. Des muscles tendus, très fermes

ou manifestement contracturés indiquent une fatigue et des troubles électrolytiques.
Les contractures musculaires dégagent un supplément de chaleur dans les muscles déjà surchauffés. La chaleur retenue dans l'organisme provoque une augmentation des fréquences cardiaques et respiratoires pour refroidir le corps. Le temps de récupération est très allongé et le métabolisme est perturbé. On évite ces problèmes en s'abstenant de doucher complètement le cheval avant qu'il ne soit refroidi (voir le chapitre 4 pour plus d'informations).

Coup de chaleur

Un coup de chaleur se produit lorsque la température interne dépasse 40,5 °C et que le corps ne peut pas se refroidir efficacement. La température interne continue à s'élever. Le coup de chaleur résulte plus souvent d'un effort excessif que d'un réchauffement externe par les rayons solaires. Cependant, il peut aussi se produire quand les effets des conditions climatiques dépassent la capacité de dissipation de la chaleur ou qu'ils ont entraîné des troubles de l'hydratation et de l'équilibre électrolytique.

Temps chaud
Les températures élevées limitent la capacité du cheval à dissiper la chaleur de son organisme. Il sue, mais la sudation n'est pas toujours efficace pour empêcher une élévation de la température interne. Lorsque la température et l'humidité de l'atmosphère augmentent en même temps, l'effet de refroidissement de la sudation diminue et il peut devenir insuffisant pour empêcher la température interne de continuer à monter jusqu'à provoquer un coup de chaleur.

Condition physique
Un temps chaud n'est pas le seul facteur responsable du coup de chaleur. Un cheval exercé au-delà de son niveau d'entraînement produit aussi un excès de chaleur. Un individu à graisse sous-cutanée abondante ne peut pas dissiper efficacement la chaleur. La graisse en excès ne nuit pas seulement au refroidissement, mais elle est aussi en relation directe avec la condition physique.

Prévention du coup de chaleur
L'entraînement développe les muscles aux dépens de la graisse, mais aussi les lits capillaires, ce qui améliore l'apport d'oxygène aux tissus et le transport de la chaleur vers la surface du corps. Par temps chaud et humide, l'entraînement par intervalles ou les séances multiples de travail peuvent provoquer un coup de chaleur. Dans de telles circonstances, il faut en rechercher les signes avec soin et réduire la durée ou l'intensité du travail pour éviter une accumulation de chaleur dans les muscles. Pour la retarder on peut aussi arroser l'encolure, le poitrail et les membres avant ou pendant l'exercice.

INDICATEURS DU STRESS

Évaluation du risque de coup de chaleur

Ce risque s'évalue facilement chaque jour en additionnant la température ambiante et le taux d'humidité. Si, par exemple, la température est de 32 °C et l'humidité de 75 %, la somme est de 107, valeur à laquelle les mécanismes de refroidissement peuvent ne plus être suffisants pour refroidir le cheval.

DEGRÉS DE STRESS THERMIQUE [TEMPÉRATURE (°C) + % HUMIDITÉ]

Si la somme température (°C) + humidité est inférieure à 70, les mécanismes normaux de refroidissement suffisent, si le cheval n'a pas un long pelage ou n'est pas obèse.
Si la somme température (°C) + humidité est supérieure à 90, le cheval se refroidit surtout par sudation.
Si la somme température (°C) + humidité est supérieure à 100 et surtout si l'humidité contribue pour plus de la moitié à ce total, le refroidissement par sudation est gravement compromis.
Si la somme température (°C) + humidité est supérieure à 130, l'organisme n'a plus les moyens de se refroidir par lui-même ; la température interne continue à s'élever et il en résulte un coup de chaleur.

Fig. 8-7.

Risque de coup de chaleur (température + humidité)

Si la somme est inférieure à 82, les mécanismes normaux de refroidissement sont suffisants, à moins que le cheval ne soit obèse ou n'ait un pelage long.
Si la somme est supérieure à 104, le cheval dissipe la chaleur surtout par la sudation.
Si la somme est supérieure à 96 et, surtout si l'humidité participe pour plus de la moitié au total, le refroidissement est gravement compromis.
Si la somme est supérieure à 188, l'organisme n'a plus les moyens de se refroidir. La température interne s'élèvera et il en résultera un coup de chaleur.
La sudation entraînant la perte de liquides vitaux pour l'organisme, le cheval se déshydrate progressivement si celles-ci ne sont pas compensées. La déshydratation diminue la circulation sanguine dans la peau. L'organisme réagit alors en réduisant la sudation pour conserver son eau, et la chaleur n'a plus d'issue et s'accumule dans l'organisme et un état d'épuisement se développe.

Anhidrose

Dans les climats chauds et humides, les chevaux peuvent souffrir d'un syndrome appelé anhidrose, qui est une incapacité à sécréter de la sueur. Un animal qui ne peut pas suer est incapable de se refroidir, sa température s'élève, il halète et ses performances se dégradent. Il a besoin d'un traitement médical et doit être laissé au repos.

Hypoxie tissulaire

Lorsque leur température augmente, les muscles (et tous les tissus de l'organisme) ont un besoin accru d'oxygène. Si ce besoin ne peut pas être satisfait, la contraction musculaire est perturbée, ce qui contribue à la fatigue. Si la température interne dépasse 41,0 °C, le besoin d'oxygène de l'organisme dépasse la capacité de l'appareil respiratoire à le satisfaire. Il en résulte une hypoxie (insuffisance de l'oxygénation), qui provoque des lésions des reins, du foie et du cerveau. Si sa température dépasse 41,5 °C, le cheval peut avoir des convulsions ou tomber dans le coma et mourir.

Signaux d'alarme de la fatigue

L'organisme a développé un système d'alarme, qui informe l'observateur averti de l'imminence d'une défaillance et permet de prévenir des troubles sérieux, tels que déshydratation, épuisement ou coup de chaleur. Un cavalier ou un entraîneur expérimenté remarquera ces nombreux signes de fatigue :
- retour lent du cœur à un rythme normal,
- persistance d'une fréquence cardiaque élevée pendant plus d'une heure,
- fréquence respiratoire élevée et respiration souvent superficielle et inefficace,
- inspirations convulsives profondes pendant plus d'une minute,
- élévation de la température rectale persistant plus de 30 minutes,
- déshydratation avec sécheresse ou pâleur des muqueuses, allongement du temps de remplissage capillaire et jugulaire, disparition des bruits intestinaux et/ou persistance du pli de peau,
- prostration,
- manque d'intérêt pour l'environnement,
- manque d'appétit ou de soif,
- tremblements ou secousses musculaires,
- contractures musculaires,
- « flutter » diaphragmatique (contractions du diaphragme) synchrones avec la fréquence cardiaque.

Un cheval épuisé présentant ces symptômes doit recevoir les soins d'un vétérinaire, sinon son état peut s'aggraver progressivement et aboutir à un choc.

Autres signes de stress

La diarrhée indique aussi un stress et contribue à une perte d'eau et d'électrolytes avec les excréments. Des excréments secs et peu abondants sont le signe d'une déshydratation intense. Le tonus du sphincter anal doit être marqué ; une flaccidité de l'anus est un signe d'épuisement.

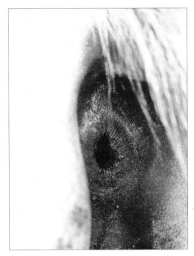

Fig. 8-8. La flaccidité de l'anus est un signe d'épuisement.

ÉLECTROLYTES

Dans les courses et autres épreuves courtes, le problème principal est celui de la dissipation de la chaleur dégagée par les muscles. Dans les épreuves plus longues, il faut également tenir compte des pertes d'électrolytes qui sont les sels minéraux qui interviennent dans tous les mécanismes biochimiques. Un équilibre précaire entre ces sels est indispensable pour que s'effectuent normalement des fonctions telles que la contraction musculaire et la motricité intestinale. Une sudation extrême et prolongée ne fait pas perdre que de l'eau, car la sueur ne contient pas que de l'eau : elle fait perdre des électrolytes importants tels que :
- sodium, chlore, magnésium,
- calcium, potassium.

Fig. 8-9. La perte d'électrolytes contribue à la sécrétion d'une sueur blanche qui mousse.

Suppléments d'électrolytes

Les pertes d'électrolytes par la sueur sont inévitables et ne peuvent pas être prévenues par une supplémentation avant l'exercice. La plupart des chevaux ont besoin de suppléments d'électrolytes au cours des épreuves de fond. Le sel Electolytegold® ou Colvital equilytes® est un mélange de potassium, de sodium et de chlore.

Si les conditions atmosphériques ou un effort extrême imposent une supplémentation d'électrolytes, on administre par la bouche les suppléments d'électrolytes du commerce précités, destinés aux chevaux d'endurance et contenant une forme de calcium facilement métabolisée.

Les suppléments minéraux doivent être dissous dans l'eau ou saupoudrés sur un aliment pour être administrés au cheval, ou donnés directement dans la bouche dans le cas des pâtes orales. Il est possible d'administrer des électrolytes par un cathéter intraveineux, mais ce n'est pas autorisé dans les épreuves officielles d'endurance.

Manque d'électrolytes

Des pertes importantes d'électrolytes avec la sueur rendent celle-ci épaisse, blanche et mousseuse. Elle devient d'autant plus « fluide » que la forme physique du cheval est meilleure.

Après une épreuve, l'accès à une pierre à lécher ou l'addition d'électrolytes aux aliments permet de compenser les pertes légères. Si elles sont très importantes, le vétérinaire peut administrer de l'eau et des électrolytes à la sonde gastrique ou par voie intraveineuse.

Si des quantités importantes d'électrolytes sont perdues avec la sueur et ne sont pas remplacées, une suite d'événements se produit qui contribue au déclin du cheval. L'excitabilité neuro-musculaire, c'est-à-dire la capacité du muscle à répondre aux influx nerveux, est contrôlée de façon précise par l'équilibre entre sodium, potassium, calcium et magnésium.

Dépression neuro-musculaire

La carence de certains électrolytes provoque une dépression neuro-musculaire faisant que les muscles ne répondent que lentement ou plus du tout aux stimulations nerveuses. La sudation associée au travail musculaire entraîne des pertes de sodium, de chlore et de potassium.

Perte de sodium
L'appauvrissement du sang en sodium déprime l'activité neuro-musculaire et perturbe la contraction musculaire. Le cheval carencé en sodium est exposé à se

fatiguer, et ses performances se dégradent. Le sodium n'est pas seulement très important pour la contraction musculaire, mais il contribue également à retenir l'eau dans l'organisme et à prévenir la déshydratation. Les aliments ne fournissent pas assez de sodium et il faut en administrer un complément sur les aliments, dans l'eau ou sous forme de pâte orale.

Perte de chlore
Les pertes de chlore ne posent généralement pas de problème dans les épreuves courtes mais, dans celles d'endurance, les reins cherchent à les compenser par une rétention du bicarbonate du sang qui provoque une alcalose légère, c'est-à-dire une élévation du pH du sang.
Dans les épreuves d'endurance, le travail musculaire se fait en aérobiose jusqu'à ce que le cheval se fatigue ou soit obligé de faire un sprint ou de monter une côte. Pendant ces surcroîts d'effort, les muscles produisent de l'acide lactique du fait de leur métabolisme anaérobie. La quantité d'acide lactique produite n'est cependant pas suffisante pour abaisser le pH du sang et neutraliser le bicarbonate. Un cheval de fond est ainsi plus exposé à faire une alcalose métabolique qu'un cheval de course. Compte tenu de cette alcalose, il est dangereux d'administrer du bicarbonate de sodium par la bouche ou en injection aux chevaux d'endurance.

Perte de potassium
Le potassium joue un rôle important dans la contraction des muscles, tant squelettiques que cardiaque. Il provoque aussi une dilatation des petites artères qui améliorent l'apport d'oxygène aux muscles. Une myosite se développe si une carence de potassium compromet l'oxygénation et la circulation sanguine des muscles. La perte de potassium provoque également la fatigue.
Le foin en est riche, si bien que ce minéral est normalement remplacé quand le cheval cesse de travailler et mange. Si l'appétit est diminué par l'épuisement ou des problèmes métaboliques, le remplacement doit se faire par administration de compléments.

Hyperexcitabilité neuro-musculaire

Dans l'hyperexcitabilité neuro-musculaire, les muscles répondent excessivement aux excitations ou ils ne peuvent plus se relâcher. La relation entre le calcium et cette hyperexcitabilité est double. D'une part, un excès de calcium et un manque de molécules énergétiques dans les cellules musculaires contribuent à l'hyperexcitabilité neuro-musculaire, et d'autre part, les pertes excessives de calcium ou de magnésium avec la sueur provoquent une hyperexcitabilité neuromusculaire se traduisant par des tremblements musculaires et de la nervosité.
Un travail intense augmente le besoin de calcium et de magnésium pour la

contraction musculaire et aggrave ainsi les pertes. Le cheval dont le sang est appauvri en calcium et en magnésium peut faire des troubles divers dont :
- une paralysie de l'intestin,
- des coliques,
- une myosite,
- un flutter diaphragmatique,
- une arythmie cardiaque.

L'administration de suppléments de ces électrolytes peut être nécessaire en cours d'épreuve pour prévenir ces troubles.

Excès de calcium dans les cellules musculaires

La contraction normale des fibres musculaires dépend de l'équilibre intracellulaire du calcium. Chaque fibre musculaire possède une « pompe », alimentée par les molécules énergétiques, qui extrait le calcium de la cellule. En l'absence d'énergie, elle ne peut plus le faire, et le calcium en excès dans les cellules provoque une contraction permanente ou spasme.

L'acide lactique accumulé dans les muscles les acidifie, ce qui perturbe également l'activité de la pompe à calcium et l'utilisation de l'énergie. Il en est de même des déséquilibres entre sodium, chlore, potassium et magnésium. Il en résulte une fatigue et des myosites (voir le chapitre 3 pour plus de détails sur la myosite).

Carence de calcium dans le sang

L'appauvrissement du sang en calcium ou en magnésium sous l'effet de la sudation peut provoquer une tétanie de stress se manifestant par une hyperexcitabilité neuro-musculaire, le cheval devient nerveux, ses muscles ont des tremblements ou des crampes ou ses membres deviennent raides.

Flutter diaphragmatique

Le flutter diaphragmatique n'est pas une maladie en soi, mais un signal d'alarme indiquant un déséquilibre électrolytique. Dans son trajet en direction du diaphragme, le nerf phrénique qui contrôle les contractions de cet organe, passe directement au-dessus du cœur. Les pertes importantes de calcium et de magnésium avec la sueur et l'accumulation d'acide lactique dans l'organisme augmentent l'excitabilité de ce nerf, qui commence alors à répondre aux décharges électriques en relation avec les battements cardiaques et à provoquer des contractions du diaphragme synchrones des battements cardiaques. Les contractions se manifestent par une secousse du flanc ou sont perçues comme un choc par la main appliquée sur celui-ci. Elles n'ont aucun rapport avec les mouvements respiratoires.

- *Causes diététiques de la chorée du diaphragme*

Les efforts intenses et les temps humides et chauds provoquent des pertes de calcium et de magnésium par la sueur. L'hormone sécrétée par les glandes para-

ÉLECTROLYTES

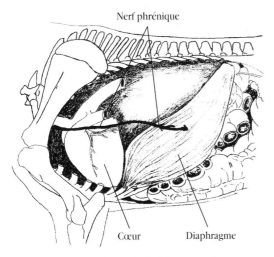

Fig. 8-10. Rapports du nerf phrénique avec les organes thoraciques.

thyroïdes doit alors extraire le calcium des os pour le faire passer dans le sang, et les reins doivent le retenir pour éviter des pertes par l'urine. Ces mécanismes règlent le taux de calcium du sang. Le foin de luzerne est riche en calcium et un cheval qui en est nourri pratiquement exclusivement est exposé au flutter diaphragmatique et aux myosites. Un régime alimentaire constamment riche en calcium met les parathyroïdes au repos ce qui les rend incapables de mobiliser les réserves osseuses de calcium quand des pertes excessives de calcium se produisent avec la sueur. On peut donner du foin de luzerne pendant et après une épreuve pour compenser des pertes, mais il ne faut pas trop en donner entre les épreuves.

Cycle déséquilibre électrolytique/déshydratation

Une fois l'équilibre électrolytique perturbé, une aggravation se produit du fait d'une réaction en chaîne qui empêche un retour à la normale. Avec la poursuite de la déshydratation le sang est détourné des muscles, du foie et des reins vers la peau en vue de dissiper la chaleur par la sudation. Des électrolytes supplémentaires sont perdus par l'urine et la sueur et la déshydratation se poursuit.

La sudation peut ne pas suffire à refroidir le cheval ; au début il sue plus abondamment et perd davantage de liquide dans sa tentative pour dissiper la chaleur. Sa température interne s'élève et il est victime d'un coup de chaleur. La déshydratation réduit le volume sanguin et tous les tissus reçoivent moins de sang et d'oxygène. De l'acide lactique s'accumule dans les tissus privés d'oxygène, les réactions biochimiques sont perturbées et les cellules meurent. Finalement, il se produit une défaillance simultanée de tous les organes. En l'absence de traitement, il en résulte un choc et la mort. La prévention de l'épuisement ou d'un coup de chaleur est ainsi indispensable à la santé du cheval et au maintien de ses performances

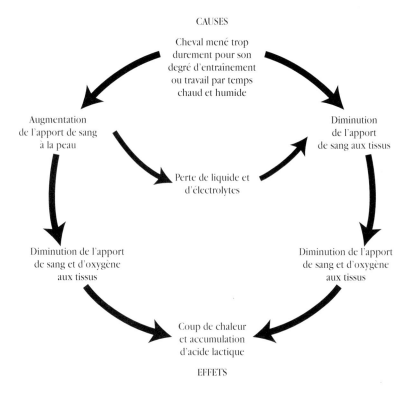

Fig. 8-11. Cercle vicieux de la déshydratation menant au coup de chaleur et à l'accumulation d'acide lactique.

PRÉVENTION DES PROBLÈMES MÉTABOLIQUES

Alimentation

Une bonne alimentation, tant pendant l'entraînement que pendant les épreuves, peut réduire le stress et la fatigue. Les aliments servent au cheval à « refaire le plein ». Le type de foin consommé (de prairie ou de luzerne), sa quantité et sa qualité sont tous des facteurs importants. Aux périodes de repos ou après une épreuve de fond, il faut donner du foin et du sel pour reconstituer les réserves de l'organisme. On peut fournir des céréales, quand le cheval est refroidi.

Les réserves d'énergie fournissent leur combustible aux muscles. L'entraînement favorise l'utilisation des acides gras comme source d'énergie, ce qui économise le glycogène pour la suite. La fatigue est en relation directe avec l'épuisement des réserves d'énergie.

Fibres

Il existe deux moyens pour créer des réserves abondantes de glycogène : l'entraînement des muscles à utiliser les graisses en priorité et la fourniture de fibres en abondance. En étudiant la ration des meilleurs chevaux de fond, on a découvert que les rations riches en fourrage grossier fournissent les fibres nécessaires pour soutenir un effort aérobie prolongé. Les régimes alimentaires pauvres en fibres s'accompagnent d'un risque accru de défaillance en cours d'épreuve.

Graisses

Les huiles végétales ajoutées aux céréales sont une source précieuse d'énergie. Elles produisent trois fois plus d'énergie qu'une quantité équivalente de grains. On peut ajouter jusqu'à 0,5 litre d'huile à la ration quotidienne d'un cheval de 500 kg sans effets indésirables. Les huiles de maïs et de soja sont les plus appétentes, mais on peut aussi utiliser toutes les autres huiles végétales.

Excès de protéines

La richesse en protéines du foin de luzerne tend à augmenter la production de chaleur du cheval et à nuire ainsi à sa capacité de refroidissement. De nombreux chevaux supportent bien ce surplus de chaleur métabolique mais d'autres pas : 10 % de protéines dans la ration sont une quantité suffisante pour un cheval adulte et il n'y a pas d'avantages à donner des suppléments de protéines, car on a constaté qu'une alimentation qui en est trop riche augmente le besoin d'eau, ce qui désavantage le cheval dans les épreuves par temps chaud. La fourniture régulière de suppléments minéraux augmente la sécrétion urinaire et donc les pertes d'eau de l'organisme.

Entraînement

Pour prévenir les problèmes métaboliques, il faut entraîner convenablement le cheval avant la compétition et le mener raisonnablement, sans le surmener.
Il faut l'échauffer convenablement 15 minutes avant l'épreuve, afin que les muscles, les tendons et les ligaments reçoivent suffisamment de sang et soient assouplis avant l'effort. Après un effort éprouvant, un retour au calme convenable est important pour éliminer les déchets toxiques des muscles et dissiper la chaleur de l'organisme.

ÉVALUATION DE LA CONDITION PHYSIQUE

Acclimatation

L'entraînement accoutume le cheval aux facteurs environnementaux. Mais les chevaux de sport concourent souvent loin de leur lieu d'origine et dans un environnement différent. L'idéal, si le cheval doit participer à une compétition en un lieu où les conditions d'environnement sont radicalement différentes de celles auxquelles il est habitué, serait de l'y transporter 3-4 semaines avant l'épreuve, ce qui l'aiderait à s'accoutumer à des stress différents. S'il n'est pas déplacé suffisamment à l'avance, ses performances peuvent en souffrir.

Climat chaud et humide

Un cheval non accoutumé à une température et à une humidité élevées peut perdre en excès de l'eau et des électrolytes avec sa sueur. Il doit apprendre à suer pour être prêt à fournir un effort dans de telles conditions climatiques. Le seul moyen pour réaliser un pareil entraînement est de le placer dans ce type d'ambiance. Après 3-4 semaines d'entraînement régulier, la peau et les glandes sudoripares répondent aux besoins d'une dissipation augmentée de la chaleur. Les muscles apprennent également à travailler efficacement en milieu chaud et humide, ce qui réduit leur production de chaleur. Cependant, même ainsi, si la somme de la température (en °C) et du taux d'humidité est supérieure à 96, la capacité du cheval à dissiper la chaleur par sudation peut être dépassée.

Altitude élevée

Au-dessous de 1 800 m, l'air fournit généralement suffisamment d'oxygène à l'organisme. Pour un même exercice, le cheval consomme 10 % d'oxygène de plus à une altitude de 3 300 m qu'au niveau de la mer. Les muscles au travail fonctionnent moins efficacement si l'apport d'oxygène n'est pas maintenu. Une fatigue rapide et une élévation de la température interne en résultent.
L'énorme capacité de sa rate à stocker les hématies transportant l'oxygène permet au cheval de répondre immédiatement à une altitude élevée. En réponse au manque d'oxygène, la rate chasse les hématies en réserve dans le sang pour fournir davantage d'oxygène aux tissus qui en ont besoin.
La diminution du taux d'oxygène du sang fait sécréter une hormone particulière (érythropoïétine), qui stimule la production par la moelle osseuse de globules rouges et d'hémoglobine. Le sang devient plus épais, mais les hématies de formation nouvelle qui en sont responsables apportent davantage d'hémoglobine et d'oxygène, à la différence de l'épaississement du sang lié à la déshydratation. Ce processus d'adaptation prend plusieurs semaines au bout desquelles l'organisme est amplement approvisionné en oxygène. En un mois, le cheval doit être bien adapté aux conditions particulières d'une altitude plus élevée.
La ou les deux premières semaines, une autre réponse immédiate à l'altitude

consiste en une augmentation des fréquences cardiaque et respiratoire, destinée à apporter davantage de sang et d'oxygène aux tissus. Les chevaux qui n'ont pas été bien acclimatés peuvent avoir un temps de récupération cardiaque plus lent.

Au début de son séjour en haute altitude, le cheval urine plus souvent. Cette augmentation des mictions est une réponse normale à une diminution du taux d'oxygène. Elle peut cependant augmenter les pertes de liquide de l'organisme et provoquer une déshydratation relative. De plus, la diminution de l'efficacité de la contraction musculaire augmente la production de chaleur. Le cheval sue alors pour se refroidir et perd de l'eau et des électrolytes. S'il ne boit pas assez pour compenser les pertes par la sueur et l'urine, il se produit une déshydratation relative.

Certains sujets peuvent aussi manquer d'appétit la première semaine suivant leur changement de milieu. Ils absorbent alors moins d'énergie, de protéines et d'électrolytes et peuvent maigrir.

Système immunitaire

Le cheval introduit dans un milieu nouveau est exposé à des bactéries et des virus qui lui sont étrangers. Le stress psychique du transport et du changement de milieu déprime son système immunitaire et le rend plus sensible aux attaques virales et bactériennes. Le système immunitaire peut répondre à ces protéines étrangères en fabriquant des anticorps spécifiques. Il faut au moins deux semaines pour qu'il soit activé et assure une protection contre les maladies qui est particulièrement importante en matière de maladies respiratoires, qui peuvent nuire gravement aux performances.

Conclusion

Dans les raids et autres épreuves d'endurance, il faut permettre au cheval de manger et de boire pour reconstituer ses réserves d'eau et d'énergie. On doit lui fournir des suppléments d'électrolytes pour compenser les pertes par la sueur, et le rafraîchir aux étapes en lui épongeant la tête, l'encolure et les membres avec de l'eau.

Il est important d'observer soigneusement le cheval pendant toute l'épreuve : il ne peut pas parler, sa seule défense contre le surmenage est de s'exprimer par son attitude ou son manque d'ardeur ou d'énergie. Il faut être attentif et à l'écoute. Le propriétaire ou l'entraîneur peuvent ainsi contribuer à la durée et à la qualité de la carrière sportive du cheval.

9

ENGORGEMENT DES MEMBRES : CAUSES ET TRAITEMENTS

Fig. 9-1. Une grande prudence s'impose pour prévenir des blessures des membres du cheval.

DÉTERMINATION DE LA CAUSE

La découverte d'un gonflement mystérieux d'un membre doit faire analyser méthodiquement la situation ; il peut résulter d'un traumatisme ou être en relation avec une maladie systémique, qui affecte tout l'organisme. Les tissus des membres n'ont pas une grande capacité d'expansion, et le gonflement des membres provoque de la douleur en étirant la peau. Il faut donc commencer par

243

recueillir des informations et rechercher si le cheval boite du membre gonflé. On l'observe d'abord au pas, puis au trot, s'il semble se déplacer sans difficulté. On examine ensuite le membre pour préciser l'origine du problème et si le gonflement porte sur la peau ou les tissus mous, un tendon ou une articulation. On recherche aussi avec soin des écorchures, des coupures ou des piqûres éventuelles. Si le paturon est gonflé, on soulève le pied pour rechercher un clou ou autre objet pointu implanté dans le sabot. Il faut prendre la température rectale, qui doit être normalement inférieure à 38 °C et rechercher si plusieurs membres sont gonflés.

On doit se remémorer le travail des jours précédents. Le terrain était-il bon ? Le cheval a-t-il glissé ? A-t-il travaillé trop longtemps ou trop vite sur un sol dur ? A-t-il été mis au pré, seul ou avec des congénères ?

Ces questions peuvent permettre de reconnaître la cause du gonflement. Les réactions inflammatoires peuvent être traitées de nombreuses façons et il est sage de consulter un vétérinaire avant de commencer tout traitement.

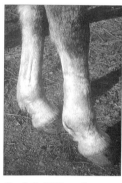

Fig. 9-2. Œdème du canon antérieur droit.

LÉSIONS DES TENDONS ET DES LIGAMENTS

Les traumatismes ou les lésions des tendons et des ligaments peuvent commencer par un léger gonflement de la face postérieure du canon ou du paturon. Dans toutes les inflammations, des protéines passent des vaisseaux dans les tissus voisins. Elles attirent des globules blancs destinés à « nettoyer » la zone. Du liquide passe aussi dans les tissus et le membre gonfle davantage. À la fin de leur travail, les globules blancs meurent et libèrent des enzymes toxiques pour les cellules environnantes. Davantage de globules blancs et d'eau envahissent la zone. Le cycle inflammatoire se perpétue et le gonflement est ainsi entretenu.

Œdème

Normalement, le liquide qui diffuse des capillaires vers les tissus, leur apporte des globules blancs, des éléments nutritifs et de l'oxygène. Le rôle du système lymphatique est de drainer ce liquide et de le ramener à l'appareil circulatoire. En cas d'inflammation, l'appareil lymphatique ne peut pas éliminer le liquide et celui en excès gonfle les cellules et les espaces intercellulaires. Le résultat est un œdème. Si l'on comprime les tissus gonflés, le liquide peut être déplacé, en particulier dans les zones où la peau peut s'étirer, l'œdème garde ainsi l'empreinte du doigt (signe du godet).

L'œdème des membres s'auto-entretient. L'expansion des tissus augmente la distance que les éléments nutritifs doivent parcourir pour parvenir aux cellules, et leur gonflement comprime les vaisseaux et entrave encore davantage le drainage du liquide.

Fig. 9-3. Œdème du ventre avec « **signe du godet** ».

LÉSIONS ARTICULAIRES

Les gonflements articulaires peuvent être graves et doivent être montrés à un vétérinaire. Les traumatismes articulaires dus à une chute, à un coup de pied ou à une fracture, répondent bien à une application immédiate de glace en attendant le vétérinaire.

Molettes

Les molettes affectant le boulet résultent d'un travail intense, de carences alimentaires ou de traumatismes. Elles peuvent également se former quand un cheval habitué à travailler intensément cesse soudain pendant quelques jours. En pareil cas, elles peuvent disparaître avec le travail

Dans la plupart des cas elles ne s'accompagnent pas de douleur, de chaleur ni de boiterie. Une fois formées, elles peuvent persister toute la vie. Une molette ancienne peut également s'indurer. En l'absence de boiterie, aucun traitement n'est généralement nécessaire en dehors d'un exercice léger et d'une amélioration de l'alimentation.

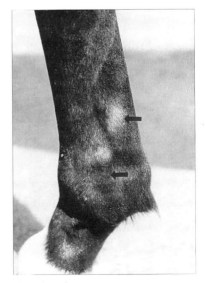

Fig. 9-4. Molettes.

245

Luxations et perforations

Les luxations et les ponctions des articulations provoquent un gonflement et une boiterie marqués. Un traitement vétérinaire rapide et agressif est nécessaire pour guérir ces affections et prévenir d'éventuelles séquelles.

Arthrite du poulain

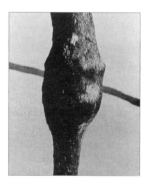

Fig. 9-5. Gonflement du genou chez un poulain.

Un poulain dont une ou plusieurs articulations sont gonflées, peut souffrir d'une polyarthrite due à une infection ombilicale suivie d'une une diffusion des germes par voie sanguine. Chez le très jeune poulain, la rupture du tendon extenseur commun du doigt sur le devant du canon provoque un gonflement en face externe du genou ou du jarret. Les poulains au sevrage ou les yearlings peuvent souffrir d'une épiphysite (inflammation du cartilage d'accroissement), qui donne une forme en sablier au boulet ou provoque une augmentation de volume du genou, qui est bosselé et douloureux.

TRAITEMENT DES ENGORGEMENTS DES MEMBRES

Traitement par le froid

La connaissance du mécanisme de l'inflammation permet d'établir certains principes thérapeutiques. Les affections pouvant être traitées par le froid comprennent :
- les lésions ligamentaires et tendineuses,
- les suros,
- les lésions musculaires,
- les lésions dues à coups de pied,
- les atteintes (blessures provoquées par le choc des membres entre eux).

L'idéal est que le froid soit appliqué immédiatement après la blessure et pendant 48-72 heures. L'application se fait le mieux sous forme de glace ou par immersion dans un seau ou un cours d'eau. Il faut envelopper la glace dans des linges pour éviter une gelure de la peau.

Effets du froid

Effet anti-inflammatoire

Le traitement par le froid bloque le processus inflammatoire en provoquant la contraction des capillaires et en réduisant ainsi la circulation dans la partie enflammée. En réduisant les microhémorragies et la formation d'un hématome, le traitement réduit ainsi le passage de liquide dans les tissus. L'hémorragie et l'œdème désorganisent les fibres des tendons ou des ligaments. À la guérison du tissu fibreux cicatriciel se forme alors en excès ce qui épaissit les tendons. Un traitement précoce par le froid et un pansement compressif réduisent la formation de ce tissu.

Effet antalgique

Le froid soulage également la douleur (effet analgésiant), car les températures comprises entre 10 et 15 °C ralentissent la conduction des influx nerveux. L'analgésie réduit les contractures musculaires et tendineuses associées à la douleur.

Sur les tendons, la disparition de la douleur et de la boiterie sous l'effet du froid donne une impression fausse de guérison. Le froid augmente également la rigidité du collagène des fibres des tendons et des ligaments et en diminue l'élasticité. Même si le cheval ne boite pas, un exercice prématuré ou éprouvant serait extrêmement nocif et pourrait aggraver les lésions. Le repos est le traitement consacré par l'expérience de la plupart des lésions tendineuses.

Fig. 9-6. Application d'un sachet réfrigérant.

Durée des applications

Sur les muscles, une application de froid pendant 25 minutes environ est nécessaire pour obtenir l'effet recherché. Au début, la température du muscle s'accroît sous l'effet d'une augmentation réflexe de la circulation. La température commence ensuite à baisser dans les parties plus profondes du muscle et continue à le faire pendant encore 10 minutes après la fin de l'application du froid. Si le cheval reste au repos après le traitement, le tissu musculaire ne retrouve pas sa température normale avant quatre heures. Le repos prolonge ainsi les effets du traitement par le froid. Un massage du muscle relâche également les contractures. Les articulations se refroidissent plus lentement que les muscles et gardent le froid pendant deux heures au maximum. Si l'articulation peut être mobilisée sans danger, des flexions intermittentes pendant l'application du froid accélèrent le refroidissement.

Le froid réduit l'engorgement des organes profonds comme les muscles ou les articulations mais, à des températures inférieures à 15 °C, il augmente l'œdème sous-cutané. Un bandage légèrement compressif contrôle ce gonflement dû au refroidissement. Les avantages du traitement par le froid l'emportent largement sur l'inconvénient de ce léger œdème superficiel.

Bandage

Après leur refroidissement, il faut, dans la mesure du possible, appliquer un bandage sur le tendon, les suros, les articulations ou les muscles lésés. Les bandages ont comme effets bénéfiques :
- de réduire le gonflement,
- de favoriser une réparation sans formation excessive de tissu cicatriciel,
- de soutenir les organes blessés,
- d'empêcher l'extension du gonflement aux autres parties du membre.

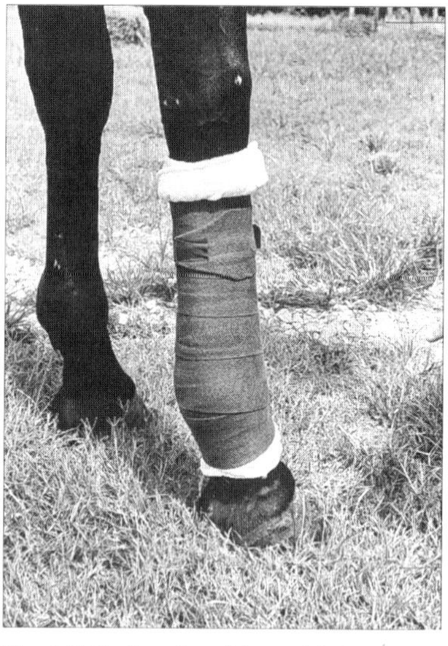

La pesanteur favorise la progression de l'engorgement vers la partie inférieure du membre. Ainsi, en cas de blessure située au-dessus du boulet, il est préférable d'appliquer le bandage du sabot au jarret ou au genou. Le pansement est ainsi également moins exposé à glisser dans une position où il gênerait la circulation.

Si un gonflement apparaît au-dessus du bandage, si le cheval essaie de l'arracher ou frappe le sol avec le pied, il faut vérifier qu'il n'est pas trop serré. Un rembourrage de coton empêche un serrage excessif involontaire, qui pourrait gêner la circulation ou comprimer les tendons. Le bandage doit être appliqué de façon régulière, sans former de plis ni de bosses.

Fig. 9-7. Un bandage léger réduit l'œdème et la formation de tissu cicatriciel.

Traitement par la chaleur

On commence le traitement par la chaleur après deux ou trois jours de traitement par le froid. En réchauffant les tissus entourant la lésion, le traitement pousse l'organisme à « refroidir » la zone en dilatant les vaisseaux et en augmentant le flux sanguin. L'apport d'oxygène est accru et le sang apporte des globules blancs, des anticorps et des éléments nutritifs aux tissus. Les vaisseaux lymphatiques peuvent alors à nouveau drainer les déchets et le liquide d'œdème. La douleur diminue et la réparation des tissus est favorisée. L'augmentation de la circulation provoque un léger œdème sous-cutané et un bandage léger est donc bénéfique après le traitement par la chaleur.

Le poil et la peau épaisse du cheval forment une couche isolante et il faut davantage de temps pour réchauffer les organes profonds que les organes superficiels. Une application de la chaleur de 20 minutes suffit généralement sur les membres.

Les troubles bénéficiant du traitement par la chaleur comprennent :
- les contusions,
- les inflammations des muscles ou des nerfs,
- les entorses légères,
- les arthrites.

L'immersion dans de l'eau chaude ou les bouillottes chaudes sont plus efficaces que la chaleur sèche fournie par exemple par un coussin chauffant électrique. Il faut placer un linge entre la peau et la source de chaleur pour prévenir une brûlure et conserver la chaleur. La chaleur appliquée ne doit pas être excessive et 50 °C suffisent.

Les lésions et le gonflement peuvent être aggravés, si, par erreur, on a appliqué la chaleur immédiatement après la blessure et qu'on a ainsi augmenté la circulation et le métabolisme dans la zone lésée. Au bout de trois jours, par contre, les hémorragies microscopiques ont cessé et la réparation a commencé. Le traitement par la chaleur combat alors les contractures et la douleur qui leur est associée, et favorise le nettoyage de la zone lésée.

Principe de la suée *(sweating)*

Le *sweating* est une autre forme de traitement par la chaleur. On peut préparer un *sweating* efficace en associant du DMSO (diméthyl-sulfoxyde) et une préparation de nitrofurazone. Il agit en augmentant la circulation et la chaleur dans les tissus. Sous un bandage, on applique une feuille de plastique pour retenir la sueur, ce qui crée une barrière liquide et retient la chaleur en empêchant un refroidissement par évaporation. Il ne faut pas laisser le bandage plus de 48 heures pour éviter une irritation de la peau.

Sulfate de magnésium

L'addition de sulfate de magnésium aux enveloppements chauds et humides favorise la résorption des gonflements. Il faut faire fondre deux tasses de sulfate de magnésium dans quatre litres d'eau chaude et baigner la zone pendant 20 minutes.

Cataplasmes

Les cataplasmes du commerce réduisent l'œdème d'une zone enflammée de la même façon que le sulfate de magnésium. On les applique sous une couche de matière absorbante, telle que du coton. Ceux du commerce « attirent » l'œdème et fournissent un environnement chaud et humide. On applique au-dessus du coton un bandage légèrement compressif pour maintenir le cataplasme en place et soutenir les tissus mous. Les bandes Gelocast ND imprégnées d'oxyde de zinc et autres sont d'excellents cataplasmes tout préparés, qu'il suffit de recouvrir d'une bande adhésive élastique.

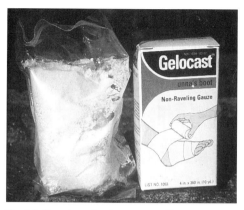

Fig. 9-8. Gaze imprégnée pour emplâtre.

Liniments et baumes

De nombreux liniments et baumes anciens provoquent également un échauffement et augmentent la circulation par un léger effet d'irritation chimique de la peau. Les sportifs, humains et équins, utilisent avec profit ces produits, dont la plupart ne doivent cependant pas être appliqués sous un bandage, car il existe un risque de brûlure de la peau. Il faut toujours lire les notices et suivre les instructions du fabricant.

Autres traitements

DMSO

Utilisé comme un cataplasme, le DMSO a un effet anti-inflammatoire très efficace. Il irrite parfois la peau et peut provoquer une légère chute des poils. Il ne faut pas l'appliquer sur des surfaces à vif ni des blessures. On doit porter des gants pour l'appliquer, car il traverse facilement la peau de l'utilisateur.

Massages et hydrothérapie

Les massages appuyés sont utiles dans les lésions musculaires et tendineuses, en association avec le traitement par le froid et la chaleur. Les massages augmentent la circulation et rompent les adhérences dues au tissu cicatriciel. On masse le membre à la main ou en le douchant avec un jet puissant (hydrothérapie). Il existe dans le commerce des bottes pour bain tourbillonnant. On peut créer un bain tourbillonnant en inversant un aspirateur pour lui faire souffler de l'air au lieu de l'aspirer. L'air envoyé dans l'eau provoque des turbulences, mais il faut être extrêmement prudent, quand on utilise l'électricité à proximité d'eau.

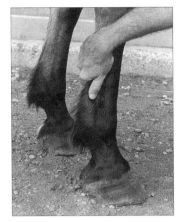

Fig. 9-9. Massage du tendon.

Exercice

La marche en main ou dans un manège d'exercice augmente la circulation sanguine dans les membres et réduit la formation d'adhérences au sein du tissu cicatriciel des tendons ou des ligaments blessés. Un exercice léger peut commencer lorsque l'inflammation aiguë a disparu, soit 2 jours à 2 semaines après la blessure. L'engorgement des membres dû à la sédentarité ou les œdèmes liés à la gestation répondent rapidement à un exercice léger.

Médicaments

On associe les médicaments à l'hydrothérapie et au repos. On emploie couramment les anti-inflammatoires non stéroïdiens (AINS), tels que la phénylbutazone, la flunixine méglumine ou l'aspirine. Les AINS préviennent l'inflammation et réduisent le gonflement et la douleur ; ils peuvent cependant masquer des problèmes graves et en particulier des blessures devant être traitées par le vétérinaire. En réduisant la douleur qui protège le membre blessé, ils peuvent permettre un usage du membre qui aggrave les lésions.

AFFECTIONS GÉNÉRALES

Lorsqu'on examine le cheval, il faut rechercher si plusieurs membres sont gonflés, auquel cas il est recommandé d'appeler immédiatement le vétérinaire.
Il ne faut pas négliger ce qui est le plus simple, c'est-à-dire le banal engorgement des membres dû à un ralentissement de la circulation résultant du séjour à l'écurie ou dans un petit enclos. La gestation avancée gêne souvent la circulation

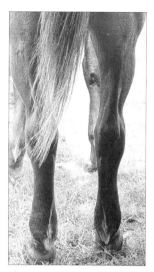

Fig. 9-10. Engorgement des membres dû à une mauvaise circulation.

et provoque également un gonflement des membres. Un engorgement complet de plusieurs membres peut indiquer une affection générale comme :
- une affection cardiaque,
- une tumeur ou un abcès bloquant la circulation lymphatique,
- une carence alimentaire en protéines,
- des pertes de protéines liées à un parasitisme intestinal ou à une maladie du foie, du rein ou des intestins,
- des infections virales comme la grippe équine ou l'artérite virale équine,
- des réactions vaccinales,
- une forme allergique de la gourme, appelée purpura hémorragique (ou anasarque), qui provoque une vasculite avec augmentation de la perméabilité des vaisseaux.

Les cavaliers soignent depuis des siècles les membres malades de leurs chevaux par le froid et la chaleur. La science moderne n'a fait qu'expliquer le mécanisme d'action et a établi les limites de cette méthode de traitement, qui, bien appliqué, est toujours efficace.

10

LÉSIONS DES TENDONS, PRÉVENTION ET TRAITEMENT

Au cours de l'évolution qui a permis au cheval de fuir les prédateurs, les os de la partie inférieure de ses membres se sont allongés. Des os plus longs fournissent en effet un plus grand bras de levier, ce qui augmente la puissance des muscles le propulsant. Quand les tendons unissant les muscles aux os passent au-dessus d'une articulation, le mouvement de flexion de celle-ci amplifie la contraction musculaire. La force transmise par les tendons permet la locomotion. Les chevaux de sport sont exposés à des lésions des tendons parce que chacune de leurs enjambées sollicite ces structures élastiques.

Fig. 10-1. L'énergie musculaire transmise par les tendons permet la locomotion.

La *tendinite* est une inflammation n'affectant que le tendon, alors que la *ténosynovite* est l'inflammation du tendon et de sa gaine. La déformation du tendon fléchisseur du doigt en « ventre de truite » est due à son épaississement par du tissu cicatriciel formé à la suite de son inflammation.

La tendinite peut prendre diverses formes selon qu'elle atteint la totalité du tendon (ventre de truite proprement dit) ou seulement sa partie haute (sous le genou), sa partie moyenne (au milieu du canon) ou sa partie basse (au-dessus du boulet). La carrière sportive du cheval atteint de tendinite n'est pas nécessairement terminée. La récupération fonctionnelle et la résistance ultérieure du tendon à de nouveaux traumatismes dépendent du traitement et de la réparation de la lésion en cause.

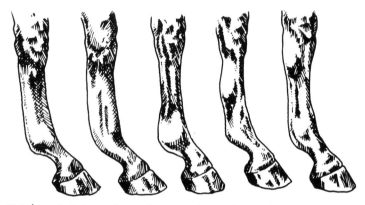

Fig. 10-2. À partir de la gauche, tendon normal et tendinites affectant tout le tendon ou ses parties basse, moyenne et supérieure.

Une étude a montré que 25 % des chevaux cliniquement normaux présentent des lésions microscopiques de dégénérescence des tendons. Si l'anomalie s'étend et si le tendon est distendu de façon brutale ou répétée, une tendinite clinique apparaît.

Structure des tendons

Les tendons sont formés de faisceaux de fibres collagènes orientés longitudinalement et la plupart possèdent une gaine tendineuse qui leur permette de glisser en douceur au-dessus des autres organes du membre. Sous l'effet du poids corporel, les tendons s'étirent légèrement par élasticité. Dans le tendon ainsi modérément étiré, les fibres collagènes conservent leur disposition linéaire parallèle. Elles reviennent à leur état initial quand la traction est supprimée.

LÉSIONS DES TENDONS, PRÉVENTION ET TRAITEMENT

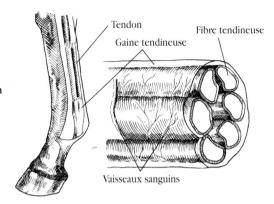

Fig. 10-3. Structure du tendon et de sa gaine.

Lésions des tendons

Interactions muscle-tendon

Une des fonctions normales des tendons fléchisseurs disposés derrière l'os principal du canon est de soutenir le boulet qu'ils empêchent de s'affaisser jusqu'au sol quand le membre est à l'appui. Normalement, les muscles réduisent la traction sur les tendons les reliant aux os. Quand le muscle se fatigue, des tremblements du muscle et du tendon (unité musculo-tendineuse) augmentent la tension sur les fibres collagènes du tendon. Lorsque des groupes musculaires se fatiguent, le membre s'affaisse anormalement ce qui donne lieu par exemple à une dorsiflexion du boulet qui s'affaisse ainsi, et les tendons fléchisseurs sont distendus.

Surcharge des tendons

Le tendon s'adapte d'abord à la traction, mais une surcharge du membre peut l'étirer au-delà de sa limite d'élasticité. S'il est étiré de plus de 5-6 % de sa longueur, les fibres se rigidifient et il en résulte des lésions irréversibles. Comme

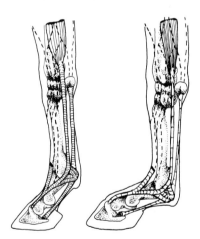

Fig. 10-4. À gauche, boulet normal ; à droite, dorsiflexion du boulet (conformation bas-jointée).

un ruban de caoutchouc distendu, le tendon ne reprend pas sa forme initiale une fois la traction excessive supprimée ; il peut même se rompre, s'il est étiré de plus de 8 % de sa longueur.

Entraînement et tendons

Une surtension des tendons due à une surcharge résulte d'efforts excessifs pour lesquels le cheval n'a pas été préparé. L'entraînement est une façon de prévenir et de traiter les tendinites. Des mises en charge légères et répétées des tendons dans ce cadre les accoutument à répondre aux sollicitations mécaniques. Ils deviennent ainsi plus élastiques et plus résistants aux étirements.

Fig. 10-5. Les sports comportant des virages brusques peuvent provoquer des lésions tendineuses.

Si le cheval se fatigue, si l'entraînement comprend trop de sauts, de virages soudains et de pointes de vitesse ou si le terrain est inégal, les tendons sont déstabilisés quand les muscles correspondants commencent à se fatiguer ou sont surchargés. Il est donc important de préparer convenablement le cheval au sport auquel il est destiné. D'autres facteurs mécaniques, tels qu'une mauvaise conformation, des anomalies des allures, un pied déséquilibré ou des activités à risque élevé, contribuent également aux lésions tendineuses et doivent être pris en compte.

Facteurs mécaniques responsables des tendinites

Anomalies des allures

Si le pied n'est pas soulevé assez rapidement quand le corps se déplace vers l'avant, le tendon fléchisseur superficiel du doigt est étiré. Le muscle fléchisseur superficiel du doigt se contracte lorsque le corps est propulsé vers l'avant. Son tendon devrait se raccourcir, mais si le paturon n'est pas assez vite soulevé et porté vers l'avant, le boulet s'affaisse, alors que le corps poursuit son déplacement vers l'avant. Le tendon se trouve alors étiré.

Les situations pouvant entraîner de telles anomalies des allures et une tendinite comprennent :
- les sols glissants faisant déraper le pied vers l'arrière, si bien que le membre est trop engagé sous le corps et ne peut pas être rapidement soulevé et porté vers l'avant ;

- les sols profonds, comme la boue, le sable ou la neige, dans lesquels le pied s'enfonce et ne peut pas être soulevé assez vite ;
- les fers à crampons ou à éponges prolongées, qui retiennent le pied et retardent son élévation et son déplacement vers l'avant ;
- un appui irrégulier qui surcharge le tendon.

Fig. 10-6. Les crampons peuvent retenir le pied et retarder son élévation et son déplacement vers l'avant.

Déséquilibre du pied

Un déséquilibre du pied favorise un appui irrégulier responsable d'une mise en charge inégale et d'une torsion du membre. On pensait autrefois qu'en élevant les talons d'un cheval atteint de tendinite, on diminuerait la traction sur le tendon, mais le raisonnement est faux car l'élévation des talons augmente l'allongement du tendon lors de la prise d'appui (descente du boulet supérieur) et distend celui déjà lésé. Une tendinite grave peut bénéficier d'un léger abaissement des talons, mais il est préférable de parer le pied de façon normale. La rupture de l'axe phalangien interfère également avec une bascule normale du pied. Par exemple, un pied à pince longue et à talons bas retarde l'élévation et le déplacement du pied vers l'avant.

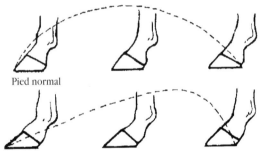

Pied normal

Pied à pince longue et talons bas

Fig. 10-7. La conformation avec pince longue et talons bas du pied retarde son élévation et son déplacement vers l'avant.

Mauvaises conformations

Les genoux renvoyés ont le même effet que les pieds à pince longue et à talons bas : ils étirent les tendons fléchisseurs en retardant la bascule du pied. Une conformation « long jointée » et « droit jointée » prédispose aux tendinites en augmentant la descente du boulet lors de l'appui.

LÉSIONS DES TENDONS, PRÉVENTION ET TRAITEMENT

Activités à risque

Certaines activités sportives provoquent une dorsiflexion du boulet et augmentent le risque d'étirement des tendons. Le jumping ne met pas seulement anormalement en charge les antérieurs à la réception du saut, mais il comporte également souvent des virages serrés soudains ou il se fait sur un sol inégal. Le travail du bétail, la course aux tonneaux et le polo sont d'autres exemples d'activités mettant brutalement en charge les antérieurs dans les virages ou lors des déplacements rapides. Les raids, la descente de pentes ou le grand galop des courses sollicitent l'ensemble de l'unité musculo-tendineuse.

Fig. 10-8. Le saut est une activité comportant un risque élevé de lésion tendineuse.

Dans certains cas il est nécessaire de changer l'utilisation primitive d'un cheval blessé pour lui permettre de poursuivre une carrière. Un cheval d'obstacle peut devenir une monture de loisir. Les chevaux de travail du bétail peuvent faire des animaux de randonnée, et d'un cheval de course, on peut faire un hunter, un cheval de dressage ou d'attelage.

RÉGIONS EXPOSÉES AUX LÉSIONS

Canon

Plusieurs zones de l'antérieur du cheval sont plus fréquemment blessées que d'autres. Le tendon fléchisseur superficiel du doigt disposé derrière l'os métacarpien principal est particulièrement exposé, car il supporte la traction la plus forte. C'est également le plus éloigné du centre de l'articulation du boulet. Les lésions se produisent souvent au point où le tendon a la section la plus faible, c'est-à-dire à mi-hauteur du canon. Le tendon est plus rigide et moins élastique à ce point de moindre section, où la charge par unité de surface est maximale.

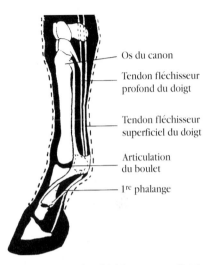

Fig. 10-9. Le tendon fléchisseur superficiel du doigt est particulièrement exposé aux lésions.

Boulet

Le boulet est également une zone très exposée aux lésions. Si le tendon fléchisseur profond du doigt est lésé, une augmentation de volume se produit au-dessus du boulet. Le pronostic des lésions tendineuses au niveau du boulet ou du paturon est moins bon que celui des lésions des parties plus élevées du membre. Les tendons étant entourés à ces niveaux par la gaine digitale, le processus de réparation s'accompagne de la formation d'une quantité plus importante de tissu conjonctif, qui gêne le glissement du tendon à l'intérieur de la gaine.
Le ligament annulaire palmaire, bande rigide de tissu conjonctif dense, croise horizontalement la face postérieure du boulet et peut être impliqué dans les tendinites basses. Il ne s'étire pas quand le tendon fléchisseur profond du doigt augmente de volume et il étrangle ainsi le tendon enflammé. La pression permanente qu'il exerce gêne la circulation sanguine

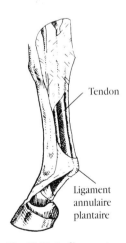

Fig. 10-10. Le ligament annulaire palmaire comprime le tendon, si celui-ci est enflammé.

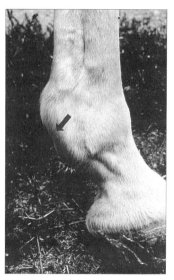

dans le tendon. Il en résulte une mort des fibres tendineuses, une réduction des mouvements de glissement du tendon et la formation d'adhérences entre la gaine et le tendon. La constriction exercée par le ligament annulaire fait apparaître une dépression en face postérieure du boulet et une saillie marquée au-dessus et/ou au-dessous.

Une intervention chirurgicale précoce, levant la constriction par le ligament, améliore le pronostic quant à une récupération fonctionnelle. Si on laisse évoluer trop longtemps les adhérences avant d'intervenir, elles font adhérer les organes entre eux, d'où une limitation définitive des mouvements du tendon et une douleur.

Fig. 10-11. La dépression dans le gonflement est due à sa constriction par le ligament annulaire palmaire.

RÉPARATION DES TENDONS

Des déchirures initialement microscopiques des fibres du tendon peuvent évoluer vers une déchirure étendue. L'inflammation associée fait apparaître les signes cliniques de douleur, de chaleur et de gonflement. Les hémorragies capillaires à l'intérieur du tendon déclenchent une réaction inflammatoire. Avec l'œdème elles désorganisent les fibres disposées en faisceaux parallèles serrés, orientés longitudinalement. Le tendon est le plus affaibli 5-7 jours après la blessure, au cours de la phase d'inflammation aiguë, qui peut durer jusqu'à 14 jours. Les tendons se réparent bien avec le temps et un traitement approprié. Pour mieux comprendre comment favoriser la réparation et une récupération fonctionnelle rapide, il est utile d'étudier les mécanismes de réparation des tendons.

Fibrine et tissu de granulation

La fibrine est un composant du sang qui réunit les fibres collagènes tendineuses déchirées. Les trois premières semaines suivant la blessure, celle-ci forme autour du tendon une sorte de cal, à base de tissu fibreux et de vaisseaux. Ce « cal » réunit les parties lésées et transforme la fibrine en une sorte de charpente guidant la suite de la réparation. Comme toute blessure, la lésion tendineuse est ensuite réparée par du tissu de granulation et du tissu conjonctif fibreux. Les vaisseaux propres du tendon n'alimentent qu'environ 25 % de son volume. Comme l'inflammation limite la circulation à l'intérieur du tendon, les éléments de la réparation doivent venir du péritendon, tissu entourant le tendon. Plus le péritendon participe à la réparation, plus il se forme de tissu cicatriciel et d'adhérences qui limitent les mouvements de glissement du tendon à l'intérieur de la gaine et son élasticité.

Pendant la réparation, du tissu de granulation se forme puis se transforme en tissu fibreux. L'inflammation provoque un épaississement définitif du tendon par du tissu cicatriciel, ce qui rend convexe le profil normalement rectiligne du tendon.

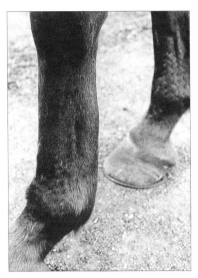

Fig. 10-12. Tendon « claqué » épaissi par du tissu cicatriciel.

Les mois suivants le tendon réparé est remanié. Les fibres collagènes reprennent une orientation longitudinale normale. Six semaines après la blessure, la formation de collagène l'emporte généralement sur la destruction. Le troisième mois, les fibres commencent à former des faisceaux individualisés qui redeviennent semblables à ceux du tendon normal dès le quatrième mois.

Exercices favorisant la réparation

Au cours de la réparation du tendon, des exercices contrôlés de mobilisation passive du membre réorientent longitudinalement les fibres collagènes, en exerçant une tension légère sur le tendon. Cette mobilisation lente et de faible amplitude consiste en flexions et en extensions manuelles du membre, pendant 10 à 15 minutes, deux ou trois fois par jour. Il faut commencer un exercice léger au pas

Fig. 10-13. La mobilisation passive du membre réaligne les fibrilles collagènes.

lorsque l'inflammation aiguë a disparu et augmenter progressivement l'exercice au cours des mois suivants. Il est sage de ne pas exagérer les exercices passifs, car les effets de la thérapie passive sont mal connus.

Une activité physique violente interfère avec la réparation et peut provoquer des récidives. Les essais pour rompre en force les adhérences sont nocifs, alors qu'un allongement et un étirement doux du tissu cicatriciel donnent de meilleurs résultats.

Durée de la réparation

Le temps nécessaire pour la guérison dépend de l'étendue des lésions. Il peut être d'un mois au minimum pour une légère déchirure tendineuse et les lésions plus graves peuvent demander au moins 10 mois pour une réparation complète du tendon. Il peut falloir un an, un an et demi pour une récupération optimale du cheval. Il est indispensable de suivre les recommandations du vétérinaire et d'accorder au cheval une période de récupération suffisante pour prévenir une récidive.

Les signes de « guérison » peuvent être trompeurs. Chez de nombreux chevaux, la pression digitée sur le tendon peut ne plus être douloureuse 10 semaines après l'accident. La zone peut également être ni chaude ni gonflée. Il existe cependant encore des parties lésées du tendon, qui ne sont qu'au début de leur réparation et qui exigent une plus longue période de repos que le reste du tendon.

Évaluation échographique de la réparation

Fig. 10-14. 2 types d'échographes.

L'échographie est utile pour apprécier les lésions tendineuses et suivre leur guérison. Seuls les signes cliniques permettaient d'apprécier la réparation du tendon avant son avènement. Une étude a montré que les manifestations externes ont peu de rapport avec la gravité des lésions tendineuses révélées par l'échographie

RÉPARATION DES TENDONS

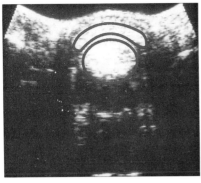
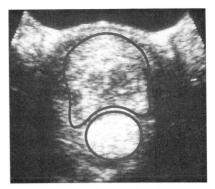

Fig. 10-15. Les vétérinaires utilisent l'échographie pour reconnaître et suivre les lésions tendineuses. À gauche, tendons fléchisseurs superficiel et profond du doigt, normaux. À droite, le tendon fléchisseur profond du doigt est intact mais le tendon fléchisseur superficiel est gravement lésé et désorganisé.

Dans cette étude, on ne percevait une chaleur que sur 17 % des tendons lésés. La chaleur disparaît longtemps avant que la réparation ne soit complète et elle n'est ainsi pas un signe fiable de l'aptitude à la reprise du travail. De même, chez seulement 19 % des chevaux de cette recherche, la pression digitée sur le tendon était douloureuse. Seulement 40 % boitaient, alors qu'un gonflement était visible chez 85 % d'entre eux. Ces chiffres démontrent que le degré de boiterie ou d'engorgement n'est pas un indicateur fiable de la gravité des lésions. Le recours à l'échographie est donc nécessaire pour évaluer précisément la gravité des lésions tendineuses et suivre leur réparation

Principe de l'échographie

L'échographie consiste à envoyer des ultrasons dans le tendon. Plus les tissus sont denses, plus ils résistent à cette pénétration des ondes, qui rebondissent à leur surface en donnant un « écho », et plus leur image sur l'écran est grise (échogénicité). Lorsque les ondes ultrasonores passent librement à travers du sang, un œdème ou autre liquide, l'image sur l'écran est noire, car les ondes n'ont pas renvoyé d'écho. L'échographie peut ainsi fournir une image en deux dimensions du tendon, qui permet d'évaluer l'étendue de la lésion et qui montre les zones de rupture ou d'épaississement du tendon.

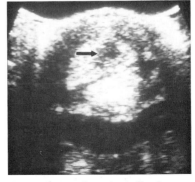

Fig. 10-16. La tache noire indiquée par la flèche est une lésion centrale du tendon.

263

Par exemple, une lésion fréquente, avec désorganisation grave des fibres et hémorragie, affecte le noyau central du tendon. À l'échographie, celui-ci apparaît comme un trou noir au centre du tendon. La taille du trou indique la gravité de la lésion et détermine le pronostic quant à un retour à des aptitudes normales. Qu'elles soient légères ou graves, toutes les lésions se manifestent initialement par de la douleur, de la chaleur et un gonflement. Cependant, le pronostic est radicalement différent pour une lésion grave du noyau central et un simple épaississement. L'échographie permet de les différencier d'emblée.

Suivi de la réparation

L'échographie est utile pour suivre la réparation du tendon. La couleur de plus en plus grise des images sur l'écran indique le degré de réparation. Cette information aide à décider d'une stratégie destinée à rétablir les performances du cheval. Après une période de repos appropriée et à mesure que l'échogénicité de la lésion augmente, on peut faire travailler le cheval plus vite et plus longtemps pour renforcer le tendon. L'exercice réoriente les fibres selon les lignes de tension. Il faut répéter les échographies à intervalles de 2-3 mois et suivre l'évolution pendant un à trois ans après l'accident.

RÉCIDIVE DES LÉSIONS TENDINEUSES

Une récidive peut se produire si le tendon est mis à l'épreuve prématurément, alors que l'échographie révèle une « lésion isolée en voie de réparation ». Les lésions tendineuses incomplètement guéries ne sont pas non plus à l'abri d'une aggravation. Une tendinite ne diminue pas la résistance ultérieure du tendon, mais son élasticité. Un tendon qui a été lésé, qu'il soit déformé ou non, peut être incapable de résister aux sollicitations normales de l'exercice.

Zones de transition

Les récidives ne se produisent pas nécessairement au niveau de la lésion initiale. Elles surviennent souvent juste au-dessus ou au-dessous du point où la structure du tendon est la plus modifiée. On les appelle zones de transition, car situées entre les parties normales et celle ayant été lésée. Des adhérences au niveau des zones de transition peuvent empêcher les fibres de s'orienter longitudinalement au cours de la guérison. Elles s'orientent anormalement ou peuvent se rompre prématurément avant leur réorganisation. Celles dont la disposition est lâche ou désordonnée, créent un point faible dans le tissu collagène.

Les adhérences sont rigides et obligent les parties peu élastiques du tendon situées au-dessus et au-dessous de la lésion originale à s'étirer exagérément. Les microtraumatismes répétés de cette partie agrandissent la partie traumatisée et provoquent une inflammation chronique et une boiterie.

TRAITEMENT DES TENDINITES

Il existe de nombreuses méthodes de traitement des tendinites. Elles ont pour but final de rétablir l'élasticité du tendon et ses mouvements de glissement. Comme on l'a déjà dit, la boiterie, la chaleur, la douleur et le gonflement du tendon ne sont pas des indicateurs fiables de la nature réelle des lésions mais ces signes peuvent être les seules informations disponibles en l'absence d'échographie. Lorsque ces symptômes apparaissent, il faut prendre des mesures d'urgence pour limiter les dommages.

Contrôle de l'engorgement

Le gonflement et les hémorragies locales aggravent les lésions des fibres tendineuses. Il est donc essentiel de contrôler le gonflement pour que le tendon se répare convenablement et pour réduire les adhérences. Si le cheval boite d'un membre ayant déjà présenté une lésion tendineuse ou si la pression sur le tendon est douloureuse, il faut immédiatement appliquer de la glace sur le membre ou le doucher pour limiter le gonflement. Un bandage légèrement compressif contrôle l'œdème sous-cutané associé au traitement par le froid, ainsi que les anti-inflammatoires non stéroïdiens, jusqu'à l'arrivée du vétérinaire. Le DMSO appliqué sur le tendon, sous un bandage léger, a également un fort effet anti-inflammatoire. Lorsque l'inflammation aiguë a disparu, le traitement par la chaleur améliore la circulation dans le tendon, augmente son élasticité et favorise la réparation. Selon la gravité des lésions, la phase d'inflammation aiguë peut durer de deux jours à deux semaines.

Chirurgie

En ce qui concerne les lésions du tendon fléchisseur superficiel du doigt, certains préconisent de sectionner la bride radiale pour réduire la traction sur le tendon lésé. Pratiquée à la phase initiale de la réparation, cette intervention réduit significativement la formation de tissu cicatriciel dans le tendon. La bride radiale se répare en s'allongeant, ce qui diminue la tension sur le tendon. La traction sur les zones de transition est limitée, car le muscle et le tendon situés au-dessus du genou supportent une partie du poids du corps.

Bandages

Après la période de repos pour tendinite, des bandes de soutien sont utiles, lors de la remise au travail, pour retarder la fatigue du membre blessé. On suppose qu'elles réduisent la dorsiflexion du boulet se produisant lorsque le membre se fatigue. Le boulet d'un membre muni d'un bandage en Equisport® (3M) ou Vetrep® peut par exemple amortir en dorsiflexion une énergie supérieure de 39 % à celle d'un membre non bandé. L'élasticité du bandage se substitue à celle des tendons lors de la descente du boulet sous l'effet du poids du corps et la traction sur les tendons est ainsi diminuée.

Fig. 10-17. Une bande soutient les tendons lésés et elle est parfois utilisée sur des membres sains pour prévenir des lésions.

Le soutien fourni par le bandage dépend de la tension sous laquelle on l'applique et de sa disposition. Plus le bandage est tendu, plus sa capacité d'amortissement est grande. Mais il faut veiller à ne pas serrer la bande au point d'arrêter la circulation, et en cas de doute, consulter un vétérinaire.

La méthode la plus polyvalente d'application du bandage Equisport est de l'étirer de moitié pour faire des tours croisés en huit, en commençant juste au-dessous du genou et en descendant en spirale jusqu'au boulet, en deux-trois couches, pour remonter à nouveau jusqu'au genou. Ainsi appliqué, le bandage ne réduit pas la mobilité du boulet et, étiré de moitié, il ne doit pas gêner la circulation ni comprimer les tendons.

Les bandages s'usent d'autant plus vite qu'ils absorbent davantage d'énergie. Le soutien qu'ils fournissent au membre diminue rapidement avec le nombre de flexions du boulet. Les études du bandage Equisport se sont concentrées sur son application aux chevaux de course chez qui le membre ne doit être soutenu que pendant 2 à 5 minutes. Il faut tenir compte de ce fait quand on envisage d'appliquer cette bande à des chevaux de randonnée, de dressage ou d'obstacles. Les bandages peuvent être plus nuisibles qu'utiles s'ils sont trop serrés, gênent la circulation locale et réduisent la mobilité du boulet.

CONDUITE À TENIR

Après une blessure des tendons, le cheval doit être gardé à l'écurie pendant au moins 2-3 semaines pour réduire ses mouvements. Ce repos forcé empêche une aggravation des lésions.

Pour favoriser une réorientation convenable des fibres par une mobilisation passive du membre, après disparition de l'inflammation aiguë, il faut fléchir et étendre de façon répétée le boulet plusieurs fois par jour, pendant de courtes périodes.

L'échographie permet de reconnaître précisément la lésion initiale et de suivre son évolution. Il faut agir avec prudence et en suivant les recommandations du vétérinaire basées sur l'échographie, avant de remettre le cheval au travail.

Rien ne remplace un entraînement convenable et le choix d'une activité sportive adaptée. En cas de lésions anciennes, on ne saurait surestimer l'importance d'un échauffement et d'un retour au calme convenables. Une bonne circulation sanguine dans les membres améliore l'élasticité de l'unité musculo-tendineuse et contribue à prévenir les lésions tendineuses.

11

MÉTHODES THÉRAPEUTIQUES MODERNES

La douleur ne se manifeste parfois chez les athlètes équins que par une dégradation des performances. Il arrive qu'ils ne manifestent une douleur subtile que par une dégradation de leurs performances. Des méthodes thérapeutiques modernes, associées à la médecine conventionnelle, peuvent soulager la douleur et guérir les lésions.

APPLICATIONS DES MÉTHODES THÉRAPEUTIQUES MODERNES

Diagnostic

Un diagnostic précis de la lésion est nécessaire pour apprécier valablement l'efficacité d'une méthode. Dans les programmes d'entraînement, l'utilisation de méthodes modernes telles que le monitorage cardiaque, permet de déceler une douleur éprouvée par le cheval lors du travail. On peut ainsi comprendre des dégradations des performances autrefois inexplicables. Une fréquence cardiaque durablement plus élevée que la normale pour un niveau d'effort donné indique une douleur liée à l'exercice.
L'enregistrement vidéo des allures sur un tapis roulant permet d'apprécier les mouvements des membres, de mesurer la longueur et le rythme des foulées et de déceler des troubles légers avant qu'ils ne s'aggravent. La thermographie est une technique de diagnostic qui fournit une image des gradients de tempéra-

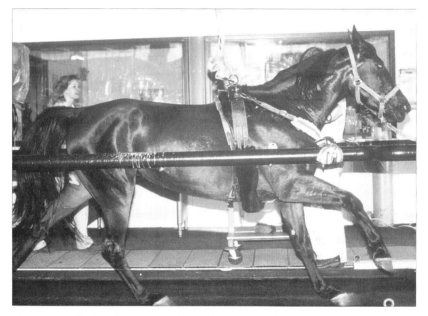

Fig. 11-1. L'utilisation d'un tapis roulant et de caméras vidéo pour analyser les allures permet de déceler des problèmes subtils avant qu'ils ne deviennent graves.

ture et décèle les inflammations, en particulier au niveau des extrémités des membres, de la colonne vertébrale, de la face et des muscles superficiels. Ces appareils permettent souvent de prévoir une défaillance.

Traitement des blessures

Les méthodes modernes ne sont pas seulement utiles pour définir le problème ; elles peuvent aussi être appliquées au traitement et accélérer le retour du cheval à une aptitude normale. Les chercheurs se sont récemment consacrés à l'étude des lasers ou des ultrasons appliqués au traitement des blessures. Dans de nombreux cas, les méthodes conventionnelles ne suffisant pas pour « guérir » une boiterie, on comprend que des entraîneurs ou des propriétaires déçus se tournent vers les techniques modernes pour apaiser des troubles chroniques n'ayant pas répondu aux traitements conventionnels.

Action sur la douleur

Aucune méthode n'est infaillible, en particulier quand il s'agit de guérison. Les thérapeutes ne peuvent qu'aider la nature et agir sur les processus biologiques de façon à les faire évoluer dans le sens désiré. De nombreuses méthodes modernes comme la *neurostimulation électrique transcutanée* (NET) soulagent la douleur sans toutefois guérir la lésion.

Quand une lésion se produit, la réaction de défense de l'organisme augmente la tension du muscle et il en résulte une diminution de la circulation sanguine. Des déchets s'accumulent ainsi dans la partie lésée. De plus, la réaction inflammatoire au sein de la lésion implique une production de prostaglandines et autres substances chimiques qui augmentent l'inflammation, la chaleur, le gonflement et la douleur. La suppression de la douleur limite la réaction inflammatoire et permet à l'organisme de guérir rapidement. Le problème persiste, certes, mais il n'interfère plus autant avec les performances. La neurostimulation électrique transcutanée, le laser et les ultrasons soulagent la douleur ; ces deux derniers favorisant également la guérison.

Action sur la guérison

Le laser et les ultrasons visent à stimuler la circulation sanguine dans les tissus, en se basant sur les connaissances scientifiques des facteurs biologiques favorisant la guérison. La stimulation électrique musculaire favorise la guérison. Celle-ci nécessite un apport convenable d'oxygène et d'éléments nutritifs aux tissus et l'élimination des déchets. Le laser, les ultrasons et la stimulation électrique musculaire ont un but semblable aux méthodes conventionnelles utilisant les médicaments, la chaleur et le froid.

Les méthodes alternatives sont peu efficaces pour traiter les lésions dans les cas où la nécessité d'un traitement médical ou chirurgical conventionnel est évidente. En revanche, l'association des méthodes modernes aux traitements chirurgicaux, pharmaceutiques ou physiothérapiques conventionnels améliore les chances de succès.

PRATIQUES ANCIENNES ET MÉTHODES MODERNES

Un certain nombre de techniques nouvelles exploitent les connaissances « modernes » sur les processus de guérison, tout en mettant en jeu les principes anciens de l'acupuncture et de l'acupression pour traiter les blessures. Elles combinent les principes médicaux occidentaux et orientaux. L'acupuncture et l'acupression agissent en stimulant des faisceaux et des méridiens nerveux spécifiques, qui interagissent directement avec la partie blessée du corps. Ces « points » peuvent actuellement être stimulés de nombreuses façons au moyen des appareils modernes.

MÉTHODES MODERNES THÉRAPEUTIQUES

Acupuncture

Dans l'art ancien de l'acupuncture, on stimule des fibres nerveuses spécifiques au moyen d'aiguilles. De nombreux et bons ouvrages ont été publiés sur les formes simples d'acupuncture et d'acupression. Le présent chapitre ne s'intéresse qu'aux formes modernes de ses pratiques, qui utilisent les appareils modernes pour stimuler les points d'acupuncture par :
- application de chaleur,
- injection de médicament ou de solution saline destinée à prolonger la stimulation nerveuse,
- stimulation électrique.

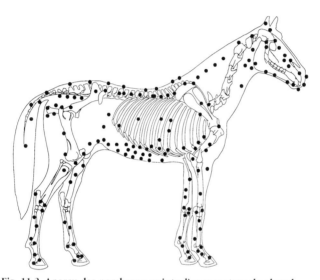

Fig. 11-2. Aperçu des nombreux points d'acupuncture du cheval.

Acupression

L'acupression est dérivée de l'acupuncture. Elle vise à stimuler les mêmes points que l'acupuncture, mais sans traverser la peau. Elle n'exige pas de connaissances techniques et il existe de nombreuses façons de l'utiliser dont l'une est le massage. Une autre forme fréquente de son application est l'utilisation du tord-nez.

Tord-nez et endorphines

Le tord-nez calme et détend le cheval pendant qu'on pratique une intervention légèrement douloureuse. Lorsqu'il est appliqué, la fréquence cardiaque peut diminuer de 8 %, ce qui est exactement le contraire de ce qu'on attendrait d'une expérience douloureuse ou effrayante.

On suppose que le tord-nez stimule des fibres nerveuses spécialisées de la peau, ce qui provoque la libération de substances chimiques par le système nerveux central. On appelle endorphines ou enképhalines ces substances analogues de la morphine. Des chercheurs ont dosé ces substances dans le sang et ont constaté que leur taux augmentait de 81 % sous application du tord-nez et revenait à la normale dans les 30 minutes suivant son retrait.

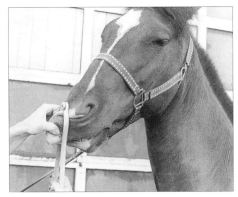

Fig. 11-3. L'application du tord-nez provoque la libération d'endorphines et d'enképhalines.

ÉLECTROTHÉRAPIE

Neurostimulation électrique transcutanée

La neurostimulation électrique transcutanée ou NET est une méthode de stimulation électrique des points d'acupuncture qui soulage les symptômes douloureux.

Elle utilise des courants électriques d'un voltage suffisant pour exciter les points d'acupuncture, mais assez faible pour ne pas provoquer de contractions musculaires prolongées. On applique le courant électrique au moyen d'une électrode rembourrée placée sur la peau. Les électrodes excitent les récepteurs

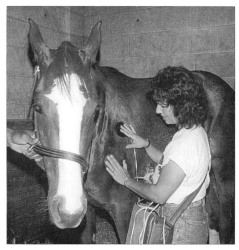

Fig. 11-4. Neurostimulation électrique transcutanée.

MÉTHODES MODERNES THÉRAPEUTIQUES

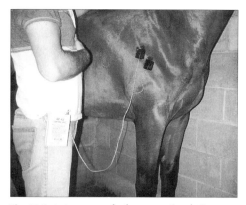

Fig. 11-5. Autre exemple de neurostimulation électrique transcutanée.

nerveux de la peau et des tissus superficiels. Les informations sensorielles sont envoyées au système nerveux central à partir de récepteurs spécifiques (nocicepteurs) situés au niveau des points moteurs et des zones gâchette d'acupuncture. Un point moteur excite les muscles et provoque leur contraction. Une zone gâchette est un point d'hypersensibilité, enflammé et douloureux.

De nombreux points d'acupuncture sont situés dans les parties superficielles de la peau où se trouvent les nerfs et les nocicepteurs, qui transmettent au cerveau les stimuli provenant de l'environnement et du milieu intérieur. La stimulation de ces éléments nerveux par la NET provoque la production et la libération d'endorphines et d'enképhalines par le cerveau. Ces dernières ont une demi-vie réduite à une minute, mais les endorphines en ont une de 2-3 heures et ont un effet analgésique semblable à la morphine.

Théorie du passage contrôlé de la douleur

L'effet analgésique de la neurostimulation électrique transcutanée est expliqué par la théorie du passage contrôlé de la douleur (*gate theory*). Des stimulations répétées, mais non douloureuses, des fibres nerveuses sensitives fatiguent les terminaisons nerveuses qui deviennent alors incapables de transmettre des sensations douloureuses au cerveau. Cet excès de stimulation provoque également la libération de sérotonine, substance chimique qui bloque les stimuli douloureux et leur réception par le cerveau. La neurostimulation électrique transcutanée « ferme la barrière ». Le cerveau ne perçoit alors plus les stimuli provenant de la lésion.

Diagnostic

La neurostimulation électrique transcutanée est également un instrument précieux de diagnostic, surtout si on l'associe à la thermographie infrarouge. Celle-ci met en effet en évidence les gradients de température et révèle les inflammations. Une partie enflammée, et donc douloureuse, est déjà stimulée sous l'effet de réflexes douloureux. Un moindre voltage est ainsi nécessaire pour stimuler une zone gâchette. La neurostimulation électrique transcutanée révèle les nerfs à sensibilité augmentée, situés dans la partie enflammée. Elle confirme ainsi la thermographie ayant révélé une zone d'inflammation aiguë. Inversement, dans une zone saine et non enflammée, la thermographie donne une image « froide ». On peut ensuite appliquer le traitement approprié au point précis de la lésion.

Électroanalgésie

L'électroanalgésie, autre technique de stimulation électrique, est très semblable à la neurostimulation électrique transcutanée, mais elle utilise des fréquences différentes. Par rapport à la NET conventionnelle, elle emploie des courants électriques légèrement supérieurs, provoquant des secousses musculaires visibles.

Électroanalgésie à basse fréquence

L'électroanalgésie à basse fréquence peut soulager la douleur pendant un à trois jours. Elle est particulièrement utile lors de douleurs chroniques des arthroses, car elle stimule les grosses fibres nerveuses des articulations pour exercer un effet analgésique central.

Électroanalgésie à haute fréquence

L'électroanalgésie à haute fréquence soulage la douleur par un effet de barrière et par libération d'endorphines plus rapidement que l'électroanalgésie à basse fréquence, mais son effet est plus court.

Électrostimulation des muscles

L'électrostimulation à haute tension est indiquée pour faire travailler les muscles atrophiés en les faisant se contracter artificiellement. Elle renforce les muscles en entretenant les processus biochimiques et enzymatiques essentiels pour la contraction musculaire. Elle permet un « exercice », sans mise en charge du membre, d'un cheval immobilisé tout en favorisant la réparation d'une lésion osseuse, articulaire, ligamentaire ou tendineuse. L'action de pompage des contractions musculaires provoquée par l'électrostimulation améliore indirectement la circulation dans la lésion, ce qui favorise la circulation, en éliminant également les déchets l'œdème de stase. L'électrostimulation à haute tension peut améliorer la fourbure en augmentant la circulation dans le pied.

Champs électromagnétiques pulsés

Une autre méthode moderne améliorerait l'apport d'oxygène aux tissus (l'os en particulier) et en augmenterait la température en provoquant une dilatation des

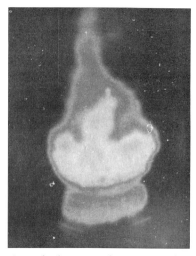 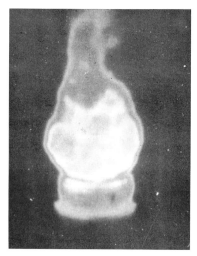

Fig. 11-6. Thermographes montrant l'augmentation de la circulation sanguine dans le pied après stimulation des muscles par l'électricité. À gauche, avant le traitement. À droite, après le traitement, la zone claire indiquant l'irrigation sanguine est plus lumineuse et plus étendue.

vaisseaux et en activant la circulation, ce qui favoriserait la réparation. Elle utilise des champs électromagnétiques pulsés. On l'emploie parfois dans les lésions osseuses, surtout des os longs, comme les suros ou la périostite du canon. On dispose généralement une bobine de part et d'autre de la partie lésée, chacune « capturant » le champ électromagnétique de l'autre pour produire un champ uniforme envoyant un courant électrique à l'intérieur des tissus.

L'os a normalement une polarité électrique. Les champs électromagnétiques pulsés produits par les bobines reproduisent les potentiels électriques normaux de l'os et favorisent une réparation plus rapide.

En théorie, les variations de forme et de fréquence des ondes déterminent l'effet biologique. On ne sait pas encore ce que ces ondes spécifiques influencent, ni comment. On suppose que les champs magnétiques augmentent le taux d'oxygène dans les tissus et améliorent la production d'énergie alimentant la réparation. L'amélioration de la circulation et de l'oxygénation peut aussi réduire la douleur due à l'anoxie.

Une méthode analogue utilise des coussins souples en caoutchouc ou en plastique entourant une feuille de métal. Ces feuilles contiennent un composé ferreux magnétisé produisant des champs magnétiques alternés. On maintient les coussins en place au moyen d'un bandage ; ils augmenteraient la circulation quand ils sont placés à proximité des vaisseaux sanguins.

Le principe des champs électromagnétiques pulsés est juste en théorie, mais des études contrôlées comparant les divers appareils électromagnétiques n'ont montré aucune augmentation de la vitesse de réparation des os et des tendons.

LASERS

Une méthode récente de traitement des blessures et de soulagement de la douleur utilise le rayonnement laser comme une « aiguille lumineuse » pour stimuler les points d'acupuncture.

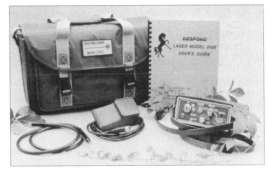

Fig. 11-7. Laser portable.

Le rayonnement laser est constitué d'ondes électromagnétiques de même longueur, cohérentes dans l'espace et dans le temps et voyageant parallèlement. Ces caractéristiques permettent de concentrer un faisceau étroit sur une très petite surface. On peut en augmenter l'intensité au point de pouvoir couper les tissus. On utilise le rayonnement laser comme instrument de chirurgie dans les interventions délicates sur l'œil ou l'appareil uro-génital. Un faisceau moins intense permet de coaguler les tissus et de contrôler les saignements en cours d'opération.

Le laser le plus courant utilise un mélange de 85 % d'hélium et 15 % de néon pour produire un rayonnement se situant à la limite inférieure du spectre lumineux visible. La couleur rouge de ce rayonnement est perçue par l'œil humain, ce qui permet de l'utiliser avec précision.

Avantages du traitement par le laser

On diminue volontairement l'intensité du laser en élargissant le faisceau pour l'appliquer sur une plus grande surface. On obtient alors une « chaleur froide » et le laser est qualifié de doux. Ce type de laser peut stimuler la cicatrisation des blessures, il le ferait en modifiant les processus biochimiques, en particulier la réparation du collagène du tissu conjonctif, et en stimulant la production d'éner-

Fig. 11-8. Traitement par le laser.

gie. Il peut également soulager la douleur en provoquant la libération des endorphines.

Pour agir sur les tissus, il faut leur appliquer une quantité d'énergie laser suffisante, mais non excessive afin de ne pas les détruire. Dans certains cas, des rayons pulsés sont plus efficaces qu'un faisceau continu qui peut léser les tissus en les chauffant trop. La quantité suffisante de rayonnement n'a pas encore été établie avec précision et elle varie de plus avec le type de tissu, (os, muscle, tendon ou ligament).

Plus important encore, les tissus doivent être traités avec un rayonnement d'une longueur d'onde qui est absorbée et non réfléchie. Les lasers actuels diffèrent par la quantité d'énergie qu'ils délivrent dans les tissus et ils ne sont pas standardisés.

Soulagement de la douleur

Le traitement par le laser peut trouver sa plus grande efficacité dans le soulagement de la douleur en stimulant les points d'acupuncture. Les cellules absorbent l'énergie laser grâce à l'interaction du rayonnement avec les processus cellulaires normaux. Le laser a, par exemple, une action favorable sur la pompe sodium-potassium, capitale pour la communication intracellulaire et les réactions biochimiques, et il active ainsi les fonctions cellulaires.

L'absorption du rayonnement est si forte que l'énergie laser ne pénètre généralement qu'à 3,6-15 mm de profondeur, soit pratiquement l'épaisseur de la peau, ce qui permet au rayonnement de stimuler les points d'acupuncture et de provoquer la production d'endorphines. Les taux d'endorphines et d'enképhalines augmentent dans le sang et le liquide céphalo-rachidien et soulagent la douleur. Le laser empêche également la transmission de celle-ci par les nerfs et réduit l'excitabilité nerveuse des tissus.

Effets sur la cicatrisation

Les chercheurs se demandent encore comment le laser accélère la cicatrisation. L'énergie laser peut agir globalement sur les tissus en faisant « réagir » les cellules à une fréquence particulière. Ou une fréquence particulière du rayonnement appliqué peut agir sur des fonctions cellulaires spécifiques du tissu traité. Les fonctions biochimiques peuvent être stimulées pour répondre rapidement à une agression. La « chaleur froide » produite par le laser doux stimule la synthèse des protéines, la multiplication cellulaire et la communication entre les cellules. Les signaux biochimiques incitent la partie du corps lésée à se réparer plus vite et la réponse immunitaire est amplifiée.

Les vaisseaux sanguins se formant dans les tissus augmentent la circulation sanguine et réduisent l'œdème et le gonflement. Le rayonnement stimule la production du collagène par les fibroblastes, précurseurs du tissu conjonctif.

Blessures

Le laser doux stimule la réponse immunitaire et peut ainsi être employé pour traiter les blessures ouvertes à qui il permet de cicatriser plus rapidement qu'avec les méthodes conventionnelles seules.

Jour 1   Jour 15   Jour 35

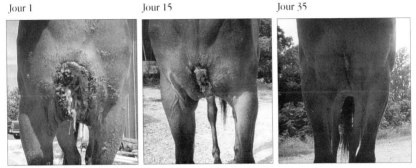

Fig. 11-9. Cicatrisation accélérée d'une blessure traitée avec un laser doux et par la pénicilline.

Le laser est particulièrement indiqué en cas de retard à la cicatrisation et de blessures anciennes contenant des tissus nécrosés. Il augmente la production de collagène et réveille et accélère la cicatrisation sans exposer à la formation de tissu cicatriciel en excès.

Lésions internes

L'utilisation du laser doux ne se limite pas aux blessures ouvertes. Il favorise également la réparation des tendons claqués lors de lésions ligamentaires et prévient une réaction lymphatique excessive dans les pharyngites et bien utilisé, il est dépourvu de danger, ne lèse pas les membranes cellulaires et ne provoque pas de modifications visibles dans les cellules.

Ce caractère non invasif est le côté magique du laser. On commence par une ou deux applications par jour puis on augmente progressivement l'intervalle entre les traitements.

La médecine orientale a appliqué avec succès l'acupuncture et l'acupression pendant des millénaires, et dans son admiration aveugle pour les techniques modernes, il se peut que l'Occident ne soit tombé que par hasard sur ces pratiques anciennes.

ULTRASONS

L'échographie qui exploite les propriétés des ultrasons, est devenue une méthode importante de diagnostic médical, en permettant de mettre en évidence les anomalies des organes internes et de l'appareil locomoteur (voir le chapitre 10 pour plus d'informations).

Les ultrasons peuvent aussi servir à traiter, car ils « réchauffent » les organes locomoteurs trop profonds, trop volumineux ou trop denses pour tirer bénéfice des enveloppements chauds. Nous sommes tous familiarisés avec les effets bénéfiques de la chaleur agissant en profondeur. Les coussins chauffants, les bains à remous et le sauna détendent les muscles douloureux et activent la circulation chez les athlètes humains. Il faut recourir à d'autres méthodes chez le cheval qu'il est impossible de plonger dans un bain chaud pendant 20-30 minutes.

L'échauffement en profondeur obtenu au moyen des ultrasons fait disparaître les contractures des muscles, en particulier celles des volumineuses masses musculaires du dos, des fesses et des épaules. À leur niveau, les méthodes conventionnelles ne provoqueraient qu'un réchauffement superficiel (il ne faut jamais utiliser les ultrasons sur des blessures ouvertes infectées, car ils peuvent faire pénétrer les bactéries en profondeur et disséminer l'infection).

Mode d'action des ultrasons

L'effet thérapeutique des ultrasons découle de leurs effets mécaniques : en pénétrant dans les tissus ils en font vibrer les molécules et l'énergie générée par les frottements qui en résultent produit de la chaleur. Les ultrasons sont à peine absorbés par la peau, mais le sont bien par les tissus riches en protéines et pauvres en eau, comme les muscles, les ligaments et les os. Le muscle absorbe deux fois et demie plus l'énergie ultrasonore que la graisse et l'os dix fois plus que le muscle.

Types d'ultrasons

Émission continue

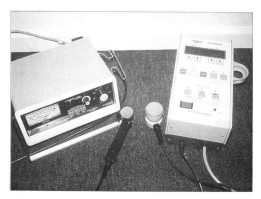

Fig. 11-10. Appareils à ultrasons à têtes d'émission de différentes tailles destinées à traiter différentes régions du corps.

Les ultrasons peuvent être utilisés en émission continue ou sous forme de pulsations régulièrement espacées. Les ultrasons continus provoquent un échauffement en profondeur, qui améliore l'élasticité et la sou-

ULTRASONS

plesse des tissus cicatriciels épais et rigides. Les chevaux utilisés dans les sports exigeant un rassembler, une poussée des postérieurs ou un étirement du dos peuvent former du tissu cicatriciel au niveau du dos. Les sports en cause comprennent les courses d'endurance, le saut d'obstacles et le dressage. Le tissu cicatriciel peut aussi être en relation avec une myopathie fibreuse des muscles de la cuisse. Toutes ces lésions sont améliorées par le traitement utilisant les ultrasons.

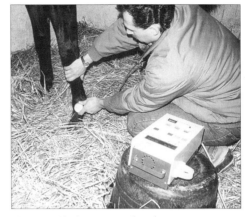

Fig. 11-11. Traitement par les ultrasons.

Problèmes associés aux ultrasons continus

Une application prolongée d'ultrasons peut provoquer un échauffement excessif des tissus superficiels. La température peut augmenter de 5 °C à 5 cm sous la peau si les ultrasons sont appliqués de façon continue en un seul point ou trop longtemps. La méthode devient alors nuisible, car cet excès de chaleur lèse les tissus et peut entraîner des lésions permanentes des os et des tissus environnants. La durée d'application convenable dépend du type de tissu et de la lésion en cause et elle n'a pas encore été établie.

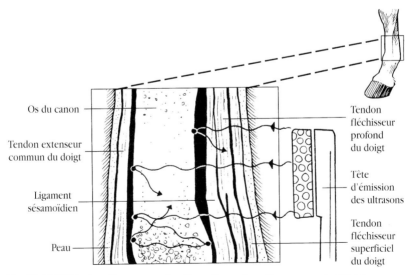

Fig. 11-12. Effets des ultrasons sur les divers tissus. Les ultrasons sont réfléchis à la surface ou à l'intérieur de l'os et provoquent un dégagement de chaleur.

Les os sont très denses et les ultrasons ne peuvent pas les pénétrer complètement car ils sont réfléchis vers leur source et échauffent excessivement les os et les tissus environnants.

Le traitement par les ultrasons d'os atteints de fracture, enflammés ou en croissance y active exagérément la circulation et provoque une déminéralisation qui affaiblit la partie atteinte. Un échauffement excessif de l'os et des tissus environnants interrompt la circulation sanguine et provoque la mort d'une partie de l'os, qui se nécrose et se détache de la partie saine.

Ultrasons pulsés

Les ultrasons pulsés peuvent être comparés à des vagues se brisant sur une plage. La différence cependant est qu'on peut régler les vagues d'ultrasons de façon à ajuster précisément leur pénétration dans les tissus et à éviter un échauffement excessif. En plus de leur pénétration, on peut régler l'intervalle entre les pulsations de façon à permettre aux tissus de dissiper la chaleur.

Application des ultrasons

Les ultrasons permettent de traiter les lésions des tendons, des articulations et des ligaments des membres. On les associe utilement au traitement par le froid que l'on place sous forme d'une vessie de glace ou d'eau froide pendant 20 minutes avant d'appliquer des ultrasons pulsés à 25 % (toutes les 4 ondes) pendant 20 minutes également. L'effet de massage suscite une microcirculation favorisant le déplacement des molécules des parties où leur concentration est élevée vers celles où elle est faible. Une telle application des ultrasons améliore la circulation et limite la formation d'œdèmes ou les résorbe.

Après ce traitement combinant froid et ultrasons, on passe un révulsif sous un bandage qu'on laisse 24 heures en place sur le membre. Le lendemain, on applique les ultrasons sur la partie traitée localement au moyen de médicaments. Ils favorisent la pénétration, jusqu'à 5 cm de profondeur, des petites molécules de faible poids moléculaire, comme les corticostéroïdes (phonophorèse). C'est pour cette raison également qu'il ne faut jamais utiliser les ultrasons sur des blessures ouvertes infectées, car ils peuvent faire pénétrer les bactéries en profondeur dans les tissus et étendre l'infection.

Effets analgésique et curatif

L'échauffement en profondeur provoqué par les ultrasons soulage la douleur en modifiant le seuil d'excitabilité des nerfs et en réduisant les contractures. La chaleur rétablit la souplesse des fibres collagènes et combat la raideur des articulations. L'échauffement active la circulation et la production d'énergie, accélérant ainsi la guérison.

Ultrasons et physiothérapie

Le traitement par les ultrasons donne des résultats optimaux associé à des exercices de mobilisation passive du membre : flexions et extensions effectuées immédiatement après le traitement par les ultrasons.

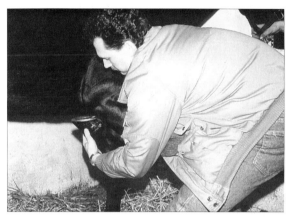

Fig. 11-13. Il faut faire suivre le traitement par les ultrasons d'une kinésithérapie.

Un entraînement convenable permet d'éviter beaucoup de blessures. Toutefois, dans les lésions chroniques comme les arthroses ou les rétractions cicatricielles, le traitement par les ultrasons est bénéfique car il augmente la souplesse et l'étendue des mouvements.

VALEUR DES MÉTHODES THÉRAPEUTIQUES MODERNES

Pour rétablir la santé et les aptitudes du cheval de sport, le propriétaire ou l'entraîneur doivent obtenir des résultats précis. Il est indispensable de diminuer la douleur, de rétablir une mobilité et une utilisation complète de la partie blessée et de restaurer ou d'augmenter sa résistance.

Les méthodes modernes permettent de soulager la douleur et peuvent contribuer à accélérer la guérison des lésions réversibles. Une physiothérapie par extension et flexion du membre, un exercice contrôlé et une bonne ferrure peuvent aussi faciliter la récupération fonctionnelle du cheval.

Notre société est technologiquement avancée et certaines personnes promeuvent avec une foi inlassable la magie des techniques nouvelles. À ce jour peu d'études scientifiques confirment l'efficacité des techniques modernes actuellement en usage. La plupart des résultats se basent sur une pratique empirique et des témoignages personnels isolés. Pour de nombreux appareils des succès sont revendiqués là où les méthodes conventionnelles, dont le repos prolongé, ont échoué.

L'attente vis-à-vis de ces appareils doit rester réaliste : ils ne peuvent guérir ce qui est incurable, mais permettent au cheval de recouvrer assez de force de souplesse et d'indolence pour être utile dans les cas où les médicaments ont procuré peu d'amélioration.

12

TRAITEMENT DES BOITERIES CHRONIQUES

De par son activité, le cheval de compétition est exposé à développer des boiteries chroniques. Il n'est pas possible de les améliorer ni de les guérir toutes, mais il existe des solutions pour lui éviter de souffrir en permanence. La liste complète des boiteries invalidantes serait longue ; les plus fréquentes comprennent :
- les contusions chroniques des pieds,
- la maladie naviculaire,
- les dorsalgies chroniques,
- les arthroses.

Les contusions du pied résultent d'un parage ou d'une ferrure incorrects. Un cheval à pieds plats est par exemple exposé à des contusions de celle-ci, mais elles peuvent aussi être dues à un travail sur un sol irrégulier.

Une ferrure incorrecte peut être cause d'une maladie naviculaire, en particulier chez les chevaux de course, de polo ou d'obstacles, que leur spécialité expose à de nombreux chocs sur les pieds. L'inflammation en résultant lèse le tendon fléchisseur profond du doigt et l'os naviculaire qui lui est associé, ce qui provoque une boiterie chronique.

Fig. 12-1. De bons soins permettent de soulager les boiteries chroniques.

TRAITEMENT DES BOITERIES CHRONIQUES

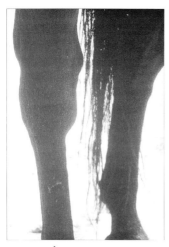

Fig. 12-2. Éparvin.

Des dorsalgies chroniques peuvent être la conséquence d'une douleur au niveau d'un ou des deux postérieurs, d'une selle mal ajustée ou à l'inaptitude du cavalier.
Quelques exemples d'arthrose :
• l'éparvin (arthrose du jarret),
• les formes du paturon (arthrose de l'articulation interphalangienne proximale),
• les formes coronaires (arthrose de l'articulation interphalangienne distale),
• l'arthrose du grasset,
• des arthroses des autres articulations.
Un examen vétérinaire permet d'identifier la cause de la boiterie et d'établir un traitement approprié.

CHOIX DE LA CARRIÈRE SPORTIVE

Changement de discipline sportive

Chaque cheval a une tolérance différente à la douleur. Certains sports sont trop exigeants pour un sujet souffrant de façon chronique et une solution consiste à changer de discipline. Les sauts, les arrêts brutaux, le travail rapide et le rassembler aggravent les affections douloureuses chroniques. Un cheval incapable de performances minimales dans un sport doit être affecté à un autre. Cela vaut mieux que de le faire souffrir excessivement en cherchant à en obtenir l'impossible. Les options acceptables sont son utilisation comme cheval de manège destiné aux débutants ou pour une équitation facile de loisir.

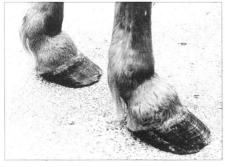

Fig. 12-3. Formes du paturon.

Réduction des exigences

Un cheval restant apte à une activité sportive d'un certain niveau peut continuer à concourir dans sa spécialité, mais son propriétaire doit en attendre moins et accepter des performances d'un niveau moindre, et réduire le

ENTRAÎNEMENT ET CONDITION PHYSIQUE

nombre d'épreuves dans lesquelles le cheval est engagé chaque saison. L'espacement des épreuves peut aussi aider l'animal souffrant de boiterie chronique. Le propriétaire doit également être prêt à retirer au dernier moment d'une épreuve un cheval qui a des problèmes locomoteurs ce jour-là.

Si le cheval est inapte aux performances attendues, il faut le réformer ou l'affecter à une activité moins exigeante. C'est plus acceptable que de le faire souffrir.

ENTRAÎNEMENT ET CONDITION PHYSIQUE

Le plus grand problème posé par le cheval souffrant de façon chronique est de le maintenir à un niveau satisfaisant d'entraînement et de condition physique. Le travail nécessaire pour le maintenir en condition peut rendre impossible sa participation à des épreuves sportives, telles que les courses, le travail du bétail, le polo ou le jumping.

Plus le cheval est entraîné au moment où la boiterie apparaît, moins il est difficile de le maintenir dans la même condition physique. Le travail nécessaire pour qu'un cheval novice souffrant de façon chronique atteigne un niveau plus élevé est bien plus important que celui que doit fournir un boiteux bien préparé pour conserver le même niveau d'activité. Le cheval novice peut être incapable de suivre les différentes phases de l'entraînement. Il faut être réaliste dans ses attentes et ses objectifs et les modifier selon la condition physique du sujet.

En plus du niveau d'entraînement, l'état général du cheval est essentiel pour le succès. Son maintien dans le meilleur état général possible permet à l'organisme de compenser plus facilement la boiterie. Des muscles, des tendons et des ligaments plus forts induisent une réduction de la charge sur l'articulation, le muscle ou le tendon douloureux. Un cheval fatigué est exposé à trébucher ou à surcharger son appareil locomoteur. Une bonne forme physique retarde la fatigue.

Fig. 12-4. Une bonne condition physique réduit les contraintes subies par l'appareil locomoteur.

Le poids corporel est une illustration de l'état général. Il est important de le maintenir à un niveau raisonnable. L'obésité augmente les contraintes s'exerçant sur les articulations et autres organes de soutien. Un cheval portant un excès de poids, que ce soit le sien ou celui de son cavalier, surcharge les parties blessées.

Enregistrement des performances

Un enregistrement des performances du cheval permet de suivre ses réponses aux sollicitations sportives et évite les suppositions quant à ce qui marche ou ne marche pas. Pour cela, il faut noter :
- le programme d'entraînement,
- les prestations,
- l'état physique et psychique,
- le type et le moment des soins médicaux,
- les performances quotidiennes.

Entraînement accéléré

Il ne faut pas précipiter la préparation du cheval pour le faire participer à une épreuve à une date fixée à l'avance, mais le laisser progresser à son rythme. Un entraînement accéléré le surmène physiquement et psychiquement et entraîne inévitablement une boiterie invalidante.

FERRURE

Une des mesures les plus importantes dans le traitement des boiteries chroniques du cheval est un programme régulier de ferrage. Un pied équilibré répartit mieux les chocs vers le haut du membre. À la différence des poulains, on ne peut pas corriger les défauts d'aplomb chez le cheval adulte. Les meilleures techniques de ferrage ne suppriment pas les contraintes anormales s'exerçant sur les articulations déformées. En l'absence du soutien stable assuré par un pied équilibré, les défauts d'aplomb sont aggravés et deviennent invalidants. Pour réduire la tension sur le tendon fléchisseur profond du doigt, l'os naviculaire et les ligaments de l'articulation interphalangienne distale, il est indispensable de corriger une rupture de l'axe phalangien (voir le chapitre 4 pour davantage d'informations). La correction d'une conformation du sabot avec pince longue et talons bas réduit, par exemple, la tension sur ces structures et améliore la maladie naviculaire ainsi que les formes du paturon et de la couronne.

Chaque pied doit de plus être symétrique pour porter également sur le sol par ses deux côtés.

Fers spéciaux et plaques

Les chevaux souffrant d'affections de l'extrémité inférieure des membres, telles que seimes, formes du paturon ou de la couronne ou maladie naviculaire, sont soulagés par un fer ovale qui élargit la surface sur laquelle porte le poids du corps. Il en est de même dans l'éparvin, car le fer ovale réduit la torsion de l'articulation douloureuse et stabilise l'ensemble du membre.

Une protection fournie par une plaque mise en place sous le fer améliore les troubles dans les seimes et l'arthrose de l'articulation du pied. Dans la maladie naviculaire, on utilise souvent des talonnettes pour élever les talons et réduire la traction sur le tendon fléchisseur profond du doigt et l'os et la bourse naviculaires.

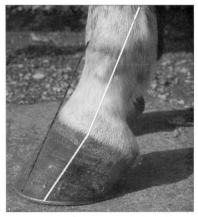

Fig. 12-5. Brisure de l'axe phalangien indiquée par la ligne blanche. Le trait noir monte l'axe phalangien normal.

TRAITEMENTS

Traitement médicamenteux

Un traitement médicamenteux approprié permet à de nombreux chevaux souffrant de boiterie chronique de continuer à suivre un entraînement et à réaliser des performances.

Fig. 12-6. Fer ovale avec talonnette en forme de coin.

Cependant, une réglementation variable selon les pays s'applique aux anti-inflammatoires. Il faut toujours vérifier auprès des autorités compétentes le type et la quantité autorisés et s'informer des formulaires à remplir. Si le traitement doit être arrêté avant une épreuve, on doit connaître le temps d'attente, et demander un certificat au vétérinaire suffisamment tôt s'il est exigé.

Anti-inflammatoires non stéroïdiens

Les anti-inflammatoires non stéroïdiens (AINS) sont un élément essentiel du traitement des douleurs chroniques. Les médicaments antalgiques les plus courants sont des anti-inflammatoires non stéroïdiens comme la flunixine méglumine (Finadyne®), le Kétofen® et la phénylbutazone (Phenyarthrite®). Il est parfois utile d'administrer de faibles doses d'AINS la veille, le jour et le lendemain d'un exercice éprouvant. L'administration de doses quotidiennes peut provoquer des ulcérations gastriques et intestinales.

En France, toutes les substances médicamenteuses sont interdites en compétition. En outre, elles doivent avoir été totalement éliminées par l'organisme au jour de l'épreuve, ce qui correspond à un délai variable selon les molécules utilisées. Les règlements sont établis d'une part par la Société des courses françaises et la DNSE (Délégation nationale aux sports équestres), d'autre part, par la Commission antidopage de l'AVEF (Association des vétérinaires équins français).

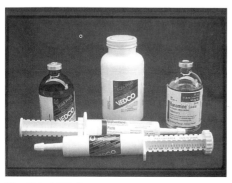

Fig. 12-7. AINS d'usage courant.

Traitement par l'Adéquan®

Il existe d'autres traitements des douleurs articulaires. Les injections intramusculaires d'Adéquan® soulagent aussi bien durant la phase aiguë que chronique de l'affection. L'Adéquan® améliore les propriétés lubrifiantes du liquide articulaire et a un certain effet anti-prostaglandine, ce qui réduit la destruction du cartilage articulaire par les enzymes inflammatoires.

Des médicaments oraux augmenteraient le taux de chondroïtine sulfate de la synovie et donneraient des résultats semblables à ceux de l'Adéquan. Il n'existe actuellement pas de preuves scientifiques de la véritable valeur de ces produits, mais des rapports anecdotiques indiquent des

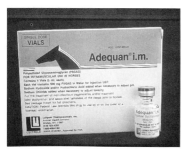

Fig. 12-8. Adequan®.

TRAITEMENTS

résultats favorables, en particulier si le traitement oral fait suite à un traitement par l'Adéquan.

Acide hyaluronique

Des injections intra-articulaires d'acide hyaluronique répétées à 2-3 semaines d'intervalle ralentissent efficacement l'évolution de l'arthrose. L'acide hyaluronique améliore la lubrification de l'articulation et a des effets anti-inflammatoires, mais son utilité se limite aux cas dans lesquels il ne s'est pas encore développé de lésions du cartilage articulaire.

Corticostéroïdes

L'injection d'un anti-inflammatoire puissant comme les corticostéroïdes provoque une amélioration immédiate mais de courte durée. Une utilisation prolongée peut entraîner une dégénérescence irréversible du cartilage articulaire ; il faut donc réserver les injections de corticostéroïdes aux troubles articulaires ne répondant pas aux autres méthodes de traitement. De plus, leur puissant effet anti-inflammatoire peut supprimer la douleur au point que le cheval utilise trop l'articulation malade ce qui lèse davantage le cartilage. Un repos de quelques semaines après l'injection de corticostéroïdes réduit au maximum le risque d'une utilisation excessive de l'articulation.

Traitement anti-inflammatoire local

Le diméthyl-sulfoxyde (DMSO) est un anti-inflammatoire puissant, agissant sur les tissus mous périarticulaires, particulièrement efficace pour les lésions tendineuses et ligamentaires. Les médicaments anti-inflammatoires locaux ne peuvent pas pénétrer jusque dans l'articulation et sont considérés comme inopérants dans les affections articulaires. Pour cette raison également, les liniments et les vésicatoires sont de peu d'utilité dans les douleurs articulaires.

Chirurgie

Arthrodèse

Certaines boiteries répondent favorablement à la chirurgie. Chez le cheval, il est en effet possible de fusionner chirurgicalement (arthrodèse) certaines articulations peu mobiles comme l'étage

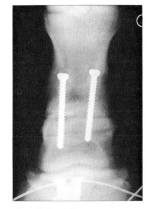

Fig. 12-9. Fusion chirurgicale (arthrodèse) de l'articulation interphalangienne proximale.

291

distal du jarret ou du paturon. Le cheval peut avoir besoin d'une réadaptation d'un an avant de reprendre une activité sportive. Le taux de succès va de 60 à 80 % selon le problème initial. Les affections comportant des lésions des tissus mous, comme la rupture d'un ligament collatéral, risquent de ne pas guérir aussi vite ou aussi complètement que les problèmes strictement articulaires.

Névrectomie

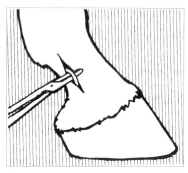

Fig. 12-10. Névrectomie du nerf digital.

Aux États-Unis, la névrectomie est une option chirurgicale couramment choisie dans la maladie naviculaire, qui est la section complète du nerf fournissant le tiers postérieur du pied. Cette intervention permet au cheval de continuer à travailler sans souffrir pendant un an ou plus. Chez environ 60 % des sujets souffrant de maladie naviculaire, la névrectomie soulage la douleur pendant trois ans au maximum. L'opération n'est pas curatrice, elle permet seulement de gagner du temps (voir le chapitre 4 pour plus d'informations).

En France, il est interdit de pratiquer cette intervention sur des chevaux destinés à être utilisés en compétition.

TRAVAIL DU CHEVAL BOITEUX

Un exercice quotidien assouplit les chevaux qui souffrent de façon chronique, qui sont souvent tendus et raidissent de nombreuses parties de leur corps pour se défendre contre une douleur anticipée. Les muscles détendus sont moins exposés à se léser.

Échauffement

Les chevaux souffrant d'une boiterie chronique doivent être particulièrement ménagés à l'échauffement et au retour au calme. Il faut les échauffer par un travail lent peu éprouvant et comprenant systématiquement des exercices d'étirement et commencer par au moins dix minutes de pas rapide, suivies de dix autres de petit trot, avant de demander un travail plus dur. Un échauffement convenable augmente la circulation dans les muscles et améliore la souplesse tout en étirant les tendons et les ligaments avant de solliciter davantage les membres. Le travail au pas est un excellent moyen d'assouplir le cheval et d'activer la circulation dans tout le corps avec un minimum de traumatismes.

Massage et étirements

Le massage des grosses masses musculaires de la croupe, des cuisses et du dos les détendent. Des étirements répétés des membres, avant l'exercice, contribuent à assouplir le cheval.
Les exercices d'étirement sous la selle sont particulièrement utiles chez les chevaux souffrant du dos. Un travail en rênes longues étire la ligne du dessus et détend les muscles du dos. Les rênes doivent être suffisamment lâches pour faire nullement obstacle à une extension complète (voir le chapitre 6 pour plus d'informations).

Fig. 12-11. L'étirement des muscles les détend et les assouplit.

Renforcement des muscles

Le renforcement des organes de soutien que sont les muscles, les tendons et les ligaments, leur permet de mieux supporter la charge et de soulager l'articulation du grasset. Chez un cheval boitant du grasset, le repos peut être néfaste et il tire particulièrement profit d'un exercice renforçant les muscles des membres postérieurs. Un travail léger de trait peut être bénéfique aux chevaux à problème de jarret en renforçant les muscles fessiers et quadriceps. Le travail en cercle augmente en revanche les torsions subies par les membres. Il est conseillé d'y recourir le moins possible dans l'entraînement des chevaux souffrant de boiterie chronique.
Chaque jour on laisse le cheval indiquer le travail qu'il supporte. Il faut être attentif aux modifications du comportement signalant une aggravation de la douleur. Un cheval qui souffre prend de mauvaises habitudes et son attention est détournée de son entraînement et de son travail. Il est préférable de cesser l'activité ce jour-là plutôt que le poursuivre au détriment du cheval.

Qualité du sol

Un cheval souffrant de maladie naviculaire travaille mieux sur un bon sol. Quand il souffre des pieds, il faut réduire au maximum le travail en descente pour diminuer les chocs subis par les sabots. Il faut éviter les sauts, les sols inégaux et les arrêts brutaux qui aggravent la douleur.

Lors des épreuves, on doit se souvenir que le sol du manège ou du terrain d'entraînement peut être meilleur que celui du terrain d'échauffement et du parcours d'épreuve et chercher un autre terrain d'échauffement si le sol est mauvais.

Retour au calme

Après l'exercice, un temps de pas détend les chevaux souffrant de boiterie chronique. Un exercice au pas de 15 minutes élimine les déchets toxiques et la chaleur des muscles.

Hydrothérapie

L'hydrothérapie est une thérapeutique idéale pour traiter les articulations et les tendons sensibles. Une douche d'eau froide ou l'application de glace sur le membre immédiatement après le travail réduit l'inflammation faisant suite à l'exercice. Il peut être nécessaire de refroidir les articulations pendant 30-60 minutes au moyen de glace pour obtenir un effet anti-inflammatoire. Après ce refroidissement, on applique un bandage pour limiter l'œdème secondaire.

13

PRÉVENTION DES TROUBLES DIGESTIFS

Le cheval de compétition doit être en parfaite santé pour que ses performances soient optimales. Un bon régime et une bonne hygiène alimentaires sont indispensables pour maintenir un métabolisme normal et prévenir des troubles digestifs.

SYSTÈME DIGESTIF ET DIGESTION

Habitudes alimentaires

Au cours de son évolution d'herbivore, le cheval a pâturé paisiblement l'herbe tendre des plaines en se déplaçant à la recherche de fourrage nouveau ; son appareil digestif s'est ainsi adapté à de petits repas fréquents. Il consommait des plantes mouillées par la rosée et contenant de l'eau ; il mangeait la végétation telle qu'elle se présentait, et sa microflore intestinale s'adaptait lentement aux changements de valeur nutritive des végétaux liés à la saison. Lorsque le fourrage disponible diminuait, le cheval se déplaçait, sans s'arrêter suffisamment longtemps pour souiller massivement la végétation avec ses excréments et l'infester d'œufs de parasites. Dans cet idyllique état de nature, ses déplacements exerçaient ses appareils locomoteur et circulatoire.
La vie des chevaux est totalement différente aujourd'hui. Le développement urbain et les contraintes de temps nous obligent à les maintenir claustrés pour notre commodité. Si à l'état naturel ils paissaient en permanence, les repas fournis par l'homme ont changé radicalement la façon dont leur tube digestif doit traiter les aliments. Nous avons maintenant affaire à des animaux qui ne sont pas faits naturellement pour s'accommoder des régimes et des horaires alimentaires et de travail que nous leur imposons.

Dents

La digestion commence dans la bouche par la mastication destinée à rendre les aliments plus digestibles ; ils sont broyés par un mouvement circulaire des mâchoires. Les arcades molaires de la mâchoire supérieure sont plus écartées que celles de la mâchoire inférieure. Le bord externe des molaires supérieures et le bord interne des molaires inférieures peuvent ainsi former des saillies pointues, les « surdents », susceptibles de blesser les joues et la langue.

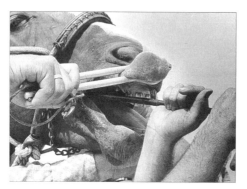

Fig. 13-1. Le râpage des dents élimine les surdents et les pointes dentaires.

Il faut faire vérifier les dents tous les ans par le vétérinaire, afin qu'il élimine les surdents au moyen d'instruments spéciaux. Si les dents ne sont pas régulièrement râpées, de volumineux crochets peuvent aussi se former sur le devant des prémolaires et à l'arrière des molaires postérieures qui perturbent la mastication et l'application de la bride.

Dents de loup

Chez les jeunes chevaux, il faut rechercher les « dents de loup », prémolaires vestiges disposées en avant de celles de la mâchoire supérieure et ne pas confondre dents de loup et canines. La plupart des chevaux mâles ont des canines, situés à peu près au milieu de l'intervalle entre les incisives et les molaires et en arrière desquelles porte le mors. Certaines juments ont également des canines, mais moins fréquemment que les mâles.

Les dents de loup sont très petites, mais elles se trouvent au point où le mors s'applique dans la bouche du cheval, et pour éviter que celui-ci ne prenne de mauvaises habitudes, il faut les éliminer avant le début de l'entraînement. Les chevaux ayant des problèmes dus à de volumineux crochets ou à des dents de loup résistent au mors et beaucoup agitent la tête pour éviter le choc douloureux du mors sur les dents en cause.

Dentition en escalier

Les chevaux âgés perdent souvent des dents, sans que des troubles visibles en résultent immédiatement. L'absence d'une dent permet cependant à la dent correspondante de la mâchoire opposée de se développer excessivement. Il finit par se former une dentition en escalier. Le cheval ne peut alors plus mastiquer efficacement les aliments, il digère mal et est prédisposé à des diarrhées, des surcharges, des coliques ou à une obstruction de l'œsophage.

Appareil digestif

Les modifications des habitudes alimentaires peuvent provoquer des troubles digestifs. L'étude du tube digestif du cheval montre combien il peut être sensible aux variations de régime alimentaire.

Estomac

Toutes proportions gardées, l'estomac d'un cheval de 500 kg est de la taille de celui d'un homme de grande stature. Il a ainsi une capacité relativement faible de 16 litres.

La consommation d'aliments provoque des contractions régulières de l'estomac, qui font passer les aliments dans l'intestin grêle. Normalement, l'estomac se vide en 2-3 heures et ses contractions provoquent celles de l'intestin. La progression des matières alimentaires vers le gros intestin est indispensable pour la digestion, l'absorption des éléments nutritifs et l'élimination des gaz. Les fourrages grossiers quittent rapidement l'estomac alors que les concentrés à base de céréales y restent plus longtemps.

Même si son estomac est distendu par un liquide ou du gaz, le cheval est incapable de vomir du fait de l'existence de muscles circulatoires puissants à la jonction œsophage-estomac. Une surcharge de l'estomac ou des fermentations excessives peuvent déclencher des coliques, une rupture et provoquer la mort.

Intestin grêle

L'intestin grêle règle le passage des ingesta dans le cæcum et empêche le reflux de gaz à partir de ce dernier. En comparaison avec le reste du processus digestif, les aliments traversent relativement rapidement les 18 m de l'intestin grêle et ne prennent que 3-4 heures pour passer dans le cæcum.

Gros intestin

Fermentations

Le tube digestif du cheval est semblable à une cuve de fermentation capable de digérer la cellulose grâce aux bactéries et aux protozoaires qu'il contient. Les fermentations se produisent dans le cæcum et le gros côlon où les protéines, les glucides et la cellulose sont décomposés en éléments nutritifs, absorbés avec l'eau. La décomposition de la cellulose par les bactéries produit de grands volumes de gaz, qui ne peuvent s'échapper par l'œsophage et qui doivent suivre un long trajet dans les anses intestinales pour atteindre le rectum.

Près de la courbure pelvienne du gros intestin, il existe un centre régulateur, qui coordonne la motricité intestinale et contrôle la progression des ingesta dans les différents segments de l'intestin. Les particules alimentaires volumineuses peuvent être retenues jusqu'à 72 heures pour permettre aux bactéries de les décomposer en éléments nutritifs. Simultanément, les aliments plus faciles à digérer progressent et les gaz sont propulsés en direction du rectum pour être éliminés.

Gros et petit côlon

Le gros côlon comporte cinq segments ; son diamètre diminue brutalement à plusieurs points de jonction de ces segments. C'est au niveau de ces resserrements que les matières alimentaires ou des corps étrangers peuvent provoquer une obstruction, empêchant un transit normal des ingesta et des gaz. Le petit côlon a des fonctions semblables à celles du gros côlon, mais son diamètre est plus faible. Les matières alimentaires y sont ainsi comprimées à mesure que les excréments se transforment en crottins.

Tous les segments de l'intestin sont anatomiquement et fonctionnellement interdépendants. Des ondes contractiles régulières (péristaltisme) et une circulation intestinale, artérielle et veineuse, normales sont indispensables pour la santé. Une perturbation d'un quelconque de ces mécanismes déclenche une succession d'événements provoquant des troubles digestifs.

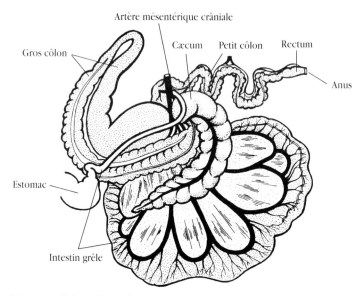

Fig. 13-2. Appareil digestif avec le mésentère en forme d'éventail qui soutient l'intestin grêle.

TROUBLES DIGESTIFS CHEZ LE POULAIN

Les poulains ont le défaut bien connu de goûter et de manger tout ce qu'ils voient et il leur arrive fréquemment d'avoir des coliques dues à une obstruction provoquée par un corps étranger. Les objets en cause sont des fibres des pneus utilisés comme nourrisseurs, des ligatures de ballots de fourrage, des morceaux de bois et des balles en caoutchouc. Des morceaux de pneu, des brindilles et des plastiques ont été responsables d'obstructions de l'œsophage. Les poulains peuvent aussi faire des coliques de sable dès leurs premiers mois de vie.

Ils mangent en effet fréquemment les excréments de leur mère (coprophagie), ce qui les expose à un parasitisme grave qui peut également provoquer des coliques de stase. Il faut donc nettoyer systématiquement leur environnement et les vermifuger toutes les 6-8 semaines ainsi que la jument.

Les poulains ont un tube digestif d'un volume et d'un diamètre bien moindres que les adultes, ce qui favorise les troubles. Le sujet très jeune peut manifester les coliques en se roulant sur le dos, les membres dressés et le cou tendu, signe manifeste de souffrance. Le poulain nouveau-né est exposé à faire une rétention du méconium si les premiers crottins ne sont pas expulsés peu après la naissance. Le méconium se présente sous forme d'excréments foncés, formés des débris cellulaires et des déchets alimentaires accumulés pendant le développement fœtal.

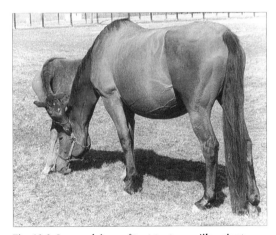

Fig. 13-3. Les poulains goûtent tout ce qu'ils voient.

Jusqu'à l'âge d'un an les poulains sont prédisposés à faire des ulcères gastriques s'ils reçoivent des AINS.

COLIQUES

Les coliques ne sont pas une maladie en soi : ce terme désigne globalement toutes les douleurs abdominales. C'est un syndrome indiquant principalement

299

Fig. 13-4. Un cheval atteint de coliques transpire, il souffre et peut se coucher.

un trouble digestif. Le mot « coliques » évoque un cheval aux naseaux dilatés qui souffre, gratte le sol du pied, se donne des coups de pied contre l'abdomen, se mord le flanc, se roule à terre et sue. Il peut aussi se camper comme pour uriner, mais il souffre trop pour contracter l'abdomen afin de se vider la vessie. Parfois il reste debout, prostré et sans appétit, ou se couche et se relève de façon répétée, pour soulager la douleur abdominale.

Il faut distinguer les coliques d'origine digestive des autres, comme par exemple les douleurs liées :
- à l'ovulation,
- au poulinage,
- à la fourbure,
- aux myosites,
- à la fièvre,
- aux courbatures,
- aux calculs urinaires.

Le cheval a un système intestinal particulier que le prédispose à divers syndromes provoquant de la douleur.

Les coliques peuvent résulter d'une tension excessive ou d'un étirement du mésentère, qui soutient les anses intestinales à l'intérieur de l'abdomen. Des spasmes de l'intestin dus à une irritation ou à une diminution de la circulation provoquent également de la douleur.

Les chevaux ont besoin d'absorber tous les jours un poids d'aliments atteignant 2,5 % de leur poids corporel, soit 12,5 kg environ pour un cheval de 500 kg. Au moins la moitié de ces aliments doit être formée de fourrages grossiers, pour fournir les fibres qui stimulent les contractions de l'intestin. Un cheval nourri exclusivement d'aliments en granules ou ne recevant qu'une quantité limitée de foin s'ennuie. Son besoin naturel de mastication le pousse à ronger les barrières, à manger de la terre ou du sable ou à consommer ses propres excréments.

Coliques spasmodiques

Les coliques spasmodiques sont dues à des contractions excessives de l'intestin. Ce type de coliques peut être dû à la nervosité ou à l'excitation, qui sont parfois en rapport avec des modifications soudaines du temps ou de la pression atmosphérique. Le stress lié aux transports ou aux compétitions sportives peut perturber le contrôle nerveux de l'intestin et en modifier les contractions. Les plantes toxiques ou des substances irritantes mêlées au foin peuvent aussi fortement l'enflammer et provoquer la mort. Certains médicaments et des vermifuges à base d'organophosphorés peuvent en stimuler excessivement les contractions.

Des anomalies graves du péristaltisme intestinal peuvent faire qu'un segment d'intestin s'engage dans le segment suivant. Cette « invagination » provoque une obstruction avec détérioration rapide de l'état du cheval par suite d'une nécrose et d'une gangrène de l'intestin. Il s'agit d'une affection très douloureuse et mortelle en l'absence d'une intervention chirurgicale rapide.

Coliques de stase

Une surcharge ou une obstruction du gros côlon prend des heures ou des jours avant de se développer complètement et provoquer des manifestations de douleur. Une fois suffisamment étendue, la surcharge comprime l'intestin ou perturbe la motricité intestinale. Des contractions intestinales anormales ou une distension par des gaz provoquent une douleur légère ou intermittente qui peut s'accompagner d'abattement et d'inappétence.

Les tumeurs de l'intestin ou les abcès abdominaux peuvent simuler des coliques par stase ; ils compriment l'intestin, réduisent la circulation sanguine ou modifient le péristaltisme. Même si le cheval ne présentait pas initialement de stase, la perturbation du fonctionnement intestinal peut provoquer une stase dite secondaire.

Causes des coliques de stase

Les obstructions intestinales sont souvent provoquées par un affaiblissement des contractions des muscles lisses de l'appareil digestif. Lorsque des aliments s'accumulent et stagnent dans l'intestin, l'eau qu'ils contiennent est absorbée. Lorsque la surcharge commence, les muscles de la paroi intestinale se contractent pour essayer de faire progresser les matières alimentaires. Ces contractions ne provoquent pas seulement de la douleur, mais elles chassent aussi les liquides, ce qui aggrave les troubles car les matières alimentaires deviennent solides et ne peuvent plus être mobilisées ce qui provoque une obstruction. Les coliques de stase peuvent être dues à :
- un manque d'exercice,
- des aliments grossiers,
- des calculs intestinaux (entérolithes),
- un abreuvement insuffisant,
- la consommation de paille,

- un parasitisme intense,
- la consommation de matières anormales.

Manque d'exercice

Un exercice physique insuffisant ralentit la circulation sanguine dans tous les muscles, y compris ceux de l'intestin ce qui altère la motricité de l'intestin et peut donner lieu à une obstruction. Par temps froid ou humide, des chevaux habitués à être à l'extérieur sont parfois rentrés à l'écurie où l'exercice est encore diminué.

Aliments grossiers

Les aliments très secs ou grossiers provoquent parfois une obstruction intestinale. De plus, des problèmes dentaires peuvent éventuellement aggraver la situation en diminuant la capacité à broyer convenablement la nourriture. Les aliments grossiers irritent la muqueuse intestinale et provoquent diarrhée ou constipation.

Abreuvement insuffisant

Pour digérer la grande quantité de fibres que le cheval absorbe chaque jour il a besoin de grands volumes d'eau pour alimenter les processus métaboliques normaux et maintenir l'état d'hydratation. Par temps frais, un cheval consomme 20 à 60 litres d'eau par jour. S'il fait excessivement chaud, la sudation et une déshydratation peuvent soustraire de l'eau à l'intestin et dessécher l'ingesta. Une obstruction peut aussi résulter d'un accès insuffisant à de l'eau claire ou non gelée. L'eau gelée ou très froide décourage le cheval de s'abreuver.

En tant que propriétaires de chevaux, nous nous sommes laissés dire que par temps froid la fourniture d'un supplément de foin produit de la chaleur à titre de sous-produit de la décomposition des fibres dans le gros côlon. Nous avons donc ajouté du foin à la ration, ce qui convient dans des circonstances normales, mais si le cheval ne boit pas assez, cette pratique aggrave le problème en augmentant les fibres contenues dans l'intestin sans apporter une quantité d'eau suffisante pour les traiter. Les aliments grossiers et les concentrés augmentent le besoin d'eau nécessaire pour une digestion correcte.

Aliments grossiers

Les aliments très secs ou grossiers provoquent parfois une obstruction intestinale. De plus, des problèmes dentaires peuvent éventuellement aggraver la situation en diminuant la capacité à broyer convenablement la nourriture. Les aliments grossiers irritent la muqueuse intestinale et provoquent diarrhée ou constipation.

Consommation de paille

Les litières de copeaux ou de paille peuvent anormalement devenir appétissantes pour un cheval qui s'ennuie ou qui présente une carence en fibres. Il peut alors en consommer à l'excès. Les matériaux de litière sont fréquemment cause de surcharge. Une jument en gestation peut également manger sa litière, quand elle est soudainement confinée dans un milieu nouveau en vue du poulinage.

Calculs intestinaux (entérolithes)

Dans certaines régions, les caractères particuliers de l'eau et du sol contribuent à provoquer des coliques dues à des entérolithes ou calculs intestinaux formés de sels minéraux entourant un caillou ou autre petit objet (déposés en couches successives autour du noyau central). Les coliques apparaissent quand le calcul est devenu suffisamment volumineux pour faire obstacle au passage des matières alimentaires ou des gaz.

Fig. 13-5. Les calculs intestinaux (entérolithes) sont de taille très variable selon leur ancienneté.

Signes des coliques de stase

Les signes précoces comprennent un léger abattement, une diminution de l'appétit, un décubitus fréquent et le rejet de crottins peu nombreux, secs et durs, ou l'absence de défécation. Le cheval défèque normalement 8 à 12 fois par jour en moyenne. Cette fréquence peut diminuer sur plusieurs jours avant qu'on ne remarque le problème.

Plus la stase est reconnue précocement, plus les chances de guérison sont grandes par un traitement médical utilisant des laxatifs et une réhydratation par voie orale et des antalgiques. Une intervention chirurgicale est parfois nécessaire pour lever l'obstruction. Une pression excessive sur l'intestin ou l'arrêt de la circulation sanguine provoque la nécrose d'une partie de celui-ci. Son ablation chirurgicale prévient un choc septique et la mort.

Prévention des coliques de stase

La prévention semble simple : abreuvement abondant, aliments de qualité et exercice. Il faut particulièrement s'efforcer de faire travailler le cheval en hiver ou de lui trouver une grande aire d'exercice. Un exercice à la longe ou le jeu dans un groupe de chevaux sont préférables. La routine quotidienne doit être variée afin que les chevaux en claustration ou manquant d'exercice ne s'en-

PRÉVENTION DES TROUBLES DIGESTIFS

Fig. 13-6. On empêche l'eau de geler au moyen d'un chauffe-abreuvoir.

nuient pas et ne mangent pas leur litière ou des corps étrangers.
Le cheval doit toujours avoir librement accès à de l'eau fraîche non gelée. Un chauffe-abreuvoir maintient l'eau à une température convenable, même pendant les hivers les plus rigoureux. On doit s'assurer qu'il ne se produit pas de court-circuit et que le cheval ne reçoit pas une décharge électrique chaque fois qu'il cherche à boire. Si un dominant monopolise l'abreuvoir, il faut en installer un second.
Il faut fournir au cheval du foin de bonne qualité, ni trop fin, ni trop grossier. Un mash au son n'a pas d'effet laxatif en raison de l'anatomie particulière de son intestin, mais il favorise sa consommation d'eau. L'addition d'une ou deux cuillerées à soupe de sel au mash encourage encore davantage l'absorption d'eau, mais il ne faut pas en donner à un cheval qui boit peu, car le sel aggrave la déshydratation.

On peut prévenir des coliques de stase graves en surveillant avec soin le nombre des défécations, les caractères des crottins, la quantité d'eau bue par le cheval et son attitude générale.

Coliques gazeuses

Toute modification de la motricité de l'intestin provoque des troubles. On parle d'iléus quand les contractions de l'intestin disparaissent totalement. Les fermentations continuent, mais les gaz ne sont plus propulsés en direction du rectum. Ils s'accumulent dans l'intestin, dont la distension provoque de la douleur et les bactéries y pullulent puis commencent à mourir. En mourant, certaines d'entre elles libèrent des endotoxines pouvant provoquer un choc, une fourbure ou la mort.

L'accumulation de gaz dans l'intestin paralysé entrave la circulation sanguine en exerçant de la pression sur les vaisseaux sanguins étirés. Des parties de l'intestin peuvent se déplacer, quand des segments distendus par des gaz cherchent à occuper complètement la cavité abdominale. Normalement, la partie gauche du gros intestin flotte librement dans l'abdomen, sans être fixée à la paroi du corps ni à d'autres organes. Le gros intestin est ainsi exposé à subir des déplacements importants à l'intérieur de l'abdomen.

Torsion de l'intestin

Des contractions anormales, aidées par la pesanteur, peuvent provoquer une rotation de l'intestin, qui peut aller jusqu'à la torsion. Cela peut arriver au gros côlon gauche, prédisposé du fait de son absence de fixation à subir les effets d'une distension gazeuse, d'un péristaltisme anormal ou d'un iléus.

Il est erroné de penser que le cheval provoque une torsion de l'intestin en se roulant sous l'effet de la douleur. Cela peut effectivement arriver, mais elle peut aussi se produire, même sur un sujet debout. Il faut laisser le cheval se coucher calmement, mais l'empêcher de se rouler, afin qu'il ne se blesse pas ou ne blesse pas les personnes qui le soignent. Il peut être bénéfique de le faire marcher ou trotter pendant 10-15 minutes et de le garder en mouvement jusqu'à l'arrivée du vétérinaire. Par contre, des heures de marche l'épuisent ainsi que son soigneur. Un exercice forcé prolongé consomme une énergie et des calories nécessaires pour combattre les troubles.

Fig. 13-7. Torsion de l'intestin avec distension par les gaz et nécrose de la partie où la circulation a été interrompue.

Alimentation

Les coliques sont souvent dues à des erreurs d'alimentation. Trop d'aliments riches (céréales, foin de luzerne, pâturages luxuriants) favorisent une production excessive de gaz dans l'estomac et le gros intestin.

Les changements brusques d'alimentation sont nocifs pour la microflore bactérienne de l'intestin et prédisposent à une production excessive de gaz ou d'endotoxines. Les aliments moisis ou la fourniture soudaine de grandes quantités de céréales ou de foin de légumineuses perturbent les phénomènes digestifs.

Alimentation après l'exercice

Il peut être dangereux de donner à manger au cheval immédiatement après un exercice intense, car à ce moment-là, le sang circule encore principalement dans les muscles et il est détourné de l'estomac. Cette insuffisance de la circulation retarde la vidange de l'estomac et favorise les fermentations. Quand le cheval est revenu au calme, la circulation digestive est normalisée et la fourniture d'aliments est sans danger. Le temps nécessaire pour son retour au calme dépend de sa condition physique, de l'importance de l'effort fourni et de la température et de l'humidité ambiantes.

Abreuvement après l'exercice

La consommation d'eau trop froide après l'exercice peut provoquer un spasme du sphincter pylorique séparant l'estomac de l'intestin grêle qui retarde la vidange de l'estomac dont la distension par des gaz est très douloureuse et provoque des coliques soudaines et violentes.

Tic à l'appui

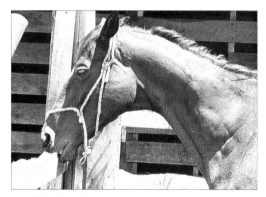

Fig. 13-8. Tic à l'appui.

Le tic à l'appui est un comportement anormal qui nuit aux performances. Le cheval contracte ce vice d'abord par ennui puis il continue par habitude. Le cheval tiqueur saisit entre ses incisives un objet solide, comme un élément de barrière, l'auge ou une porte. Il tire ensuite sur l'objet et déglutit de l'air à chaque effort de traction. Non seulement le tic le détourne de la nourriture et de la boisson, mais il l'expose à des coliques gazeuses. Il est difficile de maintenir un cheval tiqueur en bon état d'embonpoint et ses performances en souffrent. Le tic à l'appui pose également des problèmes du fait de la détérioration des barrières, portes, etc.

Il est facile de reconnaître les chevaux tiqueurs à l'usure anormale de leurs incisives, qui sont biseautées. Un collier anti-tic combat ce comportement anormal en provoquant une douleur quand le cheval tire en arrière en fléchissant la tête et la partie supérieure de l'encolure, car il comprime les chairs et rend le tic douloureux.

Une intervention chirurgicale est possible, mais elle n'a qu'un succès limité, inférieur à 60 %. Elle consiste à sectionner les nerfs fournissant les muscles de la partie inférieure de l'encolure que le cheval utilise pour tiquer.

Coliques dues aux lipomes

Les chevaux obèses sont prédisposés à développer des lipomes, tumeurs du tissu adipeux. La graisse s'accumulant dans l'organisme forme des masses dans le mésentère, qui l'effet de la pesanteur, s'étirent et développent un pédicule les reliant au mésentère. Une anse d'intestin grêle peut se prendre sur ce pédicule et être étranglée.

Coliques d'origine parasitaire

Les parasites internes provoquent une inflammation en migrant à travers la muqueuse intestinale ou les vaisseaux sanguins irriguant les intestins. Les strongles perturbent la circulation, alors que les ascaris peuvent provoquer une obstruction intestinale. L'interruption de la circulation prive d'oxygène les anses intestinales et perturbe leur contrôle nerveux. Le péristaltisme est perturbé ou cesse complètement. D'autres parasites internes lèsent et érodent la paroi intestinale et entraînent un passage de matières fécales dans la cavité abdominale. Il en résulte une inflammation et une infection, la péritonite, qui est douloureuse et parfois mortelle.

Fig. 13-9. Les chevaux se réinfestent en mangeant du fumier contenant des œufs de parasite.

On ne saurait surestimer le rôle des parasites dans les coliques. Un nettoyage soigneux des écuries et des paddocks, associé à un programme rigoureux de vermifugation tous les deux mois, prévient efficacement ce type de coliques (voir le chapitre 14 pour plus d'informations).

Coliques de sable

Avec le temps, le cheval peut absorber de grandes quantités de terre ou de sable qui finissent par lui peser lourdement sur l'intestin et en éroder gravement la muqueuse. Ce processus est insidieux et une longue période peut s'écouler avant qu'il aboutisse à des coliques.

Celles-ci ne sont pas seulement le problème de zones particulières à sol meuble ou sableux ; elles peuvent se produire dans toutes les régions à sol de sable, d'arène granitique ou simplement de terre ordinaire ; les manèges et les paddocks sont souvent recouverts de sable qui peut ainsi être amené dans une région où il n'existe pas naturellement.

Mécanisme des coliques de sable

L'anatomie du gros côlon du cheval favorise l'arrêt et le blocage du sable dans ses parties rétrécies et ainsi si une quantité excessive s'accumule dans le gros côlon, elle empêche le passage des matières alimentaires. Ce blocage entraîne en amont une accumulation de gaz qui distend l'intestin et provoque de la douleur. Les réflexes douloureux et les spasmes autour des matières alimentaires bloquées peuvent arrêter le transit et des contractions péristaltiques anormales entraîner un déplacement ou une torsion de l'intestin.

Au niveau même du blocage, le sable lourd et abrasif peut éroder la paroi de l'intestin. Une nécrose par compression peut aussi entraîner un passage de matières alimentaires dans la cavité abdominale. Il peut en résulter une infection abdominale (péritonite), un choc septique et la mort. La rupture d'une partie d'intestin distendue ou affaiblie peut avoir les mêmes conséquences.

Symptômes des coliques de sable

Certains symptômes sont caractéristiques des troubles dus à l'ingestion d'un excès de sable. Une diarrhée persistante se produit souvent (chez 35 % des chevaux) avant que n'apparaissent les symptômes douloureux. En abrasant la muqueuse de l'intestin, le sable perturbe l'absorption des éléments nutritifs et de l'eau et la diarrhée s'intensifie à mesure que la motricité de l'intestin diminue. Chez certains animaux, les seuls signes peuvent être une diminution de l'appétit et un amaigrissement. Les performances peuvent se dégrader sous l'effet du malaise chronique et des troubles de la digestion. D'autres ont de légères crises de coliques à répétition qui débutent parfois pendant ou après le travail, comme si l'action abrasive du sable déclenchait des spasmes intestinaux douloureux. Il faut imaginer l'intestin, avec un revêtement intérieur rigide, soumis aux mouvements d'un exercice intense.

Il faut faire examiner par le vétérinaire tout cheval présentant une diarrhée chronique ou des crises répétées de coliques. Il est indispensable de reconnaître le trouble précocement et avant qu'il soit trop avancé pour être corrigé. Les constatations faites à l'autopsie de chevaux morts de coliques de sable donnent une idée de la gravité que peut prendre l'accumulation de sable. Jusqu'à deux tiers de la cavité de l'intestin peuvent être remplis de sable, d'une paroi à l'autre. Par endroits, les matières sableuses peuvent être effritées entre les doigts ; à d'autres, elles sont si tassées qu'on ne peut les rompre à la main.

Conduite à tenir

Système d'alimentation

La consommation d'aliments donnés sur le sol peut ressembler au pâturage naturel, mais il faut tenir compte de ce qui se passe : le cheval commence par l'étaler pour choisir les parties les plus friandes. Il peut marcher sur le foin et l'enfoncer dans le sol et quand il n'y a plus que des restes et qu'il a encore faim, il les consomme, terre comprise. Si on lui donne de la luzerne, des feuilles tombent et il ingère également de la terre en cherchant à les manger. En se renversant, les récipients contenant des céréales répandent celles-ci sur le sol et les derniers grains seront également ingérés avec de la terre. Dans les prés surpâturés, le cheval mange l'herbe rase avec ses racines et la terre qu'elles retiennent.

Les chevaux nourris de granules terminent rapidement leur repas. Le manque de fibre ou l'ennui les

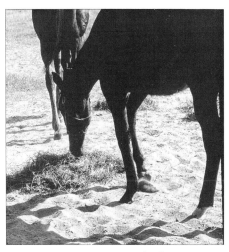

Fig. 13-10. La consommation des fourrages sur le sol expose aux coliques de sable.

pousse alors à manger du fumier (et de la terre) ou à ronger les barrières, etc. Un manque de fibre diminue la stimulation du gros côlon par les matières alimentaires, ce qui ralentit le transit et permet au sable de se déposer. Si la seule source d'eau est une mare peu profonde, boueuse ou sableuse, les matières minérales en suspension se déposent également dans l'intestin du cheval.

Diagnostic

Auscultation

Le vétérinaire peut ausculter l'abdomen en avant de l'ombilic et entendre éventuellement dans son stéthoscope un bruit semblable à celui que fait la mer sur le rivage ou qu'on entend en appliquant un coquillage sur son oreille. Le bruit peut aussi ressembler à celui produit en faisant tourner lentement un sac en papier partiellement rempli de sable. Néanmoins, le fait de ne pas entendre ces bruits ne signifie pas absence de sable. Pour que des bruits de sable soient audibles, l'intestin doit être assez alourdi pour être au contact de la paroi abdominale et il doit être en train de se contracter.

Sable dans les excréments

Toute présence de sable ou de petit gravier dans les excréments est significative, mais son absence ne garantit pas qu'il n'y en ait pas. Un test simple permet de confirmer une accumulation de sable : au centre d'un tas d'excrément fraîchement émis, on prélève six crottins n'étant pas entrés en contact avec le sol. On les mélange à un litre d'eau. Après que les matières solides se sont déposées, on mesure la quantité de sable se trouvant au fond du récipient. Une quantité supérieure à une cuillerée à café par six crottins est anormale.

Palpation rectale
La palpation de l'intestin par voie rectale ne fournit pas toujours des informations certaines. Si une grande quantité de sable est présente dans l'intestin, elle peut tirer le gros intestin au fond de l'abdomen et hors de la portée de la main.

Ponction abdominale
La ponction abdominale (paracentèse abdominale) consiste à faire pénétrer une aiguille dans la cavité abdominale pour apprécier le volume et les caractères du liquide abdominal. On n'utilise généralement pas cette technique pour le diagnostic des coliques de sable mais, si elle révèle fortuitement du sable, cela peut préciser un diagnostic de coliques. La ponction peut donner du sable, car le poids de celui-ci applique l'intestin sur la paroi abdominale et car l'aiguille peut pénétrer accidentellement dans l'intestin.

Radiographie
La radiographie peut confirmer la présence de sable dans l'intestin, mais il faut un matériel puissant qui n'existe souvent que dans les établissements d'enseignement vétérinaire.

Traitement des coliques de sable

Hydratation
Pour faciliter l'élimination du sable, le traitement médical des coliques de sable doit rétablir une humidité adéquate du contenu de l'intestin, grâce à une réhydratation convenable par voie orale et intraveineuse. Un abreuvement abondant entraîne les matières alimentaires et évite leur déshydratation et leur stase.

Laxatifs
On administre les laxatifs à la sonde gastrique. Le meilleur médicament est à base de mucilage de graines de *Psyllium*. On croyait autrefois que le *Psyllium* permettait l'élimination du sable par un effet lubrifiant dû à son caractère gélatineux, mais on pense maintenant qu'il stimule les contractions de l'intestin dans lequel il attire l'eau.

Une étude radiologique a montré qu'un traitement de deux jours seulement par le *Psyllium* guérit les diarrhées chroniques dues au sable. Cependant, en raison du temps pris par le sable pour s'accumuler, son élimination peut également être longue. Le traitement des chevaux à surcharge sableuse grave comprend l'administration de *Psyllium* à la sonde gastrique pendant 2 à 5 jours, suivie de 250 g dans la nourriture deux fois par jour chez le cheval adulte et de 125 g chez le poulain. On poursuit ce traitement pendant quatre à cinq semaines durant lesquelles on trouve irrégulièrement du sable dans les excréments ; il convient donc de ne pas arrêter le traitement prématurément.

Antalgiques

Les antalgiques tels que les AINS contribuent à la guérison des coliques de sable. Ils réduisent les spasmes des parties d'intestin surchargées et permettent l'évacuation des gaz et le passage de l'eau jusqu'aux parties obstruées. Le soulagement de la douleur due à l'effet abrasif du sable améliore la consommation d'eau et d'aliments.

Foin

Si le cheval souffre peu et a encore des défécations, un foin de bonne qualité peut favoriser l'élimination du sable.

Chirurgie

La chirurgie peut être indiquée dans les coliques de sable si :
- le traitement médical a peu d'effet dans les 48-72 heures,
- les paramètres vitaux, tels que la fréquence cardiaque, le temps de remplissage capillaire et la couleur des muqueuses se dégradent,
- les coliques persistent et s'aggravent.

La chirurgie peut être le seul moyen pour éliminer le sable de l'intestin. Les chances de survie du cheval dépendent de la vigueur avec laquelle on le traite. Une étude a établi que les chevaux opérés pour coliques de sable ont un taux de survie de 50 %. Une autre a montré que le taux de survie est de 92 % après opération, si un traitement énergique a été pratiqué avant que l'intestin ne se nécrose et ne se gangrène.

Son

Contrairement à la croyance populaire, le son n'a pas d'effet thérapeutique ou préventif. Du fait de l'anatomie particulière de l'intestin du cheval, lorsque la quantité relativement faible de son atteint le gros intestin, elle peut difficilement avoir un effet laxatif. L'appareil digestif du cheval est radicalement différent de celui de l'homme. Le son encourage l'absorption d'eau, ce qui améliore indirectement la motricité intestinale et la progression des matières alimentaires. Si le péristaltisme propulse normalement les aliments, les excréments ne resteront pas assez longtemps dans l'intestin pour que le sable se dépose.

Prévention des coliques de sable

On doit étudier les habitudes alimentaires de chaque cheval, en particulier de ceux qui mangent n'importe quoi ou qui explorent en permanence le sol. Pour prévenir les coliques de sable chez eux, il faut leur fournir davantage de fourrage grossier, les nourrir plus fréquemment ou leur faire faire davantage d'exercice pour éviter qu'ils ne s'ennuient. Dans de rares cas on leur applique une muselière (appelée « panier déjeuner ») pour les empêcher de manger de la terre.

PRÉVENTION DES TROUBLES DIGESTIFS

Fig. 13-11. Dans de rares cas, une muselière peut être nécessaire pour empêcher un cheval de manger de la terre.

Modification des pratiques alimentaires

Tenant compte du besoin ancestral qu'a le cheval de manger fréquemment de petites quantités d'aliments fibreux de bonne qualité, on peut modifier ses pratiques alimentaires non seulement pour prévenir les coliques de sable, mais aussi pour améliorer la santé de son appareil digestif et son équilibre psychique. Le cheval est plus performant si son besoin de « grignoter » constamment est satisfait par l'accès libre à du foin de prairie de bonne qualité. Il ne faut donner des suppléments de luzerne et de céréales qu'aux chevaux travaillant durement ou difficiles à maintenir en état. La fourniture d'une quantité suffisante de foin ou des repas fréquents peuvent faire disparaître l'habitude de certains chevaux de lécher le sol ou de manger de la terre. En évitant le surpâturage des prés, on assure assez d'herbe aux chevaux, qui ne mangent pas de terre. Un libre accès à du foin de prairie, du sel et de l'eau limite l'absorption de sable et de terre.

• *Utilisation de mangeoires*

Fig. 13-12. Les mangeoires fabriquées avec des pneus limitent l'absorption de sable.

Il est important de ne pas donner le foin sur le sol pour prévenir les coliques de sable. Les râteliers, les filets à fourrage et les nourrisseurs en pneumatiques en réduisent la dispersion. Dans des cas particuliers, on peut les remplacer par des tapis en caoutchouc ou des plaques de béton. Un autre problème se pose quand les aliments sont donnés en hauteur : les chevaux sont exposés à des problèmes respiratoires. L'appareil respiratoire ne peut en effet pas se préserver des corps étrangers et des spores de champignons car la tête n'est pas tenue dans une position naturelle. Du foin est également tiré du râtelier et tombe sur le sol. Avec des mangeoires en pneumatiques les aliments ont plus tendance à rester là où il faut et ils permettent au cheval de s'alimenter la tête basse.

Il faut tenir compte de ce que les jeunes poulains peuvent se coincer dans de telles mangeoires et se blesser. Quant aux jeunes chevaux (et certains adultes) ils aiment ronger ces mangeoires en pneumatique et les flancs blancs ou la gomme ingérés peuvent provoquer des coliques de stase graves.

• *Fourniture d'eau pure*
Il faut vérifier qu'il n'y a pas de sable au fond des abreuvoirs car sa présence indique que la bouche des chevaux en contient. Une eau pure et fraîche encourage les chevaux à s'abreuver, ce qui est favorable à l'intégrité et au bon fonctionnement de l'appareil digestif.

Fig. 13-13. Une eau propre et fraîche favorise la santé de l'intestin.

Traitement préventif

Un traitement médicamenteux utilisant les graines de *Psyllium* en association avec un changement des pratiques alimentaires permet de prévenir les coliques de sable. Il faut donner chaque mois une tasse de *Psyllium* cinq jours de suite mais éviter un traitement prolongé, car son effet laxatif perturbe légèrement l'équilibre hydrique et électrolytique. Le traitement peut être prolongé dans les cas rebelles ou sous contrôle du vétérinaire.

Obstruction œsophagienne

Au lieu de bloquer les voies respiratoires comme chez l'homme, les aliments peuvent se bloquer dans l'œsophage du cheval et lui rendre la déglutition impossible.

Quand le sujet cesse de manger et se détourne de sa nourriture, on pense (en premier lieu) qu'il commence des coliques. Il semble d'abord inquiet et agité et il a un comportement douloureux : il étend l'encolure pour diminuer la pression sur l'œsophage ou il gratte le sol du sabot, il sue ou se roule par terre. De la salive mousseuse lui coule de la bouche et une écume verte apparaît aux naseaux ; il fait souvent des efforts de déglutition et tousse.

Complications de l'obstruction œsophagienne

L'obstruction œsophagienne est une véritable urgence exigeant des soins vétérinaires immédiats. Les aliments, la salive et le mucus régurgités par la bouche et les naseaux peuvent être inhalés et atteindre les poumons quand le cheval fait des efforts de déglutition. Les matières inhalées provoquent rapidement une pneumonie par fausse déglutition.

Pertes d'eau et d'électrolytes
Le cheval atteint d'obstruction œsophagienne souffre d'un déséquilibre électrolytique sérieux et de déshydratation. Non seulement il ne peut plus boire, mais il perd la salive qui s'écoule de sa bouche et qui contient de grandes quantités de sodium et de chlore (elle a un rôle important de recyclage en permettant la réabsorption de ces éléments dans l'intestin). En raison de cette incapacité à déglutir la salive, une administration intraveineuse d'eau et d'électrolytes est nécessaire dans les obstructions œsophagiennes qui se prolongent.

Traitement de l'obstruction œsophagienne

La majorité des obstructions œsophagiennes guérissent facilement et sans complications avec des soins vétérinaires immédiats. En attendant le vétérinaire, il est utile de placer le cheval en pente, la tête vers le bas. Ce léger changement d'attitude facilite l'écoulement par la bouche et les naseaux des matières régurgitées et réduit le risque d'inhalation. Il faut rester calme et lui parler doucement pour contrôler son anxiété. Si les aliments accumulés sont visibles sous forme d'une grosseur sur le côté gauche de l'encolure, on peut les masser très doucement pour en faciliter la dissociation.

Fig. 13-14. Dans l'obstruction de l'œsophage, de la salive verte et mousseuse s'écoule par les naseaux.

Les sédatifs administrés par le vétérinaire provoquent l'abaissement de la tête et de l'encolure du cheval et relâchent le spasme musculaire autour des aliments accumulés. Le vétérinaire introduit une sonde dans l'œsophage jusqu'au niveau de l'obstruction pour la dissocier au moyen d'un faible jet d'eau. Des anti-inflammatoires non stéroïdiens réduisent au maximum la formation de tissu cicatriciel après la levée de l'obstruction et des antibiotiques à large spectre préviennent une infection de la muqueuse œsophagienne.

Alimentation après la crise

Il est indispensable de suivre le sujet après la crise et laisser jeûner un cheval ayant reçu un sédatif jusqu'à ce qu'il ait complètement récupéré, car les réflexes de déglutition et de toux ont été diminués par ce traitement. Dans certains cas, il faut supprimer complètement la nourriture pendant 24 à 48 heures. Pour être déglutis sans problème, les aliments doivent être convenablement mastiqués et abondamment imprégnés de salive. Un trempage de 20-30 minutes des granules dans une grande quantité d'eau les ramollit et les désagrège, ce qui donne une bouillie qui traverse facilement l'œsophage enflammé, ne l'irrite pas et lui permet de cicatriser. Quand le cheval peut à nouveau manger normalement, il faut lui donner la bouillie en petites quantités, plusieurs fois par jour pendant deux semaines, car pendant cette période le risque de récidive de l'obstruction est grand et il faut veiller à éviter les aliments secs ou grossiers.

Prévention de l'obstruction de l'œsophage

La mise en œuvre de certaines mesures prévient l'obstruction de l'œsophage ou sa récidive. La plupart des cas sont dus aux aliments concentrés en gros granules ou à du foin grossier qu'il est facile de supprimer. Si l'on donne des aliments en granules, ceux-ci doivent être petits. L'herbe de prairie et le foin comprimé en cubes provoquent rarement une obstruction de l'œsophage, mais la compétition avec d'autres chevaux peut pousser un animal à précipiter son repas. En pareil cas, il faut le séparer au moment des repas pour l'encourager à manger plus lentement. Si un individu vorace semble « dévorer » les céréales ou les granules, on place des pierres lisses de 5 cm de diamètre au minimum dans son auge avec les aliments concentrés qui le forcent à manger moins vite, car il est obligé de chercher la nourriture entre elles.

Un abreuvement insuffisant peut provoquer une obstruction de l'œsophage. Une fourniture abondante d'eau fraîche permet une salivation abondante et apporte l'eau nécessaire pour la digestion dans l'intestin. Au cours des transports, il est important de faire boire suffisamment le cheval pour éviter une déshydratation. Certains sujets stressés par le voyage en van peuvent manger trop vite le foin ou les céréales ; il est donc préférable de ne pas nourrir les animaux anxieux.

Des problèmes de dents peuvent pousser le cheval à déglutir ses aliments avant de les avoir suffisamment mastiqués. Il faut donc lui vérifier et lui râper régulièrement les dents.

Quand on introduit une nouvelle litière susceptible d'être mangée, on doit faire en sorte que le cheval n'en absorbe pas.

Certains cas d'obstruction de l'œsophage sont inévitables, car ils résultent d'une diminution de son diamètre due à des tumeurs, des abcès volumineux ou du tissu cicatriciel en rapport avec des lésions anciennes. Quand on suspecte une telle cause, le vétérinaire peut la confirmer par un examen endoscopique ou une radiographie avec préparation. On introduit un produit « radio-opaque » dans l'œsophage puis on prend des clichés de la partie suspecte.

Diarrhée

Les inflammations du gros intestin peuvent provoquer de la diarrhée et les performances du cheval atteint se dégradent, car celle-ci provoque des pertes d'eau et d'électrolytes avec les excréments et si elle se prolonge, elle provoque également un amaigrissement ou des coliques. Dans de nombreux cas, de bonnes pratiques d'élevage permettent de guérir rapidement ce trouble chez les chevaux adultes.

Cause de diarrhée

Mauvais soins dentaires
Un mauvais état des dents est une cause fréquente de diarrhée, surtout chez les chevaux âgés. Les aliments qui ne sont pas convenablement broyés irritent et enflamment l'intestin. Les aliments grossiers ou une ingestion chronique de sable ont le même effet. Des soins dentaires réguliers, un foin de bonne qualité et non donné sur le sol sont des moyens faciles de prévention.

Fermentations intestinales excessives
Un cheval recevant des céréales en excès ou des aliments moisis peut développer une diarrhée par suite d'une pullulation des bactéries dans l'intestin qui est enflammé par les toxines bactériennes ou les champignons et qui ne peut plus absorber les éléments nutritifs, l'eau et les électrolytes qui sont perdus avec les excréments. Une ration formée à moitié au moins de fourrage grossier assure un fonctionnement intestinal normal. Il faut éliminer tout aliment avarié.

Nervosité
Un cheval nerveux au bord de l'épuisement peut présenter une diarrhée passagère due à une perturbation du fonctionnement de l'intestin ; il peut tirer profit de suppléments d'électrolytes au cours du transport ou de la compétition. Il est également important de lui permettre un accès fréquent à de l'eau fraîche pour corriger les pertes d'eau.

Parasites
Des agents parasites de l'intestin peuvent aussi être cause de diarrhée chez le cheval. Ils enflamment la muqueuse, les vaisseaux digestifs et la cavité abdominale. Un individu fortement parasité a souvent des excréments mous, il est en mauvais état et ses performances se dégradent.

Autres causes

Il est rare que des bactéries ou des virus infectent l'intestin du cheval adulte et provoquent une diarrhée. Il faut consulter le vétérinaire en pareil cas pour établir un traitement efficace. Les affections hépatiques, les cancers de l'intestin, les intoxications médicamenteuses, certaines plantes et les métaux lourds sont d'autres causes rares de diarrhée.

Ehrlichiose monocytaire équine

Aussi appelée fièvre du Potomac, cette affection diarrhéique pouvant être mortelle, est apparue au cours de la dernière décennie et elle est devenue un problème majeur chez les chevaux de sport aux États-Unis. On ne connaît pas encore son mode de transmission, mais on pense que son agent, *Ehrlichia risticii*, peut être transmis par une tique ou un insecte. La maladie ne semble pas être contagieuse. La plupart des cas apparaissent à la fin du printemps, en été et à la fin de l'automne.

Les chevaux infectés développent rapidement une diarrhée sévère avec fièvre et abattement. En l'absence d'un traitement rapide, ils peuvent faire un choc et mourir ou avoir des complications de fourbure grave s'ils guérissent. Il existe un vaccin protégeant contre cette maladie qui comprend deux injections intramusculaires à 3-4 semaines d'intervalle. Il faut vacciner tous les chevaux vivant ou transportés dans une région infectée.

14

LUTTE CONTRE LES PARASITES INTERNES

Un facteur déterminant de la santé des chevaux est un contrôle efficace des parasites internes. En effet, ils se réinfestent constamment en mangeant sur le sol souillé par leurs excréments. Quand on leur en donne la possibilité, la plupart défèquent dans un endroit différent de celui où ils se nourrissent, mais les pâturages surchargés ne leur fournissent pas assez d'espace pour qu'ils respectent une zone de défécation et une de pâturage. Des études faites en Angleterre et en Ohio ont montré qu'une élimination bihebdomadaire des excréments des prés et des paddocks est ainsi efficace pour lutter contre les parasites que des vermifugations pratiquées à 4-8 semaines d'intervalle. L'association d'une élimination des fèces et de vermifugations réduit au maximum le parasitisme. En l'absence de mesures de contrôle, les effets des parasites intestinaux sur la santé du cheval peuvent être dramatiques.

PARASITES DIGESTIFS

Pour lutter contre les parasites chez un sujet isolé ou dans un élevage, il est utile de connaître les différentes espèces de vers et leur cycle évolutif. D'une façon générale, les chevaux absorbent

Fig. 14-1. Sans une bonne gestion des pâturages, les chevaux sont facilement réinfestés par les parasites.

319

les larves infestantes avec de l'herbe, des aliments, ou de l'eau contaminés ou des excréments (coprophagie). On voit rarement des vers adultes dans les fèces, à moins que le cheval ne soit gravement parasité. Les œufs de vers ne sont visibles qu'au microscope.

Grands strongles

Les grands strongles sont des parasites fréquents. Les espèces les plus courantes sont *Strongylus vulgaris*, *Strongylus equinus* et *Strongylus edentatus*. Ils illustrent la complexité de l'évolution des parasites intestinaux.

Cycle évolutif

Le cheval parasité élimine avec ses excréments des œufs qui y incubent et il se forme successivement un premier et un deuxième stade larvaire puis un troisième qui est infestant. La larve du troisième stade ingérée par un cheval s'enfonce dans la paroi du gros intestin et y reste environ une semaine avant de se transformer en larve du quatrième stade qui voyage ensuite dans les vaisseaux sanguins pendant 8 jours environ.

Deux semaines après l'infestation, les larves se trouvent dans l'artère mésentérique crâniale et les vaisseaux voisins qui sont les principaux vaisseaux irriguant l'intestin et elles y restent trois mois. En se développant elles donnent une larve du cinquième stade qui lèse les vaisseaux, ce qui réduit l'apport de sang à l'intestin et aux tissus voisins.

La larve du cinquième stade revient dans le gros intestin et donne un parasite adulte capable de pondre et le cycle se répète. On appelle prépatente la période allant de l'ingestion de larves infestantes au stade adulte capable de pondre. Elle est de 180-200 jours pour *Strongylus vulgaris*. Quel que soit le moment de leur ingestion, les larves ne terminent leur cycle évolutif et n'exercent leurs effets pathogènes que 6-7 mois plus tard. Comme elles prennent 4-7 jours pour devenir infestantes, l'élimination des excréments deux fois par semaine réduit le risque que les chevaux en ingèrent.

Les périodes prépatentes de *Strongylus equinus* et de *Strongylus edentatus* sont respectivement de 9 et 10-11 mois. Ces grands strongles migrent dans la cavité abdominale et à travers le foie et le pancréas qu'ils lèsent.

Symptômes

Le parasitisme par les grands strongles se manifeste par :
- de la diarrhée,
- des coliques,
- un amaigrissement,
- un mauvais pelage,

PARASITES DIGESTIFS

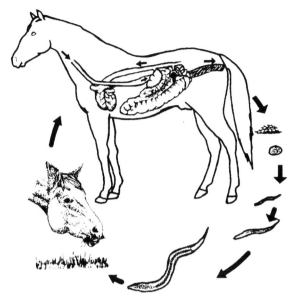

Fig. 14-2. Le cycle évolutif d'un grand strongle dure 6-7 mois.

- un mauvais appétit, de la maigreur et de l'abattement,
- une anémie ralentissant la croissance ou nuisant aux performances,
- des perturbations de la motricité intestinale entraînant une stase ou des déplacements pouvant être mortels,
- une obstruction des vaisseaux également mortelle.

Petits strongles

On s'est récemment beaucoup intéressé à cet autre groupe de parasites. Leur biologie et leur cycle évolutif sont semblables à ceux des grands strongles, à cela près que les larves de stade quatre n'envahissent pas les vaisseaux sanguins de l'intestin. Les petits strongles migrent en effet dans la

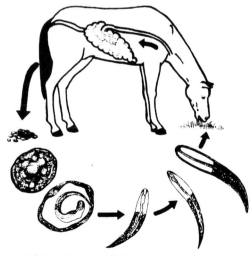

Fig. 14-3. Cycle évolutif d'un petit strongle.

321

paroi du gros intestin en provoquant de la diarrhée et/ou de la constipation et un amaigrissement.
Leur période prépatente est normalement de 2-4 mois, mais les larves peuvent toutefois rester enkystées jusqu'à deux ans et demi. Des vermifugations fréquentes permettent de contrôler ce parasitisme.

Résistance aux vermifuges

Les petits strongles ont développé une résistance aux anthelminthiques courants, tels que les benzimidazoles. Les vers adultes ayant acquis une résistance à ce groupe de médicaments la transmettent aux générations suivantes. Des examens systématiques des excréments pour rechercher ces parasites permettent de reconnaître leur résistance éventuelle aux vermifuges.

Ascaris

Les ascaris (vers ronds) sont les parasites les plus importants de l'intestin grêle. Leurs œufs sont extrêmement résistants aux facteurs extérieurs et peuvent survivre des années dans le milieu extérieur. Il faut généralement deux semaines pour que se forme une larve infestante de deuxième stade.

Cycle évolutif

Après leur ingestion, les larves infestantes commencent leur migration dans l'intestin grêle et la poursuivent dans le sang pour atteindre le foie, le cœur et les poumons. Quand elles sont matures, elles remontent des poumons et des voies aériennes jusqu'à la bouche, où elles sont dégluties pour revenir dans l'intestin grêle où elles donnent des adultes capables de pondre. La période prépatente des ascaris (délai entre l'ingestion de larves infestantes et la ponte des vers adultes) est de 10-12 semaines.

Symptômes

Le cheval souffrant d'ascaridose est en mauvais état et son poil est vilain. On constate assez souvent une diarrhée et des flatulences alternant avec de la constipation. De nombreux jeunes chevaux souffrant d'ascaridose ont un gros ventre et leur croissance est perturbée.
Non seulement les larves en migration lèsent les poumons, mais des virus et des bactéries peuvent envahir les tissus pulmonaires ainsi lésés. Les infections res-

PARASITES DIGESTIFS

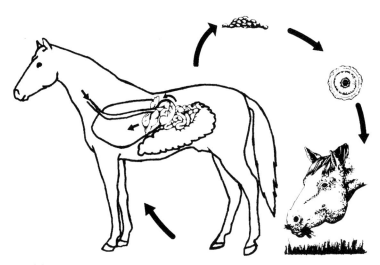

Fig. 14-4. Cycle évolutif des ascaris.

piratoires liées aux migrations larvaires sont fréquentes, en particulier chez les jeunes âgés d'un ou deux mois.

Des vers adultes nombreux peuvent former une pelote qui obstrue l'intestin grêle, engendrant des coliques et une péritonite, parfois mortelles.

Ascaridiose des jeunes chevaux

L'âge du cheval a une grande importance dans le parasitisme par les ascaris. Les chevaux acquièrent en effet une immunité les protégeant jusqu'à l'âge d'environ 15 ans. L'ascaridose n'est ainsi un problème que chez les sujets de moins de deux ans et de plus de 15 ans. Les poulains y sont extrêmement sensibles et ont de plus tendance à manger les excréments de leur mère (coprophagie) et ils s'infestent gravement si ceux-ci contiennent des œufs d'ascaris. Il faut donc vermifuger fréquemment la jument et le poulain et éliminer les excréments de leur environnement. Les chevaux adultes sont rarement gravement infestés, à moins qu'ils ne présentent une immunodéficience.

Fig. 14-5. Obstruction de l'intestin grêle par des ascaris.

323

LUTTE CONTRE LES PARASITES INTERNES

Gastérophiles

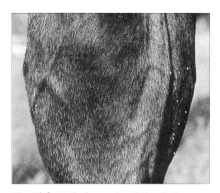

Fig. 14-6. Œufs de gastérophiles fixés sur un membre.

Les gastérophiles ne sont pas des vers, mais des larves d'espèces de mouches du genre *Gastrophilus*.
La mouche adulte pond ses œufs sur les poils des membres et du poitrail du cheval qui les absorbe en se léchant. Les œufs de gastérophiles peuvent survivre jusqu'à 6 mois sur le pelage.

Évolution

Les larves écloses des œufs parvenus dans la bouche s'enfoncent dans la langue et les tissus de la bouche et de l'œsophage. Celles logées dans les tissus buccaux

Fig. 14-7. Larves de gastérophiles fixées dans l'estomac.

peuvent rendre la mastication douloureuse et gêner la déglutition par suite d'un œdème de la gorge. Elles migrent vers l'estomac après trois semaines environ et se fixent à la muqueuse gastrique où elles peuvent provoquer des ulcérations, une stase des aliments, des coliques ou une péritonite. Dans de rares cas, une rupture de l'estomac peut entraîner la mort. L'évolution des larves de gastérophiles dure 10 mois environ à partir de leur

pénétration dans la bouche. Certaines espèces se fixent dans le rectum au cours de leur voyage vers l'anus. Elles provoquent ainsi une irritation poussant l'animal à se gratter la queue, ce qui est souvent faussement attribué à une oxyurose.

Vers de l'estomac

Habronémose gastrique

Les œufs des vers de l'estomac du genre *Habronema* sp. sont éliminés avec les excréments et absorbés par des larves de mouches. Le cheval absorbe les œufs avec les larves de mouche, ou les mouches adultes infestées déposent des larves sur ses lèvres et autour de sa bouche. De là, celles-ci gagnent directement l'estomac, donnent des adultes et le cycle se répète. Dans l'estomac elles peuvent provoquer une réaction immunitaire et faire apparaître de volumineuses masses ressemblant à des tumeurs qui disparaissent avec les larves, mais des parties glandulaires de la muqueuse de l'estomac sont remplacées par du tissu cicatriciel.

Habronémose cutanée

On appelle plaies d'été les blessures entretenues par la présence de larves d'habronèmes. Les mouches se nourrissant sur une blessure de la peau du cheval, peuvent y introduire des larves d'habronèmes qui ne s'y développent pas et n'y évoluent pas, mais y provoquent une réaction tissulaire importante. La plaie ne cicatrise pas et elle peut être facilement envahie par des bactéries. Le traitement anthelminthique tue les larves et diminue le risque que les chevaux présentent de telles plaies.

Fig. 14-8. Plaie d'été provoquée par des habronèmes.

Trichostrongylose

Un autre vers de l'estomac, *Trichostrongylus axei*, est un parasite fréquent des bovins et autres ruminants. Les larves infestantes évoluent de façon semblable aux grands strongles, mais il ne leur faut que trois jours pour se développer. Les chevaux infestés maigrissent et présentent de la diarrhée et/ou de la constipation et de l'anémie. Le parasite peut provoquer une réaction inflammatoire chronique de l'estomac.

Autres vers

De nombreux autres parasites moins importants peuvent nuire à la santé et au bien-être du cheval.

Oxyures

L'oxyurose, provoquée par *Oxyurus equi*, se transmet par l'intermédiaire des aliments souillés par les excréments. Le parasite se développe dans le cæcum

325

LUTTE CONTRE LES PARASITES INTERNES

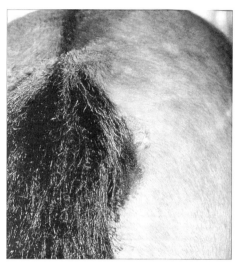

(portion du gros intestin). Les femelles adultes fécondées passent dans le rectum puis à travers l'anus pour y pondre autour et/ou autour de la vulve. Les œufs souillent ensuite le sol ou la nourriture qui s'y trouve. La période prépatente est seulement de 52 jours. Le parasite provoque des démangeaisons et le cheval se gratte la base de la queue qui se dépile.

Fig. 14-9. Cheval se frottant la queue sous l'effet d'une oxyurose.

Strongyloïdes

Strongyloïdes westeri infeste surtout les poulains et provoque de la diarrhée. La larve infestante est transmise avec le lait de la jument ou traverse la peau du poulain. Comme pour les ascaris, l'immunité se développe avec l'âge ; les poulains résistent à l'infestation à partir de 4-5 mois. Il est donc recommandé de les vermifuger en raison du rôle de ce parasite dans la diarrhée.

Strongles pulmonaires

Leur hôte naturel est l'âne, mais ils peuvent aussi infester les chevaux. Les ânes ne présentent généralement pas de troubles cliniques, mais ils éliminent des larves avec leurs excréments, et les chevaux paissant avec eux sont exposés à s'infester et une transmission de cheval à cheval est également possible. Les strongles pulmonaires provoquent une toux chronique, des pneumonies et des pleurésies.

Ténia

Les ténias deviennent de plus en plus fréquents chez le cheval. Leur cycle comprend un passage dans un acarien que le cheval ingère avec l'herbe de prairie ou le foin. L'évolution dans l'acarien dure deux à quatre mois et celle dans le cheval jusqu'au stade adulte prend 6 à 10 semaines. Les infestations importantes provoquent une entérite, des coliques, des perforations de l'intestin et une péritonite.

TRAITEMENT

Il y a un siècle, au début de l'ère industrielle, la concentration des chevaux dans un milieu de plus en plus urbanisé a entraîné de très fortes infestations parasitaires et des troubles très graves chez les chevaux. Dans un ouvrage de 1896, Miles déclare : « Qui prend la peine de visiter un équarrissage ou de retourner le tas de fumier au fond de sa cour, y trouve autant de vers que d'excréments ».

La lutte contre les parasites diminue le nombre de larves infestantes menaçant les chevaux. L'élimination bihebdomadaire des excréments des prés et des enclos est une méthode très efficace, et les vermifuges sont l'autre composante d'un programme complet.

Il y a moins de vingt ans, la médecine vétérinaire disposait d'un arsenal de produits assez efficaces pour tuer les parasites adultes, mais qui n'étaient pas sans danger. Beaucoup étaient toxiques pour le cheval et parfois même mortels et ils devaient être donnés en grande quantité pour être efficaces. Avant la création de présentations en pâte, dépourvues de danger, la meilleure façon d'administrer rapidement le médicament était le sondage gastrique.

Les chevaux vivant alors sur de grands parcours peu chargés, auraient pu subir seulement un ou deux traitements par an. En revanche, à cette époque, les chevaux vivant dans des locaux surpeuplés étaient constamment exposés à se réinfester et auraient dû être vermifugés toutes les 6-8 semaines au moins, car à cette fréquence, les traitements interrompent le cycle évolutif des parasites internes. Un programme antiparasitaire intensif avec traitements mensuels d'avril à octobre devrait tuer la plupart des parasites internes. En hiver, en raison de la dormance et du ralentissement de la maturation des vers dans l'organisme, un traitement tous les deux mois suffit généralement.

Anthelminthiques

Cette dernière décennie, les conditions de vie urbaine des chevaux ont suscité des recherches intensives sur les anthelminthiques en pâte ou en poudre, plus efficaces et d'une plus grande innocuité.

Tout le monde dit : « alterner, alterner, alterner ». Les conceptions nombreuses et discordantes du sens exact de ce terme compliquent encore la question. Les anthelminthiques sont des médicaments et il est important de connaître leur nature chimique et leurs indications. Il faut noter le principe actif indiqué après l'appellation commerciale.

Classification des anthelminthiques

Il existe sur le marché un si grand nombre d'anthelminthiques pour chevaux qu'il ne faut pas s'étonner que règne une certaine confusion. En en réduisant la liste, on peut établir un programme pour combattre le parasitisme chez le cheval en diminuant le nombre de larves infestantes. L'arsenal thérapeutique se base sur six groupes :

Benzimidazoles

Cette famille comprend, entre autres, les produits appelés oxibendazole, oxfendazole, mébendazole, fenbendazole, thiabendazole et thiaphanate.

Fébantel

Un second type, appelé pro-benzimidazoles, ne comprend qu'une molécule, le fébantel, qui a des propriétés semblables à celle des benzimidazoles. Pour des raisons pratiques, on regroupe les deux types en un, les benzimidazoles.

Pyrantel

Une troisième famille, celle des tétrahydropyrimidines, comprend le pyrantel (Strongid®). Il se présente sous forme de pâte orale.

Ivermectine

Un quatrième groupe, appelé avermectines (Equalan®), comprend l'ivermectine obtenu à partir de certains champignons.

Organophosphorés

La cinquième famille, celle des organophosphorés, inclut le dichlorvos et le trichlorfon. Ce groupe de médicaments est utilisé particulièrement contre les larves d'habronèmes.

Pipérazine

La pipérazine constitue la sixième famille, efficace contre les ascaris. La pipérazine et les organophosphorés sont efficaces contre certaines espèces de vers, mais ils sont désormais obsolètes depuis l'apparition des autres familles d'anthelminthiques comprenant des produits sans danger et à large spectre, efficaces contre tous les parasites.

Nous avons donc ramené les six groupes à trois :
- benzimidazoles,
- pyrantel,
- ivermectine.

Chacun tue les vers intestinaux par un mécanisme différent. Par exemple, l'ivermectine interfère dans la coordination neuro-musculaire des vers et provoque une paralysie flasque ; le pyrantel entraîne une paralysie spastique. Quant aux benzimidazoles ils interfèrent dans le métabolisme des vers qui meurent de faim.

Fig. 14-10. Anthelminthiques.

Prévention des résistances aux anthelminthiques

On peut recourir à des stratégies particulières pour augmenter au maximum l'efficacité des anthelminthiques. On craint généralement qu'un changement de produit à quelques mois d'intervalle puisse sélectionner des parasites résistants à un grand nombre d'anthelminthiques. Les vers pourraient ainsi devenir résistants à des substances qui les tuaient précédemment.

D'après les dernières recherches, la meilleure stratégie consiste à ne changer d'anthelminthique que tous les ans car un changement plus fréquent peut provoquer une résistance à plusieurs groupes de produits. L'idéal consiste à n'utiliser qu'un seul produit pendant la saison de ponte maximale des parasites. Ainsi, la génération de vers de l'année n'est pas exposée à des types d'anthelminthiques différents et multiples et le développement d'une multirésistance est moins probable. On n'utilisera ainsi qu'un seul type de vermifuge par an, avec un premier type la première année, un deuxième la deuxième année, un troisième la troisième année, et on reviendra au premier type la quatrième année, et ainsi de suite.

Résistance aux benzimidazoles

Un grand nombre des 40 espèces de petits strongles est maintenant devenu résistant aux benzimidazoles. Non seulement les vers adultes, mais aussi leur progéniture. Le seul benzimidazole auquel les petits strongles ne résistent pas encore, est l'oxibendazole (Equiminthe®, Vermectine®).

Ivermectine

Il n'est pas apparu jusqu'ici de résistance à l'ivermectine ni au pyrantel. L'administration d'ivermectine à six mois d'intervalle, en plus d'une administration de pyrantel, devrait éliminer les formes parasitaires en migration. On peut aussi inclure l'ivermectine dans un programme de changement annuel, mais il ne faut pas l'utiliser seule pour éviter le développement d'une résistance.

Programmes de vermifugation

Les conditions climatiques déterminent le programme de vermifugation à appliquer. Par exemple, la ponte des strongles est maximale au printemps et en été, quand les larves passent dans l'intestin pour devenir adultes et pondre et les prés et les enclos sont fortement contaminés à ces saisons. L'humidité et la chaleur accélèrent l'évolution des larves vers la forme infestante.
Les larves infestantes sont les plus nombreuses entre avril et octobre, quand les températures oscillent entre 10 °C et 30 °C. Elles peuvent résister aux gels de l'hiver et réapparaître avec l'humidité et la chaleur du printemps.
Sous les climats plus chauds, l'humidité et la chaleur favorisent toute l'année leur développement. Le surpeuplement et des conditions très défavorables d'hygiène peuvent imposer d'augmenter la fréquence des traitements antiparasitaires. La réponse immunitaire est différente chez chaque cheval. Un sujet malade ou en mauvais état peut avoir du mal à éliminer les parasites, même avec l'aide d'anthelminthiques, surtout s'il est en permanence exposé à des larves infestantes provenant d'excréments non éliminés.

Vermifugation sans pyrantel quotidien

Si le cheval n'est pas exposé à un très grand risque d'infestation ou si on ne choisit pas une application quotidienne de pyrantel, un programme efficace de vermifugation peut être le suivant.
Ce programme est un exemple de stratégie antiparasitaire efficace et sans danger, mais il ne doit pas être considéré comme le seul possible.

TRAITEMENT

VERMIFUGATION SANS ADMINISTRATION QUOTIDIENNE DE PYRANTEL

Année	Anthelmintique et rythme d'administration
1re année	Ivermectine tous les deux mois
2e année	Oxibendazole, plus ivermectine en juin et décembre pour tuer les gastérophiles. Traitement tous les deux mois
3e année	Pyrantel, plus ivermectine en juin et décembre pour tuer les gastérophiles. Traitement tous les deux mois
4e année	Retour à l'ivermectine tous les deux mois

Fig. 14-11. Programme de vermifugation.

Administration des vermifuges

Le caractère du sujet, la maîtrise du maniement et de la contention des chevaux et les pratiques d'hygiène déterminent la régularité avec laquelle la vermifugation est réalisée. La méthode d'administration est presque aussi importante que le médicament utilisé, la fréquence du traitement et la certitude que la dose entière a été absorbée. En cas de doute, il faut discuter avec le vétérinaire de ce qui est préférable pour le cheval. L'utilisation d'un applicateur spécial assure qu'un médicament liquide est donné à la dose convenable et parvient à destination, c'est-à-dire dans l'estomac. On peut cependant utiliser les pâtes et les poudres avec une efficacité égale.

Techniques efficaces de vermifugation

Doses
Il faut connaître le poids du cheval pour le déparasiter efficacement, lire la notice pour s'informer de la toxicité du médicament et donner la dose maximale correspondant au poids tout en restant au-dessous de la dose toxique. L'index thérapeutique est le rapport entre la dose toxique et la dose efficace d'un médicament ; pour un anthelminthique, un index élevé indique que la dose suffisante pour tuer les vers est très inférieure à la dose toxique. Par exemple, pour l'oxybenzalole la dose toxique est 60 fois supérieure à celle recommandée. Pour le pyrantel, l'index thérapeutique est de 20 et, pour l'ivermectine, il est de 6. Il

n'existe aucune raison pour administrer des doses aussi extravagantes que les doses toxiques. Quand on calcule la dose d'anthelminthique, une surestimation de 100-150 kg du poids d'un cheval adulte n'a généralement pas d'effets indésirables, sauf avec les organophosphorés, qui même à dose recommandée peuvent être toxiques pour le cheval.

Il faut également vérifier, pour chaque produit, les précautions à prendre chez les juments en gestation ou les poulains, et en cas de doute se renseigner auprès d'un vétérinaire sur le produit à utiliser et sa dose.

Fig. 14-12. Un applicateur spécial permet un dosage très précis de l'ivermectine.

Anthelminthiques en pâte

Correctement administré, un anthelminthique en pâte est absorbé dans l'estomac et il agit sur les mécanismes biochimiques nécessaires à la survie du parasite, sans nuire au cheval. Il n'y pas de raisons de traiter les animaux à jeun comme on le faisait autrefois, car en fait, la présence d'aliments dans l'estomac favorise l'absorption du médicament.

En revanche, lors de l'administration de la pâte, il faut s'assurer de l'absence d'aliments dans la bouche du cheval avant de placer la seringue sur le dos de sa langue et lui soulever doucement la tête tandis qu'on enfonce le piston, puis on stimule la langue pour qu'elle se mobilise d'avant en arrière ce qui provoque la déglutition de la pâte.

Pour éviter des erreurs, il est utile de se faire conseiller par un vétérinaire. Avec un anthelminthique en pâte, il faut s'assurer que le cheval a absorbé le médicament. Si un sujet est particulièrement rebelle, on doit, si nécessaire, le faire traiter par le vétérinaire toutes les 6-8 semaines.

Anthelminthiques en poudre

Pour être efficaces, les anthelminthiques sous forme de poudre donnés avec les aliments doivent être consommés dans les 8 heures. Ce mode d'administration est peu sûr et inefficace si les aliments sont répandus ou tombent sur le sol, si le cheval les recrache ou s'il trie les aliments. On augmente les chances d'une absorption complète de la dose en mélangeant l'anthelminthique en poudre à de la mélasse ou à du sirop de maïs qu'on ajoute à une petite quantité de céréales ou de son. Il faut surveiller le cheval pour s'assurer du succès ou de l'échec de l'administration.

TRAITEMENT

Échecs de la vermifugation

La vermifugation échoue si la dose administrée n'est pas suffisante ou si le cheval ne l'a pas absorbée en totalité. Avec les anthelminthiques en pâte l'échec est fréquent si le cheval bouge soudainement la tête quand on enfonce le piston, et si une partie du médicament sort par le côté de la bouche. La dose reçue est également insuffisante si le cheval a des aliments dans la bouche lors de l'administration.

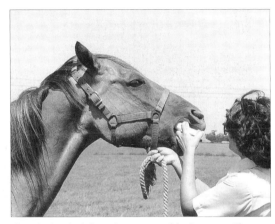

Fig. 14-13. Administration convenable d'un vermifuge en pâte.

Quand on retire la seringue, il peut en effet rejeter les aliments et la pâte. Un abreuvement immédiatement après l'administration fait perdre une grande part du médicament.

Alors que son propriétaire le traite tous les deux mois avec un anthelminthique autorisé, un cheval peut encore présenter des signes évidents de parasitisme, tels que maigreur, poil piqué et gros ventre. Dans certains cas, il ne prend pas de poids et ses performances en souffrent. Ces problèmes disparaissent en quelques semaines après une vermifugation correcte par administration et absorption d'une dose appropriée. L'effet est magique et le cheval prospère.

Résistances dues à un sous-dosage

Un sous-dosage constant peut provoquer plus de problèmes que l'absence de vermifugation, car l'exposition permanente des vers à des doses insuffisantes pour les tuer mais suffisantes pour les stresser, favorise le développement d'une résistance acquise qu'ils transmettent à leur descendance. Malgré les traitements le cheval conserve alors une charge parasitaire accablante.

Numération des œufs

Si un cheval ne répond pas à un programme antiparasitaire régulier, il faut déterminer le nombre d'œufs par gramme de fèces deux semaines au moins après la vermifugation. Des parasites, tels que les ascaris, peuvent pondre 100 000 œufs par jour, et les grands strongles n'en produisent que 5 000. On ne trouve normalement pas les œufs d'oxyures dans les excréments, mais on peut en récolter au moyen d'un ruban adhésif appliqué sur l'anus.

La présence de grands nombres d'œufs indique que les vers sont résistants à l'anthelminthique utilisé. Les analyses d'excréments faites par le vétérinaire permettent de contrôler la charge parasitaire d'un cheval, en plus des signes fournis par l'état d'embonpoint, le pelage et les performances. L'examen vétérinaire peut révéler d'autres problèmes, dentaires, nutritionnels ou métaboliques, contribuant à un mauvais état du sujet. Il ne faut pas accuser les vers de tous les troubles.

Efficacité des anthelminthiques

Une caractéristique importante des anthelminthiques est leur efficacité, c'est-à-dire leur capacité à réaliser l'objectif d'une destruction de plus de 85 % des parasites d'une espèce donnée. L'oxybendazole a une efficacité de 95-100 % contre les petits et les grands strongles, de 90-100 % contre les ascaris, mais aucun effet sur les gastérophiles. Le pyrantel a une efficacité de 92-100 % contre *Strongylus vulgaris*, de 86-100 % contre les ascaris adultes et de 100 % contre

EFFICACITÉ DES VERMIFUGES

Oxibendazole	Grands strongles	95 %-100 %
	Petits strongles	95 %-100 %
	Ascaris	90 %-100 %
	Gastérophiles	0 %
Pyrantel	Grands strongles :	
	• *S. vulgaris*	92 %-100 %
	• *S. edentatus*	65 %-75 %
	Ascaris :	
	• adultes	86 %-100 %
	• immatures	100 %
	Oxyures	50 %-70 %
	Gastérophiles	0 %
Ivermectine	Grands strongles	95 %-100 %
	Petits strongles	95 %-100 %
	Ascaris	95 %-100 %
	Oxyures	95 %-100 %
	Gastérophiles	95 %-100 %

Fig. 14-14.

les ascaris immatures, mais de seulement 50-70 % contre les oxyures et de 65-75 % contre *Strongylus edentatus* et totalement nulle contre les gastérophiles. L'ivermectine a une efficacité de 95-100 % contre les petits et les grands strongles, les oxyures, les ascaris et les gastérophiles.

Immunité contre les parasites

Normalement, les chevaux en bonne santé développent avec le temps une certaine immunité contre les parasites et peuvent se défendre contre une infestation massive. Leur système immunitaire reconnaît comme étrangères (et antigéniques) les protéines des parasites et forme des anticorps contre elles. Plus leur organisme contient de ces antigènes, plus il forme d'anticorps. Une efficacité à 100 % d'un anthelminthique n'est pas forcément intéressante car elle supprime la source d'antigènes, et, non stimulé, l'appareil immunitaire du cheval ne pourra pas le défendre contre des infestations ultérieures.
Les poulains et les jeunes chevaux âgés de moins de deux ans, dont l'appareil immunitaire est encore in-

Fig. 14-15. Les chevaux de moins de deux ans peuvent supporter une charge parasitaire accablante.

complètement développé, peuvent succomber à des infestations massives par les grands strongles ou les ascaris en l'absence de vermifugations régulières.

Réactions allergiques

Quand un cheval très infesté est déparasité pour la première fois, la mort et la décomposition des vers l'exposent à des protéines étrangères. Il peut en résulter une réaction allergique ou une inflammation sévère de l'intestin au point de fixation des vers, avec œdème et gonflement de l'intestin. Cette réaction peut diminuer l'absorption des éléments nutritifs et de l'eau et s'accompagner d'une diarrhée passagère. Une infestation massive provoque une réaction semblable avec diarrhée chronique ou coliques.

Il est très préférable d'appliquer un programme régulier de vermifugation plutôt que d'exposer le cheval à des troubles permanents ou aux effets secondaires associés à la première vermifugation d'un cheval âgé. Le but est de laisser l'appareil immunitaire du cheval avoir affaire à une très faible charge parasitaire.

Traitement préventif

En réduisant au maximum la charge parasitaire du cheval, on améliore sa santé et ses performances et on prévient des troubles digestifs. Le contrôle du parasitisme au moyen d'anthelminthiques est indispensable, mais il doit être complété par des mesures d'hygiène appropriées.

Introduction d'animaux nouveaux

Il ne faut pas introduire immédiatement les animaux nouveaux dans le troupeau, mais les isoler et les déparasiter au préalable 2-3 fois à 3-4 semaines d'intervalle. Cette pratique protège de plus les animaux déjà bien déparasités contre une réinfestation.

Vermifugations simultanées

Tous les animaux d'un élevage doivent être déparasités simultanément, y compris les poulains. Il est inutile de ne traiter qu'une faible fraction d'entre eux, car les sujets non traités continuent à éliminer des œufs dans leurs excréments et réinfestent leurs congénères.

Entretien des prés

Les fourrages contenant des larves provoquent des réinfestations. Une gestion rationnelle des pâturages prévient un surpâturage, qui favorise le dépôt des crottins sur de l'herbe consommée. L'élimination des crottins à la fourche, deux fois par semaine, contrôle la population de parasites. Le « balayage » des pâturages au moyen d'une chaîne tractée disperse les excréments et empêche le surpâturage de certaines parties des prés, tout en interrompant le cycle évolutif des parasites. Si elle est économiquement réalisable, l'aspiration mécanique des crottins permet un contrôle excellent du parasitisme. Le hersage disperse les larves et endommage l'herbe et il est donc déconseillé.
Le fumier récolté ne doit être répandu sur les prés que lorsqu'il est complètement décomposé. La chaleur dégagée dans le tas de fumier par les fermentations tue les larves infestantes et empêche la contamination des prés.

Entretien des paddocks

L'élimination manuelle des excréments des paddocks, deux fois par semaine, fait disparaître les larves avant qu'elles ne deviennent infestantes. Ce nettoyage permet, d'avril à octobre, de porter à deux mois l'intervalle entre les traitements au lieu d'un mois comme recommandé. Plus les vermifugations sont fréquentes, plus le risque d'apparition de résistances augmente.

Analyses d'excréments de contrôle

Pour contrôler l'efficacité du programme de lutte contre les parasites, on peut comparer les analyses des excréments avant le traitement puis exactement deux semaines après.

La plupart des anthelminthiques réduisent la ponte des strongles pendant 4 à 6 semaines après le traitement, alors que l'ivermectine le fait pendant 8 semaines. En raison du très grand danger des petits et grands strongles pour le cheval, tout programme de lutte contre les parasites doit se consacrer principalement à l'élimination de ces parasites.

15

AFFECTIONS CUTANÉES : PRÉVENTION ET TRAITEMENT

Le pelage du cheval reflète fidèlement son état de santé. Des parasites externes, des mycoses, des crevasses, des tumeurs ou des blessures dues au harnachement peuvent altérer la peau et les poils et nuire aux performances.

PARASITES EXTERNES

Mouches et moucherons

Taons

Les mouches et surtout les taons provoquent des irritations cutanées gênantes. Leurs piqûres sont douloureuses et font apparaître des nodules sur la peau. Les zones du corps le plus souvent affectées sont l'encolure, le garrot, le dos et les membres.

Stomoxes

Les stomoxes ressemblent aux mouches domestiques ordinaires, mais ils piquent la peau avec leurs pièces buccales, ils irritent le cheval et provoquent des gonflements nodulaires. Ils préfèrent les zones claires et ensoleillées et ne pénètrent dans les écuries que quand il pleut. Ils pondent dans le fumier et dans la paille en décomposition imprégnée d'urine. Les insecticides, joints à une élimination du fumier et à un nettoyage convenable des écuries, permettent de maintenir la population de stomoxes à un niveau acceptable

Simulies

Aux États-Unis, on appelle les simulies les « moucherons des oreilles », car elles se nourrissent de sang prélevé sur la face interne de la conque auriculaire. On les trouve partout, mais surtout le long des cours d'eau, où elles se reproduisent. Les adultes parcourent de grandes distances atteignant 150 km, ce qui rend leur contrôle presque impossible.

Ce sont de petits insectes à l'aspect bossu, de 5 mm de long maximum, soit à peu près la taille d'un pépin de pomme.

Les simulies se nourrissent sur la peau fine des oreilles ; des toxines contenues dans leur salive augmentent la perméabilité des capillaires, ce qui facilite le repas de sang. Un suintement et des croûtes sanguinolentes se forment là où les simulies se sont nourries. La douleur provoquée par une violente réaction inflammatoire fait craindre aux chevaux qu'on leur touche la tête. Ce qui au début est une réaction instinctive destinée à éviter une douleur, peut devenir une habitude après la guérison des lésions des oreilles.

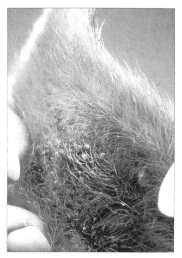

Fig. 15-1. Simulies se nourrissant dans l'oreille d'un cheval.

Réaction allergique

Les piqûres de simulies provoquent une réaction allergique grave chez certains chevaux car des plaques d'hyperkératose en chou-fleur se forment à l'intérieur des oreilles, mais elles s'éliminent facilement quand on les gratte avec le bout du doigt ou une compresse de gaze (si le cheval se laisse toucher la tête). Cette élimination facile les distingue des sarcoïdes souvent observées au niveau des oreilles.

Après élimination des plaques, l'application locale d'une pommade aux corticostéroïdes réduit la gravité de la réaction allergique. On peut faciliter le traitement local quotidien en détournant l'attention du cheval en lui offrant un seau de céréales, tandis qu'on applique rapidement la pommade.

PARASITES EXTERNES

Effets sur les oreilles

• *Dépigmentation*
L'inflammation durable provoquée par les simulies entraîne une décoloration de la peau de l'intérieur des oreilles. Les zones blanches en résultant n'ont qu'une importance esthétique et n'empêchent pas la peau de retrouver un fonctionnement normal.

Traitement
Une détection rapide du problème aide à le régler avant l'apparition de troubles du comportement ou de plaques blanches. Normalement, les poils de l'oreille protègent la partie profonde du conduit auditif contre une accumulation de poussières et de débris ou la pénétration de tiques ou d'insectes.

Fig. 15-2. Grande plaque à aspect en chou-fleur due aux simulies.

• *Coupe des poils*
Si le cheval est attaqué par des simulies, la coupe ou le rasage des poils fins de la conque auriculaire favorise la guérison de l'oreille. Avant la coupe, il faut introduire dans le conduit auditif un tampon de coton pour empêcher les poils et les débris de tomber au fond car ils pourraient favoriser une infection. Il peut être nécessaire que le vétérinaire tranquillise un cheval craignant qu'on lui touche la tête. Les sédatifs lui font également baisser la tête et permettent un nettoyage soigneux de la peau des oreilles. Après la coupe des poils, il ne faut pas oublier de retirer les tampons de coton.

L'élimination des poils de l'intérieur de l'oreille permet une inspection des croûtes. La peau délicate guérit rapidement lorsqu'il n'y a plus de poils pour retenir les sérosités et les croûtes. Du sang n'étant plus présent pour attirer les simulies vers un festin, il est plus facile de soulager le cheval. On peut alors facilement appliquer localement une pommade anti-inflammatoire aux corticostéroïdes ou un répulsif des insectes sur la peau nue. Les pulvérisations d'insecticides dans les oreilles doivent se faire avec prudence, en veillant à ne pas projeter de produit irritant dans l'œil.

Une fois les poils éliminés, l'application d'une légère couche de pommade à base de vaseline empêche également les simulies d'atteindre la peau pour se nourrir. Il ne faut utiliser que des produits à usage auriculaire ou consulter le vétérinaire. La chaleur du corps fait fondre la pommade et la fait pénétrer plus profondément dans le conduit auditif.

Prévention

• *Filets*

Pour prévenir une irritation par les simulies, on applique au cheval un masque protégeant aussi les oreilles. La moustiquaire constituant le masque couvre la face et les yeux et s'étend au-dessus de la nuque et des oreilles, qui se trouvent ainsi protégées.

Fig. 15-3. Un filet protège contre les insectes.

Les simulies se nourrissent surtout le jour. Dans les régions fortement infestées, on peut rentrer les chevaux allergiques à l'écurie pendant la journée, mais d'autres insectes comme les culicoïdes y apparaissent au crépuscule.

Culicoïdes

Les piqûres de culicoïdes peuvent provoquer une réaction allergique responsable de l'affection appelée dermatite estivale. Les *Culicoïdes* se nourrissent sur la ligne du dessus des chevaux, qui peuvent se blesser en cherchant à apaiser le violent prurit en résultant. Le cheval commence par se gratter la crinière et la queue jusqu'au sang. Les troubles s'aggravent, et toutes les parties du corps sont le siège d'un prurit et le cheval se blesse au niveau de l'encolure, du poitrail et du ventre. Rendu fou par le prurit, il s'arrête au-dessus des buissons pour se gratter le ventre et maltraite les poteaux de clôture, les portes d'écurie et les murs des granges.

Ce comportement n'endommage pas seulement son pelage et sa peau en lui donnant un aspect peu soigné, mais il devient irritable et abattu et peut devenir agressif vis-à-vis de ses soigneurs, et s'il peut encore être monté (selon la gravité des lésions cutanées), ses performances baissent.

Il existe une prédisposition héréditaire à l'allergie aux *Culicoïdes* qui se manifeste généralement à l'âge de 2-3 ans et qui s'aggrave avec

Fig. 15-4. Dépilation de la queue due au prurit.

l'âge. L'affection est saisonnière, elle débute à la fin du printemps et dure jusqu'en automne et correspond aux chaleurs et à la saison des mouches. Les *Culicoïdes* préfèrent les zones humides comme les bords d'étangs et les végétaux humides en décomposition. Ils se nourrissent le soir et surtout au crépuscule, si bien que la meilleure méthode de lutte contre les troubles est de rentrer le cheval à l'écurie pour la nuit.

Les moustiquaires empêchent la pénétration des *Culicoïdes* dans les écuries et les couvertures antimouches réduisent au maximum les piqûres. Des applications fréquentes de répulsifs des insectes sont utiles et des pulvérisateurs à déclenchement périodique automatique tuent les insectes dans les écuries.

À moins de transporter les chevaux dans un environnement différent ne favorisant pas la multiplication des *Culicoïdes*, il est presque impossible de les protéger totalement. Un traitement par des corticostéroïdes aux doses recommandées par le vétérinaire maintient la réaction allergique à un niveau acceptable pendant la saison des mouches.

Affections ressemblant à la dermatite estivale

Il faut distinguer les troubles dus aux oxyures et aux larves de gastérophiles des réactions allergiques plus graves dues aux *Culicoïdes*. Ces parasites provoquent en effet des troubles semblables.

- *Oxyures*

On peut confondre au début l'allergie aux *Culicoïdes* avec l'oxyurose, en raison de la tendance du cheval à se gratter la queue. L'allergie aux *Culicoïdes* s'étend cependant le long de la ligne du dessus du cheval, alors que l'oxyurose le pousse à ne se frotter que la queue.

Le vétérinaire peut rechercher les œufs d'oxyure en examinant au microscope un ruban adhésif ayant été appliqué sur la peau des environs de l'anus (Scotch test).

- *Larves de gastérophiles*

Au cours de leur évolution et de leur migration de l'estomac au rectum et à l'anus, les larves de gastérophiles restent fixées pendant une courte période sur la muqueuse du rectum et elles provoquent également un prurit de la queue.

Si l'on suspecte une infestation par les oxyures ou les larves de gastérophiles, il suffit d'administrer un vermifuge approprié et de rechercher si le prurit disparaît en une semaine environ.

Haematobia

Les choses sont encore compliquées par l'existence d'une autre hypersensibilité, la dermatite ventrale médiane, facilement confondue avec l'allergie aux *Culicoïdes*. Cette affection n'atteint que le ventre, et la peau entourant l'ombilic est croûteuse, ulcérée, dépilée et dépigmentée. Cette allergie est due à la

AFFECTIONS CUTANÉES : PRÉVENTION ET TRAITEMENT

Fig. 15-5. Hématobies se nourrissant sur la ligne médiane de l'abdomen.

mouche *Haematobia*, qui préfère se nourrir de sang sur une bande étroite de la ligne médiane de l'abdomen. On reconnaît facilement les hématobies à leur position particulière lors des repas de sang, la tête dirigée vers le sol. Les répulsifs et les pommades aux antibiotiques et aux corticostéroïdes combattent l'inflammation et l'infection bactérienne secondaire.

Hypodermes

Si un volumineux nodule isolé sur le dos du cheval présente une ouverture, il s'agit très probablement d'une larve d'hypoderme et de son orifice respiratoire. La mouche adulte pond en effet ses œufs sur les poils du cheval et les larves qui en éclosent migrent à travers la peau et parviennent sur le dos quatre ou cinq mois plus tard, en automne ou en hiver. Dans de rares cas, elles migrent vers le cerveau au lieu du dos et provoquent des troubles nerveux graves. Les hypodermes infestent surtout les bovins, et ainsi les chevaux pâturant à proximité y sont exposés.

Autres causes de nodules

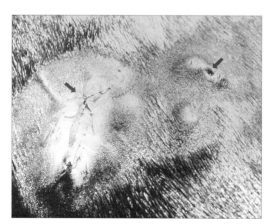

Fig. 15-6. Orifices respiratoires d'hypodermes.

Les nodules ne présentant pas d'orifice respiratoire peuvent être dus à une nécrobiose et résulter de la formation de tissu cicatriciel consécutivement à une mort des tissus. La formation des nodules est due à une réaction des tissus autour d'une particule de matière synthétique provenant du tapis de selle ou à une légère infection résultant d'une piqûre récente de mouche. Ces nodules sont fermes et faciles à voir et à palper sur le garrot, le dos, le thorax ou le ventre. Ils ne sont généralement pas douloureux et la peau les surmontant n'est ni ulcérée ni congestionnée.

L'application locale d'une pommade aux corticostéroïdes peut les faire disparaître. Sinon, des injections de corticoïdes dans et au-dessous du nodule peuvent en venir à bout en trois semaines environ. Pendant la période de guérison, il est important d'éviter une pression du harnachement sur la lésion. Si le nodule persiste ou si le harnachement l'entretient en permanence, il peut être nécessaire d'en faire l'ablation chirurgicale. Il ne se reforme alors plus, mais la guérison est plus lente que lors de traitement par les corticostéroïdes.

SYMPTÔMES DES INFESTATIONS PAR LES MOUCHES

Taons	Nodules sur l'encolure, le garrot, les dos et les membres
Stomoxes	Nodules sur tout le corps
Simulies	Suintement, croûtes imprégnées de sang, éventuellement dépigmentation de la peau ou plaques en chou-fleur à l'intérieur de l'oreille
Culicoïdes	Prurit commençant au niveau de la crinière et de la queue puis s'étendant à tout le corps
Hématobies	Lésions ulcérées et croûteuses, dépilées et dépigmentées entourant l'ombilic
Hypodermes	Nodules volumineux avec orifices respiratoires sur le dos

Fig. 15-7.

Acariens

Acariens des gales

De nombreux autres parasites provoquent un violent prurit chez le cheval. Les acariens des gales provoquent un prurit intense (tête et encolure, pouvant s'étendre à tout le corps). Il existe plusieurs espèces d'acariens des gales, dont la plupart sont invisibles à l'œil nu. Ils sont généralement transmis par contact direct entre chevaux, mais peuvent aussi l'être par l'intermédiaire du matériel de pansage, des couvertures et du harnachement. Deux traitements par l'ivermectine à deux semaines d'intervalle les éliminent généralement.

AFFECTIONS CUTANÉES : PRÉVENTION ET TRAITEMENT

Gales

Gale psoroptique
La gale psoroptique affecte surtout les plis de peau, la gorge et même les oreilles. La démangeaison résultant du violent prurit peut provoquer un épaississement de la peau et des blessures des parties atteintes. Heureusement cette affection a pratiquement disparu.

Gale sarcoptique
La gale sarcoptique peut être une affection grave, elle débute sur la tête, l'encolure et les épaules et provoque un violent prurit. Elle peut être contagieuse pour l'homme.

Gale démodécique
La gale démodécique est extrêmement rare. Elle fait apparaître des lésions nodulaires sur la tête, l'encolure et le garrot. Les demodex s'enfoncent profondément dans la peau, jusqu'au fond des follicules pileux. Il faut racler la peau très profondément pour les mettre en évidence. Ils peuvent infester la peau de près de 50 % des chevaux sains, mais ils ne provoquent généralement pas de troubles, à moins que le sujet ne souffre d'une immunodéficience.

Gale chorioptique
La gale chorioptique pose un problème en hiver ; elle affecte les membres, surtout postérieurs, et l'abdomen. Elle peut être confondue avec des crevasses en raison de l'aspect craquelé et gras qu'elle donne à la peau de la partie inférieure des membres. Les véritables crevasses sont une inflammation due à des produits irritants ou à des infections bactériennes ou fongiques de la face postérieure du paturon. Dans la dermatite, la peau enflammée est sensible, prurigineuse, suintante et rouge. Selon sa cause, l'ensemble de ces symptômes est présent ou non. Si une dermatite ne guérit pas avec un traitement local par des pommades à base d'antibiotiques, aux antifongiques et d'anti-inflammatoires, la cause peut en être la gale chorioptique.

Acariens de la paille

Les acariens de la paille font apparaître sur la peau de petites plaques d'œdème en surélévation, mais ces éruptions ne s'accompagnent pas de démangeaisons. Les acariens responsables parasitent normalement les larves d'insectes attaquant les céréales et se rencontrent ordinairement dans le foin de luzerne et la paille. Les humains sont également atteints par ces acariens, qui provoquent chez eux un violent prurit. Les troubles disparaissent généralement sans traitement dans les trois jours.

Trombiculose

La trombiculose peut être un problème à la fin de l'été et en automne. Les chevaux paissant dans des champs ou des bois peuvent présenter des papules et des croûtes sur la face, l'encolure, le thorax et les membres. Les lèvres et la face sont souvent atteintes et présentent des zones croûteuses et dépigmentées. On peut facilement confondre les lésions du bout du nez avec la photosensibilisation (réaction anormale de la peau à la lumière solaire, qui provoque une brûlure et une dermatite). Les parties infestées par les trombicula peuvent démanger ou non.

SYMPTÔMES DES INFESTATIONS PAR LES ACARIENS

Gale sarcoptique	Prurit commençant sur la tête et l'encolure puis s'étendant à tout le corps
Gale psoroptique	Prurit et épaississement de la peau des oreilles et de la gorge
Gale démodécique	Nodules sur la tête, l'encolure et le garrot
Gale chorioptique	Lésions grasses et craquelées sur la partie inférieure des membres, surtout postérieurs, et l'abdomen
Acariens de la paille	Petites papules croûteuses non prurigineuses
Aoûtats	Papules croûteuses incolores sur l'encolure, le thorax et les membres

Fig. 15-8.

AUTRES PARASITES EXTERNES

Onchocerca

Les parasites externes ont toutes sortes de formes et de tailles et exercent leur rôle pathogène de façons diverses. Certains comme les onchocerques sont transmis par des insectes piqueurs. Les onchocerques sont des vers très fins vivant dans le ligament cervical, près de la crête de l'encolure. Le ver adulte produit des larves (microfilaires), qui migrent sous la peau jusqu'à la ligne médiane de l'abdomen, la tête et la face ou dans les tissus profonds de l'œil.

AFFECTIONS CUTANÉES : PRÉVENTION ET TRAITEMENT

Fig. 15-9. Lésions croûteuses et dépigmentées d'onchocercose.

Les *Culicoïdes* servent de vecteur pour transmettre les onchocerques aux chevaux. L'oncho-cercose se manifeste par des lésions croûteuses sur la face et le pourtour des yeux, l'encolure, la ligne du dessus et le ventre qui sont dépilés et généralement dépigmentés.

Une légère réaction allergique peut provoquer du prurit au niveau des lésions. La démangeaison en résultant aggrave l'inflammation. L'onchocercose cutanée est fréquente à la saison chaude par suite de la stimulation du fait de la longueur des jours, de la production de microfilaires par les parasites adultes et de l'abondance des *Culicoïdes* les transmettant. Le diagnostic se fait par examen microscopique d'échantillons de tissus infestés récoltés par biopsie ou de produits de raclage de peau. La découverte de microfilaires confirme l'onchocercose.

Fluxion périodique

La migration de microfilaires à travers l'œil peut provoquer une fluxion périodique qui se traduit par des crises récurrentes d'uvéite antérieure, c'est-à-dire l'inflammation des tissus oculaires entourant la pupille. Cette uvéite est douloureuse et s'accompagne d'une sensibilité à la lumière vive (photophobie) et de larmoiement. Des ulcères de la cornée peuvent se former par suite du gonflement des structures internes de l'œil.

Fig. 15-10. Fluxion périodique.

Heureusement, la fréquence de l'onchocercose a spectaculairement diminué grâce à l'efficacité avec laquelle l'ivermectine tue le parasite. Celle-ci a en effet réduit le réservoir de parasites et il est maintenant rare de voir des chevaux bien entretenus ayant des problèmes d'onchocercose cutanée. Il peut en revanche exister des sujets présentant des lésions oculaires dues à des migrations antérieures de microfilaires.

Dermatite à *Rhabditidis*

Les lésions de la peau des cuisses et du ventre dues à un ver microscopique, *Rhabditidis strongyloïdes*, peuvent être confondues avec l'irritation due à l'urine ou au fumier. Cette dermatite rhabdititique est prurigineuse et douloureuse. L'amélioration de l'hygiène des locaux règle généralement ce problème. Le diagnostic ne se fait souvent que par biopsie.

Poux

Onchocerca et *Rhabditidis strongyloïdes* ne sont pas visibles à l'œil nu. En revanche, un brossage à rebrousse-poil soigneux peut permettre de découvrir des parasites cutanés plus visibles : les poux.
On appelle phtiriase l'infestation par les poux. Ce parasitisme est typique en hiver, car les œufs (lentes) prospèrent dans la profondeur de l'épais pelage hivernal. Ils ont une spécificité d'hôte, ce qui signifie qu'un pou du cheval n'infeste ni l'homme, ni le chien, ni le chat.
Les poux passent tout leur cycle évolutif sur leur hôte. On peut les voir sur la ligne du dessus du cheval ; ils ressemblent à des « pellicules qui marchent ». Les lentes sont collées aux poils et il ne faut pas les confondre avec des œufs de gastérophile. Elles sont blanches et très ovales alors que ceux-ci sont

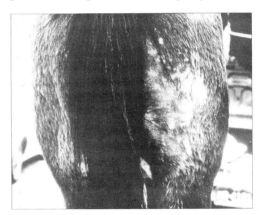

Fig. 15-11. Pelage à aspect mité d'un cheval infesté par les poux.

jaunes et trouvés normalement sur les membres. La distinction est plus facile, si l'on s'aide d'une loupe.
Les poux provoquent un prurit intense et le cheval se blesse lui-même en se grattant. Le pelage peut sembler « mité » par endroits, les poils étant arrachés par le grattage sur de grandes surfaces, en particulier sur les fesses, les cuisses, la tête et l'encolure.

De mauvaises conditions d'hygiène, le surpeuplement et la malnutrition favorisent la phtiriase. Les poux se transmettent directement de cheval à cheval ou par l'intermédiaire des brosses, des couvertures et du harnachement. On la traite avec des shampooings anti-poux. Il faut plonger le harnachement et le matériel dans une solution d'insecticide.

Tiques

Tique épineuse de l'oreille

Les tiques épineuses de l'oreille, *Otobius* vivent dans le conduit auditif et y restent jusqu'à sept mois en se nourrissant de lymphe ; elles provoquent une irritation poussant le cheval à secouer la tête, à abaisser parfois une oreille particulièrement infestée ou à se frotter sans cesse sur un objet. L'intense inflammation provoquée par les parasites favorise une infection bactérienne au niveau de leurs points de fixation. Il est souvent nécessaire de pratiquer une sédation du cheval pour pouvoir lui examiner les oreilles et éliminer les tiques.

Fig. 15-12. Oreille infestée par les tiques.

Tiques dures

Une autre espèce de tiques, *Ixodes ricinus*, peut infester le cheval. Elles se fixent surtout sur les zones à peau fine comme la tête, la face inférieure de l'abdomen et les cuisses, pour se nourrir de sang. Leur morsure est douloureuse. Elles peuvent également s'implanter sur la queue et le long de la crinière, sur le garrot et les flancs.

Elles enfoncent leur tête dans les couches superficielles de la peau, ce qui peut entraîner une infection bactérienne secondaire autour de ces points de fixation, un œdème et un gonflement, même après que la tique se soit détachée.

Il est important d'en extraire la tête en tirant doucement dessus pour la détacher de la peau. Pour détacher les tiques, il n'est pas recommandé de les brûler avec une allumette ni d'y appliquer de l'alcool ou de l'essence de térébenthine car ces méthodes ne les poussent pas à tomber d'elles-mêmes et peuvent brûler ou irriter la peau fine.

Les tiques peuvent transmettre des protozoaires et des bactéries provoquant des maladies graves (maladie de Lyme, ehrlichiose), mais par elles-mêmes, elles provoquent peu de troubles. Une infestation importante peut cependant indiquer une immunodéficience et provoquer une perte de sang suffisante pour entraîner une anémie.

Plaies d'été

On appelle plaies d'été ou habronémose cutanée les lésions provoquées par les larves migrantes des vers de l'estomac du genre *Habronema*. Pendant les mois chauds de l'été, lorsque les mouches ordinaires et les stomoxes sont très abondants, leurs larves ingèrent celles d'habronèmes, qui sont éliminées avec les excréments du cheval. Les mouches adultes issues de ces larves déposent les larves d'habronème là où elles se nourrissent sur le cheval. Si elles sont déposées en des zones autres que le pourtour de la bouche, telles que les muqueuses de l'œil ou du fourreau ou sur des plaies cutanées, ces larves migrent sous la peau en provoquant une réaction allergique intense.

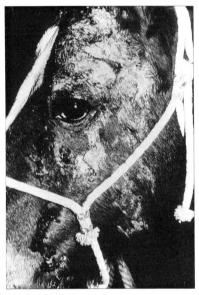

Fig. 15-13. Plaies d'été provoquées par les larves d'habronèmes.

Les lésions en résultant apparaissent comme des zones ulcérées à vif, saignantes, douloureuses et très prurigineuses que le cheval peut mordiller et aggraver. Elles peuvent régresser en hiver, mais elles réapparaissent l'année suivante au même endroit et au même moment.

Les plaies d'été ressemblent aux chéloïdes, aux sarcoïdes fibroblastiques et aux épithéliomas pavimenteux, et il faut faire une biopsie pour les distinguer. L'élimination chirurgicale des tissus mortifiés, associée aux anti-inflammatoires non stéroïdiens et aux antibiotiques, peut contribuer à réduire la prolifération tissulaire. L'ivermectine est efficace pour tuer les larves d'habronèmes.

Veuve noire

Le cheval peut être parfois mordu par une créature inhabituelle, la veuve noire. Le poison de cette araignée provoque rapidement un très volumineux gonflement s'accompagnant d'une douleur intense, de malaise, de fièvre, d'abattement, de perte d'appétit et parfois d'urticaire.

AFFECTIONS CUTANÉES : PRÉVENTION ET TRAITEMENT

Le seul traitement possible consiste en applications froides puis chaudes et en administration d'anti-inflammatoires et d'antibiotiques.

SYMPTÔMES DUS AUX AUTRES PARASITES EXTERNES

Onchocerques	Lésions croûteuses, dépilées et dépigmentées sur la face, le pourtour des yeux, sur l'encolure et la ligne du dessus et sous le ventre. La migration des microfilaires dans l'œil peut provoquer une fluxion périodique
Strongyloïdes	Dermatite prurigineuse et douloureuse des cuisses et du ventre
Poux	Prurit intense, « pellicules qui marchent » en particulier sur la crinière et la queue
Tiques • Tique épineuse de l'oreille • Tiques dures	Irritation provoquant une agitation de la tête, une démangeaison des oreilles ou un abaissement de celles-ci Elles se fixent dans les oreilles, autour de la crinière et de la queue, sur le garrot, sur les flancs, dans les aines, sous la gorge et le ventre
Larves d'habronèmes, plaies d'été	Lésions ulcérées, saignantes et prurigineuses sur des blessures anciennes ou sur la muqueuse de l'œil ou du fourreau
Veuve noire	Énorme gonflement douloureux et malaise général avec fièvre et abattement, perte d'appétit et parfois urticaire

Fig. 15-14.

MYCOSES

Les infections provoquées par les champignons atteignent parfois la peau et le pelage. À leur début elles se manifestent par de petits nodules cutanés fermes, de la taille d'un pois, et par des desquamations et des dépilations. Le champignon ne peut pas vivre dans les tissus vivants, mais il produit des toxines pour créer un environnement dans lequel il peut prospérer.
Ces toxines provoquent une réaction inflammatoire de la peau avec œdème ou nécrose (mort des tissus) ou une réaction allergique. Les champignons fragilisent la tige des poils, qui se brisent ainsi facilement.

Teigne

La mycose qu'est la teigne, fait généralement apparaître des dépilations circulaires, couvertes de squames ou de croûtes et où l'on voit des poils cassés. Chez les chevaux de moins de deux ans dont l'immunité est imparfaite, les lésions peuvent envahir tout le corps.

Le champignon, qui peut survivre jusqu'à un an dans le milieu extérieur est transmis par le matériel de pansage, les couvertures, etc. La teigne est extrêmement contagieuse entre chevaux et pour les enfants. Il faut se laver soigneusement les mains avec une solution de polividone iodée après avoir manié un cheval teigneux, puis traiter le harnachement et tous les instruments.

La lumière solaire contribue à débarrasser l'environnement des champignons et c'est pourquoi les écuries sombres et humides favorisent au contraire leur développement. Les mycoses sont ainsi plus fréquentes en automne et en hiver, quand la lumière solaire est moins forte, quand le temps est humide et que les chevaux sont à l'écurie.

Fig. 15-15. Mycose débutante.

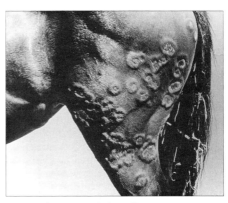

Fig. 15-16. Forme inhabituellement sévère de teigne.

Diagnostic et traitement

Le vétérinaire peut faire le diagnostic de mycose en cultivant le produit de raclage d'une partie malade sur un milieu de culture formé d'une gélose spéciale pour champignons (gélose de Sabouraud). Il faut généralement de 4 à 14 jours pour que les cultures confirment la présence d'un champignon pathogène. Normalement, les mycoses guérissent spontanément en un à trois mois, en l'absence d'immunodéficience, d'autres affections débilitantes ou de stress dû à une mauvaise hygiène ou à un surpeuplement. En pareils cas, les chevaux peuvent ne pas guérir ou se réinfecter en permanence.

Le traitement utilise des shampooings à la polividone iodée suivis d'un rinçage à l'Imavesal (Erilconezole). On peut utiliser des pommades antimycosiques sur les lésions localisées. Si le corps entier est atteint ou si la teigne ne répond pas au traitement local, le vétérinaire peut prescrire de la griséofulvine par voie générale (à ne pas utiliser chez les juments en gestation).

SYMPTÔMES DES MYCOSES

Mycose diffuse	Petits nodules fermes de la taille d'un pois, épaississement et rugosité de la peau, croûtes et dépilations
Teignes	Dépilations circulaires, brisure des poils, croûtes et squames

Fig. 15-17.

CREVASSES

Les marques blanches des membres du cheval égaient sa robe, mais sous les poils blancs se trouve une peau non pigmentée et rose, ce qui ne pose pas de problème dans la plupart des cas, car les poils la protègent du soleil.
Cependant, les membres à balzanes sont sujets à des inflammations de la peau sensible du creux du paturon. Ces dermatites peuvent avoir des noms différents se rapportant à leur cause ou à leurs manifestations. On parle généralement de crevasses, mais aussi d'eczéma du paturon, d'eczéma séborrhéique, de gale de boue...
Tous les chevaux peuvent faire des crevasses, quand les facteurs favorisants sont réunis. Comme les doigts gercés, elles sont douloureuses et s'accompagnent souvent d'une boiterie et d'un gonflement local. On ne constate pas, initialement, de signes d'inflammation, mais une dépilation du creux du paturon, avec congestion et suintement apparaît rapidement. Les mouvements répétés du paturon font que la peau se fend et que des crevasses se forment et des croûtes couvrent les parties à vif.
Les sécrétions desséchées recouvrant les crevasses peuvent avoir un caractère

Fig. 15-18. Crevasses du creux du paturon.

gras, d'où le nom d'eczéma séborrhéique. Avec le temps, l'inflammation de la peau fait apparaître des proliférations cornées, qu'il faut éliminer chirurgicalement pour soigner la peau sous-jacente.

Les crevasses sont généralement strictement localisées et le gonflement entoure étroitement les lésions mais, dans certains cas, elles peuvent être aggravées par l'exposition au soleil, qui provoque une vasculite (inflammation des vaisseaux, aggravée par la lumière). Les rayons ultraviolets peuvent déclencher l'affection pendant les longs mois d'été. En général, seuls les membres à balzanes sont atteints et le gonflement et la boiterie sont disproportionnés par rapport à la bénignité des lésions cutanées. Avec le temps, le gonflement peut affecter toute la partie inférieure du membre. Les lésions suintent et des plaies ne se forment pas seulement en face postérieure du paturon, mais aussi sur les côtés et le devant du paturon et du boulet. Chez les chevaux à balzanes haut chaussées, la dermatite peut atteindre l'ensemble du canon.

Fig. 15-19. Dermatite séborrhéique.

Causes des crevasses

Les chaumes des champs, le sable, la terre et le gravier des terrains d'entraînement ou les prairies boueuses peuvent irriter la peau de la partie inférieure des membres. Dans les écuries mal tenues, les litières sales et saturées d'urine peuvent coller aux sabots et aux paturons et provoquer une dermatite chimique et bactérienne.

Chez les chevaux ayant des poils particulièrement longs en face postérieure des membres, comme les fanons de certaines races de trait, des crevasses se forment même dans les meilleures conditions d'entretien. Les longs poils retiennent l'humidité et les saletés qui sont les facteurs principaux de la dermatite.

Problèmes analogues

Les irritations ne sont pas les seules causes de crevasses. Des agents microbiens, des acariens ou la photosensibilisation peuvent provoquer une dermatite ou en aggraver une préexistante.

355

Mycoses

Des champignons prolifèrent dans le pelage dense et sur la peau souillée de la partie inférieure des membres et ces mycoses sont parfois prises pour des crevasses. Cependant, elles peuvent aussi affecter les membres à pelage foncé ou d'autres parties du corps. Le vétérinaire peut mettre le champignon en évidence en cultivant le produit d'un raclage de peau sur un milieu nutritif spécial.

Gale chorioptique

Les chorioptes sont des acariens qui envahissent les longs poils du paturon. Les chevaux de trait y sont particulièrement sensibles. La gale provoquée par cet acarien les rend agités ; ils frappent le sol du sabot et se mordent la jambe. L'examen microscopique d'un raclage de peau révèle les acariens.

Dermatophilose

Dans les régions humides ou lors de printemps chauds et humides, l'infection bactérienne provoquée par *Dermatophilus* est un problème fréquent. Les spores présentes en permanence dans le milieu extérieur sont activées par l'humidité. Les lésions se voient surtout sur le dos, le rein et la croupe. La partie inférieure des membres est atteinte dans les régions à sols humides. On prend souvent pour des crevasses la dermatophilose se limitant aux paturons. Chez les chevaux à immunité normale, des nettoyages quotidiens des parties atteintes au moyen de solutions antiseptiques permettent la guérison.

Maladie des paturons blancs

Cette affection peut être due à des bactéries, le plus souvent des staphylocoques. Le vétérinaire peut faire le diagnostic de cette maladie et la traiter. À la différence des crevasses, un seul membre peut être atteint.

Photosensibilisation

La photosensibilisation est une réaction anormale de la peau à la lumière solaire, qui entraîne une brûlure et/ou une dermatite. Elle est difficile à distinguer des crevasses, en particulier dans leur forme la plus grave avec vasculite aggravée par lumière. La photosensibilisation est provoquée par un produit de décomposition de la chlorophylle des végétaux, appelée phylloérythrine.
Certaines plantes comme le séneçon lèsent le foie, et les lésions hépatiques empêchent une élimination normale de la phylloérythrine, qui s'accumule dans la peau. Un cheval souffrant d'une affection hépatique due à des plantes ou autres peut faire une photosensibilisation.

La phylloérythrine accumulée dans la peau absorbe les rayons ultraviolets de la lumière. Il en résulte un coup de soleil avec inflammation et œdème de la peau qui desquame, se fissure et suinte. La peau croûteuse et les poils accolés ressemblent à ce qu'on voit dans les crevasses. En s'éliminant, les croûtes découvrent des parties ulcérées à vif.
D'autres plantes comme le millepertuis et le sarrasin contiennent de grandes quantités d'une substance chimique particulière, qui s'accumule dans la peau et provoque l'absorption des rayons ultraviolets.
La brûlure par la lumière n'atteint que la peau non pigmentée et la photosensibilisation ne se manifeste que sur les marques blanches que sur les balzanes Sa répartition est la même que celle des crevasses mais elle peut aussi affecter les autres zones blanches, dont celles de la face et du bout du nez. On reconnaît les crevasses associées à une affection hépatique au fait que les muqueuses buccales et oculaires sont jaunes (ictère).

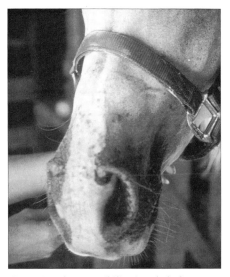

Fig. 15-20. Photosensibilisation de la face et du bout du nez.

Il peut être difficile de distinguer une dermatite affectant les quatre membres et éventuellement le bout du nez, d'une photosensibilisation due aux plantes (s'accompagnant ou non d'affection hépatique). La dermatite peut être due à des parasites, des bactéries ou des champignons et la photosensibilisation à certaines plantes ou affections hépatiques. Ces dernières peuvent être diagnostiquées par le dosage des enzymes hépatiques du sang.

Traitement

Des traitements populaires variés ont été imaginés pour traiter les crevasses, dont des cataplasmes de choucroute. On cherche pendant des mois, en vain, à guérir les crevasses au moyen de ces traitements, mais rien ne remplace un nettoyage des membres atteints et le rasage des poils afin de permettre d'appliquer localement des pommades et un bandage.
La première mesure consiste à ramollir et à éliminer les croûtes et les poils accolés. Il faut laver doucement les parties atteintes avec de l'eau chaude et un antiseptique, tel que Bétadine® ou Hibitan®. Ces soins constituent également un traitement des infections bactériennes superficielles.

Après avoir ramolli les croûtes et séché les poils, on tond à la tondeuse électrique, ce qui élimine les saletés et les croûtes collant encore aux poils. De nombreux chevaux se défendent contre ces soins et il faut parfois faire intervenir le vétérinaire pour qu'il pratique une sédation.

Si les croûtes adhèrent très fortement à la peau ulcérée, leur élimination brutale fait plus de mal que de bien. Il faut plutôt y appliquer une pommade et une bande pendant un jour ou deux. Elles s'éliminent ensuite sans léser davantage la peau.

Après avoir éliminé croûtes et poils, on applique localement une pommade aux antibiotiques et aux corticostéroïdes. Ce traitement a un effet calmant et rétablit de plus la souplesse des tissus. Un pansement léger protège les plaies des saletés, ainsi que de la lumière solaire, si la partie est dépigmentée. Le pansement soutient également les tissus et favorise la cicatrisation.

Si l'affection est passée du stade des crevasses simples à celui d'un eczéma séborrhéique du paturon, il faut la traiter au moyen d'une solution de sulfate de zinc ou de pommade à l'oxyde de zinc pour combattre l'exsudation. Après un jour ou deux, on traite à nouveau comme précédemment au moyen d'une pommade sous pansement. Il ne faut jamais sécher les lésions avec des produits astringents tels que le sulfate de cuivre, car ils aggravent la dermatite et retardent notablement la guérison.

AINS

L'inflammation et l'œdème des tissus qui en résulte, gênent la circulation sanguine dans la zone concernée et il faut les combattre pour favoriser la cicatrisation. On obtient ce résultat au moyen de médicaments anti-inflammatoires tels que la flunixine méglumine ou la phénylbutazone. En cas de vasculite aggravée par la lumière, il peut être nécessaire de traiter par les corticostéroïdes.

Prévention

Il est inutile de s'attaquer aux symptômes d'une affection, si l'on n'en traite pas aussi les causes. Il faut donc améliorer les conditions d'hygiène dans les écuries, et si le cheval pâture dans un champ irrigué ou dans la boue, on doit l'en retirer jusqu'à ce que ses membres soient guéris ou que le milieu devienne plus sec. Si la lumière solaire aggrave les troubles, on couvre les lésions avec un pansement ou on rentre le cheval à l'écurie pendant la journée.

Chez les chevaux de selle, la tonte du creux du paturon rend la propreté plus facile à maintenir. Si l'on désire conserver les poils longs et les fanons chez les races de trait, il faut veiller soigneusement à leur hygiène. Un examen quotidien soigneux des membres permet de reconnaître les troubles à leur début et avant qu'ils ne deviennent incontrôlables.

CREVASSES ET TROUBLES VOISINS

Crevasses	Dermatite de la face postérieure du paturon qui est douloureuse, fissurée, congestionnée et suintante. Il existe aussi des dépilations et des proliférations verruqueuses.
Troubles voisins	Mycoses Gale chorioptique Dermatophilose Maladie des paturons blancs Photosensibilisation

Fig. 15-21.

ALLERGIES

Rôle du système immunitaire

Le milieu extérieur grouille d'organismes invisibles, et lorsque les circonstances s'y prêtent, ils envahissent l'organisme de l'animal et provoquent une maladie avec ses symptômes. En temps normal le système immunitaire tient en échec ces organismes pathogènes.
Les agents pathogènes contiennent des protéines, appelées antigènes, que les cellules inflammatoires reconnaissent comme étrangères, et contre lesquelles elles engagent un combat invisible lorsque ces derniers cherchent à envahir l'organisme. Les antigènes déclenchent la réponse immunitaire de l'organisme. Le système immunitaire répond en fabriquant des anticorps, autres protéines, dirigés spécifiquement contre un antigène. Les anticorps déclenchent une cascade de processus biochimiques et l'inflammation locale commence en quelques minutes.
Normalement, le système immunitaire coopère harmonieusement avec d'autres mécanismes biochimiques pour maintenir la santé. Parfois cependant l'organisme se révolte et la réaction immunitaire devient disproportionnée, et on appelle allergie cette réaction d'hypersensibilité, qui peut comprendre tant des réactions au niveau de l'appareil respiratoire, graves et dangereuses pour la vie, que des réactions cutanées, désagréables mais bénignes, comme l'urticaire.

Urticaire

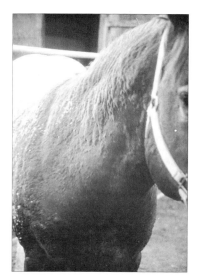

Fig. 15-22. Plaques arrondies étendues caractéristiques de l'urticaire.

L'urticaire est un œdème localisé (gonflement des tissus par un liquide) qui commence par de petites grosseurs, dont la réunion donne des papules arrondies, plates, à bords nets, de la taille d'un ongle environ, et qui gardent la marque du doigt si on les comprime (« signe du godet »).

Elles se forment au début sur l'encolure, les épaules et le thorax, et en l'absence d'un traitement précoce, elles peuvent s'étendre à tout le corps, et en particulier à la partie supérieure des membres postérieurs. Le cheval peut sembler abattu et triste pendant cette crise immunitaire. L'urticaire apparaît généralement 12-24 heures après l'exposition à une protéine étrangère et guérit dans les mêmes délais. L'hypersensibilité prenant des mois ou des années à se développer, une crise soudaine d'urticaire ne résulte pas toujours d'un événement très récent et il est ainsi difficile de reconnaître la cause du trouble.

Causes de l'urticaire

La plupart des cas d'urticaire sont une réaction allergique à une plante, un aliment ou un médicament, mais on n'en reconnaît la cause précise que dans moins de la moitié des cas. Les transfusions sanguines, certaines plantes ou des additifs alimentaires peuvent les provoquer. Les affections hépatiques s'accompagnent parfois d'urticaire récidivante qui disparaît en même temps que les premières sont guéries.

Allergies aux médicaments
Des médicaments comme les AINS, tels que la flunixine méglumine ou la phénylbutazone, et la procaïne de la pénicilline retard peuvent provoquer des allergies. Une urticaire peut également apparaître après injection de vaccin contre la grippe équine ou d'antitoxine tétanique.

Allergies alimentaires
Certains aliments, surtout s'ils sont riches en protéines, peuvent provoquer une urticaire chez le cheval. La réaction allergique fait apparaître des papules très prurigineuses, qui le poussent à se gratter la queue.

Pollens et moisissures

L'inhalation d'allergènes, tels que des pollens et moisissures, est fréquemment cause d'urticaire. Il en résulte une constriction des voies respiratoires semblable à l'asthme chez l'homme.

Traitements locaux

Tous les cas d'urticaire ne sont pas provoqués par des substances absorbées. Les applications locales de produits iodés non irritants, de pommades ou d'insecticides et le contact avec la litière peuvent aussi en être responsables.

Piqûres d'insectes

Les piqûres d'insectes provoquent des cas fréquents d'urticaire. Des groupes de papules surélevées apparaissant rapidement, surtout dans les zones à peau fine, peuvent être une réaction allergique aux piqûres de moustiques ou de simulies ou à une onchocercose. La plupart des réactions aux piqûres d'insectes disparaissent spontanément en 12 à 72 heures. Elles sont légèrement douloureuses et peu élevées. Les piqûres d'insectes provoquent rarement une urticaire affectant tout le corps en l'absence d'une invasion de tout l'organisme par les toxines des insectes.

Autres formes d'urticaire

Ehrlichiose équine

Des formes particulières d'urticaire apparaissent dans certaines infections bactériennes ou virales et particulièrement dans l'ehrlichiose équine provoquée par *Ehrlichia equi*, agent semblable à celui de la fièvre du Potomac *Ehrlichia risticii*. L'ehrlichiose équine n'est pas aussi grave que la fièvre du Potomac et elle n'est généralement pas mortelle. La maladie se traduit par de la fièvre, de l'abattement, une faiblesse et une incoordination motrice et non par une diarrhée pouvant être mortelle comme dans la fièvre du Potomac.

Dans l'ehrlichiose équine, des lésions œdémateuses particulières en forme de cibles (en anneau avec vide central) symétriques se forment, qui persistent pendant des semaines ou des mois.

Anasarque

L'anasarque résulte d'une réaction allergique inhabituelle à la bactérie responsable de la gourme, *Streptococcus equi*. Un ou deux mois après un épisode de gourme, une infection respiratoire streptococcique ou une grippe, le cheval semble raide du fait d'une sensibilité des muscles. Il répugne à se déplacer ou à mobiliser son encolure. Ses membres sont gonflés par un œdème qui remonte jusqu'au ventre et au fourreau.

Des lésions urticariennes apparaissent sur tout le corps par suite de la rupture de la paroi des vaisseaux sanguins ; elles résultent d'une réaction allergique à unetoxine (la streptolysine O) persistant dans l'organisme après l'infection streptococcique. On voit de petites hémorragies punctiformes (pétéchies) sur les muqueuses des gencives et de la vulve. Le gonflement des membres augmente au cours de l'évolution de la maladie et une sérosité commence à suinter de la peau.

On traite l'anasarque par des doses massives de pénicilline et d'anti-inflammatoires puissants, tels que les corticostéroïdes, administrées pendant des semaines jusqu'à disparition des symptômes.

Angiœdème

Les allergies graves provoquent parfois un syndrome appelé angiœdème. Ces hypersensibilités sont plus sérieuses que l'urticaire banale. Un œdème de la tête et des voies respiratoires apparaît. Les œdèmes sont infiltrés par des éléments cellulaires, qui transforment en nodules fermes les lésions initialement molles et gardant l'empreinte du doigt.

• *Anaphylaxie*

L'angiœdème menace la vie, car il peut se transformer rapidement en choc anaphylactique qui se manifeste initialement par des tremblements musculaires et une sudation en plaques. Le cheval semble anxieux ou atteint de coliques et une détresse respiratoire due à une congestion et à un œdème du poumon apparaît rapidement. Le cheval s'effondre et peut être atteint de convulsions avant de mourir.

L'anaphylaxie est d'apparition soudaine et elle évolue vers des troubles irréversibles en quelques minutes. L'urticaire peut précéder un angiœdème, pouvant précéder lui-même une anaphylaxie. Il est donc important d'appeler le vétérinaire lorsqu'un cheval fait une urticaire. On n'a pas toujours la chance d'observer la réaction allergique avant qu'elle ne devienne une garantie de mort. Par exemple, si l'on ignore l'allergie du cheval à un médicament donné, son administration peut provoquer immédiatement un désastre.

Prévention de l'urticaire

Quand on achète un cheval, il faut demander au vendeur s'il a présenté des allergies et les indiquer au vétérinaire, à l'entraîneur et aux soigneurs. Une grande affiche écrite en rouge indiquant les allergies connues au cheval doit être placée à l'extérieur de son box.

Identification des causes d'urticaire

Si un cheval présente une urticaire, il faut supprimer immédiatement le médicament ou le complément alimentaire nouveau. Pour déterminer si elle est due à une allergie alimentaire, on change les céréales et le foin de la ration pendant au moins deux semaines. Une réintroduction progressive des aliments d'origine peut déclencher une crise et révéler l'aliment responsable.

On peut ne jamais découvrir la cause d'une crise d'urticaire isolée, et en cas de crises répétées, on peut rechercher la cause par des tests intradermiques utilisant des pollens, des moisissures, des poussières et des aliments, tels que le maïs, l'avoine et le blé. Une fois l'élément responsable reconnu, des injections désensibilisantes peuvent être efficaces à long terme. Le traitement doit être poursuivi à vie.

SYMPTÔMES DES ALLERGIES

Urticaire	Petites élévations aplaties pouvant fusionner en plaques plus étendues. Elles apparaissent en premier sur l'encolure, les épaules et le thorax mais peuvent s'étendre à tout le corps et en particulier à la partie supérieure des membres postérieurs.
Ehrlichiose à E. equi	Lésions en cible, avec fièvre, abattement, faiblesse et incoordination motrice
Anasarque	Œdème des membres s'étendant ensuite au ventre et au fourreau avec suintement de la peau. Urticaire affectant tout le corps et hémorragies sur les muqueuses
Angiœdème	Plaques œdémateuses fermes et œdème de la tête et des voies respiratoires

Fig. 15-23.

La plupart des chevaux atteints d'urticaire guérissent sans complications. Il faut être attentif aux changements récents d'alimentation ou de milieu, aux médicaments, aux vaccinations et aux facteurs de stress pouvant provoquer une réaction excessive du système immunitaire.

TUMEURS CUTANÉES

Les tumeurs de la peau peuvent être bénignes ou malignes ; bénignes, elles n'ont qu'une importance esthétique, car elles ne s'étendent pas à d'autres organes, mais il arrive qu'elles soient malignes, c'est-à-dire cancéreuses et susceptibles de s'étendre aux organes internes. Elles mettent rarement la vie du cheval en danger, à la différence de l'homme ou du chien, mais elles sont peu esthétiques. Il faut toutefois faire examiner par le vétérinaire celles apparues soudainement ou se développant rapidement.

Sarcoïdes

Les sarcoïdes sont une des tumeurs cutanées les plus fréquentes chez le cheval. Il s'agit d'une tumeur bénigne propre au cheval. La qualification de tumeur est abusive, car les sarcoïdes sont généralement très localisés et n'envahissent pas les tissus sous-jacents, les vaisseaux lymphatiques ni les organes internes. Ils restent superficiels et ne constituent qu'un défaut esthétique, mais, s'ils subissent des traumatismes ils peuvent parfois réduire la mobilité de la peau ou interférer avec le harnachement et s'ulcérer ou s'infecter. Plus de 50 % des chevaux présentant un sarcoïde unique finissent par développer des sarcoïdes multiples.

On pense que les sarcoïdes sont dues à un virus pénétrant à travers une effraction cutanée ou à une transformation cellulaire résultant d'une réaction anormale à un traumatisme. Les zones de peau soumises à des traumatismes sont prédisposées aux sarcoïdes. Ces tumeurs peuvent être transmises d'une partie du corps du cheval à une autre par morsure, grattage ou par l'intermédiaire du harnachement.

Près de la moitié des sarcoïdes se trouvent sur les membres du cheval, 32 % affectent l'encolure et la tête, en particulier les oreilles, les paupières et les lèvres. Les autres localisations sont le corps et le fourreau.

Sarcoïde verruqueux

Les sarcoïdes verruqueux sont des masses sèches, cornées, en chou-fleur dont le diamètre est généralement inférieur à 6,5 cm. Ils peuvent apparaître spontanément, sans traumatisme ni lésion cutanée préalable. Ils sont difficiles à distinguer des verrues à cela près qu'ils tendent à être partiellement ou totalement dépilés, alors que des poils poussent jusque sur le bord des verrues et que celles-ci disparaissent souvent spontanément. Les sarcoïdes verruqueux ne régressent pas spontanément. Les verrues se voient généralement chez les jeunes chevaux de moins de deux ans, surtout sur les lèvres, mais aussi sur les membres, le fourreau, les oreilles ou l'abdomen.

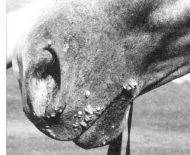

Fig. 15-24. À gauche, sarcoïde verruqueux de l'oreille. À droite, verrues.

Sarcoïdes fibroblastiques

S'ils subissent des traumatismes, les sarcoïdes verruqueux peuvent se transformer en sarcoïdes fibroblastiques qui apparaissent souvent à la suite d'une blessure et sont difficiles à distinguer du tissu de granulation normal. Ils ressemblent à un bourgeonnement excessif et peuvent grandir jusqu'à atteindre un diamètre supérieur à 25 cm. Un sarcoïde fibroblastique peut rester petit pendant des années et se transformer soudainement en une lésion de mauvais aspect. Il peut aussi se développer rapidement d'emblée et se transformer en une tumeur agressive d'évolution rapide. Une plaie qui ne cicatrise pas et qui s'ulcère ou s'infecte de façon répétée, peut être en réalité un sarcoïde fibroblastique.

Sarcoïde mixte

Les sarcoïdes verruqueux et fibroblastiques sont de plus classés en sessiles (non pédiculés) et pédiculés. On appelle sarcoïde mixte le mélange des formes verruqueuse et fibroblastique.

Sarcoïde occulte

Le quatrième type de sarcoïde est le sarcoïde occulte, tumeur plate ou peu élevée à peau épaissie et rugueuse. Il peut même ressembler à la teigne, aux croûtes des infections bactériennes ou à une peau en mauvaise santé. Les sarcoïdes occultes affectent généralement la tête, particulièrement les oreilles et les paupières. Ils peuvent s'aggraver si on y pratique une biopsie, et se transformer en sarcoïdes fibroblastiques. Les frottements et autres traumatismes peuvent aussi provoquer cette transformation.

Fig. 15-25. Sarcoïde pédiculé du flanc.

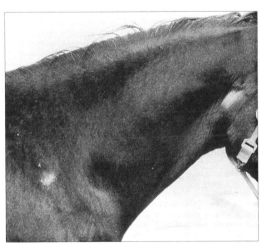

Fig. 15-26. Les sarcoïdes occultes affectent souvent l'encolure.

Diagnostic des sarcoïdes

Il est pratiquement impossible de reconnaître la nature exacte d'une tumeur sur la base de sa seule apparence. Les fibrosarcomes, les neurofibromes, les neurofibrosarcomes et les épithéliomas pavimenteux sont des tumeurs malignes facilement confondues avec un sarcoïde. Les fibromes peuvent être confondus avec des sarcoïdes, mais ils ont des limites nettes et s'énucléent facilement, alors que les sarcoïdes n'ont pas de limites nettes et infiltrent les tissus environnants. Les plaies d'été dues aux larves d'habronèmes forment également des masses ulcérées difficiles à distinguer des sarcoïdes. Les chéloïdes sont formées de tissu conjonctif et peuvent ressembler à un sarcoïde.

Il est souvent difficile d'identifier précisément la nature des tumeurs sans biopsie qui révèle les éventuelles anomalies cellulaires. Cependant, une biopsie ou une intervention chirurgicale peuvent provoquer le passage d'un sarcoïde de la forme occulte à une forme fibroblastique et il est ainsi préférable de ne pas y toucher.

Traitement des sarcoïdes

Si le sarcoïde ne nuit pas aux performances, ne gêne pas le harnachement, n'est pas inesthétique ni ulcéré, ou si sa localisation ne fait pas craindre au cheval qu'on lui touche la tête, il est préférable de ne rien faire. Il suffit de le surveiller pour s'assurer qu'il ne grossit ni ne se modifie pas.

Si un traitement est nécessaire, on dispose de différentes techniques adaptées au type et à la localisation des sarcoïdes. Les plus difficiles à éliminer sont ceux des membres et une guérison complète est peu probable s'ils sont multiples.

La plupart des tumeurs doivent être traitées par la chirurgie associée à un autre traitement. Avec la chirurgie seule, 50 % des sarcoïdes récidivent dans les trois ans et souvent dans les six mois. L'association de la chirurgie à une autre méthode de traitement, telle que la cryochirurgie, l'immunothérapie ou l'hyperthermie donne un taux de succès plus élevé.

Cryochirurgie

La cryochirurgie est la méthode de traitement la plus efficace en association avec la chirurgie. Bien pratiquée, son taux de succès atteint 80 %. On congèle rapidement la tumeur à - 20 °C, puis on la laisse revenir lentement à la température ambiante avant de la congeler deux ou trois fois de suite.

Avant de guérir, la partie traitée par cryochirurgie est le siège d'une réaction inflammatoire importante avec gonflement et écoulement qui peut durer une semaine. L'élimination totale des tissus mortifiés et la guérison complète peuvent demander jusqu'à deux mois.

• *Inconvénients*
La cryochirurgie est le traitement de choix, mais elle a certains inconvénients : elle n'est pas utilisable sur la tête et les oreilles, ni sur les paupières et autres parties de peau fine surmontant directement des saillies osseuses, telles que les hanches ou les articulations des membres, car en de tels points, elle risque de léser les tissus sous-jacents au sarcoïde.
La cicatrice est généralement très réduite. La zone traitée perd sa pigmentation par suite de la destruction des cellules produisant les pigments (mélanocytes) par la congélation.

Immunothérapie
Une autre méthode de traitement est l'immunothérapie dont l'efficacité montre le rôle important que le système immunitaire joue dans le développement ou la régression des sarcoïdes. Il en existe deux variantes, l'injection de BCG et l'utilisation de tissus de sarcoïde.

• *BCG*
Le premier traitement, le plus efficace, utilise le vaccin BCG contre la tuberculose. Il est à base de parois cellulaires de bacilles tuberculeux, *Mycobacterium*, et son efficacité dépend de la capacité du cheval à développer une hypersensibilité retardée activant le système immunitaire cellulaire.

• *Mode d'action du BCG*
Le BCG mobilise des globules blancs spécialisés qui « rejettent » le sarcoïde, tout comme ils rejettent les bactéries et les virus de l'organisme. On l'injecte directement dans la tumeur. La réaction immunitaire élimine ces protéines étrangères, tout en reconnaissant simultanément comme étrangères les cellules tumorales, qui sont ensuite détruites.
Une réaction inflammatoire locale avec gonflement se produit dans les 24-48 heures. Une aggravation au point d'injection du BCG précède généralement l'amélioration. Trois à six injections de BCG à 2-3 semaines d'intervalle sont nécessaires pour obtenir une régression satisfaisante des tumeurs. Le traitement par le BCG d'un sarcoïde de la tête ou de l'oreille peut provoquer la régression de sarcoïdes en d'autres zones comme les membres ou le flanc.
Le BCG s'utilise de préférence sur les tumeurs de moins de 6,5 cm de diamètre. Si les tumeurs sont multiples ou très volumineuses, il peut être nécessaire d'injecter des quantités importantes de BCG pour obtenir le résultat recherché. De telles quantités peuvent provoquer des effets généraux indésirables comme une urticaire ou une anaphylaxie. Les formes de BCG actuellement commercialisées sont des dérivés protéiques très purifiés de bacilles tuberculeux. Cette purification réduit le risque de réactions systémiques indésirables.
Le traitement par le BCG associé à la chirurgie a un taux de succès de 50-80 %.
Le traitement par le BCG fait régresser plus de 90 % des sarcoïdes occultes de la tête et de l'encolure.

 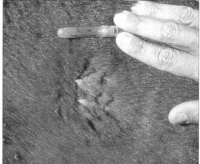

Fig. 15-27. À gauche, sarcoïde occulte avant immunothérapie. À droite, le même sarcoïde après 4 injections de BCG.

- *Implantation de tissus de sarcoïde*

Une autre méthode de traitement immunitaire consiste à implanter sous la peau de l'encolure des fragments de tissus de sarcoïde de la taille d'une allumette qui doivent avoir été congelés avant leur implantation pour empêcher qu'ils ne prolifèrent. Cette méthode entraîne la régression des sarcoïdes en 6 mois.

Hyperthermie

L'hyperthermie est une méthode de traitement moins souvent utilisée. Elle recourt à des courants à haute fréquence pour chauffer les tissus à 50 °C pendant 30 secondes environ. Selon la taille de la tumeur, on peut répéter le traitement jusqu'à quatre fois à une ou deux semaines d'intervalle. L'hyperthermie a un avantage esthétique en ce que les follicules pileux restent fonctionnels après le traitement et que des poils de couleur normale repoussent.

De façon générale, les sarcoïdes ne sont pas un problème grave de santé chez le cheval, mais ils sont fréquents et il faut surveiller l'évolution de toute tumeur cutanée pour pouvoir différencier tumeurs bénignes et tumeurs malignes.

Mélanomes

Les chevaux vivent dans toutes sortes de milieux et la pigmentation de leur peau favorise leur survie. La mélanine est le pigment produit par certaines cellules de la peau, qui la protège contre les brûlures provoquées par les rayons ultraviolets de la lumière solaire. Les chevaux à peau foncée souffrent rarement de la lumière, mais en revanche, la peau noire peut être le siège d'une tumeur des cellules produisant la mélanine (mélanoblastes). Ces tumeurs appelées mélanomes résultent d'une activation du métabolisme et d'une multiplication locale des mélanoblastes. La peau noire et très fortement pigmentée des chevaux gris peut former des mélanomes. Quatre-vingts pour cent des chevaux gris âgés de plus de 15 ans finissent par former un mélanome. La plupart commencent par

TUMEURS CUTANÉES

être des tumeurs encapsulées, à croissance lente et relativement bénignes. Les tumeurs se développent à la surface de la peau ou juste au-dessous et sont d'abord cachées par les poils, avant que leur volume ne les révèle. Il peut s'écouler des années (jusqu'à 10-20 ans) avant que les mélanomes ne deviennent hyperactifs et dangereux. Une fois que leur croissance s'accélère, les cellules cancéreuses envahissent rapidement les tissus environnants.

Les tissus entourant la tumeur meurent et s'ulcèrent et des plaies qui saignent et ne cicatrisent pas apparaissent sur la peau. Les tissus normaux peuvent être déplacés ou remplacés par le mélanome envahissant.

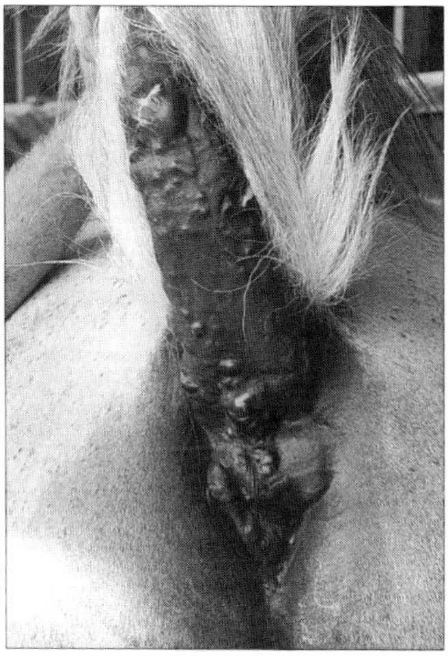

Fig. 15-28. Ces mélanomes peuvent être malins ou non.

Localisation des tumeurs

Les mélanomes se développent autour de l'anus, de la base de la queue, de la vulve ou du fourreau, et parfois dans la zone de la glande parotide, sur la tête et l'encolure. Cependant, on peut les trouver aussi en de nombreux points du corps et on en a même trouvé un à l'intérieur du sabot.

Les mélanomes mettent normalement longtemps pour s'étendre aux organes internes comme la rate ou les poumons. Il leur faut habituellement des années pour exercer des effets néfastes sur le métabolisme et l'organisme. Ils ne mettent généralement pas la vie en danger, mais, quand ils envahissent les tissus entourant l'anus ou l'appareil urinaire, ils peuvent altérer la qualité de vie du cheval. En pareil cas, il est plus humain de l'euthanasier pour

Fig. 15-29. Les mélanomes peuvent atteindre une grande taille.

mettre fin à sa douleur ou à la gêne provoquées par les tumeurs ulcérées ou l'obstruction intestinale.

Traitement des mélanomes

Si la tumeur est unique il est préférable de ne rien faire. L'ablation chirurgicale tend à « irriter » la peau. Non seulement de nombreuses tumeurs récidivent,

369

mais elles sont plus agressives qu'avant. Les mélanomes multiples étendus à une grande partie du corps ne sont pas seulement une tare esthétique : ils sont difficiles à traiter dans les cas où ils gênent l'application de la selle ou la capacité de la jument à concevoir ou à pouliner.

Cimétidine
Un nouveau traitement médicamenteux ouvre des perspectives encourageantes. La cimétidine (Tagamet®), médicament généralement utilisé pour traiter les ulcères de l'estomac chez l'homme, a provoqué la rémission des mélanomes chez le cheval. On peut l'utiliser seule ou l'associer à la chirurgie pour empêcher l'évolution ou la récidive des mélanomes.

• *Mode d'action*
On pense que la cimétidine contrôle le cancer en agissant sur l'appareil immunitaire. Normalement, des globules blancs appelés T-suppresseurs arrêtent l'action des autres globules blancs une fois l'infection ou la protéine étrangère éliminées. Ce mécanisme de contrôle cellulaire empêche la réaction immunitaire de devenir incontrôlable. Les patients atteints de cancer ont un nombre excessif de T-suppresseurs, qui répriment le mécanisme de défense antitumorale.

• *Rôle de l'histamine*
L'histamine est une substance chimique qui active les lymphocytes T-suppresseurs. Elle diminue ainsi les défenses contre le cancer. Dans le traitement de l'ulcère de l'estomac, la cimétidine bloque l'action de l'histamine qui provoque une sécrétion excessive d'acide chlorhydrique par l'estomac, ce qui peut aussi bloquer indirectement l'activation des cellules T-suppresseurs. Le mécanisme de défense contre les tumeurs peut alors s'exercer normalement. Les macrophages (globules blancs spécialisés) combattent alors les cellules cancéreuses « étrangères » sans être réprimés par les cellules T-suppresseurs.

Épithéliomas

Les chevaux dont la peau est insuffisamment pigmentée, peuvent aussi développer des cancers cutanés. Les épithéliomas sont des tumeurs ressemblant à un chou-fleur, qui tendent à s'ulcérer et saignent facilement. Ils s'étendent parfois aux ganglions lymphatiques. Les chevaux à peau non pigmentée comme les Appaloosas et les Paints sont prédisposés à faire des épithéliomas sur le bord des muqueuses, là où la peau n'est pas protégée contre les rayons ultraviolets par des poils ou un pigment.

Les épithéliomas se voient surtout autour de l'anus, de la vulve, du fourreau ou des yeux chez les chevaux à peau non pigmentée. Les ultraviolets provoquent la cancérisation des cellules, mais des épithéliomas peuvent aussi se développer dans des zones jamais exposées au soleil.

TUMEURS CUTANÉES

Les seuls traitements sont la chirurgie ou la cryothérapie. Chez les chevaux à paupières roses, il peut être intéressant d'appliquer un masque anti-mouches pour réduire l'action des ultraviolets jusqu'à 70 %. On peut aussi appliquer sur les lèvres ou le bout du nez une pommade à l'oxyde de zinc ou un écran solaire pour réduire les effets du soleil, qui peuvent finir par provoquer des tumeurs.

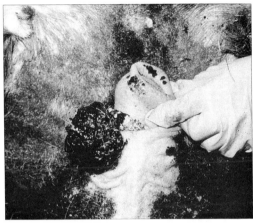

Fig. 15-30. Les épithéliomas affectent souvent le fourreau.

SYMPTÔMES DES TUMEURS CUTANÉES

Sarcoïdes	Tumeurs bénignes affectant les membres, la tête, les paupières, les oreilles, la bouche, l'encolure, le corps et le fourreau.
• verruqueux	Proliférations verruqueuses, sèches et cornées en chou-fleur.
• fibroblastiques	Tumeur ressemblant à une chéloïde pouvant atteindre plus de 15 cm de diamètre.
• mixtes	Mélange des types précédents.
• occultes	Lésions épaisses et rugueuses, plates ou légèrement surélevées.
Mélanomes	Tumeurs bénignes ou malignes, à croissance lente, encapsulées sous la peau ou la surmontant, observées autour de l'anus, de la vulve, du fourreau, dans la région de la parotide ; sur l'encolure ou la tête.
Épithéliomas	Proliférations en chou-fleur rencontrées autour de l'anus, de la vulve, du fourreau et des yeux.

Fig. 15-31.

DIAGNOSTIC DES AFFECTIONS CUTANÉES

En dermatologie vétérinaire, on ne peut parfois pas établir un diagnostic avec certitude, mais les affections cutanées menacent rarement la vie.

Quand on découvre une anomalie cutanée, il est préférable de consulter le vétérinaire pour la faire traiter rapidement. Le diagnostic d'une affection cutanée peut nécessiter d'autres recherches qu'une simple observation. Il faut essayer de caractériser la lésion.

- Quels sont le nombre et la taille des lésions ?
- Quelle est la zone atteinte ?
- Existe-t-il des squames ou des croûtes ?
- Les poils sont-ils cassés ou s'arrachent-ils facilement ?
- Les poils sont-ils accolés ?
- Existe-t-il des dépilations ?
- Existe-t-il un nodule ferme ou un gonflement mou ?
- Y a-t-il une congestion ?
- Y a-t-il une dépigmentation ?
- La partie atteinte est-elle sèche ou humide ?
- La peau est-elle de texture normale ou épaissie ?
- Existe-t-il un prurit ?
- La partie affectée est-elle sensible au contact ou à la pression ?

Il faut également prendre en compte le fait que le cheval est au pré ou à l'écurie, son alimentation et ses éventuels traitements médicamenteux, sa race et son âge. En l'examinant soigneusement et en se servant des caractéristiques de la précédente liste, le propriétaire ou l'entraîneur peuvent décrire le problème cutané au vétérinaire.

L'examen pratiqué par ce dernier, complété par des recherches au laboratoire, permet d'établir un diagnostic. Pour reconnaître la cause de l'affection cutanée, le vétérinaire peut faire des raclages de peau en vue d'un examen microscopique recherchant les acariens, des cultures microbiennes et des antibiogrammes pour reconnaître les infections et établir leur traitement, des cultures fongiques pour confirmer une teigne, des biopsies de peau pour reconnaître les plaies d'été et l'onchocercose ou recourir à des réactions allergiques.

Il faut veiller à l'élimination du fumier et des litières souillées pour réduire les terrains de reproduction des mouches, et vermifuger régulièrement les chevaux pour éliminer les parasites internes, tels que les gastérophiles, les oxyures et les habronèmes qui peuvent provoquer des troubles cutanés.

Chaque cheval doit avoir son harnachement et son matériel de pansage propres, afin que les affections contagieuses ne prennent pas des proportions épidémiques. En été, des shampooings insecticides ne préviennent pas seulement les piqûres d'insectes et l'irritation qui en résulte, mais ils éliminent la saleté et la sueur de la peau et rendent le poil brillant. L'effet de massage qui leur est associé, ainsi qu'au pansage, a le même effet.

PLAIES DE HARNACHEMENT

Il est parfois difficile de déceler les problèmes dus à une selle mal ajustée avant que n'apparaisse une douleur ou une blessure évidentes. Les chevaux ne montrent pas tous que leur harnachement est mal ajusté. Si le comportement d'un individu se modifie progressivement, avec agitation de la queue, voussure du dos et mollesse quand on lui demande d'avancer, il faut rechercher une plaie de harnachement. Certains chevaux ont un comportement défensif moins discret : ils s'arrêtent et refusent d'avancer jusqu'au retrait du harnachement qui les blesse.

Fig. 15-32. Les chevaux à peau fine comme les Arabes sont prédisposés aux blessures de harnachement.

Des problèmes peuvent survenir même avec une selle sur mesure. Les montées et les descentes raides provoquent un déplacement de la selle ou de la sangle et des frottements anormaux. Le corps du cheval se modifie avec la saison et, selon qu'il est gras en été ou mince en hiver, la selle s'applique de façon différente.
Un cheval fatigué peut modifier son allure de façon subtile. Un harnachement mal ajusté peut alors le blesser en des points imprévus.
Certaines races sont prédisposées aux blessures par la selle. Les pur-sang sont connus pour leur peau fine et tendre. Les Arabes à peau fine sont également exposés.

Symptômes des plaies par harnachement

Rien ne remplace un harnachement bien ajusté et une surveillance attentive des points sensibles. Les signes d'une blessure débutante par la selle peuvent être une modification subtile du comportement et des gonflements ou des surélévations localisés de la peau. Ces gonflements sont dus à une exsudation dans le tissu sous-cutané et à un œdème dû à la mauvaise circulation dans les parties soumises à une pression ou à des frottements. Ces zones de peau sont souvent sensibles à la pression des doigts, rouges et enflammées ou ulcérées.

Les autres signes d'alarme sont des dépilations localisées et une coloration rosâtre de la peau, qui indiquent une abrasion se produisant en un point de friction. Il faut noter les zones sèches isolées à l'emplacement de la selle après un travail. La chaleur s'accumule sous les points de pression, où la peau ne peut pas respirer et suer.

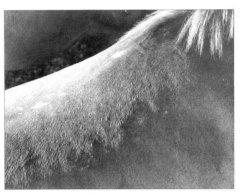

Fig. 15-33. Des poils blancs peuvent repousser chez les chevaux pigmentés et des poils noirs chez les chevaux gris.

Cet échauffement local peut détruire les follicules pileux et les mélanocytes produisant le pigment, et des poils noirs repoussent ensuite chez les chevaux gris et des blancs chez ceux d'une autre robe. Cette destruction des mélanocytes n'est pas due seulement à la chaleur, mais aussi à tous les traumatismes physiques agissant sur la peau. Si de la sueur et de la boue séchée restent sur le cheval après le travail, elles irritent la peau et créent des conditions favorables à une infection bactérienne. Il est fréquent que les staphylocoques qui vivent normalement sur la peau, envahissent les tissus irrités et qu'ils forment au début un petit nodule, qui se développe et se transforme en une pustule douloureuse qui perce. Le pus et les sérosités qui s'en écoulent font des croûtes, qui accolent davantage les poils. On évite facilement ces infections bactériennes bénignes en lavant la peau après le travail pour éliminer la boue et la sueur.

Prévention

De nombreux facteurs doivent être pris en considération pour prévenir les blessures par la selle : le choix de la selle et des accessoires, le pansage et l'échauffement du cheval. La qualité du cavalier est également importante. Il faut souvent vérifier le harnachement quand le cheval est monté par un cavalier manquant d'assiette. Un cavalier assis de travers sur la selle peut charger davantage un côté du corps du cheval ou le comprimer avec son mollet ou son talon. On peut trouver aussi des lésions sous les étrivières.

Choix d'une selle

Une selle se choisit selon l'activité choisie. L'utilisation d'une selle de dressage sur un cheval de raid est l'assurance de problèmes et de douleurs de dos, aussi bien pour le cavalier que le cheval. Une selle Western pour service intensif peut bien s'adapter au dos du cheval mais son poids supérieur peut hâter la fatigue lors d'un raid. Quand un cheval fait un effort intense prolongé, une selle lourde peut contribuer à une hyperthermie.

Pansage

Avant de seller le cheval, il faut soigneusement l'étriller et le brosser pour éviter que des saletés ne s'incrustent dans sa peau. Les particules de boue usent les poils protégeant la peau, ce qui contribue à l'irriter. Il faut nettoyer les couvertures en éliminant les poils collés et la boue séchée avant de les réutiliser afin d'éviter des points de friction sous la selle.

Couvertures de selle

L'eau et les sels de la sueur doivent être éliminés de la peau par un rembourrage absorbant qui peut respirer et rejeter l'humidité accumulée. La laine est la matière préférée.

La couverture doit être d'épaisseur régulière et être lissée pour éviter qu'elle ne forme des saillies. Quand on selle, il faut la placer sur l'encolure du cheval et la mettre en position en la faisant glisser vers l'arrière dans le sens du poil, ce qui lisse le pelage sous la couverture.

Toile de jute

Il existe un truc simple pour prévenir les blessures par le harnachement. On peut se servir de toile à sac de jute comme gaine pour la sangle, la couverture de selle ou le rembourrage des entraves. La toile à sac de jute est absorbante, souple et elle respire, ce qui en fait un moyen excellent pour prévenir l'aggravation d'une légère irritation. Son utilisation est particulièrement utile dans les longues randonnées.

Étirement des membres

Certains chevaux présentent des boudins de graisse ou des plis de peau dans la zone du passage des sangles. Une fois la selle mise en place et la sangle serrée, il faut soulever chaque antérieur et l'étirer vers l'avant afin de libérer les parties pincées.

Gaine de sangle

Une gaine en peau de mouton peut être appliquée sur les différents types de sangle pour absorber l'humidité et éviter le pincement de la peau entre la sangle et le coude. Les sangles en corde s'adaptent mieux aux formes du cheval en mouvement, de même qu'une sangle anglaise en huit le fait mieux qu'une simple sangle droite en cuir.
Des pièces caoutchoutées élastiques sur les extrémités de la sangle, s'unissant avec les contre-sanglons donnent plus de souplesse à la sangle, ce qui est utile quand le cheval travaille en terrain accidenté. Les pièces élastiques cèdent quand le thorax se dilate lorsque le cheval monte une côte. Il respire mieux et les blessures de harnachement sont limitées

Harnachement en néoprène

Fig. 15-34. Sangle et collier de chasse en néoprène.

On fabrique depuis peu des harnais en néoprène pour prévenir les irritations des parties souvent blessées par le matériel classique. On utilise un collier de chasse et une gaine de sangle en néoprène chez les chevaux restant longtemps sellés. La peau ne s'échauffe pas excessivement sous celui-ci qui glisse facilement sur la peau et le pelage mouillés de sueur. Le nettoyage de ce harnachement est un plaisir, il suffit de le laver au jet après chaque utilisation pour éliminer la boue et la sueur et de le suspendre pour le faire sécher.

Traitement des plaies de harnachement

Les érosions cutanées les plus superficielles guérissent en 10-21 jours en l'absence de traumatismes supplémentaires. Une blessure par la selle ou la sangle, découverte et traitée immédiatement, reste limitée aux couches superficielles de la peau et peut cicatriser en une ou deux semaines. Les blessures plus profondes peuvent prendre 3-6 semaines pour guérir.

Un nettoyage des blessures avec une solution saline ou un antiseptique iodé non irritant élimine les bactéries superficielles. Il faut assouplir la blessure avec une pommade antiseptique et éliminer les croûtes tous les jours, sinon les bactéries retenues au-dessous se multiplient dans cet environnement chaud et humide.

Le principal objectif du traitement est de prévenir de nouveaux traumatismes. Il faut enfermer la selle dans la sellerie et ne pas la sortir avant que la plaie ne soit cicatrisée. Dans les cas peu graves, on peut découper un anneau dans une couverture épaisse en feutre pour empêcher le contact de la selle. Toute pression autour d'une blessure réduit la circulation nécessaire à la cicatrisation.

16

TRAITEMENT DES BLESSURES

Les plaies cutanées sont le problème médical auquel les propriétaires de chevaux ou les entraîneurs sont le plus souvent confrontés. Dans la plupart des cas des heures peuvent s'écouler avant qu'un vétérinaire ne puisse se rendre sur les lieux en cas de blessure.

PREMIERS SOINS

Les premiers soins ont une grande influence sur la durée de la guérison de la blessure et son résultat. On a tendance à penser qu'il suffit d'appliquer une pommade en attendant le vétérinaire, mais cette idée erronée peut faire plus de mal que de bien.

Quand la barrière protectrice formée par la peau est déchirée, les germes de l'environnement et de la peau elle-même pénètrent dans la plaie, en même temps que de la terre, des graviers et autres corps étrangers, comme des particules végétales, etc. Certains sols, l'argile et les matières organiques inhibent l'action protectrice des globules blancs, des anticorps et des antibiotiques et interfèrent également avec l'action antibactérienne normale du sérum. Il faut donc éliminer de la plaie tous les corps étrangers aussi rapidement que possible pour éviter que des bactéries ne s'y installent et envahissent les tissus plus profonds. Au niveau tissulaire local, les mécanismes immunitaires peuvent venir à bout d'un million de germes par gramme de tissus. Des quantités supérieures de germes l'emportent sur les défenses immunitaires et il en résulte une infection. Les pommades ou les sprays antiseptiques ne peuvent pas pénétrer au fond de la plaie si celle-ci est masquée par des tissus nécrosés et des corps étrangers.

TRAITEMENT DES BLESSURES

Parage

Quand la barrière formée par la peau est déchirée, les tissus sous-jacents perdent la protection qu'elle offrait contre l'invasion bactérienne et les bactéries de la peau, du milieu environnant et de l'air souillent alors la blessure.

Les bords de la plaie sont envahis dans les 2-4 heures suivant la blessure. Si des quantités importantes de germes l'emportent localement sur le système immunitaire, ils prolifèrent et envahissent la plaie qui s'infecte.

Une plaie datant de plus d'une à trois heures est probablement déjà si contaminée qu'une application locale d'antibiotique est peu efficace pour éliminer l'infection. Un nettoyage soigneux et un parage (c'est-à-dire l'élimination des tissus nécrosés au moyen des ciseaux ou du bistouri) de la plaie sont nécessaires pour un traitement efficace.

Fig. 16-1. À gauche, plaie ne cicatrisant pas. À droite, la même plaie après parage qui permettra la cicatrisation.

Tonte

Dans la mesure du possible, il faut éliminer les poils des bords de la plaie pour les empêcher de jouer le rôle de corps étrangers ou d'introduire des germes et des saletés dans la blessure. Ils cachent les écoulements et empêchent de bien apprécier l'étendue de la plaie. Avant la tonte, il faut couvrir la blessure avec une pommade hydrosoluble ou des compresses de gaze humides pour empêcher les poils coupés de tomber dedans.

PREMIERS SOINS

Nettoyage

Un nettoyage vigoureux avec un produit approprié est indispensable pour prévenir l'infection. Il a plusieurs effets : par son action mécanique, il détache et élimine les saletés, les débris et les tissus morts. Une solution de lavage appropriée dépose une couche d'antiseptique sur les tissus vivants. Pour que les bactéries soient tuées, la blessure doit être lavée vigoureusement pendant au moins 10 minutes, en alternant lavage et rinçage jusqu'à ce que la plaie brille et que des tissus sains roses saignent.

Si le cheval ne se laisse pas laver la plaie, il faut la nettoyer au jet pendant 5 à 10 minutes en attendant le vétérinaire. La pression douce de l'eau détache les débris et les saletés y adhérant ; le nombre de germes qui la souillent est ainsi notablement diminué.

Produits de lavage

Certains produits favorisent la cicatrisation et d'autres n'ont pas d'effet antiseptique. Quelques-uns peuvent même retarder la réparation en irritant la plaie ou en tuant les cellules.

Pour le lavage des plaies, il est préférable d'utiliser une solution salée non irritante. L'eau du robinet est préférable à l'eau distillée, mais aucune ne contient de sel et elles ont moins d'électrolytes que les tissus de la plaie qui absorbent l'eau non salée et gonflent, ce qui entraîne un œdème local et tue les cellules.

Si l'on ne dispose pas de soluté salé physiologique ou de solution de Ringer stériles, on peut préparer soi-même une solution salée de nettoyage. On dissout une demi-cuillerée à soupe de sel dans un litre d'eau pour obtenir la concentration normale de sel des tissus du cheval et on y ajoute un antiseptique, tel que la polyvidone iodée (Betadine®) ou la chlorhexidine (Hibitan®).

Polyvidone iodée

La polyvidone iodée est une combinaison de teinture d'iode et d'un polyvinyle qui stabilise l'iode, diminue son pouvoir colorant et son effet irritant pour les tissus. La teinture d'iode est un excellent antiseptique mais elle est trop irritante pour le nettoyage des plaies.

Pour préparer un liquide de lavage des plaies, on ajoute à la solution salée de la

Fig. 16-2. La polyvidone iodée diluée est un bon produit de nettoyage des plaies.

381

polyvidone iodée jusqu'à obtenir une teinte se rapprochant de celle d'un thé léger. Chez le cheval, on obtient le meilleur effet antiseptique et la moindre action irritante pour les tissus avec une concentration de polyvidone iodée inférieure à 1 %. À une concentration faible, inférieure à 0,03 %, la migration des globules blancs dans la plaie et leur action d'épuration sont favorisées. Inversement, les concentrations d'iode supérieures à 5-10 % inhibent gravement les fonctions de défense des globules blancs et augmentent la sensibilité de la blessure à l'infection.
L'effet antibactérien de la polyvidone iodée sur la plaie ne dure que 4 à 6 heures. La résorption de l'iode par l'organisme est sans incidence chez le cheval en raison de sa grande taille. Les personnes utilisant fréquemment ce médicament doivent en revanche porter des gants de caoutchouc pour ne pas en absorber des quantités toxiques.

Chlorhexidine
La chlorhexidine est une excellente solution de nettoyage, efficace contre les bactéries, les virus et les champignons. On obtient la concentration idéale de 0,05 % en en mélangeant 25 ml à un litre d'eau. Non seulement la chlorhexidine est active sur de nombreuses espèces de bactéries, mais elle a aussi un effet durable car elle se lie aux protéines de la peau. Son effet antibactérien est ainsi plus long que celui de la polyvidone iodée.
Toutes deux existent sous forme de solutions antiseptiques qu'il faut diluer avec de l'eau salée. Après un nettoyage sérieux, on rince convenablement la plaie pour éliminer la mousse qui s'y est formée. L'idéal serait que tout produit introduit dans une plaie soit si peu irritant que son instillation dans l'œil n'en irriterait pas la muqueuse. Le respect des principes suivants prévient les troubles.

Produits ralentissant la cicatrisation

L'utilisation de savons ordinaires sur les plaies en retarde la cicatrisation et augmente leur sensibilité à l'infection. Les détergents et les savons sont toxiques pour les cellules, les font gonfler et les désorganisent, ce qui augmente la quantité de tissus morts. Il ne faut appliquer sur les plaies que des produits spécialement destinés à cet usage.

Teinture d'iode
La teinture d'iode à 7 % est un antiseptique puissant mais elle est si irritante pour les tissus qu'on ne peut l'appliquer sans danger que sur la sole et la fourchette pour traiter une pourriture de la fourchette ou durcir la corne. Il ne faut pas l'appliquer non plus sur la peau saine qu'elle irrite. Elle a également un effet nocif sur les plaies en voie de cicatrisation.

Eau oxygénée
On verse souvent de l'eau oxygénée à 3 % sur les plaies. Elle est certes, utile chez l'homme pour les plaies où se développent des bactéries anaérobies, car sa

mousse augmente la tension d'oxygène, ce qui détruit les germes anaérobies, mais l'oxygène est toxique pour les cellules du cheval, en particulier pour les fibroblastes en migration qui produisent le collagène réparant la plaie. Elle provoque également la coagulation du sang dans les vaisseaux très fins, ce qui compromet l'apport d'oxygène aux tissus. Il en résulte une mortification supplémentaire des tissus, qui retarde la cicatrisation. Il ne faut utiliser l'eau oxygénée que pour nettoyer le sang répandu dans le pelage au-dessous de la plaie.

Alcool
Il ne faut jamais appliquer d'alcool sur les blessures ouvertes, car il dénature les protéines des tissus découverts. On peut l'utiliser autour des plaies pour détacher et éliminer les débris, mais jamais directement dessus.

Évaluation de la blessure

Pendant le nettoyage, il faut étudier la plaie et en évaluer la profondeur et la gravité. La blessure peut se prolonger en profondeur par un trajet semblable à celui d'une piqûre. De telles « extensions » de la blessure peuvent passer inaperçues initialement, en l'absence d'un examen vétérinaire.

Exsudat

L'examen initial de la blessure permet d'en noter l'odeur éventuelle ainsi que la quantité et les caractères de l'exsudat s'en écoulant qui peut être formé seulement de cellules et de globules blancs morts qui s'éliminent. Il ne contient pas nécessairement de bactéries. Par contre, s'il a mauvaise odeur ou est abondant on doit suspecter une infection nécessitant l'intervention immédiate du vétérinaire. Il faut l'appeler en pareil cas et quand la blessure est plus qu'une simple déchirure superficielle. Il éliminera les corps étrangers contenus dans la plaie, et fera également l'ablation des lambeaux de peau ou les suturera pour y maintenir une irrigation sanguine suffisante.

Une fois la plaie nettoyée et parée de façon à découvrir des tissus d'aspect normal, il faut la maintenir humide et la protéger des saletés. Un pansement et des pommades antiseptiques appropriées favoriseront sa cicatrisation.

CICATRISATION DES PLAIES

La cicatrisation commence par la formation de tissu conjonctif et de collagène. Les fibroblastes qui fabriquent les faisceaux de collagène, migrent dans la plaie à partir du troisième jour. De nouveaux vaisseaux sanguins apparaissent après les fibroblastes.

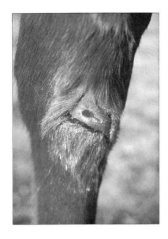

Le tissu de granulation, formé de bourgeons charnus et de fibroblastes, comble la plaie et forme une surface sur laquelle migrent de nouvelles cellules épithéliales. On appelle épithélialisation ce développement de peau nouvelle au-dessus de la plaie. Les bactéries ne ralentissent pas seulement la cicatrisation, mais produisent de plus des enzymes puissantes, qui détruisent les cellules fragiles de formation nouvelle.

Fig. 16-3. Le tissu de granulation situé au centre est entouré par l'épiderme.

Rétraction

On appelle rétraction le mécanisme par lequel la plaie diminue de taille. Des myofibroblastes, cellules spéciales formées par la transformation de fibroblastes et capables d'agir comme des cellules musculaires, tirent la peau bordant la plaie vers le centre de celle-ci.

Dans les plaies anciennes, le tissu de granulation contient davantage de tissu fibreux et relativement moins de myofibroblastes. Il faut éliminer au bistouri un lit de bourgeons charnus atones ou, au contraire, produits en excès. Des bourgeons charnus nouveaux contenant des myofibroblastes capables de réduire la taille de la plaie se forment alors.

Facteurs agissant sur la rétraction

Pendant les quelques premiers mois, une rétraction de 0,2 mm par jour peut réduire de moitié la taille de la cicatrice. Un remaniement supplémentaire de la cicatrice diminue encore sa taille au cours des 6-12 mois suivants.

Tension de la peau

La vitesse de rétraction n'est pas influencée seulement par la taille de la blessure, mais aussi par la tension de la peau. Les plaies de la partie inférieure des membres dont la peau est tendue, se rétractent lentement. Les plaies sèches sont également plus tendues que les plaies humides et se rétractent plus lentement.

Les tensions excessives, les gonflements et les mouvements au niveau des blessures interfèrent avec l'action des myofibroblastes. La rétraction est ainsi réduite et peut cesser prématurément avant que les bords de la plaie ne se rencontrent.

CICATRISATION DES PLAIES

Hydratation et chaleur

L'organisme des mammifères est formé à 70 % d'eau et la peau se dessèche si la plaie reste exposée à l'air. Les tissus déshydratés peuvent se nécroser et ralentir la cicatrisation.

La peau de la partie inférieure des membres du cheval est relativement mal irriguée et froide par rapport à celle de l'homme et de nombreuses autres espèces. Pour qu'une blessure se répare et se ferme, il faut la maintenir dans un environnement humide et chaud, en particulier à la phase initiale de la cicatrisation.

Le délai entre le moment de la blessure et les soins du vétérinaire détermine le degré de déshydratation des tissus et la possibilité d'infection. En attendant le vétérinaire, il faut appliquer sur la plaie nettoyée une pommade hydrosoluble et un pansement léger pour l'empêcher de se dessécher. Le pansement favorise la phase initiale de la cicatrisation en maintenant la plaie humide et modérément chaude.

Sutures

L'examen initial d'une plaie ne permettant pas toujours d'établir si elle peut être traitée chirurgicalement et suturée, il faut supposer qu'elle peut l'être et agir en conséquence. Dans ce cas, il ne faut pas y appliquer de pommades ni de sprays. Les produits non hydrosolubles adhèrent aux tissus et empêchent les bords de la plaie d'adhérer après la suture ; quant aux substances insolubles elles sont

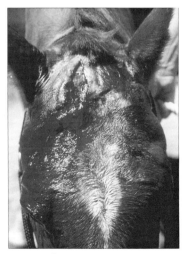
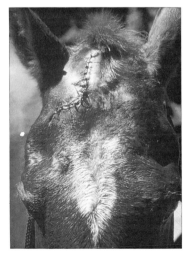

Fig. 16-4. À gauche, plaie de la tête après rasage et nettoyage et avant suture. À droite, plaie suturée.

également difficiles à éliminer des profondeurs, ce qui peut nuire à la tenue de la suture. La décision de suturer dépend :
- de la localisation de la plaie,
- de la tension de la peau à son niveau,
- de la forme de la plaie,
- du degré de lésion des tissus,
- de la contamination de la plaie.

Les plaies de la face et du tronc répondent bien à la suture, même si elles ne sont découvertes qu'après plusieurs jours. En revanche, une blessure d'un membre peut ne pas s'y prêter, même si elle est traitée dans les quelques heures.

Pommades

Quelle que soit la substance appliquée sur une plaie cutanée, elle accélère peu la cicatrisation. En revanche, celle-ci peut être ralentie par la déshydratation et l'infection des tissus.

Les contusions résultant de coups de pied, de chutes ou de chocs contre un obstacle, lèsent considérablement les tissus environnants et donnent des plaies à bords déchiquetés qui comportent un risque d'infection très augmenté par suite de l'écrasement des vaisseaux sanguins, d'une mortification plus étendue des tissus et de l'œdème et du gonflement associés. Elles sont également difficiles à suturer et tous ces facteurs créent un milieu favorable aux bactéries.

Si une plaie est telle que la suture ne sera pas efficace ou si superficielle qu'elle ne demande pas de soins vétérinaires, on l'empêchera de sécher au moyen de pommades. Chaque vétérinaire a sa pommade préférée pour le traitement des plaies.

Pommades hydrosolubles

Il ne faut appliquer que des pommades hydrosolubles sur les plaies devant être suturées ou celles souillées laissées ouvertes avant qu'elles ne soient complètement comblées par du tissu de granulation. Il existe dans le commerce de nombreuses préparations pour plaies. Il faut consulter le vétérinaire avant de les utiliser.

Si la plaie date de plus d'une à trois heures, les pommades antiseptiques ont peu de chance de prévenir l'infection et des antibiotiques par voie orale ou en injection, associés à un nettoyage et à un parage, seront nécessaires.

Pommades à base de vaseline

On utilise les pommades à base de vaseline sur la peau saine entourant une blessure siège d'un écoulement. Elles protègent la peau contre l'irritation que pourraient provoquer les sérosités s'écoulant de la plaie.

CICATRISATION DES PLAIES

Il existe divers produits de ce genre, et l'application directe de certains sur une plaie peut gêner la cicatrisation, si leur pH ou leur composition est inapproprié. Leur composant antiseptique a peu d'effet sur la cicatrisation, et la vaseline formant la base de la pommade retarde considérablement la réparation de la blessure. Il est préférable d'utiliser des pommades non toxiques pour les tissus. Il faut donc tenir compte de la composition des pommades antiseptiques trouvées dans le commerce et éviter celles à base de vaseline.

Quantité de pommade

Une couche très légère suffit pour obtenir l'effet recherché et un excès a des effets indésirables :
- en gênant l'écoulement des sécrétions et des débris de cellules et en provoquant leur accumulation,
- en réduisant la circulation de l'air,
- en fixant les saletés et en contrariant ainsi les effets du nettoyage.

Les poudres et les sprays antiseptiques gênent également l'écoulement des sécrétions et provoquent leur accumulation. Ces produits dessèchent les bords de la plaie et inhibent la multiplication des cellules.

Absorption des antibiotiques

Différents facteurs influent sur la pénétration des antibiotiques dans la plaie. L'inflammation active la circulation sanguine locale, ce qui favorise la pénétration dans les tissus des antibiotiques appliqués localement ou injectés.

Les cellules et les globules morts rendent la plaie acide. Un pH acide et la présence de sérosités ou de pus inhibent l'action antimicrobienne de nombreux antibiotiques. En début de cicatrisation, la fibrine et les caillots de sang bloquent également la pénétration des antibiotiques.

Souillure des pommades

Quand les pommades sont présentées en pots volumineux, il faut veiller à ne pas les souiller en y introduisant des poussières, des poils ou autres débris et, par là, des bactéries qui contamineront les plaies. Il faut utiliser une spatule, un gant en caoutchouc propre ou une compresse de gaze pour prélever la pommade sans la souiller. Il faut tenir compte de la date de péremption de celles contenant des antibiotiques.

Pansements

Une étude a comparé quatre types de traitement des plaies cutanées chez le cheval.

- Un premier groupe de chevaux a reçu des irrigations quotidiennes de soluté salé physiologique les 11 premiers jours, ainsi que des lavages à l'eau de ville durant 5 minutes à partir du 12e jour. Ils ne recevaient pas de médicament et aucun pansement n'était appliqué.
- Un deuxième groupe a reçu seulement une application de pommade à la nitrofurazone tous les jours.
- Un troisième a reçu de la pommade à la nitrofurazone et un pansement était appliqué.
- Un quatrième a reçu un lavage de la plaie à l'eau de ville tous les trois jours et un pansement était appliqué.

Ces divers traitements ont eu des résultats nettement différents. Les chevaux des groupes 1 et 2 ont formé des croûtes épaisses et dures, qui sont restées constamment souillées par la litière et les saletés, ce qui aggravait l'inflammation. En revanche, les plaies pansées étaient moins souillées, moins enflammées et moins déshydratées.

Du tissu de granulation sain s'est formé plus rapidement sous le pansement et les plaies ont cicatrisé plus rapidement (63 jours) que celles laissées à découvert et exposées à l'air (96 jours). La cicatrisation plus rapide peut avoir été due à la diminution de la contamination ou de l'inflammation à la phase initiale de la réparation.

Cependant, après suppression du pansement, les plaies des groupes 3 et 4 ont semblé prédisposées à des traumatismes et à un décollement de la peau nouvellement formée. Dans celles non pansées, le collagène s'est organisé plus rapidement, peut-être sous l'effet des tensions sur la peau environnante résultant d'une légère déshydratation due à l'exposition à l'air. Ces plaies cicatrisaient plus lentement, mais n'étaient pas exposées à réapparaître.

Beaucoup de plaies soignées sous pansement évoluent plus favorablement et plus rapidement que celles laissées à découvert. Dans de nombreux cas, la cicatrisation est lente sans la protection ni la conservation de l'humidité assurées par le pansement. Bien que davantage de tissu de granulation se forme sous pansement qu'à découvert, les plaies placées dessous forment un tissu cicatriciel moins abondant et se rétractant mieux.

Recommandations en matière de pansement

Les précédents résultats montrent qu'une plaie doit être maintenue sous un pansement jusqu'à ce que se soit formé un lit de tissu de granulation sain. Une fois la plaie comblée, le pansement peut être plus nuisible qu'utile, en réduisant son oxygénation et en retenant le pus. Le manque d'oxygène provoque la mort des tissus, qui avec le pus accumulé créent un milieu acide.

La plaie y répond en produisant davantage de tissu de granulation pour compenser le manque d'oxygène, tandis que les fibroblastes réagissent à l'acidité du milieu en produisant davantage de collagène. Il en résulte la formation de bourgeons charnus exubérants.

Avantages du pansement

Conservation de l'humidité

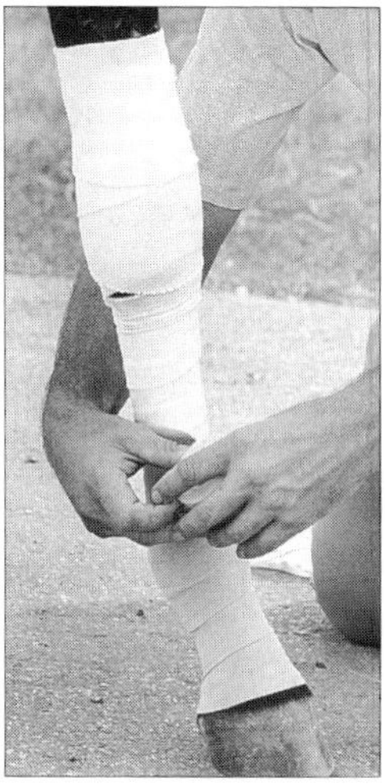

Le recouvrement de la plaie par un pansement réduit sa déshydratation par évaporation et celle des tissus environnants. À la surface d'une plaie humide et bien oxygénée, la peau de formation nouvelle avance jusqu'à 0,2 mm par jour, sur la partie inférieure des membres. Sur le tronc, la vitesse peut atteindre 2 mm par jour. Si la plaie se déshydrate, la circulation sanguine se ralentit et l'apport interne d'oxygène diminue. L'avancée de la peau tombe alors à moins de 0,1 mm par jour quelle que soit la région.

Le pansement réduit l'absorption d'oxygène atmosphérique par la plaie, mais cette diminution relativement mineure est compensée par le maintien de l'humidité de la plaie et de la circulation sanguine.

Protection mécanique

Le pansement assure également une base stable à la migration des cellules de la peau de formation nouvelle sur la surface de la plaie. Les déformations dues à une mobilisation excessive, à des traumatismes ou à un œdème désorganisent les fibroblastes et les cellules épithéliales migrant pour la combler. Il en est de même pour les fibres collagènes et les bourgeons charnus. Le pansement immobilise la plaie, la protège contre les traumatismes et réduit l'œdème. La légère compression qu'il exerce prévient la formation de tissu de granulation exubérant, il ne doit pas être serré au point de gêner la circulation dans le membre.

Fig. 16-5. Un bandage maintient la plaie chaude et humide.

Conservation de la chaleur

Les températures proches de 30 °C favorisent la cicatrisation des plaies, alors que celles inférieures à 20 °C diminuent de 20 % la résistance à la tension de la cicatrice. Les températures basses pourraient provoquer une constriction des vaisseaux cutanés superficiels, ce qui réduit l'apport de sang et d'oxygène à la plaie et au tissu conjonctif de réparation. Un pansement isolant conserve à la plaie la chaleur du corps et ses effets bénéfiques sur la cicatrisation.

Retrait du pansement

La couleur de la plaie permet de reconnaître le moment convenant pour retirer le pansement. Tant que la peau de formation nouvelle est encore mince, il existe une différence de couleur entre son bord externe plus épais et la couche mince couvrant le tissu de granulation. Le moment est venu de retirer le pansement, quand l'épaisseur et la couleur de la peau sont devenues uniformes.

Cicatrisation ralentie

Si le cheval continue à faire subir des traumatismes à sa plaie ou si celle-ci continue à être irritée par du fumier, des saletés ou des mouches, un pansement protecteur lui permet de cicatriser.

Les plaies dans des zones mobiles comme les articulations cicatrisent lentement et sont plus exposées à former un tissu de granulation exubérant qui ralentit la cicatrisation, car les cellules épithéliales de la peau ne peuvent migrer à sa surface et le recouvrir et il se développe sans contrainte. Un pansement légèrement compressif peut en arrêter temporairement le développement.

Contrôle du tissu de granulation exubérant

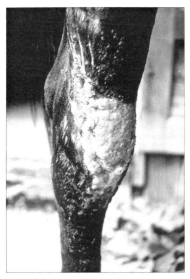

Fig. 16-6. Tissu de granulation exubérant.

Les pommades aux corticostéroïdes permettent de combattre le tissu de granulation exubérant. Les corticostéroïdes réduisent la libération par les globules blancs des enzymes déclenchant la réaction inflammatoire et ralentissent ainsi la progression du tissu de granulation. Ils inhibent également la formation de capillaires nouveaux et réduisent ainsi la formation de bourgeons charnus.

En revanche, ils inhibent le développement des cellules de la peau, et leur utilisation trop prolongée arrête la cicatrisation. Il ne faut jamais en appliquer dans une plaie profonde avant que ne se soit formé un lit de tissu de granulation, car ils dépriment l'activité du système immunitaire et peuvent favoriser l'infection.

Nitrofurazone

Certains produits favorisent la formation de tissu de granulation. Sur les plaies profondes, le nitrofurazone ralentit la formation de peau nouvelle de 30 %. Une croûte épaisse se forme à la surface de la plaie et empêche la cicatrisation, mais sur les abrasions cutanées superficielles, elle garde la peau humide et souple et permet une repousse rapide des poils.

Produits nocifs

Pour combattre la formation de tissu de granulation exubérant, on a utilisé d'autres substances, comme le sulfate de cuivre, l'eau de Javel, la soude et autres produits caustiques. La cautérisation chimique du tissu de granulation exubérant lèse également les cellules cutanées en migration et retarde la cicatrisation si l'on en abuse.

Un « remède » ancien et destructeur consiste en un mélange de soude et de saindoux. En principe, la graisse salée de porc peut « attirer » l'œdème hors de la plaie comme le ferait un cataplasme. La soude détruit les bactéries et la graisse maintient la plaie souple. Cependant, la soude est toxique pour les cellules de la peau et des tissus plus profonds et un excès de sel déshydrate les tissus. La graisse retient les saletés sur la plaie. Le résultat est une absence de cicatrisation et un abondant tissu de granulation.

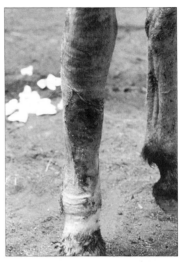

Fig. 16-7. Le mélange de soude et de saindoux est nocif pour les plaies.

Ablation chirurgicale

L'ablation chirurgicale du tissu de granulation exubérant est préférable à la cautérisation chimique qui peut provoquer une nécrose des tissus, suivie d'un nouveau développement de tissu de granulation exubérant, qui persiste en formant une lésion de mauvais aspect et ne guérissant pas.

Une plaie non compliquée, propre et non infectée, guérit en dépit de nos traitements. Dans de nombreux cas, le temps et la propreté sont les meilleurs remèdes.

Remodelage des tissus

La résistance finale de la cicatrice à la traction lui permet de résister aux sollicitations mécaniques normales sans se rompre ni se rouvrir. La rétraction et le remodelage de la cicatrice d'une plaie cutanée se produisent rapidement, en 3 à 6 mois, et la cicatrice atteint sa résistance maxima à la traction au bout d'un an. Le collagène vite fabriqué par les fibroblastes au cours des 1-2 premières semaines est responsable de la résistance à la traction de la plaie en voie d'organisation. Au bout de 40 à 120 jours, la peau a retrouvé 50 à 70 % de sa résistance initiale, mais le collagène continue à être remanié pendant un ou deux ans. Les cellules épithéliales et les fibroblastes produisent des enzymes décomposant le collagène existant qui se dépose en fibres nouvelles plus étroitement entrelacées, avec augmentation correspondante de la résistance mécanique de la cicatrice qui devient plus plate.

Malgré la tendance apparente du cheval à l'automutilation, la cicatrisation des plaies cutanées permet la restauration d'une peau presque normale. Lorsque la blessure ne traverse pas toute l'épaisseur de la peau, celle qui se reforme est identique à celle d'origine sans formation de tissu cicatriciel. Cependant, les importants éléments conjonctifs et collagènes peuvent ne pas retrouver leur organisation originelle. Si l'épithélium « cicatrisé » semble identique à celui de la peau d'origine, le tissu conjonctif nouveau est fonctionnellement moins efficace. Même dans des conditions idéales, le tissu cicatriciel reste 20 % moins résistant que celui d'origine.

Un traitement vétérinaire rapide et énergique réduit significativement le temps nécessaire pour la cicatrisation. Le risque d'infection est diminué et la blessure guérit de façon esthétiquement et fonctionnellement satisfaisante.

PÉNÉTRATION PAR CORPS ÉTRANGER (PIQÛRE)

Même dans les écuries les mieux tenues, les chevaux sont souvent entourés par des objets divers, tels que des barrières donnant des échardes, des clous ou du matériel agricole, etc., et il peut arriver qu'un cheval se blesse sur un de ces objets.

Une lésion cutanée semblant superficielle peut dissimuler une blessure plus profonde. De longs poils ou de la boue peuvent cacher la blessure. Les bactéries introduites dans la plaie se multiplient très activement. Les défenses immunitaires sont débordées et il en résulte une infection, quand le nombre de germes devient supérieur à un million par gramme de tissus.

Bactéries anaérobies

Les plaies profondes et étroites non traitées peuvent avoir des conséquences graves malgré leur aspect bénin. Parmi les nombreuses espèces de bactéries introduites dans la plaie, les germes anaérobies, c'est-à-dire vivant en l'absence d'oxygène, peuvent mettre la vie en danger.

La perforation de la peau permet aux germes de pénétrer dans les tissus. Le petit orifice cutané se ferme souvent et crée un milieu exempt d'oxygène, idéal pour le développement des spores des germes anaérobies. La suppuration de la plaie et la nécrose des tissus favorisent la multiplication des bactéries anaérobies.

PÉNÉTRATION PAR CORPS ÉTRANGER (PIQÛRE)

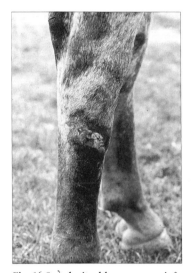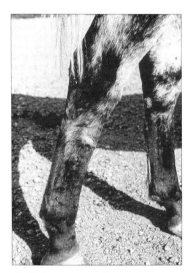

Fig. 16-8. À droite, blessure par piqûre restée 10 jours sans traitement. À gauche, sa cicatrice qui aurait été plus petite, si le traitement avait été plus précoce.

Les *Clostridia* sont une famille de bactéries anaérobies. Une exposition à l'oxygène de seulement 20 minutes les inactive. Elles infestent fréquemment le tube digestif, et leurs spores qui passent avec les excréments dans le fumier et les matières organiques en décomposition peuvent survivre pendant des années dans le sol et toute blessure risque ainsi d'en être infectée.

Tétanos

Une des bactéries anaérobies infectant le plus fréquemment les blessures du cheval est *Clostridium tetani*, agent du tétanos. Avant qu'on ne dispose de vaccins, un nombre considérable de chevaux était atteint de cette maladie qui provoque une mort lente et douloureuse.

En mourant les bacilles tétaniques libèrent une exotoxine qui parvient au cerveau avec le sang ou atteint le système nerveux central en suivant les nerfs. Elle ralentit la transmission nerveuse en empêchant la libération du neuromédiateur qu'est l'acétylcholine et de l'inhibiteur qu'est la glycine, au niveau des neurones. Les symptômes commencent au niveau de la tête et de l'avant-main par des contractures musculaires, qui provoquent un trismus (contracture des muscles des mâchoires). Les muscles de la face sont atteints et le cheval ne peut plus attraper, mastiquer ni déglutir ses aliments. Les naseaux sont dilatés, la troisième paupière fait saillie au-dessus de l'œil et les oreilles sont dressées et fixes sous l'effet des contractures musculaires.

Avec l'extension des contractures au corps de l'animal, celui-ci prend une attitude raide en « chevalet » et s'il tombe, il peut être incapable de se relever par suite de la rigidité de ses membres et de son encolure.

Les animaux réagissent excessivement aux stimuli extérieurs, tels que les bruits, et peuvent être en proie à des convulsions. Une paralysie du diaphragme ou une pneumonie par fausse déglutition peuvent provoquer une asphyxie. Le cheval peut aussi mourir de déshydratation ou de malnutrition.

Une telle mort consécutive à une blessure est devenue rare de nous jours. Si un cheval est blessé et qu'il n'est pas vacciné régulièrement, avec rappel annuel utilisant l'anatoxine tétanique, il faut lui injecter à titre préventif de l'antitoxine tétanique qui neutralise la toxine circulant hors du système nerveux. Si le cheval n'a pas reçu d'anatoxine tétanique dans les 8-12 mois précédents, un rappel suscite une immunité suffisante en présence d'un risque accru.

Gangrène gazeuse

Clostridium septicum est une autre bactérie anaérobie, qui met la vie en danger en provoquant la gangrène gazeuse. Ce germe forme des quantités importantes de gaz dans les muscles et fait apparaître une crépitation sous la peau couvrant la partie atteinte. La blessure est chaude, douloureuse et gonflée par un œdème et des gaz, et une fièvre dépassant 41 °C apparaît. Les toxines libérées par les bactéries se diffusent rapidement dans l'organisme et peuvent tuer le cheval en moins de deux jours.

Le tétanos et la gangrène gazeuse sont rares, mais il ne faut pas les ignorer. La pénicilline tue les bactéries anaérobies et la vaccination prévient le tétanos.

Traitement des blessures par pénétration de corps étrangers (piqûres)

Il faut commencer par couper les poils des bords de la plaie pour qu'ils ne gênent pas la cicatrisation. On nettoie ensuite vigoureusement la plaie par perforation pour pouvoir l'inspecter. Le nettoyage prévient l'infection et élimine les tissus nécrosés et les exsudats pouvant interférer avec la guérison. Sous faible pression, on irrigue la plaie avec une solution salée antiseptique. Il est important d'éliminer les particules de terre, car certains types de sol inhibent les défenses immunitaires. Des soins vétérinaires immédiats sont nécessaires dans toutes les blessures par pénétration de corps étrangers.

Évaluation de la blessure

S'il est difficile de confirmer la perforation de la peau, il faut nettoyer soigneusement le pourtour de la plaie pour éviter d'y apporter des germes. On introduit doucement un écouvillon imprégné d'antiseptique dans la plaie pour recher-

PÉNÉTRATION PAR CORPS ÉTRANGER (PIQÛRE)

cher s'il existe une cavité ou une poche sous la peau. Il ne faut pas chercher à sonder complètement la cavité avec l'écouvillon, car des fibres de coton ou un fragment qui resteraient dans la plaie, nuiraient à sa guérison.

On peut ainsi apprécier si la plaie fait plus que léser la peau. Il faut appeler le vétérinaire si elle est gonflée, chaude et douloureuse. La piqûre est souvent trop étroite pour permettre un nettoyage des tissus profonds, une plaie semblant superficielle peut nécessiter l'intervention du vétérinaire.

Les blessures par pénétration de corps étrangers atteignant une articulation, une gaine tendineuse ou un os doivent être immédiatement traitées par un vétérinaire pour prévenir des complications invalidantes. Lui seul peut apprécier l'étendue des lésions. Par sondage, il recherche la présence de corps étrangers, tels que des fragments de bois, de plastique, de verre ou de métal, et il détermine si une gaine tendineuse ou une articulation a été atteinte ou si le trajet de la piqûre conduit à un muscle ou un os.

Fig. 16-9. Cheval atteint de tétanos.

Drainage

Si une poche s'est formée au-dessous d'une plaie, il est souvent nécessaire de créer en partie basse un orifice de drainage pour éviter une accumulation de sérosités qui ralentirait la cicatrisation en empêchant la réunion des tissus et en abritant les microbes.

Il peut être nécessaire d'agrandir la perforation initiale pour permettre un drainage et favoriser la cicatrisation. De même, il faut éliminer toute croûte se formant sur la plaie, car si elle se referme trop vite, les bactéries qui y sont retenues provoqueront une infection.

On introduit dans la plaie des antibiotiques en solution, qui ne gênent pas l'écoulement des sérosités, contrairement aux pommades épaisses qui en obstruent l'orifice et retiennent de plus le fumier et les saletés.

En l'absence de pansement, on peut appliquer une pommade à base de vaseline sur la peau au-dessous de la plaie pour la protéger contre l'irritation et les dépilations que pourrait provoquer l'écoulement des sérosités.

Pansement

On applique généralement un pansement sur les blessures de la partie inférieure des membres pour les protéger contre la saleté et de nouveaux traumatismes. Il ne doit pas être trop serré pour ne pas gêner le drainage de la plaie. Certaines blessures s'accompagnent d'un œdème localisé ou déclive que réduit un bandage légèrement compressif. Le drainage de la plaie s'en trouve amélioré et la cicatrisation est plus rapide.

Cataplasmes

Les cataplasmes appliqués sur les plaies profondes et étroites réduisent l'œdème, favorisant l'écoulement du pus et contribuent à leur assainissement. Les applications de solution de sulfate de magnésium chaude, 2-3 fois par jour, ont le même effet.
Le pansement doit être absorbant et ne pas gêner l'écoulement des sérosités vers l'extérieur. Il faut le renouveler fréquemment pour apprécier l'évolution de la plaie et éliminer les matières desséchées. Au début, on le change tous les 2-3 jours ou plus souvent selon la gravité de la blessure.

Identification des germes

La plupart des plaies profondes et étroites guérissent sans complication en une à deux semaines de traitement. Si la blessure est passée inaperçue un jour ou deux, il peut être utile de faire des cultures microbiennes et un antibiogramme. Avant de nettoyer la plaie, on y introduit un écouvillon stérile pour recueillir des sécrétions. L'écouvillon placé dans un récipient stérile est ensuite envoyé au laboratoire en vue d'un examen cytologique et bactériologique.
Une identification précise des germes permet de choisir l'antibiotique approprié. Pendant les 2-3 jours que nécessite le laboratoire pour obtenir des résultats, on injecte au cheval un antibiotique à large spectre choisi par le vétérinaire.

Coups de pied

Les blessures par coup de pied s'apparentent aux plaies profondes et étroites car elles s'accompagnent d'une petite plaie cutanée et de lésions plus profondes susceptibles de s'infecter. Si le coup de pied a porté sur un muscle, la blessure guérit sans complications avec un traitement convenable, mais s'il a porté au-dessus d'un os mal protégé, l'os peut se fêler, un fragment peut s'en détacher, et l'inflammation osseuse peut avoir des conséquences sur sa vascularisation. Si la blessure par coup de pied est suffisamment profonde pour atteindre un os sous-jacent, un séquestre peut se former. C'est un fragment osseux détaché par le traumatisme initial ou s'étant nécrosé par suite d'une diminution de l'irrigation sanguine liée à une infection et qui joue le rôle d'un corps étranger. La plaie peut cicatriser mais elle s'ouvre à nouveau et une fistule se forme, qui persiste tant que le corps étranger n'a pas été éliminé.

Perforation des tendons et des articulations

Des radiographies spéciales (fistulogrammes) permettent de préciser l'étendue des lésions, lorsque la perforation est susceptible d'atteindre une gaine tendineuse ou une cavité articulaire. Immédiatement avant de prendre le cliché on injecte dans la plaie un opacifiant stérile, qui fait apparaître tout le trajet de la perforation. De plus, l'opacifiant délimite le contour des corps étrangers en bois ou en plastique, non visibles sur les radiographies simples en raison de leur densité semblable à celle des tissus mous.

PRISE DE LONGE

Sa peau mince mais résistante protège le cheval contre les risques du milieu extérieur, dont la prise de longe. Lorsque le cheval se prend un membre dans une corde ou autre système d'attache, il est souvent en proie à la panique et se débat pour se libérer, sans se soucier des blessures qu'il s'inflige. La peau peut ainsi être détruite et découvrir le muscle ou le tendon sous-jacent.

Symptômes des prises de longe

Les symptômes des prises de longe sont particuliers. Celles-ci sont difficiles à traiter et longues à guérir. Les frottements responsables des lésions peuvent provoquer un échauffement des tissus suffisant pour entraîner une brûlure qui se produit si la température des tissus atteint 60 °C. Les prises de longe sont ainsi à la fois des plaies et des brûlures.
Une grande quantité de chaleur est nécessaire pour que la température des tissus soit suffisamment élevée pour altérer les protéines tissulaires, et il faut beaucoup de temps pour que les tissus brûlés dissipent la chaleur. En raison de ce retard à un retour à la température normale, les lésions continuent à évoluer au-delà du retrait de la corde.

Classification des brûlures

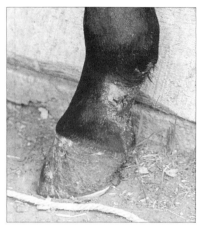

Fig. 16-10. Les prises de longe sont difficiles à traiter.

Au lieu de classer les prises de longe en brûlures du premier, du deuxième ou du troisième degré, on peut plus utilement le faire en fonction de leur profondeur et de l'épaisseur de peau atteinte :
- superficielles,
- moyennes,
- profondes.

Brûlures superficielles et moyennes

Les brûlures superficielles se traduisent seulement par une rougeur et un gonflement de la peau. Celles affectant une partie de l'épaisseur de la peau s'accompagnent d'un œdème sous-cutané, avec inflammation et douleur intenses. Des lésions des vaisseaux lymphatiques et une augmentation de la perméabilité des capillaires provoquent le passage d'un liquide riche en protéines dans les tissus sous-cutanés, qui fournit la fibrine permettant la coagulation sanguine et formant la charpente nécessaire à la cicatrisation. Cependant, le taux élevé de protéines des tissus lésés peut aussi constituer un milieu de culture pour les bactéries et favoriser une infection.

Brûlures profondes

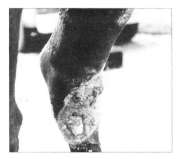

Fig. 16-11. Brûlure par prise de longe.

Les brûlures affectant toute l'épaisseur de la peau provoquent un œdème intense et les tissus semblent tannés comme du cuir. La zone est indolore en raison de la destruction des terminaisons nerveuses.

Bien que les prises de longe ne provoquent souvent que des lésions superficielles ou n'atteignant qu'une partie de l'épaisseur de la peau, elles peuvent s'étendre à toute l'épaisseur de celle-ci en cas de traitement local inapproprié ou d'infection.

Traitement des prises de longe

Des blessures semblant mineures peuvent cacher des lésions étendues des tissus dues à l'écrasement et à l'échauffement s'étant produits quand le cheval se débattait pour se libérer de la prise de longe. Plus la brûlure est profonde, plus elle est longue à guérir et plus le risque d'atteinte de ligaments ou de tendons est grand. Il faut d'emblée traiter énergiquement les prises de longe pour faciliter la réparation et réduire la formation de tissu cicatriciel.

Une application immédiate de glace (enveloppée dans un linge) combat l'échauffement des tissus. Même les prises de longe semblant bénignes doivent être traitées de cette façon. Une brûlure d'apparence au début relativement superficielle peut s'avérer grave quelques jours plus tard et s'accompagner d'œdème et de boiterie.

La plupart des prises de longe ont tendance à s'aggraver spectaculairement au début et il ne sert à rien de les suturer. On les laisse cicatriser par seconde intention, c'est-à-dire en tant que blessure ouverte qui se remplit de tissu de granulation comme toute plaie. Les principes de traitement des prises de longe sont alors les mêmes que pour les plaies en général.

Nettoyage de la plaie

La terre, le fumier et les poils enfoncés dans la blessure favorisent l'invasion des tissus nécrosés par les bactéries. Pour la prévenir il est important de nettoyer immédiatement et soigneusement la blessure par prise de longe. Un nettoyage énergique au moyen de compresses imprégnées d'une solution salée additionnée d'antiseptique élimine les tissus morts, les caillots de sang, les saletés et les germes de souillure.

Une irrigation sous forte pression utilisant une solution antiseptique élimine les souillures et les germes plus profonds. Il peut être nécessaire d'éliminer chirurgicalement les tissus mortifiés de coloration anormale, car ils contribuent à l'inflammation et nourrissent les microbes. Une coloration rouge foncé des tissus

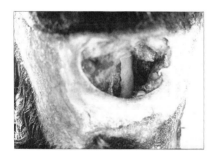 

Fig. 16-12. Plaie non suturée (à gauche) mais traitée sous pansement, ce qui a permis la formation de tissu de granulation (à droite).

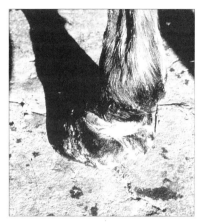

Fig. 16-13. Prise de longe en bonne voie de guérison, mais devant rester sous pansement.

indique une congestion provoquée par la contusion.
La brûlure associée à la prise de longe perturbe les défenses immunitaires locales et favorise l'infection. L'application de pommade à la sulfadiazine argentique protège les tissus contre la dessiccation. Les ions argent de cette préparation empêchent les débris et les sérosités provenant de la plaie d'inhiber l'action du sulfamide. Il faut fréquemment nettoyer et panser la blessure.

Inflammation

L'intense réaction inflammatoire associée à la brûlure de la prise de longe modifie les phénomènes de migration des globules blancs sanguins vers la plaie car ils restent collés aux parois des vaisseaux et les globules rouges s'agglutinent. Les toxines libérées par les cellules qui meurent provoquent une nécrose progressive des tissus. Les vaisseaux sanguins se contractant en réponse à la blessure, l'apport d'oxygène à la partie blessée diminue, aggravant les lésions et les destructions cellulaires et un cercle vicieux s'établit.

Corticostéroïdes et AINS
La plaie est initialement isolée par le système immunitaire et nettoyée par les cellules inflammatoires. Cependant, une inflammation très intense provoque un œdème et une carence en oxygène. Les corticostéroïdes et les AINS entraînent une dilatation des vaisseaux sanguins et mobilisent les globules, ce qui améliore la circulation.

Aloe vera
L'*Aloe vera* est utile dans le traitement des brûlures, car il renforce les vaisseaux sanguins des tissus lésés et diminue ainsi l'œdème. On a également rapporté qu'il a un effet antibactérien (il faut l'utiliser pur et non en mélange avec d'autres substances pouvant avoir des effets chimiques nuisibles).
Une fois qu'un lit de tissu de granulation sain s'y est formé, les blessures par prise de longe guérissent comme n'importe quelle blessure cutanée. Le tissu de granulation permet à la plaie d'être aussi résistante à l'infection que la peau intacte.

Formation d'une croûte

Une croûte de peau appelée « escarre » se forme au-dessus de la plaie par prise de longe. Elle ne favorise pas seulement l'infection en fournissant des éléments nutritifs aux germes, mais elle empêche de plus la pénétration des antibiotiques en profondeur. Si elle est de couleur brun noirâtre elle est probablement envahie par des bactéries.

L'oxygène est important dans le métabolisme cellulaire et en particulier dans les mécanismes de cicatrisation des plaies. Il augmente l'activité des globules blancs participant à l'élimination des tissus morts et des bactéries. Les croûtes l'empêchent d'atteindre la plaie sous-jacente. Lors de la cicatrisation, la peau nouvellement formée entre en compétition pour l'oxygène avec les fibroblastes produisant le collagène.

Il faut éliminer la croûte aussi fréquemment que possible pour permettre la cicatrisation. Son élimination maintient un milieu humide, qui favorise la réparation de la plaie. Les éventuels restes de croûte finissent par s'éliminer de la blessure, lorsque le tissu de granulation se forme (en 2 à 4 semaines).

Chéloïdes

Les chéloïdes sont des cicatrices hypertrophiques formées par un tissu de granulation exubérant. Elles font saillie au-dessus de la peau. Leur surface ressemble à la peau normale, mais elle est sèche, fragile et manque de l'élasticité et de la résistance fournies par un tissu conjonctif sous-cutané. Il peut être nécessaire de faire une greffe de peau sur ces cicatrices pour éviter qu'elles ne se fendillent et ne saignent de façon chronique.

17

MÉDICAMENTS INJECTABLES

De nombreux médicaments et produits biologiques destinés au cheval n'existent que sous forme injectable. Le nombre croissant de vaccins, d'antibiotiques et d'anti-inflammatoires fait que de plus en plus de personnes effectuent elles-mêmes les injections aux chevaux. Quand le vétérinaire prescrit un traitement, il faut, dans tous les cas, considérer les données suivantes :
- Le but du traitement est le point essentiel : quel est le processus pathologique que l'on cherche à modifier et quel est le médicament actif ?
- Existe-t-il une forme orale pouvant éviter le recours à des injections ou plus économique ?
- Quelle est la dose convenant pour l'animal et combien de fois faut-il administrer le médicament pour maintenir une concentration sanguine efficace ?
- Quelle est la durée du traitement ?
- Comment évaluer l'efficacité du traitement ?
- Un médicament ne réagira-t-il pas de façon néfaste avec un autre administré en même temps ?
- Le cheval souffre-t-il d'une affection rénale ou hépatique pouvant empêcher une élimination normale du médicament ?
- S'agit-il d'une jument en gestation ou allaitante, ce qui exclut l'utilisation de certains médicaments ?
- À quels effets indésirables ou réaction allergique peut-on s'attendre avec le médicament ?
- Le cheval peut-il être surveillé quant à des effets indésirables et pourrait-on traiter rapidement une réaction allergique ?

Il vaut mieux laisser à la compétence du vétérinaire le contrôle de l'application de ces principes pendant toute la durée d'un traitement. Cependant, le propriétaire de chevaux expérimenté peut économiser du temps et de l'argent en injectant lui-même les médicaments, tout en appliquant les principes de sécurité précités.

Chaque fois qu'on injecte un médicament, il faut être bien informé de sa nature, de ses propriétés et de ses indications. Un achat et un stockage rationnels des médicaments permettent de constituer une trousse d'urgence pour cheval, efficace et sûre.

Un traitement médicamenteux ne doit jamais être un « tir au jugé ». Les conseils d'un vétérinaire permettent aux propriétaires ou aux entraîneurs de sélectionner les médicaments utiles dans les urgences. Le choix et le stockage des médicaments doivent être réfléchis

ÉTIQUETTE ET NOTICE DU MÉDICAMENT

Nom générique et nom déposé

De nombreux produits existent tant sous forme de médicament générique que de marque déposée. En principe, le médicament générique est pharmacologiquement identique à son homologue de marque déposée. Cependant, dans certains cas, l'excipient, les conservateurs ou le liquide de suspension du médicament générique retardent ou réduisent son absorption par rapport au médicament déposé. À moins que le coût ne soit excessif, il est donc préférable d'acheter les médicaments de marque déposée pour assurer une absorption et un effet convenables du principe actif.

Principe actif

Il est également important de noter soigneusement le principe actif du médicament. L'étiquette peut être trompeuse si on ne la lit pas attentivement.

Conservation au froid

Si des médicaments devant être conservés au froid, comme la pénicilline ou les vaccins, sont transportés, ils doivent parvenir à destination en récipient isolant contenant des sachets réfrigérants encore gelés. De nombreux produits, en particulier les vitamines et les vaccins, sont instables quand ils sont exposés à la chaleur, et sont inactivés s'ils sont réchauffés même brièvement. Il est préférable de se fournir à une source sûre, telle que la clinique vétéri-

ÉTIQUETTE ET NOTICE DU MÉDICAMENT

naire locale. Quand on commande des médicaments par correspondance, il faut s'assurer qu'ils sont correctement conditionnés pour éviter un réchauffement ou une congélation en cours de transport.

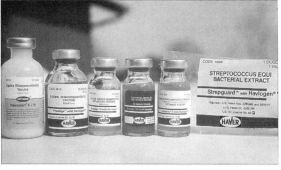

Fig. 17-1. Les vaccins exposés à la chaleur sont instables. Ils doivent voyager au froid.

Date de péremption

Il faut contrôler la date de péremption des médicaments injectables et s'assurer que la durée de conservation est suffisante pour que tout le médicament soit utilisé avant. Quand on achète les médicaments vétérinaires par correspondance, on ne peut pas connaître cette date avant leur réception. La date de péremption indique que le médicament conservé de la façon recommandée et administré à la dose appropriée sera efficace jusqu'à cette date. Il faut donc jeter les médicaments périmés et en particulier les antibiotiques.

Les médicaments périmés ne provoquent généralement pas de troubles, mais la diminution de leur efficacité peut avoir des conséquences graves, en particulier en ce qui concerne les antibiotiques contre les infections bactériennes. Tout comme un sous-dosage des anthelminthiques fait apparaître des lignées de parasites résistants, une efficacité réduite des antibiotiques fait apparaître des souches bactériennes résistantes.

Types de médicaments

Il ne faut pas injecter les médicaments intraveineux dans le muscle, car ils peuvent provoquer une inflammation musculaire. Par exemple, il n'existe actuellement pas de forme de phénylbutazone pour injection intramusculaire et une injection intramusculaire de la forme intraveineuse provoque de la douleur et une nécrose musculaire et cutanée étendue, suivie d'une infection bactérienne secondaire. La myoglobine libérée par la destruction du muscle passe jusque dans les reins, qu'elle peut bloquer en provoquant une insuffisance rénale.

Par ailleurs, l'injection intraveineuse de médicaments pour intramusculaire, comme les vaccins ou la pénicilline, peut provoquer une réaction anaphylactique et la mort. Il faut donc lire attentivement la notice et consulter le vétérinaire en cas de doute sur le type du médicament.

CONDITIONS DE STOCKAGE

Les médicaments injectables se présentent sous des formes diverses :
- ampoules unidoses,
- ampoules ou flacons multidoses,
- ampoules de verre,
- seringues préremplies unidoses.

De nombreux médicaments sont sous forme liquide, mélangés à une solution saline. Cependant, certains médicaments et vaccins sont instables en solution et sont donc lyophilisés (c'est-à-dire desséchés sous vide). On ne les met en solution avec une solution saline ou de l'eau stérile qu'immédiatement avant l'injection, pour éviter que leur principe actif ne se dégrade pendant le stockage.

Un sédiment peut se former au fond des flacons de vaccins ou autres médicaments conservés longtemps, dont les particules peuvent être le principe actif qui n'est plus régulièrement mélangé au liquide. Il ne faut pas injecter le sédiment dans le muscle, car il peut provoquer une réaction indésirable au point d'injection. Si un dépôt s'est formé, on agite le récipient. Si le liquide redevient normal, on peut l'utiliser, mais on le rejette si le sédiment ne disparaît pas.

Les flacons conservés longtemps peuvent être poussiéreux. Il faut nettoyer le bouchon avec un tampon imbibé d'alcool avant d'y implanter l'aiguille et de prélever le liquide.

Un stockage prolongé des médicaments en seringue préremplie peut entraîner une réduction de la dose administrée, car une partie peut être absorbée par le plastique de la seringue.

Que le médicament soit en ampoule, flacon ou seringue, on doit le conserver hors de la portée des enfants et des animaux familiers, de préférence dans un local ou une armoire fermée à clé. Les aiguilles découvertes par hasard par les enfants peuvent être dangereuses ainsi que l'ingestion de nombreux médicaments.

Facteurs environnementaux

Dans certains médicaments, des incompatibilités chimiques peuvent provoquer la formation prématurée d'un sédiment, des changements de couleur ou la formation de gaz. Le médicament peut également être inactivé sans modifications visibles dues à une interaction avec le conservateur ou le solvant, en particulier sous l'effet de modifications du pH ou de la température.

Les préparations injectables de vitamines sont parmi les produits les plus sensibles aux facteurs environnementaux. La plupart des vitamines sont stables à pH acide de 2,0 à 6,5, mais plus le pH s'élève, plus la préparation devient instable. De nombreuses préparations sont inactivées par les rayons ultraviolets de la lumière solaire. Les températures supérieures à 25 °C et le mélange à l'air dû

CONDITIONS DE STOCKAGE

à une agitation les inactivent aussi. Le contact avec certains métaux, surtout en présence de lumière, de chaleur ou d'air, favorise une oxydation des vitamines. Les oligo-éléments comme le fer, le cuivre ou le cobalt détruisent les vitamines B des mélanges minéraux et vitaminiques conservés au-delà de la date de péremption. De même, le stockage dans un récipient métallique peut provoquer une inactivation.

Stockage des préparations de vitamines

Pour assurer une conservation correspondant effectivement à la date de péremption, il faut stocker les préparations injectables de vitamines dans un local frais et sombre, à l'abri des vibrations, et les jeter si elles sont périmées.

Stockage des vaccins

Les vaccins sont sensibles à la chaleur, on doit donc les conserver au froid et ne pas les laisser, même brièvement, sur un siège ou une plage arrière d'automobile. On les place dans une petite glacière pour les transports car un léger réchauffement peut les inactiver. Il est préférable de jeter un produit suspect et d'acheter un lot récent.

Fig. 17-2. Certains médicaments doivent être conservés au froid.

Médicaments souillés

Les médicaments injectables sont stérilisés par la chaleur ou par filtration, afin de réduire le risque de contamination par des bactéries ou des protéines étrangères. Pour limiter les réactions indésirables aux injections, les produits doivent être exempts de particules étrangères insolubles ou de pyrogènes, c'est-à-dire de substances provoquant une fièvre.

Quand les médicaments sont en flacon multidose, comme la flunixine méglumine, les corticostéroïdes, certaines hormones, les tranquillisants ou les vaccins, il faut veiller à ne pas les souiller avec des poussières ou des aiguilles déjà utilisées pouvant y introduire du sang ou des particules solides. On doit jeter tout flacon soupçonné d'être ainsi souillé.

PRÉPARATION À L'INJECTION

Lecture de l'étiquette

Il faut lire attentivement l'étiquette pour s'assurer qu'il s'agit bien du bon produit. Il est sage de le faire quand on prend le flacon, puis à nouveau quand on prélève le médicament et même une fois encore quand on repose le flacon avant l'injection.

Seringues et aiguilles

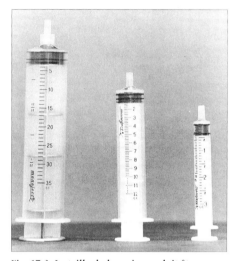

Fig. 17-3. La taille de la seringue doit être adaptée à la dose à administrer.

Pour chaque injection, on utilise une aiguille et une seringue neuves et stériles. Les aiguilles ne doivent jamais être utilisées sur plusieurs chevaux, car elles pourraient transmettre des affections graves comme l'anémie infectieuse ou les maladies provoquées par des protozoaires, telles que la piroplasmose. Les aiguilles sont peu coûteuses, il n'y a donc pas de raison de les conserver.

On élimine ensuite rapidement flacons, aiguilles et seringues pour les mettre hors de portée des enfants et des animaux familiers. L'incinération est la meilleure méthode d'élimination, en particulier pour les produits biologiques tels que les vaccins.

Désinfection de la peau

Alcool

Une bonne technique est indispensable pour que l'injection se fasse de façon propre et sûre. Beaucoup de personnes arrosent d'alcool (alcool éthylique à 70° ou alcool isopropylique) le point de pénétration de l'aiguille. Cependant des études ont montré que la peau nue ou rasée doit rester mouillée par l'alcool pendant au moins deux minutes pour obtenir un effet antiseptique. De plus, les germes ne sont pas tous sensibles à l'alcool. Une brève giclée d'alcool sur les poils ou la peau ne fait guère plus qu'éliminer quelques débris et souillures.

Solutions antiseptiques efficaces

L'association à l'alcool à 70° d'une solution iodée non irritante à 1,5 % (Bétadine®) ou de chlorhexidine à 0,5 % augmente considérablement son action antiseptique, cependant la solution doit encore rester en contact pendant 2 minutes avec les moindres parties du pelage et de la peau.

En pratique une toilette chirurgicale avec une solution iodée non irritante n'est pas réalisable avant une injection, mais elle fournirait certainement un point d'injection moins souillé.

Il faut se souvenir de la rapidité avec laquelle le cheval enregistre les expériences douloureuses — la prochaine fois qu'on utilisera le savon, il cherchera à fuir et sera beaucoup plus rétif car il se souvient longtemps des expériences désagréables. Il ne faudra pas s'étonner qu'il réagisse avant même la piqûre, à la vue d'une seringue et d'une aiguille tenues dans la main ou à l'odeur de l'alcool appliqué sur sa peau.

Contention du cheval

Il faut toujours détacher le cheval avant de lui faire une injection et lui faire tenir la tête par un aide, surtout si elle doit être faite sur l'arrière-main. L'aide et la personne faisant la piqûre doivent se tenir du même côté. Sa tête étant tournée en direction des deux personnes, il écartera automatiquement son arrière-train, s'il cherche à botter.

S'il est attaché et réagit violemment à la piqûre, il peut tirer en avant ou en arrière et s'il ne peut se libérer sa peur augmentera et il risquera de se blesser ou de blesser quelqu'un en se débattant.

INJECTION INTRAMUSCULAIRE

Les injections intramusculaires faites par une personne compétente n'ont généralement pas de conséquences néfastes pour le cheval, mais il existe cependant des dangers et des effets indésirables à prendre en considération. Il est important de connaître la technique des injections intramusculaires et leurs effets indésirables éventuels.

Les propriétaires de chevaux peu expérimentés doivent respecter quelques règles fondamentales pour faire ces injections de façon aussi rapide et indolore que possible.

MÉDICAMENTS INJECTABLES

Lieux d'injection

Le point d'injection doit être fixé à l'avance afin de ne pas procéder à l'aveuglette. Le cheval possède des masses musculaires importantes permettant de faire des injections intramusculaires sans danger, dans l'encolure, la croupe, la cuisse et, éventuellement, dans les muscles pectoraux. Dans chaque zone, il existe des repères guidant l'injection.

Encolure

Fig. 17-4. Le triangle délimite la zone convenant à l'injection intramusculaire.

L'encolure et la croupe sont les zones les plus sûres pour éviter les coups de pied et les blessures.
On y repère la zone triangulaire limitée en haut par le bord supérieur avec le ligament cervical, en bas par les vertèbres cervicales et en arrière par le bord de l'omoplate. Un médicament injecté dans le ligament nucal ne serait pas résorbé.
Il faut s'assurer qu'on évite les vertèbres et l'omoplate. Peu au-dessous des vertèbres cervicales se trouve la gouttière jugulaire logeant des vaisseaux sanguins importants comme la veine jugulaire et l'artère carotide.
Si un produit non destiné à une injection intraveineuse est déposé dans une artère, une réaction grave et éventuellement mortelle peut se produire. Les médicaments injectés près d'un nerf important courant dans la gouttière jugulaire peuvent également provoquer des troubles.

Croupe

Les volumineuses masses musculaires de la croupe sont éloignées de tout organe vital. (On peut éviter les coups de pied que l'on pourrait craindre avec un tel lieu d'injection.)

INJECTION INTRAMUSCULAIRE

On repère le point d'injection dans les muscles de la croupe (fessiers) en tirant une ligne du sommet de celle-ci à la pointe de la fesse et une autre de la pointe de la hanche à la base de la queue. Le point d'injection se trouve à l'intersection de ces deux lignes.

Le risque de formation d'un abcès est un inconvénient de l'injection dans les fessiers. Ces muscles sont enfermés dans des lames continues de tissu conjonctif (fascias) et un abcès se formant dedans peut s'étendre vers le rein et le dos, ce qui peut entraîner une mortification et une élimination étendues de la peau. De plus, de par leur situation, de tels abcès sont difficiles à drainer.

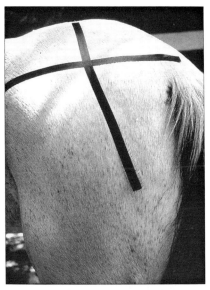

Fig. 17-5. L'intersection des deux lignes indique le lieu de l'injection intramusculaire dans la croupe.

Cuisse

Pour éviter ce risque, on peut faire les injections dans un des deux gros muscles de la face postérieure de la cuisse qui participent activement à la locomotion, et l'exercice diminue ainsi la douleur pouvant apparaître au point d'injection. En cas d'infection, l'abcès reste localisé à la cuisse et il est facile à ponctionner et à drainer.

Autres points d'injection

On utilise rarement les muscles pectoraux, car ils ont tendance à gonfler et à devenir douloureux, seulement en cas d'injections multiples d'antibiotiques pendant une longue période. Ils sont très accessibles et permettent un drainage facile.

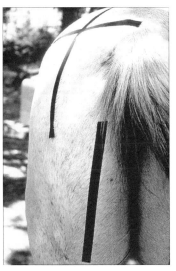

Fig. 17-6. La ligne verticale indique le lieu de l'injection intramusculaire dans la cuisse.

411

MÉDICAMENTS INJECTABLES

Taille de l'aiguille

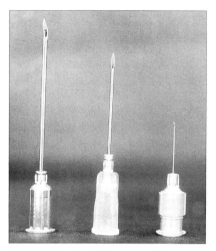

Les muscles du cheval sont épais et abondamment pourvus de fins vaisseaux sanguins. Les aiguilles d'injection doivent être suffisamment longues pour y pénétrer profondément et y déposer le médicament de façon à ce qu'il soit absorbé dans les vaisseaux. Chez le cheval adulte, une aiguille longue de 7 cm et de jauge 18 ou 20 convient pour la plupart des injections. Une aiguille de 2,5 cm de long et de jauge 20 suffit chez les poulains.

Fig. 17-7. Il existe différentes tailles d'aiguilles pour chaque type d'injection.

Implantation de l'aiguille

On doit enfoncer l'aiguille perpendiculairement à la peau, d'un geste vif et sans hésitation. On pince brièvement un pli de peau sur l'encolure pour distraire le cheval avant d'enfoncer l'aiguille juste à côté.
Si on lui tape plusieurs fois sur la croupe avant d'implanter l'aiguille, on ne fait que le prévenir qu'il va être piqué. Un enfoncement rapide de l'aiguille, sans autre avertissement que des paroles et un contact de la main apaisants, suffit. Il faut agir sans hésiter.
On enfonce toujours l'aiguille seule, car si le cheval bouge alors que la seringue est montée sur l'aiguille, celle-ci oscille, ce qui irrite le cheval. Le déplacement de l'aiguille lèse

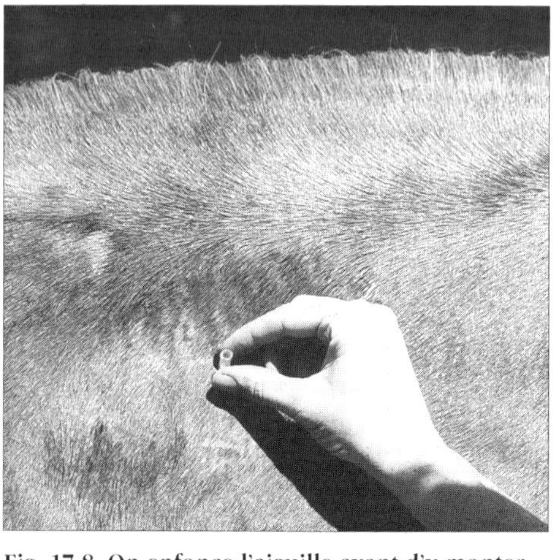

Fig. 17-8. On enfonce l'aiguille avant d'y monter la seringue.

le tissu musculaire et les vaisseaux sanguins environnants. Une fois celle-ci mise en place et le cheval calmé, on monte la seringue.

Il faut toujours tirer sur le piston de la seringue avant d'injecter le médicament pour s'assurer que l'aiguille n'est pas dans un vaisseau. L'injection accidentelle de vaccins ou de pénicilline dans un vaisseau pouvant entraîner une réaction anaphylactique et la mort. Si l'aiguille a pénétré un vaisseau et contient du sang, il faut la retirer et recommencer.

Si le cheval se débat et que l'aiguille est tordue, il faut la jeter et recommencer avec une neuve car elle risquerait de se casser et de rester dans le muscle lors d'une nouvelle utilisation.

Réactions indésirables

Un choix soigneux du médicament administré et une bonne technique d'injection permettent d'éviter des réactions indésirables dans 80 % des cas. De plus en plus, les propriétaires de chevaux se chargent eux-mêmes des soins à leurs animaux et leur administrent vaccins et médicaments. Cette approche autonome des soins de santé est louable, mais elle doit s'appuyer sur une auto-éducation. La connaissance des risques et le respect des précautions nécessaires assurent la sécurité du cheval.

Abcès

Malgré toutes les précautions, les injections intramusculaires provoquent des effets indésirables chez certains chevaux. Une réaction indésirable bénigne consiste en un simple gonflement localisé, ferme et sensible du point d'injection, qui s'accompagne de raideur et de sensibilité musculaires. Si un tel gonflement augmente de volume et devient plus mou, un abcès peut se former et demander l'intervention du vétérinaire, qui le ponctionnera, le drainera et l'irriguera. Quand on le touche, l'abcès fluctue comme un ballonnet rempli d'eau et il est généralement chaud et douloureux.

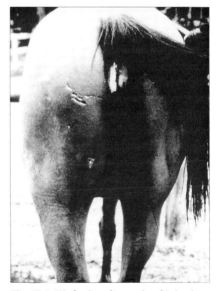

Fig. 17-9. L'infection d'un point d'injection peut faire apparaître un gonflement considérable.

Cellulite

Quand une aiguille traverse la peau du cheval, elle introduit un très petit nombre de bactéries dans les tissus. Normalement, les défenses immunitaires locales éliminent ces germes et il ne se forme tout au plus qu'un petit gonflement local.

Si une infection persiste et continue à évoluer dans le muscle, il peut en résulter une cellulite. Les tissus entourant le point d'injection gonflent et deviennent chauds et douloureux par suite d'une inflammation et d'une obstruction des vaisseaux sanguins et lymphatiques. L'apport de sang et d'oxygène aux tissus enflammés est compromis, ce qui aggrave le gonflement et l'infection.

Gangrène gazeuse

La cellulite favorise le développement des *Clostridia*, bactéries qui préfèrent un environnement anaérobie (dépourvu d'oxygène) et qui provoquent rapidement la mort du cheval en produisant des toxines en masse. Les spores de clostridies abondent dans le fumier, le sol et sont normalement présentes sur la peau du cheval. Elles pénètrent dans l'organisme par voie digestive et circulent dans le sang sans provoquer de troubles. Par contre, si les *Clostridia* envahissent du tissu musculaire enflammé ou en voie de mortification, la zone devient extrêmement douloureuse en 2 à 5 jours, de façon disproportionnée à l'importance du gonflement. Elle crépite à la palpation par suite de la présence de bulles de gaz dans les tissus.

En surveillant soigneusement le point d'injection pendant plusieurs jours, on peut découvrir les problèmes avant qu'ils ne deviennent sérieux. On recherche un gonflement et une sensibilité excessive à la pression du doigt, ainsi qu'une raideur ou une boiterie. Le plus souvent les réactions légères à l'injection disparaissent spontanément en 3-4 jours. L'exercice, les applications chaudes, les massages et le DMSO accélèrent la disparition des troubles. Si le gonflement s'aggrave, s'il est exagérément volumineux et sensible, il faut appeler immédiatement le vétérinaire.

Myopathie fibreuse

Chaque fois qu'une infection se produit à l'intérieur d'une masse musculaire, les tissus enflammés sont finalement remplacés, à un degré variable, par du tissu cicatriciel. Si des cicatrices étendues se forment dans les muscles de la cuisse, une myopathie fibreuse entraînant une boiterie peut en résulter. La gêne mécanique provoquée par le tissu cicatriciel fibreux gêne l'extension du postérieur vers l'avant.

On attribue souvent la myopathie fibreuse aux efforts intenses du sprint. Un cheval de course peut se faire une déchirure musculaire quand il bondit hors des starting boxes. Un cheval d'équitation Western freinant brusquement et en-

INJECTION INTRAMUSCULAIRE

gageant les postérieurs loin sous le corps, peut faire une élongation ou une déchirure des muscles de la cuisse. Dans de rares cas, la myopathie fibreuse résulte d'une infection consécutive à une injection intramusculaire.

Douleur musculaire

Il faut se souvenir que le corps du cheval a deux côtés et si des injections multiples sont nécessaires, on doit les faire dans un aussi grand nombre de groupes musculaires que possible pour diminuer la douleur. On les fait à gauche le matin et à droite le soir.

Comme les chevaux de dressage ont besoin d'engager leurs postérieurs pour se rassembler, et de faire des mouvements symétriques et rythmés, la plupart des cavaliers de dressage préfèrent que les injections intramusculaires soient faites dans l'encolure et non sur l'arrière-main. On évite ainsi de perdre plusieurs jours d'entraînement, parce que le cheval est raide ou souffre.

Fig. 17-10. Les cavaliers de dressage préfèrent que les injections soient faites à l'encolure plutôt que sur l'arrière-main.

Symptômes grippaux

Les chevaux répondent parfois à une vaccination par voie intramusculaire par des symptômes de type grippal, tels que douleurs musculaires, fièvre, abattement et manque d'appétit. Il est préférable de faire les injections sur l'arrière-main chez les sujets réputés sensibles aux vaccins. L'exercice active la circulation sanguine, ce qui diminue l'inflammation et le gonflement et accélère la résolution des réactions indésirables.

Douleur cervicale

Plus gravement, une injection dans l'encolure peut provoquer une douleur telle que le cheval refuse de manger et de boire, parce que ces actes imposent un étirement douloureux de ces muscles. S'il cesse de boire, des coliques de stase, parfois mortelles, peuvent en résulter. Une douleur cervicale peut empêcher le poulain de téter et l'affaiblir.

Fièvre

Les anti-inflammatoires non stéroïdiens (AINS) combattent la fièvre et les symptômes de type grippal. En même temps que le vaccin, il peut être nécessaire d'administrer un AINS, tel que la phénylbutazone, aux chevaux adultes qui réagissent constamment mal aux vaccinations (il ne faut jamais administrer un AINS à un cheval de moins d'un an sans l'avis d'un vétérinaire).

Choc anaphylactique

La complication la plus grave de toute injection est le choc anaphylactique, qui peut être rapidement mortel. La pénicilline, certaines vitamines et de nombreux AINS peuvent en être responsables, mais tous les médicaments peuvent provoquer une anaphylaxie. Le système immunitaire d'un sujet préalablement sensibilisé à un médicament donné peut réagir en quelques secondes ou minutes à une injection intramusculaire de ce médicament. Une réaction immunitaire foudroyante agresse soudainement l'organisme. Les spasmes des voies respiratoires l'accompagnant provoquent l'asphyxie. Sans une injection immédiate d'adrénaline, le cheval peut faire un arrêt cardiaque et mourir. L'adrénaline dilate les voies respiratoires et lui permet de respirer. Le cheval faisant une violente réaction anaphylactique peut être en proie à des convulsions. On peut injecter l'adrénaline par toutes les voies (intraveineuse, intramusculaire ou sous-cutanée).

Signal d'alarme

Le cheval présente souvent de légers symptômes d'allergie avant de faire un choc anaphylactique complet. Il faut rechercher une urticaire s'accompagnant ou non de prurit et pouvant atteindre n'importe quelle partie du corps. Un gonflement diffus des membres, de la tête ou de l'abdomen, une accélération de la respiration et des modifications du comportement avec agitation ou prostration peuvent aussi annoncer une réaction allergique. Une combinaison de ces signes peut être un signal d'alarme indiquant qu'il faut cesser immédiatement le traitement et appeler un vétérinaire. De violentes réactions allergiques peuvent aussi se produire sans préavis et un choc anaphylactique soudain et mortel peut être impossible à éviter.

Précautions

Après l'administration d'un médicament à un cheval, il ne faut pas s'éloigner immédiatement, mais au contraire rester à proximité pour surveiller une réaction indésirable, qui se produit souvent dans les 10-30 minutes.
Pour prévenir des réactions indésirables provoquées par des injections intramusculaires, il faut :

- connaître les traitements médicamenteux subis antérieurement par le cheval et ses allergies à certains d'entre eux,
- placer sur la porte du box du cheval une pancarte indiquant ses allergies médicamenteuses,
- ne pas mélanger des médicaments sans l'avis du vétérinaire,
- administrer la dose convenant à l'âge et au poids du cheval et répéter l'administration aux intervalles convenables,
- lire toutes les étiquettes pour s'assurer que la voie intramusculaire convient pour le médicament,
- jeter les médicaments périmés ou conservés dans de mauvaises conditions.

Il faut surtout éviter d'utiliser les médicaments sans discrimination. N'administrer que ceux nécessaires et recommandés par le vétérinaire. Chaque fois que possible, remplacer les injections intramusculaires par une administration par voie orale, en particulier pour les vitamines et les AINS. L'absorption du médicament est alors plus lente, mais elle peut être finalement plus sûre.

INJECTION INTRAVEINEUSE

Avec les injections intramusculaires, les injections intraveineuses sont le mode d'administration des médicaments le plus utilisé chez le cheval dont la veine jugulaire est volumineuse et facile à voir dans la gouttière jugulaire, parallèlement au bord inférieur de l'encolure. Elle se gonfle de sang quand on la comprime avec le doigt.

Non seulement la jugulaire convient pour l'injection des médicaments, mais aussi pour le prélèvement de sang en vue d'examens de laboratoires divers, tels que le diagnostic de l'anémie infectieuse, la numération-formule sanguine, les profils biochimiques, le type sanguin et contrôle anti-doping. Un tube sous vide permet de prélever rapidement le sang nécessaire pour ces examens.

De nombreux médicaments en solution sont formulés uniquement pour être injectés par voie intraveineuse, comme la phénylbutazone ; beaucoup d'autres peu-

Fig. 17-11. La ligne noire indique la gouttière jugulaire.

vent être administrés en intramusculaire ou en intraveineuse selon la rapidité d'effet recherchée. C'est le cas pour de nombreux sédatifs et tranquillisants, dont l'injection intraveineuse a un effet immédiat. Tout médicament injecté en intraveineuse doit être stérile et destiné à cet usage.

Réalisation de l'intraveineuse

Dans l'injection intraveineuse dans la jugulaire, l'aiguille peut être enfoncée en direction de la tête ou du cœur, mais il faut se souvenir que dans la jugulaire le sang s'écoule de la tête vers le cœur. Une fois l'aiguille en place dans la veine, du sang ne doit s'en écouler que si l'on comprime la veine avec le doigt. S'il en jaillit avec force en l'absence de compression du vaisseau, il se peut que l'aiguille ait été enfoncée par erreur dans l'artère carotide dans laquelle il ne faut injecter aucun médicament, car il atteindrait directement le cerveau et le système nerveux central et pourrait provoquer une mort instantanée.

Si un médicament destiné à être administré dans la veine passe dans les tissus environnants, une inflammation grave peut se produire ainsi qu'une nécrose étendue de ces tissus ou une inflammation de la veine (thrombophlébite). La phénylbutazone, l'iodure de sodium et la tétracycline sont la cause la plus fréquente de ces troubles.

Cathéter intraveineux

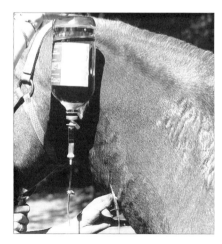

Fig. 17-12. Cathéter mis en place dans la veine en vue d'injections intraveineuses répétées.

Si des injections intraveineuses répétées sont nécessaires ou s'il faut administrer de gros volumes de perfusion, on met en place un cathéter à demeure dans la veine, après rasage et nettoyage chirurgical du point d'insertion. Les cathéters sont en plastique souple et ils peuvent rester sans inconvénient jusqu'à 72 heures dans la veine, si leur mise en place s'est faite de façon stérile.

INJECTION SOUS-CUTANÉE

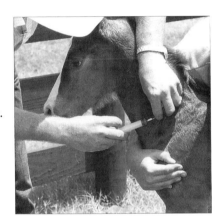

Fig. 17-13. Injection sous-cutanée.

Si la plupart des médicaments sont destinés à être administrés en intramusculaire ou en intraveineuse, on en administre cependant parfois certains en sous-cutanée.
L'injection sous-cutanée est difficile à faire chez le cheval et il ne faut pas tenter de la réaliser sans les conseils d'un vétérinaire ni entraînement préalable.
La peau lâche en arrière du coude convient le mieux. On introduit l'aiguille juste sous la peau et non dans le muscle et on injecte lentement le médicament. Si le gonflement au point d'injection est excessif, on fait osciller l'aiguille en demi-cercle pour répartir le liquide sur une plus grande surface. L'absorption des produits injectés sous la peau est lente et un gonflement persiste plusieurs heures au point d'injection.
On injecte souvent un anesthésique local sous la peau pour insensibiliser une zone qu'il faut suturer ou inciser. On augmente la surface insensibilisée en mobilisant l'aiguille sous la peau. On administre parfois de l'héparine pour traiter la fourbure, en sous-cutanée.

INJECTION INTRADERMIQUE

L'injection intradermique se fait dans l'épaisseur même de la peau. Elle est encore plus difficile à faire que la sous-cutanée et il ne faut pas tenter de la réaliser sans les conseils d'un vétérinaire.

On injecte parfois un anesthésique local en intradermique. Plus fréquemment, on traite les lésions nodulaires de nécrobiose cutanée par des injections intradermiques de corticostéroïdes. Dans le traitement des sarcoïdes équins, le BCG doit être injecté en intradermique pour donner de meilleurs résultats.

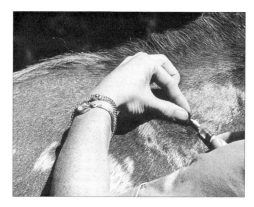

Fig. 17-14. L'injection intradermique se fait dans l'épaisseur de la peau.

18
ANTI-INFLAMMATOIRES NON STÉROÏDIENS

Les activités sportives du cheval entraînent fréquemment des douleurs musculaires, des gonflements des membres ou de légères boiteries et le propriétaire ou l'entraîneur ouvre souvent la trousse à médicaments à la recherche d'un anti-inflammatoire à effet rapide.
Une telle pratique peut sembler rationnelle et nous l'appliquons souvent à nous-mêmes. Cependant, il peut être plus nuisible qu'utile de chercher à régler ces problèmes par des anti-inflammatoires.

UTILISATION DES AINS

Les médicaments dont on use et abuse le plus de nos jours, sont les anti-inflammatoires non stéroïdiens, en particulier la phénylbutazone et la flunixine méglumine. Ils sont utiles dans une large gamme d'affections. L'aspirine est utile dans des affections très spécifiques. On emploie moins fréquemment d'autres anti-inflammatoires non stéroïdiens comme la dipyrone, le kétoprofène et le naproxène.

Intérêt des AINS

Fig. 18-1. Les AINS peuvent être utiles dans l'arthrose du cheval.

Les AINS sont des médicaments puissants qui améliorent la capacité de travail des chevaux. Ce ne sont pas des stimulants ; ils ne font que permettre au cheval d'exercer normalement ses aptitudes sans souffrir ni boiter. Ils aident à contrôler les gonflements des membres et à réduire une fièvre excessive provoquée par une infection ; ils soulagent les contractures musculaires ou les coliques légères. Ils sont utiles en cas d'arthrose pour améliorer la qualité de vie du cheval et prolonger sa carrière sportive. Il ne faut cependant pas considérer l'utilisation des AINS comme naturelle et y recourir aveuglément.

Inconvénients des AINS

L'administration d'AINS à un cheval qui boite légèrement et à qui on demande en même temps de continuer à travailler, risque d'aggraver des lésions musculaires ou tendineuses méconnues. Un cheval commençant à présenter des signes de coliques peut recevoir de son propriétaire inquiet une injection de flunixine méglumine et les symptômes sembleront régresser sous l'effet du médicament, mais le problème ne sera cependant pas réglé. Le cheval ne peut s'exprimer que par l'abattement, la perte d'appétit ou la douleur et le médicament masque ces symptômes. Dans des coliques graves, exigeant un traitement chirurgical, l'atténuation des symptômes risque d'entraîner une aggravation des lésions les rendant irréversibles.

Mécanisme d'action

Quand un cheval souffre sous l'effet d'une blessure, d'une déchirure musculaire, d'arthrose ou de coliques, son organisme réagit en produisant des substances appelées prostaglandines qui déclenchent le processus participant à l'inflammation. Ce sont des molécules à vie courte qui ne sont produites qu'au niveau de leur site d'action ou à proximité. Elles sont formées à la demande et ne sont pas stockées par l'organisme. Les AINS exercent leur effet anti-inflammatoire en inhibant leur formation.

Au niveau de leur site d'action, les prostaglandines augmentent la perméabilité des vaisseaux sanguins, ce qui provoque un passage de liquide dans les tissus en-

vironnants et un œdème et un gonflement se produisent.
En même temps, elles provoquent une dilatation des vaisseaux sanguins, ce qui entraîne une accumulation locale de sang puis une congestion.
Les prostaglandines potentialisent les effets d'autres facteurs de l'inflammation comme l'histamine et la bradykinine. Ces substances attirent les globules blancs et activent l'irrigation sanguine dans la zone enflammée. La chaleur perçue à cet endroit est due à cette activation de la circulation.
En plus de provoquer le gonflement, la rougeur et la chaleur de la zone enflammée, les prostaglandines rendent plus sensibles les récepteurs de la douleur qui se trouve ainsi intensifiée.

Fig. 18-2. Le gonflement de la région lésée est dû aux prostaglandines.

Les AINS agissent comme des anti-prostaglandines. En inhibant la formation de prostaglandines, ils combattent l'inflammation et ses différentes manifestations.

DIFFÉRENTS AINS

Pour utiliser un médicament sans aucun danger, il est indispensable de connaître ses propriétés pharmacologiques. L'étiquette et la notice du médicament fournissent les informations nécessaires sur la dose et les effets indésirables.
Parmi les divers AINS, certains agissent mieux que d'autres sur des affections données. Par exemple, la phénylbutazone est efficace pour les problèmes locomoteurs comme l'arthrose, les déchirures musculaires ou les tendinites, et la flunixine méglumine agit efficacement contre les douleurs digestives et les endotoxémies.

Phénylbutazone

La phénylbutazone est un des AINS les moins coûteux et les plus efficaces. Administrée par voie intraveineuse, elle inhibe la formation de prostaglandines au bout d'une demi-heure environ. Donnée par la voie orale sous forme de poudre, de pâte ou de comprimés, elle est absorbée en 2 à 3 heures.
Les AINS n'agissent pas sur les prostaglandines déjà formées. La phénylbutazone ne commence donc à agir que 3 à 5 heures après son administration. Ce délai est nécessaire pour que l'organisme dégrade suffisamment les prostaglandines déjà

423

formées. Une destruction complète demande 12 heures et dans l'intervalle, la phénylbutazone empêche la formation de prostaglandines supplémentaires. Si le taux sanguin de phénylbutazone n'est pas maintenu à un niveau efficace, les prostaglandines recommencent à s'accumuler et l'inflammation redémarre. Selon l'affection, la phénylbutazone protège contre l'inflammation pendant 12 à 24 heures.

Flunixine méglumine

La flunixine méglumine est très utile contre les douleurs associées aux coliques. Elle est également efficace dans les endotoxémies provoquées par la rétention placentaire, la consommation excessive d'aliments riches ou les troubles hypophysaires (voir le chapitre 4 pour des informations supplémentaires sur les endotoxines). Elle est plus puissante que la phénylbutazone et ses effets se maintiennent jusqu'à 30 heures.

Aspirine

L'aspirine est rapidement éliminée et elle n'agit que pendant 6 à 8 heures. En raison de sa courte efficacité, elle n'est pas satisfaisante comme anti-inflammatoire dans les lésions de l'appareil locomoteur ou comme antipyrétique destiné à combattre la fièvre. Elle est par contre utile en cas de fourbure, de maladie naviculaire, de coliques par obstruction des vaisseaux intestinaux (coliques thromboemboliques) et d'uvéite antérieure.

L'aspirine améliore la circulation dans les membres atteints de fourbure ou de maladie naviculaire. Elle permet de traiter les coliques thromboemboliques provoquées par les strongles ; elle est également utile dans l'uvéite antérieure en empêchant la coagulation du sang dans l'œil et en réduisant les spasmes et la douleur.

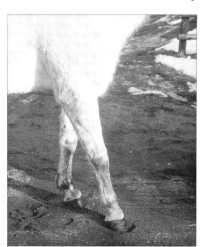

Fig. 18-3. L'aspirine améliore la circulation chez les chevaux souffrant de maladie naviculaire.

Elle agit en modifiant le fonctionnement des plaquettes sanguines qui sont des cellules jouant un rôle important dans le processus de coagulation. Elle modifie les plaquettes et empêche la coagulation du sang, tant que vivent les plaquettes modifiées.

L'effet d'une seule dose d'aspirine persiste ainsi après que le médicament a disparu de la circulation sanguine. Cet effet peut durer jusqu'à trois jours.

INDICATIONS DES AINS

Phénylbutazone	Efficace dans les lésions de l'appareil locomoteur et également dans les douleurs d'origine digestive
Flunixine méglumine	Efficace dans les lésions de l'appareil locomoteur et également dans les douleurs d'origine digestive et les endotoxémies
Aspirine	Efficace dans la fourbure, la maladie naviculaire, les coliques thromboemboliques ou la fluxion périodique

Fig. 18-4.

TOXICITÉ DES AINS

Toxicité gastrique

Les AINS inhibent la formation des prostaglandines participant à l'inflammation, mais aussi celles nécessaires à des fonctions physiologiques normales. La prostaglandine E2 protège la muqueuse gastrique en stimulant la production de mucus et la sécrétion par les cellules gastriques du bicarbonate de sodium neutralisant l'acidité. Des prostaglandines règlent également l'irrigation sanguine du tube digestif.
Privés de ces protections, l'estomac et l'intestin sont exposés aux ulcères qui en plus d'être douloureux mettent la vie en danger.
Ces ulcères peuvent s'accompagner d'ulcérations des gencives, du palais et de la langue, fréquentes chez les chevaux recevant par la bouche des doses excessives d'AINS. La douleur en résultant diminue l'appétit et les performances du cheval se dégradent.

Toxicité rénale

Des prostaglandines contrôlent également l'irrigation sanguine et le fonctionnement des reins, en particulier leur capacité à conserver l'eau. Chez le cheval déshydraté (par suite d'abreuvement insuffisant, de sudation excessive, d'hé-

morragie ou de coliques graves), les prostaglandines ont un effet protecteur en augmentent l'irrigation sanguine des reins.
Chez un cheval déshydraté ou ayant perdu du sang, une dose unique d'AINS et de phénylbutazone en particulier peut provoquer des effets toxiques irréversibles en 48 heures. Les troubles sont dus à une nécrose médullaire rénale mortelle. Chez un cheval déshydraté, la phénylbutazone peut être toxique, même à la dose recommandée.

Symptômes de l'intoxication par les AINS

Des doses excessives d'AINS lèsent la muqueuse intestinale et provoquent des pertes de protéines. Les symptômes d'intoxication et la perte de protéines se traduisent par une diarrhée hémorragique, un œdème des membres et du ventre et un amaigrissement. Certains chevaux sont abattus, ne mangent plus et présentent des signes de douleur abdominale due à des ulcères gastriques ou à un œdème de la muqueuse intestinale.
Une dose inférieure à la dose recommandée peut être toxique pour des animaux déshydratés ou stressés qui répondent aux stress en sécrétant des corticostéroïdes endogènes. L'association des AINS à ces corticostéroïdes amplifie leurs effets et entraîne la toxicité.
Les effets toxiques se produisent à la suite d'une administration excessive sur une courte période (3-5 jours) ou constante pendant des mois ou des années.
Après plus de dix ans d'utilisation d'AINS nombreux et variés, les vétérinaires spécialistes du cheval ont constaté que des doses précédemment considérées comme sans danger pouvaient être toxiques, à la longue. Par exemple il ne faut pas administrer 4 g de butazolidine par jour pendant plus de 4 jours consécutifs à un cheval de 500 kg, en supposant que ses fonctions hépatiques et rénales soient normales. Une fois que le médicament a atteint une concentration thérapeutique dans le sang, celle-ci est maintenue par une dose de 1-2 g par jour.

Réactions allergiques

Une administration prolongée d'AINS (épisodique ou régulière) peut sensibiliser le cheval à tous les médicaments de ce groupe et provoquer des réactions allergiques allant d'une urticaire banale ou d'un œdème de la face et des membres à un choc anaphylactique mortel.
Certaines personnes peuvent faire l'erreur grave de répéter les administrations en partant du principe « si un peu est bon, beaucoup est encore meilleur ». Il ne faut jamais renouveler l'administration d'AINS à moins de 12 heures d'intervalle, sans instruction du vétérinaire ni augmenter les doses recommandées.

Associations

Une erreur fréquente consiste à administrer une dose convenable d'un AINS et immédiatement après une dose également correcte d'un autre. Les effets toxiques des deux s'additionnent et un surdosage global en résulte.
Si le traitement initial ne provoque pas d'amélioration, il est faux de penser qu'un autre produit ayant le même mécanisme d'action sera efficace. Il faut plusieurs heures pour qu'une amélioration soit visible. Le cycle de production des prostaglandines est immédiatement interrompu, mais il faut que les prostaglandines préexistantes soient métabolisées et éliminées. Une administration supplémentaire d'AINS ne modifiera ni n'accélérera ce processus.

AINS chez le poulain

Les poulains de moins de 6-8 mois sont extrêmement sensibles aux effets toxiques des AINS. Dans les conditions normales, il ne faut jamais en administrer à un poulain nouveau-né. En cas d'extrême urgence, seul le vétérinaire peut décider d'en administrer.
Chez les chevaux de moins d'un an, les inconvénients des AINS l'emportent largement sur les avantages de leurs effets anti-inflammatoires et antipyrétiques et il ne faut jamais les utiliser.

Fig. 18-5. Les poulains ne doivent pas recevoir d'AINS sans prescription du vétérinaire.

Conseils du vétérinaire

Il faut demander le conseil du vétérinaire avant d'administrer des AINS. Ce qui a « marché » chez un cheval, peut ne pas le faire chez un autre. Un problème semblant bénin peut être grave et exiger le recours au vétérinaire (auprès duquel il est facile de prendre conseil par téléphone) et cela est moins dangereux pour le cheval qu'un traitement basé sur des présomptions.

AINS ET COMPÉTITIONS

Des dispositions légales s'appliquent à l'utilisation des AINS dans le contexte des compétitions équestres. On peut déceler ces médicaments dans le sang ou dans l'urine jusqu'à 96 heures après leur administration. Aux États-Unis, il faut les supprimer 3-4 jours avant une épreuve de cross ou d'endurance.

VISITE D'ACHAT

Il faut être prudent lors des visites d'achat. Un vendeur malhonnête désirant masquer une légère boiterie peut administrer au cheval des AINS ou autres médicaments.

SUBSTITUTS DES AINS

Avant de recourir aux AINS, il faut envisager d'autres traitements comme le repos ou l'utilisation du froid ou de la chaleur. On peut frictionner un gonflement avec du DMSO ou masser des muscles endoloris. On doit étudier la ferrure et rechercher les modifications de la biomécanique des membres pouvant se produire sous son influence et provoquer une boiterie, revoir les méthodes d'entraînement ainsi que la vitesse à laquelle on augmente l'intensité de l'entraînement et revoir aussi les méthodes d'élevage, d'alimentation et de lutte contre les parasites afin de réduire la fréquence des coliques.

Il faut se souvenir que le cheval est fait pour vivre d'herbe et d'eau et étudier les propriétés et l'innocuité de tous les autres éléments introduits dans son organisme. L'administration des médicaments doit se faire aux doses et au rythme d'administration prescrits. Les AINS ont leur place chez le cheval à condition d'être utilisés de façon réfléchie et avec modération.

19

CONTENTION DU CHEVAL

Il faut beaucoup de temps pour établir avec le cheval des relations basées sur la confiance, mais cela vaut la peine. Malheureusement, les événements de sa vie ne sont pas tous agréables ou indolores, comme, par exemple, le traitement des blessures, les vaccinations ou l'administration des médicaments. Le résultat est inévitablement qu'il se défend contre ces interventions.

Fig. 19-1. Un licol et une longe sont une forme douce de contention.

L'administration de vermifuges, la tonte à la tondeuse électrique et le ferrage sont des expériences traumatisantes pour certains. D'autres supportent mal des soins banals, comme les douches, le peignage et le tressage de la crinière.

La contention a pour but :
- d'éviter des blessures de l'homme,
- d'éviter des blessures du cheval,
- de faciliter l'exécution d'une tâche.

La force de l'homme ne suffit évidemment pas pour maîtriser un animal de 500 kg. Un cheval qui se cabre, peut soulever un homme de 100 kg qui le tient au moyen d'un tord-nez, et un cheval récupérant d'une anesthésie générale peut se débarrasser rapidement de deux hommes adultes le tenant à l'encolure. La réponse à la force du cheval doit se placer sur le terrain psychologique et non sur celui de la confrontation physique.

429

CONNAISSANCE DU COMPORTEMENT DU CHEVAL

Instincts naturels

Grâce à son intelligence, l'homme peut vaincre les défenses du cheval. Pour cela, il faut comprendre les motivations sous-jacentes à son comportement défensif. Le cheval a développé des mécanismes de survie destinés à le protéger contre les prédateurs, tels que les grands félins. La fuite est sa réponse immédiate à la menace et n'est que l'effet d'un instinct naturel. Il réagit à un événement douloureux ou provoquant la peur en reculant, en se cabrant ou en faisant un écart. S'il est bloqué dans un coin ou qu'il ne peut pas fuir, il se sert alors de ses armes naturelles, que sont ses dents et ses sabots et il mord, botte ou rue, réactions inacceptables du point de vue de l'homme. Connaissant le comportement instinctif normal de l'animal, on peut s'appuyer sur lui et le modifier.

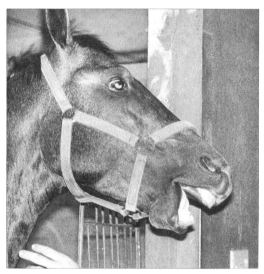

Fig. 19-2. Le cheval peut se servir de ses dents pour se défendre mais aussi pour attaquer.

Les chevaux ont évolué dans le cadre d'une hiérarchie de harde et acceptent pour chef un seul congénère dominant dans celle-ci. Ils sont capables de faire la distinction entre dominants et dominés et se comportent en conséquence. Il est ainsi logique que l'homme affirme sa domination pour réaliser avec succès une contention efficace.

Il faut apprendre à lire les signes comportementaux, tels qu'oreilles couchées ou dents découvertes annonçant l'agression, ou queue plaquée et dos creusé et tendu indiquant la douleur ou la peur. D'autres signaux sont plus subtils, mais une attitude détendue et des oreilles dressées doivent être considérées comme positives, car indiquant un comportement coopératif.

CRÉER UN ENVIRONNEMENT CALME

Le caractère d'un cheval donné et sa race peuvent être des facteurs appelant une démarche particulière. Certains principes généraux s'appliquent cependant à la contention de tous les chevaux.

Milieu

Il faut rendre la situation attrayante pour le cheval en opérant dans un milieu familier où il se sent en sécurité. On s'approche calmement de lui, on passe plusieurs minutes à faire connaissance grâce au langage corporel et on le laisse s'accoutumer à la situation. On opère sur sa gauche, côté par lequel les chevaux ont le plus l'habitude d'être abordés. On lui parle d'un ton calme et apaisant, car un monologue monotone peut avoir sur lui un effet hypnotique.

Mise en confiance du cheval

Il faut prendre quelques minutes supplémentaires pour rassurer le cheval et ne pas l'« agresser ». Il commencera alors à prendre confiance et sa confiance augmentera si on ne le presse pas et si on ne progresse que quand il accepte la situation. On doit récompenser tous les comportements positifs par des paroles de louange et des tapotements sur la tête ou l'encolure. Beaucoup de chevaux aiment qu'on leur frotte le pourtour des yeux et le garrot.

Confiance et patience

On retient l'attention du cheval en le regardant dans les yeux. Il faut agir avec détermination, car les hésitations suscitent sa méfiance et augmentent sa crainte. L'homme lui communique facilement sa peur et sa nervosité. Des mouvements lents et délibérés le mettent en confiance. Les ordres doivent être fermes et le dressage doit se faire en conséquence.
De nombreux chevaux ne craignent pas nécessairement les manipulations, mais ils sont mal éduqués. Ils acceptent une réprimande ferme. Les efforts de l'homme pour assurer sa domination psychologique ont un effet éducatif positif sur les chevaux mal dressés. Avec sensibilité et patience, on peut leur apprendre la nécessité et les avantages de la soumission à la volonté de l'homme. Cela ne rend pas seulement le travail de base plus agréable pour le cheval et le cavalier, mais améliore également la réponse du cheval à l'entraînement. Avec le respect viennent l'obéissance et la coopération.

Dans tout conflit avec le cheval, il est indispensable de contrôler sa propre colère. Il faut toujours rester calme et recourir à la raison pour maîtriser la situation. Ces recommandations peuvent paraître simples mais beaucoup d'entre nous savent que le contrôle de soi-même n'est pas toujours facile dans un conflit de volontés. Il est préférable de s'interrompre, de compter jusqu'à dix (ou cinquante, si nécessaire) puis recommencer, plutôt que de s'engager dans un affrontement physique avec le cheval.

Psychologie

Le cheval doit toujours réagir à l'homme et non l'inverse. On n'obtient pas ce résultat en menaçant verbalement ou physiquement le cheval. Il faut plutôt avoir un temps d'avance sur lui et anticiper ce qu'il fera. Avant même qu'il ne commence un mouvement, on prend les mesures nécessaires pour le contrer, ce qui le trouble et attire son attention sur l'homme. Il cherche un commandement provenant de cette personne qu'il accepte comme dominant, chef de la harde.

Cette méthode d'éducation impose d'être sensible à la personnalité propre à chaque cheval, ce qui est souvent un don inné. On peut apprendre certaines techniques par des lectures ou en suivant des stages, mais le mieux est de se fier à son propre bon sens et à sa propre sensibilité. Les recettes d'action psychologique ne doivent rester qu'indicatives. Chacun doit trouver lui-même ce qui marche avec un cheval donné et s'y tenir.

La maîtrise d'un sujet rebelle n'est pas une question de force physique ; elle doit au contraire découler d'une démarche psychologique et d'une connaissance de la réponse propre du cheval à une situation donnée. On se représente ce qui le fait agir et on l'intègre dans un plan d'action de l'homme et non de réaction au cheval.

TECHNIQUES DE MANIEMENT DU CHEVAL

Sécurité du lieu

Quand on procède à une intervention désagréable pour le cheval, on le fait en un lieu sûr et sans danger, tels que véhicules, machines, matériel et instruments agricoles, câbles électriques ou plafonds bas. Il faut disposer d'un espace suffisant avec un sol régulier permettant de se déplacer de façon sûre et éloigner les

curieux, les enfants et les animaux familiers (chiens et chats) pour les mettre en sûreté et éviter de buter sur eux.
Deux personnes au moins doivent participer à l'intervention : l'opérateur et un aide assurant la contention du cheval. L'aide doit bien connaître les chevaux et il doit être facile de communiquer avec lui/elle.

Sûreté de la contention

L'aide assurant la contention doit être fiable et ne pas lâcher le cheval au moment où il réagit, car il en résulterait un risque de blessure pour lui-même ou pour l'opérateur. De plus, le fait d'être lâché renforce le comportement indésirable du cheval qui sait dès lors comment se soustraire à l'intervention et qui cherche donc davantage à se libérer.

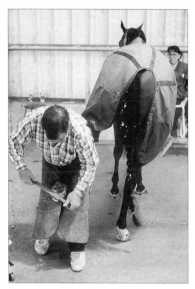

Fig. 19-3. Une surface dégagée assure la sécurité du cheval et des personnes le maniant.

Sécurité du matériel

Il faut vérifier tout le matériel de contention et n'utiliser que des licols en bon état et bien ajustés et des cordes solides et s'assurer également du bon état et de la solidité des courroies et des boucles.
On ne doit jamais engager les doigts ni la main dans le licol ni enrouler une corde autour de son corps ou d'un membre. Cela évite des blessures ou même la perte de doigts, si la main reste prise quand un cheval réagit soudainement.

Positionnement

Pendant toute intervention, la meilleure place où se tenir, est au contact du cheval, juste en arrière de son épaule, là où il ne peut pas donner de coup de pied, et s'il se déplace brutalement le choc pour l'opérateur est bien moindre.
On ne se tient jamais directement devant le cheval pendant une intervention car cela expose à des accidents si le cheval frappe d'un antérieur, se cabre ou se déplace soudainement.
L'aide assurant la contention doit autant que possible se tenir du même côté que l'opérateur. Cette situation lui permet de tirer la tête du cheval vers eux, ce qui détourne automatiquement les coups de pied des postérieurs.

MÉTHODES DE CONTENTION

L'instinct de fuite du cheval est très puissant et, en lui retirant la possibilité de fuir, on provoque chez lui un comportement de soumission. On peut supprimer cet instinct par des moyens physiques ou chimiques.

La présence d'esprit joue un rôle dans le succès de toute méthode physique de contention. Il faut donc trouver la méthode convenant le mieux au sujet et savoir quand l'effet recherché a été obtenu. Certains chevaux peuvent réagir violemment à des moyens de contention, tels que le travail ou le tord-nez, alors qu'ils sont plus coopératifs quand on leur demande de se soumettre à l'intervention par des paroles apaisantes, sans aucune contrainte physique. L'expérience enseigne quels sont les chevaux répondant le mieux à cette « contention minimale ».

La contention physique commence avec le licol et la longe de conduite. Le cheval nous suivra s'il a appris à être mené ainsi. On pourra appliquer, si nécessaire, une contention supplémentaire au sujet ainsi « en main ».

En le plaçant dans un box, on lui retire la possibilité de fuite qu'il aurait dans un paddock ou un pré, et si on peut le bloquer dans un coin, il se sent davantage sous la domination de l'homme.

Travail de contention

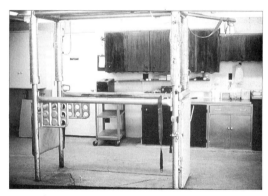

Fig. 19-4. Travail avec sangle dorsale faite d'une ceinture d'automobile.

Le travail de contention enferme le cheval et limite étroitement ses mouvements. Il faut cependant se souvenir qu'ainsi maintenu il peut encore donner des coups de pied, mordre ou essayer de sauter par-dessus bord. Une sangle appliquée étroitement sur le garrot décourage les tentatives.

Tord-nez

Le tord-nez appliqué sur la lèvre supérieure comprime les terminaisons nerveuses sensitives, et cela est suffisamment désagréable pour détourner l'attention du cheval des autres parties de son corps. On a montré que l'application du

MÉTHODES DE CONTENTION

tord-nez provoque la libération d'endorphines, substances semblables à la morphine, produites et libérées par le système nerveux central, qui bloquent les perceptions douloureuses en provenance des autres parties du corps qui entraînent une relaxation.

Le tord-nez comprend un bâton qui permet de serrer une corde sur la lèvre supérieure du cheval et dont la longueur aide à lui tenir la avec plus de force. La corde du tord-nez est parfois remplacée par une chaîne. Si le bâton échappe à la personne qui le tient, il devient une matraque pouvant blesser gravement ceux qui sont autour.

Une fois appliqué, le tord-nez doit être tenu verticalement en direction du sol, car un déplacement de côté ou de haut en bas est suffisamment douloureux pour provoquer une réaction violente de l'animal. Il ne faut pas s'en servir pour tirer ou conduire un cheval. Certains sujets peuvent le redouter et un individu normalement facile à manier peut alors donner des coups de pied. On remplace parfois le tord-nez par une pince spéciale qu'on applique de la même façon sur le bout du nez.

Fig. 19-5. Pince nasale remplaçant le tord-nez.

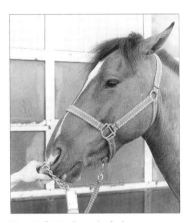

Fig. 19-6. Tord-nez à chaîne.

Chaîne de gencives

Un cheval qui craint ou déteste le tord-nez peut réagir de manière positive à l'utilisation d'une « chaîne de gencives », que l'on place sur la gencive supérieure, juste sous la lèvre, et qui fonctionne comme un système d'auto-punition, facilitant l'éducation du sujet, et moins impressionnant qu'un tord-nez. Avant de la mettre en place, on peut passer les doigts sous la lèvre supérieure le long de la gencive, ce qui procure un goût salé au cheval et le met en confiance. Ensuite la chaîne est glissée à sa place, dans le calme et la douceur.

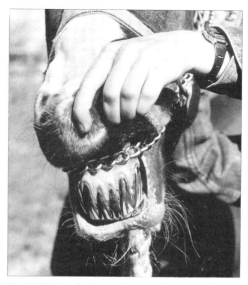

Quand l'animal manifeste un comportement indésirable, la chaîne se resserre sur la gencive, ce qui est douloureux, mais dès qu'il cède, la pression et la douleur sont supprimées. Des secousses brutales sur la chaîne produisent l'effet inverse et peuvent inciter l'animal à se cabrer. Une pression légère et ferme suffit à maintenir la chaîne en place et les réactions du cheval provoquent son resserrement ou son relâchement.

Fig. 19-7. Une chaîne sur les gencives est moins efficace qu'un tord-nez.

Chaîne muserolle

Au lieu de placer la chaîne sur la gencive, on peut l'appliquer sur le nez du cheval comme une muserolle : une secousse ferme est alors douloureuse, ce qui renforce une réprimande verbale.

Bride de guerre

Une « bride de guerre » est extrêmement agressive et douloureuse, si elle est appliquée incorrectement ou violemment. La corde passe sur la nuque et à travers la bouche à la façon d'un mors. La bride exerce alors une pression douloureuse sur les commissures des lèvres et les gencives.

Fig. 19-8. « Bride de guerre ».

Bandeau

On empêche le cheval de fuir en lui masquant les yeux au moyen d'un bandeau ou d'une pièce d'étoffe. Il se soumet alors totalement, car il ne sait plus où aller. Il est parfois nécessaire de l'aveugler pour lui appliquer un autre instrument de contention, comme un tord-nez par exemple.

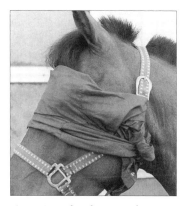

Fig. 19-9. Un bandeau peut être utile pour appliquer un tord-nez.

Entraves

Une autre façon d'empêcher le cheval de fuir consiste à appliquer une entrave sur l'un des antérieurs. On fléchit le membre au niveau du genou et on applique une courroie de cuir ou une corde souple autour de l'avant-bras et du paturon. Le cheval dont un membre est soulevé se sent infirme et ses autres membres se fatiguent légèrement. De nombreux individus sautillent de façon désordonnée en essayant de libérer leur membre. Parfois un sujet tombe en réagissant excessivement. D'autres se soumettent. Le but est atteint quand le cheval reconnaît l'homme comme le sauveur, qui lui retire l'entrave. L'homme est alors le « bon camarade » qui lui offre le choix d'un moindre mal : se soumettre dans le calme avec les quatre membres à l'appui au lieu de perdre l'usage du membre entravé.

Fig. 19-10. Une entrave fait que le cheval se sent impotent.

Reculer

Certains chevaux préfèrent reculer pour se soustraire à une expérience désagréable, et en l'absence d'un obstacle sans danger pour les arrêter, ce comportement peut être extrêmement pénible. Si l'on force plusieurs fois le cheval à reculer rapidement autour d'un paddock, on peut le fatiguer suffisamment pour qu'il arrête de reculer volontairement et qu'il se soumette. En même temps, la personne assurant la contention a affirmé sa domination psychologique sur lui.

Distraction

Le cheval est parfois distrait par le bruit qu'il entend quand on fait tinter le licol. On peut également détourner son attention en lui tapotant le front à un rythme irrégulier, qui l'empêche de savoir quand viendra la tape suivante. Le cheval peut céder à cette distraction suffisamment longtemps pour qu'on puisse lui faire une injection ou lui appliquer un pansement.

Prise d'oreille

Une autre façon de détourner l'attention du cheval consiste à lui saisir une oreille et à la tirer doucement vers le bas. Il ne faut ni la tordre ni la secouer, ce qui pourrait le blesser. Les chevaux craignent rarement par la suite qu'on leur touche la tête si l'on pratique correctement cette technique. Une méthode identique consiste à saisir et à pincer un pli de peau sur l'encolure.

Contention du poulain

Fig. 19-11. Contention correcte du poulain.

La contention du poulain est différente de celle des chevaux adultes. Le poulain se calme souvent si on lui enserre le poitrail avec un bras et si on lui place l'autre bras sur les fesses. On peut lui tirer doucement la queue vers le haut pour le stabiliser. Il faut éviter de placer le bras trop haut sur l'encolure de façon à ne pas lui comprimer la trachée et gêner sa respiration. En poussant le poulain contre un mur et en lui appuyant fermement sur l'abdomen avec une jambe alors qu'on l'enserre avec les bras, on l'immobilise généralement suffisamment pour que l'opérateur puisse remplir sa tâche. On ne doit pas se laisser tromper par sa taille ; le nouveau-né le plus petit peut vous fracturer une côte ou vous briser le tibia.

MÉTHODES DE CONTENTION

Tranquillisants

Une contention chimique peut être nécessaire chez les chevaux ne cédant à aucune technique de contention physique et risquant de se blesser ou de blesser des personnes, ou chez ceux devant subir une intervention douloureuse, telle que la suture d'une plaie. Avec les ressources de la médecine moderne, il n'est plus nécessaire de coucher l'animal en force au moyen d'entravons et de plates-longes. Les tranquillisants et les sédatifs diminuent le stress, tant du sujet que de l'opérateur, et empêchent le cheval de se blesser lui-même.

Effets indésirables

Les tranquillisants et les sédatifs ne doivent être employés que sous surveillance vétérinaire, car ils peuvent avoir des effets indésirables, même si ce n'est que rarement. Il faut surveiller le cœur et rechercher par auscultation d'éventuels souffles ou arythmies. Les tranquillisants et les sédatifs ont des effets cardio-vasculaires pouvant agir de façon néfaste sur un cœur en mauvais état.

Les assurances ne couvrent pas les accidents mortels résultant de l'administration de médicaments sans contrôle vétérinaire.

Méthodes d'administration

Les tranquillisants et les sédatifs peuvent être administrés en intraveineuse ou en intramusculaire.

En intraveineuse, leurs effets sont presque immédiats (quelques minutes), mais moins durables qu'en administration intramusculaire. En intramusculaire, il faut au moins 10 minutes pour que la tête du cheval s'abaisse et que son corps se détende.

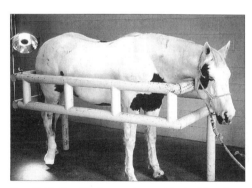

Fig. 19-12. Une tête basse et une attitude détendue sont les signes d'une sédation.

La dose varie selon qu'on l'injecte en intraveineuse ou en intramusculaire. Pour éviter des accidents, il faut toujours discuter avec le vétérinaire de la dose et du mode d'administration du médicament et connaître les effets indésirables.

Excitation et tranquillisation

Si un cheval est excité et sous l'influence de l'adrénaline avant l'administration d'un sédatif ou d'un tranquillisant, celui-ci risque de ne pas avoir les effets recherchés. L'adrénaline accélère le cœur et active la circulation dans tout le corps, ce qui entraîne une diffusion trop rapide du médicament dans l'organisme pour qu'il puisse agir sur le système nerveux.

Chez un individu donné, il faut essayer de prévoir s'il est préférable de recourir d'emblée à la contention chimique plutôt que commencer par l'exciter. S'il est déjà excité et qu'on décide d'utiliser la contention chimique, il est préférable d'attendre 20-30 minutes pour que tout le monde se calme avant d'administrer le médicament. Cette démarche est plus efficace et moins stressante.

AUTRES SOLUTIONS

Si une technique est insuffisamment efficace, il faut arrêter, reconsidérer la situation et essayer de déterminer exactement ce qui trouble le cheval. La contention minimale est la meilleure. Le but est d'obtenir la coopération du cheval rétif. Cela ne veut pas dire qu'il cède volontairement. Parfois, la simple immobilité est un signe de soumission. Il faut accepter les petits progrès et les récompenser. Si nécessaire, on demande les conseils du professionnel qu'est le vétérinaire.

L'idéal est d'appendre au cheval à accepter et à supporter une expérience désagréable. Les chevaux ne se couchent et ne se roulent pas sur le sol en disant « faites comme vous voulez ». Cela n'arrive jamais. On doit donc se contenter de petits progrès, les exploiter et rester confiant.

Par-dessus tout, il faut rester calme et ne pas se décourager prématurément. Grâce aux moyens psychiques, physiques ou chimiques de contention, il est toujours possible d'agir de façon efficace et sûre.

20

PROBLÈMES LIÉS À LA STABULATION

À l'occasion des concours et des courses, par manque de place et pour diverses autres raisons, de nombreux chevaux sont claustrés dans des écuries ou des paddocks.
Les écuries constituent un moyen pratique pour loger un grand nombre de chevaux dans un espace limité, ce qui économise le terrain et augmente l'étendue des pâturages. C'est généralement le seul moyen de loger les chevaux à l'occasion des concours et des courses.

Fig. 20-1. Beaucoup de chevaux doivent être maintenus dans des écuries et des enclos pour des raisons diverses.

INSTINCT GRÉGAIRE

Fig. 20-2. Les jeux et les gambades sont des exemples d'interactions sociales à l'intérieur du troupeau.

Des études ont montré qu'en liberté les chevaux passent environ 60 % de leur temps à paître, de préférence avec le troupeau. Non seulement des repas fréquents satisfont leur besoin physiologique de fourrages grossiers, et psychologique de mastiquer, mais le pâturage s'accompagne aussi de déplacements et d'un exercice assez importants au cours de la journée.

Animal grégaire, le cheval apprécie la compagnie de congénères. Les comportements de toilette mutuelle, les jeux et les gambades sont quelques exemples des interactions sociales entre membres de la harde. Ils aiment se toucher, se sentir et se goûter mutuellement. Ces échanges sociaux aboutissent à l'établissement d'une hiérarchie sociale, où chaque individu trouve progressivement une place confortable et sûre au sein du troupeau.

CAUSES DE CLAUSTRATION

D'autres facteurs que le manque de terrain peuvent pousser le propriétaire à maintenir le cheval à l'écurie. La stabulation met le cheval à l'abri des intempéries et, en le protégeant du soleil, elle empêche également la lumière de faire pâlir le pelage, ce qui est un avantage pour les animaux de concours.

Elle permet de mettre au repos les chevaux souffrant d'affections de l'appareil locomoteur imposant une immobilisation prolongée ; elle réduit ses mouvements et une bonne litière permet aux pansements ou aux plâtres de rester propres, ce qui accélère la guérison.

Certains chevaux ont tendance à s'auto-détruire s'ils peuvent courir librement dans un pré ou un paddock et des individus nerveux peuvent galoper en permanence le long des clôtures au risque de s'épuiser ou de se blesser.

Les juments en chaleurs ou les étalons excités peuvent se blesser ou blesser des congénères lors de conflits par-dessus les clôtures. Il faut donc isoler les sujets trop agressifs à l'intérieur de la harde. La stabulation peut prévenir des accidents chez certains sujets qui sont plus tranquilles à l'intérieur et en lumière atténuée.

D'autres raisons encore justifient la stabulation. Elle permet de nourrir individuellement un cheval ayant besoin d'un régime alimentaire particulier. Le logement des juments dans une écurie éclairée à la fin de l'hiver et au début du printemps hâte l'apparition des chaleurs et permet une saillie plus précoce. Pour une jument sur le point de mettre bas, une vaste stalle de poulinage fournit un environnement propre et abrité, facile à surveiller et la mettant à l'abri des dominants et des prédateurs.

STRESS PSYCHIQUE

On peut se demander quel stress psychique se produit quand le cheval est isolé et privé de vie sociale. Qu'arrive-t-il, quand on lui supprime l'accès aux pâturages et qu'on le prive d'exercice en l'enfermant dans un box ? Il devient alors dépendant de l'homme pour sa nourriture, son exercice et ses contacts sociaux. La nourriture peut lui être offerte régulièrement deux fois par jour ou plus et du foin est parfois constamment disponible *ad libitum*. Le cheval n'a en revanche qu'une ou deux heures par jour d'exercice et de contact avec l'homme.

Fig. 20-3. Des fenêtres réduisent l'ennui.

Pour les individus constamment en stabulation, les journées sont longues quand ils ne font rien jour après jour. Quelques chanceux ont une fenêtre ou une porte s'ouvrant sur l'extérieur, leur permettant de passer la tête au-dehors et de voir le monde environnant. Les stimulations visuelles et la lumière solaire procurent des diversions bienvenues à un ennui accablant. Ceux disposant de foin *ad libitum* ont le plaisir de satisfaire leur besoin de mastiquer des fibres, mais le cheval ne peut cependant consommer qu'une quantité d'aliments correspondant à 2-3 % de son poids corporel par jour. Il lui reste donc beaucoup de temps d'oisiveté, sans possibilité de dépenser l'énergie accumulée.

D'autres ne reçoivent en stabulation qu'une quantité limitée de foin deux fois par jour et ne disposent pas d'une porte ou d'une fenêtre leur donnant une vue sur le milieu extérieur. Un sujet agressif ou un étalon peuvent être enfermés derrière des barreaux ou un grillage les empêchant de passer la tête dans le couloir de l'écurie.

Que peuvent faire les chevaux ainsi privés de stimulations, de contacts corporels et n'ayant que peu ou pas d'exercice ?

Vices

Les chevaux supportent mal la claustration dans une écurie. Le fait d'être privés de leur habitat naturel (où ils pouvaient errer, paître et interagir à l'intérieur du troupeau) est un stress considérable pour eux et il n'est pas étonnant qu'ils développent des vices en claustration.

Ces vices sont des comportements liés au stress, et une fois un comportement anormal apparu, il est difficile de le faire disparaître. Si le problème est reconnu dès son début, on peut prendre immédiatement des mesures pour modifier l'environnement du cheval. Un individu malheureux peut présenter au départ des modifications subtiles du comportement quand on le selle ou qu'on le monte, ou il peut manifester une agressivité anormale vis-à-vis des autres chevaux ou de l'homme. Par exemple, il peut tourner son arrière-train vers la personne entrant dans son box et coucher les oreilles. Un propriétaire sensible peut parfaitement noter ces signes d'alarme sans en comprendre la raison. Il faut commencer par rechercher les changements survenus dans les habitudes du cheval :

- Est-il passé d'un paddock dans un box ?
- A-t-il été changé de place dans l'écurie ?
- Un cheval ami a-t-il quitté l'écurie ou un nouveau compagnon a-t-il été placé à côté ?
- De nouvelles personnes assurent-elles le nettoyage des box et la fourniture des aliments ?
- Le moment des repas a-t-il été changé ?
- La qualité des aliments a-t-elle été modifiée ?
- Est-ce la saison de la reproduction, quand les hormones modifient le comportement des étalons et des juments ?
- L'exercice permis au cheval a-t-il changé ?

Si le cheval pouvait parler, il dirait ce qui le trouble. À sa simple façon, il communique sa détresse par son langage corporel et son humeur. Quand les personnes se servent de tous leurs sens, elles découvrent généralement la cause des problèmes.

Tic à l'appui

Les chevaux ont un besoin naturel, et parfois insatiable, de mastiquer des fibres et certains mangent le bois des stalles. Ce comportement peut également être dû à l'ennui ou à une carence en minéraux et amener l'animal à déglutir des es-

STRESS PSYCHIQUE

quilles de bois, qui peuvent se loger dans la gorge, irriter ou même perforer l'intestin avec des conséquences graves. Une herbe de bonne qualité, du foin et du sel *ad libitum* préviennent ce comportement anormal.

L'ennui peut pousser un cheval à prendre entre ses incisives le bord d'un objet comme celui de l'abreuvoir ou de l'auge et à déglutir de l'air. Il pratique en permanence ce tic, dont on suppose qu'il active les récepteurs aux opioïdes du système nerveux central et qu'il provoque une toxicomanie.

On reconnaît les chevaux tiquant à l'appui depuis longtemps à l'usure de leurs incisives supérieures. Ils peuvent également être difficiles à maintenir en état, car leur vice les détourne de leurs aliments. Les tiqueurs sont aussi prédisposés aux coliques dues à l'aérophagie. On peut combattre le tic à l'appui en les nourrissant plus souvent, en leur accordant plus d'exercice ou de séjours à l'extérieur ou en leur appliquant une muselière ou un collier antitic.

Tic de l'ours

D'autres tics contractés à l'écurie consistent en mouvements anormaux, tels que déambulation ou balancement sur place, d'un antérieur sur l'autre, faisant penser au mouvement par lequel on berce les bébés. Certains chevaux creusent des trous très profonds dans leur box ou frappent les murs avec leurs antérieurs et/ou leurs postérieurs.

Coups de pied

L'habitude de donner des coups de pied sur les objets est un des tics les plus destructeurs acquis à l'écurie. Non seulement la réparation des dégâts est coûteuse, mais le cheval peut également se blesser gravement. Des esquilles de bois, des pièces métalliques déformées ou des bords tranchants provenant de la dégradation du box peuvent le blesser aux membres ou à la tête. Si les coups de pied déforment une porte ou la font dérailler, le cheval peut se prendre le pied dans l'ouverture ainsi créée, avant que le danger ne soit découvert.

Les traumatismes subis par les membres quand le cheval frappe du pied, peuvent léser les muscles, les tendons ou les ligaments. Les zones telles que la face antérieure du genou (carpe), le boulet et l'arrière du jarret sont

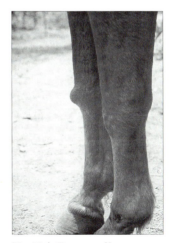

Fig. 20-4. Hygroma dû aux coups répétés donnés contre les murs.

PROBLÈMES LIÉS À LA STABULATION

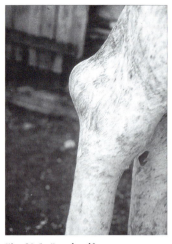

Fig. 20-5. Capelet dû aux coups répétés donnés contre les murs.

particulièrement exposées. Des hygromas et des capelets résultent de traumatismes répétés des poches synoviales sous-jacentes. Ces tares n'ont généralement qu'une importance esthétique, mais elles peuvent entraîner des troubles fonctionnels et nuire aux performances si elles sont constamment aggravées. Dans les muscles et le tissu conjonctif contusionnés, des poches de sang ou de sérosité peuvent se former et il peut aussi s'y produire une réaction inflammatoire violente avec douleur intense et gonflement du membre atteint. La troisième phalange peut être lésée à l'intérieur du sabot quand le cheval frappe violemment un mur avec la face inférieure de son pied, voire même se fracturer.

Si un élément en bois a été affaibli par des coups répétés et qu'il cède sous un choc violent, le membre passe à travers et les esquilles peuvent provoquer des blessures graves.

Causes des tics

• Anxiété et frustration

La frustration résultant du manque de mouvement crée de l'anxiété et suscite des activités de substitution, telles que les coups de pied contre les objets ou le grattage du sol. Il en est de même de l'énergie non dépensée. Si le cheval voit d'autres chevaux courir et jouer, sa frustration est augmentée par son désir de se joindre à eux.

• Repas

Certains individus anticipent l'arrivée de leur nourriture dès qu'ils voient la personne chargée de les nourrir entrer dans l'écurie. Le cheval manifeste son appétit en frappant les murs ou la porte avec ses pieds, et ce qui commence comme un léger signe d'impatience peut devenir une habitude irrépressible.

Les chevaux nourris avec des aliments en granules finissent leur repas en moins d'une heure ou deux. Étant donné qu'ils paissaient sur les parcours 16 heures environ par jour, en stabulation et nourris de granules ils s'ennuient considérablement. Ils peuvent commencer à frapper contre les murs du box pour attirer l'attention ou seulement pour s'occuper. Le problème se résout facilement en leur fournissant une alimentation à base de foin pour satisfaire ce besoin de manger pendant toute la journée.

STRESS PSYCHIQUE

• *Espace et contacts*
Certains chevaux sont très possessifs vis-à-vis de leur territoire et peuvent être sensibles à leurs voisins. Il faut donc essayer de loger côte à côte des chevaux ayant établi de bonnes relations, car malgré l'absence de contacts physiques, la vue d'un compagnon a un fort effet calmant.

Fig. 20-6. Il faut placer côte à côte des chevaux qui s'entendent bien.

• *Stress d'isolement*
Les contacts physiques sont bénéfiques pour les chevaux. Un individu sociable ne pouvant pas frotter son nez avec un voisin et le flairer en sortant la tête d'une porte ou par-dessus une cloison peut frapper les murs par frustration. L'isolement provoque de l'anxiété chez un animal normalement grégaire. L'introduction dans le box d'une chèvre ou d'une poule peut calmer les chevaux ayant un grand besoin de contact et de compagnie. Le cheval peut établir une relation et un lien avec toute créature vivante ; il suffit d'un peu d'imagination pour trouver le compagnon qui convient.

• *Solitaires*
Certains chevaux préfèrent rester seuls, peut-être parce qu'ils ont été élevés et habitués ainsi. Si un voisin se tourne vers le box du solitaire, celui-ci peut considérer que son territoire est violé et donner des coups de pied pour le défendre, et cela même si son voisin ne fait que regarder dans sa direction.

• *Nouveau milieu*
Si le cheval change d'écurie ou est logé dans une écurie étrangère à l'occasion d'épreuves sportives, non seulement l'environnement, mais aussi les congénères sont nouveaux. Dans de telles conditions les chevaux ne s'entendent pas tous et ils ne sont souvent séparés que par une cloison de bois surmontée d'un grillage. Le cheval se sentant enfermé manifestera son stress en donnant des coups de pied en direction de son voisin. La paroi du box encaissera le choc, mais ce comportement peut être le début d'une habitude vicieuse au retour du cheval dans son écurie d'origine.
Les juments en chaleurs ou les étalons logés près d'autres étalons ou de juments en chaleurs peuvent aussi frapper les murs sous l'effet de l'excitation sexuelle et des conflits en résultant.

PROBLÈMES LIÉS À LA STABULATION

Fig. 20-7. Des guêtres préviennent les blessures.

Protection
• *Guêtres et garniture*
Pour protéger le cheval des traumatismes qu'il s'inflige en frappant contre les murs, on peut lui appliquer des guêtres diverses et des genouillères ou réduire les risques de traumatismes en recouvrant les murs et la porte de mousse de vinyle, mais l'entretien de cette garniture demande beaucoup de temps et d'argent. On peut réduire davantage les traumatismes en doublant les murs de balles de paille mais cela réduit la surface du box et augmente la sensation de claustration du cheval.

REMÈDES À L'ENNUI

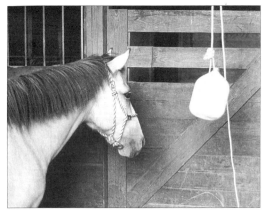

Fig. 20-8. Un bidon en plastique peut servir de jouet.

Jouets

Des jouets disposés dans le box peuvent remédier à l'ennui et contribuer à prévenir les vices acquis à l'écurie. En suspendant des balles en caoutchouc ou en plastique, on donne au cheval quelque chose à mâcher ou à frapper sans risque de blessure. De gros bidons en plastique suspendus au râtelier ont le même effet. Il existe aussi dans le commerce des « pommes » ou des « carottes » en plastique pouvant servir de jouet aux chevaux qui s'ennuient.

Exercice

Le cheval claustré dans une écurie cherche des façons de dépenser son énergie. La déambulation, le tic de l'ours, les coups de pied contre les murs et le grattage du sol sont les manifestations d'un besoin d'exercice. Au cheval à l'écurie la plus grande partie de la journée, il faut accorder tous les jours un exercice en liberté dans un paddock. Il peut ainsi s'ébattre et se détendre. En l'absence de telles sorties, il faut le promener en main au moins une heure par jour ou l'atteler à un manège. Une pause occasionnelle dans la promenade lui permettant de paître de l'herbe fraîche est également bénéfique.

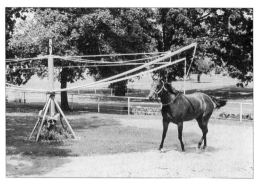

Fig. 20-9. Un manège d'exercice permet au cheval de dépenser son énergie.

Entraînement

Le cheval de compétition doit évidemment être entraîné convenablement en vue des épreuves. Cependant, le remplacement occasionnel de l'entraînement par une sortie paisible et détendue contribue à réduire le stress. Il ne doit en effet pas penser qu'il va être soumis à une pression physique et/ou psychique chaque fois qu'on le selle.

CHANGEMENT DE MILIEU

Mise à l'extérieur

Avec l'exercice, la mise à l'extérieur est certainement le meilleur remède pour les chevaux présentant des comportements de stress ou des vices acquis à l'écurie. Un paddock offre un espace supérieur à celui du box. Si le cheval récupère d'une

Fig. 20-10. Le grand air et la lumière naturelle contribuent à calmer le cheval stressé.

blessure, on utilisera des barrières pour réduire l'aire d'exercice. L'air libre, la lumière solaire, les vues étendues et la vision de congénères le calment, et l'absence de murs le prive de surfaces rigides contre lesquelles donner des coups de pied.

Adaptation aux conflits de personnalités

On diminue l'anxiété des chevaux en tenant compte de leurs conflits de personnalité et en les déplaçant dans l'écurie jusqu'à ce que des relations convenables s'établissent entre eux. Il est également important de contrôler les relations du personnel permanent de l'écurie avec les chevaux. Cela peut être difficile à faire si l'on ne se trouve pas dans l'écurie aux moments permettant d'observer ces relations. Un cheval peut détester un membre donné du personnel et la perspective de relations avec cette personne aggrave son stress et suscite des comportements anormaux.

Changement de soigneur ou de lieu

Si un cheval précédemment équilibré commence à présenter un comportement indésirable ou des vices, il peut être opportun d'envisager un changement de soigneur ou de lieu. Son comportement anormal peut n'avoir d'autre cause qu'une aversion pour son environnement ou pour les habitudes de l'écurie. On déplace l'animal perturbé à l'intérieur de l'écurie pour éliminer certains voisinages, vues et bruits, avant de le changer complètement d'écurie.
Parfois, le cheval reste stressé, quelle que soit sa place dans l'écurie. Il revient au comportement calme et équilibré qu'on lui connaissait depuis des années, dès qu'il est transféré dans une écurie ou un lieu différents. Beaucoup d'entre nous ont souffert à l'occasion d'un lieu leur déplaisant. Les humains ont des préférences spatiales, certains choisissent de s'asseoir au fond ou sur les côtés d'une salle de conférence comble, alors que d'autres préfèrent être au milieu de l'assistance. Dans le cadre du travail, certains préfèrent être dans un lieu isolé et d'autres être au milieu de l'agitation.
Les chevaux ne sont pas différents quant à la recherche d'un espace adapté à leur caractère. Leur choix est en revanche limité par la gestion de leur espace par l'homme. En perdant leur milieu naturel, ils ont perdu la possibilité de choisir leur place dans l'espace et dans l'effectif animal. Par la claustration et la modification des habitudes alimentaires du cheval, destinées à satisfaire les besoins

de l'homme, celui-ci a modifié physiquement et psychiquement le cheval par rapport à son état originel.

Même dans un environnement urbain limité, l'homme peut rester attentif aux messages transmis par le cheval à travers son comportement. Une adaptation de l'environnement et la suppression des stress canalisent l'énergie du cheval vers des utilisations plus positives que les vices. La capacité à se concentrer et à apprendre est meilleure chez le cheval équilibré et lui permet de briller par ses performances sportives.

21

TRANSPORT DU CHEVAL

Fig. 21-1. Chevaux lors d'un déplacement.

STRESS DE TRANSPORT

Pour beaucoup de personnes, les voyages sont éprouvants et perturbent leurs habitudes alimentaires, leur sommeil et d'autres activités journalières habituelles. Le cheval dont les habitudes sont perturbées est aussi sujet au stress. De nombreuses études fournissent des informations sur les effets des longs transports sur les chevaux et permettent de les réduire au maximum. Que l'animal voyage dans un van ou dans la soute d'un avion, son grand corps se trouve enfermé dans un espace étroit et cette claustration provoque chez lui un stress à la fois physique et psychique. Malgré les moyens de transport modernes, 6 % des chevaux voyageant sur de longues distances tombent sérieusement malades. Les rapports de la fin du siècle dernier montrent qu'en près d'un siècle les maladies résultant du stress de transport et menaçant la vie ont peu diminué.

Effets du stress de transport

Coliques

Comme les humains, les chevaux sont routiniers. Ils sont plus heureux quand les événements quotidiens se produisent toujours de la même manière. On sait que des heures de repas régulières sont favorables au bon fonctionnement de l'appareil digestif. Quand le cheval attend son repas, sa sécrétion de salive et de suc gastrique augmente et si les aliments n'arrivent pas des coliques gazeuses peuvent apparaître chez un sujet fragile, car l'organisme s'était préparé à un événement qui ne s'est pas produit. Le stress de transport peut ainsi provoquer des troubles intestinaux et des coliques.

Surveillance du cheval dans les longs transports

Chez des chevaux transportés en avion de l'autre côté de la terre, on a étudié des paramètres, tels que la fréquence cardiaque, dans l'espoir de découvrir des moyens de surveillance de la santé au cours des longs voyages. Les informations fournies par cette étude permettent de réduire le stress et d'améliorer les conditions de transport.

Accélération cardiaque

La peur est une forme de stress qu'on peut apprécier en mesurant la fréquence cardiaque. Lors d'un long voyage aérien ayant duré plus de 27 heures, la fréquence cardiaque moyenne des chevaux qui était de 52 battements par minute (bpm) avant le départ, est montée à 162 bpm au premier décollage, puis elle est descendue à 152 bpm au second décollage et à 130 au troisième.
Ces résultats montrent les effets de l'accoutumance ; en acquérant de l'expérience, les chevaux réagissent plus favorablement à chaque répétition de l'événement. En accoutumant un cheval à voyager dans un espace restreint comme un van, on réduit le stress dû à l'appréhension.

Immunodépression

La peur et le stress augmentent la sécrétion du cortisol, qui diminue les défenses immunitaires. Cette réaction est très faible lors de courts transports, mais elle augmente avec la longueur des voyages et le stress accru qui en résulte.

Si les courts transports n'ont pas d'effet sur les défenses immunitaires, celles-ci sont compromises à la suite de longs déplacements et n'agissent plus efficacement contre les micro-organismes.
Une étude a montré une telle immunodépression chez des chevaux ayant été transportés sur plus de 1 000 km en plus de 36 heures. Non seulement le nombre de leucocytes est en baisse, mais ils détruisent moins efficacement les micro-organismes, ce qui prédispose les chevaux à l'infection.

Perte de poids
Le poids corporel avant et après le transport fournit des indications précieuses sur le stress subi par le cheval. En 12 heures, un sujet normal perd jusqu'à 16 kg, soit environ 3 % de son poids. Une partie de cette différence est due à une déshydratation. Les chevaux ayant de la fièvre à cause du voyage peuvent perdre jusqu'à 25 kg, et il existe une corrélation entre la perte de poids et l'apparition d'une infection. Une pesée du cheval avant et après un transport est utile pour décider de l'institution de soins préventifs.

Affections respiratoires

Les facteurs environnementaux ont un effet important sur la fréquence des infections chez le cheval. Par exemple, dans l'avion en mouvement, l'air est renouvelé trois fois par minute, ce qui réduit la contamination bactérienne du milieu, qui se trouve cependant progressivement souillé par les excréments et l'urine. Dans l'avion en vol le nombre d'unités formant une colonie bactérienne ou fongique est de 200 environ, et il monte à plus de 5 000 si l'avion chargé de chevaux est à l'arrêt.
À l'arrêt, non seulement le nombre de germes augmente, mais l'humidité relative et la température sont également modifiées. En vol, cette dernière reste proche de 18 °C ; mais quand l'avion reste longtemps au sol, la compagnie aérienne n'est tenue qu'à la maintenir entre 7 et 30 °C. L'humidité relative quant à elle passe d'une valeur acceptable de 47 % en vol à 90 % au sol.
Des températures et des humidités élevées favorisent le développement des bactéries et des champignons. La combinaison de ces facteurs et de l'immunodépression due au stress crée ainsi une situation favorable aux infections, en particulier de l'appareil respiratoire.
Les affections respiratoires comme la pleurésie ou la pleuropneumonie, sont ainsi la cause la plus fréquente de maladie ou de mort. Plus de 52 % des « fièvres des transports » se produisent après l'arrivée à destination.

Augmentation du nombre de leucocytes
Des examens de sang sont utiles avant et après le voyage pour déceler une infection imminente. On a comparé le nombre de leucocytes de chevaux étant restés en bonne santé à celui de ceux ayant déclaré une fièvre des transports ; celui-ci n'a pas augmenté après le transport chez les chevaux restés sains, alors

que ceux ayant fait une fièvre des transports ont présenté une élévation du comptage leucocytaire dans les deux jours suivant l'arrivée.

Affections respiratoires préexistantes

Fig. 21-2. Les écoulements nasaux sont un signe d'affection respiratoire.

Le stress de transport expose à une aggravation des affections respiratoires préexistantes. Chez les chevaux déjà atteints, les mécanismes normaux d'épuration des voies respiratoires (tels que la toux) sont perturbés par l'élévation de la température et de l'humidité. Au cours du voyage, l'exposition accrue à des micro-organismes, la déshydratation et les retards éventuels nuisant à la circulation et à la qualité de l'air favorisent la maladie.

Il faut donc réduire le stress de transport, et le bon sens et des pratiques douces et humaines au cours des longs déplacements préserveront la santé des chevaux. Même si le cheval ne semble pas malade à l'arrivée d'un long parcours, ses performances peuvent se dégrader légèrement, ce qui diminue ses chances de succès. Une surveillance attentive du comportement, de la température rectale, du poids corporel et de la consommation d'aliments et d'eau permet de détecter précocement les problèmes.

PRÉPARATION AUX LONGS VOYAGES

Peu de chevaux font de longs voyages en avion, mais les transports en van durant plusieurs jours ne sont pas rares. On peut prendre certaines mesures pour réduire le stress de transport et préserver la santé des chevaux de façon à ce qu'ils arrivent en pleine forme.

Examen physique

Un examen soigneux est indispensable avant le transport, mais il ne permet certes pas de déceler toutes les maladies, car un cheval infecté peut n'être qu'en in-

cubation et ne pas présenter encore de symptômes et certains individus échappent ainsi à l'examen le plus soigneux.
Le stress de transport transforme ce qui aurait été une bénigne affection respiratoire virale haute en une pneumonie aiguë grave provoquant des lésions chroniques ou la mort. Il est préférable d'examiner le cheval quelques jours avant le transport plutôt que 2 à 4 semaines avant.

Inspection

Lors de déplacements internationaux, il faut se renseigner au préalable : certains pays exigent des tests sérologiques particuliers, comme par exemple le test de Coggins (pour l'anémie infectieuse des équidés).

Vaccinations

Les vaccinations du cheval doivent être à jour et adaptées non seulement à son lieu d'origine, mais aussi à son lieu de destination. Des rappels 2 semaines au moins avant le transport sont nécessaires pour obtenir une immunité convenable face à des affections respiratoires virales. Par la même occasion, le vétérinaire peut prélever des échantillons de sang pour les tests exigés par le pays de destination.

Antibiotiques

Il faut résister à la tentation de commencer une antibiothérapie préventive chez l'individu devant faire un long voyage. Les problèmes affectant le plus souvent les chevaux transportés sont dus à des virus respiratoires contre lesquels il n'existe pas de médicament. En revanche, une fois une infection virale reconnue, les antibiotiques peuvent prévenir une infection bactérienne secondaire provoquant une pneumonie.
Jadis il était d'usage de faire une injection unique de pénicilline procaïne aux chevaux juste avant le départ, mais cette pratique favorise l'apparition de résistance des bactéries aux antibiotiques et une injection ne donne pas des taux sanguins d'antibiotiques assez élevés et assez durables pour tuer efficacement les bactéries. Cette injection unique ne se justifie pas et ne doit plus être pratiquée.

Huile de paraffine

Fig. 21-3. L'huile de paraffine réduit l'accumulation de gaz qui pourrait provoquer des coliques ou une fourbure.

Il peut être bénéfique d'administrer à la sonde gastrique quatre litres d'huile de paraffine à un cheval nerveux devant faire un long voyage. Elle a un effet laxatif favorisant la motilité intestinale et prévient une accumulation de gaz dans l'intestin due à une stase. Elle empêche également l'absorption, à partir de l'intestin, d'endotoxines pouvant provoquer une fourbure. Le traitement réduit ainsi la fréquence des coliques et de la fourbure, mais il est recommandé au cas par cas et seulement pour de très longues distances.

Qualité de l'air

La qualité de l'air dans lequel le cheval voyage est essentielle pour la santé de son appareil respiratoire et une ventilation convenable est indispensable pour maintenir la température et l'humidité relative à un niveau ne présentant pas de danger. Dans les vans, les entrées d'air doivent être placées à distance de l'échappement du véhicule tracteur.
Si le van s'arrête pour une longue période, surtout en été, il faut ouvrir les portes pour permettre une circulation d'air ou décharger les chevaux et les attacher au-dehors, et profiter des arrêts pour remplacer la litière souillée. Ce nettoyage réduit le nombre de microbes et de champignons et le maintient à un niveau insuffisant pour provoquer une infection.
Il faut éviter les longs arrêts lors des ravitaillements. Plus les chevaux sont maintenus longtemps dans un espace clos, plus la température et l'humidité augmentent, ainsi que l'exposition aux micro-organismes.

Aliments

Il faut toujours éliminer les poussières et le foin gâté des mangeoires et les garnir de foin frais non poussiéreux. On diminue encore plus le nombre de spores circulant dans le van en fournissant un foin purifié par aspiration.

Pour faciliter leur respiration, il est recommandé de ne pas attacher les chevaux la tête haute. En fixant les filets à foin suffisamment bas, on favorise une alimentation se faisant la tête basse et permettant aux petites particules de tomber à distance des voies respiratoires du cheval. On fixe le filet à foin de façon à ce que le cheval ne puisse pas s'y prendre les membres.

Eau et électrolytes

Il est important d'abreuver les chevaux lors des arrêts et au moins toutes les quatre heures. On leur donne des électrolytes sous forme de pâte orale ou en libre service pour stimuler la soif et favoriser les fonctions digestives. Les chevaux refusant une eau qui ne leur est pas familière, sont très exposés à une déshydratation. Il est ainsi parfois utile d'emporter 20 à 50 litres d'eau du lieu d'origine.

Compagnie

La compagnie d'un congénère calme et habitué aux transports permet à certains individus de mieux s'accoutumer et de réduire leur stress. Plus le cheval voyage souvent, à condition qu'il n'ait pas eu peur, plus il s'habitue et moindre est son stress. Ses défenses immunitaires seront ainsi meilleures et plus à même de le protéger contre les infections.

Position dans le van

Des recherches faites au Texas ont établi que le sens dans lequel le cheval voyage est plus important que la distance parcourue. Un travail musculaire considérable lui est en effet nécessaire pour maintenir son équilibre pendant le transport. Les animaux voyageant tournés vers l'arrière du van sont moins éprouvés par le transport que ceux placés de face. Après des trajets supérieurs à 30 km, les analyses de sang révèlent une élévation des enzymes musculaires, qui reflète le travail qui a été nécessaire au cheval pour se maintenir en équilibre. Le sujet transporté de face est incapable d'utiliser son arrière-train de façon optimale pour compenser les oscillations tandis que celui voyageant tourné vers l'arrière transfère facilement son poids d'un postérieur sur l'autre et fait moins d'efforts pour conserver son équilibre.

BANDAGES PROTECTEURS

On discute beaucoup de l'application de bandages protecteurs sur les membres, mais les vétérinaires constatent rarement des blessures des membres liées au transport chez les chevaux qui en portent.

Tout peut arriver, même si le cheval monte facilement dans le van et voyage sans problème. Un animal ferré peut perdre l'équilibre et marcher sur le membre de son voisin. Il peut aussi se blesser lui-même, quand il est déporté par un freinage soudain ou par un virage serré.

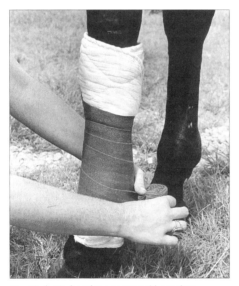

Fig. 21-4. Un bandage approprié protège les membres contre les blessures.

La montée et la descente du van sont les moments les plus dangereux pour les membres. Les bandages et guêtres de transport les protègent lors de ces opérations, en particulier pour les sujets rétifs. Si le sol ou le plancher sont mouillés et glissants, le cheval peut perdre son équilibre et se prendre le pied sous le pont.

La descente du pont à reculons est une épreuve effrayante pour les chevaux nerveux ou inexpérimentés. Un membre peut glisser et se blesser sur un bord aigu. Si un pied se prend sous le pont, le cheval peut se blesser ou même se faire une fracture en se débattant pour se libérer.

Certains individus peuvent reculer brutalement quand on cherche à les embarquer et s'ils ne portent pas de guêtres, ils peuvent se blesser s'ils glissent.

Guêtres de transport

Les bandages et guêtres de transport sont variés, mais il est important qu'ils couvrent les glomes et les paturons, zones les plus exposées aux blessures. Ceux couvrant le canon et les tendons sont utiles, mais ils ne descendent pas assez et il faut appliquer des cloches pour protéger les talons afin que les postérieurs ne puissent pas blesser les antérieurs.

Des guêtres de transport doublées de peau de mouton et fermées par des velcros peuvent être appliquées en un instant sur les quatre membres. Elles ne sont

cependant pas aussi résistantes qu'un enveloppement de coton maintenu par une bande de repos.
Pour de courts voyages ou en cas d'urgence, on peut utiliser des couches de coton jetables maintenues par une bande élastique. Il faut veiller à ne pas trop serrer la bande élastique pour ne pas comprimer les tendons.

Protège-nuque et protège-queue

Le protège-nuque protège la nuque du cheval au cas où il se cabrerait et heurterait le van.
Le protège-queue garantit la queue contre les frottements qui pourraient la mettre à vif. On utilise souvent une bande en néoprène spéciale ou un bandage semblable à celui à appliquer sur les membres. Il faut s'assurer que ces bandages

Fig. 21-5. Protège-nuque.   Fig. 21-6. protège-queue en néoprène.

ne sont ni trop serrés pour ne pas gêner la circulation, ni trop lâches pour ne pas glisser.
On peut également empêcher la queue de frotter contre le pont, la barre ou la chaîne anti-recul en y appliquant un épais rembourrage de mousse. Elle ne doit pas non plus sortir du van et flotter au vent car elle pourrait se prendre sur une saillie et effrayer le cheval qui se blesserait.
Le bandage de la queue prendra sans doute 20 minutes les premières fois et avec la pratique, il n'en faudra plus que 5 et on pourra éviter des blessures sérieuses. Ces quelques minutes peuvent éviter des frais vétérinaires et le temps passé à soigner le cheval blessé, sans compter les soucis.

MESURES DE SÉCURITÉ

Entraînement au transport

On peut accoutumer un cheval inexpérimenté à monter et à voyager sans appréhension dans un van. En prenant le temps de l'habituer à embarquer et à débarquer calmement, on réduit au maximum le risque de blessures et on rend l'expérience plus agréable pour tous. On peut réaliser cette accoutumance en le faisant monter et descendre d'un van où se trouve déjà un animal habitué ou donner à manger dans le van au cheval inexpérimenté pour rendre l'expérience positive.

Une fois que le sujet embarque et débarque sur ordre, il faut lui faire faire de courts voyages pour l'habituer au déplacement. Là aussi, un compagnon calme met en confiance l'apprenti. On allonge la durée du transport quand le cheval est accoutumé. Chaque expérience positive améliore son comportement dans le van.

Fermeture des portes

Une fois le cheval embarqué, une erreur fréquente consiste à laisser la porte du van ouverte, ce qui lui permet de regarder à l'extérieur en attendant le départ. Il peut en résulter des blessures de la tête ou des yeux. Il suffit d'un papier qui vole ou d'un tracteur qui passe pour que l'animal retire brutalement la tête en arrière et la heurte contre un cadre de porte bas, ce qui non seulement le blesse, mais augmente de plus sa peur.

La conclusion est simple : le cheval passe la plupart de son temps à regarder le monde environnant et quelques minutes supplémentaires de spectacle lorsqu'il est dans le van ne justifient pas de prendre un tel risque. Il faut fermer la porte dès qu'il est embarqué.

Certains individus sont si terrifiés dans le van qu'ils envisagent la possibilité de sortir par la petite porte placée à l'avant du van si elle est ouverte, ou par l'ouverture de la mangeoire ; il faut donc qu'elles soient fermées avant même qu'ils entrent dans le van.

Attache du cheval dans le van

Il est préférable d'attacher les chevaux à l'anneau de la mangeoire ou à un anneau en hauteur. Ceux dont la tête est libre, peuvent chercher à se retourner dans le van et rester bloqués dans une position dangereuse. Un animal effrayé

MESURES E SÉCURITÉ

dont la tête n'est pas attachée peut se jeter dans l'auge et se blesser ou se coincer les membres.

Quand on attache la tête du cheval, il faut lui laisser assez de mou pour qu'il puisse commodément déplacer la tête d'un côté à l'autre, mais pas la tourner vers l'arrière. La longe ne doit pas être trop longue pour qu'elle ne s'enroule pas autour d'un membre ou de la tête.

Les fixations à libération rapide du commerce sont idéales car on libère rapidement les chevaux en cas d'urgence et il est difficile de s'y prendre les doigts.

Il faut toujours fixer la barre ou la chaîne anti-recul avant d'attacher le cheval et, au débarquement, toujours détacher le cheval avant d'ouvrir le van. Un sujet habitué à reculer brutalement peut tirer violemment sur la longe, d'où des accidents.

Barre et chaîne anti-recul

La barre ou la chaîne anti-recul constitue une sécurité au cas malheureux où le pont du van s'ouvrirait en cours de route. Cela se produit pour diverses raisons, dont le relâchement des boulons qui en fixent les verrous. Avec le temps, les vibrations desserrent les boulons, qu'il faut donc inspecter fréquemment. Un cheval donnant des coups de pied contre le pont peut aussi l'ouvrir brutalement.

La barre ou la chaîne anti-recul maintient le cheval assez longtemps pour qu'on découvre l'incident, elle l'empêche également de s'appuyer sur le pont, ce qui affaiblit progressivement ses gonds et ses verrous.

Fig. 21-7. La chaîne anti-recul est un dispositif de sécurité important.

Trousse de premiers secours

Dans tout voyage éloignant les chevaux de leur écurie, il faut emporter une trousse de secours leur étant spécialement destinée. La liste qui suit, est une bonne base. Le vétérinaire peut la compléter et fournir des informations sur la meilleure façon de l'utiliser.

- sel de table et récipient propre pour la préparation d'une solution salée à raison d'une cuillerée à soupe de sel par litre d'eau,
- antiseptique iodé non irritant,
- compresses de gaze stériles,
- pommade antibiotique à large spectre, telle que la pommade à la sulfadiazine argentique,
- bande de gaze élastique,
- bande élastique auto-adhésive (Vetrap®, Coheban®),
- bande de coton stérile,
- ciseaux à pansements,
- comprimés d'antibiotique à large spectre (facultatifs),
- pommade ophtalmique sans corticoïdes pour le cas d'inflammation de l'œil,
- thermomètre.

Au cours des longs voyages, il est bon de s'arrêter toutes les 3-4 heures pour vérifier ce qui se passe dans le van et abreuver les chevaux. Pour certains d'entre eux, le transport en van est pénible, car ils doivent en permanence lutter pour conserver leur équilibre selon les sinuosités de la route et les oscillations du van. Une demi-heure de repos à l'attache dans le van permet aux chevaux de se détendre les muscles contracturés.

Temps de récupération

Fig. 21-8. Il est bon de laisser le cheval se détendre et se reposer après un long voyage.

Après un long voyage, il faut contrôler la température du cheval deux fois par jour car une fièvre apparaît fréquemment dans les 2-3 jours suivant l'arrivée chez les chevaux ayant contracté une infection. Un diagnostic précoce et un traitement énergique peuvent réduire spectaculairement la durée et la gravité de la maladie et la probabilité de séquelles.

Certaines personnes s'attendent à ce que leur cheval comprenne où ils vont, ce qu'on attend de lui et à ce qu'il se mette immédiatement au travail. Il est cependant préférable de prévoir quelques jours supplémentaires pour lui permettre de s'acclimater à son nouvel environnement et de récupérer du stress de transport.

TRANSPORT DES JUMENTS POULINIÈRES

Les chevaux de sport ne sont pas les seuls à voyager : les juments poulinières sont transportées de leur écurie au haras et retour. Après s'être donné la peine de faire féconder la jument, il serait dommage que celle-ci avorte sous l'effet du stress de transport. La mort de l'embryon arrive le plus fréquemment entre les 15-20e jours et les 30-35e jours de gestation.

Une étude a analysé les effets du transport sur les juments en début de gestation. Les 14-15 premiers jours, son organisme doit reconnaître l'embryon pour qu'il puisse survivre. Une fois cette période critique passée, celui-ci s'implante solidement dans l'utérus le 35e jour et des cupules endométriales se forment et sécrètent la progestérone qui maintient la gestation.

L'étude a porté sur trois groupes de juments gestantes. Vingt-quatre juments gestantes témoins sont restées dans leur écurie et ont reçu des aliments et de l'eau à volonté. Un second groupe a été transporté pendant 9 heures entre les 16e et 22e jours de gestation, sans être nourries ni abreuvées. Un troisième groupe de 15 a subi un transport semblable entre les 32e et 38e jours de gestation.

Sur chaque jument on a dosé la progestérone (l'hormone nécessaire pour la poursuite de la gestation) et le cortisol et il existe une forte corrélation entre des taux faibles de progestérone et une mort précoce de l'embryon. Dans les deux groupes de juments transportées, le taux de progestérone a augmenté par rapport à celui des juments témoins pour les groupes 2 et 3 il est resté élevé un certain temps après le retour à l'écurie.

Trois des 24 juments témoins ont avorté. Trois des 15 juments transportées entre les jours 16 et 22 ont avorté, ainsi qu'une des 15 transportées entre les jours 32 et 38. Il n'est ainsi pas apparu de différences statistiquement significatives entre les groupes de cette étude. Les juments ayant avorté avaient initialement des taux de progestérone plus bas, ce qui peut expliquer la mort embryonnaire.

La conclusion est que le transport des juments gestantes à la période critique des 16-33e jours n'a pas d'effet sur la gestation et que le transport à cette période n'entraîne qu'un risque très faible de mort de l'embryon.

Endotoxines

Une étude sur la mortalité embryonnaire a suivi une autre voie. Si la jument subit une augmentation soudaine de la libération d'endotoxines avant le 50e jour de gestation, cela provoque une libération de prostaglandine F_2 alpha qui interfère avec le fonctionnement du corps jaune de l'ovaire lequel produit la progestérone jusqu'au 50e jour de gestation environ. À partir du 50e jour, la progestérone est sécrétée par d'autres organes en quantité suffisante pour maintenir la gestation.

Une libération d'endotoxines accompagne les syndromes en relation avec un stress comme les coliques, les diarrhées ou autres troubles digestifs. Il est indispensable que les juments faisant de longs voyages en début de gestation reçoivent des aliments, de l'eau et des électrolytes en abondance ; cela prévient les troubles digestifs pouvant entraîner une libération d'endotoxines.

Progestérone

Pour réduire le risque de mort de l'embryon due à l'effet des endotoxines chez les juments transportées en début de gestation, on peut leur administrer par la bouche un supplément de progestérone (Regumate®) tous les jours jusqu'au 50-60e jour de gestation qui permet de maintenir la gestation, même si le fonctionnement du corps jaune est perturbé par la libération d'endotoxines.

CONSEILS POUR LE TRANSPORT

Il est sage de faire réviser et entretenir le van tous les ans par un mécanicien. Ainsi, le contrôle et l'inspection des pneus, des freins, du dispositif d'attelage et des connexions électriques ne prendra ensuite que quelques minutes avant chaque voyage.

Il faut toujours contrôler la liaison entre le van et le véhicule de traction :
- vérifier la bonne taille de la boule de l'attelage,
- vérifier la sûreté des goupilles,
- contrôler que la chaîne ou le câble de sécurité est assez solide pour retenir le van en cas de défaillance du dispositif d'attelage,
- s'assurer que celui-ci est solidement fixé par des soudures ou des boulons au châssis du véhicule tracteur.

Vérifiez les connexions électriques. Dans les voyages en montagne, un frein électrique sur le van réduit l'usure des freins du véhicule de traction et renforce le freinage en cas de nécessité.

Vérifiez la pression de tous les pneus. Un gonflage maximum, conforme aux recommandations du fabricant, réduit leur usure, ainsi que la consommation d'essence. Prenez des pneus de rechange aussi bien pour le véhicule que pour le van.

Pour éviter que le cheval ne s'y blesse, la plaque d'immatriculation du van ne doit être placée que sur le pont du van et sans y faire saillie.

Il faut nettoyer le van avant chaque transport et éliminer la litière souillée et en retirer le tapis pour laisser sécher le plancher. L'exposition permanente du plancher à l'humidité de la litière le fait inévitablement pourrir. En le découvrant et en le nettoyant on lui prolonge la vie et on peut en vérifier l'état et la solidité.

Il faut nettoyer les mangeoires à chaque voyage pour éviter que des restes d'aliments n'y moisissent. La plupart sont à la hauteur des naseaux du cheval, lequel peut inhaler des spores de moisissures et des poussières de foin ce qui provoque une affection respiratoire allergique. Les problèmes surviennent quand le van est fermé hermétiquement et que l'air n'y est pas renouvelé ou quand un courant d'air soulève les poussières des mangeoires.

Attache du cheval à l'extérieur du van

Il est souvent pratique d'attacher le cheval au van. On peut être obligé de se garer dans un terrain sans arbres et laissant peu de choix pour attacher le cheval. Dans les épreuves d'endurance, l'animal peut être attaché périodiquement au van plusieurs jours de suite. Dans les parcs nationaux, il est parfois interdit de l'attacher aux arbres et de le laisser paître. Le van peut ainsi être le seul point d'attache disponible ; Il faut donc qu'il assure une sécurité égale à celle d'une écurie ou d'un paddock.

Quand on a parqué le van il faut examiner les lieux avant de l'ouvrir. Le terrain doit être plat et libre de tout obstacle dangereux. Si le van est stationné trop près d'un talus le cheval devra se tenir sur une pente. Il faut éviter les branches d'arbres pendantes dans lesquelles il pourrait se prendre.

Dans la mesure du possible, il faut tenir compte du déplacement du soleil au cours de la journée pour éviter que le van ne soit en plein soleil et le garer de façon telle que le cheval qui est attaché puisse être à l'ombre.

Une fois stationné, on cale les roues pour éviter qu'il ne se déplace.

Il ne faut pas oublier de détacher la tête du cheval avant de libérer la barre ou la chaîne anti-recul pour éviter qu'il ne recule brutalement, alors qu'il est encore attaché. Si plusieurs chevaux sont transportés ensemble, il est bon de débarquer en premier le cheval inexpérimenté. Restant seul et perdant de vue son compagnon, il pourrait s'affoler, gratter le plancher pour être sorti ou forcer sur la barre anti-recul et rendre difficile son débarquement.

Dételage du van

Quand on se sert du van pour attacher le cheval, il ne faut jamais le dételer du véhicule de traction, car un cheval effrayé peut facilement traîner un van non attelé et prendre ainsi encore plus peur. On évite un tel incident en laissant le van attelé et en lui calant les roues. Il faut fermer les issues et le pont avant d'y attacher un cheval. Une porte laissée ouverte expose le cheval à se blesser la tête ou un membre. Un animal attaché à côté d'un pont abaissé peut chercher à embarquer seul et se coincer.

467

Méthodes d'attache

Une attache à l'aveuglette d'un ou deux chevaux à un van peut être à l'origine de nombreux problèmes. On n'attache côte à côte que des chevaux s'entendant bien pour éviter conflits et blessures.

Les cordes d'attache doivent être assez courtes pour que les chevaux ne puissent pas s'y prendre les membres ou leurs seaux, mais assez longues pour qu'ils puissent se nourrir et s'abreuver commodément. Elles doivent avoir juste assez de mou pour que le cheval puisse se déplacer latéralement. Trop longues elles peuvent se prendre sur une poignée de porte. Il faut attacher les chevaux à distance d'elles ou y fixer une balle de tennis percée pour empêcher la corde de s'y prendre.

Il faut faire sur le bout libre de la corde d'attache un nœud se défaisant facilement par traction, mais un tel nœud ne se défait pas toujours, si un cheval effrayé tire dessus et le resserre. On peut le remplacer par une boucle à libération rapide, semblable à celle utilisée pour attacher le cheval dans le van. Il faut toujours avoir sous la main un couteau bien tranchant pour couper la corde, au cas où le nœud trop serré ne pourrait être défait. Un cheval effrayé emmêlé dans une corde peut se blesser sérieusement en se débattant trop longtemps.

Soins du cheval à l'attache

Alimentation et abreuvement

Fig. 21-9. Une corde prise autour d'un seau d'eau peut provoquer des problèmes.

Avant de s'occuper de soi, il faut placer un filet à foin (pendu pas trop bas) et un seau d'eau devant chaque cheval. Une assez grande quantité de foin tombe généralement sur le sol et il faut veiller à ce que la corde d'attache ne soit pas assez longue pour que le cheval laissé sans surveillance puisse récupérer le foin tombé. Une corde longue s'enroulant autour d'un membre peut provoquer des blessures sérieuses et si elle permet au cheval de baisser la tête elle peut aussi se prendre sur un pare-chocs ou autre saillie avec le risque de panique et de blessure pour l'animal.

On peut pendre les seaux en plastique ou en caoutchouc au van au moyen de chaînes ou de cordes de nylon munies d'une boucle à libération rapide. Il ne faut pas les suspendre à une hauteur inférieure à celle de l'épaule du cheval pour lui permettre un accès facile aux aliments et à l'eau, sans que sa corde s'emmêle autour des seaux, dont le contenu serait ainsi répandu et la corde raccourcie, là encore avec le risque de panique et de blessure. Le cheval doit disposer d'eau en permanence pour ne pas se déshydrater. Elle est indispensable pour le travail musculaire et les processus digestifs. Un cheval moyen boit 30 à 80 litres par jour selon son travail et les conditions atmosphériques. Un abreuvement suffisant prévient les coliques, les myosites et les coups de chaleur. Certains chevaux sont difficiles en matière d'eau et boivent insuffisamment d'une eau nouvelle. Une addition légère de vinaigre ou de sucre peut masquer le goût de l'eau étrangère et la rendre plus attrayante. Cet artifice est plus efficace si le cheval a été accoutumé au sucre ou au vinaigre dans son écurie d'origine avant le transport. Pour les individus difficiles, on peut également emporter de l'eau qui leur est familière.

- *Électrolytes*

Il est difficile d'offrir une pierre à lécher aux chevaux attachés à un van. L'addition quotidienne d'une ou deux cuillerées à soupe d'un mélange de sels minéraux aux céréales permet de remplacer les électrolytes perdus avec la sueur. Cela est particulièrement important en cas d'effort intense ou de température et d'humidité élevées. Un bon mélange de sels consiste en deux parties de sel de table (chlorure de sodium) et une partie de chlorure de potassium. Il est important que le cheval boive suffisamment, quand on complète ainsi son alimentation en sels minéraux.

Couverture

Les chevaux tenus longtemps à l'attache contre un van ne peuvent pas se déplacer pour se réchauffer les muscles et maintenir la souplesse de leurs tendons et de leurs ligaments. S'il fait froid la nuit ou s'il y a du vent, il convient de leur appliquer une couverture plus ou moins épaisse selon le temps. Celle-ci garde les muscles chauds et protège le cheval du vent ; elle n'est pas nécessaire s'il a un pelage épais et s'il est habitué aux rigueurs du milieu extérieur, mais après un effort intense, tel qu'une épreuve d'endurance, le cheval peut aussi bénéficier de l'application d'une couverture pour lui maintenir les muscles au chaud.

Fig. 21-10. Par temps froid, il faut mettre une couverture aux chevaux à l'attache pour leur maintenir les muscles au chaud.

Le cheval n'a pas besoin de se coucher pour dormir ; quand il s'endort, un dispositif anatomique particulier lui « verrouille » les articulations et les empêche de fléchir. Il est moins dangereux d'attacher le cheval de telle façon qu'il ne puisse pas se coucher car si la corde est assez longue pour qu'il puisse le faire, il peut s'y emmêler.

Promenade en main
Plus que d'habitude, il importe d'échauffer ou de refroidir convenablement le cheval avant ou après une longue attache contre un van. On détend ainsi les articulations, les ligaments, les tendons et les muscles fatigués, on active la circulation, ce qui oxygène davantage les muscles et élimine les déchets. Les performances sont améliorées et la fatigue est diminuée. Le cheval à l'attache ne peut pas se déplacer, il faut donc le promener en main plusieurs fois après une journée d'effort. La promenade élimine les déchets des muscles et améliore la circulation dans les membres, ce qui prévient le développement de molettes au cours de la nuit.

Substituts à l'attache

Quand on ignore si le cheval est habitué à rester longtemps à l'attache, il faut s'imaginer ce qu'il pourrait faire s'il prenait peur. Tous les chevaux ne sont pas des candidats convenables pour une attache prolongée quelconque. Certains se débattent violemment quand ils découvrent qu'ils ne sont plus libres. D'autres ont appris qu'ils peuvent rompre la corde ou le licol et se libérer s'ils tirent suffisamment fort et si un cheval tire violemment en arrière sur sa corde, il peut en résulter beaucoup de dégâts. Il peut se mettre en danger en tombant sur la croupe au risque de se déchirer un muscle ou se blesser en étendant la tête et l'encolure. Si l'attache se rompt, le cheval qui tire peut être projeté en arrière contre un objet ou un congénère ou basculer et tomber violemment. Il peut en résulter des blessures graves de la tête ou des membres.
Ayez toujours un licol et une corde de rechange.
Même les chevaux calmes peuvent prendre peur si un étrier ou autre pièce de harnachement se prend sur le pare-chocs. Il ne faut jamais laisser sans surveillance un cheval harnaché attaché à un van. Si on ne peut le surveiller, il faut éliminer les martingales qui pendent, les colliers de chasse, les étrivières et les rênes.
Quand un cheval effrayé ou mal dressé se débat à l'attache, il effraie également ses congénères en faisant bouger et vibrer le van.

Enclos temporaire

Le problème posé par les chevaux mal entraînés et dangereux pour eux-mêmes et pour les autres peut être résolu par le recours à un enclos temporaire qui peut être fait d'éléments de barrière ou de tubes de PVC. Ceux qu'on fixe sur les côtés du van pendant le voyage sont encombrants, coûteux et longs à assembler, mais ils sont sûrs. On peut utiliser des cordes pour improviser un enclos, mais cela n'est pas aussi fiable, les cordes pouvant se détendre ou s'affaisser et inviter le cheval à les sauter.

Si plusieurs vans participent au voyage, on peut créer un petit enclos en installant des éléments de barrière, des tubes de plastique ou des cordes entre deux vans disposés parallèlement. Le cheval peut s'y déplacer librement et s'y coucher. On peut placer les seaux d'aliments et d'eau sur le sol ou les pendre sur le côté des vans. Il faut retirer le licol du cheval pour éviter qu'il ne se prenne sur quelque chose et appliquer une protection en caoutchouc sur le pare-chocs des vans pour qu'il ne puisse pas se couper.

Une dernière solution est une clôture électrique alimentée par l'énergie solaire, qui peut être nécessaire si on reste un certain temps au même endroit.

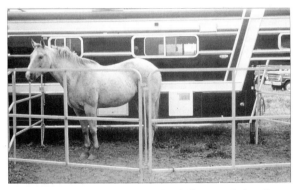

Fig. 21-11. Un enclos temporaire fait d'éléments de barrière est une solution sûre de confinement du cheval en voyage.

22

VISITE D'ACHAT

CRITÈRES DE CHOIX

Quand on acquiert un cheval, il faut l'apprécier en fonction de ses qualités, mais certaines sont plus importantes selon la discipline sportive à laquelle on le destine. On doit demander l'avis d'un entraîneur ou d'un homme de cheval averti sur les aptitudes et le niveau d'entraînement de l'animal choisi. Une sélection rigoureuse éliminera les candidats risquant de n'être pas suffisamment doués physiquement pour les activités prévues pour eux, malgré d'autres qualités remarquables. De plus, une période d'essai peut révéler les chevaux rendus rétifs à certaines activités sportives par des expériences négatives.

Fig. 22-1. Il faut juger chaque cheval sur ses qualités propres et en fonction des intentions de l'acheteur.

Âge

L'âge est une donnée importante lors de l'achat d'un cheval. À un cheval jeune et inexpérimenté, il faut apprendre le b-a-ba et le faire progresser lentement. Les exigences extrêmes de certaines activités sportives et les différences de vitesse de développement des diverses races font qu'il faut parfois attendre jusqu'à cinq ans au moins pour que certains sujets atteignent la maturité. Ce délai permet à la musculature de se développer complètement et à l'animal d'acquérir une capacité de concentration.

Il existe toujours une phase où le cheval et le cavalier ne font que commencer à apprendre. Un cavalier novice pourra désirer acheter un cheval expérimenté, capable d'exécuter les tâches demandées sans le mettre en danger.

Fig. 22-2. Il faut au jeune cheval du temps pour acquérir une agilité physique et psychique.

Un cheval plus âgé, même s'il manque initialement d'expérience dans une activité sportive donnée, est généralement capable d'apprendre plus rapidement grâce à ses acquis. Sa maturité physique lui procure également la force et l'endurance nécessaires pour l'entraînement et les compétitions. Il peut participer plus rapidement qu'un sujet jeune à des compétitions de haut niveau, pourvu qu'il ait un entraînement de base. Si le cheval est déjà âgé quand il commence la compétition, il ne peut atteindre un niveau élevé qu'à un âge l'empêchant de poursuivre longtemps une carrière sportive.

Race

Certaines races sont génétiquement douées pour une spécialité sportive donnée. Les chevaux arabes sélectionnés sur l'endurance excellent dans les raids. La vitesse des pur-sang les rend exceptionnels sur les pistes de course et en concours complet. L'arrière-main puissante des Quarter Horses, des Paint et des Appaloosas les fait rechercher pour les spécialités telles que les courses de sprint et le travail du bétail. Les trotteurs français sont particulièrement rapides au trot et à l'amble. Les chevaux de selle brillent en dressage, en jumping et en concours complet. Il existe cependant des individus à qui leurs qualités sportives propres permettent de sortir des spécialités reconnues à leur race et de se faire remarquer comme des compétiteurs polyvalents.

Caractère

Des allures brillantes ne sont pas indispensables pour les succès sportifs. Les performances peuvent aussi dépendre de l'obéissance, de la souplesse et de l'agilité. Le psychisme du cheval peut avoir autant d'importance dans ses performances que les allures innées. On achète trop souvent un sujet pour sa beauté ou ses succès sportifs. Sans un psychisme sensible et souple permettant d'utiliser les dons physiques, un animal magnifique peut ne pas convenir pour la compétition.

Un individu très nerveux peut mal résister aux stress des voyages, de l'entraînement et des compétitions et être prédisposé aux troubles digestifs, tels que diarrhée et coliques. Un sujet calme et attentif s'accommode mieux des stimulations multiples le bombardant dans ses activités sportives. L'observation au pré et à l'écurie permet de découvrir les vices comme le tic à l'appui, le tic de l'ours, l'habitude de ronger la porte ou de taper dans le mur...

Essai sous la selle

Dans l'appréciation de l'animal, un critère essentiel est la possibilité d'établir de bonnes relations avec lui. Coopération et confiance sont nécessaires pour le succès dans les compétitions. Un cheval doit être doux et tolérant. Le cavalier peut faire occasionnellement des erreurs mais sa monture doit continuer à lui faire confiance. Un sujet nerveux et imprévisible est dangereux, quelles que soient ses qualités sportives.

Dans la mesure du possible, il faut le monter pour déterminer l'interaction entre lui et son cavalier. Ses allures sont-elles agréables ? Est-il obéissant et répond-t-il bien ? S'il a l'expérience d'un sport donné, il faut soi-même le faire travailler à son niveau d'aptitude ou le faire faire par quelqu'un d'autre et noter les caprices ne se constatant que sous la selle. On peut mieux apprécier les aptitudes et le caractère du cheval en le montant plusieurs fois.

Intelligence et comportement

Le cheval de sport doit être désireux d'apprendre et être suffisamment intelligent pour en être capable. Il doit toujours pouvoir trouver une façon de se sortir d'une situation critique. Cette attitude est souvent innée mais elle peut aussi découler de l'expérience et de l'entraînement. Il doit être naturellement incliné

à « essayer », ce qui suppose courage, enthousiasme et entrain. Son comportement doit être gai et hardi, mais pas intrépide. Il doit être obéissant en toutes circonstances, à l'entraînement comme en compétition.
Est-ce là la description du cheval parfait ? Un tel animal existe, certes, mais il arrive souvent qu'un individu ayant en tout point le caractère désiré souffre d'une affection de l'appareil locomoteur, du cœur ou de l'appareil respiratoire le rendant inapte à des performances régulières.

Conformation

Il faut soigneusement apprécier sa conformation pour évaluer le risque de défaillance qui peut obliger à mettre le cheval au repos ou, pis, le mettre en danger ainsi que son cavalier. L'absence de tares est un facteur de sécurité. Il faut rechercher :
- des os droits, épais et forts,
- des tendons et des ligaments forts et sains,
- des articulations souples et non douloureuses,
- des pieds forts et bien proportionnés.

Problèmes de santé

Quand on choisit un cheval, il faut tenir compte des conséquences à long terme d'une légère douleur du pied ou d'une articulation. Cette douleur compromettra-t-elle l'endurance et l'ardeur du cheval ? L'affection le fera-t-elle trébucher et tomber, ou hésiter quand on lui demandera quelque chose de difficile ? Le trouble actuellement bénin évoluera-t-il vers une affection invalidante quand un plus grand effort sportif sera demandé ?

Un problème respiratoire chronique peut réduire la tolérance à l'effort. Le cheval doit être capable d'une récupération cardiaque et respiratoire rapide après l'effort. Des antécédents connus de myosite peuvent contre-indiquer l'achat.

Un entraînement intensif sollicite à l'extrême l'appareil locomoteur et le métabolisme du cheval. Dans la mesure du possible, il faut exclure tout défaut physique pouvant compromettre ultérieurement la car-

Fig. 22-3. Le cheval doit être capable d'une récupération cardiaque et respiratoire rapide après l'effort.

rière sportive prévue et demander une visite d'achat à un vétérinaire compétent et connaissant bien les exigences des sports équestres.

Bilan

Il est utile de faire la liste des éléments positifs et négatifs et de placer le prix en tête. Les « pour » l'emportent-ils sur les « contre » ? Le cheval présentera toujours des imperfections, acceptables pour un acquéreur éventuel, mais pas pour un autre.

Ne mettez pas la barre trop haut, vous seriez déçu : soyez réaliste à l'achat et patient à l'entraînement. On ne peut souvent reconnaître parfaitement la réponse du cheval à l'entraînement qu'après l'achat. Si le sujet ne répond pas bien après un temps raisonnable, il vaut mieux le revendre et en changer que perdre son temps, son énergie et son argent.

VISITE D'ACHAT

Que l'acheteur potentiel soit un cavalier novice ou un entraîneur expérimenté, il est prudent qu'il fasse examiner le cheval par un vétérinaire, même si le prix est faible. Un examen vétérinaire approfondi peut révéler des troubles excluant d'emblée une carrière sportive et son coût doit être inclus dans le prix d'achat initial. Il peut aussi être utile avant la location d'un cheval afin de reconnaître les problèmes qui lui sont propres avant d'en prendre la garde et la responsabilité.

Le processus de sélection fait finalement apparaître un candidat convenable. Il faut cependant essayer de rester objectif jusqu'à la visite du vétérinaire. S'il a pris inconsciemment une décision avant celle-ci, l'acheteur peut facilement ne pas tenir compte de faits importants promettant des désastres. Il a du mal à se départir de ses attentes et de ses re-présentations du cheval, et si le vétérinaire découvre une boiterie ou

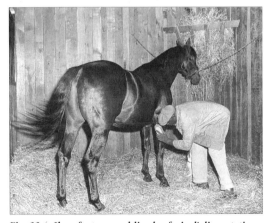

Fig. 22-4. Il ne faut pas oublier les frais d'alimentation, de soins vétérinaires et d'entretien dans le prix de revient d'un cheval.

autre tare, l'acheteur a plus de difficultés à renoncer à un achat, surtout si des arrhes ont été versées.
En occultant l'avis du vétérinaire, l'acheteur s'expose à se retrouver avec un cheval inapte. Les frais continueront et il aura du mal à revendre son cheval et à rentrer dans ses frais.

Rôle du vétérinaire

Le vétérinaire n'émet pas de jugement d'acceptation ou de rejet du cheval. L'examen comprend en plus d'une inspection approfondie :
- une étude des allures,
- des tests de flexion des membres,
- un examen de la récupération respiratoire et cardiaque après l'effort,
- des tests diagnostiques.

Sur la base des informations qu'il a recueillies, le vétérinaire expose à l'acheteur les qualités et les défauts du cheval, ainsi que l'importance de ces derniers pour la carrière sportive prévue. C'est alors à l'acheteur de décider s'il accepte les imperfections ou les tares reconnues. Certains défauts ne sont qu'esthétiques, alors que d'autres compromettent à vie les aptitudes sportives ou la capacité à se reproduire du cheval.

On se plaint souvent de ce que le vétérinaire ne s'engage pas dans la visite d'achat, mais l'acheteur doit comprendre le rôle qu'y joue ce dernier : il expose les faits constatés lors de son examen. Il peut présumer la santé et l'aptitude futures du cheval, mais il ne peut les connaître avec certitude. C'est à l'acheteur de peser le pour et le contre C'est lui qui prend la pleine responsabilité de l'achat et sa décision se base non seulement sur l'examen vétérinaire, mais aussi sur sa propre appréciation de la convenance du cheval à ses objectifs.

Remarques sur la visite d'achat

Certains points sont à préciser quant aux résultats de la visite d'achat et à la façon dont l'acheteur peut aider le vétérinaire à tirer un maximum d'informations de son examen.

L'achat d'un cheval implique une responsabilité et un engagement de longue durée vis-à-vis de l'animal. Il ne doit pas être décidé sur un coup de tête. Ce serait une erreur que de se laisser amener à une conclusion rapide par le vendeur.
Il faut aussi prévoir un temps suffisant pour l'examen du vétérinaire et ne pas soumettre celui-ci à une pression supplémentaire en lui demandant des résultats immédiats.
La visite d'achat demande au moins plusieurs heures. Pendant tout l'examen, le vendeur ou son représentant doit être présent non seulement pour manier le cheval, mais aussi pour le monter si nécessaire.

L'idéal est que les trois parties, acheteur, vendeur ou son agent, et vétérinaire, soient présentes pendant tout l'examen.

Prévention des conflits d'intérêts

Il est important que les parties comprennent pour qui travaille le vétérinaire. C'est généralement l'acheteur qui paie le vétérinaire, et ce sont ses intérêts qu'il défend.
Si le vétérinaire envisagé travaille habituellement à la fois pour le vendeur et l'acheteur, le recours à un confrère indépendant prévient un conflit d'intérêts et des accusations de partialité. Cette mesure évite également des rancunes.
Si acheteur et vendeur insistent pour que leur vétérinaire commun fasse l'examen, le vendeur ne doit pas s'offenser si le vétérinaire trouve des défauts au cheval et l'acheteur doit faire confiance à son honnêteté et à son objectivité.

Confidentialité

Toutes les informations recueillies lors de la visite d'achat appartiennent au vétérinaire à titre de dossier médical. Si une visite a déjà été faite, il ne faut pas s'attendre à pouvoir appeler le vétérinaire concerné et en obtenir des informations par téléphone. Les règles de confidentialité médicale imposent qu'aucune information ne soit communiquée sans le consentement de la personne ayant demandé l'examen. Le vétérinaire doit également demander au propriétaire du cheval l'autorisation de communiquer son dossier médical à un acheteur éventuel.

Histoire médicale

Lors de la visite d'achat, le vétérinaire ou l'acheteur demande souvent au vendeur de divulguer l'histoire médicale du cheval : son âge, son utilisation antérieure et l'intensité actuelle de son service ou de son entraînement sont des informations précieuses pour tous deux. Un repos au pré de plusieurs mois peut faire paraître « normales » les allures d'un cheval blessé.
La communication de l'histoire médicale du cheval informe sur ses antécédents pathologiques, les dates de ses vaccinations et de ses vermifugations, sur d'éventuelles coliques ou opérations, ainsi que sur les possibles traitements médicamenteux antérieurs ou actuels. Ce dernier point est essentiel, car les anti-inflammatoires peuvent masquer des problèmes de la plus grande importance quant aux aptitudes du cheval. Des tranquillisants ou des sédatifs peuvent modifier son caractère et son comportement. Toute médication devrait être arrêtée 5 à 10 jours avant la visite d'achat. Il est donc utile que le vétérinaire de l'acheteur reçoive, de la part du vétérinaire du vendeur, une copie du dossier médical

de l'animal. Cette pratique n'est pas toujours habituelle, mais elle est recommandée pour assurer la régularité de la transaction.

Avantages d'un examen complet

Certaines personnes ne demandent pas un examen complet en raison de son coût et elles mettent le vétérinaire dans une situation impossible en lui disant « je voudrais seulement que vous le regardiez et que vous me disiez si vous voyez quelque chose d'anormal ». Il n'est pas raisonnable d'attendre que le vétérinaire fasse un examen partiel, non seulement parce qu'il fournit peu d'informations, mais aussi en raison des implications juridiques de la visite d'achat.

Il faut comparer l'achat d'un cheval à celui d'une voiture d'occasion. Si on regarde la voiture dans un parking ou circulant dans une allée, tout ce qu'on peut dire est que la voiture a l'air normal et qu'elle roule, mais on ne sait pas si elle freine bien, si la transmission est en bon état ou si le moteur ne cogne pas et ne fait pas de bruit. Un examen sommaire n'indique pas si le châssis a été faussé ou si la voiture a été réparée. On peut en dire tout autant d'un cheval examiné sommairement.

Détection des problèmes

Il est impossible de déceler les arythmies ou les souffles cardiaques sans auscultation, et l'examen ophtalmologique révèle les cicatrices cornéennes, les cataractes et les troubles de la vision. L'examen du sabot à la pince permet de reconnaître les problèmes de pied. Si l'on n'a pas manipulé ni palpé les articulations, les muscles, les tendons et les ligaments des membres et qu'on n'a pas étudié soigneusement toutes les allures, tout ce qu'on peut dire d'un cheval au repos est qu'il a l'air normal. On peut tout au plus remarquer éventuellement une tare ou soupçonner un problème locomoteur, mais toute appréciation de ses aptitudes serait purement hypothétique.

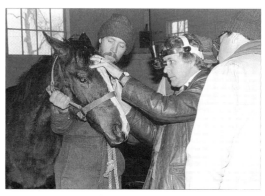

Fig. 22-5. L'examen des yeux permet de déceler les cicatrices cornéennes, les cataractes et autres troubles visuels.

Dans la mesure du possible il faut faire l'examen en un lieu où l'on a accès à la fois à un sol dur et à une surface plus molle, comme de l'herbe ou du sable. Une surface plane permet au vétérinaire d'apprécier la prise d'appui des pieds et les mouvements anormaux des membres pouvant influer sur les aptitudes sportives du cheval. Une légère pente est particulièrement utile pour reconnaître les boiteries légères.

La personne maniant le cheval doit être capable de le faire trotter en main et de le longer à main droite et à main gauche.

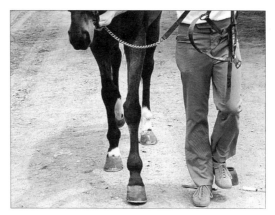

Fig. 22-6. Un sol égal permet de reconnaître les anomalies de la prise d'appui des pieds.

L'animal ne doit pas être exercé avant l'étude des allures pour ne pas masquer des problèmes qui s'améliorent à chaud.

Les boiteries ne se révèlent pas toutes avant qu'on ait demandé à l'animal l'exercice auquel il est destiné. Il est souhaitable de faire sauter un cheval de jumping et de faire faire à un cheval de dressage les exercices correspondant à son degré d'entraînement. Lorsque le sujet est soumis aux sollicitations de ces épreuves, des problèmes subtils de dos ou de membre peuvent devenir visibles pour un vétérinaire expérimenté. L'exercice peut aussi révéler d'autres problèmes, tels que le cornage, anomalie grave des voies respiratoires supérieures. Dans les formes légères, le cheval peut ne pas faire de bruit anormal et seul un examen endoscopique permet de reconnaître la paralysie du larynx.

Un examen de l'appareil génital avant l'achat de juments poulinières ou d'étalons reproducteurs peut éviter ultérieurement des surprises désagréables.

Autres épreuves diagnostiques

Les autres examens comprennent des radiographies de certaines parties des membres, une échographie des tendons, une numération-formule sanguine, des examens chimiques du sang et la recherche de médicaments dans le sang.

L'acheteur et le vendeur doivent tenir compte des délais d'obtention des résultats dont la vente peut dépendre. Ceux-ci sont rapides pour les radiographies et les examens sanguins, mais certains tests sont faits dans des laboratoires extérieurs et ils demandent plus de temps.

Recherche des médicaments

Cette recherche ne détecte pas les médicaments injectés dans une articulation, ni tous les médicaments antalgiques administrés par voie générale. Pour être tout à fait certain de l'absence de médication dans les quelques jours précédant l'examen, le cheval peut être amené dans l'écurie de l'acheteur. Celui-ci souscrit alors une assurance provisoire pour couvrir les accidents ou les maladies pouvant s'y produire.

Radiographies

Une radiographie unique d'une partie suspecte du membre ne fournit pas des informations suffisantes. Pour étudier une articulation, il faut par exemple prendre 4 ou 5 clichés selon des incidences différentes.

L'examen vétérinaire révèle les zones nécessitant un examen radiographique ou, dans des cas particuliers, une anesthésie locorégionale. Le client doit être prêt à faire les frais nécessaires dans la limite du raisonnable pour réaliser ces examens complémentaires. Dans le cas contraire, des défauts importants peuvent être omis. En l'absence de radiographies des articulations suspectes, les constatations cliniques permettent difficilement de déterminer s'il s'agit d'une arthrose ou d'une ostéochondrose, et il est également difficile de reconnaître les lésions osseuses chroniques dues à une infection ou à un traumatisme antérieurs. Les radiographies du pied imposent souvent de déferrer le cheval. Il faut en prévenir le vendeur et obtenir son autorisation à l'avance afin qu'il prenne ses dispositions pour le faire referrer.

Le cheval non entraîné

Il est difficile d'apprécier l'aptitude d'un cheval à une discipline sportive donnée s'il n'y a pas encore été entraîné. Il faut le monter au cours de l'examen s'il a été débourré.

Il peut être difficile d'apprécier un animal non dressé qu'on ne peut mener en main ou qui n'est pas habitué à être manié. L'interprétation des résultats de la manipulation des membres ou de l'examen des pieds à la pince à sabot peut être difficile chez les jeunes chevaux qui se débattent. Il faut prendre ses dispositions pour pouvoir faire s'exercer le cheval non dressé dans une enceinte. L'acheteur doit être conscient des limites d'une visite d'achat faite dans des conditions où le vétérinaire ne peut pas faire un examen direct approfondi.

Prévisions de carrière

Les résultats de l'examen clinique ne sont pas toujours concluants. Chez les équins, un problème important est l'utilisation de la radiographie pour déterminer si un individu est porteur de lésions en cours d'évolution et qui ne le font pas encore boiter. On demande souvent au vétérinaire de prédire si l'animal restera sain et apte à un service sportif sur la base des signes cliniques et radiographiques recueillis le jour de l'examen. L'acheteur désire également souvent sa-

voir si le cheval gardera sa valeur à la revente. On demande donc au vétérinaire d'être un voyant !
Mais il ne peut que fournir une réponse basée sur son appréciation clinique appuyée sur son expérience et il se trompera à l'occasion comme tout le monde. Lors de la visite d'achat, l'appréciation du vétérinaire doit prendre en compte de nombreux facteurs comme :
- le type de travail demandé au cheval,
- la qualité du développement de l'appareil locomoteur par le programme d'entraînement,
- le terrain sur lequel le cheval travaillera,
- la compétence du maréchal ferrant,
- l'usure de l'organisme liée à l'âge.

Radiographie de l'appareil naviculaire

L'étude radiographique de l'appareil naviculaire est le point le plus épineux de la visite d'achat. Lors d'une convention récente de l'American Association of Equine Practitioners, il a été indiqué que 43 % des litiges relatifs aux visites d'achat portent sur les radiographies de l'appareil naviculaire.

Les radiographies seules ne peuvent servir de base à un diagnostic de maladie naviculaire car celui-ci ne peut être établi qu'après avoir recueilli l'histoire clinique et enregistré les résultats de l'étude des allures sur différents types de terrain, des épreuves de flexion, de l'examen du pied à la pince exploratrice, des anesthésies locorégionales et des radiographies.

On attache cependant une grande importance aux seuls clichés dans la visite d'achat. Les acheteurs s'attendent en effet à ce qu'ils indiquent si le cheval est ou sera atteint de maladie naviculaire. Les données scientifiques montrent une corrélation incomplète entre les radiographies et les manifestations cliniques de la maladie.

Une maladie naviculaire peut être simulée par de simples bleimes ou une ferrure déséquilibrée, en l'absence de toute lésion de l'appareil naviculaire. Un diagnostic erroné peut ainsi être posé, sans qu'on laisse au cheval la chance de guérir et de montrer ses aptitudes réelles.

Les chevaux véritablement atteints de cette maladie ne présentent pas tous des anomalies radiographiques de l'os naviculaire. Cela peut tenir à ce que la douleur est due à des lésions des tissus mous comme le tendon fléchisseur profond du doigt ou la bourse naviculaire plutôt qu'à des lésions de l'os. Après un long repos et à un « bon jour », un cheval peut ne pas boiter et sa maladie naviculaire échapper à un examen approfondi, complété par des radiographies.

Par ailleurs, de nombreux chevaux de sport, surtout s'ils sont âgés de plus de 10-12 ans, présentent des signes radiographiques de lésion de l'os naviculaire, sans antécédents ou signes actuels de boiterie. Il est donc erroné et injustifié de baser le diagnostic de maladie naviculaire uniquement sur la radiographie.

Responsabilité

Il faut étudier les radiographies du pied avec le plus grand soin, sans toutefois leur accorder trop d'importance. Les vétérinaires se trouvent dans une situation où on leur demande de garantir l'aptitude future d'un cheval, alors qu'ils fondaient leur appréciation et leur conclusion sur un examen de quelques heures. De tels risques juridiques les obligent à être excessivement prudents et pessimistes dans leurs conclusions.

Cela n'est pas seulement injuste pour eux, mais fait poser souvent un diagnostic de maladie naviculaire « débutante », ce qui condamne le cheval et son propriétaire. La valeur de l'animal est ainsi considérablement diminuée, ce qui nuit au vendeur, et il devient de plus en plus difficile à vendre à mesure que la rumeur se répand. Peu de compagnies d'assurances couvrent les chevaux atteints de maladie naviculaire.

Intérêt et limites de la visite d'achat

Traditionnellement, le principe des acheteurs était « acheteur, méfie-toi » ; maintenant, grâce aux moyens dont ils disposent, à leurs connaissances scientifiques et à leur expérience, les vétérinaires peuvent défendre les intérêts de l'acheteur lors de la visite d'achat, mais cela ne leur donne pas pour autant des dons de voyance.

Il faut tenir compte des points suivants :
- C'est l'acheteur qui décide d'employer le vétérinaire et de lui faire confiance.
- Les vétérinaires ne sont que des hommes exposés à l'erreur.
- Tous les chevaux peuvent faillir à l'usage et avec le temps.
- Rien ne peut garantir la santé et l'aptitude d'un être vivant.
- Aucun cheval n'est aussi parfait qu'on peut se l'imaginer.
- C'est l'acheteur qui prend la décision finale d'achat.

Tout en tenant compte de ce qu'on peut attendre d'une visite d'achat et des limites de la capacité de l'homme à faire des prévisions à long terme, l'examen vétérinaire permet à l'acheteur de prendre une décision éclairée.

Pour un cheval physiquement et psychiquement sain, la visite d'achat permet aussi d'établir les bases d'un programme rationnel d'entraînement et d'alimentation. Les défauts de conformation notés lors de la visite avertissent l'acheteur des points à surveiller en cours d'entraînement. Les problèmes reconnus de déséquilibre des pieds et de ferrure permettent de commencer les mesures correctrices. Toutes ces informations fournissent les fondations d'un projet sportif rationnel.

23

REPRODUCTION DU CHEVAL DE SPORT

Dans la vie d'un cheval de sport, il peut y avoir des moments où il est inutilisable. À l'entraînement ou en compétition, il peut être atteint d'une affection de l'appareil locomoteur imposant un repos de plusieurs mois. S'il s'agit d'une jument, on peut profiter de ce repos pour la faire se reproduire.

De tous les grands animaux domestiques, les juments ont la plus faible fécondité et moins de 60 % d'entre elles

Fig. 23-1. Une conduite rationnelle de la reproduction fournit un athlète équin sain.

donnent tous les ans un poulain vivant. Comme pour les performances sportives, de bons soins leur permettent de réaliser ses potentialités de reproductrice. Un examen vétérinaire préalable et une bonne programmation de la saillie augmentent les chances qu'elles soient fécondées et donnent des poulains viables.

485

PRÉPARATION À LA REPRODUCTION

Fig. 23-2. Une jument participant à des compétitions doit en être retirée au moins deux mois avant la saillie.

On ne peut attendre d'une jument qu'elle conçoive immédiatement après avoir été retirée d'une activité sportive intense. Il faut laisser s'écouler *au moins deux mois* entre l'arrêt de son travail et la saillie. Cette période lui permet d'évacuer le stress et de normaliser son cycle œstral. Plusieurs mois supplémentaires sont nécessaires pour qu'elle s'adapte à un environnement plus calme.

De même, le stress des compétitions diminue la fertilité des étalons. Une période de détente de plusieurs jours peut être nécessaire pour augmenter leurs chances de féconder une jument dès la première saillie.

Problèmes de poids

Une jument retirée de la compétition peut être trop maigre pour avoir une activité génitale normale. Elle doit commencer par prendre du poids une fois son activité sportive terminée. Les juments soumises à un programme de suralimentation (flushing) avant la saison de monte viennent en chaleurs un mois plus tôt que celles ne prenant pas de poids. Une poulinière en forme doit avoir une mince couche de graisse sur les côtes, qui ne sont ainsi plus visibles, mais restent facilement palpables.

Les chevaux d'exposition retirés du circuit des concours et destinés à la reproduction peuvent avoir le problème inverse de celui des chevaux de sport et être trop gras. Il faut immédiatement leur supprimer les aliments fortement énergétiques et leur fournir une ration d'entretien riche en fourrages grossiers et pauvre en céréales.

LA JUMENT

Anomalies du cycle œstral

Cycle œstral et performances

Le stress des compétitions altère souvent passagèrement le cycle œstral de la jument, qui peut ne plus avoir de chaleurs du tout ou seulement irrégulièrement. Une jument retirée des courses peut avoir du mal à concevoir la première année suivant l'arrêt des compétitions.

Stéroïdes

On utilise parfois des stéroïdes anabolisants pour améliorer l'état général, la croissance ou la musculature des chevaux, mais ils ont un effet nocif sur l'appareil endocrinien des juments. Les effets d'hormone mâle de ces médicaments font que celles-ci n'ont plus de chaleurs ou seulement irrégulièrement et peuvent même développer un comportement d'étalon. Leurs effets sont réversibles, mais il faut plusieurs mois pour que la jument retrouve des chaleurs normales après l'arrêt de leur administration.

Douleur

La jument de sport souffrant d'une blessure grave et très douloureuse peut avoir du mal à concevoir car une douleur intense interfère avec la sécrétion des hormones et peut interrompre des cycles œstraux normaux.

Cycle sexuel de la jument

La jument est *polyœstrienne saisonnière*, ce qui veut dire qu'elle a un grand nombre de chaleurs pendant la saison de reproduction. Sa période de fertilité maximale s'étend en effet d'avril à août dans l'hémisphère nord, mais beaucoup sont saillies plus tôt ; la plupart n'ont plus de chaleurs (anœstrus) en hiver, de novembre à février.
Les juments entrent dans une période de transition en février-mars. L'allongement des jours provoque la sécrétion par l'hypophyse, d'hormones qui stimulent l'activité des ovaires qui commencent à développer des follicules, lesquels évoluent et libèrent, à maturité, un ovule susceptible d'être fécondé.
Les chaleurs sont irrégulières à la période de transition et elles peuvent se prolonger sans s'accompagner d'ovulation. Normalement, d'avril à août, la jument

a, tous les 21 jours, des chaleurs qui durent 5 jours environ et se manifestent par des signes, tels que clignotements de la vulve, élévation de la queue et mictions fréquentes.

La nature favorise la survie de l'espèce en accordant une fertilité maximale à la jument et à l'étalon pendant les périodes les plus chaudes de l'année, et la gestation de 11 mois permet ensuite au poulain de naître dans un environnement favorable pour lui et sa mère. Une évaluation de l'aptitude de la jument à la reproduction faite avant la saison de monte permet de reconnaître et de régler ses problèmes de santé.

À chaque saillie il existe un risque de blessure ou d'infection de l'utérus. On minimise ce risque en diminuant le nombre des saillies nécessaires pour la fécondation en faisant coïncider les dates prévues pour la saillie avec les périodes de fertilité de la jument.

Traitement hormonal

Des hormones, telles que la progestérone, la prostaglandine ou la gonadotrophine chorionique humaine, permettent de synchroniser la maturation du follicule avec la date de saillie prévue. Ce traitement n'est cependant efficace que si les ovaires de la jument sont actifs et si elle est cyclée.

À la période d'anœstrus hivernal et au début de la période de transition en février-mars, ce traitement hormonal est inefficace car seulement 20 à 30 % des juments ont des chaleurs et des ovulations régulières à cette période, contre plus de 80 % en avril-mai.

Éclairage artificiel

Fig. 23-3. Un éclairage artificiel avance l'apparition des cycles au printemps.

Pour favoriser des chaleurs plus précoces, on peut avancer la période de transition en stimulant l'augmentation naturelle de la sécrétion d'hormones par un éclairage artificiel. Les signaux lumineux perçus par les récepteurs des yeux atteignent l'épiphyse située derrière l'hypothalamus dans le cerveau. L'allongement des jours au printemps est ainsi simulé et l'hypothalamus stimule la sécrétion hormonale. Les ovaires sont activés et forment des follicules qui libèrent un ovule. Les chaleurs se répètent toutes les trois semaines et donnent de nombreuses occasions pour faire féconder la jument.

Recommandations
Seize heures d'éclairage par jour sont nécessaires pour que la méthode ait une efficacité maximale. Le type de lumière est moins important que la durée. Les tubes fluorescents, les lampes à vapeur de mercure et celles à incandescence à filament de tungstène sont tous efficaces. Il faut fournir un éclairage supplémentaire pendant deux mois car les follicules se développent et donnent un ovule au bout d'un mois. Pour avoir un effet maximum, l'éclairage doit commencer le 1er décembre en vue d'un début de la saison de reproduction prévu pour le 1er mars.
Il faut éclairer de 4 h 30 à 11 h 00 du matin, ce qui assure au total 16 heures de lumière artificielle et naturelle. Dans une stalle de 3 m × 3 m, on place une lampe à incandescence de 200 watts ou un tube fluorescent de 40 watts à 3 m au-dessus de la jument. On doit pouvoir y lire un journal. La jument ne doit pas pouvoir soustraire sa tête de la lumière, sinon son épiphyse ne serait pas stimulée.
Des études récentes ont montré que, pour économiser l'énergie, il suffit d'une ou deux heures d'éclairage artificiel, appliquées 8-10 heures après le coucher du soleil. L'éclairage entre 1 h 00 et 4 h 00 du matin avance la période de transition.

Couverture et alimentation
L'éclairage artificiel stimule également la mue et l'élimination du pelage d'hiver. Cette mue prématurée impose l'application d'une couverture et le maintien à l'écurie dans les climats froids. La jument peut avoir besoin d'un supplément d'aliments pour rester en bon état général. Dans les climats froids également, en cas de recours à l'avancement de la saison de reproduction, il faut pouvoir la garder à l'écurie en janvier, février et mars pour protéger le poulain du froid.

Programme prophylactique

Si un programme prophylactique n'est pas encore institué, il faut le faire et :
- vermifuger la jument tous les deux mois avec un produit convenant aux juments pleines,
- la vacciner contre la rhinopneumonie avant la saillie, avec rappels à 5, 7 et 9 mois de gestation afin de réduire le risque d'avortement d'origine virale,
- faire les rappels normaux contre le tétanos et la grippe aux moments fixés par le vétérinaire.

Examen vétérinaire de la jument poulinière

On évite des pertes de temps au cours de la saison de monte et des frais inutiles en contrôlant préalablement la santé de l'appareil génital de la jument. Un examen vétérinaire permet de déceler les anomalies externes et internes de l'appareil génital qui pourraient empêcher la fécondation.

Examen physique général

Il faut commencer par s'assurer de la santé et de l'intégrité du cœur et des poumons, ainsi que des membres et des pieds. Les souffles et les arythmies cardiaques perturbent le métabolisme. Les affections pulmonaires chroniques interfèrent avec l'apport d'oxygène si important pour la santé du placenta et du fœtus. La toux associée aux affections respiratoires chroniques obstructives (emphysème) peut provoquer des efforts respiratoires suffisants pour entraîner le développement d'un pneumovagin qui favorise alors un état inflammatoire ou une infection du vagin.

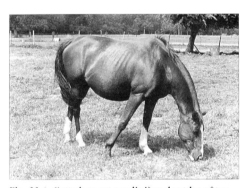

Fig. 23-4. Cette jument poulinière dont les côtes sont à peine visibles, est en bon état d'embonpoint.

Les douleurs chroniques intenses des arthroses, de la fourbure et autres affections des membres peuvent provoquer un stress empêchant la jument de concevoir ou de mener une gestation à terme. Un risque supplémentaire existe chez celles souffrant de fourbure chronique. Si le poulinage est difficile ou s'il est suivi d'une métrite (infection de l'utérus), le passage de toxines dans le sang peut aggraver la fourbure préexistante.

Si elle n'a pas de bonnes dents, la jument sera incapable de satisfaire les besoins nutritifs accrus de la gestation et de la lactation. Il faut apprécier son état d'embonpoint pour ajuster convenablement son alimentation de façon optimale. Ses côtes devraient être à peine visibles. Un ou deux mois avant la saison de monte, on peut donc établir un régime alimentaire assurant une prise de poids lente et contrôlée. L'obésité nuit à la fertilité mais la malnutrition aussi.

Le pelage informe sur l'efficacité des traitements antiparasitaires et sur le bon fonctionnement hormonal. Un pelage rude peut indiquer des problèmes de santé internes ou un parasitisme intestinal et une mue tardive, l'absence d'une réponse normale de l'appareil endocrinien à l'allongement des jours.

Maturité

Les pouliches ne doivent pas être saillies avant que leur appareil génital et leur squelette n'aient atteint leur plein développement. Les besoins liés à la gestation sont maximaux au dernier trimestre (8-11e mois). Il ne faut donc pas les faire saillir avant qu'elles aient 3 ans ; elles s'approcheront ainsi de leurs 4 ans, quand elles seront sollicitées par les besoins du développement rapide du fœtus et de la lactation.

Examen de l'appareil génital femelle

Une infection de l'utérus (métrite) est une cause fréquente d'infertilité ou de mort embryonnaire précoce. Par son anatomie particulière, le périnée, région séparant l'anus de la vulve, constitue la première ligne de défense protégeant l'utérus d'une invasion par les microbes.

Le périnée

La vulve de la jument est normalement verticale, avec des lèvres pleines et étroitement accolées de façon à empêcher la pénétration d'air (pneumovagin) ou d'excréments dans le vagin. Quatre-vingts pour cent environ de la vulve se trouvent normalement au-dessous du plancher du bassin. L'anus est situé légèrement en arrière ou juste au-dessus de la vulve, ce qui empêche les excréments de lui tomber sur les lèvres.

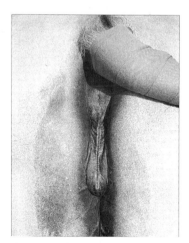

Fig. 23-5. Vulve et périnée normaux.

• *Vagin incliné*
Lorsque le vagin a une orientation anormale, les lèvres de la vulve sont situées au-dessus du plancher du bassin et elle tend à être horizontale. L'anus s'enfonce et les excréments tombent ainsi directement sur la vulve dont les lèvres peuvent bailler et permettre ainsi l'entrée d'excréments et d'air. Pour vérifier si le vagin aspire de l'air, il faut placer le plat d'une main sur chacune des lèvres pour les écarter doucement. En cas de pneumovagin, de l'air est alors aspiré en produisant un bruit de succion. Chez les juments âgées ou les chevaux très maigres, la position de l'anus et de la vulve est modifiée par la disparition du tonus musculaire.

- *Sceau vestibulaire*

Le sceau vestibulaire formé par la portion postérieure du vagin, l'hymen et le plancher du bassin constituent la seconde barrière protectrice contre l'infection de l'utérus. Si la vulve bascule horizontalement, ses muscles constricteurs et ceux du vestibule ne peuvent plus empêcher la contamination de l'appareil génital.

La bascule de la vulve n'est pas seulement liée à l'âge ou à la maigreur ; elle peut aussi être une malformation congénitale. Il faut rechercher les pouliches ainsi affectées pour assurer leur fertilité future par une opération correctrice et se rappeler que la conformation est héréditaire et que des malformations peuvent être transmises par la mère. À l'état naturel les juments mal conformées sont stériles, mais les progrès médicaux permettent maintenant d'en faire reproduire un grand nombre.

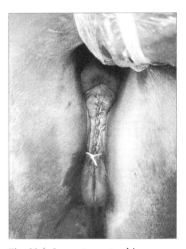

Fig. 23-6. Jument ayant subi une opération de Caslick (vulvoplastie).

- *Opération de Caslick (vulvoplastie)*

Les souillures de l'appareil génital de la jument peuvent provoquer une infection et, par la suite, une infertilité. Après qu'une jument à pneumovagin a été saillie, le vétérinaire peut pratiquer une épisioplastie (opération de Caslick) pour fermer les lèvres de la vulve et empêcher les souillures de l'appareil génital. Après anesthésie locale des lèvres de la vulve, on en enlève une partie puis on les réunit par une suture de façon à ce qu'elles soient unies par la cicatrisation. Plusieurs semaines avant le poulinage, on ouvre à nouveau la vulve pour permettre une mise bas normale, sans que la vulve se déchire.

- *Déchirures du périnée*

Une mauvaise position d'un membre du poulain peut parfois provoquer une déchirure du périnée au cours du poulinage. Il faut le reconstruire bien avant la saison de monte pour permettre à l'infection génitale de guérir. Dans les déchirures du périnée dites du troisième degré, le rectum et le vagin communiquent de façon telle que les excréments passent directement dans le vagin. Ce type de déchirure doit être réparé en trois temps et il faut jusqu'à un an pour que la jument puisse être saillie à nouveau.

Examen de la mamelle

Avant la saison de monte, la mamelle doit être examinée à la recherche d'anomalies de taille et de consistance, de tumeurs, de cicatrices ou de signes de mammite antérieure ou actuelle ainsi que les cuisses et la face inférieure de la queue à la recherche d'un écoulement vaginal anormal.

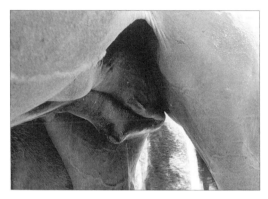

Fig. 23-7. Mammite.

Examen de l'appareil génital femelle interne

Exploration rectale

Après examen général et des organes génitaux externes, on peut étudier les organes génitaux internes. Dans l'exploration rectale, le vétérinaire engage son bras garni d'un gant lubrifié dans le rectum de la jument pour palper les ovaires, l'utérus et le col. Il apprécie la taille des ovaires et la présence de follicules. Le tonus et la taille de l'utérus et du col renseignent sur la présence de liquide, de tumeur, d'abcès, d'adhérences ou de tissu cicatriciel. Un utérus atone ou de consistance pâteuse peut indiquer une infection ou des troubles hormonaux.

Les pouliches vierges doivent subir une exploration rectale destinée à contrôler que leur appareil génital interne est complet et normal. On constate parfois des anomalies telles que l'absence d'un ovaire, une tumeur de l'ovaire ou une duplication du col de l'utérus.

Examen vaginal

Après avoir soigneusement nettoyé le périnée et enveloppé la queue pour éviter d'entraîner des saletés dans les voies génitales, on examine le vagin au moyen d'un spéculum, à la recherche :
- d'une inflammation,
- de congestion,
- de kystes,
- d'écoulement anormal,
- de déchirures du vagin ou de la vulve liées à des poulinages antérieurs,
- de déchirures ou d'adhérences du col.

Le col utérin est la troisième barrière s'opposant à l'infection de l'utérus et son intégrité est importante pour l'aptitude à la reproduction. Par ailleurs, un hymen

peut être présent et il faut le rompre à l'occasion de l'examen (avant la saison de reproduction) car le sang est spermicide
La couleur et l'humidité de la muqueuse vaginale reflètent sa santé et l'équilibre hormonal. La présence de bulles d'air peut indiquer un pneumovagin, alors que celle de liquide sur le plancher du vagin révèle d'autres problèmes graves.

- *Urovagin*

Chez certaines juments, une cause importante d'infertilité est l'accumulation sur le plancher du vagin de résidus d'urine incomplètement éliminés des voies génitales. L'urine n'est pas seulement spermicide, elle est aussi irritante et provoque une inflammation du vagin ou une cervicite (inflammation du col utérin) entraînant une infertilité. Le vétérinaire peut voir l'urine avec le spéculum, et faire analyser le liquide vaginal pour en confirmer la nature.
Les juments à vulve horizontalisée sont particulièrement exposées à l'urovagin. Lorsque la vulve est normale, la pénétration dans le vagin se fait vers le haut, ce qui assure une évacuation normale de l'urine, qui tend au contraire à s'écouler dans le vagin, si la vulve est basculée. Une très légère bascule peut se produire lorsque l'appareil génital est relâché à l'œstrus ou en cas d'opération de Caslick mal réalisée.

- *Opération*

On traite l'urovagin par une opération de prolongement de l'urètre utilisant les tissus vaginaux pour créer un canal, qui conduit l'urine vers l'extérieur et l'empêche ainsi de s'accumuler dans le vagin. Dans une étude, l'opération a permis un taux de fécondation de 92 % chez des juments souffrant précédemment d'urovagin dont 65 % ont mené leur gestation à terme.

Juments vierges

Quel que soit son âge, une jument est vierge si elle n'a jamais été saillie et elle ne l'est plus une fois saillie, qu'elle conçoive ou non. L'utérus vierge est stérile. Chez les juments vierges, on termine généralement l'examen génital après l'exploration rectale et du vagin. Il n'y a pas de raison de suspecter une infection utérine en l'absence d'anomalies de la vulve, d'inflammation du vagin, ou d'urovagin. Chez les juments qui ont été saillies, avec ou sans fécondation, et chez les juments mal conformées, on poursuit l'examen.

Examen bactériologique de l'utérus

On peut faire un prélèvement directement dans l'utérus pour rechercher une infection de la muqueuse. On engage un très long écouvillon protégé par une gaine en plastique à travers le col utérin, dont on le fait dépasser, une fois dans l'utérus. On le laisse s'imprégner pendant 30 secondes de sécrétions utérines et on le tire à nouveau à l'intérieur de la gaine stérile protectrice. On l'envoie ensuite au laboratoire dans les 48 heures en vue de cultures et d'antibiogramme en cas de développement.

• *Efficacité des examens bactériologiques*
La corrélation entre les cultures bactériennes utérines et l'existence effective d'une maladie est médiocre. Il ne se produit pas de développement bactérien significatif chez près de 61 % des juments souffrant d'une infection utérine. D'autres peuvent avoir des bactéries résidentes non pathogènes dans l'utérus, sans maladie associée. On trouve des bactéries dans la muqueuse utérine de 80 % des juments jusqu'à trois jours après la saillie et jusqu'à 30 jours après le poulinage. Le système immunitaire d'une jument saine les élimine rapidement. Cependant, les cultures microbiennes et les antibiogrammes sont utiles pour confirmer d'autres constatations cliniques telles que :
• consistance anormale de l'utérus,
• présence de liquide ou d'urine,
• infertilité chronique,
• anomalies identifiées à partir de biopsies utérines (cytologies).
La présence de streptocoques bêta-hémolytiques, de *Klebsiella*, de *Pseudomonas*, d'*Escherichia coli* ou de levure est significative. On traite l'infection utérine avant la saillie par des antibiotiques localement par voie générale avant la mise à la reproduction.

Étude cytologique de la muqueuse utérine
L'écouvillon utilisé pour récolter des sécrétions utérines recueille également des cellules de sa muqueuse. Au laboratoire, on fait rouler l'écouvillon sur une lame de verre, qu'on colore et qu'on examine au microscope à la recherche de cellules inflammatoires, de bactéries ou de débris. La présence de certaines cellules inflammatoires informe sur la gravité et l'ancienneté de l'infection.

Biopsie utérine
La biopsie utérine est la méthode renseignant le mieux sur l'intégrité et la santé de l'utérus. Par le col, on introduit dans l'utérus un instrument spécial dont on referme les mors sur la muqueuse pour en détacher un fragment. Le revêtement interne de l'utérus (endomètre) de la jument est dépourvu de terminaisons nerveuses, à la différence de celui de la femme, et la biopsie est ainsi indolore. Au laboratoire, on prépare des coupes fines du prélèvement qu'on examine au microscope. Un prélèvement fait au hasard informe globalement sur la santé de l'utérus.

• *Infection utérine et infertilité*
L'infertilité est souvent due à une infection profonde de la muqueuse utérine qu'on ne peut déceler que par biopsie. L'examen microscopique permet de reconnaître les inflammations, les infections et la sclérose des glandes nourricières de l'utérus. Il existe une corrélation parfaite entre la fertilité et les résultats de la biopsie, qui est ainsi un outil diagnostique inestimable. Kenney a établi un système de notation et de classement des anomalies utérines, qui permet de prévoir la fécondité des juments.

Classification de Kenney

• *Degré I*
Dans le degré I, l'endomètre ne présente que des anomalies (infection, inflammation ou sclérose des glandes) très réduites ou nulles et la jument a au moins 80 % de chances de concevoir.

• *Degré II*
Le degré II correspond à une inflammation et à une sclérose modérées des glandes, qui interfèrent avec la capacité de l'endomètre à nourrir convenablement le poulain jusqu'au terme. Le degré IIA s'accompagne d'une probabilité de 50-80 % de poursuite de la gestation. Une jument ainsi classée a de bonnes chances de revenir au degré I avec un traitement convenable. Au degré IIB, les lésions de l'endomètre sont plus étendues et les chances d'une gestation menée à terme sont réduites (10 à 50 %).

• *Degré III*
Ce degré est le plus grave ; il indique des lésions inflammatoires et une sclérose périglandulaire étendues et irréversibles, entraînant des chances de fécondation et de gestation menée à terme inférieures à 10 %. Une sclérose étendue de l'utérus diminue sa motilité à une période critique, pendant laquelle elle est essentielle pour la poursuite de la gestation.
Si la motilité de l'utérus est diminuée, l'embryon peut ne pas migrer au cours des 5-15 jours suivant la fécondation. La migration de l'embryon active des signaux chimiques, qui bloquent la libération de prostaglandines par l'utérus. En leur absence, celles-ci sont libérées, ce qui provoque une diminution prématurée de la production de progestérone, hormone nécessaire à la poursuite de la gestation débutante, et l'embryon est éliminé. Une sclérose étendue de l'utérus, et en particulier des zones glandulaires, réduit l'apport à l'embryon des éléments nutritifs qui lui sont indispensables.

CLASSIFICATION DE KENNEY DES LÉSIONS UTÉRINES

Degré	Chances de conception	Lésions
Degré I	80 % au minimum	Minimes ou nulles
Degré II • IIa • IIb	 50-80 % 10-50 %	De gravité moyenne et pouvant régresser avec un traitement
Degré III	Inférieures à 10 %	Étendues et irréversibles

Fig. 23-8.

Conduite de la reproduction

L'époque où l'on faisait saillir une jument sous l'impulsion du moment est bien révolue et la reproduction des étalons et juments d'élite est maintenant planifiée. Par ses manipulations et ses interférences dans la reproduction des animaux peu fertiles, l'homme peut perpétuer la nécessité de ses interventions. La nature ne sélectionne plus des animaux capables de se reproduire sans l'intervention de l'homme. La sélection sur les performances et la beauté porte sur de nombreux autres critères et contrarie la sélection naturelle sur la fertilité. On peut traiter médicalement ou chirurgicalement les malformations vaginales, les urovagins ou les métrites. Ces problèmes peuvent être transmis à la descendance et se perpétuer, alors qu'ils auraient disparu dans les conditions naturelles.

Amélioration génétique

Ce n'est qu'en reconnaissant les caractères indésirables des géniteurs et en s'efforçant de les éliminer que l'éleveur contribue à l'amélioration de l'espèce équine. Il faut discuter des défauts possibles avec d'autres éleveurs ou un vétérinaire et être très critique.

Avant de faire reproduire une jument, on doit considérer sa contribution possible à la qualité de l'espèce. Une jument présentant une malformation peut donner un poulain affecté de la même façon. C'est une très grande erreur que d'accoupler une jument excellente à un étalon médiocre (ou vice-versa).

Fig. 23-9. Il faut évaluer avec soin la contribution de la jument qui doit être saillie.

Le prix de la saillie ne représente qu'une faible partie du coût de l'élevage du poulain jusqu'à l'âge où il peut participer à des compétitions, il ne faut donc pas chercher à économiser lors de l'investissement initial, et choisir une jument et un étalon d'excellente qualité. On doit analyser les performances de l'étalon et de sa descendance et la compatibilité des conformations de l'étalon et de la jument.

L'ÉTALON

L'étalon reproducteur a une place unique dans le monde sportif. Non seulement il participe à des compétitions, mais il transmet ses caractères héréditaires à sa descendance. En raison de la durée de son influence, il faut sélectionner avec rigueur l'étalon complétant parfaitement la jument.

Son caractère est essentiel pour l'agrément de son utilisation. Un cheval méchant est dangereux pour l'homme et les juments poulinières, et ce caractère peut être transmis au poulain. Il est donc préférable de castrer un étalon dangereux, plutôt que risquer qu'il transmette cette tendance à sa descendance.

Avant d'investir dans une saillie, il faut étudier les performances de l'étalon et de son éventuelle descendance suffisamment âgée pour participer à des compétitions pour vérifier si les caractères recherchés lui ont été transmis. Le pedigree peut suggérer le potentiel sportif, mais les générations récentes peuvent confirmer ou infirmer la valeur sportive d'une lignée donnée.

L'étalon considéré doit avoir une conformation et des qualités complémentaires de celles de la jument de façon à compenser ses faiblesses et à obtenir un poulain de plus grande qualité. Il faut éviter de faire reproduire une jument présentant un trop grand nombre de défauts qu'elle pourrait transmettre ainsi que les individus retirés de la compétition pour une boiterie due à une mauvaise conformation.

Aptitude à la reproduction

Une bonne conformation et des performances sportives impressionnantes ne suffisent pas à faire d'un cheval un étalon susceptible de transmettre ses caractères, il faut aussi contrôler son aptitude à la reproduction.

Pour cela, on recueille et on analyse son sperme. L'opération de récolte du sperme renseigne de plus sur la libido du cheval et son comportement à la saillie. Certains étalons sont intimidés par la saillie à la suite de mauvaises expériences, et il est important d'apprécier si le cheval est agressif ou difficile à manier en présence d'une jument en chaleurs ou s'il a du mal à avoir et à maintenir une érection, à monter la jument ou le mannequin ou à parvenir à l'éjaculation. On doit cependant éviter de tirer trop de conclusions des performances d'un cheval inexpérimenté lors de ses premiers essais. L'étalon doit être capable de se dresser sur ses postérieurs pour faire le saut. Certains haras américains ont créé des installations spéciales, où les juments se trouvent en contrebas pour faciliter l'accès aux étalons souffrant d'arthrose. Ces questions d'organisation des haras sont aussi importantes que la santé de l'étalon, car elles assurent le succès de la saillie naturelle. Il faut étudier avec soin l'état de santé générale du cheval ainsi que son histoire médicale, faire un examen physique approfondi, contrôler les programmes de vermifugation et de vaccination et l'expérience antérieure ou les problèmes relatifs à la reproduction. Un historique complet des problèmes médicaux ou chirurgicaux du cheval doit être communiqué pour établir s'ils peuvent nuire à une carrière de reproducteur.

Examen physique

Le cheval destiné à la reproduction doit être en état d'embonpoint moyen et donc ni gras ni maigre. On lui examine les dents à la recherche de problèmes pouvant compromettre ce bon état, mais aussi le cœur et la respiration au repos et après l'effort. Le propriétaire de la jument devant être saillie doit étudier soigneusement la rectitude des membres, la taille, l'état des sabots et la conformation générale de l'étalon, pour déterminer s'il complète sa jument. L'étalon apporte la moitié du patrimoine génétique et qu'il peut transmettre ses défauts à sa descendance.

Défauts héréditaires

Il est important de rechercher des défauts transmissibles comme la non-descente d'un testicule (cryptorchidie), les hernies scrotales ou ombilicales, le bec de perroquet ou la cataracte. Ces anomalies se transmettent héréditairement et rendent le cheval indésirable comme étalon.
Sans être strictement transmissibles génétiquement, certains autres caractères ont tendance à être héréditaires, comme les angulations anormales des membres, l'ostéochondrose et les anomalies de la colonne vertébrale cervicale responsables du mal de chien. Il faut rechercher si de tels problèmes sont rapportés dans l'ascendance ou la descendance de l'étalon.

Examen de l'appareil génital mâle

Il est important d'examiner les organes génitaux externes et internes du cheval. On recherche les blessures, les cicatrices ou les tumeurs au niveau du fourreau. On mesure les testicules avec un pied à coulisse au point le plus large des bourses et on apprécie leur consistance par palpation.

Les testicules

Les testicules doivent être fermes : une consistance molle, pâteuse ou dure peut indiquer une maladie ou une dégénérescence. On étudie les organes génitaux internes par exploration rectale ou par échographie.

Il existe une forte corrélation entre la taille des testicules et la quantité de sperme produite, ce qui est déterminant pour la fertilité. Les jeunes poulains peuvent produire des spermatozoïdes viables dès 13 mois, mais on ne met généralement les chevaux à la reproduction qu'à 2-3 ans ; à cet âge, les testicules doivent faire 5 cm ou plus. Leur taille dépend de l'âge et elle est maximale à 6 ans. Elle est héréditaire, et donc, un cheval ayant des testicules anormalement petits risque non seulement d'être un mauvais reproducteur, mais il peut aussi transmettre ce caractère.

La taille des testicules diminue sous l'effet du stress chez les chevaux à l'entraînement ou participant à des compétitions ainsi que sous l'effet de médicaments, tels que les stéroïdes anabolisants.

Le pénis

Lorsque le cheval est légèrement excité, on examine le pénis à la recherche de lésions de sa muqueuse, telles que mélanomes, sarcoïdes, verrues ou plaies d'été. Une inflammation autour du méat urétral peut indiquer une infection ou une maladie sexuellement transmissible.

Maladies sexuellement transmissibles

Anémie infectieuse équine et artérite virale équine

Dans le cadre de l'examen physique, il faut faire un prélèvement de sang pour rechercher l'anémie infectieuse équine (AIE) et l'artérite virale équine (AVE). Ces deux affections virales peuvent être transmises à la jument par la saillie et l'AVE par voie respiratoire aux autres juments. Les étalons n'excrètent pas tous ces virus dans leur sperme, mais il faut examiner celui-ci, car il peut provoquer un avortement. Les juments devant être saillies par un étalon positif à la recherche de l'AVE doivent être vaccinées préalablement.

Un autre virus, l'herpès virus équin 3, provoque une autre affection sexuellement transmissible, l'exanthème coïtal équin. Les étalons et les juments peuvent être des porteurs asymptomatiques, il ne faut pas faire reproduire naturellement les chevaux présentant des lésions en évolution, bien que le virus n'interfère pas avec la fertilité.

Métrite contagieuse équine

La métrite contagieuse équine est une infection bactérienne provoquée par *Taylorella equigenitalis*. Chez l'étalon, le germe n'est qu'un contaminant superficiel du pénis, alors qu'il se maintient dans l'appareil génital de la jument. L'étalon ne forme pas d'anticorps circulants contre le germe et les examens de sang ne permettent ainsi pas de reconnaître les étalons infectés. La mise en culture répétée d'écouvillonnages du pénis est la seule façon de détecter l'infection.

Culture bactérienne

Avant et après l'éjaculation, on fait un prélèvement en introduisant doucement un écouvillon dans l'urètre, que l'on met en culture au laboratoire pour rechercher la présence d'autres germes pouvant être transmis avec le sperme et dont certains provoquent une infection suffisamment grave de la jument pour empêcher la fécondation ou provoquer l'avortement.

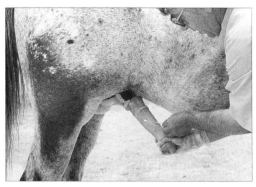

Fig. 23-10. Prélèvement microbien destiné à la recherche de la métrite contagieuse équine.

Examen du sperme

On apprécie la qualité du sperme après qu'il s'est stabilisé à la suite de récoltes faites plusieurs jours de suite. Une telle méthode d'étude donne une image réaliste de la quantité de sperme que l'étalon peut produire, de ses caractères et de la vitalité des spermatozoïdes.

Couleur

On recherche les couleurs dues au sang (hématospermie) ou à l'urine, substances nuisant à la fertilité, car tuant les spermatozoïdes.

Motilité

La motilité, c'est-à-dire la capacité de mouvement des spermatozoïdes, est un des caractères les plus importants du sperme. Elle comprend l'activité de déplacement des spermatozoïdes et leur tendance à nager vers l'avant. Immédiatement après la récolte du sperme, on en place une goutte sur une lame de verre chauffée et on l'examine au microscope pour déterminer les pourcentages de spermatozoïdes mobiles et immobiles. L'idéal est que plus de 80 % d'entre eux soient mobiles, mais une mobilité supérieure à 50 % est encore acceptable. Le sperme brut des étalons fertiles conserve une mobilité supérieure à 10 % pendant 6 heures. Si elle tombe au-dessous de 10 % en deux heures, le taux de fécondation est faible.

Morphologie des spermatozoïdes

La conformation des spermatozoïdes est importante pour l'efficacité de leur mobilité. Ceux à flagelle anormal sont incapables de nager vers l'avant et risquent de se déplacer en cercle ou à reculons. Leur tête doit être bien conformée pour que son acrosome puisse pénétrer dans l'ovule, car même si le spermatozoïde est capable de nager jusqu'à destination, un acrosome défectueux l'empêche de féconder l'ovule. L'idéal est que plus de 60 % des spermatozoïdes soient normaux et que moins de 10 % présentent des défauts importants.

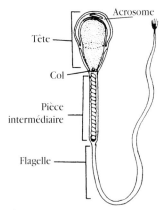

Fig. 23-11. Structure du spermatozoïde.

Concentration du sperme

La concentration du sperme est importante pour la fertilité de l'étalon. On l'apprécie au moyen d'un spectrophotomètre, qui mesure le nombre total de spermatozoïdes dans un échantillon. On estime à 500 millions de spermatozoïdes par dose inséminée la concentration minimale nécessaire pour assurer la fécondation.

Autres facteurs agissant sur la fertilité

Stress

Le stress des compétitions diminue la fertilité des étalons et il a un effet marqué sur leurs performances de reproducteur. Il faut tenir compte de ce fait quand on fait saillir une jument par un étalon ayant une activité sportive intense entre les saillies. Un sperme de bonne qualité à la récolte peut être infertile lors de l'insémination 12 heures plus tard ou davantage. Cela est particulièrement important s'il est transporté sur de longues distances.

Diluant

C'est une substance ajoutée au sperme et qui fournit aux spermatozoïdes les éléments nutritifs et l'énergie nécessaires et qui est indispensable pour la longévité du sperme qui subit un transport. Il faut vérifier sa compatibilité avec le sperme de chaque étalon. Un diluant idéal augmente le taux de fécondation des juments recevant la semence après son transport.

Saison
Dans l'hémisphère nord, la saison de reproduction s'étend normalement d'avril à août. La fertilité est maximale à cette période, aussi bien chez l'étalon que chez la jument.

Dossier de l'étalon

L'étude des résultats d'un cheval ayant un passé d'étalon permet d'apprécier sa valeur de géniteur. Cela est particulièrement intéressant quand on choisit un étalon dont la semence doit être transportée, car les coûts de la récolte et du transport du sperme et ceux de l'insémination s'ajoutent à chaque cycle œstral, si la jument n'est pas fécondée. Les résultats des saillies permettent de classer les étalons en bons géniteurs, en géniteurs de qualité douteuse et en géniteurs non satisfaisants.

Bons géniteurs

Un bon géniteur obtient un taux de fécondation d'au moins 75 % sur une saison de monte. Un tel sujet peut assurer un grand nombre de saillies, si la saison de monte se prolonge de mi-février à mi-août et il peut servir jusqu'à 45 juments en monte naturelle ou 125 en insémination artificielle si la qualité de son sperme se maintient sur toute la saison de monte.

Géniteurs de qualité douteuse

Un étalon entre dans cette catégorie, s'il a des problèmes de libido, d'éjaculation ou si la qualité de sa semence est douteuse.

Géniteurs non satisfaisants

Le géniteur insatisfaisant a un sperme de mauvaise qualité entraînant une faible fertilité. Sont également non satisfaisants les étalons présentant des défauts héréditaires ou une maladie sexuellement transmissible.

Hygiène de l'étalon

Avec de bons soins et une bonne hygiène, un étalon peut poursuivre son service de reproducteur bien au-delà de sa vingtième année. Laissé au repos il devient obèse, se porte mal et est prédisposé à la fourbure, aux coliques et à l'insuffisance cardiaque. Il faut être attentif à son état d'embonpoint pour apprécier la qualité de son régime alimentaire. Celui qui suit un programme régulier d'exercice a une plus longue carrière au haras. Une sortie quotidienne dans un pad-

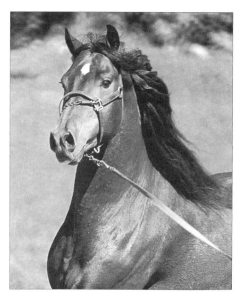

dock ou un pré est favorable surtout à sa santé psychique, et 30 à 60 minutes d'exercice imposé sont nécessaires pour le maintenir en forme et en bon état d'embonpoint.

Fig. 23-12. L'exercice et une bonne alimentation assurent à l'étalon la santé et une longue carrière de reproducteur.

INSÉMINATION ARTIFICIELLE

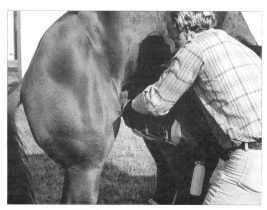

Fig. 23-13. Récolte du sperme en vue de l'insémination artificielle.

Les progrès techniques ont multiplié les façons de féconder une jument et les possibilités de choix de l'étalon que l'on fait avec soin si l'on recourt à l'insémination artificielle ou au transfert d'embryon. Les dépenses peuvent être importantes et vaines si le sperme transporté a une vitalité et une fertilité faibles. Lors d'inséminations faites à grande distance ou dans le transfert d'embryon, il faut prévoir les problèmes de transport aérien, de programme de compétitions ou de synchronisation des œstrus pour les juments.

L'insémination artificielle peut se faire dans le haras même ou sur des juments vivant loin de l'étalon. Les coûts comprennent la récolte et le transport du sperme réfrigéré ou congelé, ainsi que les frais vétérinaires de récolte et d'application de la semence.

Avantages de l'insémination artificielle

L'insémination artificielle n'est pas intéressante seulement pour le propriétaire de la jument, mais aussi pour celui de l'étalon. Une seule récolte de sperme peut être divisée en doses d'insémination multiples, permettant de féconder un plus grand nombre de juments qu'en saillie naturelle.

Insémination simultanée de plusieurs juments

Il est de pratique courante de récolter sur place le sperme d'un étalon et d'inséminer dans le même temps plusieurs juments, dont on a synchronisé les cycles. Non seulement l'étalon a un nombre moindre de prélèvements de sperme à subir, mais cela facilite également la surveillance 11 mois plus tard, quand les juments viennent à terme.

Diminution du risque de blessures

Le risque de blessure de la jument et de l'étalon diminue, si ce dernier n'a pas à approcher et à monter la jument pour la féconder. L'insémination artificielle diminue également le risque de transmission des maladies, surtout si l'on ajoute un antibiotique au diluant utilisé.

Fécondation des juments suitées

Il est souvent plus facile et plus sûr d'utiliser l'insémination artificielle si la jument a son poulain à ses côtés. Elle accepte l'opération sans qu'on ait à protéger le poulain et il n'est pas nécessaire de l'envoyer au haras avec son poulain.

Registres des races et insémination artificielle

L'insémination artificielle n'est pas approuvée dans toutes les races, et il faut vérifier auprès des sociétés d'élevage avant d'entreprendre ces démarches, s'assu-

rer de posséder tous les papiers nécessaires et d'avoir réglé les frais d'enregistrement au Registre de la race.
L'insémination est interdite chez les pur-sang et les chevaux miniatures. A contrario, elle est autorisée pour les pur-sang arabes, les trotteurs français, les selles français et les Anglo-Arabes.
Certaines sociétés d'élevage, telle que l'Association des Quarter Horses, n'autorisent l'insémination artificielle qu'en semence fraîche, la jument devant être inséminée juste après la récolte de l'étalon.

GESTION DE L'ÉLEVAGE

Que l'on recoure à la saillie naturelle dans un haras ou à l'insémination, les frais engagés peuvent être élevés avant que la jument ne soit reconnue pleine.
Il y a d'abord le prix de la saillie, puis celui de la pension de la jument au haras, et il faut également tenir compte du prix de son transport entre l'écurie et le haras.

Contrat de saillie

Un contrat écrit est généralement établi entre les propriétaires de l'étalon et de la jument, qu'il faut lire soigneusement. Pour éviter des malentendus, il doit évoquer la responsabilité des soins vétérinaires de la jument pendant son séjour au haras.
Il faut vérifier si le prix comprend les frais de récolte du sperme en cas d'insémination faite à distance. Dans le cas contraire, les frais vétérinaires peuvent s'additionner si la jument n'est pas fécondée à la première insémination.
Beaucoup de haras exigent une biopsie utérine et des cultures bactériennes avant d'accepter la jument pour la saillie. Il faut donc tenir compte du coût de ces examens préalables quand on détermine la faisabilité économique de la saillie.
Beaucoup de contrats comprennent une « garantie de poulain vivant », c'est-à-dire que le propriétaire de la jument n'aura pas à payer le prix de la saillie ou aura droit à une saillie gratuite l'année suivante, si elle n'est pas fécondée, avorte ou a un poulain mort-né.

Programme de soufflage

Il est indispensable de trouver un haras sérieux et compétent. On perd un temps précieux en l'absence d'un soufflage bien conduit et faisant l'objet d'un enregistrement.

GESTION DE L'ÉLEVAGE

Il faut interroger le directeur du haras sur l'existence d'un programme de soufflage quotidien, destiné à détecter les chaleurs de la jument. Une des principales causes d'« infertilité » est la non-détection des chaleurs et de la préparation de la jument à la saillie. La reconnaissance des chaleurs peut être difficile chez les juments à chaleurs « silencieuses », qui ne répondent à aucun étalon souffleur ou seulement à un étalon donné. En pareil cas, une palpation rectale ou une échographie quotidiennes des ovaires peuvent être nécessaires pour reconnaître le moment propice à la saillie.

Fig. 23-14. On perd un temps précieux sans un soufflage bien pratiqué.

Un soufflage soigneux réduit également le nombre de saillies nécessaires pour féconder la jument.

Réservation de l'étalon

Il faut réserver l'étalon bien longtemps avant que la jument soit en chaleurs. En effet il ne peut saillir qu'un certain nombre de juments chaque année, surtout s'il est engagé de plus dans des activités sportives. Pour éviter la déception de trouver l'étalon complètement retenu, il faut planifier la saillie jusqu'à un an à l'avance.

ANNEXES

LES DIFFÉRENTES PARTIES DU CHEVAL

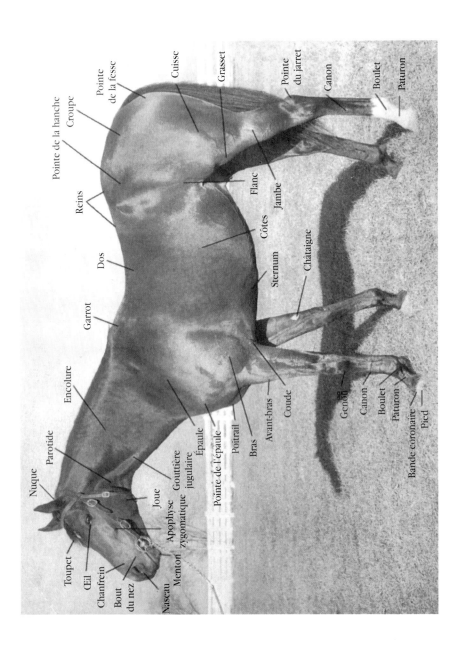

LES OS DU CHEVAL

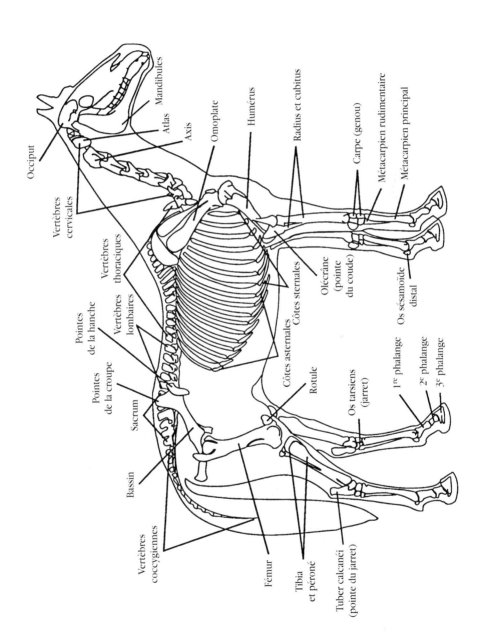

LES MUSCLES DU CHEVAL

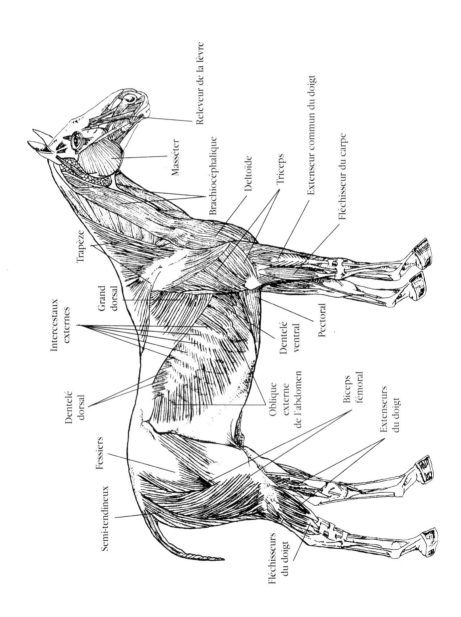

GLOSSAIRE

Abcès : accumulation de pus dans une poche formée dans les tissus.
abdomen : cavité comprise entre le diaphragme et le bassin, contenant les organes digestifs, le foie, le pancréas, les reins et la rate.
abdominocentèse : ponction de l'abdomen au moyen d'une aiguille, destinée à récolter du liquide.
accrochement de la rotule : rotule bloquée en position haute (extension du grasset) et stabilisée par le ligament patellaire médial.
acétylcholine : médiateur chimique activant les neurones.
acide hyaluronique : liquide épais lubrifiant les articulations.
acide lactique : sous-produit toxique du métabolisme musculaire anaérobie provoquant une fatigue et une sensibilité des muscles.
acides aminés : composés organiques azotés, éléments constitutifs des protéines.
acides gras : composant essentiel des graisses, combustible important du métabolisme musculaire aérobie.
acides gras volatils : acides gras formés par fermentation des fourrages dans le gros intestin, ils sont une source immédiate d'énergie aérobie.
acrosome : coiffe du spermatozoïde contenant les enzymes lui permettant de pénétrer dans l'ovule.
action dynamique spécifique : chaleur produite par la digestion et le métabolisme des aliments.
acupression : forme d'acupuncture visant à stimuler des faisceaux nerveux et des méridiens spécifiques, mais sans perforation de la peau.
acupuncture : technique orientale ancienne visant à stimuler des faisceaux nerveux et des méridiens spécifiques au moyen d'aiguilles.
adénome : tumeur épithéliale bénigne affectant les glandes.
adénosine diphosphate (ADP) : produit de la décomposition de l'ATP.
adénosine triphosphate (ATP) : composé formant la réserve d'énergie du muscle.
adhérence : union anormale de deux organes par du tissu fibreux, résultant généralement d'une inflammation.
adjuvant : substance ajoutée aux vaccins pour augmenter leur pouvoir immunisant.
ADN (acide désoxyribonucléique) : matériel génétique codé présent dans chaque cellule vivante.
adrénaline : hormone provoquant une vasoconstriction et augmentant la pression artérielle sanguine et la fréquence cardiaque.
aérobie : 1) micro-organisme vivant et se multipliant en présence d'oxygène. 2) métabolisme utilisant l'oxygène pour la production d'énergie.
agoniste : muscle dont l'action est opposée à celle du muscle antagoniste.
aigu : d'apparition soudaine et d'évolution rapide (contraire de *chronique*).

GLOSSAIRE

AINS : anti-inflammatoires non stéroïdiens, médicaments combattant l'inflammation, l'œdème et la douleur.

alcalose : alcalinité augmentée du sang (augmentation du taux de bicarbonates sanguins).

alcalose métabolique : alcalinité du sang due à une rétention de bicarbonate par les reins par exemple.

allergène : substance capable de provoquer une allergie ou une hypersensibilité.

allergie : troubles par hypersensibilité résultant de l'exposition à un allergène (une nouvelle exposition au même allergène provoque une réaction exacerbée).

alopécie : perte des poils.

alvéole : petite cavité, telle que les alvéoles pulmonaires.

amplitude : étendue de la foulée (permise par la liberté de mouvement des membres et du corps en flexion-extension) pendant la locomotion.

anaérobie : 1) micro-organisme vivant et se multipliant en l'absence quasi totale d'oxygène. 2) métabolisme n'utilisant pas d'oxygène pour la production d'énergie.

analgésie : disparition ou suppression de la douleur.

analyse d'urine : examen physique, chimique et microscopique de l'urine.

anasarque : complication de la gourme se traduisant par de volumineux œdèmes affectant surtout la tête et les membres et due à une allergie provoquée par la bactérie responsable de la gourme, *Streptococcus equii*.

anatoxine : toxine microbienne modifiée, ayant perdu son pouvoir pathogène mais ayant conservé son pouvoir antigène.

anémie : diminution du nombre d'hématies (hématocrites) ou du taux d'hémoglobine du sang.

anesthésie : abolition de la sensation de douleur avec ou sans perte de conscience.

anesthésique : médicament supprimant la sensibilité douloureuse.

angio-œdème : réaction allergique grave avec œdème soudain des voies respiratoires.

angle des barres : partie du sabot où la paroi s'infléchit vers l'avant et le dedans, le long de la fourchette.

angle scapulo-huméral : angle entre la scapula (omoplate) et l'humérus (os du bras) qui devrait être d'au moins 90°.

anhidrose : incapacité à suer.

anœstrus : absence d'œstrus ou chaleurs.

antagoniste : muscle s'opposant à l'action d'un autre muscle, son agoniste.

anthelminthique : médicament utilisé pour combattre les vers ; vermifuge.

antibactérien : médicament utilisé pour combattre les bactéries.

antibiotique : substance produite par des micro-organismes et capable d'inhiber la croissance des bactéries ou de les tuer.

anticorps : substances à la base de la résistance aux infections, produites sous l'effet des antigènes et capables de s'unir à eux.

GLOSSAIRE

anticorps sécrétoires : anticorps présents dans les sécrétions organiques, comme celles des voies respiratoires par exemple.

antigène : substance reconnue comme étrangère à l'organisme par le système immunitaire et provoquant la formation d'anticorps.

anti-inflammatoire : médicament combattant l'inflammation, l'œdème et la douleur.

antimicrobien : médicament utilisé pour combattre les micro-organismes en inhibant leur développement.

antiseptique : substance chimique tuant les micro-organismes et utilisée par voie externe (désinfection).

antitoxine : anticorps neutralisant les toxines microbiennes.

AOAJ (affections ostéo-articulaires juvéniles) : anomalies de développement des poulains, dont l'épiphysite, l'ostéochondrose et l'ostéochondrite disséquante.

août : acarien responsable de la trombiculose caractérisée par de petites lésions croûteuses.

apophyse épineuse : saillie osseuse de l'arc des vertèbres, dirigée vers le haut.

apophyse odontoïde : saillie osseuse allongée de l'axis s'articulant avec l'atlas.

appareil hyoïdien : ensemble osseux unissant le larynx à la base du crâne.

appareil lymphatique : partie de l'appareil circulatoire contenant la lymphe et la ramenant au sang.

appareil muco-ciliaire : ensemble formé par le mucus et les cils des cellules épithéliales des voies respiratoires contribuant à leur épuration.

appareil musculotendineux : ensemble des muscles, tendons et ligaments permettant au cheval de se tenir et de dormir debout sans effort.

appareil naviculaire : ensemble de l'os et de la bourse naviculaires et du tendon fléchisseur profond du doigt (appareil podo-trochléaire).

artère : vaisseau sanguin amenant le sang oxygéné du cœur aux organes.

artère carotide : principale artère de l'encolure, amenant le sang au cerveau.

artère circonflexe : artère faisant le tour de la base de la troisième phalange.

artère mésentérique crâniale : principale artère de l'intestin.

artérite : inflammation des artères.

artérite virale équine : infection virale avec fièvre, abattement, œdème des membres et/ou avortement.

arthrite : inflammation des articulations.

arthrodèse : intervention chirurgicale visant à souder une articulation.

arthrose : dégénérescence articulaire.

articulation : mise en relation de deux os ou plus, permettant le mouvement.

articulation atlanto-axiale : articulation entre l'atlas et l'axis, permettant uniquement des mouvements de latéro-flexion.

articulation atlanto-occipitale : articulation entre l'atlas et l'os occipital du crâne, permettant des mouvements de flexion-extension.

articulation lombo-sacrée : située au sommet de la croupe, elle permet l'engagement des postérieurs et les mouvements de pivotement du bassin.

GLOSSAIRE

arythmie : irrégularité des battements cardiaque.
ascaris : grand ver rond de l'intestin présent surtout chez les jeunes chevaux.
asphyxie : suffocation par manque d'air ou d'oxygène.
asymétrie des talons : se dit lorsqu'un talon est plus haut que l'autre. Peut résulter d'un parage inapproprié.
astringent : produit asséchant, diminuant les sécrétions des plaies et provoquant une rétraction des tissus.
asymptomatique : ne s'accompagnant pas de symptômes.
ataxie : incoordination et altération des mouvements volontaires.
atlas : première vertèbre cervicale.
atrophie : diminution de volume d'un organe.
atteintes : blessures des membres qui s'entrechoquent.
autopsie : examen post-mortem.
avortement : rejet d'un fœtus avant le terme (non viable).
axis : deuxième vertèbre cervicale.

Bactéricide : qui tue les bactéries.
bactérie : micro-organisme de la classe des Schizomycètes.
barres : parties de la paroi du sabot s'infléchissant vers l'avant et le dedans, le long de la fourchette.
bascule du pied : pivotement du pied sur son bord antérieur, lorsqu'il quitte le sol.
« bec de perroquet » : anomalie congénitale dans laquelle la mandibule est trop courte (mâchoire inférieure) ou le maxillaire (mâchoire supérieure) trop long. Également appelé brachygnathe.
bicarbonate de sodium : sel alcalin, dont une augmentation peut provoquer une élévation du pH du sang, parfois utilisé pour lutter contre l'acidose métabolique à l'exercice.
billarder : se dit d'un cheval dont l'extrémité du membre se dévie vers le dehors au cours des allures ; fréquent chez les chevaux cagneux.
biopsie : prélèvement d'un fragment de tissu ou d'organe en vue d'examens de laboratoire.
blocage nerveux : épreuve diagnostique utilisée dans l'étude des boiteries et consistant à injecter un anesthésique local au contact de certains nerfs.
borborygmes : bruits associés aux contractions de l'intestin.
boulet : articulation entre le canon et le paturon.
bouleture : contraction tendineuse causant un défaut d'extension du membre atteint. Le cheval s'appuie sur ses pinces ou en face dorsale des boulets.
bourse : petite poche de synovie située sous les tendons pour limiter les frictions lors du mouvement.
bourse synoviale : poche remplie de synovie disposée sous certains tendons ou ligaments.
bradykinine : substance provoquant la dilatation des vaisseaux sanguins et augmentant leur perméabilité et provoquant la contraction des muscles lisses.

GLOSSAIRE

branche biseautée : se dit d'un fer dont la rive interne est plus épaisse que la rive externe.
bronches : partie des voies aériennes faisant suite à la bifurcation de la trachée et se partageant entre chaque poumon.
bronchioles : fines bronches formées par les divisions successives des bronches.
bronchite : inflammation d'une ou de plusieurs bronches, souvent traduite par de la fièvre, de la toux et une détresse respiratoire.
bronchoconstriction : réduction du diamètre des bronches.
brassicourt : défaut de conformation dans lequel le genou est situé en avant de la verticale allant du coude au boulet.
bursite : inflammation d'une bourse.

Cæcum : partie initiale, en cul-de-sac, du gros intestin, indispensable pour la digestion de la cellulose (fermentation).
cagneux : défaut d'aplomb dans lequel les pieds sont tournés vers l'intérieur.
caillot : masse solide formée par la coagulation d'un liquide, du sang par exemple.
camper : attitude avec placement des postérieurs en arrière du corps.
capacité aérobie : capacité à effectuer un travail sans recourir à un métabolisme anaérobie ; elle est augmentée par un entraînement aérobie.
capelet : inflammation de la bourse synoviale sous-cutanée de la pointe du jarret, le plus souvent d'origine traumatique.
capillaires : très fins vaisseaux sanguins formant un réseau dans tout l'organisme. Leurs parois sont semi-perméables et sont le lieu de nombreux échanges entre le sang et le liquide interstitiel.
capsule synoviale : membrane contenant la synovie.
carcinome : tumeur épithéliale maligne.
carcinome épidermoïde : tumeur cutanée dérivée du tissu épithélial.
carpe (ou « genou ») : ensemble osseux interposé entre l'avant-bras et le canon.
carpite : inflammation des membranes synoviales du carpe, se traduisant par un gonflement, une douleur et une boiterie.
cartilage : tissu conjonctif spécialisé trouvé dans les articulations et comme élément de soutien de certains organes (oreilles, trachée, etc.) et pouvant se transformer en os.
cartilages aryténoïdes : cartilages pairs du larynx, dont la paralysie uni- ou bilatérale peut provoquer le cornage.
cartilages ungulaires : cartilages pairs situés sur le bord supérieur des ailes de la troisième phalange.
caséeux : ayant l'aspect du fromage.
cataplasme : préparation pâteuse, humide, molle, interposée entre deux couches de gaze ou d'étoffe, utilisée comme application humide chaude.
cataracte : opacification du cristallin de l'œil.
cathéter : tube de plastique mis en place dans une veine pour permettre des injections intraveineuses répétées ou longues, ou dans d'autres conduits naturels pour recueillir des liquides (ex : cathéter urinaire).

GLOSSAIRE

caustique : substance capable de détruire les tissus.
cellule : élément de base des organismes vivants animaux ou végétaux.
cellulite : inflammation et gonflement du tissu sous-cutané dus à une infection.
cellulose (ou fibre) : hydrate de carbone végétal, digéré par les micro-organismes du gros intestin des chevaux.
centre de thermorégulation : partie du cerveau régulant la température interne du corps et la maintenant dans un très faible intervalle de valeurs.
cervical : relatif à l'encolure ou au col de divers organes (exemple : col de l'utérus).
cervicite : inflammation du col de l'utérus.
chaîne de gencives : « lipchain », chaîne passée sous la lèvre supérieure et sur la gencive ; utilisée comme moyen de contention.
chaîne muserolle : chaîne passée par-dessus le chanfrein comme moyen de contention.
chaleurs silencieuses : chaleurs pendant lesquelles la jument ne montre aucune modification de comportement alors qu'elle s'apprête à ovuler.
champignon : organisme vivant végétal se nourrissant de matières organiques et pouvant provoquer des mycoses, comme la teigne.
champs électromagnétiques pulsés : produits par deux électrodes placées de chaque côté de la zone à traiter pour orienter le champ magnétique. Favoriseraient la cicatrisation en stimulant l'apport d'oxygène.
chaux : oxyde de calcium, utilisé comme désinfectant.
chéloïde : cicatrice fibreuse exubérante.
chimiothérapie : traitement utilisant les substances chimiques.
chlorure de sodium : sel de table ; électrolyte essentiel pour l'organisme.
choc : défaillance circulatoire aiguë due à une diminution du volume du sang, résultant d'hémorragie, d'insuffisance cardiaque, de septicémie, d'allergie ou de coliques.
choc anaphylactique, anaphylaxie : réaction allergique particulièrement violente et menaçant la vie, provoquée par une protéine étrangère ou un médicament.
choc endotoxique : choc provoqué par le passage de grandes quantités d'endotoxines bactériennes dans le sang.
chondrose aryténoïdienne : calcification anormale des cartilages aryténoïdes du larynx provoquant des bruits respiratoires anormaux et une intolérance à l'effort.
chorion du sabot : tissu conjonctif riche en vaisseaux et en nerfs produisant la corne du sabot.
chorion solaire : tissu cutané spécialisé situé sous l'os du pied (phalange distale), produisant la sole et la rattachant au pied.
chronique : qui évolue lentement (contraire d'*aigu*).
cicatrisation par seconde intention : cicatrisation par granulation sans mise en place de sutures.
coaguler : action de former un caillot insoluble de fibrine.

GLOSSAIRE

col utérin : organe musculeux séparant le vagin et l'utérus.
coliques : douleurs abdominales (ou d'autres organes) aiguës dues à des troubles digestifs.
coliques par météorisme : coliques provoquées par l'accumulation de gaz de fermentation des aliments dans l'intestin.
coliques thrombo-emboliques : coliques provoquées par l'obstruction des artères irriguant l'intestin par des caillots sanguins.
collagène : protéine principale des fibres du tissu conjonctif, du cartilage et de l'os.
côlon : partie du gros intestin comprise entre le cæcum et le rectum et long d'environ 4 m.
colonne cervicale : partie de la colonne vertébrale située dans l'encolure (7 vertèbres dites cervicales).
colostrum : première sécrétion de la mamelle après le part, apportant des anticorps au poulain.
compression axiale : force s'exerçant dans la direction d'un membre et comprimant les os et les articulations.
concentré : aliment riche en énergie comme les céréales ou les granulés.
concentré mélassé : mélange de grains de maïs, avoine et orge avec de la mélasse.
conception : combinaison du matériel génétique de l'ovule et du spermatozoïde.
congénital : qui existe à la naissance.
conjonctivite : inflammation de la muqueuse de l'œil.
contagieux : qui se transmet d'un animal à l'autre.
contraction concentrique : contraction musculaire dans laquelle le muscle se raccourcit et s'épaissit.
contraction excentrique : contraction musculaire dans laquelle le muscle s'allonge et s'amincit.
contraction isométrique : contraction musculaire dans laquelle la longueur du muscle ne varie pas
contusion : blessure ne s'accompagnant pas de plaie cutanée.
convection : circulation de l'air avec élévation de l'air chaud et descente de l'air froid.
coprophagie : consommation d'excréments.
core lesion : « lésion centrale », lésion tendineuse avec désorganisation des fibres et hémorragie au cœur du tendon, apparaissant comme une tache noire sur une image échographique.
cornage : bruit respiratoire anormal provoqué par la paralysie d'un ou des deux cartilages aryténoïdes faisant protrusion dans le larynx et gênant le passage de l'air.
coronaire : disposé en cercle à la façon d'une couronne ; s'applique à des vaisseaux, des ligaments, etc.
corps jaune : tissu endocrinien se formant à la place du follicule ovarien après ovulation.
cortex : partie périphérique ou extérieure d'un organe (os, parenchyme rénal…).

GLOSSAIRE

cortical : relatif au cortex.
corticostéroïdes : hormones produites par le cortex de la glande surrénale et à action anti-inflammatoire (ou produits de synthèse équivalents).
cortisol : hormone stéroïde naturelle sécrétée par l'organisme en cas de stress, qui diminue les réponses immunitaires.
coup de chaleur : trouble survenant quand l'organisme est incapable de se refroidir et que la température interne dépasse 40,5 °C.
cupules endométriales : éléments se formant sur la muqueuse de l'utérus gravide et produisant des hormones nécessaires à la poursuite de la gestation.
courbure pelvienne : partie rétrécie du gros intestin en rapport avec le flanc gauche.
couronne : région située à la limite entre la peau du membre et la corne du sabot.
coussinet plantaire : organe du pied formé de tissu adipeux fibro-élastique, situé au-dessus de la fourchette et formant les glomes des talons.
crampons : saillies disposées à la face inférieure du fer, destinées à empêcher le cheval de glisser.
crapaud : hypertrophie chronique des tissus formant la corne du sabot, commençant au niveau de la fourchette et s'étendant à la sole et la paroi, avec écoulement caséeux, blanchâtre et malodorant.
crépitation : sensation semblable à celle produite en frottant des cheveux entre eux et pouvant être perçue quand des bulles de gaz sont retenues sous la peau ou à la palpation d'une plaie infectée.
crevasses : lésions cutanées trouvées généralement en face postérieure du paturon et ayant des causes variées.
croûte : tissu mort en train de se détacher des autres tissus.
cryochirurgie : application de froid destinée à détruire les tissus et utilisée dans le traitement des sarcoïdes.
cryptorchidie : non-descente d'un ou des deux testicules dans les bourses.
culture : croissance de micro-organismes ou de cellules tissulaires dans un milieu approprié.
cycle œstral : cycle sexuel constitué par la succession de l'œstrus, du mesœstrus, du désœstrus et du proœstrus.
cytologie : étude des cellules.

Débrider : éliminer les tissus mortifiés et abîmés avec des ciseaux ou un bistouri.
défaut d'alignement phalangien : défaut de conformation dans lequel le paturon et la paroi dorsale du sabot ne sont pas parallèles. Se dit d'un cheval qui a les paturons longs et affaissés, souvent associés à des pieds à talons bas et fuyants.
déformation angulaire des membres : anomalies des aplombs dues à des troubles de la croissance, telles que panardise, cagnardise, genoux creux ou cambrés, etc.
dent de loup : petite dent poussant sur la mâchoire supérieure, généralement en avant des molaires (prémolaire vestigiale).
déplacement dorsal du voile du palais (DDVP) : situation où le palais mou

GLOSSAIRE

vient se placer au-dessus de l'épiglotte, en obstruant partiellement le passage de l'air.

dérive antigénique : modification légère de la composition antigénique d'un virus, également appelée mutation.

dermatite : inflammation de la peau.

dermatite à rhabdetides : dermatite douloureuse et prurigineuse causée par des larves de *Peloneda strongyloïdes*.

dermatophilose : dermatite causée par une bactérie (*Dermatophilus congolensis*), se traduisant par des lésions dépilées, squameuses et croûteuses.

déshydratation : état résultant d'une perte excessive d'eau par l'organisme.

désinfectant : produit chimique capable de détruire les microbes.

desmite du suspenseur (desmopathie) : inflammation du ligament suspenseur du boulet.

desmotomie : section chirurgicale d'un ligament.

diagnostic : identification d'une maladie ou de son agent.

diagnostic clinique : diagnostic basé sur les symptômes et sur l'examen clinique de l'animal.

diaphragme : muscle plat séparant le thorax de l'abdomen, et situé derrière les poumons.

diarrhée : rejet fréquent d'excréments liquides.

différenciation : processus par lequel des cellules originaires se transforment en cellules spécialisées au cours du développement embryonnaire.

dihydrostreptomycine : antibiotique utilisé dans le traitement des affections du bétail.

diluant : substance chimique utilisée par la dilution et la conservation du sperme.

distal : éloigné du tronc (opposé à *proximal*).

distension : gonflement ou pression dû à un excès de liquide ou de gaz dans une cavité.

diurétique : médicament augmentant la sécrétion d'urine.

DMSO (diméthylsulfoxide) : agent anti-inflammatoire très efficace, ayant en particulier une forte diffusion pulmonaire.

dorsoflexion : descente exagérée du boulet vers le sol en raison d'une fatigue des attaches musculo-tendineuses et d'un hyperétirement des tendons fléchisseurs.

dystocie : mise bas difficile.

Échogénicité : capacité des tissus ou organes à fournir une image échographique.

échographie : utilisation des ultrasons pour obtenir une image des organes internes.

ehrlichiose monocytaire équine : diarrhée grave causée par une bactérie (*Ehrlichia risticii*).

éjaculation : émission du sperme.

élasticité : capacité d'un objet déformé par une force à retrouver sa forme initiale après suppression de la force (l'os en particulier).

GLOSSAIRE

électroanalgésie : stimulations électriques appliquées aux muscles, ayant pour but de réduire la douleur locale. Elle peut être à basse ou haute fréquence, cette dernière ayant une durée d'action plus courte.

électrolyte : sels minéraux contenus dans les liquides organiques et jouant un rôle dans des fonctions diverses, telles que la conduction nerveuse, la contraction musculaire, le transport d'oxygène et de dioxyde de carbone.

embolie : blocage soudain d'un vaisseau par un caillot ou un élément étranger dans le flux sanguin.

embryon : produit de la fécondation âgé de moins de 30-40 jours.

encastelure : rétrécissement du sabot dans la région des talons, résultant d'un manque d'appui de la fourchette.

encéphalite : inflammation du cerveau en général d'origine virale (surtout aux États-Unis).

encéphalomyélite : inflammation du cerveau et de la moelle épinière.

encolure de cerf : encolure dont la ligne du dessus est concave au lieu d'être convexe.

endocrine : qualificatif appliqué à un organe produisant une (des) hormone(s).

endomètre : muqueuse de l'utérus.

endométrite : inflammation de la muqueuse utérine.

endorphine : substance chimique produite par le système nerveux et à effet analgésique.

endoscope : instrument servant à un examen visuel des organes internes, tels que gorge, trachée, ou estomac.

endotoxine : toxine contenue dans la paroi des bactéries Gram négatif.

énergie digestible : partie de l'énergie brute des aliments effectivement mise à la disposition de l'organisme.

engagement : utilisation de l'arrière-main pour le soutien du corps, dans les arrêts brusques ou dans les virages serrés.

enképhalines : substances produites par le système nerveux central et à effet analgésique (action similaire à celle des endorphines).

ensellé : se dit d'un cheval dont le dos apparaît concave (creux) de profil ; fréquent chez les sujets âgés.

entérite : inflammation de l'intestin.

entérolithe : calcul formé dans l'intestin par dépôt de substances minérales autour d'un objet solide.

entorse : rupture ou élongation des fibres d'un ligament.

entraînement par intervalles : entraînement avec phases alternées de travail rapide et de récupération partielle qui développe la vitesse et la tolérance à l'acide lactique.

entraves : dispositifs appliqués sur un ou plusieurs membres et destinés à diminuer leurs mouvements.

enzyme : protéines agissant comme un catalyseur provoquant ou accélérant la modification chimique d'une substance comme dans la digestion par exemple.

GLOSSAIRE

éparvin : ostéoprolifération en face interne du jarret, due à l'arthrose, et induisant une boiterie.

épiderme : couche superficielle de la peau.

épiglotte : cartilage en forme de feuille disposé à l'entrée du larynx et l'obstruant lors de la déglutition pour empêcher la pénétration des aliments dans les voies aériennes.

épiphyses : extrémités des os longs séparées du reste de l'os par les cartilages d'accroissement chez les jeunes animaux.

épiphysite : inflammation de l'épiphyse ou du cartilage d'accroissement.

epistaxis : écoulement de sang par les naseaux.

épithélialisation : développement d'un nouvel épithélium.

épreuve de flexion : flexion forcée d'une articulation pendant 1-2 minutes, suivie d'un examen du cheval au trot destiné à évaluer les boiteries.

épreuve de l'éparvin : épreuve de flexion pratiquée sur le jarret, elle est positive si la boiterie est nettement aggravée sur plus de quelques foulées.

équitation Western : équitation pratiquée aux États-Unis et comportant le *reining* et le *trail* (exercices de maîtrise du cheval avec reculer, franchissement d'obstacles, arrêts glissés, demi-tours autour des hanches, etc.) et le travail du bétail (*cutting* : séparation d'un bovin du troupeau, *roping* : capture d'un bovin au lasso).

éraflure : plaie ou brûlure ne pénétrant pas totalement la peau. Voir aussi *érosion*.

érosion : blessure provoquée par l'élimination du pelage et de la couche superficielle de la peau.

érythème : rougeur de la peau.

érythème multiforme : lésions papuleuses causées par *Ehrlichia equii* (forme d'urticaire).

érythropoïétine : hormone stimulant la production de globules rouges par la moelle osseuse.

escarre : croûte de débris tissulaires formée en surface d'une brûlure.

étirement : tension trop importante (ou surexercice) d'une partie d'un muscle ou d'un tendon.

étranglé : accumulation de sang (congestion) due à la constriction d'un organe (exemple : hernie étranglée).

évaluation de la semence : examen du sperme afin de déterminer son taux de fertilité.

examen transrectal : examen des organes et structures adjacentes au rectum, par évaluation de leur taille, leur consistance ou d'autres caractéristiques, à travers la paroi rectale. Également appelé palpation transrectale.

examen vaginal au spéculum : examen du vagin et du col de l'utérus à l'aide d'un tube creux.

excrétion : élimination des déchets par l'organisme.

exostose : prolifération osseuse superficielle anormale.

exotoxine : toxine excrétée par un organisme vivant.

GLOSSAIRE

exsudat : liquide sorti des vaisseaux vers les tissus, généralement à la suite d'inflammation.
extenseur : qui étend une articulation.

Fanon : poils longs situés en arrière du boulet chez certaines races de chevaux.
fartleks : exercice long, fait sur de grandes distances, avec des changements périodiques de vitesse.
fascia : lame de tissu fibreux disposée autour des muscles ou sous la peau.
fatigue osseuse : perte d'élasticité de l'os ayant subi des compressions et des décompressions répétées.
fécal : relatif aux excréments ou fèces (résidus alimentaires, cellules intestinales, bactéries et sécrétions surtout d'origine hépatique).
fécondation : union de l'ovule et d'un spermatozoïde.
fer à planche : fer dont les branches sont réunies par une traverse afin d'augmenter la surface d'appui.
fermentation : décomposition par des enzymes ou des bactéries.
fer en œuf (*egg-bar-shoe*) : fer ovale apportant un soutien de la partie postérieure du pied, utilisé dans la correction des boiteries de type syndrome podotrochléaire.
ferrure correctrice : parage et ferrure particuliers, destinés à corriger une anomalie des allures ou à diminuer la douleur.
fertilité : aptitude à la reproduction.
fibre fortement oxydative à contraction lente : fibre musculaire brûlant le glycogène en l'absence d'oxygène.
fibre faiblement oxydative à contraction rapide : fibre musculaire incapable d'utiliser l'oxygène pour brûler le glycogène.
fibrine : protéine élastique formée au cours de la coagulation sanguine.
fibroblaste : cellule produisant le collagène.
fibrome : tumeur conjonctive bénigne.
fibrose : développement excessif du tissu conjonctif dans un tissu ou un organe ; cicatrice.
fièvre des transports : maladie en rapport avec le stress de transport ; avec fièvre, écoulement nasal et oculaire, respiration difficile et toux.
filaments d'actine : un des deux types de filaments formant les fibres musculaires.
filaments de myosine : un des deux types de filaments formant les fibres musculaires.
fistule : communication anormale entre deux organes ou entre un organe et la surface du corps.
fistulogramme : radiographie faite après introduction d'une substance de contraste dans une fistule.
flexion : mouvement de fermeture d'une ou plusieurs articulations.
flore : population microbienne colonisant un organe.
flore intestinale : population microbienne colonisant normalement l'intestin.

GLOSSAIRE

flushing : suralimentation pratiquée avant la mise à la reproduction d'une femelle.
flutter diaphragmatique : contractions répétées du diaphragme en rythme avec la fréquence cardiaque, provoquées par une diminution des taux sanguins de calcium, potassium et magnésium.
fluxion périodique : épisodes récurrents d'uvéite antérieure ; la cause la plus fréquente de cécité chez le cheval.
fœtus : produit de la fécondation dont on peut reconnaître l'espèce (à partir de 40 jours chez le cheval).
follicule : petite formation ressemblant à un sac ou à une poche (comme les follicules de la peau dans lesquels poussent les poils).
forces biomécaniques : forces appliquées aux os dans le soutien du corps et dans les allures.
formes phalangiennes : exostoses formées sur les os du paturon.
fourbure : inflammation des lamelles charnues du chorion du pied.
fourchette : formation cornée en coin de la face inférieure du sabot, destinée à amortir les chocs lors de l'impact du pied sur le sol.
fourrage : aliments tels que l'herbe ou le foin, fournissant la cellulose indispensable au fonctionnement de l'intestin.
FSH (*follicule stimulating hormone*) : hormone sécrétée par l'hypophyse, stimulant la croissance folliculaire et contrôlant la sécrétion d'œstrogènes de l'ovaire. Chez l'étalon, la FSH stimule la production de sperme.

Gaine : organe en forme de manchon entourant au moins partiellement un organe.
gale : maladie cutanée contagieuse provoquée par diverses espèces d'acariens.
gale chorioptique : gale des membres pouvant se compliquer d'eczéma du paturon et d'infections secondaires.
« **gale de boue** » : dermatite rencontrée préférentiellement dans le creux du paturon, dont les causes sont multiples (voir aussi *crevasses*).
gale démodécique : maladie de peau provoquée par des demodex vivant dans les follicules pileux et les glandes sébacées.
gale psoroptique : gale affectant surtout les régions couvertes de crins.
gale sarcoptique : forme la plus grave de gale, atteignant surtout les régions à peau fine (tête, encolure, épaule).
ganglions rétropharyngiens : ganglions lymphatiques situés au-dessus du pharynx.
gangrène : nécrose des tissus, généralement due à un défaut d'apport sanguin.
gangrène gazeuse : maladie causée par une bactérie, *Clostidium septicum*, caractérisée par la formation de grandes quantités de gaz, donnant une sensation de crépitement sous la peau.
gastérophiles : larves de mouches (Gastérophiles) parasitant l'estomac.
gène : unité fonctionnelle de l'hérédité portée par les chromosomes.
genou de bœuf (genou creux, ou de mouton) : défaut de conformation dans

lequel le genou est situé en arrière de la verticale allant du coude au boulet (hyperextension).

genoux en pieds de bouc (genoux offset) : défaut de conformation où, vu de face, le canon est déporté vers l'extérieur par rapport à l'articulation du carpe et n'est pas dans l'alignement du radius.

germe opportuniste : germe ne provoquant une infection qu'en cas de dépression immunitaire en rapport avec une autre maladie.

glande mammaire (mamelle) : ensemble de glandes graisseuses situées en région inguinale chez la jument et filtrant le sang pour synthétiser et sécréter du lait.

glande pinéale : partie glandulaire de l'hypophyse (située sous l'hypothalamus) en relation avec des photorécepteurs situés dans les yeux et permettant de déterminer le moment de l'œstrus.

glande pituitaire : voir *hypothalamus*.

glande thyroïde : glande sécrétant la thyroxine, hormone régulant l'intensité du métabolisme.

glandes parathyroïdes : petites glandes situées à proximité des glandes thyroïdes.

glandes sudoripares : glandes situées sous la surface de la peau et sécrétant la sueur (composé d'eau, de protéines et d'électrolytes).

glaucome : affection oculaire avec augmentation de la pression intra-oculaire et lésions de la rétine.

glome : partie inférieure du pied, faisant la jonction entre la fourchette et la paroi.

glucose : sucre simple fourni par les hydrates de carbone et principale source d'énergie pour l'organisme.

glycine : acide aminé ayant un effet inhibiteur sur les neurones (empêche la stimulation du neurone suivant).

glycogène : polymère du glucose qui peut être stocké dans le foie et les muscles squelettiques, utilisé comme combustible dans les muscles.

gourme : maladie infectieuse du cheval, provoquée par *Streptoccus equii* et affectant les voies respiratoires supérieures, avec hypertrophie des ganglions de l'auge et de la gorge.

gouttière jugulaire : dépression allongée de la partie inférieure des faces latérales de l'encolure où se trouve la veine jugulaire.

Gram négatif : se dit des bactéries perdant, sous l'effet de l'alcool, la couleur violette donnée par le cristal violet dans la coloration de Gram ; les Gram positifs conservent cette coloration en raison de la composition différente de leur paroi cellulaire.

granulé : petite particule ou petit grain.

grippe : affection virale aiguë affectant l'appareil respiratoire, avec inflammation des muqueuses nasale et pharyngienne et de la conjonctive.

gros intestin : ensemble du cæcum et du côlon.

GLOSSAIRE

Habronémose cutanée (ou plaies d'été) : lésions cutanées dues à la migration anormale de larves d'Habronèmes.
hématies (ou globules rouges) : cellules du sang transportant l'oxygène grâce à l'hémoglobine.
hématocrite : pourcentage de globules rouges contenu par le sang.
hématome : accumulation de sang dans une poche formée dans les tissus.
hémiplégie laryngée : voir *cornage*.
hémoglobine : pigment des globules rouges transportant l'oxygène.
hémoglobinurie : présence anormale d'hémoglobine dans l'urine.
hémolyse : destruction des globules rouges.
hémorragie : perte de sang d'un vaisseau lésé.
hémospermie : présence de sang dans le sperme.
hépatique : relatif au foie.
hépatite : inflammation du foie.
hernie : sortie d'un organe à travers l'élément qui le contient normalement.
herpès virus : virus du cheval comportant deux sous-types, 1 et 4, provoquant la rhinopneumonie.
hirsutisme : développement excessif du pelage en rapport avec un trouble endocrinien.
histamine : substance chimique dilatant les capillaires, contractant les muscles lisses et augmentant la sécrétion gastrique.
hongre : se dit des chevaux castrés.
hormone : substance sécrétée par une glande endocrine, transportée par le sang et régulant le fonctionnement d'autres organes.
hôte : être vivant abritant et nourrissant un autre organisme vivant.
HPIE (hémorragie pulmonaire induite à l'exercice) : apparaissant souvent en course (saignement par les naseaux).
humérus : os du bras s'étendant de l'épaule au coude.
hydarthrose du jarret : accumulation d'un excès de synovie dans l'articulation du jarret.
hydrate de carbone (ou sucre ou glucide) : aliment formé d'hydrogène, de carbone, et d'oxygène, principale source d'énergie comprenant le glucose, le glycogène et la cellulose.
hydrosoluble : ayant les propriétés nécessaires pour être dissous dans l'eau.
hydrothérapie : utilisation de l'eau, par voie externe ou interne, pour le traitement des maladies.
hygroma : poche remplie de liquide.
hymen : repli membraneux de la muqueuse recouvrant partiellement ou totalement l'orifice du vagin.
hyperkaliémie : élévation anormale du taux de potassium du sang.
hyperlipémie : élévation anormale du taux sanguin d'acides gras.
hyperplasie : multiplication cellulaire accrue (non tumorale) d'un tissu ou d'un organe.

hypersensibilité : état où le corps réagit de façon exagérée à un stimulus ou un agent étranger.
hyperthermie : élévation anormale de la température interne.
hypertrophie : augmentation de volume, non tumorale, d'un organe.
hypoderme : tissu sous-cutané.
hypothalamus : partie du cerveau régulant l'activité des glandes endocrines du système nerveux, et de nombreuses autres fonctions.
hypoxie : manque d'oxygène.

Ictère (ou jaunisse) : coloration jaune des tissus.
iléus : arrêt du transit intestinal.
immunité : aptitude à résister à l'infection.
immunité croisée : immunité vis-à-vis de plusieurs souches virales ou bactériennes.
immunité passive : immunité basée sur des anticorps reçus d'un autre organisme, sous forme de sérum ou de colostrum par exemple.
immunodéficience : déficit de la réponse immunitaire, rendant l'animal sensible à l'infection.
immunoglobulines : groupe de protéines (dont les anticorps).
immunothérapie : utilisation d'antigènes pour stimuler le système immunitaire.
impaction : accumulation dure dans une cavité (exemple : impaction de la courbure pelvienne).
impaction de méconium : coliques d'impaction apparaissant chez le poulain nouveau-né lorsque les premiers excréments ne sont pas évacués rapidement après la naissance.
impulsion : désir de se porter en avant.
in utero **:** dans l'utérus ; avant la naissance.
incubation : période s'écoulant entre la contraction d'un agent infectieux et l'apparition des premiers symptômes.
index de récupération cardiaque : méthode d'évaluation de la récupération cardiaque consistant à déterminer si la fréquence cardiaque est revenue à la normale une minute après avoir commencé à faire trotter le cheval sur 80 m environ.
index thérapeutique : différence entre la dose efficace d'un médicament et la dose toxique.
infection : multiplication de micro-organismes dans le corps.
infection subclinique : infection ne provoquant aucun signe clinique, mais dont la transmission aux autres sujets est possible.
ingesta : matières alimentaires et liquides ingérées.
inhalation : pénétration de l'air (ou d'autres substances) dans les poumons.
insuline : hormone produite par le pancréas et régulant le métabolisme des glucides et des graisses.
intradermique : dans l'épaisseur de la peau.

GLOSSAIRE

invagination : pénétration d'une partie de l'intestin dans une portion adjacente, provoquant une obstruction.
irrigation : introduction d'un liquide dans un organe ou une cavité.

Jambe : partie du postérieur comprise entre le grasset et le jarret.
jarde : épaississement du ligament plantaire long en face plantaire du jarret (déformation du profil) avec inflammation et boiterie.
jarrets droits : défaut de conformation dans lequel les postérieurs sont trop verticaux.
jarrets serrés : défaut de conformation dans lequel les jarrets sont proches, leurs pointes étant dirigées vers l'intérieur.
jaunisse : ictère.

Kératine : protéine insoluble, constituant principal de l'épiderme, des poils, de la corne et de l'émail des dents.
kératinisation : apparition d'une fine couche de cellules cornées sur la peau.
kyste : cavité ou poche close, tapissée d'un épithélium et contenant une substance pâteuse ou un parasite.

Lacération vestibulo-rectale du 3e degré : déchirure du périnée, provoquée par la mise bas d'un poulain mal positionné.
lactobacille : bactérie de l'intestin produisant de grandes quantités d'acide lactique à partir des hydrates de carbone fermentescibles.
lacune : dépression de la fourchette.
large spectre : se dit d'un antibiotique pouvant être utilisé contre une grande variété de bactéries.
larve : premier stade de développement des insectes ou des parasites.
larynx : organe formé par neuf cartilages, disposé en avant de la trachée, et contenant les cordes vocales.
laser : abréviation pour « *light amplification by stimulated emission of radiation* ». Il est généré par des ondes électromagnétiques de longueur d'onde identique, synchronisées dans le temps et dans l'espace, et allant dans la même direction.
latéral : situé sur le côté ou à l'extérieur.
lavage : rinçage d'une cavité ou d'une plaie avec un liquide sous pression. Voir *irrigation*.
lente : œuf de pou.
lésion : modification de la structure d'un organe due à une maladie ou à une blessure.
leucocytes (globules blancs) : cellules du sang protégeant l'organisme contre les infections.
ligament : bande de tissu fibreux unissant les os et soutenant les articulations.
ligament annulaire : bande non élastique de tissu fibreux située horizontalement en arrière du boulet.

GLOSSAIRE

ligament cervical : ligament en forme d'éventail, étendu de la tête au garrot et formant la crête de l'encolure.
ligne blanche : zone d'union de la sole et de la paroi du sabot ; limite à ne pas dépasser lors de l'implantation de clous de ferrure.
limage : râpage des dents destiné à éliminer les surdents.
liniment : préparation liquide huileuse, savonneuse ou alcoolisée, appliquée par friction sur la peau.
lipome : tumeur graisseuse bénigne.
liquide interstitiel : liquide formé principalement d'eau, contenu dans les cellules et les entourant, y entrant et en sortant en permanence.
lombaire : relatif au rein ; partie du dos entre la fin du thorax et le bassin.
lumière : cavité d'un organe creux.
luxation : déplacement d'un organe par rapport à un autre, généralement des surfaces articulaires d'une articulation.
lymphe : liquide transparent jaunâtre dérivé du sang et contenant surtout de l'eau et des globules blancs.
lymphocytes T suppresseurs : cellules du système immunitaire supprimant l'action des autres cellules immunitaires après que l'agent infectieux ait été éliminé.
lysine : acide aminé nécessaire pour la croissance.

Macrophage : cellule à fonction immunitaire ingérant et détruisant les micro-organismes dans les tissus.
macrophages alvéolaires : macrophages présents dans les alvéoles pulmonaires.
maiden **:** jument qui n'a jamais pouliné (terme anglo-saxon).
mal de chien : incoordination des allures chez les jeunes chevaux, due à des anomalies et à une instabilité de la colonne vertébrale cervicale.
malabsorption : mauvaise absorption des éléments nutritifs dans l'intestin.
maladie naviculaire : voir *syndrome podo-trochléaire.*
malin : contraire de *bénin,* se dit de tumeurs à multiplication incontrôlée et/ou récidivant après exérèse, ayant tendance à s'aggraver, et d'évolution souvent fatale.
malnutrition : état dû à une alimentation insuffisante ou déséquilibrée ou à une mauvaise absorption ou utilisation des éléments nutritifs.
mammite : inflammation de la mamelle.
mandibule : mâchoire inférieure.
mastocyte : cellules libérant des substances telles que l'histamine.
méconium : premiers excréments rejetés par le nouveau-né.
mélanine : pigment noir du corps le protégeant contre les UV de la lumière solaire.
mélanoblaste : cellule germinative donnant les mélanocytes.
mélanocyte : cellule produisant la mélanine.
mélanome : tumeur formée par des mélanoblastes, pouvant atteindre la peau de toutes les régions du corps, de l'œil et de la cavité buccale, et les muqueuses de l'anus et des organes génitaux.

GLOSSAIRE

membrane : mince couche de cellules couvrant une surface, tapissant une cavité ou divisant un espace.

membrane synoviale : membrane tapissant la capsule articulaire et produisant la synovie.

méninges : les trois membranes enveloppant le cerveau et la moelle épinière méningite : inflammation des méninges, caractérisée en général par de l'incoordination motrice, des mouvements incontrôlés, des convulsions et une température corporelle élevée et/ou fluctuante.

mésentère : membrane soutenant une partie du tube digestif.

métabolisme : ensemble des transformations chimiques subies par les composants de l'organisme et lui fournissant en particulier l'énergie nécessaire à ses activités.

métastase : tumeur secondaire formée à distance d'une tumeur maligne primaire.

méthionine : acide aminé soufré.

métrite : inflammation de l'utérus.

métrite contagieuse équine : maladie très contagieuse provoquée par *Taylorella equigenitalis* avec inflammation du vagin, du col utérin et de l'utérus.

microfilaires : stade larvaire de quelques parasites.

microflore : flore microbienne.

micronutriment : toute substance ayant un rôle nutritif pour l'organisme et nécessaire en faible quantité dans l'alimentation.

micro-organisme : organisme microscopique tel que virus, bactérie, protozoaire, champignon ou levure.

milieu nutritif : substance semblable à une gelée contenant des éléments nutritifs permettant de cultiver les bactéries en vue de les identifier.

minéralisation : dépôt de matières minérales (calcium et phosphore) dans les os ou dans des tissus mous lésés.

mitochondrie : « usine chimique » des cellules utilisant l'oxygène pour produire de l'énergie à partir des combustibles musculaires.

moelle osseuse : substance remplissant la cavité des os et produisant les globules rouges et blancs.

molette : voir *vessigon*.

morphologie : dans l'évaluation de la qualité du sperme, examen de la structure cellulaire des spermatozoïdes.

mortalité embryonnaire : mort du produit de la fécondation avant le 40e jour de gestation.

motilité : 1) aptitude au mouvement. On parle de péristaltisme lorsqu'il s'agit d'un intestin. 2) aptitude d'un spermatozoïde à se déplacer de manière normale. 3) dans un prélèvement de sperme, pourcentage de spermatozoïdes qui se déplacent normalement.

MPOC : maladie pulmonaire obstructive chronique (voir *pousse*).

mucopurulent : ayant à la fois les caractères du pus et du mucus.

mucus : sécrétion transparente visqueuse des membranes muqueuses, constituée de mucine, de cellules épithéliales et immunitaires et de sels minéraux.

GLOSSAIRE

muscle fléchisseur superficiel du doigt : muscle commandant le tendon fléchisseur superficiel du doigt.

muscle sterno-thyro-hyoïdien : bande de muscle étendue à la face inférieure de l'encolure, de l'appareil hyoïdien au sternum et contribuant à maintenir ouverts le larynx et la trachée pendant l'exercice.

muscles fessiers : groupe musculaire de la partie postérieure de la croupe.

muscles scalènes : muscles reliant les quatre dernières vertèbres cervicales aux premières côtes. Forment la base de l'encolure.

mutation : modification du code génétique.

myalgie : douleur musculaire.

myofibroblaste : fibroblaste agissant comme des cellules musculaires, qui tirent sur les bords d'une plaie et en réduisent ainsi la surface.

myoglobine : pigment du muscle fixant l'oxygène.

myopathie : maladie du muscle.

myopathie fibreuse : adhérences entre des masses musculaires pouvant survenir à la suite de myosite.

myorelaxant : agent aidant à réduire la tension musculaire.

myosite : inflammation musculaire. Terme classique pour décrire une maladie du cheval se traduisant par une sudation soudaine, des crampes des postérieurs, une urine rouge à marron foncé, et arrivant chez des chevaux habituellement au travail, qui sont mis au repos et trop nourris, puis remis brutalement au travail. Appelée également « coup de sang ».

Nasopharynx : partie du pharynx située au-dessus du voile du palais.

nécrose : mort des tissus.

nécrose papillaire virale : mort du tissu rénal, due aux effets anti-prostaglandine des AINS, combinée à une déshydratation.

néoplasme : tumeur.

nerf : structure fibreuse, visible à l'œil nu, constituée par un ensemble de fibres nerveuses qui conduisent l'influx nerveux vers certaines régions du corps à partir d'une partie du système nerveux central.

nerf phrénique : nerf commandant le diaphragme et passant à proximité du cœur.

nerf vague : nerf réglant le fonctionnement de la plupart des viscères abdominaux et donnant les nerfs récurrents commandant les cartilages aryténoïdes.

nerfs digitaux palmaires : nerfs situés de chaque côté du paturon innervant le tiers palmaire du pied.

neutrophile : globule blanc se colorant facilement avec les colorants neutres.

névrectomie : section chirurgicale d'un nerf, en particulier les nerfs digitaux communs palmaires, lors de syndrome podo-trochléaire.

névrome : morceau de tissu nerveux douloureux se formant parfois après une névrectomie.

nocicepteur : récepteur nerveux responsable de la sensibilité douloureuse.

nodule : petite masse arrondie et ferme, détectable à la palpation.

GLOSSAIRE

nœuds lymphatiques sous-mandibulaires : nœuds lymphatiques situés sous la mâchoire inférieure.

non-délivrance : non rejet des enveloppes fœtales dans un délai normal après le part (6 heures).

Obstruction œsophagienne : obstruction plus ou moins complète de l'œsophage provoquée par un bol alimentaire trop volumineux ou un corps étranger.

occiput : base du crâne.

œdème : accumulation anormale de liquide dans les tissus.

œsophage : organe conduisant les aliments du pharynx à l'estomac.

œstrogènes : hormones provoquant les chaleurs (produites par les ovaires, le placenta et les testicules).

œstrus : (chaleurs) période où la femelle accepte le mâle.

oligo-éléments : éléments nutritifs nécessaires à l'organisme en très faible quantité (exemple : le cuivre, le manganèse ou le zinc).

omoplate (scapula) : un des os constituant l'articulation de l'épaule.

omphalite : inflammation du cordon ombilical et du nombril.

onchocercose : affection cutanée provoquée par des larves d'onchocerques (vers parasites), caractérisée par des lésions squameuses et dépilées sur la face, l'encolure ou le ventre.

onguent : crème épaisse.

opération de Caslick : suture partielle des lèvres de la vulve destinée à empêcher la pénétration d'air dans le vagin (vulvoplastie).

ophtalmique : relatif à l'œil.

ophtalmoscope : instrument servant à l'examen de l'intérieur de l'œil.

organe : structure particulière de l'organisme ayant une ou plusieurs fonctions spécifiques.

organo-phosphoré : l'une des substances chimiques contenant du phosphore, utilisée dans les médicaments ou les pesticides.

osmose : échange de liquide à travers une membrane tendant à équilibrer les concentrations de chaque côté.

os naviculaire : petit os disposé à l'intérieur du sabot (os sésamoïde distal).

ossification : transformation en tissu osseux.

os sous-chondral : os situé sous le cartilage articulaire.

ostéite : inflammation de l'os.

ostéite de la 3e phalange : inflammation de la phalange distale.

ostéoblaste : cellule produisant l'os.

ostéochondrose : maladie de l'os en croissance avec anomalies du cartilage articulaire (kystes, fissurations ou fragmentation).

ostéoclaste : cellules détruisant l'os.

ostium : orifice situé à l'arrière du palais mou, à travers lequel passent les cartilages laryngés.

ovaire : organe sexuel de la femelle qui produit et contient les ovules (œufs).

ovulation (ponte ovulaire) : libération d'un ovule par rupture du follicule ovarien.
oxyure : vers provoquant un prurit de l'anus et de la base de la queue.

Palais mou : voir *voile du palais*.
panard : défaut de conformation dans lequel les pieds sont en rotation externe (tournés vers l'extérieur).
papule : petite élévation ferme à la surface de la peau.
paralysie : perte ou diminution de la motricité.
parasite : organisme vivant aux dépens d'un autre être vivant.
paroi : entoure un organe (comme le pied) ou un espace (comme la poitrine, l'abdomen…).
parotide : glande salivaire située à la base de l'oreille.
passage de dos : à l'obstacle, arrondissement de l'encolure et du dos pendant le planer.
pathogène : provoquant une maladie.
pathologie : étude de la nature des maladies, des causes, évolutions, et conséquences des processus infectieux.
paturon : partie du membre situé entre le boulet et la couronne.
pavillon de l'oreille : partie externe de l'oreille (conque auriculaire).
pelvis : ensemble osseux comprenant les os coxaux (pubis, illum, ischium), le sacrum et le coccyx ainsi que les ligaments associés.
pénis : organe mâle de copulation, composé de veines et d'artères, de tissu érectile spongieux et de l'urètre.
périnéal : structures internes situées en arrière de la filière pelvienne.
périnée : région située entre l'anus et les organes génitaux.
période prépatente : période s'écoulant entre l'ingestion de larves infestantes et le début de la ponte des parasites adultes.
période transitionnelle : période située au début et à la fin de la saison de reproduction au cours de laquelle les chaleurs sont irrégulières.
périople : couche cellulaire qui produit la substance cireuse recouvrant la corne du sabot.
péristaltisme : contractions de l'intestin faisant progresser son contenu.
péritendineux : appartenant aux tissus entourant un tendon.
péritoine : membrane tapissant les parois de la cavité abdominale et recouvrant les viscères abdominaux.
péritonite : inflammation du péritoine.
pH : mesure de l'alcalinité (pH supérieur à 7) ou de l'acidité (pH inférieur à 7) d'une solution (neutralité = pH 7).
pharynx : cavité reliant la bouche et les cavités nasales à l'œsophage et au larynx.
phonophorèse : utilisation d'ultrasons comme véhicule de médicaments pour favoriser leur pénétration dans les tissus profonds.
phosphocréatine : combinaison de créatine et d'acide phosphorique, stockée dans le muscle et fournissant l'énergie pour le métabolisme anaérobie.

GLOSSAIRE

photophobie : sensibilité excessive à la lumière due à une inflammation de l'œil. Aversion anormale pour la lumière.
photosensibilisation : inflammation de la peau sous l'effet de la lumière solaire (œdème).
phtiriose : infestation par les poux.
phylloérythrine : substance chimique, produit de dégradation de la chlorophylle. Son accumulation dans la peau provoque une photosensibilisation.
pied bot : conformation anormale du pied dont la pince est courte et les talons trop élevés (résultant souvent d'une contraction tendineuse ou d'une mauvaise nutrition du poulain).
pied plat : pied dont la sole n'est pas concave mais plane, ce qui favorise les contusions de cette dernière.
pied serré : pathologie dans laquelle le pied est étroit et les talons serrés, à cause d'un défaut d'appui sur la fourchette ou d'un défaut d'humidité.
pigment : substance colorée.
pince longue-talons fuyants : pied dont la configuration (pince longue et talons fuyants) provoque une extension des articulations du paturon, qui prédispose à des problèmes orthopédiques.
piqûre : plaie profonde et étroite.
piroplasmose : maladie due à un protozoaire, transmise par les tiques, avec fièvre, anémie et œdèmes déclives.
placenta (enveloppes fœtales) : organe enveloppant le fœtus pendant la gestation et le reliant à la circulation sanguine maternelle au moyen du cordon ombilical.
plaies d'été (habronémose cutanée) : inflammation de la peau due à la migration de larves d'habronèmes.
plaies de harnachement : inflammation de la peau et des follicules pileux, causée par le frottement du harnachement.
plaque : morceau de cuir ou de caoutchouc placé entre le sabot et le fer.
plaquettes sanguines : cellules du sang intervenant dans la coagulation.
plasma : liquide du sang contenant les cellules sanguines et les protéines.
pleurésie : inflammation de la plèvre avec exsudation dans et en surface de la cavité pleurale.
pleuropneumonie : inflammation de la plèvre et du poumon.
plèvre : membrane tapissant les parois de la cavité thoracique et recouvrant les poumons.
pneumonie par aspiration : pneumonie due à la pénétration de matières anormales (aliments en particulier) dans les poumons.
pneumovagin : pénétration anormale d'air dans le vagin, fréquemment à l'origine d'infertilité chez la jument.
pododermatite : inflammation du chorion du pied.
polyœstrus saisonnier : présence de plus d'un cycle œstral par saison de reproduction.
polype : excroissance faisant protusion sur une muqueuse.

GLOSSAIRE

porteur : animal abritant et transmettant un germe sans être malade (terme utilisé aussi pour la transmission de gènes récessifs).
« poteaux » : œdème distal des membres, dû à un défaut de circulation durant la gestation ou en période de repos (défaut d'exercice).
pouls : battement perçu à la palpation d'une artère, causé par le passage du sang au rythme des contractions cardiaques.
pourriture de la fourchette : décomposition de la corne de la fourchette due à une mauvaise hygiène du pied ou à l'humidité (voir *pododermatite*).
pousse : trouble respiratoire caractérisé par une expiration difficile et forcée, dû à des allergies ou à la poussière ; elle est également appelée maladie pulmonaire obstructive chronique (MPOC) ou emphysème.
poux : parasites spécifiques de la peau qui colonisent de préférence la ligne du dessus. Cette infestation est appelée phtiriose.
précipité : formation et dépôt de particules solides à partir d'une solution ou d'une suspension.
prépuce : repli de peau recouvrant le gland du pénis.
primovaccination : première vaccination.
processus extensorius : prolongation osseuse au sommet de la troisième phalange sur laquelle s'insère le tendon extenseur du doigt.
progestérone : hormone produite par le corps jaune, nécessaire à la poursuite de la gestation.
pronostic : prévision relative à l'issue d'une maladie.
prophylactique : prévention. Acte ou agent aidant à la prévention d'une maladie.
prostaglandine : substance intervenant dans l'inflammation et dans le fonctionnement de certains organes (utérus, intestins…).
protéine : substance organique contenant de l'azote et formée d'acides aminés.
protéines brutes : taux total de protéines des aliments.
protozoaire : organisme animal microscopique formé d'une seule cellule.
prurit : démangeaison.
purulent : ayant les caractères du pus.
pus : sécrétions liquides inflammatoires contenant des cellules immunitaires dégénérées.
pustule : petite élévation de la peau remplie de pus.
pyrogène : qui provoque une fièvre.

Quadriceps **:** groupe de muscles situé devant le fémur (devant la cuisse).
quarantaine : isolement d'un animal.

Radiographie avec produit de contraste **:** radiographie prise après injection d'un produit de contraste (radio-opaque) dans l'organe concerné.
radio-opaque : opaque aux rayons X. Apparaît blanc sur les radiographies.
rage : maladie infectieuse aiguë du système nerveux central, généralement fatale chez les mammifères.
rayons X : rayonnement électromagnétique de courte longueur d'onde, qui tra-

GLOSSAIRE

verse la plupart des constituants de l'organisme, mais dans des proportions variables, utilisé pour prendre des radiographies.
rectum : partie terminale de l'intestin.
récurrent : réapparaissant périodiquement.
refroidissement par évaporation : élimination de la chaleur interne sous la forme de vapeur d'eau provenant des glandes sudoripares de la peau.
régénération : renouvellement physiologique d'un tissu.
remaniement osseux : modification de la structure de l'os l'adaptant aux contraintes qu'il subit.
réplication : duplication.
réponse anamnésique : formation accrue d'anticorps sous l'effet d'une vaccination de rappel.
résorption : élimination d'un exsudat, de caillots sanguins, de pus, etc. par absorption.
respiration : action d'inhaler et d'exhaler de l'air pour échanger de l'oxygène et du dioxyde de carbone entre l'air ambiant et les cellules de l'organisme.
rétention : accumulation de fluides ou de sécrétions normalement évacués par l'organisme.
rétraction : diminution de taille d'une plaie.
rétraction tendineuse : diminution de longueur pathologique d'un tendon.
rhinite : inflammation de la muqueuse nasale.
rhinopneumonie : maladie contagieuse des voies respiratoires du cheval provoquée par un herpès virus équin.
rhinovirus : virus provoquant une inflammation des voies respiratoires profondes contre laquelle il n'existe pas de vaccin, caractérisée par de la fièvre et une hypertrophie des ganglions locaux.
rigidité : aptitude d'un os à résister à la déformation par une contrainte donnée.
ruminant : animal dont l'estomac est composé de quatre cavités complètes (mouton, antilope, bœuf, cerf, chèvre...).
rupture : étirement ou déchirement d'un tissu.

Salive : sécrétions claires et alcalines, parfois collantes, produites par plusieurs glandes buccales. Permet d'humidifier et de ramollir les aliments pour la digestion.
sarcoïde : tumeur conjonctive bénigne, tumeur cutanée la plus fréquente chez le cheval.
sarcoïde fibroblastique : sarcoïde se développant souvent après une plaie et ressemblant à une chéloïde.
sarcoïde mixte : sarcoïde du type verruqueux et du type fibroblastique.
sarcoïde occulte : sarcoïde plat, avec une peau épaisse et rugueuse.
sarcoïde verruqueux : sarcoïde kératinisé ressemblant à une verrue, ayant parfois un aspect « en chou fleur ».
sarcome : tumeur conjonctive maligne.
scintigraphie : méthode de diagnostic utilisant des isotopes radioactifs injectés

GLOSSAIRE

par voie sanguine. Une gamma caméra permet ensuite d'obtenir une cartographie des tissus lésés présentant une concentration supérieure du marqueur radioactif.

scrotum (bourses) : poche contenant les testicules.

sécréter : produire et excréter un produit.

sédatif : médicament calmant agissant sur le système nerveux central.

sélénium : oligo-élément, dont un excès peut provoquer une intoxication (chute des crins et des sabots).

semence : liquide composé de spermatozoïdes et des sécrétions des testicules, glandes séminales, prostate et glandes bulbo-urétrales.

semi-perméable : permettant le passage sélectif de certaines molécules.

septicémie : infection généralisée avec passage des germes dans le sang.

septicémie néo-natale : chez les poulains, infection dont le point d'entrée est le cordon ombilical, s'étendant aux articulations, puis disséminée dans tout l'organisme par voie sanguine. On parle aussi d'arthrite septique.

séquestre : fragment d'os nécrosé détaché du reste de l'os resté sain.

séreux : ayant les caractères du sérum.

sérotonine : médiateur chimique produit par le système nerveux central, bloquant les sensations douloureuses.

serré du devant : se dit d'un cheval dont les extrémités des antérieurs convergent.

sérum : liquide se séparant du caillot lors de la coagulation du sang (plasma sans le fibrinogène).

sésamoïde : se dit des petits os arrondis inclus dans un tendon ou complétant une articulation.

sésamoïdite : inflammation des os sésamoïdes du boulet, induite en général par la combinaison d'une ostéite et d'une périostite.

seuil anaérobie : niveau d'effort à partir duquel l'acide lactique commence à s'accumuler dans les muscles et le sang.

signe : caractéristique d'une maladie ; observé par quelqu'un d'autre que le patient lui-même.

signe du godet : caractéristique de l'œdème. Empreinte persistante lorsqu'on presse avec l'extrémité du doigt.

simulie : petite mouche se nourrissant de sang à l'intérieur de l'oreille (également appelée « mouche-bison »).

solution : mélange homogène d'une ou plusieurs substances diluées dans une quantité suffisante de liquide (milieu solvant).

solution saline : solution contenant du sel. La solution saline physiologique contient 0,9 % de chlorure de sodium.

somatomédine : hormone régulant la croissance.

sore shin : inflammation de l'os de la face antérieure des canons chez les poulains (fracture de fatigue).

soufflage : présentation des juments à un étalon pour reconnaître si elles sont en chaleurs.

GLOSSAIRE

souffle : bruit anormal perçu à l'auscultation du cœur.
« sous lui du devant » : (terme d'hippologie) défaut de conformation dans lequel les membres antérieurs sont trop loin sous le corps. Causé par un humérus horizontal.
sous-cutané : sous la peau.
spasme : contraction anormale d'un muscle ou d'un organe creux.
spasticité : augmentation du tonus normal d'un muscle.
spéculum : instrument servant à dilater une cavité ou un organe creux pour en faciliter l'examen visuel (utilisé par exemple pour le vagin).
spermicide : nocif pour les spermatozoïdes.
sphincter : muscle circulaire disposé autour d'un orifice naturel et en contrôlant le diamètre.
sphincter pylorique : sphincter disposé à la jonction de l'estomac et de l'intestin grêle.
spores : forme de résistance de certaines bactéries, champignons ou protozoaires.
squame : petite formation en forme d'écaille.
stérile : 1) infertile. 2) ne présentant aucun micro-organisme à sa surface.
sternum : os réunissant les extrémités cartilagineuses des côtes.
stéroïde : molécule anti-inflammatoire endogène ou de synthèse comprenant les dérivés de la testostérone, utilisés pour favoriser la croissance musculaire (anabolisants).
stéthoscope : instrument permettant d'écouter les bruits du cœur, des poumons ou des autres organes internes.
stimulation nerveuse électrique transcutanée : méthode de stimulation électrique des points d'acupuncture pour diminuer la douleur.
stimulus : événement provoquant une réaction.
stomatite vésiculeuse : inflammation localisée des tissus mous de la bouche.
streptolysine : toxine libérée dans le sang après infection à *Streptococcus equii* (gourme). Peut provoquer une réaction allergique appelée « purpura hémorragique ».
strongles : petits vers ronds parasites, de la famille des Strongylidae.
superficiel : en proximité de la surface (opposé à *profond*).
supra-épineux : situé par-dessus les processus épineux.
surentraînement : entraînement excessif avec récupération insuffisante, caractérisé par une perte de poids ou un défaut de croissance, une dépression ou une intolérance à l'exercice.
suros : exostoses formées sur les os du canon.
suspenseur : se dit d'un ligament, un os, un muscle, un harnais ou des bandages ayant un rôle de soutien.
symptôme : caractéristique d'un trouble, décrit par le patient lui-même (par définition, ce terme est réservé aux maladies humaines).
symptomatique : en rapport avec un symptôme donné.
syndrome : ensemble de symptômes caractérisant une maladie.
syndrome podo-trochléaire : ensemble de symptômes traduisant l'atteinte d'un

GLOSSAIRE

élément constitutif de l'appareil podo-trochléaire (os sésamoïde distal, tendon fléchisseur profond du doigt et bourse podo-trochléaire).

synovie : liquide transparent et visqueux contenant de la mucine et des sels minéraux, sécrété par la membrane synoviale dans les cavités articulaires, les bourses et les gaines tendineuses, pour les lubrifier et limiter les frictions durant le mouvement.

système cardio-vasculaire : ensemble du cœur et des vaisseaux.

système immunitaire : ensemble des organes et des cellules protégeant l'organisme contre les agents infectieux.

système nerveux central : ensemble du cerveau et de la moelle épinière.

systémique : relatif à l'ensemble de l'organisme.

Talonnette : plaque plus épaisse en talons qu'en pince.

teigne : maladie due à un champignon provoquant des dépilations circulaires et la formation de squames.

temps de remplissage capillaire : temps nécessaire pour le retour du sang et la recoloration d'une muqueuse blanchie sous l'effet d'une pression exercée avec le doigt.

tendinite : inflammation du tendon et/ou ses insertions, dont la cicatrisation provoque un épaississement de celui-ci.

tendon : organe fibreux unissant le muscle à un os.

tendon extenseur commun du doigt : tendon situé en face dorsale du canon.

tendon fléchisseur profond du doigt : l'un des deux tendons situés à l'arrière du canon.

tendon fléchisseur superficiel du doigt : le plus superficiel des deux tendons fléchisseurs situés en arrière du canon.

ténosynovite : inflammation de la gaine d'un tendon.

test de Coggins : examen de laboratoire permettant le diagnostic de l'anémie infectieuse équine (recherche des anticorps circulants).

testicule : gonade mâle située à l'intérieur du scrotum et produisant les spermatozoïdes et la testostérone.

testostérone : hormone mâle produite par le testicule (responsable des caractères sexuels secondaires).

tétanie : contraction spasmodique localisée d'un muscle (allant parfois jusqu'à des convulsions) provoquée par un taux trop faible de calcium dans le sang.

tétanos : maladie avec contractures musculaires et exagération des réflexes due à la toxine d'un germe anaérobie *Clostridium tetani*.

thérapeutique : relatif au traitement d'une maladie (curatif).

thérapie : traitement d'une maladie.

thermographie infrarouge : méthode de diagnostic basée sur la mise en évidence des différences de température de la surface du corps, en relation avec les modifications d'irrigation sanguine.

thermorégulation : mécanisme physiologique maintenant constante la température du corps.

GLOSSAIRE

thorax : partie du corps située entre l'encolure et le diaphragme, entourée par les côtes.
thrombophlébite : inflammation d'une veine.
thrombus : caillot sanguin à l'intérieur d'un vaisseau ou du cœur.
thyroxine : hormone de la glande thyroïde activant la croissance, le métabolisme et l'immunité.
tic à l'appui : vice où le cheval attrape la mangeoire ou un autre objet entre ses dents, arrondit l'encolure et avale de l'air.
tic de l'ours : problème nerveux ou habitude affectant les chevaux souffrant d'ennui : le cheval transfère continuellement son poids d'un membre à l'autre en balançant l'avant-main.
tissu : ensemble d'unités cellulaires spécialisées dans la réalisation d'une fonction donnée.
tissu cicatriciel : tissu de réparation persistant après la guérison d'une blessure.
tissu conjonctif : tissu fibreux soutenant et constituant la plupart des organes.
tissu de granulation : tissu formé de petits bourgeons charnus arrondis constitués de capillaires sanguins et de cellules conjonctives, dont la prolifération comble les plaies (voir *cicatrisation par seconde intention*).
topique : se dit pour un médicament que l'on utilise localement (par exemple une pommade).
tord-nez : instrument de contention formé d'un bâton et d'une boucle de corde qu'on applique sur le bout du nez du cheval et qu'on serre en la tordant au moyen d'un bâton.
torsion : mouvement de rotation sur lui-même subi par un organe (par exemple, torsion d'un intestin provoquant des coliques).
toxémie : intoxication générale due à des toxines.
toxicité : capacité à produire des troubles par empoisonnement.
toxine : substance produite par les êtres vivants (endotoxines), bactéries en particulier, ou constituant de ces derniers (exotoxines).
trachée : conduit étendu entre le larynx et les bronches.
trachéo-bronchite : inflammation de la trachée et des bronches.
tractus digestif : tube digestif dans lequel passent les aliments et où les nutriments sont absorbés. Constitué de la bouche, du pharynx, de l'œsophage, de l'estomac, du petit intestin, du cæcum, du gros intestin et du rectum.
traitement au laser dense : thérapie utilisant le laser en faisceau large pour stimuler la cicatrisation des plaies et diminuer la douleur.
traitement d'appui : destiné essentiellement à maintenir la vigueur du patient.
tranquillisant : médicament ayant un effet calmant mais n'altérant pas la conscience.
transfert d'embryon : transfert d'un embryon de l'utérus d'une jument l'ayant conçu dans celui d'une autre qui le portera jusqu'au terme.
transfusion : administration de sang complet ou de composants sanguins directement dans la circulation sanguine.

GLOSSAIRE

transmission : transfert d'une maladie, d'influx nerveux, ou de caractères héréditaires.
trauma : plaie ou blessure.
trémulations musculaires : tremblements involontaires ou frissons d'un muscle.
triglycérides : lipides constituant les graisses, formés d'une molécule de glycérol et de trois molécules d'acides gras.
trombiculose : infestation par les aoûtats.
tumeur : masse de tissus néoformée ayant une croissance indépendante des structures environnantes et n'ayant pas de fonction utile.
turbulence : mouvements désorganisés dans un flux organisé.

UFC (unité formant colonie) : colonie bactérienne formée par rapide multiplication d'une bactérie inoculée dans un milieu de culture.
ulcère : érosion de la surface d'un tissu ou d'un organe, due à l'élimination de tissus morts.
ulcère de la cornée : défaut de l'épithélium de la cornée.
ulcéré : présentant les caractéristiques partielles ou complètes d'un ulcère.
ultrasons : vibrations sonores de très haute fréquence, utilisées comme moyen de diagnostic (imagerie de différentes régions du corps par l'échographie) ou comme moyen thérapeutique (réchauffement des tissus).
ultraviolets (UV) : rayons lumineux au-delà du violet dans le spectre lumineux.
urètre : canal conduisant l'urine de la vessie vers le milieu extérieur (et conduisant aussi le sperme chez le mâle).
urine : fluide excrété par les reins et passant par les uretères, accumulé dans la vessie, et éliminé par l'urètre. L'urine de cheval sain est jaune clair et d'apparence trouble.
urticaire : éruption cutanée d'origine allergique, se traduisant par des plaques d'œdème, surélevées et plus ou moins étendues ou confluentes.
utérus : organe musculaire creux comprenant le col, le corps et les cornes de l'utérus.
uvéite antérieure : inflammation des tissus internes de l'œil avec douleur, conjonctivite, écoulement oculaire et photophobie.

Vaccin : préparation à base de micro-organismes modifiés ou tués, utilisée pour immuniser contre les maladies infectieuses.
vaccin modifié : vaccin contenant des micro-organismes vivants, traités pour ne plus être pathogènes, mais stimulant la production d'anticorps par l'organisme.
vaccin tué : vaccin contenant des micro-organismes tués.
vagin : partie de l'appareil génital femelle allant du col de l'utérus à la vulve.
vaginite : inflammation du vagin.
vaisseau : canal conduisant un fluide, quel qu'il soit.
valgus du carpe : déviation ongulaire du membre où le genou rentre vers l'intérieur, pouvant résulter d'un déséquilibre alimentaire.
varron : insecte de l'espèce Hypoderma, dont les larves migrent à travers la peau,

GLOSSAIRE

vers le dos, formant des nodules avec un pore au centre. Aussi appelé « hypodermose ».

varus du carpe : défaut de conformation où les genoux sont écartés et les canons convergents.

vasculaire : relatif aux vaisseaux sanguins.

vasculite : inflammation des vaisseaux sanguins.

vasculite photosensible : inflammation des vaisseaux, aggravée par l'exposition au soleil.

vasoconstriction : diminution de calibre des vaisseaux sanguins par contraction des muscles lisses de leur paroi (limite l'irrigation d'une région donnée).

vasodilatateur : qui provoque une augmentation du diamètre des vaisseaux sanguins.

vecteur : objet ou animal capable de transmettre des agents infectieux d'un animal à un autre.

veine : vaisseau par lequel le sang est ramené depuis les organes vers le cœur.

vermifuge : médicament destiné à éliminer les vers, administré par intubation nasogastrique, directement dans la bouche, ou dans la nourriture.

verrues : petites tumeurs cutanées dues à un papillomavirus.

vertèbres : composants osseux de la colonne vertébrale.

vessigon : petites augmentations de volume des articulations ou des gaines tendineuses dues à un excès de synovie (terme employé pour les articulations du jarret et du carpe ou au-dessus) ; pour les articulations et les gaines tendineuses distales, on parle de « molettes ».

vessigon tendineux : inflammation de la gaine synoviale d'un tendon situé au-dessus du jarret. S'applique en général à la gaine tendineuse (corde du jarret).

vestibule : partie postérieure du vagin (située en arrière de l'hymen).

villosité : très fin repli d'une muqueuse.

virulent : très pathogène.

virus : agent infectieux microscopique, capable de se multiplier uniquement dans un tissu vivant ou un milieu de culture cellulaire.

voile du palais : membrane tendue dans le mésopharynx depuis l'extrémité du palais dur et étendue vers l'arrière en direction de l'épiglotte.

vulve : partie externe de l'appareil génital femelle, comprenant les lèvres, le clitoris, le vestibule du vagin et ses glandes, et l'orifice de l'urètre.

« vulve de mule » : défaut de conformation dans lequel l'anus est tiré vers l'avant et la vulve s'horizontalise, ce qui provoque souvent l'accumulation d'air, d'urine (voire même de fèces dans les cas les plus graves) dans le vagin.

Zone transitionnelle : régions d'un tendon situées juste au-dessus et au-dessous d'une cicatrice de tendinite.

Index

A

abcès, 78, 87, 88, 94, 100, 105, 132, 135, 170, 252, 315, 411, 413,
acariens, 345, 346, 355, 356, 372
acide lactique, 43, 45, 49, 50, 51, 52, 53, 54, 58, 62, 63, 64, 65, 142, 143, 144, 145, 151, 152, 157, 162, 163, 178, 205, 225, 229, 235, 236, 237, 238,
acides aminés, 81, 122
acides gras, 40, 41, 42, 43, 44, 46, 47, 48, 49, 51, 52, 141, 143, 186, 217
actine, 60, 61
ADP (adénosine diphosphate), 41, 42
aérobiose, 42, 43, 46, 52, 62, 65, 117, 142, 189, 198, 224, 235
affections respiratoires, 114, 467
affections respiratoires chroniques, 173
affections respiratoires virales, 132
affections osseuses juvéniles, 194, 195
affections pulmonaires, 490
affections systémiques, 92
AINS, 422, 425, 426, 427, 428
allergène(s), 130, 136, 361
allergie(s), 359, 362, 363, 417
ammoniaque, 119, 120, 136, 138, 154, 205, 206
anaérobiose, 43, 145, 157, 161, 198, 224
anamnèse, 122
anasarque, 133, 361, 363
anémie, 173
anémie infectieuse équine (AIE), 500
angiœdème, 362, 363
angle de la paroi, 75
angle des barres, 78, 88
anhidrose, 232
anomalies des genoux, 16
antalgiques, 481
anthelminthique(s), 327, 328, 329, 330, 331, 332, 334, 335, 336, 337, 405
antibiotique(s), 386, 387, 395, 396, 401, 403, 404, 405, 411, 457, 495, 505

anticorps, 122, 124, 125, 126, 127, 133, 134, 135, 136, 241, 249, 335, 359, 379, 500
antigènes, 125
anti-inflammatoire(s), 87, 251, 265, 291, 294, 314, 341, 351, 352, 358, 362, 403, 416, 421, 422, 424, 427, 479
anti-inflammatoires non stéroïdiens (AINS), 96, 97, 108, 135, 290
antiseptique(s), 381, 382, 383, 387, 394, 399, 409, 464
appareil cardio-vasculaire, 57, 148, 151, 156, 157, 160
appareil circulatoire, 146, 295
appareil digestif, 111, 454
appareil hyoïdien, 113
appareil immunitaire, 122, 123, 124, 125, 131, 136
appareil locomoteur, 111, 151, 163, 166, 174, 215, 217, 280, 287, 295, 424, 425, 476, 485
appareil muco-ciliaire, 119
appareil naviculaire, 84, 105, 483
appareil podo-trochléaire, 99, 101, 105
appareil respiratoire, 111, 112, 113, 117, 118, 120, 121, 126, 136, 138, 141, 146, 147, 154, 156, 157, 169, 206, 220, 232, 312, 359, 455, 458, 476
artérite virale équine (AVE), 154, 252, 500
arthrites, 249
arthrose(s), 84, 167, 275, 285, 286, 289, 422, 482, 490, 498,
articulation(s), 177, 181, 215, 244, 247, 248, 282, 288, 291, 293, 294, 390, 395, 470, 476, 480, 481, 482
articulation du « non », 6
articulation du « oui », 6
articulation interphalangienne distale, 71, 84, 99, 101, 105, 106, 167, 286, 288
arythmie(s) cardiaque(s), 127, 173, 236, 480, 490
ascaris, 322, 323, 326, 333, 334, 335

INDEX

assouplissement, 177
asthme, 361
ATP (adénosine triphosphate), 41, 43, 61
avoine, 67, 188, 189, 190, 192, 199, 203, 204, 363

B

bactérie(s), 123, 126, 132, 133, 136, 138, 173, 280, 282, 297, 298, 304, 317, 325, 350, 367, 377, 379, 380, 381, 382, 383, 384, 386, 387, 391, 392, 393, 394, 395, 399, 401, 407, 414, 455, 457, 495
bande coronaire, 78, 81
bas jointé, 16, 255
bleimes, 78, 84, 87, 88, 94, 105, 153, 483
blessures, 399
boiterie(s), 69, 70, 81, 84, 87, 88, 90, 98, 99, 100, 102, 103, 104, 105, 106, 109, 110, 153, 156, 167, 168, 169, 215, 216, 225, 245, 246, 247, 263, 265, 270, 285, 287, 288, 289, 291, 292, 293, 294, 354, 355, 399, 414, 421, 428, 477, 481, 483, 498
boulet, 167
bourse naviculaire, 101
brassicourt, 16
brûlure, 397, 398, 399, 400
bulbes du talon, 106, 107

C

cagneux, 13
calcium, 60, 61, 62, 187, 188, 190, 192, 195, 198, 201, 233, 234, 235, 236, 237
cambré, 16
campé, 21
canon, 106, 181
cardiofréquencemètre, 150, 151, 152, 163, 166
cartilage aryténoïde, 171
cavités nasales, 112, 118
cellules épithéliales, 119, 136, 138
cercles, 79, 80, 85, 90, 91, 96, 167
céréale(s), 40, 41, 63, 67, 186, 187, 188, 189, 190, 192, 193, 195, 196, 197, 198, 199, 200, 203, 204, 206, 207, 215, 217,
218, 224, 238, 239, 297, 305, 312, 315, 316, 332, 340, 346, 362, 469, 486,
chéloïdes, 401
choc anaphylactique, 416
chorion, 79, 80, 87, 88, 92, 95
cicatrisation, 387, 388, 389, 390, 392, 401
circulation sanguine, 156, 174, 179, 224, 389
clou(s), 69, 83, 85, 87, 88, 90, 94, 109, 244, 392,
cœur, 11, 64, 67, 111, 127, 148, 149, 161, 163, 172, 173, 219, 220, 222, 225, 232, 236, 237, 418, 439, 440, 476
coliques, 60, 66, 93, 97, 149, 153, 154, 174, 179, 186, 193, 197, 202, 203, 215, 216, 229, 236, 297, 299, 300, 301, 303, 304, 305, 306, 307, 308, 309, 310, 311, 312, 313, 316, 320, 323, 324, 326, 335, 362, 415, 422, 424, 425, 426, 428, 445, 454, 458, 466, 469, 475, 479, 503
collagène, 31, 278, 383, 388, 389, 391, 392
collapsus, 225
colostrum, 134
combustibles musculaires, 40
contention, 429, 430, 431, 434, 438, 439
contraction musculaire, 49
contraction normale, 60
contractures, 65, 180, 247, 393, 422
contractures musculaires, 61, 229, 230
convulsions, 232
coordination neuro-musculaire, 146, 155
cornage, 113, 116, 117, 169, 170, 171, 172, 481
corne, 73, 90, 95, 167, 382
corticoïdes, 464
corticostéroïdes, 29, 94, 291
cortisol, 138, 454
coup(s) de chaleur, 230, 231, 232, 469
coup de sang, 59
couronne, 77, 81, 89, 92, 95, 167, 289
court jointé, 17
coussinet, 70, 71, 78, 83, 105
crampons, 32
crapaud, 77, 78, 84

545

INDEX

crevasses, 354, 355, 356, 357, 358, 359
culicoïdes, 342, 343, 348
curage, 84

D

déchets toxiques, 65, 156, 178, 180
dents, 153, 296
dépilation, 81
dérive antigénique, 125
dermatite(s), 346, 349, 354, 355, 356, 359,
déshydratation, 63, 65, 72, 96, 206, 219, 224, 226, 227, 232, 235, 237, 238, 240, 241, 302, 304, 310, 314, 315, 385, 386, 388, 389, 394, 455, 456, 459
diaphragme, 113
diarrhée(s), 165, 202, 233, 297, 302, 308, 310, 316, 317, 320, 322, 325, 326, 335, 361, 426, 466, 475
dislocation laryngo-palatine, 116, 117
diurétiques, 172
dorsalgies, 166
douleurs musculo-squelettiques, 166
droit jointé, 16, 100, 195
duplication virale, 125

E

échauffement, 64, 161, 174, 175, 177, 178, 267, 294, 374, 397, 399
eczéma, 354, 355, 358
ehrlichiose, 350, 361, 363
emphysème (MPOC maladie pulmonaire obstructive chronique), 129, 490
encastelure, 100
encéphalite, 135
encolure courte, 7
encolure de cerf, 10
encolure longue, 8
encolure rouée, 10
endorphines, 435
endotoxine(s), 92, 93, 94, 96, 97, 98, 465, 466
entérite, 326
entorses, 84, 249

entraînement, 63, 67, 152, 153, 154, 155, 156, 157, 159, 160, 161, 164, 198, 205, 240, 256, 293, 296, 477, 481
entraînement par intervalles, 29, 161, 162, 163, 230
enzymes, 144, 164
éparvin, 21, 286, 289
épidémie, 123
épiphysite(s), 35, 216, 215, 246
épithéliomas, 370, 371
épithélium, 126, 129, 130
épizooties, 122, 125
étirement(s), 176, 177, 178
étui corné, 92, 109
excès de poids, 94
exercice aérobie, 55, 56
exercice submaximal, 142
exostoses, 102, 106

F

fatigue osseuse, 33
fentes et sillons horizontaux, 81
fer(s), 74, 82, 83, 84, 85, 86, 87, 88, 89, 90, 97, 107, 167, 257, 289
ferrure, 71, 86, 97, 102, 105, 106, 428, 483
fibres FTb, 48
fibres musculaires, 49, 50, 51, 53, 55, 60, 61, 62, 63, 141, 143, 144, 156, 157, 162, 175, 236
fibres musculaires à contraction lente, 46, 47, 49
fibres musculaires à contraction rapide faiblement oxydative, 47
fibres musculaires à contraction rapide fortement oxydative, 46, 47, 49
fibres musculaires à contraction rapide, 47
fibres musculaires oxydatives, 161
fibres ST, 46, 47
fièvre, 5, 80, 91, 129, 132, 135, 317, 352, 361, 407, 415, 416, 422, 424, 455
fissures du sabot, 81
foin, 41, 67, 185, 186, 187, 188, 190, 192, 195, 196, 197, 198, 199, 201, 202, 203, 205, 206, 217, 218, 224, 235, 237, 238,

239, 300, 301, 302, 304, 305, 311, 312, 313, 315, 326, 346, 362, 443, 458, 459, 467, 468
fourbure, 78, 84, 88, 90, 91, 92, 93, 94, 96, 97, 98, 153, 186, 193, 202, 203, 204, 215, 300, 304, 317, 419, 424, 425, 458, 490, 503
fourbure chronique, 79, 95
fourbure de fatigue, 94
fourbure de surcharge, 95
fourchette, 71, 75, 89, 100, 101, 382
fracture(s), 57, 105, 109
fréquence(s) cardiaque(s), 149, 151, 152, 163, 164, 165, 166, 173, 175, 189, 220, 222, 223, 225, 229, 230, 232, 241, 269, 272, 311, 454,
fréquences respiratoires, 230

G

gale, 346, 347, 354, 356, 359
gangrène, 414
gangrène gazeuse, 394
garrot, 10
garrot bas, 12
garrot élevé, 12
gastérophile(s), 324, 334, 335, 345, 349, 372
genou « effacé », 16
genoux de bovins, 16
glomes, 460
glucide(s), 40, 41, 44, 215
glucose, 41, 42, 44, 45, 143, 186
glycérol, 40, 41
glycogène, 41, 42, 44, 45, 46, 47, 48, 49, 50, 51, 52, 53, 54, 58, 62, 141, 143, 145, 164, 188, 189, 239
gourme, 132, 133, 154, 252, 361
graisse(s), 44, 189, 190, 203, 204, 210, 211, 214, 216, 219, 220, 230, 239
grippe, 125, 126, 127, 128, 135, 154, 171, 172, 252, 360, 361, 489

H

habronèmes, 352, 372
habronémose, 324, 325, 351

hémaglutinine, 122
hématies, 148, 173, 174
hématocrite, 173
hémiplégie laryngée, 169
hémiplégie laryngienne, 116
hémoglobine, 148, 149, 173
hémorragie(s), 87, 117, 171, 172, 174, 247, 249, 260, 264, 265, 362, 425
herpès virose, 128, 154
herpès virus équin, 128, 134, 500
histamine, 130
huile minérale, 97
huile(s) végétale(s), 190, 195, 199, 201, 203, 204, 218, 239
hydrates de carbone, 45, 143, 164, 188, 190
hyperthermie, 93, 220
hypoxie, 232

I

immunité, 124, 125, 134
infection(s) respiratoire(s), 121, 134, 135, 138, 154
infections virales, 139, 154
inflammation, 354, 355, 357, 358, 359, 387, 388, 398, 400, 405, 414, 418, 422, 424, 425, 496
insémination artificielle, 504, 505, 506

J

jarde, 21
jarrets coudés, 21
jarrets clos, 23

K

kératine, 80
kystes, 35, 106

L

lacunes de la fourchette, 77
lamelles, 93, 94, 96, 97
lamelles charnues, 83, 90, 92
lamelles cornées, 78, 92

INDEX

larynx, 111, 112, 113, 114, 115, 116, 146, 169, 170
lésions articulaires, 174
lésions des voies respiratoires, 126
lésions kystiques, 106
lésions ligamentaires, 174
lésions mécaniques, 90
lésions pulmonaires, 171
lésions pulmonaires chroniques, 126
lésions tendineuses, 84, 155, 174
lésions vasculaires, 105
ligaments, 70, 174, 175, 181, 194, 215, 244, 251, 282, 288, 293, 399, 445, 470, 476, 480
long jointé, 17

M

macrophages, 119, 136, 138, 370
maïs, 67, 188, 189, 190, 192, 199, 203, 204, 332, 363
maladie naviculaire, 17, 88, 98, 99, 100, 101, 102, 104, 105, 106, 107, 108, 109, 285, 288, 289, 292, 294, 424, 425, 483, 484
maladie pulmonaire obstructive chronique (MPOC), 120, 170
maladie(s) respiratoire(s), 125, 241
massages musculaires, 178
mastocytes, 130
maturité osseuse, 34
mélanomes, 368, 369, 370, 371
membrane synoviale, 102
métabolisme aérobie, 42, 43, 45, 46, 53, 58, 63, 141, 142, 145, 149, 235
métabolisme(s), 117, 198
métrite(s), 490, 491, 497, 500, 501
mitochondries, 42, 47, 162
molettes, 245, 470
monoxyde de carbone, 121
mors, 111, 115, 116, 153, 204, 296, 436
MPOC, 130
mucus, 119, 129, 130, 136, 171, 314, 425
muscle(s), 2, 62, 63, 65, 66, 174, 176, 177, 178, 180, 181, 215, 225, 227, 229, 230, 247, 255, 271, 276, 280, 292, 405, 406, 410, 411, 414, 415, 428, 445, 480
muscles agonistes, 146
muscles antagonistes, 146
myalgies, 125
mycose(s), 352, 353, 356, 359
myoglobine, 61
myoglobinurie, 59, 203, 204, 215
myopathie, 281
myosine, 60, 61
myosite(s), 51, 59, 60, 62, 63, 64, 65, 66, 180, 205, 219, 229, 236, 237, 300, 469

N

nage, 156, 157
nerfs digitaux palmaires, 109
névrectomie, 109, 292
névrome, 109
névropathie, 117

O

obésité, 215, 217, 288
obstruction des voies respiratoires supérieures, 171
œdème(s), 113,4 244, 245, 247, 248, 249, 250, 251, 260, 263, 265, 275, 278, 282, 294, 324, 335, 346, 350, 352, 357, 358, 360, 361, 362, 363, 374, 381, 386, 389, 391, 394, 396, 398, 399, 400, 423, 426,
oligo-éléments, 185, 190, 191, 193, 195, 196, 198, 200, 202, 407
onchocercose, 372
onchocerques, 347, 248, 352
onguents à sabot, 74
orge, 67, 189, 192, 203
os naviculaire, 71, 99, 101, 103, 105, 106, 109, 285, 288, 483,11
os sésamoïde, 70
os sésamoïde distal, 98, 99, 101, 102, 104, 105
ostéite, 84, 87
ostéoblastes, 26
ostéochondrose(s), 35, 215, 216, 482, 499
ostéoclastes, 26, 29
oxyures, 372
oxyurose, 324, 325, 326, 343

INDEX

P

panard, 13
pansage, 12
parage, 87, 97, 101
parasite(s), 65, 295, 307, 316, 319, 325, 326, 327, 329, 332, 335, 336, 339, 372, 428
parasites intestinaux, 154
parasitisme, 322
paroi, 73, 86, 90, 95, 167
paroi du sabot, 70, 83, 85
perforations par des clous, 78
périople, 73, 74, 84
pharynx, 111, 112, 114, 115, 169
phosphate, 41, 42
phosphocréatine, 43, 44, 46, 48
phosphore, 187, 188, 190, 192, 195, 198, 201
pince, 71, 73, 74, 75, 79, 80, 83, 84, 85, 86, 95, 100, 102, 103, 107, 167, 257, 288, 480
plaie de harnachement, 373, 376
plaies d'été, 366, 372, 500
plaques, 90
pleuropneumonie bactérienne, 170
pneumonie(s), 126, 127, 133, 170, 171, 457
podo-trochléaire, 100, 104
polyuropolydypsie, 94
postérieur « en poteau », 22
poulains, 135
poulinage, 134
pourriture de la fourchette, 77, 84, 88, 154, 382
pousse, 129, 170
poux, 10, 349, 350
prise(s) de longe, 397, 399, 400, 401
progestérone, 488, 496
prostaglandines, 422, 423, 424, 425, 427
protéine(s), 40, 0125, 138, 145, 164, 173, 187, 188, 189, 190, 192, 194, 195, 196, 197, 198, 200, 201, 205, 217, 239, 241, 244, 252, 335, 359, 360, 367, 370, 382, 383, 397, 398, 407, 426

R

radiographie, 97
raideur, 90
réactions tendineuses, 35
récupération, 164, 165
reining, 59
remaniement(s), 25, 26, 30, 101
reminéralisation, 31
remodelage, 26
résistance biomécanique, 154
retour au calme, 64, 175, 177, 178, 179, 180, 220, 226, 267, 292, 294
rétréci sous le genou, 16
rhabdomyolyse, 59
rhinopneumonie, 128, 129, 172
rhinovirus, 129
rôle du garrot, 11

S

sabot(s), 69, 70, 72, 73, 74, 75, 84, 88, 90, 95, 97, 157, 294, 430, 446, 480, 499
sarcoïde(s), 340, 351, 364, 365, 366, 367, 368, 371, 420, 500
seigle, 189
seime(s), 69, 76, 80, 81, 153, 289
selle, 166, 174, 175, 293, 344, 373, 374, 375, 376, 377, 475
sels minéraux, 469
serré du devant, 13
simulies, 340, 341, 342
sole, 70, 73, 75, 76, 78, 84, 87, 88, 89, 90, 96, 382
son, 190, 198
sore shins, 33
sous lui de derrière, 21
spasme(s), 66, 129, 130, 171, 236, 300, 306, 308, 311, 314, 416, 424
spores, 120, 129, 137
stéroïdes, 487, 500
stress, 62, 67, 138, 139, 154, 163, 164, 198, 222, 225, 231, 233, 238, 240, 241, 301, 363, 426, 439, 444, 447, 449, 450, 451, 453, 454, 455, 456, 457, 459, 464, 465, 466, 486, 490, 500, 502
strongles, 320, 321, 322, 325, 326, 330, 333, 334, 335, 337, 424,
strongyloïdes, 352
surdents, 153
surentraînement, 164, 165

549

INDEX

suture, 385, 386, 439
syndrome podo-trochléaire, 98, 103
synovite, 21
système immunitaire, 367, 380

T

talon(s), 71, 72, 79, 80, 83, 84, 85, 86, 100, 102, 103, 103, 105, 107, 108, 109, 167, 288, 353, 354, 365, 372, 460
talonnette(s), 90, 96, 108, 289
teigne, 353, 354, 365, 372
temps de remplissage capillaire, 223
tendinite(s), 102, 254, 256, 257, 259, 264, 265, 266, 423
tendon(s), 57, 70, 99, 102, 155, 156, 157, 158, 174, 175, 181, 194, 215, 244, 247, 248, 251, 253, 254, 255, 256, 257, 259, 260, 261, 262, 264, 265, 266, 281, 282, 293, 397, 399, 445, 460, 461, 470, 476, 480, 481
tendon extenseur commun du doigt, 246
tendon extenseur dorsal du doigt, 95
tendon fléchisseur profond du doigt, 70, 71, 97, 98, 99, 102, 103, 107, 167, 288, 483
tendon fléchisseur superficiel du doigt, 256, 259, 263, 265
ténias, 326
test de flexion, 104
tétanos, 135, 154, 393, 394, 489
thorax, 112
tic à l'appui, 306, 444, 445, 475
tiques, 350, 352
tissu(s) cicatriciel(s), 101, 108, 171, 248, 251, 254, 265, 281, 314, 315, 325, 344, 388, 392, 399, 414
tissu conjonctif, 392, 401
tissu de granulation, 101, 260, 261, 384, 386, 388, 389, 390, 391, 399, 401
tissu fibreux cicatriciel, 247
tissus mous, 88, 89, 115, 244, 292, 397
TMO, 27
tord-nez, 272, 429, 434, 435, 437
toux, 119, 121, 125, 126, 130, 132, 490
trachée, 112, 113, 114, 126, 129, 132, 146, 169

tranquillisant(s), 439, 440, 479
travail au pas, 156
travail lent et long, 157, 158, 159, 160
travail rapide long, 164
trichostrongylose, 325
triglycérides, 41
troisième phalange 70, 71, 78, 83, 84, 87, 90, 92, 95, 96, 97, 98, 99, 446
trombiculose, 347
tubules, 73, 74, 79, 83, 85, 95, 96, 102, 103
tubulures, 101

U

ulcère(s), 174, 203, 299, 370, 425, 426
urticaire, 359, 360, 361, 362, 363, 416, 426

V

vaccin(s), 3125, 127, 128, 133, 134, 135, 136, 317, 360, 393, 403, 404, 405, 406, 407, 408, 413, 415, 416
vaccination(s), 122, 123, 124, 126, 131, 154, 172, 363, 415, 429, 457, 479, 498
valgus du boulet, 15
valgus du carpe, 15, 16
varus du boulet, 15
varus du carpe, 15, 16
vermifugation(s), 65, 154, 172, 200, 307, 319, 330, 331, 333, 335, 336, 337, 479, 498
vermifuger, 299, 326, 372, 489
vermifuges, 301, 322, 327, 331, 429
vice(s), 444, 445, 448, 449, 450, 451
virus, 121, 122, 123, 124, 125, 126, 127, 128, 129, 132, 133, 135, 136, 138, 173, 241, 317, 364, 367, 382, 457
vitamines, 190, 191, 200
voies aériennes, 116, 119
voies respiratoires, 113, 114, 115, 117, 120, 129, 136, 169, 171, 361, 459, 481, 500
voies respiratoires profondes, 112, 132, 133, 170, 172
voies respiratoires supérieures, 112, 119, 126, 132, 133, 169, 170

Crédits photographiques

Fig. 1-1. Don Shugart.
Fig. 1-6. Don Shugart.
Fig. 1-7. Cappy Jackson.
Fig. 1-13. *The Quarter Horse Journal.*
Fig. 1-17. *The Blood-Horse.*
Fig. 1-20. Equine Sports Graphics, Inc.
Fig. 1-27. The International Arabian Horse Association. Photographie de Jerry Sparagowski.
Fig. 1-29. The United States Trotting Association.
Fig. 1-34. Don Stevenson.
Fig. 2-1. J. Noye.
Fig. 2-4. *The Blood-Horse.*
Fig. 2-6. J. Noye.
Fig. 3-4. The United States Trotting Association.
Fig. 3-8. *The Blood-Horse.*
Fig. 3-10. Cappy Jackson.
Fig. 3-12. Cappy Jackson.
Fig. 3-13. Cappy Jackson.
Fig. 3-16. *The Blood-Horse.*
Fig. 4-9. *The Blood-Horse.*
Fig. 5-1. J. Noye.
Fig. 5-6. Cappy Jackson.
Fig. 5-9. *The Blood-Horse.*
Fig. 6-1. The United States Trotting Association. Photographie de George Smallsreed, Jr.
Fig. 6-9. *The Blood-Horse.*
Fig. 6-19. Dr Jim Schumacher, Texas A&M University.
Fig. 6-20. Cappy Jackson.
Fig. 6-21. Nancy Zidonis, Equine Acupressure, Inc.
Fig. 6-30. J. Noye.
Fig. 7-1. *The Blood-Horse.*
Fig. 7-8. *The Horsemen's Journal.* Photographie de Bill Witkop.
Fig. 7-13. The girls' Barrel Racing Association of Indiana. Photographie de Dick Wright.
Fig. 8-1. *The Blood-Horse.*
Fig. 8-5. Al Dunning Training Stables, Inc. Photographie de Pat Hall.
Fig. 8-9. Cappy Jackson.
Fig. 10-1. J. Noye.
Fig. 10-5. Dudley Barker.
Fig. 10-14. Mimi Porter, Equine Therapy.
Fig. 10-15. Dr Dave Schmitz, Texas A&M University.
Fig. 10-16. Dr Dave Schmitz, Texas A&M University.
Fig. 11-1. Dr Ducharme, Cornell University.
Fig. 11-4. Mimi Porter, Equine Therapy.
Fig. 11-5. Mimi Porter, Equine Therapy.
Fig. 11-6. Mimi Porter, Equine Therapy.
Fig. 11-7. Mimi Porter, Equine Therapy.
Fig. 11-8. Mimi Porter, Equine Therapy.
Fig. 11-9. Mimi Porter, Equine Therapy.
Fig. 11-10. Mimi Porter, Equine Therapy.
Fig. 11-11. Mimi Porter, Equine Therapy.
Fig. 11-13. Mimi Porter, Equine Therapy.
Fig. 12-11. Nancy Zidonis, Equine Acupressure, Inc.
Fig. 13-3. J. Noye.
Fig. 13-5. David Varras, D.V.M., M.S.
Fig. 13-14. David Varras, D.V.M., M.S.
Fig. 14-5. David Varras, D.V.M., M.S.
Fig. 14-7. David Varras, D.V.M., M.S.
Fig. 14-15. J. Noye.
Fig. 15-30. David Varras, D.V.M., M.S.
Fig. 16-11. David Varras, D.V.M., M.S.
Fig. 17-10. Cappy Jackson.
Fig. 19-1. Equine Sports Graphics, Inc.
Fig. 19-3. The American Quarter Horse Association.
Fig. 20-3. Barbara Ann Giove.
Fig. 21-1. The American Quarter Horse Association.
Fig. 22-1. Al Dunning Training Stables, Inc. Photographie de Patty McClure-Hosmer.
Fig. 22-2. J. Noye.
Fig. 22-3. Don Shugart.
Fig. 22-4. *The Blood-Horse.*
Fig. 22-5. *The Blood-Horse.* Photographie de Anne Eberhardt.
Fig. 23-1. J. Noye.
Fig. 23-9. Equine Sports Graphics, Inc.
Fig. 23-12. Cappy Jackson.
Annexes. *The Blood-Horse.*

Pour compléter votre information...

AUMONT J.-C., *Comment dresser votre cheval*. Paris, Maloine, 2ᵉ éd., 1999.
LUX C., *Bien nourrir son cheval*. Paris, Maloine, 1997.
LUX C., *En attendant le vétérinaire*. Paris, Maloine, 1997.
LUX C., *Guide du cavalier propriétaire*. Paris, Maloine, 5ᵉ éd., 1998.
LUX C., *Guide du cavalier randonneur*. Paris, Maloine, 3ᵉ éd., 1998.
OLIVER R., LANGRISH B., *Guide photographique de la bonne conformation du cheval*. Paris, Vigot, 1999.
STRAITON E. (CONSTANTIN A.), *Le cheval et ses maladies*. Paris, Vigot, 4ᵉ éd., 1998.
THEIN P. et coll., *Nouvelle encyclopédie du cheval*. Paris, Maloine, 1992.
VOGEL C., *Manuel complet des soins aux chevaux*. Paris, Vigot, 1996.

Achevé d'imprimer en septembre 1999
par Grafmann SA, Espagne.